東洋古典譯註叢書 53

譯註 唐宋八大家文抄

蘇洵

李章佑 魯長時 張世厚 譯註

傳統文化硏究會

國譯委員

譯註　李章佑 · 魯長時 · 張世厚
潤文　南賢熙
編輯　朴勝珠
校正　李孝宰
出版　權永順
管理　咸明淑
普及　徐源英

東洋古典譯註叢書를 발간하면서

우리의 古典國譯事業은 민족문화 진흥의 기초사업으로 1960년대부터 政府 支援으로 古文獻 現代化 작업을 추진하여 많은 成果를 거두었다. 당시 이 사업 추진의 先行課題로 東洋古典이라 일컬어지는 중국의 基本古典을 먼저 飜譯하여야 한다는 學界의 주장이 있었음에도 불구하고 우리 고전이 아니라는 일부의 偏狹한 視覺과 財政 事情 등으로 인하여 배제되어 왔다.

전통적으로 중국의 기본고전은 우리 歷史와 함께 숨쉬며 각종 교육기관의 敎科書로 활용됨은 물론이고 지식인들의 必讀書가 되어 왔으며, 우리 文化의 基底에 자리잡고 거의 모든 방면의 體系와 根幹을 형성하여 왔다. 그래서 학문연구의 기본서 역할을 해 왔을 뿐만 아니라 오늘날에도 우리의 國學徒 및 東洋學 研究者들에게 같은 역할을 하고 있음은 주지의 사실이다. 그럼에도 불구하고 中國古典은 우리 것이 아니라 하여 專門機關의 飜譯對象에 포함하지 않음으로써, 대부분 原典에서의 직접 번역이 아닌 重譯이나 拔萃譯의 방식이 주를 이루면서 敎養水準으로 出版되어 왔다.

오늘날 東洋 三國 중에서 우리의 東洋學 연구가 가장 부진한 이유는, 東洋基本古典에 대한 폭넓은 이해의 부족과 漢文古典 讀解力의 저하에 기인함을 우리는 솔직히 인정하여야 한다. 따라서 이들 중국고전에 대한 신뢰할 만한 國譯이 이루어지는 것이 한국학 연구를 촉진시키는 시급한 先行課題라 할 수 있다.

이에 韓國學 및 東洋學의 연구와 古典現代化의 基盤構築을 위해서는, 전문기관으로 하여금 동양고전을 단기간에 각 분야의 專門 研究者와 漢學者가 상호 협동하여 연구 번역하여 飜譯의 傳統性과 效率性, 研究의 專門性을 높일 수 있도록 政策的 配慮가 있어야 한다.

이에 本會에서는 元老 및 中堅 漢學者와 斯界의 專攻者로 하여금 協同研究飜譯하여 공부하는 사람들이 믿고 引用하거나 깊이 있는 註釋 등을 활용할 수 있게 하고, 知識

人들의 教養을 증진시켜 줄 수 있는 東洋古典의 國譯書 간행을 지속적으로 추진해 왔다. 근래에 다행히 이 사업에 대하여 각계 지도층의 폭넓은 이해와 지원에 힘입어 2001년도부터 國庫補助를 받아 東洋古典譯註叢書를 간행하게 되었다. 이를 계기로 우리 先學의 註釋과 見解를 반영하는 등 국역사업의 內實을 기하게 되었음을 이 자리를 빌어 衷心으로 감사드리며, 아울러 國譯에 參與하신 관계자 여러분의 勞苦에 깊은 謝意를 표한다.

끝으로 우리의 이러한 작업은 오랜 역사 위에 축적된 先賢들의 業績과 現代學問을 이어주는 튼튼한 架橋와 礎石이 되어 진정한 韓國學과 東洋學 발전에 기여할 것을 굳게 믿으며, 21세기를 우리 文化의 世紀로 열어 가는 밑거름이 되도록 우리의 力量을 本 事業에 경주하고자 한다. 江湖諸賢의 부단한 관심과 지원을 기대해 마지않는다.

社團法人 傳統文化硏究會 會長 李啓晃

解 題

李章佑(영남대학교 명예교수)

1. 蘇洵의 生涯

蘇洵의 시조는 옛날 전설에 나오는 高陽氏라고 하며, 漢 武帝 때 匈奴로 使臣 가서 억류되었다가 19년 만에 돌아왔다는 전설적인 인물 蘇武가 傍祖가 되기도 하며, 唐나라에 들어와서 初唐時代에 이름 있던 시인 蘇味道가 四川의 眉州刺史로 왔다가 그 아들 한 사람을 眉州에 머물러 살게 한 것이 이 眉山 蘇氏의 派祖가 된다. 그런데 蘇味道는 원래 河北의 趙郡 欒城 사람이었기 때문에 蘇氏 부자들은 자기네를 '趙州 蘇氏', 또는 '欒城 蘇氏'라고 칭하기도 하였으며, 작은 아들 蘇轍의 문집 이름을 ≪欒城集≫이라고도 하였다.

필자는 四川省에 세 차례 가본 일이 있는데, 成都에서 蛾眉山으로 가는 길목에 있는 眉山에 두 차례 들른 일이 있다. 5년 전에 두 번째 갔을 때에는 새롭게 잘 정비된 이 蘇氏 三父子의 기념관에도 들른 일이 있다. 이들이 살던 마을 이름이 '紗縠行'이었던 것으로 보아, 이 蘇氏들의 집안이 비단 생산 판매업자가 아니었을까 추측하는 학자도 있고, 또 그의 가까운 조상들은 讀書보다는 칼을 차고 다니면서 남을 위하여 復讐를 해주는 것을 좋아하는 俠客 기질이 강하였다고 이야기하는 사람도 있다. 그러나 蘇洵의 형 蘇渙이 進士가 되면서부터 이 집안이 변모하기 시작한다. 이때가 蘇洵 16세 때이다.

蘇洵도 형을 따라서 18세 때부터 과거 初試에 응시하기 시작하지만 급제하지 못하고 학문을 할 생각도 별로 없이 지내다가, 25세가 되어서야 겨우 독서에 취미를 얻고, 27세 때부터 분발하여 매진하였지만, 29, 30세 때 서울에 올라가서 본 進士試와 禮部試에 모두 낙방하였다.

그 뒤부터는 그때까지 썼던 글 수백 편을 모두 불살라버리고, ≪論語≫, ≪孟子≫, ≪韓非子≫ 등 고전만을 근 10년 동안이나 읽고 연구하여 자기 나름의 독특한 문장을 지어

내었다고 한다.

蘇洵은 19세 때에 程氏와 결혼하여 28세 때 蘇軾을 낳았으며, 31세 때 蘇轍을 낳았다. 48세 때 이 두 아들을 데리고 서울로 올라갔는데, 그해 가을에 두 아들이 함께 수도 開封에서 실시한 시험에 급제하고, 그 다음 해에는 두 아들이 모두 進士가 되었다. 그러나 곧 아내 程氏가 죽어 고향으로 돌아왔다.

蘇洵이 두 번째 상경할 때는 四川의 益州知事로 와서 있던 張方平이 당대의 문호이며, 정부의 고관이었던 歐陽脩에게 추천하는 글을 얻게 되었고, 서울에 올라와서 歐陽脩를 만나게 되자 그가 지금까지 지었던 문장의 실력이 인정되고, 두 아들까지 그가 주관하는 고시에 우수한 성적으로 급제하게 되어, 이 3부자가 일시에 이름을 떨치기 시작하였다.

50세 때, 고향에 돌아와서 머물고 있던 蘇洵에게 조정에서 紫薇閣 안에 있는 舍人院으로 불러서 策論을 시험하겠다는 勅旨가 내려왔으나, 황제에게 사양한다는 상소만 올리고 상경하지는 않았다.

그 다음 해 10월에 다시 고향을 떠나 다음 해 2월에 서울에 올라가서, 8월에 처음으로 秘書省校書郎이라는 9품 벼슬을 받게 된다.

그 다음 해 7월에 霸州의 文安縣主簿로 나갔는데, 陳州의 項城縣令인 姚闢과 함께 어명을 받들어 ≪太常因革禮≫라는 책 100권을 편찬하여 바쳤다. 이해에 두 아들이 다시 賢良方正能直言極諫科라는 制科에까지 급제하여 형 蘇軾은 大理評事라는 寄祿官에 簽書鳳翔府推官이라는 職事官을 받고, 아우 蘇轍은 試秘書省校書郎이라는 寄祿官에 商州軍事推官이라는 職事官을 받았다. 이들은 각각 鳳翔과 常州의 임지로 떠나가고, 후견인인 歐陽脩는 재상급인 參知政事 자리에 올랐다.

55세 때에는 〈辨姦論〉이라는 글을 지어 王安石을 풍자하였다. 이해에 ≪六家諡法≫ 20권, ≪嘉祐諡法≫ 3권, 다음 해에 ≪皇祐諡錄≫을 또 편성하였다고 하나, 지금 통행되는 文淵閣 四庫全書(電子版)에는 그의 이름으로 전하는 ≪諡法≫이라는 책 4권이 수록되어 있을 뿐이다.

58세 되던 해 4월 25일에 작고하였는데, 나라에서 禮書를 편찬한 공로로 은과 비단을 내렸으나, 蘇軾이 그러한 하사품을 사양하고 증직을 내려주기를 청하자 光祿寺丞(정8품)을 내렸다고 한다. 그해 10월에 고향인 眉州의 彭山에 안장되었다.

'老泉'은 원래는 그의 큰아들인 蘇軾이 고향인 四川의 眉山 선영에 老翁泉이라는 샘물이 있기 때문에 東坡居士라는 호 이외에도 老泉山人이라는 호를 사용하였던 것이나, 蘇洵이 죽은 뒤에 일반인들이 蘇洵에게 그러한 호칭을 붙여 부르기도 하였기 때문에 이 八家文 편자인 茅坤 역시 그렇게 불렀을 것으로 본다.

'嘉祐'는 그가 宋나라 嘉祐 연간(1056~1063)에 벼슬하였기 때문에 이렇게 文集 이름을 붙인 것이다. 이밖에도 그를 지칭하는 말로는 그가 文安縣主簿로 근무한 적이 있기 때문에 '文安'이라고도 부르며, 고향이 眉山이기 때문에 '眉山'이라고도 부른다. '文公'이라고도 부르는데, 그의 사후에 '文'이라는 시호를 청하는 글인 〈與蘇洵定謚箚子〉를 李壁이라는 사람이 올린 일이 있기는 하나, 조정에서 받아주지 않았음에도 후세에서 습관적으로 '蘇文公'이라고 불렀다고 한다.

2. 蘇洵의 著述

가. 在蜀 시기의 著述

이상은 주로 孔凡禮 교수가 지은 ≪三蘇年譜≫에 의거하여 설명한 것인데, 그가 편년한 주요 작품들을 열거하면 다음과 같다.(이 작품 繫年이 다음에 나오는 原文의 매편 해설과 더러 일치하지 않는 경우도 있으나, 여기에서는 다만 異說의 하나로 제시하고자 한다.)

41세 〈名二子說〉, 〈仲兄文甫說〉
46세 〈權書〉
47세 〈族譜後錄〉, 〈幾策〉, 〈衡論〉, 〈六經論〉, 〈太玄論〉, 〈洪範論〉, 〈史論〉, 〈諫論〉
48세 〈張益州畫像記〉, 〈木假山記〉, 〈送石楊休北使〉, 〈上韓樞密書〉, 〈上丞尙文彦博書〉, 〈上丞尙富弼書〉, 〈上田樞密書〉, 〈上張侍郎第二書〉, 〈二上歐陽公書〉
49세 〈上歐陽內翰第三書〉, 〈上仁宗皇帝書〉
53세 〈儀修禮書狀〉
55세 〈辨姦論〉

이 순서대로 편명을 해설하면 다음과 같다.

〈名二子說〉은 큰아들 軾(자는 子瞻)과 작은아들 轍(자는 子由)의 이름글자를 풀이한 매우 짧은 글이다.

軾은 '수레의 앞턱 가로나무'로, 사람이 수레에 탄 뒤에 이것을 잡고 서서 상대방에게 敬意를 표하는 데 쓸 뿐, 사실상 수레가 굴러가는 데는 없어도 관계가 없지만, 이것이 없다면 완전한 수레가 되지 못한다. 그래서 수레에 가로나무가 있듯이, 남에게 자세를 굽혀서 恭敬하여야 남에게도 瞻視를 받을 수 있을 터이니, 바깥으로 나타나는 행동을 조심하여야만 한다는 警戒의 뜻으로 지어준 것이다.

轍은 '수레바퀴 자국'이라는 뜻인데, 수레가 굴러갈 때 수레바퀴를 따르지 않는 것이 없지만〔莫不由轍〕, 설령 수레가 뒤집힌다고 해도 이 바퀴 자국은 禍를 입지 않는다. 그처럼 아들이 화를 면하기를 바라는 뜻을 담았다.

이 글을 쓸 때 蘇洵은 벌써 그 두 아들의 성격 차이를 분명히 파악하고 이렇게 예측하면서 경계하였는데, 뒤에 두 사람의 운명은 완전히 이와 부합하였다. 蘇軾은 명성을 날리기도 하였지만 여러 번 남과 反目하여 風波를 겪기도 한 반면, 蘇轍은 근신하는 태도를 지켜서 高官을 역임하였지만 별 파란이 없었다.

〈仲兄文甫說〉은 앞서 이야기한 仲兄 蘇渙의 字인 公群은 ≪周易≫의 水風 渙卦의 六四爻에 "그 무리(작은 붕당)를 흩으니 크게 길하다.〔渙其群 元吉〕"라고 한 말에서 '群'자를 따와서 자로 삼았으나, 성인이 무리를 해산하여 천하를 통일하려는 것은 너무 인위적인 맛이 풍기기 때문에 文甫로 바꾸어주면서 지은 새로운 자의 설명문〔字說〕이다. '文甫'의 '甫'자는 남자에 대한 미칭으로 '父'자로 적기도 하는데, 이 경우에도 '父'자의 발음을 '보'로 읽는다.

본문 중에서 "〈≪周易≫의 渙卦 象傳에서〉 '바람이 물 위에서 이는 것을 渙(흩음)'이라고 하는데, 이것은 정말 천하에서 가장 아름다운 무늬〔文〕가 아닌가?"라고 하면서, 물의 무늬〔文〕는 바람을 만나서 자연스럽게 이루어지는 것이 좋다는 취지를 상세하게 설명하였다. 그리고 나서 세상을 살아가는 데도 인위적인 성공을 구하지 말고 자연스럽게 공을 이루는 것이 좋다고 말한다. 蘇洵은 위로 형님이 둘인데, 둘째 형님이 이 가문에서 처음으로 進士가 되어 벼슬을 하여 외지로 나갔다.

〈權書〉와 〈幾策〉과 〈衡論〉은 蘇洵의 중요한 政論文들이다. '衡'은 저울대가 평행을 유지하는 것이니 정치가 正道로 이루어질 때 펴는 이론이고, '權'은 저울의 추로 수시로 변화함을 의미하니 정도가 통하지 않을 때 臨機應變하는 방편의 이론이다. '幾'는 어떤 일이 일어나기 이전 그 조짐의 幾微를 말한다. 蘇洵의 정론의 특색을 한마디로 요약하자면 변화의 기미를 잘 파악하여 내는 '微權'이라고 할 수 있다.[1] 본서에는 권6 중간부터 〈幾策〉에 속한 글 2편, 권7에 〈權書〉 10편, 권8, 9에 〈衡論〉 10편, 도합 22편을 싣고 있다. 蘇洵이 27세부터 發憤讀書하여 20년에 가까운 세월 동안에 다듬어 만들어 낸 독특한 정치이론의 태반을 수록한 것이다.

蘇洵은 46, 7세경에 族譜를 만들고, 족보에 관련된 글을 몇 편 썼다. 본서 권10에는 〈蘇氏族譜亭記〉, 〈族譜引〉, 〈族譜後錄〉 등 3편이 수록되어 있다. 〈蘇氏族譜亭記〉는 족보를 만든 뒤에 고조부의 산소 곁에 族譜亭을 짓고 쓴 記文으로, 고향에서 바깥으로는 명망을 얻었으나 실제 행동은 못된 사람의 여섯 가지 惡行을 열거하면서 자제들에게 훈계한 글이다. 그 사람의 이름을 본문에서는 드러내지 않고 숨긴다고 하였으나, 蘇洵의 처남이면서 그의 딸의 시아버지가 되었던 程濬과 그의 妻姪이면서 사위가 되었던 程之才 같은 자들을 말한다. 蘇洵의 딸은 본래 똑똑하고 글도 잘하였으나 이 程氏 집에 시집가서 구박만 받다가 18세에 죽고 말았다고 한다. 蘇洵은 그런 집에 딸을 시집보낸 자신의 잘못을 스스로 나무라는 〈自尤詩〉를 짓기도 하였다.

譜學은 唐나라 때에 크게 유행하였다. 그러나 五代로 접어들면서 문벌이 붕괴되고 禮制가 피폐해지자 宋나라 때 歐陽脩와 蘇洵 같은 사람들이 나와서 족보를 만들고 보학을 진흥시켰는데, 그들은 가족제도를 확립하는 것이 사회 안정의 기초가 된다고 생각하였던 것이다.

40대 후반에 蘇洵은 앞에서 이야기한 세 가지의 政論 이외에도 여러 議論文을 썼다. 그중에 본서 권4에 실린 〈六經論〉 6편, 권5에 실린 〈史論 上·中·下〉, 〈諫論 上·下〉와 〈明論〉 1편, 권6에 실린 저술연대 미상의 〈史論〉 2편에 대하여 차례대로 조금 언급해보고자 한다.

〈六經論〉은 易, 禮, 樂, 詩, 書, 春秋 순으로 배열되어 있는데, 이 부분에 대해서는 앞에서 한 번 소개한 바 있는 何新所의 해설을 소개한다.

> 蘇洵은 聖人이 教化의 목표를 성취시키기 위하여 신비한 도리로 가르침을 베푸는 '神道設教' 식의 방식을 이용하였는데, 禮樂을 만들고 ≪周易≫의 괘를 만든 것은 모두 성인이 변화의 기미를 포착해내는 '微權'에서 나온 것으로, 이러한 神秘的이고 權變的인 방식을 통하여 항상 불변하는 도인 '經'에 이르게 한다는 것이

1) 何新所, 〈解題〉 ≪蘇洵集≫(中州古籍出版社, 2010) 6쪽 참조.

다. 그의 말에 의하면 성인이 ≪周易≫의 괘를 만든 목적은 성인의 도를 幽微하고 神秘하게 보이게 함으로써 성인의 도의 존엄을 유지하게 하려는 것이라는 것이다.

또 禮의 제도의 출발은 '恥'와 '拜' 같은 소소한 절목을 통하여 성인의 微權이 철저하게 드러나고, 이른바 禮樂制度라든가, 君父의 尊嚴하고 神秘한 베일도 따라서 열리게 된다. 蘇洵은 "나무를 깎아서 사람을 만들어놓고 아침저녁으로 그것을 향하여 절하게 하다가, 뒷날 그것을 쪼개어 장작으로 만들라고 한다면, 오히려 그것을 두려워 피하게 될 것이다.〔刻木以爲人 朝夕而拜之 他日析之以爲薪 而猶且忌之〕"라고 하여, 소위 '偶像崇拜' 심리의 본질을 심각하게 형상화하고 파헤쳐내었다.

蘇洵은 發生學的인 각도에서 출발하여, 禮, 易, 樂, 詩 4자가 모두 主從의 관계를 가지고 있다고 보았다. 예가 근본이 되고 나머지 세 가지는 각각 다른 측면에서 예의 부족함을 보충해주고 있지만, 최종 목표는 모두 성인의 도의 微權과 機變을 유지하도록 하는 데 있었다.[2)]

이러한 權變의 이론은 정통 儒家쪽보다는 오히려 荀子나 兵家들의 영향을 받은 것인데, 蘇洵은 유가의 道도 모름지기 이러한 微權의 도움을 받아야만 만세토록 유지될 수 있고 항상 새로워질 수 있다고 본 것이다.

그 다음에 그의 〈史論〉을 살펴보자. 본서 권5에는 〈史論 序〉와 〈史論 上·中·下〉 4편이 수록되어 있다. 그는 〈史論 序〉에서 "대저 그 어려움을 알기 때문에 생각을 깊이 하였고, 생각을 깊이 하였기 때문에 홀로 터득함이 있었다. 그래서 〈史論〉 3편을 짓는다.〔夫知其難 故思之深 思之深 故有得 因作史論三篇〕"라고 하여 자기가 터득한 독창적인 견해가 있음을 자부하고 있다.

〈史論 上〉에서는 經書와 史書 두 가지가 文章을 적는 수법에 있어서는 "사실〔事〕을 가지고 그것을 충실하게 하고, 문사〔詞〕를 가지고 그것을 드러나게 하고, 도리〔道〕를 가지고 그것을 관통하게 하고, 법도〔法〕를 가지고 그것을 단속시키는〔事以實之 詞以章之 道以通之 法以檢之〕" 취지는 똑같으나 형식만 다른 '一義二體'인데, 經書는 '道'와 '法'에 치중하고 史書는 '事'와 '詞'에 치중하는 차이가 있지만, 양자는 사실 서로 도와주는

2) ≪蘇洵集≫ 解題, 6쪽.

상보관계에 있다. 그렇기 때문에 경서를 존중하듯이 사서도 존중하여야 한다고 하면서 사서의 가치를 강조하였다.

〈史論 中〉에서는 ≪史記≫와 ≪漢書≫가 사서의 전범이 된 것은 事와 詞에 뛰어날 뿐만 아니라 道와 法에도 뛰어나서 ≪春秋≫의 뜻을 가장 잘 체득하였기 때문이라고 하면서, 이 두 책이 가지고 있는 네 가지 장점, 즉 '숨기면서도 밝히는 것〔隱而彰〕', '곧으면서도 너그러운 것〔直而寬〕', '간단하면서도 명료한 것〔簡而明〕', '작으면서도 절실한 것〔微而切〕'을 구체적으로 분석하였다.

〈史論 下〉에서는 한 걸음 더 나아가서, ≪史記≫, ≪漢書≫, ≪後漢書≫, ≪三國志≫ 등 前四史의 오류를 비평하였다.

蘇洵은 이러한 〈史論〉을 지어 雅州知事인 雷簡夫에게 바쳤는데, 雷簡夫가 "司馬遷의 筆法을 체득하였다."고 칭찬하면서 당시의 명사인 韓琦, 張方平, 歐陽脩 등에게 다시 추천하자, 이러한 명사들의 주목을 받기 시작하였다고 한다.

〈諫論 上・下〉편도 본서 권5에 수록되어 있다. 그 내용은 어떻게 하면 "君主로 하여금 諫言을 받아들이게 하느냐?" 하는 것과, "어떻게 하면 臣下로 하여금 간언을 바칠 수 있게 하느냐?" 하는 모순된 문제를 토론한 것이다. 〈諫論 上〉의 중심은 '術(술수)' 한 자에 있다. 그는 군주로 하여금 간언을 받아들일 수 있게 하려면 관건은 어떻게 간언을 권하는가 하는 '術'이 중요하다고 보았다. 〈諫論 下〉의 중심은 '勢(세리)' 한 자에 있다. 그는 신하로 하여금 간언을 바칠 수 있게 하려면 관건은 어떻게 '勢'로써 신하들이 간언을 바치도록 몰아붙이는가 하는 것이 중요하다고 보았다.

〈張益州畵象記〉는 앞에서 한 번 이야기한 바와 같이 蘇洵이 48세에 고향을 떠나서 成都를 거쳐, 長安으로 올라가서 당시 北宋의 수도인 開封으로 들어갈 때 당시에 益州知事로 成都에서 근무하던 張方平의 畵像을 보고 지은 글이다. 張方平은 중앙정부의 戶部侍郎 직함을 지니고서 益州知事로 나와서 외적의 침입을 조용하게 예방하여 큰 치적을 세우고 다시 중앙정부의 국가회계 총책임자인 三司使로 영전하여 가게 된다. 이 글은 이러한 張方平의 치적을 찬송한 글이다. 같은 해에 〈木假山記〉라는 글도 한 편 지었는데, 이 2편 모두 본서 권10에 수록되어 있고, 또 ≪古文眞寶≫ 같은 명문 선집에도 수록되어 있다.

〈木假山記〉는 蘇洵이 집에 가지고 있던, 오래되었지만 단단한 한 토막의 나무등걸이, 세 봉우리 같은 형상으로 다듬어진 것을 보고서, 그것이 마치 자기 3부자의 단단하고 우뚝한 모습과 비슷하다고 유추하여 쓴 것이다. 맨 앞에 나온 〈名二子說〉과 함께 두 아들에 대한 큰 기대를 나타낸 글이다.

나. 出蜀 이후의 著述

蘇洵이 開封에 올라와서 쓴 글 중에서 위의 著述編年表에 제일 처음 보이는 것은 〈送石昌言爲北使引〉이라는 글이다. 이 글에 관하여 아들 蘇軾이 쓴 발문(〈跋送石昌言引〉)에 의거하면, 이 글은 蘇洵이 48세 때인 '嘉祐 원년(1056) 9월 19일'에 쓴 것으로 되어 있다. 石昌言은 본명이 揚休이고, 蘇洵의 고향인 眉山의 친척이자 선배이다. 그는 이때 중앙정부에서 刑部外郎 겸 知制誥로 있었는데, 契丹(遼) 國母의 生辰 祝賀使로 차출되어 나갈 때 지어준 송별문〔送序〕이다. 본서 권10에 수록되어 있다. 어릴 때부터 고향에서 보아온 그의 모습을 추억하고, 지금 使臣으로 나가서 중국의 위엄을 굳게 지킬 것을 당부한 내용이다. 그러나 石揚休는 불행하게도 그때 추위에 중풍을 얻어 고생하다가 그 다음 해에 죽게 되었다고 한다.

이해에 전국의 軍隊를 주관하는 樞密使 韓琦와, 國政을 총괄하는 재상 文彦博과 富弼, 樞密副使 田況, 官邊學者의 대표격인 翰林學士 歐陽脩, 國家會計의 책임자인 三司使 張方平 등에게 두루 편지를 썼는데, 대개 자기의 정치적인 견해를 자세하게 설명하고 자기 자신을 추천하면서, 절차를 뛰어넘어 자기를 重用하여 줄 것을 요구하고 있다. 그 효과는 별로 크지 못하여 몇 년 뒤인 52세에 겨우 9급직인 秘書省校書郎을 받게 되었지만, 歐陽脩 같은 일시 文壇의 영수로부터 주목을 받게 되자 文人으로 명성을 드날리게 되었다. 이러한 편지들은 본서의 권2, 3에 수록되어 있다.

본서의 권1에는 51세 때 仁宗皇帝에게 올린 매우 긴 편지인 〈上仁宗皇帝書〉와 53세 때 禮書를 편찬하고 올린 짧은 글인 〈修禮書狀〉이 수록되어 있다. 저술 순서로 보자면 가장 晩年의 글들이다. 앞의 상소문에서는 아래의 열 가지 조목을 매우 근신하면서도 소상하게 건의하였다.

1. 地方政府에서 사람을 들어 쓰더라도, 반드시 淸廉과 能力을 따져서 쓸 것.
2. 蔭敍 혜택에 따른 任子制度를 운용하더라도 반드시 實力을 보도록 할 것.
3. 官吏의 考課制度의 근본 취지를 엄격하게 시행할 것.
4. 太守가 縣令에 대하여 監査를 행하되 禮로서 대할 것.

5. 武科 시험에서 특이한 인재 선발을 강화할 것.
6. 大臣들을 信任할 것.
7. 尊卑貴賤의 표시인 名號와 車服, 衣制 등 名器를 중시할 것.
8. 外國으로 使臣을 보낼 때 신중을 기할 것.
9. 郊祀를 계기로 함부로 赦免令을 내리지 말 것.
10. 宦官과 같은 小人輩들을 모두 제거할 것.

〈修禮書狀〉은 ≪太常因革禮≫ 100권을 완성하여 놓고 조정에 올린 보고문인데, ≪嘉祐集≫에서는 이 글 맨 뒤에 "이 일의 총책임자인 參知政事 겸 戶部侍郎님께 품신하오니 빠짐없이 기록하여 상주하시옵기를 빕니다.〔申提擧參政侍郎 欲乞備錄聞奏〕"라는 말이 덧붙어 있다. 이때 참지정사는 歐陽脩였는데, 그는 앞서부터 나라의 祭祀나 諡號 등 국가의 예절에 관한 실무를 관장하는 太常寺의 최고 책임자 중의 한 사람(同判太常寺)이었다.

이때 조정의 신료들 중에는 宋나라 건국 이래로 太常寺에서 주관한 기록들을 정리하는 데 임하여, 앞서 사람들이 실수한 점은 모두 제거하고 잘한 점만 살려 기록해야 한다고 주장하는 신료들이 있었다. 그러나 蘇洵은 그러한 입장에 반대하여 있었던 사실은 남김없이 모두 적어두어야 한다는 취지를 밝히고, 歐陽脩로 하여금 자기들의 이러한 취지를 이해하고서 편수해놓은 대로 모두 남겨주기를 청한 것이다. 이러한 주장도 매우 蘇洵다운 주장이라고 하겠으나, 그의 굳세고 호방한 성격이나 이미 관심을 기울여 지어둔 經世的인 저술의 내용과는 별로 잘 부합하지 않는 매우 지루하고 따분한 일을 맡아서 하다가 큰 뜻을 펴보지도 못하고 죽은 것이라고 하겠다.

3. 蘇洵의 文集과 選集 및 註釋書들

蘇洵의 글을 다 모은 문집인 ≪嘉祐集≫은 宋나라 때에 벌써 20권 본(曾鞏, 〈蘇明允哀辭〉)과, 15권 본(陳振孫, 〈書錄解題〉) 등 2종이 있었던 것 같은데, 明淸時代에는 16권 본 ≪嘉祐新集≫과 ≪老泉先生集≫, 明 淩濛初 刊의 13권 본과 淸 蔡士英 刊의 15권 본 등 몇 가지 異本이 통행되었던 것 같다. 지금 電子版으로 통행되는 文淵閣 四庫全書본은 16권 본 ≪嘉祐新集≫을 위주로 하고 ≪老泉先生集≫을 참작하여 필사한 것을 입력한 것이다.

최근에 와서 가장 자주 활용되는 책으로는 1993년에 上海古籍出版社에서 낸 曾棗莊과 金成禮가 표점하고 주석한 ≪嘉祐集箋注≫가 있는데, 역시 위의 16권 본들을 참고하여 편집한 책이다. 그 목차는 대개 다음과 같다.

권1 〈幾策〉 권2~3 〈權書〉 권4~5 〈衡論〉 권6 〈六經論〉
권7 〈太玄論〉 권8 〈洪範論〉 권9 雜論(〈史論〉, 〈諫論〉, 〈明論〉, 〈辨姦論〉 등)
권10 上書(上疏) 권11~13 書(편지) 권14 譜(족보) 권15 雜文
권16 雜詩
逸文 6편 逸詩 24수 부록 4편(傳記資料, 年譜 등)

이 중에 〈太玄論〉은 전한 말기의 학자 揚雄이 ≪周易≫에 관한 이론을 엮은 책인 ≪太玄經≫에 대한 이야기이고, 〈洪範論〉은 ≪書經≫의 洪範九疇에 관한 이야기이다. 지금까지 알려진 여러 종류의 蘇洵의 문집 판본과 흩어져 있던 글을 두루 모으고, 처음으로 전 작품의 주석까지 시도한 역작으로 보인다.

본서의 목차는 다음과 같다.

권1 上書 狀
권2~3 書
권4 論(〈六經論〉)
권5 論(〈史論〉, 〈諫論〉, 〈明論〉, 〈辨奸論〉)
권6 論(幾策)
권7 權書
권8~9 衡論
권10 記, 說, 引, 序

본서에 수록된 문장의 편수는 모두 61편인데, ≪老泉文集≫에 수록된 글 중에서 중요하다고 생각되는 글을 절반 이상 뽑아서 수록한 것이다.

본서에 대한 주석서로는 1998년에 西安의 三秦出版社에서 낸 ≪唐宋八大家文鈔 校注集評≫의 ≪老泉文鈔≫의 주석이 자못 상세하다. 이 책은 전문과 주석이 모두 간체자로 되어 있고 주석은 백화체로 되어 있는데, 앞에 언급한 ≪嘉祐集箋注≫에서 가끔씩 보이는 착오를 고친 것도 있다. 또 매편 뒤에 붙여둔 集評은 자못 상세하여 원문의 대의를 파악하거나, 원문의 가치를 알아보는 데 매우 유익하다.

위의 ≪嘉祐集箋注≫, ≪唐宋八大家文鈔 校注集評≫과 그밖에 여러 名文 선집의 주석 같은 것까지 참고하고서, 2010년에 낸 책이 鄭州의 中州古籍出版社의 唐宋名家文集叢書 중의 ≪蘇洵集≫이다. 역주자는 何新所이다. 이 책은 ≪老泉文鈔≫ 중에서 〈上仁宗皇帝書〉 같은 글 몇 편을 제외하고서 43편만 뽑아서 백화문으로 주석 번역한 책인데, 해제 격인 〈前言〉과 각 편의 해설이 요령 있게 잘 정리되어 매우 참고할 만하다.

4. 蘇洵에 대한 評價

가. 中國人들의 평가

蘇洵의 문학적인 재능과 평생의 저술, 개인적인 면모에 대하여서는 그와 동시대 사람이며 역시 唐宋八大家의 한 사람인 曾鞏이 다음과 같이 말하고 있다.

> 明允은 성이 蘇氏이고, 휘가 洵인데, 眉州 眉山 사람이다. 처음에 進士試를 보고 또 茂材異等科를 보았지만 모두 불합격하였다. 돌아와서는 지었던 글들을 모두 불태워버리고, 문을 닫고 책을 읽었는데, 5, 6년이 지나 學識이 많아지자 이에 비로소 다시 글을 짓기 시작하였다.
>
> 대개 적게는 더러 백 자, 많게는 혹 천 자가 되었는데, 그는 어떤 일을 끄집어내어 理致를 분석하였고, 어떤 사물을 이끌어다가 比喩를 들었고, 넘치는 것을 끝까지 파고들어 가서 간략하게 要約하였고, 멀리 있는 것을 가까이 가져다가 볼 수 있게 만들었고, 큰 것을 精微하게 할 수 있었고, 작은 것을 드러나게 만들 수 있었고, 번거롭되 어지럽지 않았고, 흩어놓되 흘러내리지 않게 하였다. 그 글들이 雄壯하고 俊偉함은 마치 黃河와 揚子江 물을 터서 아래로 흘러가게 하는 것과 같고, 그 글의 光輝가 明白함은 마치 별들을 이끌어다가 올려놓은 것 같았다. 그 대략이 이와 같으니, 내가 말한 바로써 내가 미처 다 말하지 못한 바를 미루어 알 수가 있을 것이다.……
>
> 明允이 지은 文集 20권이 세상에 통행되고 있다. 그가 집성한 ≪太常因革禮≫

100권, 다시 편정한 ≪謚法≫ 2권은 有司들이 보관하고 있다. 또 ≪易傳≫을 지었으나 완성하지 못하였다. 그 책을 읽어보면 그 사람이 가지고 있던 智識을 알 수 있을 것이다.

明允은 사람됨이 聰明하고 才辯을 가지고 있었는데, 사람을 만날 때면 기색이 온화하였으나 방책을 도모하는 것을 좋아하여 자기의 독특한 견해를 발표하는 데만 힘써 옛사람들의 자취를 따르는 것을 좋아하지 않았다. 자못 兵法을 논하기를 좋아하였는데, 개연히 功名에 뜻을 둔 사람이었다.[3)]

蘇洵의 문학적인 재능과 사람 됨됨이를 처음으로 잘 설명하고 있다. 위에서 언급한 미완성의 저서 ≪易傳≫은 아들 蘇軾이 완성하였는데, 최근에 한국어 번역본까지 나왔다.

같은 시대에 살면서도, 서로 사이가 좋지 않았다고 전해지는 또 다른 唐宋八大家의 한 사람인 王安石은 蘇洵에 대하여 다음과 같이 평하였다고 전해진다.

蘇明允은 戰國時代 〈유세가들의〉 合縱・連橫의 학문을 배웠다.……蘇洵의 〈機論〉, 〈衡策〉 같은 글은 문장이 매우 아름답다. 그러나 대개가 군사적인 모략, 權道의 이로움, 권도의 변화 같은 데 관계된 말들일 뿐이다.[4)]

이와 비슷하게, 역대의 전통 儒家들은 蘇洵의 〈六經論〉 같은 글도 도의 '微權'이나 '機變' 같은 측면을 강조하기 때문에 비난하는 의견이 많았고, 그의 지론을 '不根之談' 또는 '偏頗之論'으로 취급하였는데, 南宋의 朱熹는 "老蘇의 〈六經論〉을 보면 성인들은 모두 술수로써 천하를 속인 것이 된다."[5)]라고 그를 비난하였다.

본서를 편집한 茅坤도 〈老泉文抄引〉에서

蘇文公은 변방인 蜀 땅에서 우뚝하게 일어났다. 그의 학문은 申不害와 韓非를 근본으로 하였고, 그의 문장은 荀卿과 孟軻 및 ≪戰國策≫과 諸子百家의 설에서

---

3) 曾鞏, 〈蘇明允哀辭〉.

4) 邵博, ≪邵氏見聞後錄≫ 권14.

5) 朱熹, ≪朱子語類≫ 권130.

> 뒤섞여 나왔으니, 감히 옛날 六經을 공부한 학자들의 유업을 터득했다고 성급하게 말할 수는 없다. 그러나 날카롭게 구분을 짓는 의논과, 조용히 근심하는 생각과, 넓고 뛰어난 식견과, 기발하고 훌륭한 기상은 근대의 儒生들이 미칠 바가 아니다. 요컨대 韓愈와 歐陽脩 이하 여러 名家와 서로 表裏가 되고, 그의 두 아들이 이어서 명성을 떨쳐서, 嘉祐 연간에 지어진 이들 3부자의 글은 西漢 문장가들의 글과 風格이 서로 같다. 내가 글을 읽어보고 書·狀 14수와 論 37수와 記 4수와 說 2수와 引 2수와 序 1수를 기록하여 10권으로 만들었다.

라고 하여 비록 그의 문학적인 재능은 탁월하지만, 그의 학문은 꼭 유가의 정통은 아니라고 하였다.

최근세로 내려와서 중국의 고대산문 연구가 郭預衡 교수는 ≪中國古代文學史長編≫에서, 蘇洵의 문학관은 '有爲', '自然', '個性'을 주장한 것이라고 하였고, 산문의 명작으로는 議論文 중에서는 〈權書〉의 〈六國〉, 〈心術〉편과 〈諫論 下篇〉 등을 들고, 書啓贈序 중에서는 〈送石昌言爲北使引〉, 〈上歐陽內翰 제1서〉 등을 들었다.[6]

'有爲'라는 주장에 관한 郭교수의 근거를 보기로 한다.

> 어릴 때부터 아버님께서 글을 논하시는 것을 들었는데, 옛날 聖人들은 스스로 그만두고자 하여도 그만둘 수 없는 바가 있어 글을 짓게 된다고 하시었다. 그렇기 때문에 나와 아우는 글을 지은 것이 지극히 많지만 일찍이 감히 글을 짓는다는 생각을 가질 수 없었다.[7]

> 옛날 아버님께서는 서울로 가셔서 卿大夫들과 어울려 交遊하실 때 돌아오셔서 나에게 다음과 같이 말씀하셨다. "이 뒤부터는 文章이 아마도 나날이 쇠퇴할 것이요, 道가 장차 흩어질 것이다. 선비들은 먼 것만 좋아하고, 가까이 있는 것은 소홀히 하며, 화려한 것을 귀하게 여기고, 절실한 것은 천하게 여기니, 나는 이미 그 조짐을 보게 되었다."……선생의 詩文은 모두 위하는 바가 있어 지은 것이라……말은 반드시 당세의 잘못에 적중하고,……藥石과 같아서 반드시 당세의

6) 郭預衡·趙仁珪, ≪中國古代文學史長編≫(제4책, 首都師範大學出版社, 2000) 200~204쪽.
7) 蘇軾, 〈江行唱和集序〉.

病을 물리칠 수 있다.[8)]

위에서 인용한 蘇洵의 아들 蘇軾의 말을 종합하여 볼 것 같으면, '그만두고자 하여도 그만둘 수가 없는 것', '가까이 있는 것', '절실한 것'이 곧 '有爲'한 것이며, 그러한 것은 반드시 당세의 잘못을 적절하게 지적하고, 당세의 병폐를 물리칠 수 있어야 하는 것이라고, 자기 아버지 蘇洵의 문학에 대한 관점의 한 면을 정리하였다고 郭교수는 보았다.

나. 우리나라 사람들의 평가

蘇洵에 관련하여 한국고전번역원의 한국고전종합DB를 검색하여 보면 다음과 같은 통계를 얻을 수 있다.

蘇洵	고전번역총서 133건	왕조실록 18건	승정원일기 4건
	일성록 3건	문집총간 62건	
老蘇文	한국문집총간 7건		
嘉祐集	고전번역총서 1건		

우선 蘇洵의 사람됨과 그의 학문 경향을 종합하여 평한 글로는, 그가 王安石을 비판한 글인 〈辨奸論〉에 대한 평가가 자주 보인다.

> 〈辨奸論〉은 본디 蘇洵이 王安石 때문에 지은 것입니다. 王安石은 젊어서부터 명성이 크게 나서 그의 모친상에 당대의 인사들이 모두 가서 조문하였으나 蘇洵은 조문 가지 않고 이 글을 지었던 것입니다.
>
> 그 글에 말하기를 "얼굴에 때가 끼면 씻기를 잊지 않고 옷에 때가 끼면 빨기를 잊지 않는 것이 인지상정인데, 만일 어떤 사람이 노비나 하인의 옷을 입고 개나 돼지의 먹이를 먹고 죄수처럼 머리를 빗질하지 않고 喪을 당한 사람처럼 얼굴이 더러운 채로 詩書를 논한다면 이 어찌 사람의 정상적인 마음이겠는가." 하였으니, 이는 王安石이 평소에 꾸미는 것을 도외시하여 容貌와 衣服을 전혀 점검하지 않았는데, 蘇氏는 그가 일부러 괴이하고 과격한 일을 하여 스스로 고상한 체하려

8) 蘇軾, 〈鳧繹先生文集序〉.

는 것이 아닌가 의심하였던 것입니다. 그래서 사람의 정상적인 마음이 아니라고 배척한 것입니다.……

閔鼎重이 말하기를 "朱子가 '王安石이 꾸미는 것을 일삼지 않았던 것은 바로 그의 천품이 그러했던 것이다.'라고 말했습니다. 그래서 〈辨奸論〉에서 말한 사람의 정상적인 마음에 가깝지 않다는 것에 대해 신은 처음에는 꼭 그런 것은 아닐 것이라 여겼습니다……." 하였다.

내가 말하기를 "蘇氏가 王安石을 논한 것이 뒤에 사실로 입증되긴 하였으나 꾸밈을 일삼지 않은 것을 거짓된 마음에서 나왔다고 하는 것은 실상에 맞지 않습니다. 朱子가 王安石의 이 일을 논하면서 '呂伯恭(呂祖謙)도 그러하였다.' 하였으니, 어찌 이것을 가지고 사람의 바르고 바르지 않음을 판단할 수 있겠습니까? 蘇氏의 말은 요행으로 들어맞은 것일 뿐입니다. 그러나 그가 말한 '사람의 정상적인 마음에 가깝지 않은 일을 하는 사람 중에 매우 간특하지 않은 자가 드물다.'라는 것은 사실 일리가 있기 때문에 朱子의 말이 그러했던 것입니다." 하였다.[9)]

위의 글은 金昌協이 肅宗 9년 7월 16일에 어전에서 강의한 내용을 그의 문집에서 정리하여 수록하여 둔 것 중의 일부이다.

책을 모두 믿는다면 책이 없는 것만 못한 까닭에, 子貢은 "紂의 惡이 이와 같이 심하지는 아니하였을 것이다. 그러므로 君子는 下流에 있기를 싫어한다." 하였다. 殷나라와 周나라 때에도 오히려 血流標杵(전쟁터에 흐르는 피가 강을 이루어 절구공이〔杵〕라도 띄울 수 있다는 말)의 오류가 있었는데, 더구나 후세에 私意가 橫流한 뒤에야 더 말할 나위 있겠는가?

王安石은 명분으로 패한 사람이다. 군자가 취하지 않는 바이지만, 史傳에 기록한 것에는 극히 놀랄 만한 것이 있으나, 나는 꼭 그렇지는 않다고 여긴다. 朱子가 이미 ≪名臣錄≫에 실었은즉 거기에는 반드시 취할 것이 있을 것이다. 王安石이 일찍이 侍宴에서 꽃을 감상하다가 고기 낚을 미끼를 모두 먹어버리자, 仁宗은 "王安石은 거짓된 사람이다. 우연히 먹었다면 가하지만 이것을 모두 다 먹기에 이른 것은 거짓이다." 하였다. 뒷사람은 그것을 가지고 定論으로 여긴다.

---

9) 金昌協, ≪農巖集≫ 권10 〈經筵講義〉.

그러나 朱子가 이르기를 "荊公(王安石)은 음식에 대하여 전혀 기호하는 것이 없고, 오직 가까이 있는 것은 모두 먹었을 뿐인데, 좌우의 사람들은 그가 좋아하는 것으로 의심한다. 명일에 다른 물건으로 바꾸어 가까이 두고 이 물건은 먼 곳에 놓아두면 먹지 않을 것이다. 이따금 먹을 때에 일찍이 맛을 알지 못했다. 낚시 미끼를 먹은 것으로 말하면 당시 사람들은 거짓이라고 여기지만, 실은 알지 못한 것이다. 근세에 呂伯恭도 그러하여 얼굴에는 때가 끼고 몸은 더러워도 아랑곳하지 않았고 음식도 많고 적음을 알지 못하였으니, 요컨대 바로 이 같은 일들을 문득 마음을 놓아버린 것이다. 〈辨奸論〉에 이런 것 등을 가지고 증거로 삼았으나 그렇지 않다고 생각된다."고 하였다.

생각하건대 王安石의 節槪와 행실의 高潔함을 어찌 老蘇에 비길 수 있겠는가? 老泉의 논거는 私心에서 나온 데에 지나지 않으니, 그 일이 부끄럽다. 특히 王安石이 일을 하다가 많이 어긋남으로 인하여 명예가 실추된 뒤에, 사심을 낀 의논으로 만세의 정론이 되게 하려 하였으니 가소롭다. 그러므로 歐公(歐陽脩)이 老泉의 碑文을 지을 때에 이 언론은 싣지 아니하였다.[10)]

이 글은 星湖 李瀷이 쓴 〈荊公・老泉〉이라는 글의 전문이다. 위의 두 글은 모두 蘇洵이 王安石을 공격한 것이 좀 지나치다고 보았다. 뒷글에서는 蘇洵이 王安石을 공격한 것이 아무래도 사심에서 나온 것으로 보았다.

역사에서 王安石을 어떻게 보느냐는 문제는 그가 행한 改革을 어떻게 해석하느냐는 문제와도 결부될 수가 있고, 蘇洵을 어떻게 보느냐는 문제는 그의 두 아들까지 연결되는 '蜀學'과 程頤・程顥 형제의 '洛學'과의 대립에서 어느 쪽을 지지하는가 하는 문제와도 자못 결부된다. 南宋에 와서 朱熹는 王安石이 조급하게 개혁을 서둘다가 실패한 사실을 공적으로는 비난하고 있지만, 개인적인 면모에 관하여서는 결코 蘇洵이 지적한 바와 같이 그렇게 본심조차도 속속들이 추악한 인간으로 보지는 않았다. 학문적인 맥락으로 말하자면 그는 洛學 쪽으로 맥을 이은 것이기 때문에, 우리나라의 儒學者들도 대개는 朱子의 평가에 따르고 있음을 볼 수 있다.

선생(朱子)이 일찍이 蘇學의 사특함을 논하였는데, 거기에서 "통달을 귀하게

10) 李瀷, ≪星湖僿說≫ 권18 〈經史門〉.

여기고 名檢을 천하게 여기며, 天理를 해치고 人心을 혼란시키며, 道術을 방해하고 風敎를 무너뜨린다. 만약 그가 뜻을 얻었더라면 간신인 蔡京의 행위를 스스로 하지 않았을 것이라고 할 수가 없다." 하였다.

또 "天子의 權勢를 끼고서 諸侯를 號令하는 것은 곧 權臣이 跋扈하여 자신의 위치를 천하에 과시하는 것이니, 어찌 참으로 군주를 높이는 것인가. 만약 儒者들이 도를 논하면서 이런 마음을 갖는다면, 이 또한 참으로 六經을 높이는 것이 아니다. 이것은 그 心術이 반복무상하여 도에서 어긋남이 천리만리나 떨어져버린 것이다. 또 그는 자신이 스스로 사특한 논설과 그릇된 행동을 하기에도 여가가 없었는데, 어느 여가에 諸子百家를 공격하여 자기에게 복종하기를 바랄 수 있겠는가? 무릇 이런 것들은 다 蘇氏의 마음에 가리운 바가 있기 때문이다." 하였다.[11)]

이 글은 宋時烈의 〈朱子言論同異考〉에서 인용한 글이다. 宋時烈이 인용한 朱子의 이 말이 중국에서나 한국에서나 朱子 추종자들에게는 정설로 받아들여졌을 것이다.

唐宋八大家의 글로는 茅鹿門이 抄錄해놓은 것이 가장 中正하다. 柳宗元은 韓愈와 伯仲之間이라고 해야 하겠으나, 歐陽脩·王安石·曾鞏은 전적으로 韓愈에서 나왔다고 할 것이요, 三蘇 역시 ≪莊子≫와 ≪國語≫를 배웠어도 韓愈의 법도 밖으로 벗어나지 못했다고 하겠다.[12)]

書架를 찾아보니 三蘇의 글이 있었다. 나는 이것을 읽고 평론하기를 "洵은 힘차고〔怒〕, 軾은 깨달았고〔悟〕, 轍은 鋪張하였다고나 할까? 그러나 蘇氏의 글은 晁錯·賈誼·公孫龍의 緖餘보다 洋洋하다." 하였다.[13)]

위에 인용한 글 2편은 다 三蘇의 글을 논한 것인데, 李植은 三蘇의 글도 韓愈의 영향에서 벗어난 것이 아니라고 보았고, 李德懋는 이 3부자의 차이는 '힘차고〔怒〕', '깨달았

11) 宋時烈, ≪宋子大全≫ 권130 〈雜著〉.

12) 李植, ≪澤堂別集≫ 권14 〈雜著〉.

13) 李德懋, ≪青莊館全書≫ 제3권 〈嬰處文藁〉.

고〔悟〕', '鋪張함'에 있다고 보았다.

蘇洵의 개별 작품에 대하여 조선 선비들은 어떻게 보았는지 좀 살펴보자. 丁若鏞은 〈易論〉이라는 글에서 蘇洵의 〈易論〉을 다음과 같이 비판하였다.

> 옛날 蘇洵의 말에 "聖人의 道가 폐해지지 않는 것은, 그것을 禮(≪禮記≫)가 밝게 하고 易(≪周易≫)이 그윽〔幽〕하게 하기 때문이다. 사람이 존귀하게 된 것은 그 마음속에 엿볼 수 없는 것이 있기 때문이다. 이로 인하여 ≪周易≫을 지어서 세상 사람의 귀와 눈을 神奇하게 함으로써 그 道가 드디어 존귀하게 되었으니, 이는 聖人이 그 機權(機略과 權謀)을 사용하여 세상 사람의 마음을 잡아 가진 것이다." 하였으니, 아, 蘇氏가 여기에서 말을 잘못한 것이다.
>
> 대체로 성인이 성인 된 이유는, 그 至誠으로 事物에 대응하여 그 하는 일과 하는 말을 마치 해와 달이 하늘에 밝은 것처럼 환하게 하여, 털끝만큼도 어둡고 가리워져서 의심할 만한 것이 없기 때문이다. 그 深奧한 이치를 통달하지 못하여, 그를 위해 彷徨하며 쳐다보면서도 그것이 그렇게 된 이유를 모르는 것은 바로 그 앎이 미치지 못한 바가 있어서이지, 성인의 뜻은 아니다.……
>
> 이로써 세상 사람들의 귀와 눈을 신기하게 해서, 그들이 몸을 굽혀 땅에 엎드려서 두 손을 모아 백 번 절하면서 나를 높여주기를 바란다면, 聖人이 참으로 이러할 수 있겠는가. 이는 다만 浮屠나 釋氏의 무리 및 후세의 용렬하고 우둔한 老醜들로, 河圖와 洛書의 그림을 만들어 이것을 壁에 붙여두고 부당한 방법으로 분수에 넘치는 명예를 훔치는 자가 하는 짓이다. 일찍이 성인의 뜻이 이와 같다고 하였던가.
>
> 대저 機權을 설치하여 온 천하 사람의 마음을 손아귀에 쥐는 일은 바로 霸主의 計略이요 兵家의 謀計인데, 일찍이 伏羲·神農·文王·周公·孔子 같은 성인들에게 이와 같은 일이 있었다고 하였던가.
>
> 그리고 ≪周易≫이 또한 무슨 隱微한 것이 있는가. 〈說卦〉를 만들어서 羊·소〔牛〕·말〔馬〕·돼지〔豕〕의 形象을 비유하고, 翼傳을 만들어서 그 변하여 옮겨가고〔推移〕, 가고 오고 하는 자취를 나타내고, 九니 六이니 하는 숫자를 만들어서 그 變動하고 遷流하는 用度를 나타내었다.……≪周易≫이 또한 무어 그리 은미한 것이 있단 말인가.[14]

이와 비슷한 견해는 일찍이 許穆이 쓴 〈答客論文〉이라는 글에서도 읽을 수 있다.

> 설사 ≪周易≫에서 〈彖傳〉과 〈象傳〉의 기이함과 十翼의 변화가 후세에 나왔다 하더라도 程朱氏가 없었다면 그것을 볼 때 ≪陰符經≫이나 ≪太玄經≫에 비교함에 그치고 말았을 것입니다.
>
> 文王과 周公과 孔子가 후세를 속이지 않았음은 어리석은 자도 모두 알고 있는데, 蘇洵은 말하기를 "성인은 易에서 그 機權을 써서 천하를 유지하였고 그 도를 이루었다."라고 하였으니, 蘇洵이 古文에 대해서 스스로 성인의 도를 얻었다고 하면서도 오히려 그 말이 이와 같습니다. 그러니 두 蘇氏의 편벽됨은 말할 것도 없습니다.[15)]

이러한 견해들 역시 위에서 인용한 바 있는 蘇洵의 〈六經論〉에 대한 朱熹의 비판과 일맥상통한다. 그 외에도 蘇洵이 쓴 〈春秋論〉, 〈管仲論〉 같은 글에 대한 몇몇 사람들의 논의를 읽을 수도 있으나, 여기서 일일이 다 언급하는 것은 피하기로 한다.

다만 韓末의 金允植의 문집 ≪雲養集≫(권15, 〈雜著〉)에서 〈八家涉論〉이라는 제목 아래 蘇洵에 관해서 〈上仁宗皇帝書〉, 〈上田樞密・王長安書〉, 〈上余青州書〉, 〈六經論〉, 〈辨奸論〉, 〈譽妃論〉, 〈審勢論〉, 〈權書・衡論〉, 〈論兵事〉, 〈結論〉의 10편의 글이 수록되어 있음이 흥미롭다.

이 중에서 첫 번째 글과 마지막 글만 좀 번역하여 소개하고자 한다.

> 벼슬을 하지 않은 布衣의 하잘것없는 신분으로서 황제에게 굽히지 않고 글을 올린다는 것은 戰國時代 처사의 기풍이 있는 것이다. 秦漢 이후로는 잘 보이지 않은 일이다. 나는 생각하기를 처음 시작할 때 먼저 천자의 덕과 왕자의 도리를 진술하여 人主가 지닐 心術에 관하여 이야기하는 것으로 실마리를 열어놓은 뒤에 당면한 문제에 대하여 말을 늘어놓는다면 本末이 확실할 것인데, 지금 이 글을 보니 그렇지 않다.
>
> 그 열 조항의 첫머리에 "利益이 있는 곳에 천하 사람들이 따라 모입니다. 옛날

---

14) 丁若鏞, ≪丁茶山詩文集≫ 권11 〈論〉.

15) 許穆, ≪眉叟記言≫ 原集 上篇 제5권.

聖賢은 그 큰 이익을 거머쥘 권한을 가지고 있기 때문에 온 천하 사람들을 분주하게 만들 수 있습니다."라고 하였다. 이것이 도대체 어찌 된 말인가? 무릇 商君(商鞅)과 같이 술수를 좋아하는 사람이라 하더라도 秦 孝公을 만나서 감히 이렇게 먼저 權과 利를 들어 말할 수 없는 것은, 그러한 단어들이 담고 있는 뜻이 바르지 못해서 그러한 것인데, 지금 老蘇氏는 황제를 향하여 이러한 말을 함부로 마구 하면서도 힘에 차서 스스로 머뭇거림이 없다. 그러나 그 견해가 商君보다도 훨씬 아래이니 정말 슬프구나.

그러나 利害를 들어 진술한 바가 특히 명쾌한데, 말이 많지만 지루하지 않으니, 저절로 文中之龍이라고 하겠다.

老蘇의 문장은 바람이 천 척의 심저에서 파랑을 들어 일으킴과 같다. 고기와 뱀, 교룡이 모두 이 때문에 흔들거려 불안할 것이다. 그 기세는 漢나라와 唐나라의 文壇을 우습게 보고 있으니, 비록 韓昌黎(韓愈)의 우뚝함이라도 끝내 그를 반기지 않고, 정말 어떤 핑계를 대고서 옷깃을 거두어 회피할 것이다. 그 두 아들에 이르러서는 기운이 조금 쇠퇴하고 있다.

그는 비록 蘇洵의 글 내용에 대해서는 별로 동감을 표시하지 않고 있지만, 그 문장에 관해서는 극찬을 하고 있다. 이 評論文들 역시 매우 재미있는 명문들이다.16)

5. 맺는말

지금까지 언급한 내용을 요약하자면 다음과 같다.

1. 蘇洵은 蜀 지방에서, 정통적인 학문보다는 遊俠을 숭상하는 家門에서 태어나서 어릴 때에는 별로 讀書에 관심이 없었다.

   20세 전에 처음 과거시험에 도전하였으나 실패하였고, 20대 중반이 훨씬 지나서야 發憤讀書하기 시작하여 10여 년을 넘긴 40대 초반부터 6, 7년간 여러 가지 독특한 글을 저술하였다.

   그 내용은 대개 兵謀, 權利, 機變을 위주로 하였다. 그 근원은 대개 戰國時代의

16) 지금 연세대학교 국학연구원에서 ≪雲養集≫을 완역하고 있으니, 그 번역이 나오면 이 〈八家涉論〉 전문을 좀 더 쉽게 접할 수 있을 것이다.

兵家, 韓非子, 縱橫家, 荀子 등에서 나온 것이고, 순수한 儒家 계통은 아니었는데, 이 점이 바로 당시의 中原의 純粹 儒學者들과는 다른 점이다. 蘇洵과 그의 두 아들까지도 이러한 아버지의 영향을 받았기 때문에, 이 蘇氏 3부자의 학문경향을 흔히 '蘇學' 또는 '蜀學'이라고 한다.

2. 48세 때에 다시 당시의 수도인 開封으로 나와서 이러한 자기의 저술을 당시에 집권을 하고 있던 여러 재상들에게 올리면서, 자기의 능력을 인정하여 중용하여 주기를 바라는 편지를 여러 번 썼으나, 52세에 겨우 젊은 과거 합격자들이 처음 받는 秘書省校書郎이라는 9품직을 받았다. 霸州의 文安縣主簿라는 지방의 관료가 되었으나, 적성에도 맞지 않고 또 별 흥미도 느끼지 못하는 禮書를 편찬하는 사업에 차출되기도 하였다.

그러나 그의 저술을 본 여러 大臣들 중, 특히 당시 文壇에 새로운 바람을 일으키고 있던 歐陽脩 같은 사람에게 문장실력을 인정받고, 두 아들이 모두 여러 어려운 과거 시험을 무난하게 통과하면서, 이 蘇氏 3부자는 명성을 크게 떨치게 된다.

3. 蘇洵의 저술 내용에 관하여서는 그 뒤 중국이나 우리나라에서 모두 그렇게 큰 지지를 받지 못하였지만, 그의 文章에 관하여서는 茅坤이 말한 바와 같이 '날카롭게 구분을 짓는 議論과 조용히 근심하는 생각과 넓고 뛰어난 識見과 기발하고 훌륭한 氣像〔鑱畫之議 幽悄之思 博大之識 奇崛之氣〕' 때문에, 그의 論說文이나 書啓雜記 류의 記敍文이 모두 독자의 마음을 뒤흔들어 놓는다. 이 점이 바로 그가 唐宋八大家의 한 사람으로 뽑힌 이유이다.

≪唐宋八大家文抄≫ 중 北宋의 蘇洵의 글을 뽑아 엮은 〈老泉文抄〉의 번역 제안을 받고, 歐陽脩를 전공하고 그 산문선집을 번역해서 펴낸 魯長時 교수와, 朱子의 詩를 전공하고 그 시를 번역하고 있는 張世厚 박사와 상의하여 3인이 공역하기로 하였다.

그 도입부와 제1권 및 제10권은 李章佑가, 제2~5권은 張世厚가, 제6~9권은 魯長時가 맡기로 하고 번역에 착수하였다. 역문의 저본은 한국에서 나온 ≪唐宋八大家文抄≫(戊申字本)의 ≪老泉文抄≫로 하기로 하고, 참고도서로는 上海古籍出版社에서 나온 ≪嘉祐集箋注≫와 西安의 三秦出版社에서 나온 ≪唐宋八大家文鈔 校注集評≫을 주로 활용하였다.

이 번역작업을 진행하면서 공역자가 되어준 노장시 교수와 장세후 박사에게 다시 고 마음을 표하며, 이전부터 ≪唐宋八大家文抄≫ 독회를 계속하여 온 사단법인 동양고전연구회의 남경여, 반재홍, 이경혜, 김경숙 회원님들에게도 심심한 사의를 표한다. 그분들은 이 작업이 계속되는 동안 시종일관 이 ≪老泉文抄≫를 가지고 독회를 계속하면서, 번역된 원고를 다시 읽어주면서 여러 가지 조언을 하여주었다.

2011년 12월 20일 밤 영남대도서관에서

參考文獻

- 曾棗莊・金成禮 箋註, ≪嘉祐集箋注≫, 上海古籍出版社, 2001.
- 高海夫 主編, ≪唐宋八家文鈔 校注集評≫, 三秦出版社.
- ≪唐宋八家文抄≫, 조선 목판본.
- 何新所 注譯, ≪蘇洵集≫, 中州古籍出版社, 2010.
- 孔凡禮 撰, ≪三蘇年譜≫(전3책), 北京古籍出版社, 2004.
- 郭預衡 趙仁珪 著, ≪中國古代文學史長編≫(제4책), 首都師範大學出版社, 2000.
- 이장우・우재호・박세욱 공역, ≪古文眞寶≫(後集), 을유문화사, 2011년(4판).
- 電子版 文淵閣 四庫全書, 上海古籍出版社.
- 한국고전종합DB, 한국고전번역원.

凡 例

1. 本書는 東洋古典譯註叢書의 한 책이다.
2. 本書는 戊申字本 ≪唐宋八大家文抄≫(國會圖書館 所藏本, 刊年未詳)를 저본으로 하고, ≪嘉祐集≫ 및 ≪唐宋八大家文鈔 校注集評≫(高海夫 主編, 三秦出版社, 北京, 1998)을 참고하였다.
3. 本書는 원전의 傳統性과 번역의 現代性을 구현하기 위해 노력하였다.
4. 原文에 懸吐하고 번역하였다.
5. 原文의 分節은 ≪唐宋八大家文鈔 校注集評≫을 참고하되, 단락이 길 경우에는 역자의 재량으로 재차 분절하여 가능한 한 原文이 한 면의 반을 넘지 않도록 하였다.
6. 飜譯은 原義에 충실하게 하되, 이해가 어려운 부분은 意譯 또는 補充譯을 하였다.
7. 譯註는 인용문의 출전과 故事와 難解語, 그리고 사건의 역사적인 배경, 인물, 官職에 관한 사항을 밝히되 ≪唐宋八大家文鈔 校注集評≫ 등을 참고하였다.
8. 題下註를 달아 독자들의 이해를 돕고자 하였다.
9. 본서에 사용된 주요 符號와 略號는 다음과 같다.

“ ” : 對話, 각종 引用
‘ ’ : “ ” 안에서 再引用, 强調
「 」 : ‘ ’ 안에서 再引用
( ) : 原文 중의 괄호는 漢字의 音, 同字, 通用字, 俗字의 正字
번역문 중의 괄호는 간단한 註釋
≪ ≫ : 書名이나 典據
〈 〉 : 篇章名, 作品名, 原文의 補充, 補充譯
〔 〕 : 번역문과 뜻은 같으나 音이 다른 한자와 한문

參考書目

· 曾棗莊 金成禮 箋註, ≪嘉祐集箋注≫, 上海古籍出版社, 2001.
· 高海夫 主編, ≪唐宋八家文鈔 校注集評≫, 三秦出版社.
· ≪唐宋八家文抄≫, 조선 목판본.
· 何新所 注譯, ≪蘇洵集≫, 中州古籍出版社, 2010.
· 周振甫 譯注, ≪蘇洵散文選≫, 江蘇教育出版社, 2005.
· 牛寶彤 選注, ≪三蘇文選≫, 四川人民出版社, 1983.
· 曾棗莊 撰, ≪三蘇文藝思想≫, 四川文藝出版社, 1983.
· ——— 撰, ≪蘇洵評傳≫, 四川人民出版社, 1983.
· 金國水, ≪蘇洵≫, 北京中華書局, 1984.
· 劉少泉, ≪蘇老泉年譜≫, 三蘇文管所, 1981.
· 孔凡禮 撰, ≪三蘇年譜≫(전3책), 北京古籍出版社, 2004.
· 하원수, ≪講座 中國史 3≫(宋代士大夫論), 지식산업사, 2010(18판).
· 郭預衡·趙仁珪 著, ≪中國古代文學史長編≫(제4책), 首都師範大學出版社, 2000.
· 이장우·우재호·박세욱 공역, ≪古文眞寶≫(後集), 을유문화사, 2011년(4판).
· 林語堂 著, 陳英姬 譯, ≪蘇東坡評傳≫, 知識產業社, 2000.
· 淸水茂 著, ≪唐宋八家文≫(3권), 朝日新聞社, 1956.
· 筧文生 著, ≪唐宋八家文≫, 角川書店, 1989.
· 電子版 文淵閣 四庫全書, 上海古籍出版社.
· 한국고전종합DB, 한국고전번역원.

目 次

卷3 書

卷4 論

卷5 論

卷6 論

卷7 權書

卷8 衡論

卷9 衡論

卷10 記·說·引·敍

附 錄

蘇文公文抄引* ≪蘇文公文抄≫의 서문

* 蘇文公은 자가 明允, 호가 老泉인 蘇洵(1009~1066)을 말한다. 두 아들 蘇軾, 蘇轍과 함께 三蘇로 불리어져 소순은 老蘇, 소식은 大蘇, 소철은 小蘇라 일컫는다. 文公은 우아한 문장으로 인하여 붙여진 당시 사람들의 美稱이며 나라에서 내린 諡號는 아니다.

引은 문체 이름으로 唐나라 이후에 비로소 이 문체가 생겼으니, 대체로 序와 같으나 조금 간략하고 짧은 문체이다. 소순이 아버지의 이름인 '序'를 피하여 '引'으로 쓰면서부터 후세 사람들이 引과 序를 混用했다.

蘇文公은 崛起蜀徼라 其學은 本申韓[1)]하고 而其行文은 雜出於荀卿孟軻[2)]及戰國策諸家하니 不敢遽謂得古六藝[3)]者之遺라 然이나 其鑱畫之議와 幽悄之思와 博大之識과 奇崛之氣는 非近代儒生所及이라 要之韓歐而下與諸名家로 相爲表裏요 及其二子繼響하여 嘉祐之文[4)]이 西漢同風矣라 予讀之하고 錄其書狀十四首와 論三十七首와 記四首와 說二首와 引二首와 序一首하여 釐爲十卷하니라 歸安鹿門茅坤[5)]題하노라

蘇文公은 변방인 蜀 땅에서 우뚝하게 일어났다. 그의 학문은 申不害와 韓非를 근본으로 하였고, 그의 문장은 荀卿과 孟軻 및 ≪戰國策≫과 諸子百家의 설에서 뒤섞여 나왔으니, 감히 옛날 六經을 공부한 학자들의 유업을 터득했다고 성급하게 말할 수는 없다. 그러나 날카롭게 구분을 짓는 의논과, 조용히 근심하는 생각과, 넓고 뛰어난 식견과, 기발하고 훌륭한 기상은 근대의 儒生들이 미칠 바가 아니다.

요컨대 韓愈와 歐陽脩 이하 여러 名家와 서로 表裏가 되고, 그의 두 아들이 이어서 명성을 떨쳐서, 嘉祐 연간에 지어진 이들 3부자의 글은 西漢 문장가들의 글과 風格이 서로 같다. 내가 글을 읽어보고 書·狀 14수와 論 37수와 記 4수와 說 2수와 引 2수와 序 1수를 기록하여 10권으로 정리하여 만들었다.

歸安 鹿門 茅坤이 쓰다.

1) 申韓 : 전국시대의 法家인 申不害와 韓非를 가리킨다.

2) 荀卿孟軻 : 荀卿은 性惡說을 주장한 荀子, 孟軻는 性善說을 주장한 孟子이다.

3) 六藝 : ≪周禮≫에서는 禮·樂·射·御·書·數의 여섯 가지 기예를 말하고, ≪史記≫에서는 詩·書·禮·樂·易·春秋 즉 六經을 말하는데, 여기서는 육경을 가리킨다.

4) 嘉祐之文 : 嘉祐는 宋 仁宗의 연호(1056~1063)로 이때 지어진 蘇氏 3부자의 글을 함께 칭한 것이다.

5) 茅坤 : 1512~1601. 明나라 때의 문장가로, 자는 順甫, 호는 鹿門이며, 浙江省 歸安縣 사람이다. 嘉靖 17년(1538) 진사에 급제하였고, 唐宋八家의 글을 抄錄하였다.

蘇文公本傳* 蘇文公의 傳記

* 이 글은 ≪宋史≫ 권443의 〈文苑列傳〉 5에 수록된 蘇洵의 列傳 내용을 요약한 것이다.

蘇洵은 字가 明允이요 眉山[1)]人이라 年二十七에 始發憤爲學하여 擧進士及茂才異等[2)]이나 皆不中한대 悉焚常所爲文하고 閉戶益讀書하여 遂通六經百家之說하여 下筆頃刻數千言하니라 至和嘉祐[3)]間에 與二子軾轍來京師하니 翰林學士歐陽脩가 上其所著文二十二篇하니라 旣出에 士大夫爭傳之하고 一時學者競效蘇氏爲文章하니라 宰相韓琦奏于朝하여 召試舍人院[4)]한대 辭疾不至하니 遂除秘書省校書郎이라 會太常修纂建隆以來禮書[5)]라 乃以爲霸州文安縣主簿하여 與陳州項城令姚闢으로 同修禮書하여 爲太常因革禮一百卷하니라 書成하여 方奏未報에 卒하니 年五十八이라 賜其家縑銀二百이러니 軾辭所賜하고 求贈官하여 特贈光祿寺(시)丞이라 有文集二十卷과 諡法三卷이라

蘇洵은 자가 明允이고 眉山 사람이다. 27세에 비로소 분발하여 학문을 닦아 進士科와 茂才異等에 응시하였으나, 모두 합격하지 못하자 평소에 지은 글들을 모두 불태워버리고 문을 걸어 잠그고 더욱 讀書에 전념하여, 마침내 六經과 諸子百家의 설에 통달하여 붓을 잡으면 잠깐 사이에 수천 言의 글을 지어내었다.

至和와 嘉祐 연간에 蘇軾·蘇轍 두 아들과 함께 서울에 올라오니, 한림학사 歐陽脩가 蘇洵이 지은 글 22편을 天子(혹은 재상 韓琦)께 올렸다. 그의 글이 세상에 나오자 사대부들이 앞다투어 전하고, 한동안 학자들이 蘇氏가 지은 문장을 경쟁하듯이 모방하였다.

재상 韓琦가 조정에 아뢰어 舍人院에 불러 시험을 보게 하였는데 병으로 사양하고 이르지 아니하니, 마침내 秘書省校書郎의 관직을 제수하였다. 때마침 太常寺에

서 建隆 이래의 禮書를 편찬하고 있었다. 이에 霸州의 文安縣主簿로 삼아서 陳州의 項城令인 姚闢과 함께 예서를 편찬하게 하여 ≪太常因革禮≫ 100권을 만들었다. 책이 완성되자 바야흐로 주달하여 회보가 내려오기 전에 죽으니 58세였다. 천자께서 그의 집에 합사비단과 은 200냥을 하사하였으나, 소식이 하사한 물건을 사양하고 관직을 증직해줄 것을 요구하여 특별히 光祿寺丞의 관직을 증직받았다. 文集 20권과 ≪謚法≫ 3권이 있다.

1) 眉山 : 지금의 四川省에 속하는 縣名이다.
2) 茂才異等 : 지방의 수재를 중앙정부에 천거하여 시험을 보이는 제도인 貢擧 과목의 하나로 漢 武帝 때에 처음 시작하였으며, 宋 仁宗 天聖 7년(1029)에 조칙을 내려 제도를 두었다. 蘇洵이 1년 남짓 공부하여 29세에 시험을 보았으나 합격하지 못하였다.
3) 至和嘉祐 : 至和(1054~1055)와 嘉祐(1056~1063)는 宋 仁宗의 연호이다.
4) 召試舍人院 : 召試는 천자의 앞에서 시험을 보게 한 제도이고, 舍人院은 中書舍人과 知制誥가 황제의 誥命을 맡아보는 곳이다.
5) 會太常修纂建隆以來禮書 : 太常은 禮樂 · 郊廟 · 社稷 등을 맡아보던 관청인 太常寺를 말하고, 乾隆(960~962)은 宋 太祖의 연호이다.

宋大家蘇文公文抄 卷1

上書·狀

01. 上仁宗皇帝書* 仁宗皇帝께 올린 글

* 蘇洵이 지은 22편의 글을, 歐陽脩가 선발하여 채택하도록 상부에 청하니, 仁宗이 策論을 시험하도록 명하였다. 그때인 嘉祐 3년(1058)에 蘇洵이 당시 政事에 폐단이 되는 열 가지의 일을 올린 글이다.

此書反覆數千言이 如抽藕中之絲하여 段段有情緖하여 可愛하고 而中間指陳時政處에 又往往深中宋嘉祐間事宜하니 老泉一生文章政事를 略見於此矣라

이 글은 수천 마디의 말을 반복한 것이 연뿌리에서 실을 뽑는 것 같아 단락 단락이 정서가 있어 사랑할 만하고, 글 중간에 당시의 정사를 지적하여 편 곳에는 또 이따금 宋나라 嘉祐 연간의 일의 형편에 깊이 적중하니, 老泉의 일생의 文章과 政事를 대략 이 글에서 볼 수 있다.

前月五日에 蒙本州錄到中書箚子하고 連牒臣하오니 以兩制[1)]議上翰林學士歐陽脩奏臣所著權書衡論幾策二十二篇하여 乞賜甄錄이니이다 陛下過聽하사 召臣試策論舍人院하여 仍令本州發遣臣赴闕하시니이다

지난달 5일에 本州(眉州) 관서에서 中書省의 箚子를 받고 이어서 신을 불러들이는 공문을 받자오니, 翰林學士 歐陽脩가 신이 지은 〈權書〉, 〈衡論〉, 〈幾策〉 등 22편을 兩制에서 의논하여 심사해서 채택하기를 청하는 글을 올려서입니다.

폐하께서 과분하게 들으시고 신을 불러 舍人院에서 策論을 시험하기 위하여 本州에 명령하여 신을 대궐에 이르라 하셨습니다.

1) 兩制 : 宋代의 內制와 外制를 합하여 兩制라 칭한다. 翰林學士가 황제의 誥命을 관장하는 것을 내제라 하고, 中書舍人과 知制誥가 황제의 고명을 관장하는 것을 외제라 한다.

臣本田野匹夫로 名姓不登於州閭니이다 今一旦卒然被召하니 實不知其所以自通於朝廷하여 承命悸恐하여 不知所爲니이다 以陛下躬至聖之資하시고 又有群公卿之賢과 與天下士大夫之衆하시니 如臣等輩는 固宜不少하여 有臣無臣이 不加損益이니이다 臣不幸有負薪之疾[1]하여 不能奔走道路하며 以副陛下搜揚之心하오니 憂惶負罪하여 無所容處니이다

臣은 본래 시골의 匹夫로 이름이 고을에 알려지지 않았습니다. 지금 하루아침에 갑자기 부름을 입으니 실로 스스로 朝廷에 통할 바를 알지 못하여, 命을 받고 두려워 어찌해야 할 바를 모르겠습니다. 폐하께서는 몸소 지극히 성스러운 자질을 지니셨고, 또 뭇 公卿들 중에 어진 이와 천하 사대부들이 있어서 신과 같은 무리는 참으로 적지 아니하여, 신이 있고 없음이 損益이 되지 아니할 것입니다.

신은 불행하게도 병이 나서 분주히 길을 오가며 폐하께서 찾아 구하여 선발하는 마음에 부응하지 못하오니, 걱정되고 황공하여 죄를 지은 마음에 몸 둘 바가 없습니다.

1) 負薪之疾 : 땔나무를 졌던 피로로 난 병이라는 뜻이나, 古代에 士가 능력이 부족할 때에 스스로 병을 일컬어 사양하는 謙辭이다. ≪禮記≫ 〈曲禮 上〉에 "임금께서 士로 하여금 활을 쏘게 할 때에 쏘지 못하면 병으로 사양하여 말하기를 '某는 負薪의 병이 있습니다.'라고 아뢰었다.〔君使士 射不能則辭以疾 言曰 某有負薪之疾〕"라는 기록이 보인다.

臣本凡才로 無路自進이라 當少年時하여 亦嘗欲僥倖於陛下之科擧나 有司以爲不肖하여 輒以擯落하여 蓋退而處者가 十有餘年矣니이다 今雖欲勉強扶病戮力이나 亦自知其疏拙하여 終不能合有司之意하니 恐重得罪하여 以辱明詔니이다 且陛下所爲千里而召臣者는 其意以臣爲能有所發明하여 以庶幾有補於聖政之萬一이요 而臣之所以自結髮[1]讀書하여 至于今玆히 犬馬之齒[2]幾已五十이로되 而猶未敢廢者는

其意亦欲效尺寸於當時하여 以快平生之志耳니이다 今雖未能奔伏闕下하여 以累有司나 而猶不忍默默하고 卒無一言而已也니이다 天下之事에 其深遠切至者는 臣自惟疏賤하여 未敢遽言이나 而其近而易行하고 淺而易見者를 謹條爲十通하여 以塞明詔하노이다

신은 본래 평범한 재주로 스스로 나아갈 길이 없어 소년 시절에 또한 일찍이 폐하께서 시행하시는 과거시험에 운 좋게 합격하기를 바랐으나, 有司가 재목감이 아니라고 여겨 번번이 떨어져서 물러나 생활한 지가 10여 년이 되었습니다. 지금 비록 애써 병을 무릅쓰고 부지런히 힘을 다하고자 하나, 또한 스스로 변변치 못하여 끝내 有司의 뜻에 능히 부합하지 못함을 아니, 거듭 죄를 얻어 밝은 詔勅을 더럽히게 될까 두렵습니다.

또한 폐하께서 천릿길에 신을 부르신 것은, 그 뜻이 신이 능히 功績을 이룰 만하다고 여겨서 성스러운 政事에 만에 하나라도 보탬이 있기를 바라서일 것입니다.

신이 結髮하고부터 책을 읽어서 지금에 이르기까지 신의 나이가 이미 50인데도 아직도 감히 學業을 폐하지 아니한 것은, 그 뜻이 또한 당시에 조금이라도 공헌하여 평소의 뜻에 기쁘고자 해서일 따름입니다.

지금 비록 달려가 대궐에 엎드려서 유사를 번거롭게 할 수는 없으나, 여전히 차마 입을 다물고 끝내 한마디 말을 하지 않을 수 없어서일 뿐입니다. 천하의 일에서 그 깊고 遠大하며 切實하고 至極한 것은 신이 스스로 생각건대 微賤하여 감히 성급히 말씀드릴 수 없습니다. 그러나 가까워서 쉽게 행할 수 있고 얕아서 쉽게 볼 수 있는 것을 삼가 열 개의 조목으로 지어 밝은 詔書에 답하옵니다.

1) 結髮 : 상투를 틀거나 쪽을 찌는 것으로 옛날 중국에서는 남자가 20세가 되면 결발하여 成人이 되었다. 蘇洵은 늦은 나이(27세)에 비로소 發憤하여 學問을 성취하였다.

2) 犬馬之齒 : 개나 말처럼 부질없이 나이만 먹는다는 말로 자기 나이에 대한 謙辭이다.

其一曰 臣聞 利之所在에 天下趨之라하니이다 是故로 千金之子가 欲有所爲면 則百家之市에 無寧居者니이다 古之聖人은 執其大利之權하여 以奔走天下하여 意有所向이면

則天下爭先爲之니이다 今陛下는 有奔走天下之權이나 而不能用하시니 何則이니잇가 古者에 賞一人而天下勸이러니 今陛下는 增秩拜官하여 動以千計로되 其人이 皆以爲己所自致라하여 而不知戮力하여 以報上之恩하니 至於臨事하여 誰當效用이리잇가 此는 由陛下輕用其爵祿하여 使天下之士로 積日持久而得之니이다 譬如傭力之人이 計工而受直(치)하여 雖與之千萬이나 豈知德其主哉리잇가 是以로 雖有能者라도 亦無所施하여 以爲謹守繩墨하면 足以自致高位니이다 官吏繁多하여 溢于局外하여 使陛下皇皇汲汲求以處之하여 而不暇擇其賢不肖하여 以病陛下之民하고 而耗竭大司農[1)]之錢穀하니 此는 議者所欲去而未得也니이다

그 첫 번째를 말씀드리겠습니다.

신은 듣건대, 利益이 있는 곳에 천하가 달려간다고 합니다. 이런 까닭으로 富裕한 집의 子弟가 이익 되는 일을 하고자 하면 백 집의 市場에 편안히 있을 사람이 없을 것입니다. 옛날의 聖人은 큰 이익의 권한을 잡고서 천하를 분주히 하여 뜻하는 바가 있으면 천하가 다투어 먼저 하였습니다.

지금 폐하는 천하를 분주히 할 수 있는 권한이 있으면서 쓰지 아니하시니 어째서이겠습니까? 옛날에는 한 사람에게 賞을 주어서 천하를 부지런히 힘쓰게 하였는데, 지금 폐하께서는 俸祿을 올리고 官職에 임명하여 번번이 천 명에 이르지만, 그 사람들은 모두 자기 스스로 이룬 것이라 하여 힘을 다하여 임금의 은혜에 보답할 줄을 알지 못하니, 일을 처리함에 이르러서 누가 노력을 다 바치겠습니까?

이는 폐하께서 그 爵祿을 가벼이 써서 천하의 선비로 하여금 날짜만 보내어 오래 버티면 얻을 수 있게 한 데서 연유되었습니다. 비유하자면 고용된 사람이 성과를 셈하여 품삯을 받는 것과 같아서, 비록 천만 금을 주더라도 어찌 그 주인의 덕인 줄을 알겠습니까? 이 때문에 비록 能力이 있는 사람이라도 행하는 바가 없이 삼가 法規만 지키면 저절로 높은 자리에 이를 수 있다고 여깁니다. 관리가 繁多하여 局外에 넘쳐서 폐하께서 황급히 구하여 일을 처리하느라 그 賢不肖를 가릴 겨를이 없게 하여, 폐하의 백성을 병들게 하고 大司農의 錢穀을 소모하니, 이것은 의논하는 자들이 없애고자 하나 하지 못하는 바입니다.

1) 大司農 : 본래 漢代에 국가 財政經濟를 관장하는 官名이나, 宋代에는 조정에서 재정을 관장하는 機構인 三司(戶部·度支·鹽鐵)를 가리킨다.

臣竊思之하니 蓋今制馭天下之吏에 自州縣令錄幕職[1]으로 而改京官者가 皆未得其術이라 是以로 若此紛紛也니이다 今雖多其擧官[2]而遠其考하며 重其擧官之罪나 此는 適足以隔賢者而容不肖니이다 且天下無事엔 雖庸人이나 皆足以無過로되 一旦改官이면 無所不爲니이다 彼其擧者曰 此廉吏요 此能吏라하나 朝廷은 不知其所以爲廉與能也니이다 幸而未有敗事면 則長爲廉與能矣니 雖重其罪나 未見有益하고 上下相蒙하여 請託公行하니이다 涖官六七考하고 求擧主五六人은 此誰不能者리잇가

신이 가만히 생각하니, 지금 천하의 官吏를 통제하여 다룸에 知州와 縣令, 錄官과 幕職에서 京官으로 바꾸는 것이 모두 그 방법을 얻지 못하여, 이 때문에 이와 같이 어지럽게 되었습니다. 지금 비록 그 擧官(추천자) 수를 많게 하고 人事考課를 심도 있게 하며 그 擧官의 죄를 무겁게 하고 있으나, 이는 다만 賢者를 멀리하고 不肖한 자를 받아들이는 것일 뿐입니다. 또한 천하에 일이 없을 때는 비록 평범한 사람이라도 모두 잘못이 없을 수 있지만 일단 官職이 바뀌게 되면 못하는 짓이 없습니다. 저 薦擧한 사람이 말하기를 "이 사람은 淸廉한 관리요, 이 사람은 能力 있는 관리다."라고 하나, 조정에서는 청렴하고 능력이 있는 이유를 알지 못합니다. 요행히 실패한 일이 있지 아니하게 되면 오래도록 청렴하고 능력 있는 관리로 여겨질 것이니, 비록 천거한 사람의 죄를 무겁게 하나 유익함을 보지 못하고, 위아래가 서로 덮어주어 請託이 공공연하게 행하여지게 됩니다. 관직에 있을 때에 예닐곱 차례 시험을 거치고, 추천해주는 대여섯 사람을 구하는 것은 누군들 하지 못하겠습니까?

1) 州縣令錄幕職 : 州는 宋代에 州의 장관인 知州를, 縣令은 縣의 장관을, 錄은 지방의 관직인 司錄參軍과 錄事參軍을, 幕職은 지방의 관직인 幕職官을 이른다.
2) 擧官 : 官吏를 推薦할 때에 책임지고 保證해주는 사람으로 즉 擧主이다. 宋制에 어떤 자리의 人材를 선발할 적에 일정한 직책에 있는 자가 지원자를 보증하는 제도로, 임용 후 중대한 過失이나 罪行이 있으면 지원자와 함께 擧主가 연대하여 책임을 부담하였다.

臣愚以爲擧人者는 當使明著其迹하여 曰 某人廉吏也라 嘗有某事以知其廉이요 某人能吏也라 嘗有某事以知其能이라하니이다 雖不必有非常之功이나 而皆有可紀之狀이니 其特曰 廉能而已者는 不聽이니이다 如此則夫庸人雖無罪나 而不足稱者는 不得入其間하여 老於州縣이라도 不足甚惜이요 而天下之吏가 必皆務爲可稱之功하여 與民興利除害가 惟恐不出諸己니이다 此는 古之聖人이 所以驅天下之人하여 而使爭爲善也니이다 有功而賞하고 有罪而罰은 其實一也니이다 今降(강)官罷任者가 必奏曰 某人有某罪하니 其罪當然이라한 然後에 朝廷擧而行之니이다 今若不著其所犯之由하고 而特曰 此不才요 貪吏也면 則朝廷安肯以空言而加之罪며 今又何獨至於改官하여 而聽其空言哉리잇가 是는 不思之甚也니이다

신의 어리석은 생각으로는, 남을 薦擧하는 자는 다땅히 그 사람의 行績을 밝게 드러내어 "某人은 淸廉한 官吏다. 일찍이 어떤 일로써 그 청렴함을 알 수 있고, 모인은 能力 있는 관리다. 일찍이 어떤 일로써 그 능력을 알 수 있다."고 말해야 합니다. 비록 반드시 특별한 功績은 있지 않더라도 모두 기록할 만한 행적은 있으니, 다만 "청렴하고 능력이 있다."고만 말하는 것은 듣지 말아야 할 것입니다.

이와 같이 하면 庸人으로서 비록 죄는 없으나 稱讚하기에 부족한 사람은 그 대열에 들어가지 못하여 고을에서 늙더라도 심히 애석하지는 아니할 것이요, 천하의 관리가 반드시 모두 稱頌받을 만한 공적을 이루도록 힘써서 백성과 함께 이로움을 일으키고 해로움을 없애는 것이 오직 자기에게서 나오지 아니하게 될까 두려워할 것입니다. 이것은 옛날 聖人이 천하 사람을 몰아서 다투어 善을 행하도록 했던 방법입니다.

功이 있으면 賞을 주고 罪가 있으면 罰을 주는 것은 그 실상은 한 가지입니다. 지금 관직을 降等하고 職任을 파하는 자가 반드시 아뢰어 "某人은 무슨 죄가 있으니 그 죄가 당연하다."고 한 연후에 朝廷에서 듣고서 이를 시행해야 할 것입니다. 지금 만약 죄를 범한 연유를 드러내지 아니하고 다만 "이 사람은 재능도 없고 탐하는 관리이다."라고만 말한다면 조정이 어찌 기꺼이 근거 없는 말로써 죄를 줄 것이며, 지금 또 어찌 유독 관직을 바꾸는 데 이르러서 그 근거 없는 말을 듣겠습니까. 이는 思慮하지 않음이 깊은 것입니다.

或者以爲如此면 則天下之吏가 務爲可稱하여 用意過當하여 生事以爲己功하니 漸不可長이라하나 臣以爲不然이니이다 蓋聖人은 必觀天下之勢하여 而爲之法이니이다 方天下初定하여 民厭勞役이면 則聖人務爲因循之政하사 與之休息하나 及其久安而無變이면 則必有不振之禍니이다 是以로 聖人은 破其苟且之心하여 而作其怠惰之氣니이다 漢之元成은 惟不知此하여 以至於亂[1]이니이다 今天下少惰矣니 宜有以激發其心하여 使踴躍於功名하여 以變其俗이온 況乎冗官紛紜如此어늘 不知所以節之하니 而又何疑於此乎잇가 且陛下與天下之士로 相期於功名이나 而毋苟得하시니 此는 待之至深也니이다 若其宏才大略으로 不樂於小官而無聞焉者를 使兩制得以非常擧之니 此天下亦不過幾人而已요 吏之有過而不得遷者도 亦使得以功贖하시니 如此면 亦以示陛下之有所推恩이니 而不惟艱之也니이다

혹자는 "이와 같이 하면 천하의 관리가 칭찬받을 만한 일만 힘써서 用意가 지나쳐 일을 만들어서 자기의 공으로 삼을 것이니, 〈이런 일들이〉 점점 자라게 해서는 안 된다."라고 하나, 신은 그렇지 않다고 생각합니다.

대개 聖人은 반드시 천하의 形勢를 보고 法을 만듭니다. 천하가 처음 안정되어 백성들이 勞役을 싫어하면 성인은 옛것을 따르는 정사에 힘을 써서 백성과 함께 휴식하나, 오래 안정이 되어 변화가 없는 데 이르면 반드시 떨쳐 일어나지 못하는 화가 있게 됩니다. 이 때문에 성인이 구차한 마음을 깨뜨리고 그 게으른 기운을 일깨우는 것입니다. 漢나라 元帝·成帝는 오직 이를 알지 못하여 亂에 이르게 되었습니다.

지금은 천하가 조금 나태하니 마땅히 그 마음을 격동시켜 일어나게 하여 功名에 踊躍하도록 그 風俗을 변화시켜야 합니다. 하물며 쓸모없는 관리들이 어지럽기가 이와 같은데도 節制할 바를 알지 못하니, 또 여기에 무엇을 의심하겠습니까? 또 폐하께서는 천하의 선비와 함께 功名을 기약하시지만 구차히 얻고자 함이 없으시니 이는 기다림이 지극히 깊어서입니다.

만약 그 뛰어난 才能과 원대한 智略을 지니고서 낮은 관직은 달가워하지 아니하여 名聲이 알려지지 않은 사람을 兩制로 하여금 특별히 천거할 수 있게 해야 할 것이니, 이 또한 천하에 몇 사람에 지나지 않을 뿐이요, 관리로서 잘못이 있어 자리를

옮기지 못하는 사람도 功績으로 贖罪할 수 있게 해야 할 것이니, 이와 같이 하시면 또한 폐하께서 널리 은혜를 베풀고 있음을 보여주는 것이니 유독 어려운 것은 아닐 것입니다.

1) 漢之元成……以至於亂：西漢 말년에 元帝 劉奭과 成帝 劉驁가 因循守舊하여 變革을 하지 않아서 王莽이 王位를 簒奪하는 화를 불렀다.

其二曰 臣聞 古者之制에 爵祿은 必皆孝悌忠信修潔博習이 聞於鄕黨하고 而達於朝廷以得之[1)]니이다 及其後世하여는 不然하여 曲藝小數[2)]라도 皆可以進이니이다 然이나 其得之也에 猶有以取之하여 其弊不若今之甚也니이다 今之用人에 最無謂者는 其所謂任子[3)]乎인저 因其父兄之資하여 以得大官하고 而又任其子弟하고 子將復任其孫하고 孫又任其子하니 是는 不學而得者가 常無窮也니이다 夫得之也易하면 則其失之也不甚惜하니이다 以不學之人으로 而居不甚惜之官이면 其視民如草芥也固宜니이다 朝廷이 自近年으로 始有意於裁節하니이다 然이나 皆知損之로되 而未得其所損하니 此所謂制其末하고 而不窮其源이요 見其粗하고 而未識其精이니 僥倖之風少衰而猶在也니이다

그 두 번째를 말씀드리겠습니다.

신은 듣건대, 옛날 제도에 爵祿은 반드시 모두가 孝悌·忠信·修潔·博習이 鄕黨에 알려지고 朝廷에 이르러야 얻을 수 있다고 합니다. 후대에 이르러서는 그러하지 아니하여 曲藝와 小數라도 모두 나아갈 수 있었습니다. 그러나 그 사람을 任用함에 여전히 취할 것이 있어서, 그 폐단이 지금처럼 심하지는 아니하였습니다.

오늘날 관리를 採用함에 가장 무의미한 것은 그 任子라는 제도일 것입니다. 그 父兄의 자격에 의지하여 높은 관직을 얻고 또 그 子弟를 임용하고 자식이 장차 다시 그 손자를 임용하고 손자가 또 그 자식을 임용하니, 이는 배우지 아니하고도 관직을 얻는 자가 항상 끝이 없는 것입니다. 무릇 얻기가 쉬우면 잃어도 심히 아까워하지 아니하는 법입니다. 배우지 않은 사람이 심히 아까워하지 아니하는 관직에 있게 되면 그가 백성을 草芥와 같이 보는 것은 진실로 당연할 것입니다.

조정이 근년으로부터 비로소 裁制하고 調節하는 데 뜻을 두었습니다. 그러나 줄

여야 한다는 것은 모두 알고 있으나 그 줄일 방법을 얻지 못하니, 이것이 이른바 "그 末端은 다스리고 그 根源은 궁구하지 않으며, 그 大略만 보고 그 仔細한 것은 알지 못한다."는 것이니, 요행을 바라는 風習이 조금 줄어들기는 하였으나 여전히 남아 있습니다.

1) 古者之制……而達於朝廷以得之 : ≪禮記≫ 〈王制〉에 "무릇 백성 중에 才能이 있는 자를 벼슬시키되 반드시 먼저 그 사람의 人品을 논해야 하니, 論辨한 뒤에 일을 시키며, 일을 맡겨본 뒤에 爵位를 주며, 地位가 정해진 뒤에 祿을 준다.〔凡官民材 必先論之 論辨然後使之 任事然後爵之 位定然後祿之〕"라고 하였다.

2) 曲藝小數 : 曲藝는 고대에 醫術·占·그림 등의 소소한 기술을 가리키고, 小數도 작은 기술을 가리킨다.

3) 任子 : 父兄의 功績으로 그 子弟가 관리가 되는 제도를 가리키니, 즉 蔭補이다.

夫聖人之擧事에 不唯曰利而已요 必將有以大服天下之心이니 今欲有所去也면 必使天下로 知其所以去之之說하니이다 故로 雖盡去而無疑는 何者잇가 恃其說明也니이다

夫所謂任子者는 亦猶曰 信其父兄하여 而用其子弟云爾요 彼其父兄은 固學而得之也니이다 學者任人하고 不學者任於人하니 此易曉也니이다 今之制는 苟幸而其官이 至於可任者면 擧使任之에 不問其始之何從하고 而得之也니 且彼任於人不暇어늘 又安能任人이리잇가 此는 猶借資之人이 而欲從之匄貸하니 不已難乎잇가 臣愚以爲父兄之所任으로 而得官者는 雖至正郞[1]이나 宜皆不聽任子弟요 唯其能自修飾하여 而越錄躐次하여 以至于淸顯者라야 乃聽이니이다 如此면 則天下之冗官이 必大衰少하고 而公卿之後가 皆奮志爲學하여 不待父兄之資요 其任而得官者는 知後不得復任其子弟하여 亦當勉强하여 不肯終老自棄於庸人이리니 此는 其爲益이 豈特一二而已리잇가

성인이 일을 시행함에 오직 利만을 말할 뿐만이 아니고, 반드시 장차 천하의 마음을 크게 감복시킬 수 있어야 하니, 지금 없애고자 하는 것이 있으면 반드시 천하로 하여금 없애야 하는 이유를 알 수 있도록 說明하여야 합니다. 때문에 비록 모두 없애도 疑惑이 없을 것이니 어째서이겠습니까? 그 설명이 분명한 것에 힘입은 것입니다.

대저 이른바 任子制度는 또한 오히려 "그 父兄을 믿고서 그 子弟를 登用하는 것을

이를 뿐이다."라고 말합니다. 저들의 부형은 참으로 배워서 官職을 얻었습니다. 배운 자는 남을 任用하고 배우지 못한 자는 남에게 임용되는 것이니 이는 쉽게 알 수 있습니다. 지금의 제도는 만약 다행히 부형의 관직이 임용할 수 있는 자리에 이른 자는 모두 임용하게 하되 그 시작이 어떤 취지에서부터 나온 것인지는 묻지 않고 벼슬을 얻게 하니, 또한 그러한 사람들은 남에게 임용될 입장이 못 되면서 또 어찌 남을 임용할 수 있겠습니까? 이는 남에게 돈을 빌려 쓰는 사람이 남에게 돈을 빌려 주려고 하는 것과 같으니 매우 어렵지 않겠습니까?

신의 어리석은 생각으로는, 부형의 補任으로 관직을 얻은 자는 비록 正郎에 이르더라도 마땅히 모두 자제의 임용을 들어주지 아니하여야 할 것이요, 오직 그 능력을 스스로 닦아서 實力이 월등하여 淸廉하고 높은 地位에 이른 자라야 들어주어야 할 것입니다.

이와 같이 한다면 천하의 쓸모없는 관리가 반드시 크게 줄어들 것이며 公卿의 후손들도 모두 분발하여 學問에 뜻을 두어 부형의 힘을 기다리지 않을 것이요, 임용되어 관직을 얻은 자도 이후에는 다시 자기 자제가 임용될 수 없다는 것을 알아서, 또한 마땅히 힘써서 마침내 스스로 끝내 평범한 사람으로 늙어 버려지는 것을 달가워하지 않을 것이니, 이는 그 이익 되는 것이 어찌 다만 한두 가지뿐이겠습니까?

1) 正郎 : 官名으로, 郎中의 별칭이다. 이 글에선 작자가 執政大臣의 자리를 차지한 관리를 지칭한 것으로 여겨진다.

其三曰 臣聞 自設官以來로 皆有考績之法이러니 周室旣亡에 其法廢絶하니이다 自京房建考課之議나 其後終不能行[1]하니 夫有官必有課하고 有課必有賞罰하니 有官而無課면 是는 無官也요 有課而無賞罰이면 是는 無課也니 無官無課나 而欲求天下之大治는 臣不識也니이다 然이나 更歷千載나 而終莫之行하고 行之則益以紛亂하여 而終不可考하니 其故何也잇고 天下之吏를 不可以勝考어늘 今欲人人而課之하여 必使入於九等之中하니 此는 宜其顚倒錯繆하여 而不若無之爲便也니이다

그 세 번째를 말씀드리겠습니다.

신은 듣건대, 官職을 설치한 이래로 모두 官吏의 考課를 평가하는 법이 있었더니

周나라 王室이 망함에 그 법이 폐하여 끊어졌다고 합니다. 京房이 고과제도를 건의하였으나 그 후 끝내 시행하지 못하였습니다. 관리가 있으면 반드시 고과가 있고, 고과가 있으면 반드시 賞罰이 있어야 하니, 관리는 있는데 고과가 없으면 이는 관리가 없는 것이요, 고과는 있는데 상벌이 없는 것은 이는 고과가 없는 것입니다. 관리도 없고 고과도 없는데 천하가 크게 다스려지기를 구하고자 하는 것을 신은 알지 못합니다.

그러나 다시 천 년이 지나도록 끝내 시행하지 못하였고, 시행하면 더욱 어지러워져서 끝내 고과를 할 수 없었으니, 그 까닭이 무엇이겠습니까? 천하의 관리를 이루 다 고과할 수 없거늘 지금 개개인을 고과하여 반드시 아홉 등급 안에 들어가도록 해야 하니, 이는 응당 그 제도가 顚倒되고 잘못되어 없는 것이 편리한 것만 못합니다.

1) 自京房建考課之議 其後終不能行 : 京房(B.C. 77~B.C. 37)은 前漢 사람으로 東郡 頓丘人이고 字는 君明이고 관직이 魏郡太守에 이르렀다. 현재 ≪京氏易傳≫ 3권이 전하여지고 있다. 漢 元帝 때 경방이 考功課吏法을 上奏하였으나 신하들이 煩碎하다 하여 시행되지 않았다.

臣觀 自昔行考課者는 皆不得其術하니이다 蓋天下之官은 皆有所屬之長하여 有功有罪면 其長皆得以擧刺하니 如必人人을 而課之於朝廷이면 則其長은 爲將安用이리잇가 惟其大吏는 無所屬而莫爲之長也니 則課之所宜加는 何者잇가 其位尊이라 故로 課一人으로 而其下皆可以整齊요 其數少라 故로 可以盡其能否而不謬니이다 今天下所以不大治者는 守令丞尉賢不肖가 混淆而莫之辨也니이다 夫守令丞尉賢不肖之不辨은 其咎在職司[1]之不明이요 職司之不明은 其咎在無所屬而莫爲之長이니 陛下以無所屬之官으로 而寄之以一路[2]하시니 其賢不肖를 當使誰察之리잇가 古之考績者는 皆從司會[3]而至於天子하니 古之司會는 卽今之尙書니이다 尙書旣廢에 唯御史가 可以總察中外之官하니이다

신이 보건대, 옛날부터 考課를 행하는 데 있어 모두 그 방법을 얻지 못했습니다. 대개 천하의 관리는 모두 그 소속의 長이 있어, 功이 있거나 罪가 있으면 그 長이 모두 昇進시키거나 罷免시켰습니다. 그러나 만약 반드시 개개인을 조정에서 고과를

한다면 그 長은 장차 어디에 쓰겠습니까? 오직 大吏만은 소속된 곳이 없어서 管掌하는 長이 없으니, 이들을 마땅히 더욱 철저하게 고과를 해야 하는 것은 어째서입니까? 그 地位가 높기 때문에 한 사람을 고과하면 그 아래를 모두 정돈하여 가지런하게 할 수 있고, 그 숫자가 적으므로 그 能力의 여부를 모두 파악하여 잘못됨이 없을 것이기 때문입니다.

지금 천하가 크게 다스려지지 못하는 까닭은 守・令・丞・尉들의 賢不肖가 뒤섞여 있는데 분변하지 못하여서입니다. 대저 守・令・丞・尉들의 賢不肖를 분변하지 못하는 것은 그 허물이 職司가 밝지 못한 데에 있고, 職司가 밝지 못한 것은 그 잘못이 소속된 곳이 없어서 管掌하는 長이 없는 데 있습니다. 폐하께서 소속이 없는 관리에게 一路를 맡기시니 그 현불초를 마땅히 누구로 하여금 살피게 하시겠습니까? 옛날에는 공적을 고과하는 것은 모두 司會로 말미암아서 천자께 이르게 하였으니, 옛날 司會는 곧 지금의 尙書입니다. 상서가 이미 폐지되었으니 오직 御史가 朝廷內外의 관리를 총괄하여 살펴야 합니다.

1) 職司 : 職務로써 관장하는 사무, 또는 그 일을 주관하는 관원을 말한다.
2) 一路 : 宋制에 등급이 제일 높은 광역행정구역의 명칭이다. 주요 기구와 하는 일은, 轉運使司는 一路의 재정과 세금 및 각 州의 관리를 감독하고, 提點刑獄司는 사법과 감찰을 맡았고, 按撫使司는 군사를 담당하여 서로 견제하였다. 조정에 직속되었기 때문에 작자가 소속이 없는 관원이라고 하였다.
3) 司會 : 官名으로 周禮에 天官 소속으로 재정・경제를 주관하고 관리들의 인사 고과를 관장하였다.

臣愚以爲可使朝臣으로 議定職司考課之法하여 而於御史臺에 別立考課之司하고 中丞은 擧其大綱하고 而屬官之中에 選强明者一人하여 以專治其事하고 以擧刺多者爲上하고 以擧刺少者爲中하고 以無所擧刺者爲下하여 因其罷歸而奏其治要하여 使朝廷有以爲之賞罰하니이다 其非常之功과 不可掩之罪는 又當特有以償之하여 使職司知有所懲勸이면 則其下守令丞尉가 不容復有所依違요 而其所課者도 又不過數十人하여 足以求得其實이니 此所謂用力少나 而成功多니 法無便於此者矣니이다 今天

下號爲太平이나 **其實遠方之民窮困已甚**하니이다 **其咎皆在職司**하니 **臣不敢盡言**이니이다 **陛下試加採訪**하시면 **乃知臣言之不妄**이리이다

신의 어리석은 생각으로는, 朝廷의 臣下들로 하여금 職司考課의 법을 의논하여 정하게 해서 御史臺에 별도로 고과 담당 부서를 세우고, 中丞은 그 큰 줄거리를 시행하고 소속 관원 중에 剛直하고 賢明한 한 사람을 뽑아서 그 일을 전담하게 하고, 昇進시키거나 罷免시키는 것을 많이 한 자는 上으로 정하고, 승진시키거나 파면시키는 것을 적게 한 자는 中으로 정하고, 승진시키거나 파면시키는 것을 하지 못한 자는 下로 정하여, 그가 任期를 마치고 돌아갈 때에 治積의 大要를 아뢰어 조정으로 하여금 賞과 罰이 있게 하여야 합니다.

그 뛰어난 功과 비호할 수 없는 罪는 또 마땅히 특별히 상과 벌이 있게 함으로써 職司로 하여금 懲戒하고 勸勉할 바가 있음을 알게 하면, 그 아래 守·令·丞·尉들이 다시는 어영부영하는 바가 있음을 용납하지 않을 것이고, 고과 대상자도 수십 명에 지나지 아니하여 능히 그 실상을 구해 얻을 수 있을 것이니, 이것이 이른바 힘씀은 적으면서 공을 이룸은 많다는 것이니, 법이 이것보다 더 편리함이 없을 것입니다.

지금 천하가 태평하다고 말하나 그 실상은 遠方의 백성들은 어렵고 궁함이 너무 심합니다. 그 잘못이 모두 職司에게 있으니 신은 감히 다 말씀드리지 못하겠습니다. 폐하께서 시험 삼아 널리 탐문하여 조사해보시면 곧 신의 말이 거짓이 아님을 아실 것입니다.

其四曰 臣聞 古者諸侯는 **臣妾**[1]**其境內**하고 **而卿大夫之家**도 **亦各有臣**이라하니이다 **陪臣**[2]**之事其君**은 **如其君之事天子**하니 **此**는 **無他**라 **其一境之內**에 **所以生殺予奪富貴貧賤者**를 **皆自我制之**하니 **此固有以臣妾之也**니이다 **其後諸侯雖廢**나 **而自漢至唐**히 **猶有相君**[3]**之勢**하니 **何者**잇가 **其署置辟擧**[4]**之權**이 **猶足以臣之也**니 **是故**로 **太守刺史坐於堂上**이면 **州縣之吏拜於堂下**하며 **雖奔走頓伏**이나 **其誰曰不然**이리잇가

그 네 번째를 말씀드리겠습니다.

신은 듣건대, 옛날의 諸侯는 그 境內의 백성을 臣妾처럼 거느려서 다스리고 卿大夫의 집에도 각기 臣下를 두었다고 합니다. 陪臣이 그 제후를 섬기는 것은 그 제후가 天子를 섬기는 것과 같으니, 이것은 다름이 아니라 한 境內 백성의 生殺與奪과 富貴貧賤을 모두 자기가 도맡아 다스림에서 비롯하니, 여기에 진실로 백성을 臣妾처럼 거느려서 다스리는 까닭이 있는 것입니다.

그 후로 제후는 비록 없어졌으나 漢나라로부터 唐나라에 이르기까지 여전히 재상의 權勢가 있었으니 무엇 때문이겠습니까? 官吏를 任用하고 人材를 薦擧하여 올리는 권한이 오히려 신하를 부리기에 충분하였으니, 이 때문에 太守나 刺史가 堂上에 앉으면 州縣의 관리가 堂下에서 절하며 비록 분주하게 머리를 조아리고 엎드리나, 그 누가 그렇지 않다고 〈거역하는〉 말을 할 수 있었겠습니까?

1) 臣妾 : 臣下와 妾이다. 또는 奴隷로서, 남자 노예를 臣이라 하고 여자 노예를 妾이라 하였다. 여기서는 臣妾을 부리듯이 모두 거느려서 다스린다는 말이다.
2) 陪臣 : 諸侯의 大夫가 天子에 대하여 자기를 이르던 말이다.
3) 相君 : 宰相의 총칭이다.
4) 署置辟擧 : 署置는 관직에 임명함을 말하고, 辟擧는 인재선발의 제도로 鄕里나 州郡에서 行實과 名望이 높은 사람을 관리로 추천하는 방식으로 辟召라고도 한다.

自太祖受命으로 **收天下之尊**하여 **歸之京師**하시고 **一命**[1] **以上**도 **皆上所自署**하시며 **而大司農**[2] **衣食之**하니이다 **自宰相至於州縣吏**히 **雖貴賤相去甚遠**이나 **而其實皆所與比肩而事主耳**니이다 **是以**로 **百餘年間**에 **天下不知有權臣之威**어늘 **而太守刺史猶用漢唐之制**하여 **使州縣之吏事之如事君之禮**하니 **皆受天子之爵**하고 **皆食天子之祿**이로되 **不知其何以臣之也**니이다

太祖께서 天命을 받으신 이래로 천하의 높은 벼슬아치의 임명권을 거두어 중앙정부에 돌리고, 一命 이상의 벼슬아치도 모두 천자께서 스스로 署名하셨으며, 大司農이 그들의 의식 문제를 해결하여 주었습니다. 宰相으로부터 州縣의 官吏에 이르기까지 비록 높고 낮음이 서로 거리가 매우 멀지만, 그 실상은 모두 함께 어깨를 나란

히 하여 천자를 섬길 뿐입니다.

이 때문에 백여 년 동안에 천하가 權臣의 威嚴이 있는 줄을 알지 못하였으나, 太守와 刺史는 오히려 漢나라·唐나라의 제도를 써서 州縣의 관리들로 하여금 그를 섬기는 것을 옛날의 제후를 섬기는 禮와 같게 하니, 모두 천자의 벼슬을 받고 모두 천자의 祿俸을 받으면서도 어떻게 신하 노릇해야 하는지 알지 못하고 있습니다.

1) 一命 : 처음으로 官等을 받아 관리가 된 최하위 관직이다.

2) 大司農 : 古代에 국가 財政을 총괄하는 장관을 뜻하나, 宋代에는 국가 會計를 총괄하는 三司를 말한다.

小吏之於大官에 不憂其有所不從하고 唯恐其從之過耳니이다 今天下以貴相高하고 以賤相諂하니 奈何使州縣之吏로 趨走[1]於太守之庭이 不啻若僕妾이라 唯唯不給이니잇가 故로 大吏常恣行不忌其下하고 而小吏不能正하고 以至於曲隨諂事하여 助以爲虐하니 其能中立而不撓者는 固已難矣니이다 此不足怪요 其勢固使然也니이다 夫州縣之吏는 位卑而祿薄이나 去於民最近하여 而易以爲姦하니 朝廷所恃以制之者는 特以厲其廉隅하고 全其節槪하고 而養其氣하여 使知有所恥也니이다 且必有異材焉하여 後將以爲公卿이리니 而安可薄哉리잇가

地位가 낮은 官吏는 지위가 높은 관리에게 따르지 않아야 할 경우가 있는 것은 걱정하지 않고, 오직 따르는 데 잘못이 있을까 봐 두려워할 뿐입니다. 지금 천하가 貴한 벼슬로 서로 높은 체하고 賤한 벼슬로 서로 아첨하니, 어찌하여 州縣의 관리들로 하여금 太守의 뜰에서 趨走하는 모습이 종과 같을 뿐만 아니라, '예, 예' 하며 대답하는 데 급급하게 합니까?

그러므로 지위가 높은 관리는 항상 방자하게 제멋대로 행동하여 아랫사람에게 꺼리는 것이 없고, 지위가 낮은 관리는 능히 바로잡지 못하고 구부려 따르며 아첨으로 섬기는 데 이르러 포악한 짓을 돕게 되니, 능히 中心을 세워 흔들림이 없는 사람은 진실로 너무 〈처신하기가〉 어렵습니다. 이것은 괴이하게 여길 것도 없으니 그 形勢가 참으로 그렇게 하도록 한 것입니다.

대저 州縣의 관리는 지위가 낮고 녹봉이 적으나 백성과의 거리가 가장 가까워 쉽

게 奸邪한 행동을 할 수 있으니, 조정이 믿고서 맡긴 사람은 특별히 그 方正한 행실을 힘쓰고 그 節槪를 온전히 하고 그 氣運을 길러 부끄러움이 있음을 알게 해야 할 것입니다. 또한 이들 중에는 반드시 뛰어난 재능을 가진 사람이 있어 훗날에 장차 公卿으로 삼을 만할 것이니 어찌 야박하게 대할 수 있겠습니까?

1) 趨走 : 종종걸음으로 빨리 달려간다는 뜻으로, 윗사람 앞을 지나갈 때에 허리를 굽히고 빨리 걷는 것을 이른다.

其尤不可者는 **今以縣令從州縣之禮**니이다 **夫縣令官雖卑**나 **其所負一縣之責**은 **與京朝官知縣**[1]**等耳**니이다 **其吏胥**[2]**人民**은 **習知其官長之拜伏於太守之庭**이 **如是之不威也**니이다 **故**로 **輕之**하고 **輕之**라 **故**로 **易爲姦**하니 **此**는 **縣令之所以爲難也**니이다 **臣愚 以爲州縣之吏事太守**는 **可恭遜卑抑**하여 **不敢抗而已**며 **不至於通名贊拜**[3]에 **趨走其下風**이 **所以全士大夫之節**이요 **且以儆大吏之不法者**니이다

그 더욱 옳지 못한 것은, 지금 縣令이 州縣의 禮를 따르는 것입니다. 대저 縣令의 관직이 비록 낮으나 그가 한 縣의 責任을 지고 있는 것은 중앙정부의 관원인 知縣과 같을 뿐입니다. 그 고을의 吏胥와 人民은 그들의 官長이 太守의 뜰에서 엎드려 절하는 행동이 이와 같이 威嚴이 없음을 익숙하게 알고 있습니다. 그 때문에 縣令을 가볍게 여기고 가볍게 여기기 때문에 쉽게 간사한 짓을 하니, 이것은 縣令이 政事를 하기가 어렵게 되는 까닭입니다.

신의 어리석은 생각으로는, 州縣의 관리가 太守를 섬길 때에는 恭遜하고 謙遜하게 낮추고 조심하여 감히 대항하지 못하게 할 뿐이며, 姓名을 아뢰고 贊拜할 때에 그 낮은 자리에서 趨走하는 데까지는 이르지 않도록 하는 것이, 士大夫의 節槪를 온전히 하고 또한 지위가 높은 관리의 不法을 警戒시킬 수 있는 방법입니다.

1) 知縣 : 宋나라 제도에 한 縣의 長으로 縣令과 知縣 두 가지가 있는데, 知縣은 중앙정부에서 다른 직함을 가지고 있으면서 현으로 파견되어 나와서 한 현의 일을 맡아서 관리한다는 뜻이다.
2) 吏胥 : 각 관아에 딸린 벼슬아치의 통칭이다.
3) 贊拜 : 임금에게 절할 때에 옆에서 禮를 돕는 사람이 그 사람의 官職과 姓名을

불러주는 것이다.

其五曰 臣聞 爲天下者는 **必有所不可窺**라하니이다 **是以**로 **天下有急**이면 **不求其素所不用之人**하여 **使天下不能幸其倉卒**하여 **而取其祿位**니이다 **唯聖人爲能然**하니 **何則**이리잇가 **其素所用者**는 **緩急足以使也**로되 **臨事而取者**는 **亦不足用矣**니이다 **傳曰 寬則寵名譽之人**하고 **急則用介冑之士**라 **今者所用非所養**하고 **所養非所用**[1]이라하니이다 **國家用兵之時**에 **購方略設武擧**[2]하여 **使天下屠沽健武**로 **皆能徒手攫取陛下之官**하고 **而兵休之日**에 **雖有超世之才**라도 **而惜斗升之祿**하니 **臣恐天下有以窺朝廷也**니이다

그 다섯 번째를 말씀드리겠습니다.

신은 듣건대, 천하를 다스리는 사람은 반드시 엿보지 못하는 경우가 있다고 합니다. 그러므로 천하에 危急한 상황이 있으면 평소에 쓰지 않는 사람을 구하지 아니해서, 천하로 하여금 창졸간을 다행으로 여겨서 祿位를 취하지 못하도록 해야 합니다. 오직 聖人이라야 능히 그렇게 할 수 있으니 무슨 까닭이겠습니까? 평소 써왔던 사람은 위급한 상황에 부릴 수 있으나, 일이 닥쳐 취한 사람은 또한 위급한 상황에 쓸 수가 없습니다.

傳에 말하기를 "국가가 安定되면 名譽가 있는 사람을 寵愛하고, 국가가 危急하면 갑옷과 투구를 쓴 武士를 등용한다. 지금은 위급할 때 소용이 있는 사람은 평소에 양성한 사람이 아니고, 평소에 양성한 사람은 위급할 때 소용이 없는 사람이다."라고 하였습니다.

국가가 戰爭이 일어났을 때에는 方略을 구하고 武科試驗을 설치하여 천하의 백정과 술장수와 용감하고 군센 자들로 하여금 모두 맨손으로 폐하의 벼슬을 움켜쥐게 하고, 전쟁을 하지 않는 날에는 비록 세상에 뛰어난 재주가 있다 하더라도 얼마 되지 않는 적은 녹봉을 아까워하니, 신은 천하가 조정을 엿봄이 있을까 두렵습니다.

1) 傳曰……所養非所用 : ≪史記≫ 〈老莊申韓列傳〉에 나오는 말이다. 韓非는 韓나라의 公子로 刑名法術의 학문을 좋아하였다. 韓나라가 깎이고 쇠약해지는 것을 보고 韓王에게 자주 글을 올려 간하였으나 韓王이 그의 의논을 쓰지 않았다. 이에 韓非는 일에 닥쳐서 사람을 뽑으면 忠誠을 다하지 않으니 평상시

에 인재를 길러야 한다며 이 말을 하였다.

2) 購方略設武擧：方略은 方策 또는 軍功·武功을 기록한 책인 兵書를 말하며, 武擧는 무과시험을 말한다.

今之任爲將帥하여 卒有急難而可使者는 誰也잇고 陛下之老將에 曩之所謂戰勝而善守者는 今亡(무)矣니이다 臣愚 以爲可復武擧하여 而爲之新制하여 以革其舊弊니이다 且昔之所謂武擧者는 蓋疏矣니 其以弓馬得者는 不過挽强引重하여 市井之麤材[1]요 而以策試[2]中者도 亦皆記錄章句하여 區區無用之學이며 又其取人太多하니 天下之知兵者가 不宜如此之衆하고 而待之又甚輕하여 其第下者는 不免於隷役[3]하니이다 故로 其所得皆貪汙無行之徒니 豪傑之士가 恥不忍就니이다 宜因貢士[4]之歲에 使兩制[5]各擧其所聞하여 有司試其可者하고 而陛下親策之하사 權略之外에 便於弓馬는 可以出入險阻하고 勇而有謀者는 不過取一二人하여 待以不次之位[6]하여 試以守邊之任하소서 文有制科[7]하고 武有武擧하니 陛下欲得將相에 於此乎取之하시면 十人之中에 豈無一二리잇가 斯亦足以濟矣니이다

지금 將帥의 任務를 맡겨 갑자기 위급하고 곤란한 일이 있을 때 부릴 만한 사람은 누구입니까? 폐하의 老將 가운데 지난날 전쟁에서 이기고 지키기를 잘한다고 이르던 사람은 지금 없습니다. 신의 어리석은 생각으로는, 무과시험을 회복하여 새로운 제도를 만들어서 옛날의 폐단을 바꾸어야 합니다.

또한 옛날의 이른바 무과시험은 대체로 정밀하지 못하였으니, 활 쏘고 말 타는 재주로 벼슬을 얻은 자는 센 활을 당기거나 무거운 물건을 끌어당기는 市井의 麤材에 불과하고, 策試로 합격한 사람도 모두 章句만 기록하여 구구하게 쓸 데가 없는 학문을 하였으며, 또한 너무 많은 사람을 뽑았으니 천하에서 軍事에 대하여 아는 사람이 이와 같이 많은 것은 마땅하지 않고, 그들을 대우하는 것 또한 매우 가벼이 하여 등급이 낮은 사람은 隷役을 면하지 못하고 있습니다.

그러므로 얻은 사람은 모두 탐욕스럽고 오활하여 바른 행실이 없는 무리이니 豪傑之士가 부끄럽게 여겨 차마 나아가지 않습니다. 마땅히 貢士를 시행하는 해에 兩制로 하여금 각각 그들이 들은 사람을 薦擧하게 하여, 有司가 그 適任者를 시험하고

폐하께서 친히 策問을 내어 시험하시어, 權變과 智略 외에 활 쏘고 말 타는 데 능한 사람은 험한 곳을 출입하게 하고, 勇猛스러우면서도 智謀가 있는 사람은 불과 한두 사람만 취하여 파격적인 대우를 하여 邊方을 지키는 임무를 시험하소서.

文官에는 制科가 있고 武官에는 武擧가 있으니, 폐하께서 將帥와 宰相을 얻고자 하실 적에 여기에서 취하신다면 열 사람 가운데 어찌 한두 사람이 없겠습니까? 이 또한 위급한 상황을 구제하기에 충분할 것입니다.

1) 麤材 : 거칠고 자상하지 못한 재주, 또는 그 사람을 이른다.
2) 策試 : 과거시험에서 時務에 관한 문제를 내어 응시자에게 對策을 論述하게 하는 시험으로 策問이라고도 한다.
3) 隷役 : 종, 奴僕 또는 下役官吏를 말한다.
4) 貢士 : 지방에서 선발하여 중앙에 천거하던 재주가 뛰어난 사람을 말하며, 중앙고시에 응시자격을 추천받은 자이다. 宋나라에서는 3년에 한 차례 시행하였다.
5) 兩制 : 宋代의 內制와 外制를 말하니, 翰林學士가 황제의 誥命을 관장하는 것을 내제라 하고, 中書舍人과 知制誥가 황제의 고명을 관장하는 것을 외제라 한다.
6) 不次之位 : 官階의 次例를 밟지 않고 특별하게 벼슬을 올려 발탁함, 즉 파격적인 대우를 해주는 것이다.
7) 制科 : 천자가 친히 문제를 내어 시험하던 과거의 하나로 制擧라고도 한다.

其六曰 臣聞 法不足以制天下라하니이다 以法而制天下면 法之所不及은 天下斯欺之矣요 且法必有所不及也니이다 先王知其有所不及하시니 是故로 存其大略하시고 而濟之以至誠하사 使天下之所以不吾欺者는 未必皆吾法之所能禁이요 亦其中有所不忍而已니이다 人君御其大臣에 不可以用法하니 如其左右大臣而必待法而後能御也면 則其疏遠小吏는 當復何以哉리잇가 以天下之大而無可信之人이면 則國不足以爲國矣니이다 臣觀 今兩制以上엔 非無賢俊之士니이다 然이나 皆奉法供職하여 無過而已요 莫肯於繩墨之外에 爲陛下深思遠慮하여 有所建明하니 何者잇가 陛下待之於繩墨之內也니이다 臣請得擧其一二以言之리이다

그 여섯 번째를 말씀드리겠습니다.

신은 듣건대, 法으로만 천하를 다스릴 수 없다고 합니다. 법으로만 천하를 다스린다면 법이 미치지 못하는 곳은 천하가 이에 속임수를 쓸 것이고, 또한 법은 반드시 미치지 못하는 곳이 있습니다. 先王께서 그 미치지 못하는 곳이 있음을 아셨기 때문에 법의 大略만 남겨두시고 지극한 精誠으로 구제하시어, 천하로 하여금 나를 속이는 자가 없도록 한 까닭은 반드시 모든 것을 나의 법으로써 금할 수 있는 것이 아니고, 또한 그 가운데 차마 하지 못하는 경우가 있어서였습니다.

人君이 大臣을 부리는 데에 법만을 적용시킬 수는 없으니, 좌우의 보필하는 大臣을 반드시 법을 기다린 후에 부릴 것 같으면, 疏遠한 낮은 관리들은 마땅히 다시 어떻게 해야 하겠습니까? 큰 천하로서 믿을 만한 사람이 없다면 나라가 나라라고 할 수 없습니다.

臣이 보건대, 지금 兩制 이상에는 어질고 俊傑한 선비가 없지 않습니다. 그러나 모두 법을 받들고 직무를 담당하면서 허물이 없게 할 뿐이고, 繩墨(규칙이나 법도)의 밖에서 폐하를 위하여 깊이 생각하고 멀리까지 염려하면서 나랏일에 대해 건의하여 아뢰는 것을 즐겨 하지 아니하니 어째서이겠습니까? 폐하께서 繩墨의 안에서 그들을 대우하고 계시기 때문입니다. 신은 청컨대 한두 가지 예를 들어서 말씀드리겠습니다.

夫兩府[1)]與兩制는 宜使日夜交於門하며 以講論當世之務하고 且以習知其爲人하여 臨事授任하여 以不失其才어늘 今法不可以相往來하니 意將以杜其告謁[2)]之私也니이다 君臣之道는 不同하니 人臣惟自防하나 人君惟無防之니이다 是以로 歡欣相接而無間이니이다 以兩府兩制爲可信耶인댄 當無所請屬이요 以爲不可信耶인댄 彼何患無所致其私意잇가 安在其相往來耶잇가 今兩制知擧[3)]는不免用封彌謄錄[4)]하고 旣奏而下하면 御史가 親往涖之하여 凜凜如鞫大獄하여 使不知誰人之辭하니 又何其甚也잇가

대저 兩府와 兩制는 마땅히 밤낮으로 문에서 오가며 당세의 업무를 講論하고 또 그 사람 됨됨이를 익히 알아서 일에 임하여 임무를 주어 그 재주를 잃지 않도록 해야 합니다. 그런데 지금의 법은 서로 왕래하지 못하도록 하였으니, 사사로이 告謁하

는 것을 막으려 하는 것이라 생각됩니다.

君臣의 道는 같지 아니하니 人臣은 오직 스스로를 防備하지만, 人君은 오직 그들을 막지 아니합니다. 이러므로 기쁜 마음으로 서로 만나서 間隔을 두지 않습니다. 兩府와 兩制를 믿을 수 있다고 여기신다면 마땅히 請託할 곳이 없을 것이고, 믿을 수 없다고 여기신다면 저들이 사사로운 뜻을 이룰 곳이 없다고 어찌 걱정하겠습니까? 그들이 서로 왕래하는 뜻은 어디에 있겠습니까?

지금 兩制의 知擧는 封彌하고 謄錄하는 일을 면하지 못하고 있고, 아뢰고 나서 내려오면 御史가 친히 자리에 임하여 서늘하기가 마치 큰 獄事에 국문하는 것과 같아서, 어느 사람의 말인 줄 알지 못하게 하니 또 어찌 그리 심합니까?

1) 兩府 : 政務를 관장하는 中書省과, 軍事業務를 관장하는 樞密院을 말한다.
2) 告謁 : 도와주기를 請託한다는 뜻이다.
3) 知擧 : 知貢擧라 칭하기도 하며 進士試를 주관하는 벼슬이다.
4) 封彌謄錄 : 封彌는 科擧에 公正을 기하기 위하여 수험자가 답안의 오른편 끝에 성명, 생년월일, 주소, 四祖(父, 祖父, 曾祖父, 外祖父)를 써서 풀로 봉하여 제출하는 일이며, 謄錄은 과거 답안지를 다른 사람에게 베끼게 하여 채점자에게 주어 筆跡에 의한 부정을 막기 위하여 하던 일로 宋 眞宗 大中祥符 8년(1015)에 처음으로 시행하였다.

臣愚 以爲如此之類를 一切撤去면 彼稍有知하여 宜不忍負니이다 若其猶有所欺也면 則亦天下之不才無恥者矣니 陛下赫然震威하사 誅一二人이면 可以使天下姦吏重足而立하고 想聞朝廷之風하고 亦必有倜儻非常之才는 爲陛下用也니이다

신의 어리석은 생각으로는, 이와 같은 것들을 모두 거두어 없애시면 저들이 조금씩 알게 되어 마땅히 차마 저버리지 못할 것입니다. 만약 그들이 여전히 속이는 경우가 있다면 또한 천하에 재주 없고 부끄러움도 없는 자이니, 폐하께서 赫然히 위엄을 떨치시어 한두 사람을 벌주신다면 천하의 奸邪한 관리들이 두 발을 모으고 서서 몹시 두려워하게 될 것이고, 朝廷의 風聞을 듣고 또한 반드시 뜻이 크고 비상한 재주가 있는 자는 폐하의 쓰임이 될 것을 생각할 것입니다.

其七曰 臣聞 爲天下者는 可以名器授人이나 而不可以名器許人이라하니이다 人之不可以一日而知也久矣니이다 國家以科擧取人에 四方之來者如市어늘 一旦使有司第之하니 此는 固非眞知其才之高下大小也요 特以爲始收之而已니이다 將試之爲政하여 而觀其悠久면 則必有大異不然者니이다 今進士三人之中은 釋褐[1]之日에 天下望爲卿相하고 不及十年에 未有不爲兩制者니이다 且彼以其一日之長[2]으로 而擅終身之富貴하고 擧而歸之에 如有所負하니 如此則雖天下之美材라도 亦或怠而不修하고 其率意恣行者는 人亦望風畏之하여 不敢按이니이다 此何爲者也잇가 且又有甚不便者니이다

그 일곱 번째를 말씀드리겠습니다.

신은 듣건대, 천하를 다스리는 사람은 名器(爵位와 車服)를 사람들에게 줄 수는 있으나, 명기로써 사람들을 허여해서는 안 된다고 합니다. 사람을 하루 만에 알 수 없게 된 지가 오래되었습니다. 국가가 科擧로써 人材를 뽑을 때에 사방에서 오는 사람이 저자와 같이 많은데, 하루아침에 有司로 하여금 등급을 매기게 하니 이것은 진실로 그 재주의 高下와 大小를 참으로 알아서가 아니라, 다만 처음 그를 거두어주는 것일 뿐이라고 생각합니다. 장차 政務를 맡겨 오래도록 관찰해보면 예상했던 것과 크게 다른 자가 있을 것입니다.

지금 進士課 3등 안에 든 자는 처음 관리가 되는 날에 천하가 卿相되기를 바라고 10년도 안 되어 兩制에서 벼슬하지 않는 사람이 없습니다. 또한 저들은 남보다 조금 나은 성적으로써 終身의 富貴를 마음대로 하고, 등용되었다가 돌아가서도 기대는 곳이 있는 것같이 하니, 이와 같다면 비록 천하의 훌륭한 인재라도 또한 혹 怠慢하여 닦지 않을 것이고, 내키는 대로 放恣한 행동을 하는 자는 사람들이 또한 기세를 보고 두려워 감히 억눌러 制止할 수 없을 것입니다. 이들은 무엇 하는 사람입니까? 또한 매우 편치 않은 것이 있습니다.

1) 釋褐 : 갈옷을 벗고 官服으로 갈아입는다는 뜻으로, 처음으로 官吏가 됨을 말한다.

2) 一日之長 : 남보다 才能이나 學問이 조금 뛰어나다는 뜻이다.

先王制其天下에 尊尊相高하고 貴貴相承하여 使天下仰視朝廷之尊을 如泰山喬嶽하여

非扳援所能及하니이다 **苟非有大功與出群之才**면 **則不可以輕得其高位**하니 **是故**로 **天下知有所忌**하여 **而不敢覬覦**니이다 **今五尺童子**도 **斐然皆有意於公卿**하여 **得之則不知愧**하고 **不得則怨**하니 **何則**이니잇가 **彼習知其一旦之可以僥倖而無難也**니이다 **如此**면 **則匹夫輕朝廷**이니이다

先王께서 천하를 다스림에 높은 이를 높여서 서로 高尚하게 여기고 귀한 이를 귀하게 여겨 서로 받들어서, 천하로 하여금 조정의 높은 이를 우러러 바라보기를 泰山이나 높은 山嶽과 같이 하여 잡아당겨서 미칠 바가 아닌 듯이 하였습니다. 진실로 큰 功이 있거나 무리 가운데 出衆한 재주가 있지 않으면 가볍게 높은 地位를 얻을 수 없도록 하셨으니, 이 때문에 천하가 禁忌할 것이 있음을 알아서 감히 분에 넘치는 일을 바라지 않았습니다.

지금은 五尺童子도 휩쓸리어 모두 公卿에 뜻을 두어, 얻으면 부끄러움을 알지 못하고 얻지 못하면 원망을 하니 어째서이겠습니까? 저들이 하루아침의 요행으로써 어려움이 없음을 익히 알아서입니다. 이와 같다면 匹夫도 朝廷을 가볍게 여길 것입니다.

臣愚 以爲三人之中은 **苟優與一官**하여 **足以報其一日之長**하고 **館閣臺省**[1]엔 **非擧不入**이니이다 **彼果不才者也**면 **其安以入爲**잇가 **彼果才者也**면 **其何患無所擧**잇가 **此**는 **非獨以愛惜名器**요 **將以重朝廷耳**니이다

신의 어리석은 생각으로는, 3등 안에 든 사람은 진실로 우대하여 하나의 官職을 주어 남보다 조금 나은 成績을 報償받도록 하고, 館閣과 臺省에는 薦擧가 없으면 들이지 말아야 합니다. 저들이 과연 재주가 없는 사람이라면 어찌 들여놓을 수 있겠습니까? 저들이 과연 재주가 있는 사람이라면 어찌 천거할 사람이 없음을 걱정하겠습니까? 이것은 다만 名器를 아낄 뿐만 아니라, 장차 朝廷을 중하게 하는 것일 따름입니다.

1) 館閣臺省 : 圖書・經籍・修史 등의 일을 관장하는 昭文館・史館・集賢院의 三館과 秘書 및 역대 帝王의 御書와 典籍을 관장하는 秘閣・龍圖閣・天章閣

을 통틀어 館閣이라 하였으며, 臺省은 尙書省·門下省·中書省을 통칭하여 말하였다.

其八曰 臣聞 古者敵國相觀에 不觀於其山川之險과 士馬之衆하고 相觀於人而已라 하나이다 高山大江은 必有猛獸怪物하여 時見其威니이다 故로 人不敢褻하니 夫不必戰勝而後服也니이다 使之常有所忌하여 而不敢發하고 使吾常有所恃하여 而無所怯耳니이다 今以中國之大로 使夷狄視之不畏하고 甚者는 敢有煩言以瀆亂吾聽하니 此는 其心不有所窺하고 其安能如此之無畏也리잇가 敵國有事엔 相待以將하고 無事엔 相觀以使니이다

그 여덟 번째를 말씀드리겠습니다.

신은 듣건대, 옛날에는 敵國을 살펴볼 경우에 그 나라 山川의 험한 정도와 軍士·兵馬의 수가 많은 정도를 살펴보지 아니하고 사람을 살펴보았을 따름이라고 합니다. 높은 산과 큰 강에는 반드시 猛獸와 怪物이 있어서 때때로 그 威勢가 드러나기 때문에 사람들이 감히 함부로 하지 못하니, 반드시 싸워서 이긴 뒤에라야 복종시키는 것은 아닙니다. 그들로 하여금 항상 꺼리는 바가 있어서 감히 도발할 수 없도록 하고, 우리로 하여금 항상 믿는 바가 있어서 겁낼 것이 없도록 하여야 합니다.

지금 중국 같은 큰 나라로서 오랑캐들로 하여금 보고도 두려워하지 않게 하고, 심지어는 감히 번거로운 말로써 우리가 듣는 것을 더럽히고 어지럽게 하니, 이것은 그 마음에 엿보는 바가 있지 아니하고서 저들이 어찌 이토록 두려움이 없을 수 있겠습니까? 敵國과 戰爭이 있을 경우엔 將帥로 저들을 防禦하고, 전쟁이 없을 경우엔 使臣으로 저들을 살펴보도록 해야 합니다.

今之所謂使者를 亦輕矣하며 曰 此人也는 爲此官也니 則以爲此使也요 今歲以某하고 來歲當以某하고 又來歲當以某라하며 如縣令署役하여 必均而已矣리이다 人之才固有所短하여 而不可强其專對[1)]하며 捷給勇敢도 又非可以學致也니이다 今必使强之면 彼有倉皇失次하여 爲夷狄笑而已니이다 古者엔 大夫出疆하여 有可以安國家하고 利社稷則專之어늘 今法令太密하여 使小吏執簡記其旁하여 一搖足이면 輒隨而書之하니

雖有奇才辯士라도 亦安所效用이리잇가 彼夷狄觀之하고 以爲罇俎談燕[2)]之間이라도 尙不能辦하니 軍旅之際에 固宜其無人也니이다 如此면 將何以破其姦謀而折其驕氣哉잇가 臣愚 以爲奉使宜有常人호대 唯其可者면 而不必均이니이다 彼其不能者인댄 陛下責之以文學政事하여 不必强之於言語之間하여 以敗吾事니이다 而亦稍寬其法하여 使得有所施니이다 且今世之患은 以奉使爲艱危니 故로 必均而後可니이다 陛下平世使人을 而皆得以辭免이라가 後有緩急에 使之出入死地면 將皆逃耶잇가 此는 臣又非獨爲出使而言也니이다

지금의 使臣이라고 하는 자들을 또한 너무 가벼이 여기며, "이 사람은 이 관직에 있으니 이번 사신으로 가야 하고, 올해는 아무개가, 내년에는 마땅히 아무개가, 또 다음해는 마땅히 아무개가 가야 한다."고 하며, 縣令 임무를 맡기듯이 반드시 均一하게 적용하고 있을 따름입니다.

사람의 才能에는 원래 부족한 바가 있어서 그 專對를 억지로 할 수 없으며, 敏捷하고 勇敢한 것 또한 배워서 이룰 수 있는 것도 아닙니다. 지금 반드시 억지로 하게 한다면 그들이 倉皇(어쩔 줄 몰라)하여 차례를 잃어버려 오랑캐들의 웃음거리가 되고 말 것입니다.

옛날에는 大夫가 國境을 나가서 나라를 편안하게 하고 社稷을 이롭게 할 수 있다면 全權을 행사할 수 있었거늘, 지금은 法領이 너무 稠密하여 하급관리로 하여금 붓을 잡고 그 곁에서 기록하게 하여 한 발자국이라도 벗어나면 바로 그때마다 이를 기록하게 하니, 비록 奇才와 辯士가 있더라도 또한 어찌 효율적으로 쓸 수가 있겠습니까?

저 오랑캐들이 이를 보고, 술좌석에서 한가한 談笑를 나누는 사이에도 오히려 마음대로 할 수 없으니, 전쟁이 일어났을 때 진실로 쓸 만한 사람이 없을 것이라 여길 것입니다. 이와 같이 해서 장차 어떻게 그 奸邪한 꾀를 간파하고, 그 驕慢한 기운을 꺾을 수 있겠습니까?

신의 어리석은 생각으로는, 사신의 임무를 수행할 만한 사람으로 常人을 두되 오직 그 가능한 자라면 반드시 균일하게 적용할 필요는 없습니다. 그가 능력이 없는 자인데, 폐하께서 文學과 政事로 책임을 맡기셨다고 해서 반드시 言語의 사이에서

억지로 강요하여 우리의 일을 실패하게 해서는 안 될 것입니다. 또한 조금 그 법을 느슨하게 하여 사신으로 하여금 행할 바가 있도록 해야 합니다.

또한 지금의 근심은 '사신의 임무를 수행하는 것이 어렵고 위태로운 일이기 때문에 반드시 균일하게 적용한 후에 가할 것이라고 여긴다.'는 것입니다. 폐하께서 平和로울 때에는 사신들을 모두 職務에서 물러나 있게 했다가, 뒷날 危急할 경우에 그들로 하여금 死地에 드나들게 한다면 장차 모두 도망가겠습니까? 이것은 신이 또한 비단 사신을 보내는 것만이 그러하다고 말하는 것은 아닙니다.

1) 專對 : 다른 나라에 使臣으로 가서 獨自的으로 상황에 따라 질문에 응답하는 전권을 말한다.
2) 罇俎談燕 : 罇과 俎는 모두 祭器 이름으로 罇은 술을, 俎는 고기를 담는 그릇이다. 여기서 罇俎는 술좌석을 가리키며, 談燕은 閑談과 같다.

其九曰 臣聞 刑之有赦는 其來遠矣라하나이다 周制八議[1]엔 有可赦之人이나 而無可赦之時니이다 自三代之衰로 始聞有肆赦之令[2]이나 然이나 皆因天下有非常之事니이다 凶荒流離之後와 盜賊垢汙之餘에 於是에 有以沛然洗濯於天下나 而猶不若今之因郊而赦[3]하여 使天下之凶民으로 可以逆知而僥倖也니이다 平時小民畏法하여 不敢趑趄라가 當郊之歲면 盜賊公行하여 罪人滿獄하니 爲天下者가 將何利於此잇가 而又糜散帑廩하여 以賞無用冗雜之兵하고 一經大禮면 費以萬億하니 賦斂之不輕하여 民之不聊生은 皆此之故也니이다

그 아홉 번째를 말씀드리겠습니다.

신은 듣건대, 刑罰에 赦免制度가 있었던 것은 그 유래가 오래되었다고 합니다. 周나라 제도의 八議에 사면할 수 있는 사람은 밝혀져 있으나, 사면할 수 있는 때는 없습니다. 三代가 쇠약해진 이래로 비로소 赦免令이 있었다고 들었으나, 모두 천하에 특별한 일로 인한 것이었습니다.

饑饉이 들어 백성들이 이리저리 떠돌아다니고 도적들이 어지럽힌 뒤에, 이때에 천하를 말끔히 씻어낸 경우는 있었으나, 그래도 지금의 郊祭祀를 지내는 것을 계기로 사면을 시행하여 천하의 陰凶한 백성들로 하여금 미리 알고서 요행으로 여기는

것 같지는 아니하였습니다.

평소에 小民들은 법이 두려워서 감히 꼼짝도 못하다가 교제사를 지내는 해가 되면 도적질을 공공연히 행하여 죄인들이 감옥에 가득 차니, 천하를 다스리는 자가 장차 이에 무슨 이득이 있겠습니까?

또한 창고를 털어서 쓸모없고 잡다한 兵士들에게 賞으로 주고, 한 차례 大禮를 치르고 나면 경비로 萬億이 소비되니, 세금이 가볍지 아니하여 백성들이 편안히 살 수가 없는 것은 모두 이러한 까닭입니다.

1) 八議 : ≪周禮≫ 〈秋官 小司寇〉에, 죄를 따질 때 여덟 가지 재판상의 銀錢으로, 즉 왕의 친척이나 친구, 어진 사람, 유능한 사람, 공이 있는 사람, 귀한 사람, 일에 부지런한 사람, 賓客 등을 따져서, 이들의 죄를 사면하여 준다는 그 대상은 밝혀져 있으나 언제 사면한다는 時는 밝히지 않았다.

2) 自三代之衰 始聞有肆赦之令 : 三代 때의 赦免은 대개 臨時에 일에 따라서 시행하였다. 후세에 이르러서 大赦免法이 있었는데, 왕과의 정이 깊고 얕음과 罪의 무겁고 가벼운 정도를 따지지 않고 모두 범한 죄를 사면하였다.

3) 猶不若今之因郊而赦 : 宋나라는 3년마다 郊祭祀를 지내고, 이때 赦免令을 내렸다.

以陛下節用愛民하사 非不欲去此矣니이다 顧以爲所從來久遠하니 恐一旦去之면 天下必以爲少恩하고 而凶豪無賴之兵이 或因以爲辭而生亂하니 此其所以重改也니이다 蓋事有不可改而遂不改者면 其憂必深하고 改之則其禍必速이니이다 惟其不失推恩하며 而有以救天下之弊者는 臣愚 以爲先郊之歲에 可因事爲辭하여 特發大號니이다 如郊之赦與軍士之賜하시고 且告之曰 吾於天下非有惜乎推恩也어늘 惟是凶殘之民은 知吾當赦하고 輒以犯法하여 以賊害吾良民하니 今而後赦不於郊之歲로 以爲常制하노라하시면 天下之人이 喜乎非郊之歲而得郊之賞也어늘 何暇慮其後리잇가 其後四五年而行之하고 七八年而行之라가 又從而盡去之면 天下晏然不知에 而日以遠矣리이다

폐하께서 쓰임을 절약하고 백성을 사랑하여 이러한 폐단을 없애고자 하지 않은 것은 아닐 것입니다. 다만 유래가 오래되었으니 아마도 하루아침에 이를 없애게 되면

천하가 반드시 恩惠가 적다고 여기고, 凶暴하고 無頼한 兵士들이 혹 이것을 계기로 구실을 삼아서 난을 일으킬 수도 있으니, 이것이 신중하게 고쳐야 하는 이유입니다.

대개 일에는 고칠 수 없다고 해서 마침내 고치지 않으면 그 근심이 반드시 깊어지고 이를 고치게 되면 그 재앙이 반드시 빨라지게 되는 것이 있습니다. 오직 은혜를 베푸는 것을 잃지 않으면서 천하의 폐단을 구제하는 것은 신의 어리석은 생각으로는, 郊祭祀를 지내기 한 해 전에 이를 계기로 구실을 삼아 특별히 큰 號令을 발하여야 합니다.

만약 교제사를 지내는 해에 죄를 사면하고 군사들에게 상을 하사하고 또한 알리기를 "나는 천하에 은혜를 베푸는 것을 아끼지 아니하였는데 오직 이 凶惡하고 殘虐한 백성은 내가 당연히 사면해줄 것이라는 것을 알고 번번이 죄를 범하여 우리 良民들을 해치니, 지금 이후의 사면은 교제사를 지내는 해에 시행하지 않는 것으로 일정한 제도를 삼겠다."고 하시면, 천하 사람들이 교제사를 지내는 해가 아니더라도 교제사를 지낼 때와 같은 상을 받게 되는 데 대해 기뻐하게 될 것이니, 어느 겨를에 그 뒷일을 염려하겠습니까?

그 뒤로는 4, 5년 만에 이(사면)를 행하고, 7, 8년 만에 이를 행하다가 또한 뒤따라 〈교제사에 사면하던 것을〉 다 없앤다면, 천하가 편안히 여겨 알지 못하는 사이에 날로 멀어지게 될 것입니다.

且此出於五代之後兵荒之間하여 **所以姑息天下而安反側耳**어늘 **後之人相承而不能去**하여 **以至於今**이니이다 **法令明具**하고 **四方無虞**인댄 **何畏而不改**리잇가 **今不爲之計**면 **使姦人猾吏**로 **養爲盜賊**하여 **而後取租賦以啖驕兵**이니 **乘之以飢饉**하여 **鮮不及矣**[1]리이다 **當此之時**하여 **欲爲之計**라도 **其猶有極乎**잇가

또한 교제사에 사면하는 제도는 五代 이후 兵亂으로 황폐해진 시기에 나와서 천하를 姑息的으로 다스리고 두 마음을 품고 叛亂하려는 자들을 안정시키는 방법일 뿐이었는데, 뒷사람들이 서로 이어서 능히 없애지 못하고서 지금에 이르렀습니다. 法令이 밝게 구비되고 사방에 근심이 없는데 무엇이 두려워서 고치지 못하겠습니까?

지금 계책을 세우지 않는다면 奸邪한 사람과 狡猾한 관리를 양성하여 도적이 되

게 해서 이후 세금을 취하여 교만한 기세를 부리는 병사를 먹이게 되니 飢饉을 틈타서 난에 이르지 않음이 드물 것입니다. 이때를 당해서 계책을 세우고자 한들 그것을 오히려 다할 수 있겠습니까?

1) 鮮不及矣 : ≪嘉祐集≫에는 '鮮不及亂矣'로 되어 있어 이에 따라 해석하였다.

其十曰 臣聞 古者所以採庶人之議는 **爲其疎賤而無嫌也**라하나이다 **不知爵祿之可愛**하니 **故**로 **其言公**하고 **不知君威之可畏**하니 **故**로 **其言直**이니이다 **今臣幸而未立于陛下之朝**하여 **無所愛惜顧念於其心者**니이다 **是以**로 **天下之事**로 **陛下之諸臣所不敢盡言者**를 **臣請得以僭言之**하노이다

그 열 번째를 말씀드리겠습니다.

신은 듣건대, 옛날에 일반 백성들의 議論을 채택한 것은 그들이 微賤하나 거리낌이 없기 때문이었다고 합니다. 爵祿을 아까워해야 한다는 것을 알지 못하기 때문에 그 말이 公平하고, 임금의 威嚴을 두려워해야 한다는 것을 알지 못하기 때문에 그 말이 正直하였습니다.

지금 신은 다행히 폐하의 조정에 벼슬하고 있지 아니하여 마음에 돌아보고 염려하며 아까워할 바가 없는 자입니다. 이 때문에 천하의 일에 대해서 폐하의 여러 신하들이 감히 다 말할 수 없는 것들을 신이 외람되게 말씀드리기를 청합니다.

陛下擢用俊賢하사 **思致太平**이 **今幾年矣**리이다 **事垂立而輒廢**하고 **功未成而旋去**하니 **陛下知其所由乎**잇가 **陛下知其所由**시면 **則今之在位者**가 **皆足以有立**이나 **若猶未也**시면 **雖得賢臣千萬**이라도 **天下終不可爲**니 **何者**잇가 **小人之根未去也**니이다 **陛下遇士大夫有禮**면 **凡在位者**가 **不敢用褻狎戲嫚以求親媚於陛下**리이다 **而讒言邪謀之所由至於朝廷者**를 **天下之人**은 **皆以爲陛下不疎遠宦官之過**니이다 **陛下特以爲耳目玩弄之臣**하시고 **而不知其陰賊險詐**시니 **爲害最大**니이다 **天下之小人**이 **無由至於陛下之前**이라 **故**로 **皆通於宦官**하여 **珠玉錦繡所以爲賂者**가 **絡繹於道**하여 **以間關齟齬**하고 **賢人之謀**는 **陛下縱不聽用**하시고 **而大臣常有所顧忌**하여 **以不得盡其心**이니이다 **臣故**

曰 小人之根未去也라하나이다

폐하께서 優秀한 人材를 발탁하여 등용하시어 太平한 세상을 이루기를 생각하신지가 지금 몇 해가 되었습니다. 일을 수립했다가 번번이 폐하고 공이 이루어지지 아니하였는데 바로 떠나니, 폐하께서는 그 연유를 아십니까? 폐하께서 그 연유를 아신다면 지금의 官職에 있는 자들이 모두 자리에서 임무를 잘 수행할 수가 있으나, 만약 그렇지 않으실 것 같으면 비록 賢臣 천만 명을 얻는다고 하더라도 천하가 끝내 잘 다스려지지 못할 것이니 어째서이겠습니까? 小人들의 뿌리를 제거하지 않아서입니다.

폐하께서 士大夫들에게 禮를 갖추어 대우하신다면 무릇 관직에 있는 자들이 감히 허물없이 희롱하고 음란하게 굴면서 폐하께 가깝고 기뻐하기를 구하지 못할 것입니다. 讒訴하는 말과 邪惡한 陰謀가 조정에 이르는 까닭을 천하의 사람들은 모두 폐하께서 宦官의 잘못을 멀리 내치지 않으셨기 때문이다고 생각합니다. 폐하께서 다만 눈과 귀를 즐겁게 하는 신하들이라고만 여기시고 그들이 陰凶하게 해치고 陰險하게 속임수를 쓰는 것은 알지 못하시니, 害가 됨이 가장 큽니다.

천하의 소인들이 폐하 앞에 이를 길이 없기 때문에 모두 환관을 통해서 寶石과 비단으로 뇌물을 쓰는 자들이 길에 끊이지 아니하여 점점 더 어긋나고, 賢人들의 계책은 폐하께서 내치며 들어 쓰지 아니하시고, 大臣들은 항상 꺼리는 바가 있어 그 마음을 다하지 아니합니다. 신이 그렇기 때문에 "소인의 뿌리를 제거하지 아니하였다."고 아뢴 것입니다.

竊聞之道路하니 陛下將有意去而踈之也니이다 若如所言이면 則天下之福이니이다 然이나 臣方以爲憂하여 而未敢賀也니이다 古之小人은 有爲君子之所抑이라가 而反激爲天下之禍者니 臣每痛傷之니이다 蓋東漢之衰에 宦官用事하니 陽球[1]爲司隷校尉하여 發憤誅王甫[2]等數人하여 磔其尸于道中하니 常侍曹節過而見之하고 遂奏誅陽球하여 而宦官之用事가 過於王甫之未誅니이다 其後竇武何進[3]又欲去之라가 而反以遇害니이다 故로 漢之衰에 至於掃地而不可救니이다

가만히 길거리에 떠도는 所聞을 들으니, 폐하께서 장차 그들을 제거해서 멀리할 뜻을 두고 계시다고 하였습니다. 만약 소문과 같다면 천하의 福일 것입니다. 그러나 신은 바야흐로 걱정이 되어 감히 賀禮 드리지 못하옵니다. 옛날의 小人들은 君子들에게 제어받다가 도리어 激動하여 천하의 憂患이 된 자도 있으니, 신이 매양 이를 가슴 아프게 생각하였습니다.

대개 東漢이 쇠할 때 宦官들이 權勢를 부리니 陽球가 司隷校尉가 되어 發憤하여 환관 王甫 등 여러 사람을 誅殺하여 길 가운데에서 그 시신을 찢으니, 常侍 曹節이 지나가면서 이를 보고 마침내 양구를 죽여야 한다고 아뢰어, 환관들이 권세를 부리는 것이 왕보를 베지 않았을 때보다 심하였습니다.

그 뒤 竇武와 何進도 그(환관)들을 제거하려다가 도리어 해를 입었습니다. 그러므로 漢나라가 쇠할 때 땅을 쓴 듯이 모두 없어져 구원할 수 없는 지경에 이르렀습니다.

1) 陽球 : 漢 靈帝 光和 2년(179)에 衛尉로 있으면서 曹節과 張讓 등 宦官들을 제거하려다가 피살되었다.
2) 王甫 : 黃門令으로 曹節과 함께 太傅였던 陳蕃과 大將軍 竇武를 모살하고 中常寺가 되었고, 勃海王 悝를 무고하여 죽인 뒤 冠軍侯가 되었다. 뒤에 司隷校尉 陽球의 탄핵을 받아 獄中에서 죽었다. ≪後漢書 卷78≫
3) 其後竇武何進 : 竇武는 平陵 사람, 字는 游平이다. 漢 桓帝의 장인으로 槐里侯에 봉해졌다. 陳蕃 등과 모의하여 환관 曹節과 王甫 등을 주살하려 하였으나 사전에 누설되어 뜻을 같이했던 1백여 명과 함께 피살당했다. 何進은 漢 靈帝의 처남으로 환관들이 錯亂할 때 이들을 제거하려다가 도리어 죽임을 당했다. 두무가 양구보다 11년 전인 建寧 원년(168년)에 화를 당했는데, 여기에서 其後는 아마도 蘇洵의 착오인 것 같다.

夫君子之去小人엔 惟能盡去라야 乃無後患이리이다 惟陛下思宗廟社稷之重과 與天下之可畏하사 旣去之하고 又去之하며 旣疎之하고 又疎之니이다 刀鋸[1]之餘는 必無忠良하니 縱有區區之小節이라도 不過閫闥掃洒之勤하니 無益於事니이다 惟能務絶其權하사 使朝廷清明하여 而忠言嘉謨易以入하면 則天下無事矣리이다 惟陛下無使爲臣之所料로

而後世以臣爲知言이면 不勝大願이리이다

대체로 君子가 小人을 제거할 때는 오직 모조리 제거하여야만 이에 後患이 없을 것입니다. 오직 폐하께서는 宗廟社稷의 소중함과 천하를 두려워해야 함을 생각하시어, 이미 이들을 제거하시고 또 제거하시며, 이미 이들을 멀리하시고 또 멀리하셔야 합니다.

宦官들의 잔당들은 반드시 충성스럽고 어진 자가 없을 것이니, 설령 구구한 작은 절개가 있다 하더라도 궁궐의 문에 물 뿌리고 청소하는 부지런함에 불과하니 큰 일에는 보탬이 없을 것입니다. 오직 그들의 권력을 끊는 데 힘써서 조정으로 하여금 淸明하도록 하여 충성스러운 말과 훌륭한 계책들이 쉽게 받아들여진다면 곧 천하가 무사하게 될 것입니다. 오직 폐하께서 신이 생각하는 것을 가지고 후세 사람들이 신을 '사리에 맞는 말을 한 자'라고 여기지 않도록 해주신다면 더할 수 없는 큰 소원이 성취되는 것이라 하겠나이다.

1) 刀鋸 : 칼과 톱의 形具를 가리키며, 여기서는 刀鋸로 거세당한 宦官을 가리킨다.

曩臣所著二十二篇에 略言當世之要니이다 陛下雖以此召臣이나 然이나 臣觀朝廷之意컨대 特以其文采詞致稍有可嘉나 而未必其言之可用也니이다 天下無事하니 臣每每狂言하여 以迂闊爲世笑라 然이나 臣以爲必將有時而不迂闊也니이다 賈誼之策이 不用於孝文之時나 而使主父偃之徒得其餘論하여 而施之於孝武之世[1]니이다 夫施之於孝武之世는 固不如用之於孝文之時之易也니이다 臣雖不及古人이나 惟陛下不以一布衣之言而忽之하소서 不勝越次憂國之心하여 效其所見이니이다 且非陛下召臣이면 臣言無以至於朝廷이니이다 今老矣니 恐後無由復言하여 故로 云云之多至於此也니 惟陛下寬之하소서

지난번 신이 저술한 22편에 당세의 要點을 대략 말씀드렸습니다. 폐하께서는 비록 이것 때문에 신을 부르셨으나, 신이 조정의 公論을 보건대 다만 그 文采와 詞致는 조금 나은 부분이 있다고 하더라도 반드시 그 말의 내용이 쓸 만한 것은 아니었습니다.

천하가 無事하니 신이 狂言을 할 때마다 迂闊하다고 여겨 세상의 비웃음거리가 되었으나, 신은 반드시 장차 有事時에는 오활한 것이 아닐 것이라고 생각합니다. 賈誼의 대책이 孝文帝 때에는 채택되지 아니하였으나 主父偃의 무리들로 하여금 그 餘論을 얻어 孝武帝 때 이를 시행하게 하였습니다. 효무제 때 이를 시행한 것은 진실로 효문제 때에 쉽게 시행하는 것만 못합니다.

신이 비록 옛사람들에게는 미치지 못하지만 오직 폐하께서는 일개 보잘것없는 자의 말이라고 해서 소홀히 여기지 마시옵소서. 분수에 맞지 않게 나라를 걱정하는 마음을 이기지 못하여 〈신의〉 所見을 바칩니다.

또한 폐하께서 신을 부르시지 아니하셨다면 신의 말은 조정에 이르지 못하였을 것입니다. 신이 지금 늙어 뒤에 다시 말할 기회가 없을까 두려워 올리는 말들이 많기가 이에 이르렀으니, 오직 폐하께서 너그럽게 살펴주시옵소서.

1) 賈誼之策……而施之於孝武之世 : 漢나라 賈誼가 諸侯를 나누어 봉하는 폐단 등의 대책을 孝文帝 때 올렸으나, 당시에는 시행되지 못하다가 몇 대가 지난 뒤 孝武帝 때 主父偃에 의해 제대로 시행하였다.

按 此書十條內에 如革任子擇使罷赦令爲最確이라 而嚴考課之法과 擧武健之士는 其議雖未審이나 亦當時所急이라 至所言重縣令之體하고 假兩制之權과 與高第者不當按名敍用은 似無大關係라 首條에 欲州縣幕職上에 擧主必按其廉能은 其議未暢하고 而未謂宦官一節은 恐非宋朝時事之亟者나 然이나 於今日엔 則可謂血脈腸胃間之疾也已라

살펴보니 여기에 기록된 열 가지 조목 중에 任子制度 改革과 使臣을 任命하는 것과 赦免令을 그만두는 것에 대한 것은 가장 的確하다. 考課法을 엄격하게 적용하는 것과 굳세고 건장한 武官을 등용하는 것에 대한 것은 그 의논이 비록 자세하지는 않으나 또한 그 당시에는 시급한 일이었다.

縣令의 體統을 중히 여기고 兩制의 權限을 서로 교환하는 것과 우수한 성적으로 급제하였다고 해서 名聲의 虛와 實을 고찰하지도 아니하고 등용하는 것에 대해 말한 바에 이르러서는 크게 관계가 없는 것 같다.

첫 조항에 州縣의 幕職을 올려주려고 할 때에 천거한 자가 반드시 그의 淸廉함과 能力을 살펴야 한다는 것은 그 의논이 유창하지 못하고, 마지막에 宦官에 관한 한 조항은 아마도 宋나라 당시에는 시급한 일이 아니었으나, 오늘날에는 血脈과 內臟 사이의 疾病과 같은 아주 심한 폐단이라고 이를 만하다.

02. 修禮書狀* 禮書를 修撰할 때에 올린 글

* 蘇洵이 ≪太常因革禮≫ 편찬에 참여하여, 祖宗이 시행한 일 중에 합당하지 않은 일을 제거하여 기록하지 않고자 한다는 의논을 듣고, ≪春秋≫와 ≪漢書≫의 사례를 인용하여 부당함을 論證하고, 善惡을 가리지 말고 事實에 의거하여 기록함으로써 후세에 의심이 없도록 해야 한다는 것을 주장한 글이다.

情事明하고 亦合經典하다

일에 대한 實情이 밝고, 經典의 뜻에도 부합된다.

右洵이 先奉勅編禮書에 後聞臣僚上言하니 以爲祖宗所行이 不能無過差라하여 不經之事를 欲盡芟去하여 無使存錄하니이다 洵竊見 議者之說이 與勅意大異하니 何者잇가 前所授勅은 其意曰 纂集故事而使後世無忘之耳요 非曰 制爲典禮而使後世遵而行之也니이다 然則洵等所編者는 是는 史書之類也니 遇事而記之에 不擇善惡하고 詳其曲折하여 而使後世得知而善惡自著者니 是는 史之體也니이다 若夫存其善者而去其不善이면 則是制作之事요 而非職之所及也어늘 而議者以責洵等은 不已過乎잇가

제가 앞서 詔勅을 받들어 禮書를 편찬함에, 뒤에 신료들이 올리는 말을 들으니, 祖宗이 행하신 바에 잘못이 없을 수 없다 하여 常規에 합당하지 않은 일을 모두 제거하여 기록에 남김이 없도록 하고자 한다고 하였습니다. 제가 가만히 보니 의논하는 자들의 말이 조칙의 뜻과는 크게 다르니 어째서입니까?

앞서 내리신 조칙은 그 뜻이 故事를 모아 책을 만들어 후세로 하여금 잊지 말도록 하는 것이요, 특정한 의식을 제정하여 후세로 하여금 좇아 행하게 하는 것은 아니었습니다. 그렇다면 洵 등이 편찬하는 것은 歷史書의 일종이니, 일을 만나서 기록함에 善惡을 가리지 아니하고 그 일의 事情과 曲折을 자세히 기록하여 후세에 알 수 있도록 하면 선악이 자연스럽게 드러나는 것이니 이것이 歷史書의 根本입니다.

만약 그 善한 것은 두고 그 不善한 것을 없앨 것 같으면 이것은 제정하는 일이요, 신들의 직분이 미칠 바가 아니니, 의논하는 자들이 이로써 洵 등을 책망하는 것은 너무 지나치지 않겠습니까?

且又有所不可者하니 今朝廷之禮가 雖爲詳備나 然이나 大抵往往亦有不安之處하니 非特一二事而已니이다 而欲有所去焉이면 不識其所去者果何事也니이다 旣欲去之면 則其勢不得不盡去요 盡去則禮缺而不備니이다 苟獨去其一而不去其二면 則適足以爲牴牾齟齬 而不可齊一하니이다

또 불가한 것이 있으니, 지금 조정의 禮가 비록 상세히 갖추어져 있으나, 대체로 往往 타당하지 않은 곳이 있으니 다만 한두 가지 일뿐만이 아닙니다. 〈지금 禮書에서 不善한 것을〉 없애고자 할 것이 있다면 그 없앨 것이 과연 무슨 일인지 알지 못하겠습니다.

이미 없애고자 하면 형세상 다 없애지 아니할 수 없을 것이요, 다 없애게 되면 예가 누락되어 구비되지 못하게 됩니다. 만일 그 어느 것은 없애고 그 어느 것은 없애지 않는다면 다만 서로 어긋나게 되어 한결같지 아니할 것입니다.

且議者之意는 不過欲以掩惡諱過하여 以存臣子之義니 如是而已矣니이다 昔에 孔子作春秋하실새 惟其惻怛而不忍言者而後有隱諱하니 蓋威公薨[1]과 子般卒[2]을 沒而不書는 其實以爲是不可書也요 至於成宋亂[3]과 及齊狩[4]와 躋僖公[5]과 作丘甲[6]과 用田賦[7]와 丹桓宮楹[8]과 刻桓宮桷[9]하여는 若此之類는 皆書而不諱하니 其意以爲雖不善이나 而尙可書也니이다 今先世之所行이 雖小有不善者나 猶與春秋之所書者로

甚遠이로되 **而悉使洵等**으로 **隱諱而不書**하니 **如此**면 **將使後世**로 **不知其淺深**하고 **徒見當時之臣子**가 **至於隱諱而不言**하여 **以爲有所大不可言者**면 **則無乃欲益而反損歟**잇가

또한 의논하는 자들의 뜻은 惡을 덮고 잘못을 숨겨줌으로써 臣下의 義理를 보존하고자 하는 데 불과하니, 이와 같을 뿐입니다.

옛날 孔子께서 ≪春秋≫를 지으실 적에 오직 측은하고 슬퍼서 차마 말하지 못할 것이 있는 뒤에야 숨겨줌이 있었으니, 威公과 子般의 피살을 빠뜨리고 기록하지 않은 것은 실제로는 이것을 기록해서는 안 된다고 여겼기 때문이요, 宋나라의 亂離를 平定한 일, 齊나라 사람과 사냥한 일, 僖公의 位次를 승격한 일, 丘에 甲士를 만든 일, 田賦를 써서 세금을 무겁게 거둔 일, 桓宮의 기둥에 단청한 일, 桓宮 서까래에 조각한 일에 이르러서는 이 같은 종류는 모두 기록하여 감추지 아니하였으니, 그 뜻은 이 사건들이 비록 不善하나 그래도 기록할 만하다고 여겼기 때문입니다.

지금 先代에 행한 일이 비록 조금은 불선한 것이 있으나 그래도 ≪春秋≫에 기록된 것보다 심하지 않은데도, 모두 洵 등으로 하여금 숨기고 기록하지 못하게 하니, 이와 같이 하면 장차 후세로 하여금 〈숨긴 일들의〉 얕고 깊음을 알지 못하게 하고 다만 당시의 신하들이 숨기고 말하지 아니한 것에 이르러 크게 말하지 못할 것이 있었다고 여기는 것만 볼 것이니, 잘하려고 한 것이 도리어 損害를 끼치는 것이 아니겠습니까?

1) 威公薨 : 威公은 魯 桓公을 가리킨다. 宋 欽宗의 이름인 桓을 避諱하여 桓公을 威公이라 하였다. ≪春秋左氏傳≫에 의하면, 魯 桓公 18년에 환공이 夫人 姜氏와 齊나라에 갔는데 姜氏가 齊侯와 私通하다 발각되었다. 公이 부인을 꾸짖으니 부인이 齊侯(襄公)에게 告하니, 齊侯가 桓公을 접대한다는 명분으로 모셔 오면서 公子 彭生을 시켜 수레에서 桓公을 擊殺하였다. ≪春秋≫에 이 사실을 다만 "공과 부인 강씨가 드디어 齊나라로 갔다. 夏 四月 丙子日에 공은 齊나라에서 작고하였다.〔公與夫人姜氏遂如齊 夏四月丙子 公薨于齊〕"라고 기록하고, 杜預 註에 "격살하였다고 기록하지 않은 것은 감춘 것이다."라고 한 것을 가리킨다.

2) 子般卒 : ≪春秋左氏傳≫에 의하면, 子般은 魯 莊公과 孟任의 所生이다. 莊公의 庶兄 慶父가 莊公의 夫人 哀姜과 私通하였는데 哀姜은 자식이 없었다. 莊

公이 卒하자 동생 季友가 子般을 옹립하여 임금으로 삼았다. 그런데 喪中에 慶父가 마부를 시켜 子般을 죽이고 哀姜의 동생 叔姜의 아들 啓를 임금으로 세우니 이가 閔公이다. 이 사실이 ≪春秋≫에는 다만 "冬十月己未 子般卒"이라고 기록되어 있고, 杜預 註에 "卒이라고 기록한 것은 감춘 것이다."라고 한 것을 말한다.

3) 成宋亂 : ≪春秋左氏傳≫에 의하면, 桓公 2년 正月에 宋督(華父督)이 자국인 宋나라 임금 與夷와 大夫 孔父를 시해한 사건이 발생하여 三月에 桓公이 齊侯, 陳侯, 鄭伯을 宋나라 稷 땅에 모으고 뇌물을 받고 華父督을 侯로 세우고 宋나라 내란을 평정하였기 때문에 자세히 기록한 것을 가리킨다.

4) 及齊狩 : ≪春秋公羊傳≫에서 莊公 4년 겨울에 장공이 齊侯와 禚 땅에서 사냥한 사건에 대하여 "齊侯를 齊人이라고 칭한 것은 원수와 함께 사냥하였기 때문에 그 사실을 숨긴 것이다."라고 한 것을 가리킨다.

5) 躋僖公 : ≪春秋左氏傳≫에 의하면, 文公 2년 八月 丁卯日에 大廟에 제사를 지내고 僖公의 位를 閔公보다 위로 올렸다. 그런데 僖公이 비록 閔公의 庶兄이나 閔公을 이어 위에 올랐기 때문에 그 靈位가 마땅히 閔公 아래에 있어야 한다. 이 사실을 ≪春秋左氏傳≫에서 '逆祀'라 하고, "君子가 失禮라고 여긴다."라고 한 것을 가리킨다.

6) 作丘甲 : ≪春秋左氏傳≫에 "成公 元年 三月에 作丘甲하다."라고 기록한 사건에 대하여 杜預 註에 다음과 같은 내용이 보인다. "≪周禮≫에 4邑이 丘가 되니 丘는 16井이요, 4丘가 甸이 되니 甸은 64井이다. 丘 16井에서 戎馬 1匹과 牛 3頭를 바쳤는데 지금 丘로 하여금 甸에서 바치는 戎馬 4匹, 牛 12頭, 甲士 3人, 卒 72人을 바치게 하니, 세금이 과중함을 나무랐다. 그렇기 때문에 기록하였다."

7) 用田賦 : ≪春秋≫에 "哀公 12년 春에 用田賦하다."라고 기록한 사건에 대하여, ≪春秋左氏傳≫에 季孫이 田에 별도로 세금을 부과하고자 하여 冉有를 시켜 孔子를 방문하여 문답하게 한 내용이 기록되어 있고, 杜預 註에 "바로 쓴 것은 법을 고쳐 세금을 중과하였음을 보인 것이다."라고 한 것을 말한다.

8) 丹桓宮楹 : ≪春秋≫ 莊公 23년에 "秋에 丹桓宮楹하다."라고 기록한 사건에 대한 杜預의 註에 "桓公의 사당이다. 장차 부인을 맞이하려고 성대하게 장식하였다."라고 한 것을 가리킨다.

9) 刻桓宮桷 : ≪春秋≫ 莊公 24년 "王 三月에 刻桓宮桷하다."라고 기록한 사건에 대하여, ≪春秋左氏傳≫에 "봄에 그 서까래에 조각을 하니 禮가 아니다."라고 하고, ≪春秋穀梁傳≫에서 "桓宮이라고 지적하여 말한 것은 莊公을 미워했기 때문이다."라고 한 것을 가리킨다.

公羊之說滅紀滅項은 皆所以爲賢者諱[1]라하니이다 然이나 其所謂諱者는 非不書也요 書而迂曲其文耳니 然則其實猶不沒也니이다 其實猶不沒者는 非以彰其過也요 以見(현)其過之止於此也니이다 今無故로 乃取先世之事而沒之면 後世將不知而大疑之리니 此大不便者也니이다 班固가 作漢志에 凡漢之事를 悉載而無所擇하니 今欲如之면 則先世之小有過差者가 不足以害其大明하고 而可以使後世無疑之之意요 且使洵等爲得其所職하여 而不至於侵官者니이다 謹具狀하노이다

≪春秋公羊傳≫에서 해설한, 紀國을 齊나라가 멸망시키고 項國을 齊나라가 멸망시킨 사건은 모두 賢者를 위하여 숨긴 것이라고 하였습니다. 그러나 그 이른바 숨겼다고 한 것은 기록하지 아니하였다는 것이 아니고 기록하되 그 글을 우회적으로 넌지시 표현한 것이니, 그러한즉 그 실상은 오히려 없애지 아니한 것입니다. 그 실상을 오히려 없애지 아니한 것은 그 잘못을 드러내는 것이 아니고 그 잘못이 여기에서 그쳤음을 나타내는 것입니다.

지금 까닭 없이 先代의 사건을 취급하면서 없앤다면 후세가 장차 알지 못하고 크게 의심하게 될 것이니, 이것이 매우 불편할 것입니다. 班固가 ≪漢書≫를 지을 때에 漢나라의 일을 모두 기록하여 선택한 것이 없었으니, 지금 이와 같이 하고자 한다면 선대에 조금 잘못된 일이 있었던 것이 그 큰 밝음에 해가 되지 아니할 것이고, 그리고 후세로 하여금 의심하게 하는 뜻이 없도록 할 것이요, 또한 洵 등으로 하여금 부여된 임무를 완수할 수 있게 하여, 다른 관리가 職權을 침범하는 데에 이르지 아니할 것입니다. 삼가 갖추어 기록하여 아뢵니다.

1) 公羊之說滅紀滅項 皆所以爲賢者諱 : ≪春秋≫의 "莊公 4년 紀侯가 大去紀國하다."는 사건에 대하여 ≪春秋公羊傳≫에 다음과 같은 내용이 보인다. "大去라는 것은 무엇인가? 滅이다. 누가 滅하였는가? 齊가 滅하였다. 그런데 어찌하

여 齊가 滅하였다고 말하지 않았는가? 襄公을 위하여 諱하였다. ≪春秋≫에서 襄公을 위하여 諱하였다고 하니 무슨 연유로 襄公을 어질게 여겼는가? 復讐하였기 때문이다."

≪春秋≫의 "僖公 17년 夏에 滅項하다."는 사건에 대하여 ≪春秋公羊傳≫에 다음과 같은 내용이 보인다. "누가 滅하였는가? 齊가 滅하였다. 어찌하여 齊가 滅하였다고 말하지 않았는가? 桓公을 위하여 諱하였다. ≪春秋≫에 賢者를 위하여 諱한다고 하는데, 이는 남의 나라를 滅하였거늘 어찌하여 어질다고 하는가? 桓公이 일찍이 繼絶(魯 僖公을 옹호하여 세움)하고 存亡(邢·衛·杞國의 명맥을 유지하게 함)한 공이 있기 때문에 군자가 이를 위해 諱하였다."

宋大家蘇文公文抄 卷2

書

01. 上文丞相書* 文丞相에게 올린 글

* 文丞相은 곧 文彦博(1006~1097)으로, 자는 寬夫이고 汾州 介休(지금의 山西省에 있음) 사람이다. 仁宗 때 宰相에 이르렀으며, 神宗 때 王安石의 變法에 반대하다가 쫓겨났다. 이 글은 嘉祐 원년(1056)에 지어졌다. 천하의 선비를 거두어들이는 것에 대하여 논하면서 마땅히 "처음에는 疏略하게 하고 끝에는 精密하게 하여야 한다.〔略於始而精於終〕"고 하였다.

論取士는 **貴廣**이라

선비를 취함은 널리 함을 귀하게 여김을 논하였다.

昭文相公[1)]執事아 天下之事는 制之在始요 始不可制면 制之在末이니이다 是以로 君子는 愼始而無後憂요 救之於其末이나 而其始不爲無謀니이다 失諸(저)其始而邀諸其終이면 而天下無遺事[2)]니이다 是故로 古者之制其始也에 有百年之前而爲之者也라 蓋周公營乎東周에 數百年而待乎平王之東遷也[3)]라 然이나 及其收天下之士하여 而責其賢不肖之分이면 則未嘗於其始焉而制其極이니이다 蓋常擧之於諸侯하고 考之於太學하며 引之於射宮하고 而試之於弓矢[4)]니 如此其備矣라 然而管叔蔡叔[5)]은 文王之子요 而武王周公之弟也나 生而與之居處하여 習知其性之所好惡(오)요 與夫居之於太學하고 而習之於射宮者는 宜愈詳矣리라 然其不肖之實이 卒不見於此時라가 及其出爲諸侯監國에 臨大事而不克自定하니 然後敗露하여 以見其不肖之才니이다 且夫張弓而射之一不失은 容此不肖者或能焉이니 而聖人豈以爲此足以盡人之才리오 蓋將爲此名하여 以收天下之士하고 而後觀其臨事하여 而黜其不肖니이다 故曰始不

可制면 制之在末이라하니이다 於此有人求金於沙면 斂而揚之하나니 惟其揚之也精이라 是以로 責金於揚이요 而斂則無擇焉이니이다 不然이면 金與沙礫이 皆不錄而已矣라 故 欲求盡天下之賢俊인댄 莫若略其始요 欲求責實於天下之官인댄 莫若精其終이니이다

昭文館大學士 相公 각하께.

천하의 일은 制御함이 처음에 있으며, 처음에 제어할 수 없으면 제어함이 끝에 있습니다. 그런 까닭으로 君子는 처음을 신중히 하여 나중의 憂患을 없게 합니다. 그 끝에서 구원한다 해도 그 처음이 무모하지 않습니다. 그 처음을 잃어버리고 그 끝에서 모색한다면 천하에는 남는 일이 없습니다. 그런 까닭에 옛날에 그 처음을 제어함에 백 년 전에 그렇게 한 것이 있었습니다.

대체로 周公은 東周를 경영하여 수백 년을 기다려서야 平王이 동쪽으로 遷都하였습니다. 그러나 천하의 선비를 거두어들임에 賢·不肖의 구분을 요구하는 일에 있어서는 일찍이 그 처음부터 극단적으로 제어하지는 않았습니다. 대체로 항상 諸侯에게 천거하게 하고 太學에서 살펴보며, 射宮으로 끌어들이고 弓矢로 시험해보았으니, 그 갖추어놓음이 이와 같았습니다.

그러나 管叔과 蔡叔은 文王의 아들이면서 武王과 周公의 아우입니다. 태어나서 함께 거처하여 그 성품의 好惡를 잘 알 것이니, 저 태학에서 함께 거처하여 보고 射宮에서 함께 武術을 익힌 사람들보다는 마땅히 더욱 자세히 알고 있을 것입니다. 그러나 그 不肖한 실상은 이때 끝내 나타나지 않았으며, 제후의 監國으로 나가 大事를 앞두고 스스로 안정시킬 수 없게 된 연후에야 나쁜 일이 드러나 그 불초한 재주가 나타났습니다.

또한 대저 활을 당겨 쏘아 하나도 놓치지 않은 것은 아마 이러한 불초한 자라도 혹 그렇게 할 수 있으니, 聖人이 어찌 이를 족히 사람의 재주를 다한 것이라고 생각하겠습니까? 대개 장차 이러저러한 명목 때문에 천하의 선비를 거두어들일 것이나, 그런 다음에 그 일에 임하는 것을 살펴 불초한 자를 쫓아내야 합니다. 그러므로 말하기를 "처음에 제어할 수 없으면 제어함이 끝에 있습니다."라고 한 것입니다.

이에 어떤 사람이 모래에서 金을 구하여 거두어 인다면 오직 그 이는 것을 精하게 할 것이니, 이 때문에 이는 데서 금을 바라는 것이고, 거두는 것은 가리지를 않습니

다. 그렇지 않다면 금과 모래·자갈을 모두 취하지 못할 따름입니다. 그러므로 온 천하의 어진 俊傑을 구하고자 하면 그 처음을 疏略하게 함만 한 것이 없으며, 천하의 관직을 실제에 부합하기를 구하고자 한다면 그 끝을 精하게 함만 한 것이 없습니다.

1) 昭文相公 : ≪宋史≫ 〈宰輔表 2〉에 의하면, 至和 2년(1055) 6월 戊戌日에 文彦博은 禮部尙書 同平章事 昭文館大學士 兼 譯經潤文使가 더하여졌으므로 昭文相公이라 하였다.

2) 天下之事……而天下無遺事 : ≪尙書≫ 〈商書 仲虺之誥〉에 "그 처음을 삼가서 그 끝까지 잘한다.〔愼厥初 惟其終〕"는 말이 있고, ≪春秋左氏傳≫ 襄公 25년에서 子産이 말하기를 "政治는 農事와 같으니 밤낮으로 생각을 하고 그 처음을 생각하고 결과가 어떻게 될지 생각하여야 한다.〔政如農功 日夜思之 思其始而成其終〕"라 하였다.

3) 蓋周公營乎東周 數百年而待乎平王之東遷也 : 東周는 周나라의 東都 洛邑을 가리키며, 鎬京이 서쪽에 있는 것을 구별하기 위하여 이렇게 부른다. 武王이 洛邑에서 周나라를 경영하고자 하였으나 실행하지 못하였다. 武王이 죽자 周公이 成王을 도와 武王의 뜻을 이루어 도읍으로 경략하였다. 그러나 B.C. 11세기부터 B.C. 771년 平王이 東遷할 때까지 수백 년간 여전히 鎬京을 도읍으로 삼았다. 幽王이 犬戎에게 죽고 제후들이 함께 幽王의 태자인 宜臼를 세우니 곧 平王이다. 鎬京이 犬戎과 너무 가까워 부득이해서 洛邑으로 도읍을 옮겼다. 이 시기를 기준으로 周나라는 鎬京이 도읍인 때를 西周, 洛邑인 때를 東周라 하였다.

4) 蓋常擧之於諸侯……而試之於弓矢 : '常'은 ≪嘉祐集≫에는 '嘗'으로 되어 있다. ≪禮記≫ 〈射義〉에 "옛날 天子의 제도에 諸侯가 해마다 천자에게 士를 공헌하였는데 천자가 이를 射宮에서 시험하였다.……마음이 화평하고 몸을 바르게 하여 弓矢를 잡음이 審固하다. 궁시를 잡음이 심고하면 쏘아서 맞히게 된다.〔古者天子之制 諸侯歲獻 貢士於天子 天子試之於射宮……心平體正 持弓矢審固 持弓矢審固則射中矣〕"라 하였다.

5) 管叔蔡叔 : 管叔은 이름이 鮮이고, 蔡叔은 이름이 度이다. 周나라가 殷나라를 멸하고 畿內를 세 나라로 나누어 邶나라에는 紂의 아들 武庚을 봉하였고, 鄘나라는 管叔이 다스리게 하였으며, 衛나라는 蔡叔이 다스리게 하였다. 武王이

죽었을 때 成王은 어려 周公이 攝政을 하였다. 管叔과 蔡叔 등은 周公을 의심하여 武庚과 함께 난을 일으켜 周나라에 반기를 들었는데 周公이 평정하였다.

今者에 天下之官은 自相府而至於一縣之丞尉히 其爲數實不可勝計니이다 然而大數已定하여 餘吏溢于官籍이니이다 大臣建議減任子 削進士[1)]하여 以求便天下니이다 竊觀古者之制하니 略於始而精於終하여 使賢者易進하고 而不肖者易犯이니이다 夫易犯故易退하고 易進故賢者衆하며 衆賢進而不肖者易退니 夫何患官冗이리오 今也艱之於其始하니 竊恐夫賢者之難進이 與夫不肖者之無以異也니이다 方今進退天下士大夫之權은 內則御史요 外則轉運이나 而士大夫之間에 潔然而無過하여 可任以爲吏者는 其實無幾니이다

지금 天下의 관직은 宰相으로부터 한 縣의 丞尉에 이르기까지 그 수를 실로 이루다 헤아릴 수가 없습니다. 그러나 大數가 이미 정하여져서 남아도는 관리들이 官籍에 넘칩니다. 大臣들은 任子를 줄이고 進士를 깎을 것을 건의하여 천하를 편하게 할 것을 구합니다.

가만히 옛날의 제도를 살펴보니 처음에는 소략하게 하고 끝에는 정하게 하여, 賢者로 하여금 쉽게 나아가게 하고 不肖한 자는 쉽게 범하게끔 하였습니다. 대체로 쉽게 범하기 때문에 쉽게 물러나고, 쉽게 나아가기 때문에 현자들이 많아지며, 뭇 현자들이 나아가고 불초한 자는 쉽게 물러날 것이니, 대저 어찌 관직이 남아도는 것을 근심하였겠습니까?

지금은 그 처음을 어렵게 하니 아마 현자들이 나아가기가 어려운 것이 저 불초자와 다를 것이 없을까 두렵습니다. 지금 천하의 士大夫를 등용하고 물러나게 하는 권한은 안으로는 御史에게 있고 밖으로는 轉運使에게 있는데, 士大夫 사이에 깨끗하고 허물이 없어 임용되어 관리가 될 만한 사람은 사실 얼마 되지 않습니다.

1) 大臣建議減任子 削進士 : 慶曆(1041~1948) 초년에 范仲淹이 열 가지를 상소하였는데 그중 하나가 任子를 감원하는 것이었다. 嘉祐(1057~1063) 초년에 龍圖閣學士 李柬之는 蔭補의 문이 너무 넓다고 건의하여 3년간 任子에 드는 사람 2천 명을 줄였다. 范鎭 또한 일찍이 任子를 감원하고 선비를 취함

을 엄하게 하자고 건의한 적이 있는데, 이를 말한다.

且相公何不以意推之니잇가 往年吳中復在犍爲[1)]에 一月而發二吏러니 中復去職에 而吏之以罪免者는 曠歲無有也라 雖然이나 此特洵之所見耳요 天下之大則又可知矣니라 國家法令은 甚嚴이라 洵從蜀來에 見凡吏商者皆不征하고 非追胥調發이라도 皆得役天子之夫이니이다 是以로 知天下之吏犯法者甚衆이니이다 從其犯而黜之면 十年之後에 將分職之不給이니이다 此其權在御史 轉運하고 而御史轉運之權이 實在相公이니 顧甚易爲也하니이다

또한 相公께서는 어찌하여 뜻으로 그러한 것을 유추해보지 않습니까? 왕년에 吳中復은 犍爲에 있으면서 한 달에 두 관리를 없앴습니다. 吳中復이 그 자리를 떠났지만 관리로서 죄 때문에 면직된 자는 오래도록 없었습니다. 비록 그러하오나 이는 다만 제가 본 것일 따름으로 천하의 큰 것을 또한 알 수 있습니다.

國家의 法令은 매우 엄합니다. 그러나 제가 蜀으로부터 올 때 보자 하니 무릇 관리로 장사하는 자들에게는 모두 세금을 징수하지 않으며, 도적을 쫓거나 잡으려고 軍人을 동원할 일이 아닌데도 모두 천자의 사람을 부립니다.

그런 까닭에 천하의 관리로서 법을 범하는 자가 매우 많음을 알게 되었습니다. 그 범한 것에 따라 축출하면 10년 뒤에는 각종 자리가 부족할 것입니다. 이는 그 권한이 御史와 轉運使에게 있으며, 御史와 轉運使의 권한은 실로 相公께 있으니, 돌아보시면 매우 쉽게 할 수 있습니다.

1) 吳中復在犍爲 : ≪宋史≫〈吳中復傳〉에 의하면, 吳中復은 자가 仲庶이며, 興國 永興 사람으로 진사에 급제하여 皇祐 초에 知犍爲縣이 되었다. 蘇洵의 시 〈宋吳待制中復知潭州(대제인 오중복이 지담주로 부임함에 송별하다)〉에서 "10년 전에 일찍이 犍爲令 지냈었지.〔十年曾作犍爲令〕"라 읊었다.

今四方之士會於京師하여 口語籍籍한대 莫不爲此니이다 然皆莫肯一言於其上은 誠以爲近於私我也니이다 洵은 西蜀之人으로 方不見用於當世하고 幸又不復以科擧爲意하니 是以로 肆言於其間而可以無嫌이니이다

지금 사방의 선비가 서울에 모여 말이 떠들썩한데, 이런 것이 아닌 게 없습니다. 그러나 모두 기꺼이 윗사람에게 한마디도 하려 하지 않으니, 실로 자기 자신만을 위한 私的인 뜻에 가깝다고 하겠습니다.

저는 西蜀 사람으로 바야흐로 당세에 쓰이지를 않았으나 요행히 또한 더 이상 科擧에는 뜻을 두지 않았으므로, 그 사이에서 거리낌 없이 말을 하여도 혐의가 없을 것입니다.

伏惟相公慨然有憂天下之心하여 **征伐四國以安天子**하고 **毅然立朝以威制天下**하고 **名著功遂**하여 **文武竝濟**[1)]시니 **此其享功業之重而居富貴之極**이니 **於其平生之所望**에 **無復慊然者**니이다 **惟其獲天下之多士而與之皆樂乎此**하면 **可以復動其志**라 **故遂以此告其左右**하오리다 **惟相公亮之**하소서

엎드려 생각건대 相公께서는 慨然히 천하를 근심하는 마음이 있으시어, 사방의 나라를 征伐하여 천자를 편안케 하시고, 毅然히 조정에 서서 천하를 威嚴 있게 다스리시고, 이름을 드러내고 功을 이루어 文武를 아울러 구제하시면, 이는 아마 功業의 중함을 누리시고 富貴의 지극함에 거하시는 것이니, 평생의 바람에 더 이상 유감스러운 것이 없을 것입니다.

생각건대 천하의 많은 선비를 얻어 그들과 함께 이 모든 것을 즐기신다면 다시 그 뜻을 움직일 수 있을 것입니다. 그러므로 마침내 이를 그 좌우에 알리는 것입니다. 오직 相公께서는 혜량하여 주시기 바라나이다.

1) 伏惟相公慨然有憂天下之心……文武竝濟 : ≪宋史≫ 〈文彦博傳〉에 "文彦博은 立朝해서는 端雅하고 重厚하였으며 둘러봄에 威嚴이 있었고, 먼 곳의 사람이 來朝하면 그 風采를 仰望하였으며 그 德望은 족히 천 리 바깥의 武臣을 折衝하기에 충분하였다. 公的인 일에는 忠誠스럽고 곧았고 誠實하였으며, 일에 임하여서는 과단성이 있었으며, 모두 大臣의 風貌가 있었다."라 하였다.

今國家患冗吏之壅하여 **而亦削進士之數**하니 **甚非計**라 **盍亦用老蘇之說而精之於終也**아

지금 國家에서 쓸모없는 관리에 막힘을 근심하여 또한 進士의 수까지 줄이려 하니 매우 좋은 계책이 아니다. 어찌 정말 老蘇의 說을 써서 끝에서 精하게 하지 않는가?

02. 上富丞相書* 富丞相에게 올린 글

* 富丞相은 곧 富弼(1004~1083)로 자는 彦國이고 河南 洛陽 사람이다. 慶曆 연간의 新政에 임용되기는 하였으나, 특별한 의견을 발표하지는 않았다. 그 뒤 至和 2년(1055)에는 宰相에 임명되었는데도 별다른 改革을 일으키지 못했다. 그러므로 蘇洵은 嘉祐 원년(1056)에 이 글을 써서 장황하고 완곡하게 비평하였으며 아울러 충고를 하였다.

老泉欲富公和處其下하여 以就其功名이라 似疑富公於竝相寮貳間有不相能者니라

老泉은 富公(富弼)이 그 아래 사람들과 함께 잘 지내면서 功名을 이루게 하고자 하였다. 아마 富公이 여러 相寮들 사이에서 틈이 생겨 잘 지내지 못한 점이 있다고 여긴 것 같다.

往年에 天子震怒하사 出逐宰相하고 選用舊臣堪付屬以天下者하여 使在相府하여 與天下更始하시니 而閤下之位는 實在第三[1)]이니이다 方是之時에 天下咸喜相慶이나 以爲閤下惟不爲宰相也라 故默默在此라 方今困而復起하고 起而復爲宰相하니 而又適値乎此時也하여 不爲而何爲잇가 且吾君之意가 待之如此其厚也니 不爲而何以副吾望이니잇가 故로 咸曰 後有下令而異於他日者면 必吾富公也라하여 朝夕而待之하고 跂首而望之니이다 望望然而不獲見也에 戚戚然而疑니이다 嗚呼라 其弗獲聞也는 必其遠也라하고 進而及於京師나 亦無聞焉이니이다 不敢以疑하고 猶曰 天下之人이 如此其衆也요 數十年之間에 如此其不變也나 皆曰賢人焉이라하고 或曰 彼其中則有說也나 而天下之人則未始見也라하니이다 然而不能無憂하니 蓋古之君子는 愛其人也면 則

憂其無成이니이다

往年에 天子께서 震怒하시어 宰相을 축출하시고 천하를 맡길 만한 舊臣을 選用하여 相府에 있게 하여 천하와 더불어 다시 시작하시니, 閣下의 지위는 실로 세 번째였습니다. 바야흐로 이때가 되자 天下에서는 모두 기뻐하며 서로 慶賀하였는데, 閣下께서는 재상이 되지 않을 것이라 생각하였으므로 묵묵히 그 자리에 계셨습니다.

이제 막 困厄을 당하였다가 다시 일어나셨고, 일어나서 다시 재상이 되셨으니, 또한 마침 이러한 때를 만나서 일을 하지 않으시면 무엇을 하겠습니까? 또한 우리 임금(仁宗)의 뜻이 이렇게 두텁게 대우하시니 일을 하지 않으시면 어떻게 저희들의 바람에 맞겠습니까?

그러므로 모두 말하기를 "나중에 명령을 내려 전날과 다른 것이 있다면 반드시 우리 富公의 생각일 것이다."라 하며, 아침저녁으로 기다리고 발꿈치를 들고 목을 빼어 바라고 있습니다. 간절히 바라도 볼 수가 없어서 슬피 의심을 하였습니다.

아아! 아무것도 듣지 못한 것은 반드시 멀리 살아서일 것이라 생각하고, 나와서 서울에 미쳤는데도 또한 아무것도 듣지를 못했습니다. 감히 의심을 하지 않고 오히려 말하기를 "天下의 사람이 이와 같이 많고 수십 년간 이렇게 변하지 않았는데도, 모두 말하기를 '賢人이다.'라고 한다."고 하며, 혹자는 말하기를 "저분이 조정에 계시면 무슨 말씀이 있을 것이나, 天下의 사람들은 미처 보지 못한다."고 하였습니다. 그러나 근심이 없을 수는 없습니다. 왜냐하면 옛 君子들은 남을 사랑하면 그를 이루어주지 못함을 근심하였기 때문입니다.

1) 往年天子震怒……實在第三 : 慶曆 2년(1043)에 范仲淹이 樞密副使에서 參知政事로 진급하여 재상이 되자, 韓琦와 富弼이 樞密副使가 되어 慶曆新政이 시작되었다.

且嘗聞之하니 **古之君子**는 **相是君也**와 **與是人也**에 **皆立於朝**면 **則使吾皆知其爲人皆善者也而後**에 **無憂**라 **且一人之身而欲擅天下之事**면 **雖見信於當世**라도 **而同列之人一言而疑之**면 **則事不可以成**이니이다 **今夫政出於他人而不懼**며 **事不出於己而不忌**면 **是二者**는 **惟善人爲能**이나 **然**이나 **猶欲得其心焉**이니이다 **若夫衆人**이면 **政出於**

他人而懼其害己하며 事不出於己而忌其成功이니 是以로 有不平之心生이니이다 夫或居於吾前하고 或立於吾後하여 而皆有不平之心焉이면 則身危니이다 故로 君子之處於其間也에 不使之不平於我也니이다

또한 일찍이 듣건대, 옛 君子들은 이러한 임금을 돕고 이러한 사람들과 함께할 때, 모두 朝廷에 서게 되면 우리들로 하여금 그 사람됨이 모두 훌륭한 것을 알게 한 뒤에야 근심이 없었다고 합니다. 또한 한 사람의 몸으로 천하의 일을 멋대로 하고자 하면, 비록 당세에 信任을 받는다 하더라도 같은 班列의 사람이 한마디라도 의심을 하면 일을 이룰 수가 없습니다.

지금 만약 政治가 타인에게서 나와도 두려워하지 않으며, 일이 자기에게서 나오지 않아도 꺼리지 않으면, 이 두 가지는 오직 善人만이 할 수 있는 것이지만 그래도 오히려 그 마음을 얻고자 합니다.

만약 그러한 사람이 평범한 사람들이라면 정치가 타인에게서 나오면 남이 자기를 해칠까 두려워하며, 일이 자기들에게서 나오지 않으면 남이 공을 이룰까 봐 꺼리게 되는데, 이 때문에 不平하는 마음이 생기게 됩니다.

혹 내 앞에 거처하고 혹 내 뒤에 서서 모두 불평하는 마음을 가진다면 내 몸이 위태롭게 됩니다. 그러므로 군자는 그 사이에 처함에 있어 그러한 사람들이 나에게 불평하지 않게 합니다.

周公立於明堂以聽天下에 而召公惑[1)]이니 何者오 天下固惑乎大者也는 召公猶未能信乎吾之此心也라 周公定天下에 誅管蔡[2)]하여 告召公以其志하여 以安其身하고 以及於成王이니이다 故로 凡安其身者는 以安乎周也니라 召公之於周公과 管蔡之於周公은 是二者亦皆有不平之心焉이니 以爲周之天下를 周公將遂取之也니라 周公이 誅其不平而不可告語者요 告其可以告語者而和其不平之心이니이다 然則 非其必不可以告語者면 則君子未始不欲和其心이니이다 天下之人從士而至於卿大夫히 宰相相集處其上이니 將有所爲에 何慮而不成이리오 不能忍其區區之小忿하여 以成其不平之釁이면 則害其大事라 是以로 君子는 忍其小忿以容其小過하고 而杜其不平之

心然後에 **當大事而聽命焉**하노이다 **且吾之小忿**은 **不足以易吾之大事也**니 **故**로 **寧小容焉**하여 **使無蔕芥於其間**이니이다

周公이 明堂에 서서 천하의 일을 들음에 召公은 疑惑을 가졌습니다. 어째서이겠습니까? 천하에서 실로 큰 것에 의혹을 가진 것은 召公이 여전히 周公의 이 마음을 믿지 못했기 때문입니다. 周公이 천하를 안정시킬 때 管叔과 蔡叔을 죽인 뒤에 召公에게 그 뜻을 알려 그 몸을 편안하게 하고 成王에게까지 안정이 미치게 하였습니다. 그러므로 무릇 그 몸을 편안하게 한 것은 周나라를 편안하게 하기 위함이었습니다.

召公이 周公을 대하는 것과 管叔과 蔡叔이 周公을 대하는 이 두 가지에는 또한 모두 불평하는 마음이 있었으니, 周나라의 천하를 周公이 장차 드디어 차지하리라고 생각한 것입니다. 周公은 그 불평하는 자를 죽이되 말로 알려줄 수 없는 자였고, 말로 알려줄 수 있는 자에게는 알려주어 그 불평하는 마음을 和平하게 하였습니다. 그런즉 반드시 말로 알려줄 수 있는 자가 아니면 군자는 처음부터 그 마음에 화평하게 하고자 하지 않았습니다.

天下의 사람 가운데 士로부터 卿大夫에 이르기까지 宰相이 서로 모아 그 위에 처하는 것이니, 장차 무슨 일을 할 때에 어찌 이루지 못한다고 근심하시겠습니까?

그 구구한 하찮은 忿을 참을 수 없어 그 불평의 틈을 이룬다면 그 큰 일을 해치게 될 것입니다. 그러므로 군자는 그 하찮은 忿을 참아 작은 過失을 용납하고 그 불평한 마음을 막은 연후에 큰 일을 담당하여 명을 듣게 할 수 있습니다. 또한 나의 하찮은 忿은 나의 큰 일과 바꾸기에 충분치 않으므로, 작은 것을 용납할지언정 그 사이에 사소한 일로 막히게 하지는 않습니다.

1) 周公立於明堂以聽天下 而召公惑 : 明堂은 고대의 帝王이 政教를 펼치던 곳이다. ≪史記≫ 〈燕召公世家〉에 "周나라 武王이 紂를 멸한 후에 召公을 北燕에 봉하였다. 成王 때 召公은 三公이 되었다. 陜 서쪽 지역은 召公이 다스렸고, 陜 동쪽 지역은 周公이 다스렸다. 成王이 나이가 어린데다가 周公이 攝政을 하자, 召公은 周公이 천자의 지위를 탐하지나 않을까 의심하였다. 周公이 〈君奭〉을 지었다.……이에 소공은 주공이 國事를 관장하는 것에 대하여 기쁘게 생각하였다."라는 말이 있다.

2) 周公定天下 誅管蔡 : 앞의 〈上文丞相書〉에 보인다.

古之君子는 **與賢者**로 **竝居而同樂**이니 **故**로 **其責之也詳**이나 **不幸而與不肖者偶**엔 **不圖其大而治其細**니 **則闊遠於事情而無益於當世**라 **故**로 **天下無事而後**에 **可與爭此**요 **不然則否**니이다 **昔者**에 **諸呂用事**하니 **陳平憂懼**나 **計無所出**이라 **陸賈入見說之**하여 **使交歡周勃**하니 **平用其策**하여 **卒得絳侯入**[1]**北軍之助以滅諸呂**[2]라 **夫絳侯**는 **木彊之人也**니 **非陳平致之而誰也**리오 **故**로 **賢者致其不賢者**나 **非夫不賢者之能致賢者也**니라

옛 君子는 賢者들과 함께 살고 함께 즐거워하였기 때문에 그들의 책망함이 상세하였으나, 불행하게도 不肖한 사람들과 함께하였을 때는 큰 것은 圖謀하지 못하고 미세한 것만 잘 처리였으니 실정과는 멀기만 하였고 당세에 도움도 되지 않았습니다. 그러므로 天下에 아무 일이 없은 다음이라야 〈옛 군자들과〉 더불어 이러한 점을 다툴 만하지, 그렇지 않으면 그렇게 할 수가 없었습니다.

옛날에 呂氏들이 권세를 잡자 陳平은 근심하고 두려워하였지만 計策이 나올 데가 없었습니다. 陸賈가 들어가 뵙고 말하여 周勃과 사귀어 환심을 얻게 하였습니다. 陳平이 그 책략을 써서 마침내 絳侯(周勃)가 北軍으르 들어가는 도움을 얻어 呂氏들을 멸하였습니다. 대체로 絳侯는 순박하고 강직한 사람이니 陳平이 아니라면 그를 招致할 사람이 누구였겠습니까? 그러므로 賢明한 자는 현명하지 못한 자를 초치하나, 현명하지 못한 자는 현명한 사람을 초치할 수 없습니다.

1) 入 : 저본에 '入'자가 없으나, ≪嘉祐集≫에 의거하여 보충하였다.

2) 昔者……卒得絳侯入北軍之助以滅諸呂 : ≪史記≫ 〈陸賈列傳〉에 다음과 같은 기록이 있다. "呂太后 때 呂氏 일족은 정권을 전횡하고 어린 황제를 협박하여 劉氏의 漢나라를 위태롭게 하였다. 右丞相 陳平은 이 일을 근심하였으나 대항할 힘이 없고 화가 미칠까 두려워 깊은 시름에 잠겨 있을 뿐이었다. 한번은 陸生이 문안을 드리러 갔는데도 깊은 시름에 잠겨 있어 陸生을 알아보지 못하였다.……이에 陸賈가 陳平을 위하여 呂氏 일족에게 대처할 계책 몇 가지를 일러주었다. 陳平은 陸賈의 계책에 따라 5백 금으로 太尉인 絳侯 周勃의 長壽를 祝願하고 歌舞와 술과 음식을 융숭하게 베풀었다. 太尉 역시 마찬가지로

후하게 답하였다. 이 두 사람이 서로 밀접하게 결속되자 呂氏들의 陰謀는 점차 수그러들었다.”

曩者 今上卽位之初에 **寇萊公爲相**한대 **惟其側有小人不能誅**하며 **又不能與之無忿**이니 **故**로 **終以斥去**[1)]니라 **及范文正公在相府**에 **又欲以歲月盡治天下事**하여 **失於急與不忍小忿**이라 **故**로 **群小人亦急逐去之**니라 **一去遂不復用**하고 **以歿其身**[2)]이라

전에 今上 폐하께서 卽位하셨을 초기에 寇萊公(寇準)이 재상이 되었는데 오직 그의 곁에 小人들만 있어 죽일 수도 없었으며, 또한 그들에게서 불만이 사그러지게 할 수도 없었으므로, 끝내 그들에게 물리침을 당하게 되었습니다.

范文正公(范仲淹)이 相府에 있을 때 또한 세월을 헤아려가며 천하의 일을 모두 다스리고자 하여, 급하게 서두르다 실패하고 작은 분을 참지 못하였으므로, 뭇 소인들이 또한 그를 급히 쫓아내었습니다. 한번 떠나고 나서는 마침내 다시 임용되지 못하고 그 몸은 죽었습니다.

1) 寇萊公爲相……故終以斥去 : 寇萊公은 곧 寇準(961~1023)으로, 자는 平仲이며 萊國公에 봉하여졌고 華州 下邽(지금의 陝西 渭南 동북쪽) 사람이다. 景德 원년(1004) 契丹이 남침하였을 때 寇準은 재상이었으며 宋 眞宗에게 굴욕적인 澶淵의 盟을 맺게 하였다. 여기서 小人은 처음에는 구준의 주장에 동조하였다가 나중에는 구준을 모함한 王欽若 등을 가리킨다.

2) 及范文正公在相府……以歿其身 : 范文正公은 곧 范仲淹(989~1052)으로, 자는 希文이며 蘇州 吳縣(지금의 江蘇) 사람으로 慶曆 연간에 혁신정치를 폈으나 너무 서두르고 또 그 범위도 넓었으므로 기득권자들이 일어나서 실각하게 되었다.

伏惟閣下는 **以不世出之才**로 **立於天子之下 百官之上**하여 **此其深謀遠慮必有所處**나 **而天下之人猶未獲見**이니이다 **洵**은 **西蜀人也**라 **竊有志於今世**하여 **願一見於堂上**하노이다 **伏惟閣下**는 **深思之**하여 **無忽**하소서

엎드려 생각건대 閣下께서는 不世出의 재주로 天子의 아래 百官의 위에 서시어,

이에 깊은 계책과 원대한 생각으로 반드시 대처할 바가 있을 것이나, 天下의 사람들은 아직도 그러한 처사를 볼 수가 없었습니다. 저는 西蜀 사람으로 가만히 지금 세상 일에 뜻을 두었사오니 堂上으로 한번 찾아뵙기를 원합니다. 엎드려 생각건대 閤下께서는 깊이 생각해주시어 홀대하지 마소서.

03. 上韓樞密書* 韓樞密에게 올린 글

* 韓樞密은 韓琦(1008~1075)로 자는 稚圭이다. 相州 安陽(지금의 河南) 사람으로, 벼슬은 宰相에 이르렀고 ≪安陽集≫이 있으며, ≪宋史≫에 本傳이 있다. 蘇洵이 이 글을 올렸을 때 韓琦는 軍政을 책임지는 樞密使였으므로 韓樞密이라 하였으며, 본문에서는 太尉라고 부르기도 하였다. 이 글은 嘉祐 원년(1056) 9, 10월경에 지었다.

老泉厭當時兵政之過弱라 **故**로 **勸韓魏公以誅戮**이라 **而其行文似西漢**하며 **疎宕雄辨可觀**이라

老泉은 當時의 兵政이 지나치게 약한 것을 싫어하였으므로 韓魏公에게 誅戮할 것을 권하였다. 그 文章의 구사가 西漢과 흡사하며 탁 트인 雄辯이 볼 만하다.

太尉執事아 **洵著書無他長**이나 **及言兵事**와 **論古今形勢**에 **至自比賈誼**이니이다 **所獻權書**는 **雖古人已往成敗之迹**이나 **苟深曉其義**면 **施之於今**이라도 **無所不可**이니이다 **昨因請見**하여 **求進末議**러니 **太尉許諾**하사 **謹撰其說**하노이다 **言語朴直**하여 **非有驚世絶俗之談**과 **甚高難行之論**이니이다 **太尉取其大綱**하고 **而無責其纖悉**하소서

太尉 執事께.

저는 글을 짓는 데 다른 장점은 없으나 兵事를 말하고 古今의 形勢를 논하는 데 있어서 스스로 賈誼에 비할 정도입니다. 바친 〈權書〉는 비록 옛사람의 이미 지나간 成敗의 자취이기는 하나 실로 그 뜻을 깊이 깨닫는다면 지금 그것을 시행하여도 안

될 것은 없습니다.

어제 뵙기를 청하여 하찮은 議論을 바치기를 구하였는데 太尉께서 許諾하셨으므로 삼가 그 說을 짓게 되었습니다. 言語가 朴直하여 세상을 놀라게 하고 世俗보다 뛰어난 말이 있거나, 아주 높아서 행하기 어려운 의논이 있는 것이 아닙니다. 太尉께서는 그 大綱만 취하시고 아주 미세한 것은 책하지 말아주소서.

蓋古者非用兵決勝之爲難하고 而養兵不用之可畏라 今夫水激之山하고 放之海하며 決之爲溝塍하고 壅之爲沼沚는 是天下之人能之니이다 委江河하고 注淮泗하며 匯爲洪波하고 瀦爲大湖하여 萬世而不溢者는 自禹之後未之見也[1)]라 夫兵者는 聚天下不義之徒하여 授之以不仁之器하여 而敎之以殺人之事[2)]니이다 夫惟天下之未安하고 盜賊之未殄한 然後라야 有以施其不義之心하고 用其不仁之器而試其殺人之事니이다 當是之時에 勇者無餘力하고 智者無餘謀하며 巧者無餘技하니 故로 其不義之心變而爲忠하고 不仁之器加之於不仁하여 而殺人之事施之於當殺이니이다 及夫天下旣平하고 盜賊旣殄이로되 不義之徒聚而不散이면 勇者有餘力則思以爲亂하고 智者有餘謀則思以爲奸하며 巧者有餘技則思以爲詐하니 於是에 天下之患雜然出矣라 蓋虎豹終日而不殺하면 則跳踉大叫以發其怒하고 蝮蝎終日而不螫하면 則噬齧草木以致其毒이니이다 其理固然하여 無足怪者니이다

대체로 옛날에는 軍士를 써서 이기는 것을 어렵게 생각하지 않았고, 군사를 養成하여 쓰지 않는 것을 두렵게 여겼습니다. 지금 대체로 물을 산에 부딪치게 하고 바다로 풀어놓으며, 터서 도랑을 만들고 막아서 못을 만드는 것은 天下의 사람들이 할 수 있습니다. 長江과 黃河를 흐르게 하고 淮水와 泗水에 물을 대며, 모아서 큰 물결을 만들고 고이게 하여 큰 호수를 만들어 만세토록 넘치지 않게 하는 것은 禹임금 이후로는 아직 보지 못하였습니다.

대체로 兵事라는 것은 천하의 의롭지 못한 무리들을 모아 그들에게 어질지 못한 武器를 주고 그들에게 사람 죽이는 일을 가르치는 것입니다. 오로지 천하가 안정되지 않고 도적이 섬멸되지 않은 다음이라야, 그 의롭지 못한 마음을 베풀고 그 어질

지 못한 무기를 써서 사람 죽이는 일을 시험하는 것입니다.

이때가 되면 勇敢한 자는 남은 힘이 없고, 智慧로운 자는 남은 計策이 없으며, 꾀가 많은 자도 남은 재주가 없으므로, 의롭지 못한 마음이 변하여 忠誠이 되고, 어질지 못한 무기에 어질지 못함을 더하여, 사람을 죽이는 일을 죽여야 할 자에게 베풀게 되는 것입니다.

저 천하가 이미 평정되고 盜賊이 이미 섬멸되었는데도 의롭지 못한 무리가 모여서 흩어지지 않으면, 용감한 자는 남은 힘이 있어서 난을 일으킬 생각을 하고, 지혜로운 자는 남은 계책이 있어서 奸邪한 일을 꾸미게 되며, 꾀가 많은 자는 남은 재주가 있어서 속일 생각을 하게 되는 것입니다.

이에 천하의 근심이 한데 섞여 나오게 되는 것입니다. 대체로 호랑이와 표범은 終日토록 죽이지 않으면 날뛰고 크게 울부짖으며 그 노함을 발하게 되고, 독사와 전갈은 종일토록 물지 않으면 草木을 물어 그 독이 퍼지게 합니다. 그 이치가 실로 그러하여 괴상할 것이 하나도 없습니다.

1) 委江河……自禹之後未之見也 : ≪史記≫ 〈夏本紀〉에 禹의 治水를 기록한 말이 있는데 "〈공물은〉 淮水와 泗水에 배를 띄워 黃河로 운송하였다. 淮水와 大海의 사이는 揚州이다. 彭蠡는 호수가 되고 기러기가 그곳에서 살았다. 세 강이 바다로 흘러들고, 震澤(太湖)은 안정을 찾았다."라 하였다.

2) 夫兵者……而教之以殺人之事 : ≪老子≫ 31장에 "武器는 상서롭지 못한 器物로 君子의 기물이 아니며, 어쩔 수 없어서 쓰는 것일 따름이다.〔兵者 不祥之器 非君子之器 不得已而用之〕"라는 말이 있다. ≪六韜≫ 〈兵道〉에 "그러므로 聖王은 무기를 凶器라 하며 어쩔 수 없을 때에만 그것을 사용한다.〔故聖王號兵爲凶器 不得已而用之〕"라는 말이 있다.

昔者에 劉項奮臂於草莽之間하니 秦楚無賴子弟千百爲輩爭起하여 而應者不可勝數[1]니이다 轉鬪五六年에 天下厭兵하고 項籍死하며 而高祖亦已老矣라 方是時에 分王諸將하고 改定律令하여 與天下休息이라 而韓信黥布之徒가 相繼而起者七國인대 高祖死於介冑之間而莫能止也[2]니라 連延及於呂氏之禍하여 訖孝文而後定[3]이라 是何起之易나 而收之難也리오 劉項之勢는 初若決河하여 順流而下하여 誠有可喜라

及其崩潰四出하여 放乎數百里之間하니 拱手而莫能救也라 嗚呼라 不有聖人이면 何以善其後리오

옛날에 劉邦과 項羽가 草芥 사이에서 떨치어 일어나니, 秦나라와 楚나라의 무뢰한 젊은이들이 수천 수백 명씩 무리를 지어 다투어 일어나 호응한 자가 이루 다 헤아릴 수가 없었습니다. 이리저리 전전하며 싸운 지 5, 6년이 되니 천하에서는 戰爭을 싫어하게 되었고, 項籍(項羽)은 죽었으며 高祖(劉邦)도 이미 늙었습니다.

바야흐로 이때 여러 장수들을 王으로 分封하고 律令을 고쳐 정하여 天下와 함께 休息하였습니다. 韓信과 黥布 같은 무리가 서로 이어 일어난 것이 일곱 나라였으며, 高祖는 전쟁판에서 죽어 저지할 수가 없었습니다. 연이어 呂氏의 화까지 미쳐 孝文帝에 이른 후에야 안정이 되었습니다. 이 어찌 일어나기는 쉬워도 거두기는 어려운 것이 아니겠습니까!

유방과 항우의 기세는 처음에는 마치 黃河를 터뜨린 듯 흐름을 타고 내려가 실로 기뻐할 만한 것이 있었습니다. 그러나 그것이 붕궤되어 사방으로 나가 수백 리 사이로 퍼져나가자 손을 맞잡고 구원할 수가 없었습니다. 아아! 聖人이 있지 않았다면 무엇으로 그 뒤를 잘 이었겠습니까?

1) 昔者……應者不可勝數 : 劉는 劉邦을 가리키고, 項은 項羽를 가리킨다. ≪資治通鑑≫ 〈秦紀 2〉의 기록에 의하면, 秦 二世皇帝 원년 7월에 陳勝과 吳廣이 蘄에서 起兵하였고, 9월에는 沛 사람 劉邦이 沛에서 起兵하였으며, 下相 사람 項梁(項羽의 숙부)은 吳에서 기병하여 2년 사이에 뭇 도둑들이 한꺼번에 기병하였다고 하였다.

2) 韓信黥布之徒……高祖死於介冑之間而莫能止也 : ≪漢書≫ 〈高帝紀〉에 의하면, 5년(B.C. 202) 가을 7월에 燕王 臧荼가 반란을 일으키자 劉邦이 친히 쳤다. 6년 겨울 10월에는 사람들이 楚王 韓信이 반란을 일으켰다고 하자 劉邦이 韓信을 감금하여 洛陽에 이르러 淮陰侯로 강등시켰다. 7년 겨울 10월에는 韓王 信이 匈奴에 항복하자 劉邦이 직접 쳤다. 10년 9월에는 代의 相國 陳豨가 반란을 일으켰다. 11년 봄 정월에는 淮陰侯 韓信이 長安에서 모반을 일으켰다. 3월에는 梁王 彭越이 모반을 일으켰다. 가을 7월 淮南王 英布가 반란을 일으켰다. 劉邦은 英布를 치다가 流矢에 맞아 12월(B.C. 195)에 세

상을 떴다.

3) 連延及於呂氏之禍 訖孝文而後定：孝文은 곧 漢 文帝 劉恒으로, 劉邦의 아들이며, 어머니는 薄姬라 하였고 代王에 봉하여졌다. 呂后가 죽고 呂氏들이 劉氏들을 위태롭게 하고자 하자, 丞相 陳平과 太尉 周勃이 呂氏들을 죽이고 代王을 맞아들여 세우니 곧 文帝이다.

太祖太宗躬擐甲冑하고 跋涉險阻하여 以斬刈四方之蓬蒿러시니 用兵數十年에 謀臣猛將滿天下라 一旦卷甲而休之하여 傳四世[1]而天下無變하니 此何術也오 荊楚九江之地를 不分於諸將하여 而韓信黥布之徒無以啓其心也라 雖然이나 天下無變하여 而兵久不用이면 則其不義之心蓄而無所發하여 飽食優游하고 求逞於良民이니이다 觀其平居無事하고 出怨言以邀其上하여 一日有急이면 是非人得千金이면 不可使也라

太祖와 太宗께서는 몸소 甲冑를 두르고 험한 땅을 밟고 건너 사방의 쑥대를 베어 넘기셨습니다. 用兵한 지 수십 년 만에 謀臣과 猛將들이 天下에 가득 찼습니다. 하루아침에 갑옷을 거두고 쉬게 하여 4세가 전하도록 天下에 변고가 없었으니 이것이 무슨 술책입니까? 荊楚와 九江의 땅을 여러 장수들에게 나누어주지 않아, 韓信과 黥布 같은 반역의 무리가 그 마음을 열 수 없었기 때문입니다.

비록 그러하나 天下에 변고가 없어 병사를 오래도록 쓰지 않는다면, 그 의롭지 못한 마음이 쌓여 발산시킬 곳이 없게 되어 飽食하고 優游하며 良民들에게 기분을 풀려고 하게 됩니다. 평상시에 아무 일이 없음을 살피고 원망하는 말을 쏟아내어 그 윗사람에게 요구하여, 어느 날 위급함이 있다면 그런 사람들은 千金을 주지 않고서는 부릴 수가 없습니다.

1) 四世：宋 太祖 趙匡胤과 太宗 趙炅, 眞宗 趙恒, 仁宗 趙禎을 가리킨다.

往年에 詔天下繕完城池한대 西川之事는 洵實親見이니이다 凡郡縣之富民은 擧而籍其名하고 得錢數百萬하여 以爲酒食饋餉之費라 杵聲未絶에 城輒隨壞나 如此者數年而後定이라 卒事에 官吏相賀하고 卒徒相矜하여 若戰勝凱旋而待賞者라 比來京師하여 遊阡陌間한대 其曹往往偶語가 無所諱忌라 聞之土人하니 方春時에 尤不忍聞이러이다

蓋時五六月矣면 會京師憂大水하여 鋤耰畚築列於兩河之壖하여 縣官日費千萬하며 傳呼勞問之聲이 不絶者數十里로되 猶且睊睊狼顧하며 莫肯效用이라하노이다 且夫內之如京師之所聞하고 外之如西川之所親見하니 天下之勢가 今何如也오

往年에 天下에 詔勅으로 城池를 수선・보완하게 하였는데, 西川의 일은 제가 친히 보았습니다. 무릇 郡縣의 富民은 천거되어 그 이름을 올리고 수백만 전의 돈을 얻어 酒食의 饋餉 비용으로 썼습니다. 〈성을 다지는〉 절굿공이 소리가 아직 채 끊어지지도 않았는데 성이 문득 잇달아 무너졌으나, 이와 같이 수년을 한 뒤에야 안정이 되었습니다. 일이 끝나자 官吏들은 서로 축하하였고 卒徒들은 서로 자랑하여, 마치 싸움에서 이기고 개선하여 상을 기다리는 사람 같았습니다.

그러나 근자에 京師로 와서 거리에서 노닐었는데 그 무리들이 往往 서로 모여 이야기를 하면서 꺼리는 것이 없었습니다. 현지인들에게서 듣자 하니 바야흐로 봄철인데 더욱 차마 듣지를 못할 것 같았습니다.

대체로 오뉴월이 되면 마침 京師에서 洪水가 날 것을 근심하여 호미와 곰방메, 삼태기를 양쪽 강기슭에 쌓아서 벌여놓고 縣의 官吏들이 날마다 千萬 전을 써가며, 命令을 전달하는 외침과 慰勞하여 묻는 소리가 끊이지 않는 것이 수십 리나 되는데도 오히려 또한 곁눈질이나 하고 뒤돌아보며 기꺼이 노력을 다 바치지 않으려 한다고 하였습니다. 무릇 안의 것은 京師에서 들은 것과 같고, 밖의 것은 西川에서 직접 목격한 것과 같으니, 天下의 形勢가 지금 어떻게 되겠습니까?

御將者는 天子之事也요 御兵者는 將之職也라 天子者는 養尊而處優하여 樹恩而收名하며 與天下爲喜樂者也라 故로 其道不可以御兵[1)]이니이다 人臣은 執法而不求情하며 盡心而不求名하고 出死力以捍社稷하여 使天下之心繫於一人이나 而己不與焉이라 故로 御兵者는 人臣之事니 不可以累天子也니라

將帥를 다스리는 것은 天子의 일이며, 兵士를 다스리는 것은 將帥의 직분입니다. 天子라는 분은 높은 지위에 있으면서 여유롭게 생활하며, 恩惠를 세우고 名譽를 거두며, 천하와 더불어 기쁘고 즐거운 일을 하는 분입니다. 그러므로 그 道는 직접 병

사를 다스릴 수 없습니다.

人臣은 法을 집행하되 溫情을 추구하지 않으며 다음을 다하되 名譽를 추구하지 않고, 죽을 힘을 다하여 社稷을 지키면서 천하의 마음이 천자 한 사람에게 매이게 하면서도 자신은 거기에 끼어들지 않습니다. 그러므로 병사를 다스리는 것은 人臣의 일이므로 天子에게 누를 끼칠 수 없습니다.

1) 御將者……故其道不可以御兵 : ≪韓非子≫ 〈主道〉편에 나오는 내용을 약간 바꾸어서 쓴 것이다.

今之所患은 **大臣好名而懼謗**이니 **好名則多樹私恩**하고 **懼謗則執法不堅**이니이다 **是以**로 **天下之兵**이 **豪縱至此**나 **而莫之或制也**라 **頃者**이 **狄公在樞府**[1]에 **號爲寬厚愛人**하며 **狎昵士卒**하여 **得其歡心**이러니 **而太尉適承其後**[2]이니이다 **彼狄公者**는 **知御外之術**이나 **而不知治內之道**하니 **此邊將材也**라 **古者**에 **兵在外**면 **愛將軍而忘天子**며 **在內**면 **愛天子而忘將軍**이니이다 **愛將軍**은 **所以戰**이며 **愛天子**는 **所以守**라 **狄公**은 **以其御外之心**으로 **而施諸其內**로되 **太尉不反其道**하니 **而何以爲治**리오

오늘날의 근심거리는 大臣들이 名譽를 좋아하고 誹謗을 두려워하는 것입니다. 명예를 좋아하면 사사로운 은혜를 많이 세우고, 비방을 두려워하면 법을 집행함이 굳세지 못합니다. 그런 까닭에 天下의 兵士가 횡포를 부림이 이 지경에 이르러도 제어하지 못하는 경우도 있습니다.

저번에 狄公이 樞府에 계실 때에는 寬厚하고 사람을 사랑한다고 소문났으며 士卒들과 친밀하여 그들의 환심을 얻었습니다. 그런데 太尉께서 마침 그 뒤를 이었습니다. 저 狄公이라는 분은 바깥을 다스리는 방법은 알았지만 안을 다스리는 道는 알지 못하셨으니, 이는 邊方의 將帥 재목입니다.

옛날에는 軍士가 바깥에 있으면 將軍을 사랑하고 天子를 잊으며, 안에 있으면 天子를 사랑하고 將軍을 잊었습니다. 將軍을 사랑하는 것은 싸우기 위해서이며, 天子를 사랑하는 것은 지키기 위해서입니다. 狄公이 그 바깥을 다스리는 마음을 가지고 그 안에 베풀었는데도 太尉께서 그 도를 되돌리지 못하시니 어떻게 다스리시겠습니까?

1) 狄公在樞府 : 狄公은 곧 狄青(1008~1057)으로, 자는 漢臣이며 汾州 河西(지금의 山西 汾州) 사람이다. 北宋의 명장으로 西夏와의 전쟁에서 여러 차례 전공을 세웠다. 皇祐 4년(1052) 樞密副使에 임명되었고 이듬해에 樞密使로 발탁되었다. ≪宋史≫ 〈狄青傳〉에 "狄青은 樞密府에 4년간 있었는데 나갈 때마다 士卒들이 문득 가리키고 눈짓을 하면서 자랑스러워하였다."는 기록이 있다.

2) 太尉適承其後 : ≪宋史≫ 〈仁宗紀〉 嘉祐 원년(1056) 8월의 기록에 "狄青을 파하고 韓琦를 樞密使로 삼았다."고 하였다.

或者以爲兵久驕不治라가 **一旦繩以法**이면 **恐因以生亂**이라하나이다 **昔者**에 **郭子儀去河南**에 **李光弼實代之**라 **將至之日**에 **張用濟斬於轅門**하니 **三軍股慄**[1]이라 **夫以臨淮之悍**으로 **而代汾陽之長者**하니 **三軍之士**가 **竦然如赤子之脫慈母之懷**하여 **而立乎嚴師之側**하니 **何亂之敢生**이리오 **且夫天子者**는 **天下之父母也**요 **將相者**는 **天下之師也**니라 **師雖嚴**이나 **赤子不敢以怨其父母**하며 **將相雖厲**나 **天下不敢以咎其君**하니 **其勢然也**라 **天子者**는 **可以生人**하고 **可以殺人**이니 **故**로 **天下望其生**하며 **及其殺之也**에 **天下曰 是天子殺之**라하니 **故**로 **天子不可以多殺**이라 **人臣奉天子之法**이면 **雖多殺**이나 **天下無所歸怨**이니이다 **此先王所以威懷天下之術也**라

或者는 兵士가 오래도록 驕慢해지도록 다스리지 않다가 하루아침에 법으로 바로잡으려 하면 아마도 그 때문에 난이 발생할 것이라고 생각합니다. 지난날 郭子儀가 河南을 떠나자 李光弼이 실로 그를 대신하였습니다. 도착하려는 날 張用濟가 轅門에서 참수를 당하니 三軍이 두려움에 떨었습니다. 저 李臨淮(李光弼)의 사나움으로 郭汾陽(郭子儀)의 長者風을 대신하니, 三軍의 군사들이 赤子가 慈母의 품을 벗어난 듯 벌벌 떨며 엄정한 軍師의 곁에 서게 되었으니 무슨 난이 감히 발생하겠습니까?

또한 저 天子라는 분은 天下의 父母이며, 將帥와 宰相은 天下의 스승입니다. 스승이 아무리 엄하다 하여도 赤子는 감히 그 부모를 원망하지 않으며, 장수와 재상이 아무리 엄중하다 하여도 天下에서는 감히 그 임금을 책망하지 않으니, 이는 形勢가 그렇기 때문입니다.

天子는 사람을 살릴 수도 있고 사람을 죽일 수도 있기 때문에 天下에서는 살려주

기를 바라며, 죽였을 때는 天下에서 말하기를 "이는 天子가 죽인 것이다."라고 하기 때문에 天子는 많이 죽일 수 없습니다. 人臣이 天子의 법을 받들면 비록 많이 죽인다 하더라도 天下에서는 원망을 돌릴 곳이 없습니다. 이것이 先王이 천하를 威嚴으로 굴복시키고 恩德으로 품어주었던 방법입니다.

1) 昔者……三軍股慄 : 郭子儀(697~781)는 華州 鄭縣(지금의 陝西 華縣) 사람으로 처음에 武擧(곧 武科)에 高等으로 급제하여 左衛長史에 補任되었으며, 天寶 14년(755)에 朔方節度使로 충원되어 安祿山을 토벌하여 나라 대부분을 수복하였으며 唐나라 왕실의 再造之臣으로 기려졌다. 汾陽郡王에 봉해졌으며 尙書令에 임명되었다. 德宗이 즉위하자 尙父로 높여졌다.
 李光弼(708~764)은 營州 柳城(지금의 遼寧 朝陽 남쪽) 사람으로 契丹族이다. 唐나라 때 대장으로 臨淮王에 봉해졌다. 安史의 난 때 실지를 수복한 적이 있으나 환관의 견제로 북망산에서 패하였다.
 ≪舊唐書≫ 〈李光弼傳〉에 의하면 乾元 원년(758) 8월에 李光弼이 郭子儀를 대신하여 朔方節度使가 되었는데 "左廂兵馬使 張用濟는 郭子儀의 너그러움을 잇고 싶었는데 李光弼의 명령이 여러 장수들과 자못 이견이 있는 것을 두려워하여 그 무리들을 머물러두고자 하였다. 李光弼이 수천 기를 거느리고 汜水縣에 나와 주둔하자 張用濟가 單騎로 맞아 만나보다가 轅門에서 참수를 당하니 여러 장수들은 두려워 엎드렸다."고 한다.

伏惟太尉思天下所以長久之道하고 **而無幸一時之名**하며 **盡至公之心**하고 **而無恤三軍之多言**하소서 **夫天子**는 **推深仁以結其心**하시고 **太尉**는 **厲威武以振其惰**하소서 **彼其思天子之深仁**이면 **則畏而不至於怨**하고 **思太尉之威武**면 **則愛而不至於驕**하리이다 **君臣之體順**하고 **而畏愛之道立**을 **非太尉**면 **吾誰望耶**리오

엎드려 생각건대 太尉께서는 天下를 長久하게 할 도를 생각하시고 일시적인 名譽를 바라지 마실 것이며, 지극히 公正한 마음을 다하고 三軍을 가엽게 여기는 말을 많이 하지 마십시오.

대체로 天子께서는 깊은 어짊을 미루어나감으로써 兵卒들과 마음을 맺으시고, 太尉께서는 威武를 엄정히 하시어 병졸들의 게으름을 떨치게 하십시오. 저들이 천자

의 깊은 어짊을 생각하면 두려워하면서도 怨望에 이르지 않을 것이고, 태위의 위무를 생각하면 敬愛하면서도 驕慢에 이르지는 않을 것입니다. 君臣의 체통이 순조롭게 되고, 두려워하면서도 敬愛하는 도가 서는 것을 太尉가 아니면 제가 누구에게 바라겠습니까?

荊川曰 前一段은 **論兵驕之弊**하고 **後一段**은 **處驕兵之策**으로 **當是有用文字**라

荊川(唐順之)이 말하였다.

"앞의 一段은 兵士가 驕慢한 폐해를 논하였고, 뒤의 一段은 교만한 병사를 처리하는 방책으로 당시의 유용한 문자였다."

04. 上田樞密書* 田樞密에게 올린 글

* 田樞密은 田況(1003~1061)으로 자는 元均이며, 그 선조는 冀州 信都(지금의 河北 冀縣) 사람이다. 이 글에 '有洪範論史論十篇 近以獻內翰歐陽公'이란 말이 있는 것으로 보아, 嘉祐 원년(1056)에 지어진 것 같다. 이때 田況은 樞密院副使를 지내고 있었으므로 田樞密이라 하였다. 〈上歐陽內翰書〉와 같이 자기의 포부와 학문 및 문장 수양을 구구히 설명하면서 취직운동을 한 편지〔干謁文〕이다. 蘇洵은 고향인 四川省으로부터 서울로 멀리 떠나와 이러한 글들을 要路에 보내며 취직운동을 했던 것이다.

此文骨子는 **原自于襄陽書中來**나 **而氣特雄**이라

이 글의 골자는 원래 韓愈가 쓴 〈與于襄陽書(于襄陽에게 준 편지)〉에서 유래되었으나 기세가 특히 우뚝하다.

天之所以與我者[1)]가 **夫豈偶然哉**아 **堯不得以與丹朱**[2)]하고 **舜不得以與商均**[3)]하며 **而瞽瞍**[4)]**不得奪諸舜**하니 **發於其心**하고 **出於其言**하며 **見**(현)**於其事**하여 **確乎其不可易也**니라 **聖人不得以與人**하고 **父不得奪諸其子**하니 **於此見天之所以與我者**는 **不偶**

然也라

하늘이 나에게 資質을 부여해준 까닭이 어찌 우연한 일이겠습니까? 堯임금도 자질을 丹朱에게 부여할 수가 없었고, 舜임금도 자질을 商均에게 부여할 수가 없었으며, 瞽瞍는 또한 그것을 舜으로부터 뺏을 수가 없었으니, 그것은 그의 마음을 통하여 발휘되고 그의 말을 통하여 표현되고 그의 일을 통하여 드러나는 것이어서, 확고하여 바뀔 수가 없는 것입니다.

聖人도 남에게 물려줄 수가 없고, 아버지도 그의 아들로부터 빼앗을 수가 없는 것이니, 여기에서 하늘이 나에게 자질을 부여해준 까닭은 우연이 아님을 알 수 있습니다.

1) 所以與我者 : 나에게 자질을 부여해준 까닭을 뜻한다. 여기의 자질은 특히 학문과 글의 재주를 가리킨다.
2) 丹朱 : 堯임금의 아들로, 아둔하여 요임금은 임금 자리를 舜에게 물려주었다.
3) 商均 : 舜임금의 아들로, 역시 어리석어 순임금은 임금 자리를 禹에게 물려주었다.
4) 瞽瞍 : 舜임금의 아버지로, 순임금이 어렸을 적에 繼母와 함께 虐待한 것으로 유명하다. ≪史記≫〈五帝本紀〉에 "舜의 부친 瞽瞍는 盲人이었다. 舜의 모친이 세상을 떠나자 瞽瞍는 다시 아내를 맞아들여 象을 낳았다. 象은 교만하였고 瞽瞍는 후처가 낳은 아들을 사랑하여 늘 舜을 죽이려고 하였다.……舜의 아비 瞽瞍는 무도했고 어미는 험담을 잘하였으며 象은 교만하여 모두 舜을 죽이려고 하였다. 舜은 언제나 恭遜하여 자식 된 도리를 잃지 않았다. 아우에게는 형의 도리를, 부모에게는 孝道를 다하여 그를 죽이려 해도 죽일 수가 없었다."라는 기록이 있다.

夫其所以與我者는 必有以用我也니 我知之로되 不得行之하고 不以告人[1)]이면 天固用之어늘 我實置之라 其名曰棄天이라 自卑以求幸其言하며 自小以求用其道면 天之所以與我者何如인대 而我如此也오 其名曰褻天이라 棄天은 我之罪也요 褻天도 亦我之罪也나 不棄不褻而人不我用이면 不我用之罪也니 其名曰逆天이라 然則棄天褻天者는 其責在我나 逆天者는 其責在人이니 在我者는 吾將盡吾力之所能爲者하야 以

塞夫天之所以與我之意하고 **而求免夫天下後世之譏**나 **在人者**는 **吾何知焉**이리오 **吾求免夫一身之責之不暇**어늘 **而暇爲人憂乎哉**아

자질을 나에게 부여해준 까닭은 반드시 나를 쓸 곳이 있기 때문이니, 내가 그것을 알고서도 그것을 행하지 못하고 그것으로 사람들에게 일러주지 못한다면, 하늘은 진실로 쓰려 하는데도 내가 실은 그것을 방치하는 것입니다. 이것을 '하늘을 버리는 것〔棄天〕'이라 부릅니다.

스스로 卑下하면서 그의 말이 사랑받기를 바라며, 스스로 작게 여기면서 그의 道가 쓰이기를 바라면, 하늘이 나에게 자질을 부여해준 까닭이 무엇이기에 우리가 그처럼 행동한다는 것입니까? 그것을 '하늘을 冒瀆하는 것〔褻天〕'이라 부릅니다.

'하늘을 버리는 것'도 나의 죄이고, '하늘을 모독하는 것'도 나의 죄이나, 버리지도 않고 모독하지도 않는데 사람들이 나를 쓰지 않는다면, 그것은 나를 쓰지 않는 사람들의 죄이니, 이것을 '하늘을 拒逆하는 것〔逆天〕'이라 부릅니다.

그러니 '하늘을 버리는 것'과 '하늘을 모독하는 것'은 그 책임이 나에게 있고, '하늘을 거역하는 것'은 그 책임이 남에게 있는 것이니, 〈책임이〉 나에게 있는 것은 내가 나의 힘으로 할 수 있는 바를 다함으로써 하늘이 나에게 자질을 부여해준 뜻에 보답하고, 온 천하와 후세 사람들의 비난을 면하려 하면 되나, 남에게 있는 일은 내가 어찌 알 수가 있겠습니까? 내가 一身의 책임을 면하려 하는 데에도 겨를이 없거늘 어느 겨를에 남을 위하여 걱정하겠습니까?

1) 不以告人 : 하늘에게서 부여받은 자질을 근거로 사람들에게 얘기해주지 않다. 곧 朝廷에 나가 政治에 참여하거나, 물러나 젊은이들을 가르치지 않음을 뜻한다.

孔子孟軻之不遇에 **老於道途**[1]나 **而不倦不慍不怍不沮者**[2]는 **夫固知夫責之所在也**[3]니라 **衛靈魯哀齊宣梁惠**[4]**之徒**가 **不足相與以有爲也**를 **我亦知之矣**나 **抑將盡吾心焉耳**라 **吾心之不盡**이면 **吾恐天下後世無以責夫衛靈魯哀齊宣梁惠之徒**요 **而彼亦將有以辭其責也**라 **然則孔子孟軻之目**이 **將不瞑於地下矣**리라

孔子와 孟子께서 불우하실 때에는 길에서 늙어가고 있는 형편이었지만, 게을리

하거나 성내거나 부끄러워하거나 기운을 잃지 않으셨던 것은 진실로 그 책임이 있는 곳을 알고 계셨기 때문입니다.

衛 靈公·魯 哀公·齊 宣王·梁 惠王의 무리들은 서로 함께 큰 일을 하기에는 부족한 사람들이라는 것을 나(孔子와 孟子) 또한 알고 있는 일이지만, 그러나 나의 마음을 다할 따름이었던 것입니다. 나의 마음을 다하지 않는다면, 나는 천하와 후세 사람들이 위 영공, 노 애공, 제 선왕, 양 혜왕 등을 책망하지 못할까 두렵고, 그들도 그 책임을 변명할 말이 있을 것입니다. 그렇게 되었다면 공자와 맹자께서는 지하에서도 눈을 감지 못하셨을 것입니다.

1) 老於道途 : 韓愈의 〈進學解〉에서 나온 말로 "옛날 孟軻는 辯論을 좋아하시어 孔子의 道가 이 때문에 밝아졌으나 수레바퀴 자국이 온 천하를 돌다가 끝내 길에서 늙으셨다.〔昔者孟軻好辯 孔道以明 轍環天下 卒老于行〕"라 하였다.

2) 不倦不慍不怍不沮者 : 不倦은 ≪論語≫ 〈述而〉에 보이니 "묵묵히 기억하고 배우면서 싫어하지 않고 사람 가르치기를 게을리 하지 않는 것이 어느 것이 나에게 있겠는가?〔默而識之 學而不厭 誨人不倦 何有於我哉〕"라 하였다.

不慍은 ≪論語≫ 〈學而〉에 보이니 "남들이 나를 알아주지 않아도 언짢아하지 않는다면 또한 君子가 아니겠는가?〔人不知而不慍 不亦君子乎〕"라 하였다.

不怍은 ≪孟子≫ 〈盡心 上〉에 보이는데 "부모가 모두 살아계시고 형제에게 아무 일이 없는 것이 첫 번째 즐거움이다. 하늘을 우러러 부끄러움이 없고 사람을 굽어보아 부끄러움이 없는 것이 두 번째 즐거움이다. 천하의 英才를 얻어 그들을 가르치는 것이 세 번째 즐거움이다.〔父母俱存 兄弟無故 一樂也 仰不愧於天 俯不怍於人 二樂也 得天下英才而敎育之 三樂也〕"라 하였다.

3) 孔子孟軻之不遇……夫固知夫責之所在也 : ≪孔子家語≫ 〈在厄〉의 기록에 의하면, 孔子는 陳나라와 蔡나라에서 곤액을 당하였는데도 더욱 慷慨하여 講誦하였고 絃歌가 쇠하지 않았다. 孔子가 말하기를 "〈때를〉 만나거나 만나지 못함은 때가 있고, 賢明하고 不肖함은 才能에 있다. 군자가 널리 배우고 깊이 꾀하여도 때를 만나지 못한 사람이 많거늘 어찌 다만 나뿐이겠는가?"라 하였고, 顔回도 "세상이 나를 쓰지 않는 것은 통치자가 못나서이니 부자께서 어찌 근심하시겠는가!"라 하였다.

또한 ≪孟子≫ 〈公孫丑 下〉의 기록에 의하면, 孟子가 齊나라에 갔다가 쓰이지 않아 느릿느릿 떠나는데 尹士가 기뻐하지 않자 孟子가 말하기를 "내 어찌 이 小丈夫와 같이 군주에게 간하다가 받아주지 않는다고 노하여 씩씩거리며 그 얼굴빛에 〈노기를〉 나타내어, 떠나면 하루 종일 갈 수 있는 힘을 다한 뒤에 유숙하는 것처럼 하겠는가?〔予豈若是小丈夫然哉 諫於其君 而不受則怒 悻悻然見於其面 去則窮日之力而後宿哉〕"라 하였다.

이것이 모두 孔子와 孟子가 때를 만나지 못하여도 지치거나 성을 내지 않았으며, 부끄러워하거나 그만두지 않았던 예이다.

4) 衛靈魯哀齊宣梁惠：衛 靈公의 이름은 元으로 春秋時代 衛나라의 임금이며 재위기간은 42년이다. 衛 靈公은 일찍이 孔子에게 陳法에 대해서 물은 적이 있는데 孔子는 배우지를 못했다고 대답하고 다음날 떠났다. ≪論語 衛靈公≫ 魯 哀公은 이름이 蔣으로 春秋時代 魯나라의 임금이다. 孔子에게 정치에 대하여 물었는데, 孔子는 "정치는 신하를 가려 뽑는 데 있다."고 대답하였는데 魯나라는 등용하여 쓸 수가 없었다. ≪史記 孔子世家≫ 齊 宣王은 이름이 辟彊이며, 戰國時代 齊나라의 임금으로 재위기간은 19년이었다. 梁 惠王은 戰國時代 魏나라 惠王으로 이름은 罃이며, 재위기간은 36년이다.

孟子는 전후로 齊나라와 魏나라로 갔으나 등용될 수 없었으며, 이는 ≪史記≫ 〈孟子荀卿列傳〉에 보인다. 蘇洵은 이 네 사람을 들어 비록 아무 소용이 없었지만 孔子와 孟子는 또한 그들에게 유세하여 그 마음을 다하기를 구하였다는 것을 말하였다.

夫聖人賢人之用心也는 **固如此**하니 **如此而生**하고 **如此而死**하고 **如此而貧賤**하고 **如此而富貴**하며 **升而爲天**하고 **沈而爲淵**하고 **流而爲川**하고 **止而爲山**은 **彼不預吾事**니 **吾事畢矣**라 **切(竊)怪夫後之賢者**가 **不能自處其身也**하여 **饑寒困窮之不勝而號于人**이라 **嗚呼**라 **使吾誠死於饑寒困窮耶**면 **則天下後世之責**이 **將必有在**[1]리니 **彼**[2]**其身之責**을 **不自任以爲憂**하고 **而吾取而加之吾身**이면 **不亦過乎**아

聖人과 賢人의 마음 씀은 진실로 이와 같으니, 이와 같이 하면서 살아가고, 이와 같이 하면서 죽어가고, 이와 같이 하면서 貧賤하게 지내기도 하고, 이와 같이 하면서 富貴를 누리기도 하며, 올라가서는 하늘처럼 되고, 가라앉으면 연못처럼 되고,

흐르면 냇물처럼 되고, 멈추면 산처럼 되나, 그들이 나의 일을 간섭하지 않으면, 나의 일은 그것으로 끝나게 됩니다.

제가 괴이하게 여기는 것은 후세의 賢明한 사람들이 그 스스로 處身하지 못하여 굶주림과 추위와 곤궁함을 이겨내지 못해 남에게 소리쳐서 〈구원을 요청하는 것입니다.〉

아아! 내가 진실로 굶주림과 추위와 곤궁으로 죽게 된다면 천하와 후세 사람들이 책임을 추궁할 대상이 반드시 있게 될 것이니, 저편에서 그들 자신들의 책임을 스스로 책임질 걱정을 하도록 하지 아니하고, 내가 그 책임을 취하여 내 자신에게 가한다면 또한 잘못된 일이 아니겠습니까?

1) 必有在 : 반드시 있는 곳이 있다. 반드시 자기가 가난하게 살다 죽은 책임을 추궁할 상대가 있다는 뜻이다.
2) 彼 : 책임을 질 사람이다. 자기를 任用하지 않은 사람을 가리킨다.

今洵之不肖가 何敢亦自列于聖賢이리오 然이나 其心에 亦有所甚不自輕者라 何則고 天下之學者가 孰不欲一蹴而造聖人之域이리오 然이나 及其不成也하여는 求一言之幾乎道나 而不可得也라 千金之子는 可以貧人하고 可以富人이나 非天之所與면 雖以貧人富人之權이라도 求一言之幾乎道나 不可得也니이다 天子之宰相은 可以生人하고 可以殺人이나 非天之所與면 雖以生人殺人之權이라도 求一言之幾乎道나 不可得也니이다 今洵用力于聖人賢人之術이 亦已久矣라 其言語其文章을 雖不識其果可以有用于今而傳於後與否라 獨怪夫得之之不勞요 方其致思于心也에 若或啓之하고 得之心而書之紙也에 若或相之[1]하니 夫豈無一言之幾于道者乎아 千金之子와 天子之宰相이 求而不得者가 一旦在己라 故로 其心得以自負하여 或者天其亦有以與我也라

지금 저와 같은 못난 사람이 어찌 감히 또한 멋대로 聖賢의 대열에 들겠습니까? 그러나 저의 마음에는 매우 스스로를 가벼이 하지 않는 바가 있습니다. 왜냐하면, 〈그 이유는 다음과 같습니다.〉

천하의 學者들이 어느 누군들 한꺼번에 聖人의 境地에 이르려고 하지 않겠습니

까? 그러나 그가 성공하지 못했을 때에는 道에 가까운 한마디 말을 구해도 얻을 수가 없습니다.

千金의 부잣집 아들은 남을 가난하게 할 수도 있고 남을 부유하게 할 수도 있지만, 하늘이 부여하지 않는다면 비록 남을 가난하게 하거나 부유하게 하는 權勢를 가졌다 할지라도, 道에 가까운 한마디 말은 구해도 얻을 수가 없습니다.

天子의 宰相은 사람을 살릴 수도 있고 사람을 죽일 수도 있지만, 하늘이 부여하지 않는다면 비록 사람을 살리고 죽일 수 있는 권세를 가졌다 할지라도, 道에 가까운 한마디 말은 구해도 얻을 수가 없습니다.

지금 저는 성인과 현인의 術法에 힘을 써온 지가 이미 오래되었습니다. 저의 말과 저의 文章을 비록 지금 세상에 유용할 수 있을는지, 그리고 후세에 전할 수 있을지 없을지는 모르겠습니다. 그러나 홀로 괴이하게 여기는 것은, 그것들을 터득하는 데에 수고를 하지 않아도 마음속으로 思索을 하면 마치 누가 啓導해주는 듯하며, 마음속에 그것을 터득하여 그것을 종이에 쓰면 마치 누가 도와주는 듯한 것입니다. 그러니 어찌 道에 가까운 것이 한마디도 없겠습니까?

천금의 부잣집 아들과 천자의 재상이 구하여도 얻지 못하는 것이 하루아침에 제게 있습니다. 그러므로 제 마음에 그것을 지녔음을 자부하며, 하늘이 그것을 저에게 부여해준 까닭이 또한 있을 것입니다.

1) 若或相之 : 어떤 존재가 자기 글 쓰는 것을 도와주듯 슬슬 잘 쓰인다는 뜻이다.

曩者에 見執事于益州[1)]나 當時之文은 淺狹可笑라 饑寒困窮이 亂其心하고 而聲律記問이 又從而破壞其體하니 不足觀也已라 數年來에 退居山野하여 自分永棄하고 與世俗日疏闊이라 得以大肆其力于文章[2)]하니 詩人之優柔[3)]와 騷人[4)]之淸深과 孟韓[5)]之溫醇과 遷固[6)]之雄剛과 孫吳[7)]之簡切에 投之所向이면 無不如意라 嘗試以爲董生[8)]은 得聖人之經이나 其失也流而爲迂요 鼂錯[9)]는 聖人之權이나 其失也流而爲詐라 有二子之才而不流者는 其惟賈生[10)]乎인저 惜乎라 今之世에 愚未見其人也라

옛날에 執事를 益州에서 뵈었으나, 그때의 글은 얕고 좁아서 가소로웠습니다. 굶주림과 추위와 곤궁이 그 마음을 어지럽히고, 글의 聲律과 잡된 智識이 또한 뒤따라

그 몸을 파괴하고 있어서 볼 만한 것이 없었습니다.

이미 몇 년 이래로 山野에 물러나 살면서 영영 버려짐을 자신의 분수로 여기며 世俗과 날로 멀리 떨어져갔습니다. 그래서 온 精力을 文章에 크게 발휘할 수 있게 되었으니, ≪詩經≫ 작자들의 여유와 자유스러움, ≪楚辭≫ 작자들의 맑음과 깊음, 孟子・韓愈의 온화함과 진실함, 司馬遷・班固의 빼어남과 강함, 孫子・吳子의 간결함과 절실함에 향하려 하기만 하면 뜻대로 이루어지지 않는 게 없게 되었습니다.

일찍부터 생각하기에 漢나라 董仲舒는 聖人의 經典을 터득했었지만 그의 잘못은 사실과 멀게 흘러간 것이요, 晁錯는 聖人의 臨機應變을 터득하였지만 그의 잘못은 삐뚤어진 길로 흘러간 것입니다. 이 두 사람의 재능을 가지고 잘못된 길로 흐르지 않은 이는 賈誼라 할 것입니다. 애석하게도 지금 세상에서 저는 그러한 사람을 보지 못하였습니다.

1) 曩者 見執事于益州 : 益州는 지금 四川省의 고을 이름으로, 蘇洵은 그 고장 사람이었다. ≪續資治通鑑≫ 권51 皇祐 2년(1050)의 기록에 의하면 "知益州 田況을 불러 御史中丞을 맡게 하였다.……田況이 蜀에 있은 지 2년이 지났다."라 하였으니, 田況이 知益州가 된 것이 慶曆 8년(1048)에서 皇祐 2년 사이의 일임을 알 수 있으며, 蘇洵이 益州에서 田況을 만난 것도 이때일 것이다.

2) 當時之文……得以大肆其力于文章 : 聲律은 文章을 짓는 데 있어서의 글자들의 聲調와 音律에 관한 規範으로, 문장을 아름답게 표현하는 방법을 뜻한다.

   歐陽脩의 〈古霸州文安縣主簿蘇君墓誌銘〉에, 蘇洵은 茂才異等科에 응시하였으나 합격하지 못하자 "지은 글 수백 편을 모아 태우고 더욱더 문을 닫고 글을 읽으며 절필하여 文辭를 짓지 않은 것이 5, 6년이었으며, 六經과 百家의 學說을 깊이 연구하여 고금의 治亂과 成敗, 聖賢의 窮達과 出處의 때를 고찰하였으며, 그 정수를 얻고 함양하고 이를 축적하였으며, 자제하면서 글을 짓지 않았다. 한참이 지나자 개연히 '됐다!'라 하고는 이로부터 붓을 대어 잠깐만에 수천 言을 써내었다. 마음껏 써내고 자유롭게 드나들었는데 반드시 깊고 정미로운 경지에 이르러야 그만두었다."라 하였다. 張方平의 〈文安先生墓表〉와 曾鞏의 〈蘇明允哀辭〉에도 비슷한 기록이 있다.

3) 詩人之優柔 : 詩人은 ≪詩經≫의 작자를 가리킨다. 優柔는 여유 있고 자유스러운 것, 한가하고 自得한 모양이다.

4) 騷人 : ≪楚辭≫의 작자, 서정적인 賦의 작자를 이른다.
5) 孟韓 : 孟子와 韓愈(768~824)이다. 韓愈는 자가 退之이며 河南 河陽(지금의 河南 孟縣 남쪽) 사람으로 唐나라의 문학가이자 사상가이다. 唐宋八大家의 한 사람이며 ≪韓昌黎集≫이 있다.
6) 遷固 : ≪史記≫의 작자인 司馬遷과 ≪漢書≫의 작자인 班固이다.
7) 孫吳 : 전국시대 兵家인 孫臏과 吳起이다. 각각 兵書로 ≪孫子≫와 ≪吳子≫를 남기고 있다.
8) 董生 : 漢 武帝 때의 유학자인 董仲舒로, ≪春秋繁露≫의 작자이다.
9) 晁錯 : B.C. 200~B.C. 150. 潁川 사람으로, 漢 文帝 때의 학자이자 냉혹한 정치가로 유명하다. 重農抑商과 백성을 모아 변방을 채우고, 外藩을 삭탈하여 중앙정권을 공고히 하자고 주장하여 景帝에게 받아들여졌다. 吳楚 7國의 난은 晁錯를 죽일 것을 명분으로 일어났는데, 그 영향으로 사형당하였다.
10) 賈生 : 漢나라 초기의 賈誼이다. 文帝 때의 박사였고, 賦 작가로 유명하다.

作策二道曰 審勢審敵[1]이요 **作書十篇曰 權書**[2]라 **洵有山田一頃**[3]하니 **非凶歲**면 **可以無饑**요 **力耕而節用**이면 **亦足以自老**라 **不肖之身**은 **不足惜**이나 **而天之所與者**를 **不忍棄**하고 **且不敢褻也**라 **執事之名**은 **滿天下**하니 **天下之士**를 **用與不用**이 **在執事**라 **故**로 **敢以所謂策二道**와 **權書十篇**을 **爲獻**하노이다 **平生之文**은 **遠不可多致**나 **有洪範論史論十篇**[4]은 **近以獻內翰歐陽公**하니 **度**(탁)**執事與之朝夕相從**하야 **議天下之事**하니 **則斯文也其亦庶乎得陳於前**[5]**矣**니이다 **若夫言之可用**과 **與其夫身之可貴與否者**는 **執事事也**요 **執事責也**니 **於洵何有哉**오

두 편의 策論을 지어 〈審勢〉·〈審敵〉이라 제목을 붙였고, 글 열 편을 지어 〈權書〉라 하였습니다. 제게는 산속의 밭 1頃이 있으니, 凶年만 아니라면 굶주리지 않을 수 있고, 힘써 농사지으며 쓰는 것을 節約하면 스스로 늙기까지 살기에도 족할 것입니다. 이 못난 자신은 아까울 게 없으나, 하늘이 부여해준 것을 차마 버릴 수도 없고 또한 감히 더럽힐 수도 없습니다. 執事의 名聲은 천하에 가득 찼으니, 천하 선비들을 쓰거나 쓰지 않는 것은 집사께 달려 있습니다. 그러므로 감히 이른바 策論 2편과 〈權書〉 10편을 바치는 바입니다.

평소에 지은 글은 멀어서 많이 보내드릴 수가 없으나, 〈洪範論〉과 〈史論〉 10편은 근래 內翰 歐陽脩 공에게 바쳤으니, 생각건대 집사께서는 그분과 함께 朝夕으로 어울리시어 천하의 일을 의논하고 계실 것이니, 그 글들도 집사 앞에 펴지게 될 것입니다. 그 말들이 쓸 만한 것인지, 또 그 몸을 귀하게 해줄 만한지 아닌지는 집사께서 결정하실 일이며 집사의 책임이기도 하니, 제가 어찌 관여할 일이겠습니까?

1) 作策二道曰 審勢審敵 : 策은 곧 對策·策論을 말한다. 임금이 政策에 관하여 질문한 策問에 대한 응답형식으로 쓰인 글이다. 二道는 두 편이라는 뜻으로, '道'는 策論을 세는 단위이다. 〈審勢〉·〈審敵〉의 두 편은 모두 賈誼가 지은 책 이름을 모범으로 하여 지은 것이다.
2) 作書十篇曰 權書 : 글 열 편은 〈心術〉·〈法術〉·〈攻守〉·〈强弱〉·〈用間〉의 5편과, 〈高祖論〉·〈項籍論〉·〈子貢論〉·〈孫武論〉·〈六國論〉의 5편이다. 權書는 臨機應變에 관한 글이란 뜻인데 兵法에 관련된 내용이다. 여기서 權은 원래 저울의 추라는 뜻인데, 저울의 눈금에 맞추기 위해서는 적당한 추를 골라서 맞추어 끼워야 한다. 그래서 이 말이 임기응변이라는 뜻으로 바뀌어 쓰인다.
3) 頃 : 넓이의 단 위로, 대략 1頃은 8헥타르이다.
4) 洪範論史論十篇 : 〈上歐陽內翰書〉에서도 작자가 歐陽脩에게 보냈다고 한 글이다.
5) 得陳於前 : 執事 앞에 벌여지게 될 것이다. 곧 집사 앞에 펼쳐져서 읽어볼 수 있게 될 것이라는 뜻이다.

荊川曰 此書는 **本欲求知**나 **却說士當自重**이면 **便不放倒架子**라 **而文字峻絶**하고 **豪邁不羈**라

荊川(唐順之)은 "이 글은 본래 알아주기를 구하고자 하면서도 오히려 선비가 自重하면 結構가 무너지지 않음을 말하였다. 文字가 峻絶하고 豪放하여 얽매이지 않았다."라 하였다.

05. 上韓昭文論山陵書* 韓昭文에게 山陵을 논하여 올린 글

* 韓昭文은 곧 韓琦이다. 韓琦에 대해서는 위 〈上韓樞密書〉의 해제 참조. 韓琦는 嘉祐 6년(1061) 8월에 工部尙書 同平章事 昭文館大學士 監修國史의 직책이 더하여졌으므로 이렇게 말하였다. 山陵은 제왕의 墳墓이다. ≪水經注≫ 권19 〈渭水〉에서는 "秦나라에서는 천자의 무덤〔冢〕을 山이라 하였고, 漢나라에서는 陵이라 하였으므로 통칭하여 山陵이라 하였다."라 하였다. 嘉祐 8년(1063) 3월에 仁宗이 죽고 英宗이 즉위하였는데, 韓琦를 山陵使로 삼아 仁宗의 장례를 성대하게 치르려 하자, 蘇洵이 이 글을 올려 간하였다.

論葬禮甚透하니 當與劉向昌陵疏參看이라

葬禮를 논함이 매우 투철하며, 마땅히 劉向의 〈昌陵疏〉와 참작하여 보아야 한다.

昭文相公執事아 洵本布衣書生으로 才無所長이나 相公不察而辱收之하시고 使與百執事之末하여 平居思所以仰報盛德이나 而不獲其所니이다 今者에 先帝新棄萬國하시고 天子始親政事하사 當海內傾耳側目之秋에 而相公實爲社稷柱石莫先之臣하사 有百世不磨之功이라 伏惟相公은 將何以處之리오

昭文相公 집사께.

저는 본래 布衣의 書生으로 재주가 뛰어난 것도 없는데 相公께서 살피지도 않으시고 욕되이 거두어주시어 여러 집사들의 끝에 함께하도록 해주셨으며, 평상시 우러러 성대한 덕을 갚을 것을 생각하여 보았으나 마땅한 것을 얻지 못하였습니다.

지금 先帝께서는 막 萬國을 버리고 승하하셨고, 새 天子께서 비로소 친히 政事를 돌보시어 海內에서 〈새 정치에 대하여〉 귀를 기울이고 눈길을 모을 때를 당하여, 相公께서는 실로 社稷의 柱石을 놓는 데 다른 신하들보다 앞장서시어 百世토록 닳지 않을 공을 세우셨습니다. 엎드려 생각건대 相公께서는 장차 어떻게 처신하시렵니까?

古者에 天子卽位면 天下之政은 必有所不及安席而先行之者라 蓋漢昭卽位에 休息百役하고 與天下更始라 故로 其爲天子曾未逾月에 而恩澤下布於海內[1)]라 竊惟當今之事天下之所謂最急과 而天子之所宜先行者를 輒敢以告於左右하노라

옛날에는 天子가 卽位하면 天下의 정치에는 반드시 자리에 편안히 앉을 겨를 없이 먼저 행해야 할 것이 있었습니다. 대개 漢 昭帝는 卽位하자 백 가지 徭役을 그만두게 하고 천하와 더불어 다시 새로운 정치를 시작하였습니다. 그러므로 천자가 된 지 한 달도 채 지나지 않아 恩澤이 아래로 海內에 널리 퍼졌습니다. 가만히 생각건대 當今의 일로 天下의 이른바 가장 시급한 것과 天子께서 마땅히 먼저 행하여야 할 것을 문득 감히 상공께 아뢰겠습니다.

1) 蓋漢昭卽位……而恩澤下布於海內 : 漢 昭帝 劉弗陵(B.C. 94~B.C. 74)은 漢 武帝의 아들로 나이가 어려서 즉위하였나 霍光 등의 보필을 받았다. ≪漢書≫ 〈昭帝本紀〉의 贊에서는 "孝武帝의 사치로운 생활과 군사의 기강이 허물어진 뒤를 이어 海內가 고갈되어 戶口가 절반으로 줄어들었는데, 霍光은 무엇이 중요한 時務인지를 알아 徭役과 賦役을 가벼이 하고 백성들에게 休息을 주었다."라 하였다.

竊見先帝는 以儉德臨天下하사 在位四十餘年에 而宮室游觀[1)]無所增加하고 幃薄器皿弊陋而不易하사 天下稱頌이 以爲文景[2)]之所不若이라 今一旦奄棄臣下하사 而有司迺欲以末世葬送無益之費로 侵削先帝休息長養之民하여 掇取厚葬之名而遺之하여 以累其盛明이라 故로 洵以爲 當今之議는 莫若薄葬이라 竊聞頃者癸酉赦書旣出에 郡縣無以賞兵하여 例皆貸錢於民이라 民之有錢者가 皆莫肯自輸하니 於是에 有威之以刀劍하고 驅之以笞箠하여 爲國結怨[3)]을 僅而得之者라 小民無知하여 不知與國同憂하며 方且狼顧而不寧이어늘 而山陵一切配率之科[4)]를 又以復下하면 計今不過秋冬之間에 海內必將騷然하여 有不自聊賴之人이라 竊惟先帝平昔之所以愛惜百姓者가 如此其深하고 而其所以檢身節儉者가 如此其至也니 推其平生之心하여 而計其旣歿之意면 則其不欲以山陵重困天下가 亦已明矣라 而臣下乃獨爲此過當逾禮之

費에 以拂戾其平生之意니 竊所不取也라

가만히 보건대 先帝께서는 儉素한 德으로 천하에 임하시어 在位 40여 년간 宮室과 游觀이 增加된 것이 없었으며, 휘장과 발, 器皿이 해지고 누추해져도 바꾸지 않으시어 天下에서 稱頌하여 文帝와 景帝가 미치지 못할 것이라고 하였습니다.

이제 하루아침에 문득 臣下들을 버리셨는데 有司는 이에 末世 葬禮의 무익한 비용으로 선제께서 쉬게 하여 오래 기른 백성을 침탈하고 깎아 성대한 장례를 치렀다는 名聲을 가져다주어 그 盛明에 누를 끼치려 하고 있습니다. 그러므로 저는 당금의 의논으로 簡素한 장례만 한 것이 없다고 생각합니다.

가만히 듣건대 지난번 癸酉年에 赦免을 반포하는 글이 이미 나가자, 郡縣에서는 兵士들에게 상을 줄 방법이 없어 으레 모두 백성들에게 돈을 빌렸습니다. 백성 가운데 돈 있는 자들이 모두 자발적으로 내어놓지 않으려 하자, 이에 刀劍으로 그들을 으르고 매와 채찍으로 그들을 몰아서, 나라에 원한 맺히는 것만 겨우 얻은 것입니다.

小民들은 無知하여 나라와 더불어 근심을 함께할 줄을 모르며, 바야흐로 또한 이리가 두리번거리듯 편안치 못한데, 山陵의 一切의 일정한 분담액을 다시 부과한다면, 지금을 헤아려보건대 가을과 겨울 사이를 지나지 않아 海內는 반드시 시끌벅적하게 되어 스스로의 힘으로 살아갈 사람이 없게 될 것입니다.

가만히 先帝께서 평소에 백성을 사랑하심이 이와 같이 깊고, 몸을 儉素하게 하고 節儉한 것이 이와 같이 지극함을 생각건대, 그 평소의 마음을 미루어보아 이미 돌아가신 뒤에 그 뜻을 헤아린다면, 산릉의 문제로 천하를 거듭 곤란하게 하려고 하지 않으실 것임이 또한 이미 명백합니다. 그런데 臣下들은 이에 유독 이렇게 적절한 수준을 넘고 禮를 뛰어넘는 비용 때문에 그 평소의 뜻을 거스르니, 취하지 않아야 할 것입니다.

1) 游觀 : 游覽할 수 있는 樓臺를 이른다.

2) 文景 : 漢 文帝와 漢 景帝이다. 漢나라는 초창기 수십 년의 휴식기를 거쳐 文帝와 景帝 때에 이르러 경제가 번영하고 정치가 안정되었는데 역사상 이를 일러 文景之治라고 한다. ≪漢書≫ 〈景帝紀〉의 贊에서는 "周나라에 成王과 康王이 있었다면 漢나라에는 文帝와 景帝가 있었으니 훌륭하도다!〔周云成康 漢云

文景 美矣]”라 하였다.

3) 竊聞頃者癸酉赦書旣出……爲國結怨：≪續資治通鑑≫ 권61 嘉祐 8년(1063) 4월에 “癸酉年에 大赦免令을 내렸고 諸軍에 상을 내렸다.”라 하였다. 知諫院 司馬光이 말하기를 “국가의 用度가 여러 차례 군색한데 다시 大喪을 만나 누세에 걸쳐 소장한 것이 거의 땅을 쓰는 듯하였습니다. 듣자하니 外州와 軍官庫의 돈이 없는 곳에서는 백성의 돈을 꾸어서 賞給을 내렸다는데, 하루아침에 〈백성들이〉 애쓴 것을 빼앗은 것이며 채찍으로 핍박한 것입니다.”라 하였다.

4) 配率之科：일정한 비율로 백성들에게 세금을 분담하는 것을 이른다.

且使今府庫之中에 財用有餘하고 一物不取於民하고 盡公力而爲之하여 以稱遂臣子不忍之心이라도 猶且獲譏於聖人[1]이온 況夫空虛無有하여 一金以上을 非取於民則不獲하되 而冒行不顧하고 以徇近世失中之禮하니 亦已惑矣로라

또한 지금 설령 府庫에 財用이 넉넉하고 한 가지도 백성들에게 취하지 않고서 公力을 다하여 그것을 해서 차마 그만둘 수 없는 신하의 마음을 이루었다고 하더라도, 오히려 또한 聖人의 조롱을 받을 것입니다. 하물며 텅 비어 아무것도 없어 一金 以上을 백성들에게서 취하지 않으면 얻지를 못하는데도, 경솔하게 일을 행하여 돌아보지 않고 근세의 중도를 벗어난 예를 따르니, 또한 이미 의혹스럽습니다.

1) 獲譏於聖人：≪魏文帝集≫ 〈終制〉에 “季孫이 璵와 璠으로 염을 하자 孔子가 계단을 뛰어 올라가 헤아려보고는 中原에 뼈를 방치해놓은 것에 비유하였다.”라 하였다. 이 일은 ≪春秋左氏傳≫ 定公 5년에 보이는데 “〈季平子가〉 방에서 죽자 陽虎는 璵와 璠으로 염을 하려고 하였다.”라 하였으며, 杜預는 “璵와 璠은 아름다운 玉으로 임금이 차는 것이다.”라 하였다.

然이나 議者必將以爲 古者에 君子不以天下儉其親[1]이니 以天下之大로 而不足於先帝之葬이면 於人情有所不順이라하나 洵亦以爲不然하니 使今儉葬而用墨子之說[2]이면 則是過也나 不廢先王之禮하여 而去近世無益之費는 是不過矣니라 子思曰 三日而殯하되 凡附於身者를 必誠必信하여 勿之有悔焉耳矣[3]라 三月而葬이니 凡附於棺者를

必誠必信하여 勿之有悔焉耳矣라하니라 古之人所由以盡其誠信者는 不敢有略也요 而外是者則略之니라 昔者에 華元이 厚葬其君하니 君子以爲不臣[4)]이라 漢文葬於霸陵에 木不改列하고 藏無金玉하니 天下以爲聖明하여 而後世安於泰山[5)]이라 故曰 莫若建薄葬之議는 上以遂先帝恭儉之誠하고 下以紓百姓目前之患하며 內以解華元不臣之譏하여 而萬世之後以固山陵不拔之安이라

그러나 論者들은 반드시 생각하기를 '옛날에 君子는 天下 때문에 그 어버이에게 儉素하게 하지 않았으니, 天下의 큼으로써 先帝의 葬禮에 부족함이 있으면 人情에 순응하지 못한 점이 있다.'고 합니다. 그러나 저는 또한 그렇지 않다고 생각합니다. 지금 장례를 검소하게 하여 墨子의 설을 쓴다면 이는 지나친 것이나, 선왕의 예를 폐하지 않고 근세의 무익한 비용을 없애는 것은 지나친 것이 아닙니다.

子思는 말하기를 "사흘 만에 草殯을 하되 모든 죽은 자의 몸에 따르는 것은 반드시 誠信하게 하여 후회하는 일이 없도록 하여야 할 따름이다. 석 달 만에 장사를 지내는데 모든 棺에 副葬하는 것은 반드시 誠信하게 하여 후회하는 것이 없도록 하여야 할 따름이다."라 하였습니다.

옛사람들이 그 誠信을 다한 까닭은 감히 소략하게 함이 있어서는 안 되기 때문이며, 이를 외면하면 소략하게 한 것입니다. 지난날 華元이 그 임금의 장례를 성대히 지내자 君子는 신하답지 못하다고 하였습니다. 漢 文帝는 霸陵에 장사 지냈는데 나무도 새로 열을 맞추지 않았으며 副葬品에 금과 옥도 없었는데, 天下에서는 聖明이라고 생각하였으며, 후세에 泰山보다도 더 편안함을 누렸습니다.

그러므로 말하기를 "간소한 장례를 세움만 못하다는 의논은 위로는 선제의 공경하고 검소한 精誠을 이루고, 아래로는 백성의 目前의 근심을 펴는 것이며, 안으로는 화원이 신하답지 못하다는 조롱을 풀어, 萬世의 후에 산릉을 공고히 하여 뽑히지 않는 편안함이 될 것이다."라고 하는 것입니다.

1) 君子不以天下儉其親 : ≪孟子≫ 〈公孫丑 下〉에 보인다. ≪孟子集疏≫에서는 이 말의 뜻을 "〈군자는〉 천하를 위하여 棺槨의 비용을 아까워하여 그 어버이에게 검소하지 않는다.〔不爲天下惜棺槨之費 而儉於其親也〕"라고 풀었다.

2) 墨子之說 : ≪墨子≫ 〈節葬〉에 "棺은 세 치 두께로 충분히 몸을 썩힐 수 있으

면 되고, 옷과 이불은 세 벌로 충분히 보기 흉학을 덮을 수 있으면 되며, 〈매장할 때〉 땅을 파는 깊이는 아래로는 지하수에 닿도록 깊이 묻어서는 안 되고, 위로는 냄새가 새어나올 정도로 얕게 묻어서는 안 되며, 封墳은 세 번 간 밭이랑 정도로 만들고 그만둔다."라 하였다.

3) 子思曰……勿之有悔焉耳矣 : 이 말은 ≪禮記≫ 〈檀弓 上〉에 나온다. '附於身者'는 衣衾을 말하며, '附於棺者'는 明器를 말하는데 모두 隨葬品들이다.

4) 昔者……君子以爲不臣 : 華元은 춘추시대 宋나라의 大夫이다. ≪史記≫ 〈宋微子世家〉에 "文公이 죽자 아들인 共公 瑕가 즉위하였다. 이때부터 厚葬이 비롯되었다. 군자들은 華元이 신하답지 않다고 비난하였다."라 하였다. 또한 ≪魏文帝集≫ 〈終制〉에서는 "宋公이 厚葬을 하자 군자들은 華元과 樂莒가 신하답지 않다고 하였으며, 惡으로 임금을 버렸다고 여겼다."라 하였다.

5) 漢文葬於霸陵……而後世安於泰山 : 霸陵은 漢 文帝 劉恒의 능묘로 지금의 陝西省 西安의 동북쪽에 있다.

≪漢書≫ 〈文帝本紀〉에 "漢 文帝가 崩御하자 遺詔를 내려 말하였다. '지금 세상에서는 모두 사는 것을 아름답게 여기고 죽는 것을 미워하여 厚葬하여 生業을 깨뜨리고 服을 重하게 하여 삶을 상하게 하니 내 심히 취하지 않는다.……천하의 관리와 백성들에게 영을 내려 영이 이르자 弔問한 지 사흘 만에 모두 喪服을 벗었다. 아내를 맞고 딸을 시집보내며 제사를 지냄에 술을 마시고 고기를 먹는 것을 금하지 않았다.……霸陵의 山川은 그 때문에 고친 것이 없었다.' 라 하였다."는 내용이 있다.

洵竊觀古者厚葬之由하니 **未有非其時君之不達**하여 **欲以金玉**으로 **厚其親於地下**인대 **而其臣下不能禁止**하여 僶俛**而從之者**가 **未有如今日之事**라 **太后至明**하고 **天子至聖**이나 **而有司信近世之禮**하여 **而遂爲之者**니 **是可深惜也**니라 **且夫相公**은 **旣已立不世之功矣**나 **而何愛一時之勞而無所建明**고 **洵**은 **恐世之淸議**에 **將有任其責者**로라

제가 옛날에 葬禮를 盛大하게 한 이유를 가만히 살펴보니, 당시 임금들이 통달하지 못함이 없지 않아서 지하에 金玉으로 그 어버이를 두터이 장사 지내고자 하였는데, 그 신하들이 금하여 그치게 할 수 없어서 억지로 따른 것이 오늘날과 같은 일은

없었습니다. 太后께서 지극히 明哲하시고 天子께서 지극히 성스러우신데도 有司들이 近世의 禮를 믿어 마침내 그렇게 하고자 하는 것이니, 이것은 매우 애석해할 만합니다.

또한 대저 相公께서는 이미 一世에 있을 수 없는 공을 세우시고도, 어찌 一時의 수고로움을 아끼시어 밝게 건의하지 않으십니까? 저는 세상의 맑은 의논에 장차 그 책임을 지게 되시지나 않을까 두렵습니다.

如曰 詔勅已行하고 **制度已定**이니 **雖知不便**이나 **而不可復改**라하면 **則此又過矣**라 **蓋唐太宗之葬高祖也**에 **欲爲九丈之墳**하고 **而用漢氏長陵之制**하여 **百事務從豐厚**러니 **及群臣建議以爲不可**하여 **於是**에 **改從光武之陵**하니 **高不過六丈**이요 **而每事儉約**[1]이라 **夫君子之爲政**에 **與其坐視百姓之艱難而重改令之非**론 **孰若改令以救百姓之急**이니이다 **不勝區區之心**하여 **敢輒以告**하노이다 **惟恕其狂易之誅**면 **幸甚幸甚**이로소이다

만약 "詔勅이 이미 행하여졌고 制度가 이미 정하여졌으니, 비록 不便함을 안다고 하더라도 다시 고칠 수 없다."고 한다면, 이 또한 지나친 것입니다.

대체로 唐 太宗이 高祖를 장사 지낼 때 9丈의 封墳을 만들어 漢나라 長陵의 제도를 따르고자 하여 온갖 사무가 豐厚함을 따랐는데, 뭇 신하들이 옳지 않다고 건의하자 이에 고쳐서 光武帝의 陵을 따랐는데, 높이는 6丈에 지나지 않았고 매사에 儉約하였습니다.

대저 君子가 政事를 돌봄에, 백성의 어려움을 좌시하고 命令의 그릇됨을 고치는 것을 무겁게 여기는 것보다는, 차라리 명령을 고쳐서 백성의 危急을 구하는 것이 낫겠습니다. 구구한 마음을 이기지 못하고 감히 문득 아뢰니다. 바라건대 미치고 경솔한 죄를 용서해주신다면 매우 다행이겠습니다.

1) 蓋唐太宗之葬高祖也……而每事儉約 : ≪通鑑輯覽≫ 권50에 貞觀 9년 5월 唐高宗 李淵이 죽자 10월에 獻陵에 장사 지내는 기록이 있는데 "처음에는 山陵을 漢나라 長陵의 故事를 따르게끔 조칙을 내렸다. 秘書監 虞世南이 上疏하기를 '陛下의 聖德은 唐·虞를 넘는데, 어버이의 葬事는 秦·漢을 법으로 삼으시니 臣은 외람되오나 陛下를 위해 취하지 않았으면 합니다. 願컨대 ≪白虎通≫

의 3仞의 封墳에 의하여 器物과 제도를 모두 절검하여 줄이고, 다만 능의 곁에 刻石만 하고 그 사실을 특별히 한 통 적어 宗廟에 수장하여 자손들을 위한 法典으로 삼도록 하소서.'라 하였다. 소장을 올려 아뢰었으나 답이 없었다. 虞世南이 다시 주청하자 上은 이에 有司에게 조칙을 내려 논의케 하였다. 房玄齡 등은 '漢나라 長陵은 9丈이고, 原陵(後漢 光武帝 劉秀의 능)은 높이가 6丈입니다. 지금 9丈은 너무 높고 3仞은 너무 낮으니 청컨대 原陵의 禮制대로 하십시오.'라 하니 그대로 따랐다."라 하였다.

唐荊川曰 一事反覆議論이라

唐荊川(唐順之)이 말하기를 "한 가지 일을 反復하여 議論하였다."라 하였다.

宋大家蘇文公文抄 卷3

書

01. 上王長安書* 王長安에게 올린 글

* 글에서 "저는 蜀에서 와 내일 長安에 이르러 明公을 뵙고 동쪽으로 가려고 합니다.〔洵從蜀來 明日將至長安見明公而東〕"라 한 것으로 보아, 蜀에서 서울로 가던 도중에 지은 것임을 알 수 있다.

吳廷燮의 ≪北宋經撫年表≫ 권3에 의하면, 蘇洵이 활동한 연대에 王拱辰만 두 차례 知永興軍으로 그 治所인 長安에서 지냈다. 그 외에는 성이 王氏인 자가 없다. 한 번은 皇祐 원년(1056)으로 이때는 蘇洵이 집에서 杜門不出할 때이고, 한 번은 至和 2년(1054)에서 嘉祐 2년(1057)까지이다. 이를 근거로 하면 王長安은 곧 王拱辰일 것이며, 嘉祐 원년 蘇洵 부자가 서울에 갈 때 長安을 지나면서 지은 것이다.

이때 王拱辰의 벼슬은 尙書右丞 端明殿學士 兼翰林侍讀學士라는 寄祿官에 知永興軍 判京兆府라는 職事官을 두루 지니고 있었기 때문에, ≪嘉祐集≫에서는 이 편지의 서두에 '判府左丞閣下'라는 말로 시작하나, 여기서는 생략되어 있다. 京兆府는 長安을 말한다.

運險峭之思하여 **以爲鑱畫之文**이라 **故**로 **其鋒鍔不可嚮邇**라

險峭한 생각을 운용하여 송곳처럼 새긴 글을 지었으므로, 그 칼끝은 가까이 다가갈 수 없다.

天下無事면 **天子甚尊**하고 **公卿甚貴**하며 **士甚賤**이라 **從士而逆數之**하여 **至於天子**면 **其積也甚厚**하고 **其爲變也甚難**이라 **是故**로 **天子之尊至於不可指**하고 **而士之卑**는 **至於可殺**이라

天下에 일이 없으면 天子는 매우 높고 公卿은 매우 貴하며 선비는 매우 賤합니다. 선비에서부터 거꾸로 헤아려 천자에까지 이르면 그 쌓임은 매우 두텁고 그 변함은 매우 어렵습니다. 그런 까닭에 天子의 높음은 손가락으로 가리킬 수 없는 경지에 이르고 선비의 낮음은 죽일 만한 지경에 이릅니다.

嗚呼라 **見其安而不見其危**가 **如此而已矣**라 **衛懿公之死**는 **非其無人也**요 **以鶴辭而不與戰也**[1]라 **方其未敗也**에 **天下之士望爲其鶴而不可得也**라 **及其敗也**에 **思以千乘之國**으로 **與匹夫共之**나 **而不可得也**라 **人知其卒之至於如此**면 **則天子之尊可以慄慄於上**이요 **而士之卑可以肆志於下**니 **又焉敢以勢言哉**아 **故**로 **夫士之貴賤**은 **其勢在天子**요 **天子之存亡**은 **其權在士**라 **世衰道喪**이면 **天下之士**는 **學之不明**하고 **持之不堅**하니 **於是**에 **始以天子存亡之權**이 **下而就一匹夫貴賤之勢**라 **甚矣夫**라 **天下之惑也**여 **持千金之璧以易一瓦缶**면 **幾何其不擧而棄諸溝也**리오

아아! 그 便安함만 보고 그 危殆로움을 보지 못함이 이와 같을 따름입니다. 衛懿公의 죽음은 그에게 사람이 없어서가 아니라 鶴 때문에 거절하여 더불어 싸우지 않아서입니다. 바야흐로 아직 패하지 않았을 때는 天下의 선비들이 鶴이 되기를 바랐으나 될 수가 없었습니다. 패하였을 때는 千乘의 나라를 匹夫와 함께할 것을 생각하였으나 될 수가 없었습니다.

사람들이 그의 죽음이 이와 같음에 이르렀음을 안다면 天子의 尊貴함으로 위에서 戰戰兢兢할 수도 있을 것이고, 선비의 낮음으로 아래에서 마음껏 뜻을 펼 수도 있을 것이니, 또한 어찌 감히 形勢 때문이라고 말하겠습니까. 그러므로 대체로 선비가 귀해지고 천해지는 것은 그 형세가 천자에게 있으며, 天子가 존속하거나 망하는 것은 그 權勢가 선비에게 있는 것입니다.

세상이 쇠퇴해지고 道가 상실되면 天下의 선비는 배움이 밝지 못하고 志操가 굳지 못하니, 이에 비로소 천자를 존속하게도 하고 망하게도 하는 권리가 아래로 내려가서 한 필부를 귀하게 하고 천하게 하는 형세를 이루게 됩니다. 심합니다, 天下가 의혹됨이! 千金이 나가는 碧玉을 가지고 한 질장구와 바꾸면 무엇 때문에 그것을 들어 도랑에 버리지 않겠습니까?

1) 衛懿公之死……以鶴辭而不與戰也 : ≪史記≫ 〈衛康叔世家〉에 "懿公은 즉위하자 鶴 기르는 것을 좋아하였으며 淫蕩하게 享樂을 즐기고 奢侈를 일삼았다. 9년에 翟族이 衛나라를 쳤다. 懿公은 군대를 일으켜 막으려고 하였으나, 군사들 중 일부는 반기를 들었다. 大臣들이 '군주께서는 학을 즐겨 기르시니 학으로 하여금 翟族의 사람들에 대항해서 싸우라고 하면 될 것입니다.'라고 빈정거렸다. 그렇게 논란만 벌이고 있을 때 翟族 군사들이 쳐들어와서 懿公을 죽였다."라 하였다.

古之君子는 其道相爲徒하고 其徒相爲用이라 故로 一夫不用乎此면 則天下之士는 相率而去之라 使夫上之人有失天下士之憂하고 而後에 有失一士之懼라 今之君子는 幸其徒之不用하여 以苟容其身이라 故로 其始也輕用之하고 而其終也亦輕去之라 嗚呼라 其亦何便於此也오 當今之世에 非有賢公卿이면 不能振其前하고 非有賢士면 不能奮其後라 洵從蜀來하여 明日에 將至長安하여 見明公而東이라 伏惟讀其書而察其心하여 以輕重其禮면 幸甚幸甚이니이다

옛 君子들은 그 道로 서로 한 무리가 되고, 그 무리를 서로 썼습니다. 그러므로 한 사람이 여기서 쓰이지 않으면 天下의 선비는 서로 따라서 떠나갔습니다. 이는 대체로 위의 사람으로 하여금 천하의 선비를 잃는 근심을 갖게 하고, 나중에는 한 선비를 잃는 두려움을 갖게 합니다.

지금의 君子들은 그 무리가 쓰이지 않음으로써 제 한 몸이 구차히 세상에 받아들여지는 것을 다행으로 여깁니다. 그러므로 그 애초에도 가벼이 쓰고 종국에도 가벼이 버립니다. 아아! 그 또한 어찌 여기에 편하겠습니까? 지금 세상에서는 어진 公卿이 아니면 앞을 떨칠 수가 없고, 어진 선비가 아니면 그 뒤를 분발시킬 수가 없습니다.

저는 蜀에서 와 내일 長安에 이르러 明公을 뵙고 동쪽(開封)으로 가려고 합니다. 엎드려 생각건대 그 글을 읽고 그 마음을 살피시어 그 禮의 輕重을 가늠하신다면 매우 다행이겠나이다.

唐荊川曰 議論奇高라

唐荊川(唐順之)이 말하기를 "議論이 奇異하고 높다."라 하였다.

02. 上余青州書* 余青州에게 올린 글

* 余青州는 곧 余靖(1000~1064)이다. ≪北宋經撫年表≫에 의하면 余靖은 嘉祐 3년(1058) 10월에 知潭州에서 知青州로 관직이 바뀌었으며, 嘉祐 6년 5월에는 知青州에서 知廣州로 바뀌었다. 嘉祐 5년(1060) 2월 이전에 蘇洵은 서울에 있지 않았고, 8월에는 試檢校郎 벼슬을 받았는데, 余青州가 서울로 올라온 것이 이해 7월경이었으므로 이 글은 대개 嘉祐 5년 7월 중에 지어졌을 것으로 보인다.

論出處에 氣多奇崛處라

出處를 논함에 氣勢가 奇異하고 우뚝한 곳이 많다.

洵聞之컨대 楚人이 高令尹子文之行하여 曰 三以爲令尹而不喜하고 三奪其令尹而不怒[1)]라하니 其爲令尹也에 楚人이 爲之喜하고 而其去令尹也에 楚人이 爲之怒하니 己不期爲令尹이나 而令尹이 自至라 夫令尹子文이 豈獨惡夫富貴哉아 知其不可以求得하고 而安其自得하니 是以로 喜怒不及其心이나 而人爲之囂囂라 嗟夫라 豈亦不足以見己大而人小邪아 脫然爲棄於人이나 而不知棄之爲悲하고 紛然爲取於人이나 而不知取之爲樂이라 人自爲棄我取我라도 而吾之所以爲我者如一이면 則亦不足以高視天下而竊笑矣哉라

제가 듣건대 楚나라 사람들은 令尹 子文의 행실을 고상하게 여겨 "세 번 令尹이 되었으나 기뻐하지 않았고, 세 번 그 令尹職을 빼앗겼으나 노하지 않았다."고 하였습니다. 그가 영윤이 되자 초나라 사람들은 그것 때문에 기뻐하였고, 그가 영윤직에서 떠나자 초나라 사람들은 그것 때문에 노하였으니, 자신은 영윤이 되기를 기대하지 않았지만 영윤직이 절로 이르렀습니다.

저 令尹 子文이 어찌 유독 富貴를 싫어하였겠습니까? 구하여도 얻을 수 없다는

것을 알고 스스로 얻은 것을 편안하게 여겼으니, 이 때문에 喜怒가 그 마음에 일어나지 않았으나 사람들은 이 때문에 떠들썩하였습니다.

아아! 어찌 또한 족히 자기는 크게 보고 남은 작게 보기에 충분치 않겠습니까? 脫然히 남에게 버림을 받았으나 버림받은 것이 슬픔인 줄을 몰랐으며, 紛然이 남에게 취하여졌으나 취하여진 것이 즐거운 줄을 몰랐습니다. 남들이 스스로 나를 버리고 나를 취하였다고 생각하더라도 내가 나를 위하는 것이 한결같으면, 또한 족히 천하를 高尙하게 보기만 하였다거나 가만히 비웃기만 하였다고 볼 수만은 없을 듯 하나이다.

1) 三以爲令尹而不喜 三奪其令尹而不怒 : ≪論語≫ 〈公冶長〉에 "令尹 子文이 세 번 벼슬하여 令尹이 되었으나 기뻐하는 기색이 없었고, 세 번 벼슬을 그만두었으나 서운해하는 기색이 없었다.〔令尹子文 三仕爲令尹 無喜色 三已之 無慍色〕"고 하였다. 令尹 子文은 楚나라의 大夫로 성은 鬪이고, 이름은 穀(누)이며, 자는 於菟(오도)이다.

昔者에 明公之初에 自奮於南海之濱[1)]하여 而爲天下之明卿이라 當其盛時에 激昻慷慨하여 論得失하고 定可否[2)]하며 左摩西羌 右揣契丹하여 奉使千里에 彈壓强悍不屈之虜[3)]한대 其辯이 如決河流而東注諸海하고 名聲은 四溢於中原而磅礴於戎狄之國하니 可謂至盛矣라 及至中廢而爲海濱之匹夫[4)]하여는 蓋其間十有餘年[5)]에 明公無求於人하고 而人亦無求於明公者라 其後에 適會南蠻縱橫放肆하여 充斥萬里나 而莫之或救한대 明公이 乃起于民伍之中하여 折尺箠而笞之하니 不旋踵而南方又安[6)]이라 夫明公이 豈有求而爲之哉아 適會事變以成大功하고 功成而爵祿至라 明公之於進退之事에 蓋亦綽綽乎有餘裕矣라

지난날 明公께서는 초기에 스스로 南海의 바닷가에서 떨쳐 일어나 天下의 明卿이 되셨습니다. 성하였을 때는 激昻되어 의분이 북받쳐 得失을 논하고 可否를 정하였으며, 左로는 西羌을 어루만지고 右로는 契丹을 헤아렸으며, 천 리에 使臣의 직을 받들어 강하고 사나우며 꺾이지 않는 오랑캐를 彈壓하였는데 그 辨說이 黃河의 흐름을 터뜨려 동으로 바다에 대는 것과 같았으며, 名聲이 사방으로 中原에 넘치고

戎狄의 나라에 가득 찼으니 지극히 성하였다고 하겠습니다.

중도에 이르러 그만두고 바닷가의 匹夫가 되었을 때는 대개 그 사이 10여 년 동안 明公께서는 남에게 구하지를 않았고 사람들도 명공에게 구한 것이 없었습니다.

그 뒤 마침 南蠻이 제멋대로 방자하게 굴어 만 리에 가득 차도록 아무도 그것을 구제하지 못하였는데, 明公께서 이에 백성의 무리 가운데서 일어나 채찍을 꺾어 그들을 치니 오래지 않아 남방이 또한 안정되었습니다.

대저 明公께서 어찌 추구함이 있어서 그렇게 하였겠습니까? 때마침 事變을 만나 큰 功을 이루셨고 공이 이루어져 爵祿이 이르렀습니다. 明公께서는 나아가고 물러나는 일에 대체로 또한 느긋하게 여유가 있었습니다.

1) 明公之初 自奮於南海之濱 : ≪宋史≫ 〈余靖傳〉에서는 "余靖은 자가 安道로 韶州 曲江(지금의 廣東 韶關市 교외) 사람이다. 젊어서는 〈자신을〉 엄격하게 단속하지 않았으며 文學으로 鄕里에서 일컬어졌는데, 進士에 합격하여 벼슬길에 올랐다."라 하였다.

2) 當其盛時……定可否 : 仁宗 慶曆 연간에 余靖이 諫官이 되어 자주 일에 대하여 말하여 일찍이 夏竦의 간사함을 논하여 樞密使가 되지 못하게 하였고, 王擧正은 재주가 없다 하여 政府에 있으면 안 된다고 하였으며, 狄靑은 武人으로 홀로 渭州를 지키게 하면 변방의 일을 그르칠 것이라 하였고, 張堯佐는 修媛(女官) 때문에 提點府界公事에 제수하는 것은 훌륭한 政事가 아니라고 하였다. 그가 한 말은 거의 받아들여져 쓰였다고 한다. ≪宋史 余靖傳≫, ≪續資治通鑑 권45, 46≫

3) 左摩西羌……彈壓强悍不屈之虜 : 西羌은 西夏이다. 仁宗 慶曆 연간에 마침 서쪽 변경의 전쟁에 염증이 나서 元昊가 和議를 청하고 歲賜를 늘릴 것을 논의하자, 余靖은 "뜻을 굽혀 숙여 따르면 나라에 수치스럽다."고 반대하였으며, 元昊가 이미 투항하자 조정에서는 封冊을 더하려 하였으나 契丹은 서쪽 변경에 군대를 대어놓고 사자를 보내어 말하기를 "중국을 위하여 賊을 토벌하겠으니 청컨대 그만두고 그들과 화해하지 마시오."라 하였다. 조정의 논의는 난처해하였다.

마침 余靖이 여러 차례 契丹은 간사한 마음을 가지고 있어서 가벼이 허락할 수 없다고 하여 즉시 余靖을 보내서 가서 알리게 하여 夏國을 봉책하는 일은 보류하여 불발되었다. 余靖은 契丹에 이르러 마침내 논의를 굴복시키고 돌아왔다. 조정에서는 마침내 夏에 冊을 발하고 元昊를 신하로 삼았다. 서쪽의 군사들은 이미 삼엄함을 풀었고 북쪽 또한 무사하였다고 한다. ≪宋史 余靖傳≫, ≪續資治通鑑 권45, 46≫

4) 及至中廢而爲海濱之匹夫 : 慶曆 6년(1046) 7월의 일을 말한다. 余靖은 契丹으로 3번 사신을 나갔는데 또한 외국어에 능통해서 일찍이 蕃語로 시를 지은 적이 있다. 御史 王平 등이 余靖이 사자의 체통을 잃었다고 탄핵하여 知吉州로 나갔다. 余靖이 諫官이 되었을 때 일찍이 太常博士 茹孝標의 不孝를 탄핵하여 상주한 일이 있었는데 그가 모친상을 은닉하여 죄에 걸려 폐하여졌다. 余靖이 권세를 잃자 茹孝標는 궁궐에 이르러 余靖이 젊었을 때 廣州에서 놀면서 법을 어겼다고 하였다. 余靖은 이 말을 듣고 어쩔 수가 없어 양친을 봉양할 것을 청하여 떠났다. 관직이 바뀌어 將作少監이 되었지만 南京 分司에 근무하며 〈실권이 없이〉 曲江에 거처하였다. ≪宋史 余靖傳≫, ≪續資治通鑑長編 권46≫

5) 蓋其間十有餘年 : 余靖은 慶曆 6년(1046) 7월에 韶州에 거주하는 것을 허락받았으며, 嘉祐 5(1060), 6년에야 來朝하였으니 이미 14, 5년이 되었다.

6) 其後……不旋踵而南方又安 : 皇祐 4년(1052)의 일로 "남만의 儂智高가 邕州에서 반란을 일으켜 승세를 타고 9개 군을 노략질하고 군사로 廣州를 포위하였다. 조정에서는 바야흐로 남쪽의 일을 고려하여 부친상을 치르는 중임에도 余靖을 秘書監, 知潭州로 삼았고 知桂州로 바꾸어 廣南西路를 余靖에게 맡겨 통제하게 하였다.……결사대를 特磨道로 들여보내 儂智高의 모친과 아들, 아우 3명을 사로잡아 대궐에 바쳤다."고 한다. ≪宋史 余靖傳≫, ≪續資治通鑑 권52≫

悲夫라 世俗之人은 紛紛於富貴之間而不知自止라 達者는 安於逸樂而習爲高岸之節한대 顧視四海하니 饑寒窮困之士는 莫不噸蹙嘔噦而不樂이요 窮者는 藜藿不飽하고 布褐不暖하며 習爲貧賤之所摧折하여 仰望貴人之輝光이면 則爲之顚倒而失措라 此二人者는 皆不可與語於輕富貴而安貧賤이라 何者오 彼不知貧賤富貴之正味也라 夫惟天下之習於富貴之榮하고 而狃於貧賤之辱者라야 而後可與語此라

슬프도다! 世俗의 사람들은 紛紛히 富貴의 사이에서 스스로 멈출 줄을 모릅니다. 顯達한 자는 편안하고 즐거운 곳에 안주하여 고상하고 준엄한 절개에 습관이 되어 있는데, 四海를 돌아보니 주리고 춥고 窮困한 선비는 눈살을 찌푸리고 고통스러워하지 않는 사람이 없어 즐겁지 않습니다. 곤궁한 자는 명아주잎과 콩잎도 배불리 먹지 못하고 거친 베옷으로 따뜻이 입지 못하며, 항상 貧賤에 좌절된 것에 습관이 되어 貴人의 光輝를 우러러 바라보면 그 때문에 顚倒되어 어찌할 바를 모르게 됩니다.

이 두 부류의 사람들은 모두 富貴를 가벼이 여기고 貧賤을 편안히 여기는 것에 대해서는 더불어 얘기할 수 없습니다. 어째서이겠습니까? 저들이 빈천과 부귀의 올바른 맛을 알지 못하기 때문입니다. 대체로 다만 天下에서 부귀의 영화에 습관이 되어 있고, 빈천의 욕됨을 부끄러워해 본 자라야만 더불어 이러한 것을 이야기할 수 있습니다.

今夫天下之所以奔走於富貴者를 我知之矣로되 而不敢以告人也라 富貴之極은 止於天子之相이라 而天子之相은 果誰爲之名고 豈天爲之名耶아 其無乃亦人之自相名耶아 夫天下之官은 上自三公으로 至於卿大夫하고 而下至於士니 此四者는 皆人之所自爲也요 而人亦自貴之라 天下以爲此四者가 絶群離類하여 特立於天下而不可幾近이면 則不亦大惑矣哉아 盍亦反其本而思之오 夫此四名者는 其初엔 蓋出於天下之人이 出其私意以自相號呼者而已矣니라 夫此四名者가 果出於人之私意所以自相號呼也면 則夫世之所謂賢人君子者가 亦何以異此리오 有才者爲賢人하고 而有德者爲君子니 此二名者가 夫豈輕也哉아 而今世之士로 得爲君子者가 一爲世之所棄면 則以爲不若一命士[1]之貴어늘 而況以與三公爭哉리오 且夫明公昔者之伏於南海와 與夫今者之爲東諸侯[2]也엔 君子豈有間於其間이며 而明公亦豈有以自輕而自重哉아 洵以爲明公之習於富貴之榮하고 而狃於貧賤之辱하여 其嘗之也蓋已多矣니 是以로 極言至此요 而無所迂曲이니이다

지금 저 天下가 富貴에 분주한 까닭을 저는 알고 있습니다만 감히 사람들에게 알려주지 못합니다. 富貴의 極은 天子의 宰相에서 그칩니다. 그런데 천자의 재상은 과

연 누가 그 이름을 지어주었습니까? 어찌 하늘이 그 이름을 주었겠습니까? 그것은 또한 사람들이 서로 이름을 지어준 것이 아니겠습니까?

대체로 천하의 官吏가 위로는 三公에서 卿·大夫에 이르고 아래로는 士에 이르니, 이 네 부류는 모두 사람들이 스스로 되는 것이며, 사람들이 또한 스스로 귀하게 여깁니다. 天下에서 이 네 부류가 무리에서 떨어져 특별히 천하에 우뚝 서서 거의 가까이할 수 없는 것으로 생각한다면 또한 크게 의혹스러운 일이 아니겠습니까? 어찌 또한 그 根本으로 돌아가서 생각지 않습니까?

대저 이 네 名稱은 처음에는 아마 천하의 사람들이 사사로운 뜻을 내어 서로 부른 것에서 나왔을 따름일 것입니다. 대저 이 네 명칭이 과연 사람들의 사사로운 뜻이 서로 부른 것에서 나왔다면 세상의 이른바 賢人과 君子가 또한 어찌 이와 다르겠습니까? 재주가 있는 자는 賢人이 되고 德이 있는 자는 君子가 되니 이 두 명칭이 어찌 가볍다 하겠습니까?

그런데 지금 세상의 선비로 군자가 된 자들이 한결같이 세상에서 버림을 받는다면 一命의 선비의 귀함만 못하다고 생각하거늘, 하물며 三公의 귀함과 다툴 수 있겠습니까? 또한 明公께서 지난날 南海에서 엎드려 계실 때와 지금 東諸侯가 되신 것에는 君子로서의 처신에 어찌 그 사이에 구분이 있을 것이며, 明公께서는 또한 어찌 스스로 가벼이 여기고 스스로 중시함이 있겠습니까? 저는 명공께서 부귀의 영화에도 익숙하고 빈천의 욕됨에도 습관이 되어 이러저러한 것을 맛본 것이 이미 많을 것으로 생각하므로, 이에 極言이 여기까지 이르렀고 빙 둘러 말하지 않았습니다.

1) 一命士 : 周나라 때 九命의 品級이 있었는데, 一命은 제일 낮은 품급의 관직이다. 三公과 대비되는 말이다.

2) 東諸侯 : 靑州는 東京東路(路는 宋代의 가장 큰 행정구역)의 가장 으뜸가는 州로, 知靑州가 되면 반드시 東京東路按撫使 兵馬巡檢이 되므로 이렇게 말하였다.

洵은 西蜀之匹夫로 嘗有志於當世나 因循不遇하여 遂至於老라 然이나 其常所欲見者가 天下之士에 蓋有五六人이라 五六人者를 已略見矣로되 而獨明公之未嘗見이 每以爲

恨이라 今明公이 來朝하시고 而洵이 適在此하여 是以로 不得不見이라 伏惟加察이면 幸甚이로소이다

저는 西蜀의 匹夫로 일찍이 당세에 뜻을 가졌으나 머뭇거리다가 때를 만나지 못하여 마침내 老年에 이르렀습니다. 그러나 늘 만나보고 싶었던 분은 천하의 선비 중에 대개 대여섯 분이었습니다. 그 대여섯 분은 이미 대략 만나뵈었습니다만 유독 明公만을 일찍이 뵙지 못한 것이 늘 한으로 생각되었습니다. 지금 明公께서 來朝하시고 제가 마침 이곳에 있어 이 때문에 찾아뵙지 않을 수 없게 되었습니다. 엎드려 바라옵건대 더욱 잘 살펴주신다면 매우 다행이겠습니다.

03. 上歐陽內翰書* 歐陽內翰에게 올린 글

* 歐陽內翰은 곧 歐陽脩(1007~1072)이다. 歐陽脩는 자가 永叔이며 호는 醉翁, 六一居士로, 北宋의 저명한 문학가이자 사학가로 ≪歐陽文忠公文集≫과 ≪新五代史≫, ≪新唐書≫ 등을 남겼다. 內翰은 곧 翰林의 별칭으로, 이때 歐陽脩는 翰林院의 侍讀學士로 있었기 때문에 歐陽內翰이라고 하였다.

이 글은 干謁文으로 蘇洵이 歐陽脩에게 보낸 첫 번째 글이며, 네 번째 글에서 "丙申年 가을에서 戊戌年 겨울까지 무릇 7백여 일 만에 부름을 받았다."라 하였으니, 병신년은 嘉祐 원년(1056)으로 이 글은 이때보다 조금 일찍 지어졌을 것이다.

此書는 凡三段이라 一段은 歷敍諸君子之離合하여 見己慕望之切이라 二段은 稱歐陽公之文하여 見己知公之深이라 三段은 自敍平生經歷하여 欲歐陽公之知之也라 而情事婉曲周折하니 何等意氣며 何等風神고

이 글은 모두 세 단락이다. 첫 번째 단락은 여러 君子의 離合을 차례로 서술하여 자기가 그리고 바라는 간절함을 나타냈다. 두 번째 단락은 歐陽公의 글을 칭찬하여 자기가 公을 아는 것이 깊음을 나타냈다. 세 번째 단락은 평생의 經歷을 自述함으로써 歐陽公이 알아주기를 바랐다. 그런데 情事가 婉曲하고 이리저리 감돌고 구부러짐이 많으니 얼마

나 높은 意氣이며 얼마나 훌륭한 風采인가!

洵은 布衣窮居하여 常竊自歎하고 以爲天下之人이 不能皆賢이요 不能皆不肖라 故로 賢人君子之處於世에 合必離하고 離必合이라 往者에 天子方有意於治[1)]할새 而范公이 在相府[2)]하고 富公이 爲樞密副使[3)]하고 執事與余公蔡公이 爲諫官[4)]하고 尹公은 馳騁上下하며 用力於兵革之地[5)]하니 方是之時엔 天下之人이 毛髮絲粟之才 紛紛然而起하여 合而爲一이라 而洵也自度其愚魯無用之身이니 不足以自奮於其間일새 退而養其心하여 幸其道之將成하여 而可以復見于當世之賢人君子러니 不幸道未成에 而范公西하고 富公北하며 執事與余公蔡公은 分散四出하고 而尹公亦失勢奔走於小官[6)]이라 洵이 時在京師[7)]하여 親見其事하고 忽忽仰天歎息하며 以爲斯人之去에 而道雖成이나 不復足以爲榮也라 旣復自思念하니 往者에 衆君子之進於朝엔 其始也에 必有善人焉推之나 今也亦必有小人焉間之라 今之世에 無復有善人也면 則已矣나 如其不然也면 吾何憂焉이리오 姑養其心하여 使其道大有成而待之면 何傷이리오 退而處十年에 雖未敢自謂其道有成矣라 然이나 浩浩乎其胸中하여 若與曩者異요 而余公은 適亦有成功於南方[8)]하고 執事與蔡公[9)]은 復相繼登於朝하며 富公은 復自外入爲宰相[10)]하시니 其勢將復合爲一이라 喜且自賀하여 以爲道旣已粗成하여 而果將有以發之也라 旣又反而思하니 其向之所慕望愛悅之而不得見之者는 蓋有六人焉이라 今將往見之矣로되 而六人者에 已有范公尹公二人이 亡焉[11)]하니 則又爲之潸然出涕以悲라 嗚呼라 二人者는 不可復見矣로되 而所恃以慰此心者가 猶有四人也하니 則又以自解하고 思其止于四人也하니 則又汲汲欲一識其面하여 以發其心之所欲言이나 而富公은 又爲天子之宰相하니 遠方寒士가 未可遽以言通於其前이요 而余公蔡公은 遠者又在萬里外[12)]요 獨執事在朝廷間이요 而其位差不甚貴하니 可以叫呼扳援而聞之以言이나 而饑寒衰老之病이 又痼而留之하여 使不克自至於執事之庭이라 夫以慕望愛悅其人之心으로 十年而不得見하고 而其人已死 如范公尹公二人者니 則四人者之中에 非其勢不可遽以言通者면 何可以不能自往而遽已也리오

저는 平民으로 궁하게 살면서 늘 속으로 스스로 탄식하고, 천하의 사람들은 모두 다 賢明할 수도 없고 모두 다 못날 수도 없으므로, 賢人과 君子들은 세상에 처신함에 합쳐졌다가는 반드시 떨어지게 되고, 떨어졌다가는 반드시 합쳐지게 되는 것이라 여겨왔습니다.

전날 天子께서 막 政治에 뜻을 두고 계실 때에는, 范仲淹 공이 參知政事로 계셨고, 富弼 공이 樞密副使로 계셨으며, 執事와 余靖 공과 蔡襄 공이 諫官이 되셨으며, 尹洙 공은 아래위로 뛰어다니면서 전쟁이 있는 고장에서 힘을 다하였으니, 이러한 때에는 천하 사람들이 머리털이나 실과 좁쌀 같은 才能을 가진 자라도 분분히 일어나서 하나로 합쳐졌습니다. 그러나 저는 스스로 생각하기를 아둔하여 쓸 데가 없는 몸이니 그 사이에 스스로 奮發하며 나서기에는 부족하다 여겨, 물러나 마음을 保養하여 올바른 道가 이루어져 다시 이 세상에서 현인과 군자들을 만날 수 있게 되기를 바랐으나 불행히도 올바른 도를 이루기도 전에, 범중엄 공은 서쪽으로 나가셨고, 부필 공은 북쪽으로 나가셨으며, 집사와 여정 공·채양 공은 흩어져 사방으로 나가셨고, 윤수 공도 세력을 잃고 작은 벼슬로 바삐 뛰어다니는 형편이 되었습니다.

저는 그때 서울에 있으면서 친히 그러한 일들을 보고서 맥없이 하늘을 우러러 탄식하며, 이런 분들이 떠나간 즈음에 올바른 도가 비록 이루어졌다 하더라도, 다시는 영화롭다 할 수 없을 것이라 생각되었습니다. 그 뒤에 다시 스스로 생각해보니, 지난날 여러 君子들이 朝廷에 나아갔던 것은 처음에는 반드시 善人이 그들을 推薦했기 때문일 것이나, 지금은 또한 반드시 小人이 그들을 이간질하고 있습니다. 지금 세상에 다시 善人이 없다면 그만이겠지만, 만약 그렇지 않다면 제가 무엇을 걱정해야 하겠습니까? 잠시 마음을 보양하면서 올바른 도가 크게 이루어지기를 기다린다면, 무슨 손실이 되겠습니까?

물러나 10년을 지내면서 비록 감히 스스로 도를 이루었다고 말할 수는 없겠지만 가슴속이 탁 트여서 옛날과는 다르게 된 것 같고, 그리고 여정 공께서는 마침 南方에서 功을 이루셨고, 집사와 채양 공은 다시 연이어 조정으로 올라오시고, 부필 공은 다시 밖으로부터 들어와 宰相이 되셨으니, 그 形勢는 다시 합쳐져 하나로 되는 것입니다. 기뻐하고 또 스스로 축하하여, 올바른 도가 이미 대강 이루어져 과연 장차 그것을 발휘할 수 있을 것이라고 여기게 되었습니다.

그다음 또 돌이켜 생각해보니, 그 전에 欽慕하고 우러러보며 사랑하고 좋아하면서도 뵐 수가 없었던 분들은 모두 여섯 분이었습니다. 지금 그분들을 찾아가 뵈려니, 여섯 분 가운데 이미 범중엄 공과 윤수 공 두 분은 돌아가셨으니, 또 그 때문에 줄줄 눈물을 흘리며 슬퍼하였습니다.

아아! 그 두 분은 다시 뵐 수가 없게 되었지만, 의지하여 이 마음을 위로받을 수 있는 분들이 아직도 네 분 계시니, 또 이렇게 스스로의 마음을 풀고 생각이 그 네 분들께 머무니, 또 서둘러 그분들의 얼굴을 한 번 뵙고서 마음속으로 말하고자 하던 것을 펴보고 싶었으나, 부필 공은 다시 天子의 宰相이 되셨으니 먼 곳의 貧寒한 선비로서는 갑자기 말로써 그분 앞에 나아갈 수가 없을 것이고, 또 여정 공과 채양 공은 멀리 만 리 밖에 계시며, 오직 집사만 조정 안에 계시고 그 지위의 차등도 대단히 尊貴하지는 않으시니 소리쳐 부여잡고 올라가 말로써 아뢸 수가 있으나, 굶주리고 춥고 쇠약해지고 늙은 병이 또한 痼疾로 남아 있어, 스스로 집사 댁 마당으로 갈 수 없게 하고 있습니다.

흠모하고 우러러보며 사랑하고 좋아하는 마음으로 10년 동안이나 뵙지를 못하고 범중엄 공과 윤수 공 두 분처럼 이미 작고한 이들도 있으니, 나머지 네 분 중에 그 형세가 황급히 말로써 뜻을 통할 수 있는 이가 있다면, 어찌 스스로 가지 않고 갑자기 그만둘 수 있겠습니까?

1) 往者 天子方有意於治 : 天子는 宋 仁宗을 가리킨다. 이때는 仁宗의 慶曆 3년(1042)이다. 仁宗은 이때 范仲淹과 韓琦, 富弼 등을 발탁하여 임용하였다.

2) 范公 在相府 : 范公은 范仲淹으로, 자는 希文이다. 進士가 된 뒤 西夏의 침입을 막은 공으로 仁宗 慶曆 3년 4월에 樞密副使를 거쳐 8월에는 參知政事가 되었다. 이해 9월에 黜陟을 분명히 할 것, 僥倖을 누를 것 등 열 가지를 상주하였는데 다 받아들여졌다. 相府는 宰相 자리로, 宋나라 때에는 同平章事가 宰相, 참지정사가 副相의 지위였다.

3) 富公 爲樞密副使 : 富公은 곧 富弼이다. 자는 彦國으로, 仁宗 때 契丹을 제어하는 데 큰 공을 세웠으며, 樞密副使가 된 것은 慶曆 3년 8월의 일이다. 英宗 때는 樞密使가 되었고, 王安石의 新法에 반대하여 致仕했는데, 司空이라는 최고의 名譽職 벼슬이 가해지고 韓國公에 봉해진 바 있다.

4) 執事與余公蔡公 爲諫官：執事는 歐陽脩를 가리키며, 慶曆 3년 3월에 知諫院이 되었다.

余公은 余靖이며, 자는 安道로 韶州 曲江(지금의 廣東 韶關) 사람이다. 과거에 급제한 仁宗 초 慶曆 3년 3월에 右正言이 되어 諫院에서 봉직했다. 歐陽脩·王素·蔡襄과 함께 '四諫'이라 불리었다. 뒤에 벼슬은 工部尙書까지 지냈다.

蔡公은 곧 蔡襄(1012~1067)으로, 자는 君謨이며 興化 仙遊(지금의 福建) 사람이다. 慶曆 3년 4월에 秘書丞, 知諫院이 되었다. 뒤엔 福州·泉州·杭州 등의 知事를 역임했다. 성품이 忠誠스럽고 곧았으며, 詩文과 書法에도 뛰어났었다.

5) 尹公……用力於兵革之地：尹公은 尹洙(1001~2046)를 가리킨다. 자는 師魯이며 河南(지금의 河南 洛陽) 사람이다. 慶曆 초에 太常丞으로 知涇州였으며, 또한 右司諫으로 知渭州 兼 領涇源路經略公事로 西夏의 침략을 막는 일에 참여하였다.

6) 不幸道未成……而尹公亦失勢奔走於小官：慶曆 4년(1044) 6월 范仲淹은 陝西·河東宣撫使로 나갔고, 이듬해인 慶曆 5년 정월에는 知邠州로 나갔다. 이해 7월 富弼은 河北宣撫使로 나갔다가 돌아와서 資政殿學士로 知鄆州로 나갔다. 9월에는 歐陽脩가 河北都轉運使가 되었다가 이듬해 8월에 知滁州로 나갔다. 余靖은 契丹에 使者로 나갔다가 蕃語로 詩를 지었다는 이유로 탄핵되어 慶曆 5년 5월 知吉州로 나갔다. 蔡襄은 慶曆 4년 10월에 知福州로 나갔다. 尹洙는 변방의 신하와 의견이 맞지 않아 知慶州·晉州·潞州로 옮겼다가 公使錢을 빌린 일로 崇信軍節度副使로 폄적되었으며, 監均州酒稅로 옮겼다가 오래지 않아 病死했다.

7) 洵 時在京師：蘇轍의 〈東坡先生墓誌銘〉에서는 "公(蘇軾)이 난 지 10년 만에 先君(蘇洵)은 벼슬을 위한 學問으로 사방을 돌아다녔다."라 하였다. 蘇軾은 景祐 3년(1036)에 태어났으니 慶曆 5년(1045)이 정확하게 10년이므로 이때 蘇洵은 游學하느라 서울에 있었음을 알 수 있다.

8) 余公 適亦有成功於南方：余靖은 皇祐 4년(1052) 廣西路按撫使로 儂智高의 반란을 평정하였는데 이를 가리킨다. 앞의 〈上余青州書〉 참조.

9) 執事與蔡公：至和 원년(1054) 9월 歐陽脩는 조정으로 돌아와 翰林學士가 되었다. 皇祐 4년(1052) 蔡襄은 起居舍人으로 옮겼다가, 至和 원년에는 龍圖閣

學士로 옮겼으며, 知開封府가 되었다.

10) 富公 復自外入爲宰相：富弼은 至和 2년(1055) 6월에 判幷州에서 同中書門下平章事 集賢殿大學士로 임명되었다.

11) 已有范公尹公二人 亡焉：范仲淹은 皇祐 4년(1052)에 죽었고, 尹洙는 慶曆 6년(1046)에 죽었다.

12) 余公蔡公 遠者又在萬里外：蘇洵이 이 글을 지었을 때 余靖은 知桂州였고, 蔡襄은 知泉州에서 知福州로 옮겼다.

執事之文章은 天下之人이 莫不知之라 然이나 竊自以爲洵之知之特深하여 愈於天下之人이라 何者오 孟子之文은 語約而意盡하여 不爲巉刻斬絶之言이로되 而其鋒不可犯이요 韓子之文은 如長江大河가 渾浩流轉하여 魚黿蛟龍이 萬怪惶惑이로되 而抑遏蔽掩하여 不使自露하여 而人望見其淵然之光과 蒼然之色하고 亦自畏避하여 不敢迫視라 執事之文은 紆餘委備하여 往復百折이로되 而條達疏暢하여 無所間斷하며 氣盡語極하여 急言竭論이로되 而容與閑易하여 無艱難勞苦之態하니 此三者는 皆斷然自爲一家之文也라 惟李翱[1]之文은 其味黯然而長하고 其光油然而幽하며 俯仰揖讓에 有執事之態하고 陸贄[2]之文은 遣言措意가 切近的當하여 有執事之實이로되 而執事之才는 又自有過人者라 蓋執事之文은 非孟子韓子之文이요 而歐陽子之文也라 夫樂道人之善而不爲諂者는 以其人誠足以當之也라 彼不知者는 則以爲譽人以求其悅己也라 夫譽人以求其悅己는 洵亦不爲也라 而其所以道執事光明盛大之德而不自知止者는 亦欲執事之知其知我也[3]라

執事의 文章은 천하 사람들이 알지 못하는 이가 없으나, 저 스스로는 제가 거기에 대하여 아는 것이 특히 깊어서 천하 사람들보다 더 낫다고 여기고 있습니다. 어째서이겠습니까?

孟子의 글은 말은 簡略하면서도 뜻이 깊어 날카롭고 예리한 말이 아니지만 그 뾰족함을 범할 수가 없습니다. 韓愈의 글은 마치 長江과 黃河가 질펀히 흐르며 돌아 물고기와 큰 자라와 교룡과 용 등이 너무도 기괴하고 정신 못 차리게 하지만, 그것들을 억누르고 막고 가리고 덮어서 스스로 드러나지 않게 하고 있어, 사람들이 그

깊숙한 빛과 푸른 색깔을 바라보고는 또한 스스로 두려워하고 피하면서 감히 가까이 가서 보지 못하는 것과 같습니다.

집사의 글은 이리저리 구부러지며 모든 것을 다 갖추어 왔다갔다 하며 무수히 꺾이되, 條理가 통하여 거침이 없고 중간에 끊어지는 일이 없으며, 氣韻을 다하고 말을 다하여 다급히 표현하며 理論을 다 펴되, 餘裕가 있고 閑暇한 듯하여 힘들고 애쓴 것 같은 모양이 없습니다. 이 세 분들은 모두가 틀림없이 스스로 一家를 이룬 문장입니다.

오직 李翺의 글은 그 맛이 은은하면서도 길고, 그 빛은 빛나는 듯하면서도 그윽하며, 그 점잖은 움직임에는 집사의 姿態가 있습니다. 陸贄의 글은 말의 사용과 뜻의 표현이 정확하고 확실하여 집사의 내용이 있으나, 집사의 재능은 또한 스스로 남보다 뛰어난 점이 있습니다.

대체로 집사의 글은 孟子나 韓愈의 글이 아니라 歐陽脩 자신의 글인 것입니다. 남의 훌륭함을 얘기하기 좋아하지만 그것이 아첨이 되지 않는 것은 그 사람이 진실로 이에 해당되기 때문입니다. 그것을 알지 못하는 사람들은 남을 칭찬하여 자신을 좋아하도록 하는 것이라 여기나, 남을 칭찬함으로써 그가 자기를 좋아하도록 바라는 짓은 저 역시 하지 않을 것입니다. 집사의 밝게 빛나는 성대한 덕을 얘기함에 있어서 스스로 멈출 줄 모르는 까닭은, 또한 집사께서 〈사람들이〉 집사를 알고 있다는 것을 아시기 바라서입니다.

1) 李翺 : 772~841. 唐代의 문인이다. 자는 習之로, 隴西 成紀(지금의 甘肅 泰安) 사람이다. 韓愈에게 古文을 배웠다. 進士가 된 뒤에 禮部侍郎, 諫議大夫, 中書舍人, 工部尙書 등직을 역임하였으나 성품이 剛直하여 벼슬길은 여의치 못하였다. 山南東道節度使를 지냈다. 한유의 뒤를 이어 儒學을 옹호하고 佛教를 배척한 학자로 유명하다.

2) 陸贄 : 754~840. 唐나라 때의 학자로 자는 敬輿이며, 蘇州 嘉興 사람이다. 성격이 忠實하고 곧았으며, 進士가 된 뒤 德宗 때 翰林學士가 되었다. 이후에도 中書侍郎과 同平章事 등직을 역임하였으나 참소로 인해 재상직에서 파면되어 忠州(지금의 四川 忠縣)別駕로 폄적되었다. 좋은 계책을 많이 내고 곧은 말을 많이 하여, 나라의 중요한 일들이 그에 의하여 결정되었으므로 사람들이 '內相'

이라 불렀다 한다. 그가 황제에게 올린 여러 가지 奏議로 특히 유명하다.

3) 亦欲執事之知其知我也 : 조선시대 李德弘의 ≪艮齋先生續集≫ 권4 〈古文後集質疑〉에 '知其知我'를 풀이하면서 "위의 知자는 歐陽公이 알아주는 것이고, 아래의 知자는 蘇公이 歐陽公을 알아주는 것이다. 我는 歐陽公을 가리켜 말한 것이다.〔上知字 歐陽知也 下知字 蘇公知歐陽公也 我 知歐陽公而言〕" 하였다.

雖然이나 執事之名은 滿於天下하여 雖不見其文이라도 而固已知有歐陽子矣라 而洵也不幸하여 墮在草野泥塗[1]之中이라가 而其知道之心이 又近而粗成하여 欲徒手奉咫尺之書하여 自托於執事하노니 將使執事로되 何從而知之며 何從而信之哉아 洵은 少年不學하고 生二十五歲에 始知讀書나 從士君子遊라가 年旣已晩이요 而又不遂刻意厲行하여 以古人自期하고 而視與己同列者가 皆不勝己면 則遂以爲可矣라 其後에 困益甚하고 然後에 取古人之文而讀之하고 始覺其出言用意與己大異라 時復內顧하고 自思其才하니 則又似夫不遂止於是而已者라 由是盡燒其曩時所爲文數百篇하고 取論語孟子韓子及其他聖人賢人之文하여 而兀然端坐하고 終日以讀之者가 七八年矣라 方其始也엔 入其中而惶然하고 博觀於其外而駭然以驚하고 及其久也엔 讀之益精하니 而其胸中이 豁然以明하여 若人[2]之言이 固當然者라 然이나 猶未敢自出其言也라 時旣久에 胸中之言이 日益多하여 不能自制라 試出而書之하고 已而再三讀之하니 渾渾乎覺其來之易矣라 然이나 猶未敢以爲是也라 近所爲洪範論[3]史論凡七篇을 執事觀其如何오 噫嘻라 區區而自言을 不知者는 又將以爲自譽以求人之知己也라하리니 惟執事는 思其十年之心이 如是之不偶然也而察之하노이다

비록 그러하나 집사의 이름은 천하에 가득 차서 비록 집사의 글을 보지 않았다 하더라도, 歐陽脩란 분이 계시다는 것은 본디 알고 있었습니다. 그러나 저는 불행하여 草野의 진흙 속에 떨어져 지내오다가 올바른 道를 알려는 마음이 또한 근래에야 대략 이루어져서, 맨손으로 짧은 편지를 받쳐 들고 스스로 집사께 의탁하려는 것이오니, 집사로 하여금 어찌하면 그런 뜻을 알게 하고 어찌해야 이를 믿게 할 수 있겠습니까?

저는 젊어서는 공부를 못하고 스물다섯 살이 되어서야 비로소 글을 읽을 줄 알게 되었으나, 선비들을 따라 노닐다가 나이가 이미 들게 되었고, 또 끝내 뜻을 세워 行實을 닦아 옛사람들과 같이 되려고 스스로 노력한 것이 아니고, 자기와 같은 대열에 있는 사람들이 모두 자기보다 더 낫지 않음을 보기만 하면 마침내 되는 것이라 여겼습니다. 그 뒤로 困境이 더욱 심해졌고 그런 뒤에 다시 옛사람들의 글을 가져다 읽어보고는 비로소 그분들이 하신 말씀과 意圖가 나와는 크게 다르다는 것을 깨닫게 되었습니다. 그때 다시 안을 돌아보고 스스로의 재능을 생각해보니 또한 여기서 그치고 말 것이 아닌 듯하였습니다.

그래서 옛날에 지었던 글 수백 편을 모두 태워버리고, ≪論語≫·≪孟子≫·≪韓愈文集≫과 그 밖의 聖人과 賢人들의 글을 갖다놓고는 꼿꼿하고 단정하게 앉아서 하루 종일 그것들을 읽기를 7, 8년을 하였습니다. 막 그렇게 시작할 때에는 그 속에 들어가서는 당황하여 어쩔 줄 몰랐고, 그 밖을 널리 보고서는 깜짝 놀랐고, 그렇게 하기를 오래하여 그것들을 더욱 꼼꼼히 읽자 가슴속이 탁 트이며 밝아져서, 그러한 사람들의 말이 진실로 당연하게 느껴졌습니다. 그러나 아직도 감히 스스로 자기의 말을 꺼내지는 못했습니다.

時日이 더 오래 지나자, 가슴속에 하고자 하는 말이 날로 더욱 많아져서, 자제할 수가 없게 되었습니다. 시험 삼아 이를 밖으로 꺼내어 쓰고, 얼마 후 재삼 그것들을 읽어보니, 깊고 커서 글 짓는 일이 쉬워졌음을 느끼게 되었습니다. 그러나 아직도 감히 옳다고 여기지는 않습니다.

근래 지은 〈洪範論〉·〈史論〉 등 7篇을 집사께서 보아주시는 것이 어떻겠습니까? 아아! 구구하게 제 스스로 말하는 것을, 알지 못하는 사람들은 또한 스스로를 칭찬함으로써 남이 자기를 알아주기를 바라는 것이라 할 것입니다. 부디 집사께서는 10년의 마음이 이와 같이 우연한 일이 아님을 생각하여 살펴주십시오.

1) 草野泥塗 : 草野의 진흙으로, 시골에서 형편없는 처지로 지내는 것을 뜻한다.
2) 人 : 李德弘의 ≪艮齋先生續集≫ 권4 〈古文後集質疑〉에 "人은 孟子, 韓愈 등의 여러 古人을 가리킨다.〔人指孟韓諸古人〕"고 하였다.
3) 洪範論 : ≪書經≫ 〈洪範〉의 취지를 설명한다는 뜻인데, 세상을 다스리는 커다란 經綸에 관하여 논함을 이른다.

04. 再上歐陽內翰書* 歐陽內翰에게 두 번째 올린 글

* 이 글은 '內翰諫議執事'로 시작하는 것으로 보아 歐陽脩가 정식으로 諫議大夫가 된 嘉祐 2년(1057) 正月 이후에 지은 것으로 보이나, 이해 4월에 蘇洵은 喪妻를 하여 고향으로 돌아갔기 때문에, 이 글은 아마 4월 이전에 지었을 것으로 보인다.

文有起伏頓挫하며 而其自任處亦卓然이라

글에 起伏과 頓挫가 있으며, 自任한 곳 또한 卓越하다.

內翰諫議[1)]執事아 士之能以其姓名聞乎天下後世者가 夫豈偶然哉리오 以今觀之컨대 乃可以見이라 生而同鄉하고 學而同道로되 以某問某면 蓋有曰 吾不聞者焉이라하니라 而況乎天下之廣과 後世之遠으로 雖欲求髣髴이나 豈易得哉리오 古之以一能稱과 一善書者를 愚未嘗敢忽也라 今夫群群焉而生하고 逐逐焉而死者는 更千萬人不稱不書也라 彼之以一能稱하고 以一善書者는 皆有以過乎千萬人者也라

翰林學士 겸 右諫議大夫 執事께.

선비가 천하의 후세에 그 姓名이 알려질 수 있게 하는 것이 대저 어찌 우연이겠습니까? 지금 살펴보건대 이에 드러날 만합니다.

같은 고을에서 태어나 같은 도를 배웠더라도, 아무개를 〈그 동문인〉 아무개에게 물어보면 대체로 "내가 들어보지 못한 자이다."라고 합니다. 그런데 하물며 天下의 넓음과 後世의 영원함 속에서 비록 비슷한 인물을 구하고자 한들 어찌 쉽게 얻겠습니까!

옛날부터 한 가지 능한 것으로 稱頌되거나 한 가지 훌륭함으로 記錄된 분들을 저는 일찍이 감히 소홀하게 보지 않았습니다. 지금 무리지어 태어나고 쫓기듯 죽는 사람들에 대하여서는 더욱이 千萬 人이 칭송하지도 않으려니와 기록하지도 않습니다. 저렇게 한 가지 능한 것으로 칭송되고 한 가지 훌륭함으로 기록되는 분들은 모두 천만 인보다 뛰어남이 있기 때문입니다.

1) 諫議 : 諫議大夫를 말한다. 간의대부는 左·右의 두 간의대부가 있는데, 좌간의대부는 門下省에 속하고 우간의대부는 中書省에 속한다. 품급은 모두 從4品이며 諫院의 長官이다.

自孔子沒로 百有餘年而孟子生이라 孟子之後에 數十年而至荀卿子라 荀卿子後에 乃稍闊遠하여 二百餘年而揚雄稱於世라 揚雄之死에 不得其繼千有餘年이러니 而後屬之韓愈氏라 韓愈氏沒三百年矣에 不知天下之將誰與也라 且以一能稱과 以一善書者를 皆不可忽이니 則其多稱而屢書者는 其爲人宜尤可貴重이라 奈何數千年之間에 四人而無加니 此其人宜何如也오 天下病無斯人하니 天下而有斯人也면 宜何以待之오

孔子가 죽은 이래로 백여 년 만에 孟子가 태어났습니다. 孟子의 뒤로 수십 년 만에 荀卿(荀子)에 이르렀습니다. 荀卿 뒤로는 이에 조금 멀어져서 200여 년 만에 揚雄이 세상에 칭송되었습니다. 揚雄이 죽자 그것을 잇지 못한 것이 천여 년이었는데 나중에 韓愈가 그것을 이었습니다. 韓愈가 죽은 지 300년이 되었는데 천하가 장차 누구와 함께할지 모르겠습니다.

또한 한 가지 능한 것으로 칭송되고 한 가지 훌륭함으로 기록되는 분들을 모두 소홀히 할 수 없으니, 그들이 많이 칭송되고 자주 기록되는 것은 그 사람됨이 마땅히 더욱 귀중히 여길 만하기 때문입니다. 어찌된 일인지 수천 년 동안 이 네 분에 더하여진 사람이 없으니, 그런 사람은 의당 어떠하여야 하겠습니까? 天下에서 이러한 사람이 없음을 근심하고 있으니, 天下에 이러한 사람이 있으면 마땅히 어떻게 대하여야 하겠습니까?

洵은 一窮布衣로 於今世에 最爲無用이니 思以一能稱과 以一善書로되 而不可得者也라 況夫四子者之文章은 誠不敢冀其萬一이라 頃者에 張益州見其文하고 以爲似司馬子長[1)]이라하나 洵은 不悅하고 辭焉이니라 夫以布衣로 而王公大人稱其文似司馬遷호되 不悅而辭하니 無乃爲不近人情이리오 誠恐天下之人不信하고 且懼張公之不能副其

言하며 重爲世俗笑耳라 若執事는 天下所就而折衷者也라 不知其不肖하고 稱之曰 子之六經論은 荀卿子之文也라하니라 平生爲文하여 求於千萬人中에 使其姓名髣髴於後世而不可得이러니 今也에 一旦而得齒於四人者之中하니 天下에 烏有是哉아 意者其失於斯言也리라 執事는 於文엔 稱師魯[2)]하고 於詩엔 稱子美聖兪[3)]로되 未聞其有此言也하니 意者其戲也라 惟其愚而不顧하고 日書其所爲文하여 惟執事之求而致之러라 旣而屢請而屢辭焉하여 曰 吾未暇讀也라하시니 退而處하여 不敢復見하고 甚懟於朋友하여 曰 信矣라 其戲也라

저는 한 사람의 궁한 布衣之士로 今世에 가장 쓸모가 없으니 한 가지 능한 것으로 稱頌되고 한 가지 훌륭한 것으로 記錄될 것을 생각하나 그리 될 수 없는 사람입니다. 하물며 저 네 분들의 文章은 실로 감히 만의 하나도 바라지 못합니다.

얼마 전에 張益州(張方平)가 제 글을 보고 司馬子長(司馬遷)과 비슷하다고 하였으나, 저는 기뻐하지 않고 그 평을 사양하였습니다. 대저 布衣之士로 王公・大人이 그 문장을 司馬遷과 비슷하다고 칭찬을 하여도 기뻐하지 않고 사양하였으니, 人情에 가깝지 않은 것이 아니겠습니까? 실로 천하의 사람들이 그 말씀을 믿지 못할까 걱정이 되고, 또한 張公께서 하신 그 말씀에 부합할 수 없을까 두려우며, 거듭 世俗의 비웃음거리가 될 따름입니다.

집사 같은 분은 天下에서 성취된 바를 절충하시는 분입니다. 不肖함을 알지 못하시고 칭찬하시기를 "그대의 〈六經論〉은 荀卿의 문장이다."라 하셨습니다. 평소 글을 지어 천만 인 가운데서 그 姓名이 후세에 彷佛하게 되기를 구하였으나 그리 될 수 없었는데, 이제 하루아침에 네 분들 가운데서 〈한 분과〉 같아지게 되었으니 天下에 어찌 이런 일이 있겠습니까? 아마도 이 말에 실수가 있을 것입니다.

집사께서는 문장에 있어서는 尹師魯(尹洙)를 칭찬하셨고, 詩에 있어서는 蘇子美(蘇舜欽)와 梅聖兪(梅堯臣)를 칭찬하셨으나, 이런 말이 있다는 것은 아직 듣지 못하였으니 아마도 저를 놀리려고 하신 것이겠습니다.

그렇지만 그 어리석음을 돌아보지 않고 날마다 지은 글을 써서 오직 집사께서 구하실까 하여 바쳤습니다. 이윽고 누차 〈보아주시기를〉 청함에 누차 사절하여 말씀하기를 "내 읽을 겨를이 없다."라 하셨습니다. 물러나 있으면서 감히 다시 뵙지 못하

고, 벗들에게 매우 부끄러워 말하기를 "정말이지 그 말씀은 장난이셨나 보다!"라 하였습니다.

1) 張益州見其文 以爲似司馬子長 : 張益州는 곧 張方平이다. 본서의 뒤에 〈上張侍郎第二書〉가 실려 있다. 張方平은 〈文安先生墓表〉에서 蘇洵을 일러 "左丘明과 ≪國語≫, 司馬遷은 敍事에 뛰어났고 賈誼는 王道에 밝았는데, 君(蘇洵)은 이 두 가지를 兼備하였다."라 하였다. 司馬子長은 司馬遷을 이르며, 子長은 사마천의 자이다.

2) 於文 稱師魯 : 師魯는 곧 尹洙이다. 본서의 〈上歐陽內翰書〉에 보인다. 蘇轍의 전기인 〈潁濱遺老傳〉에서는 "歐陽文忠은 당대에 문장으로 독보적인데 先生(蘇洵)을 보더니 탄식하여 말하였다. '내 文士를 많이 보았는데 尹師魯와 石守道(石介)만 좋아하였으나 늘 부족한 것이 있다고 생각하였다. 지금 그대의 글을 보니 내 뜻이 흡족하다.' "라 하였다.

3) 於詩 稱子美聖兪 : 子美는 蘇舜欽(1008~1048)의 자이다. 원적은 梓州 銅山(지금의 四川 中江縣 남쪽) 사람이나 開封으로 옮겼다. 北宋의 詩人으로 ≪蘇學士文集≫이 있다. 聖兪는 梅堯臣(1002~1060)의 자이다. 宣城(지금의 安徽) 사람으로 北宋의 시인이며 蘇舜欽과 함께 이름을 떨쳐 당시에 蘇梅로 병칭되었다. ≪宛陵先生文集≫이 있다.

≪六一詩話≫에서는 "聖兪와 子美는 당세에 이름이 나란하였으나 두 사람의 詩體는 각각 달랐다. 子美는 필력이 豪雋하고 超邁橫絶을 기이함으로 삼았고, 聖兪는 생각이 精微로워 深遠閒淡을 詩意로 삼았다. 각기 그 長點을 극대화하여 아무리 잘 논하는 자라 해도 優劣을 가릴 수가 없었다."라 하였다.

雖然이나 **天下不知其爲戱**하고 **將有以議執事**하니 **洵亦且得罪**라 **執事憐其平生之心**하여 **苟以爲可敎**면 **亦足以慰其衰老**요 **唯無曰荀卿云者**면 **幸甚**이니라

비록 그러하나 天下가 그것이 장난인 줄 알지 못하고 집사께 評議를 받으려 하였으니 저는 또한 죄를 짓게 되었습니다. 집사께서는 평생의 마음을 가엽게 여기시어 실로 가르칠 만하다고 생각하시면 또한 노쇠한 몸에 위로가 되겠으며, 다만 "荀卿 운운" 하는 말씀을 하지 않으시면 매우 다행이겠습니다.

05. 三上歐陽內翰書* 歐陽內翰에게 세 번째 올린 글

* 蘇洵은 嘉祐 5년(1060) 8월 7일에 秘書省의 試校書郎에 임명되었다. 이 글은 蘇洵이 감사의 뜻으로 올린 것이며, 당연히 이때 지어졌을 것이다. 여기서는 '三上'이라고 되어 있으나 실제로는 蘇洵이 歐陽脩에게 다섯 번째로 올린 글이다.

風旨脩然이라

意圖가 저절로 잘 나타났다.

內翰侍郎執事아 洵以無用之才로 久爲天下之棄民하여 行年五十에 未嘗見役於世러니 執事獨以爲可收하여 而論之於天子하여 再召之試로되 而洵亦再辭나 獨執事之意가 丁寧而不肯已라 朝廷雖知其不肖나 不足以辱士大夫之列하여 而重違執事之意하여 譬之巫醫卜祝에 特捐一官以乞[1)]之라 自顧無分毫之功有益於世나 而王命至門에 不知辭讓하고 不畏簡書[2)]하여 朋友之譏나 而苟以爲榮이라 此所以深愧於執事하여 久而不至於門也니이다

內翰侍郎 執事께.

저는 쓸모없는 재주로 오래도록 천하의 버려진 백성이었으며, 나이 50이 되도록 일찍이 세상의 부림을 받아본 적이 없습니다. 집사께서 유독 거둘 만하다고 생각하시어 天子께 논하시어 거듭 불러 시험해보고자 하셨는데 제가 또 거듭 사양하였습니다만, 유독 집사의 뜻이 정중하시어 그치고자 하지 않으셨습니다. 朝廷에서 비록 그 不肖함을 알지만 士大夫의 반열을 욕보이기에는 부족하다 하여 거듭 집사의 뜻을 어기어, 巫醫와 卜祝에 비유하면서 특별히 관직 하나를 내주게 하였습니다.

스스로 돌아보니 세상을 유익하게 한 조금의 공도 없으면서 王命이 문에 이르자 사양할 줄도 모르고 이 簡書를 두려워하지도 않아 벗들이 나무랐으나 실로 榮光으로 생각했습니다. 이것이 집사께 매우 부끄러워 오래도록 〈집사의〉 대문에 이르지 않은 까닭입니다.

1) 乞 : '준다'는 뜻이다.
2) 不畏簡書 : ≪詩經≫ 〈小雅 出車〉에 "어찌 돌아감 생각지 않으리오만 이 簡書를 두려워해서이옵니다.〔豈不懷歸 畏此簡書〕"라는 구절이 있다. ≪詩經集傳≫에서 "簡書는 警戒하여 명함이다.〔簡書 戒命也〕"라 하였다.

然君子之相從은 本非以求利며 蓋亦樂乎天下之不知其心이나 而或者之深知之也라 執事之於洵에 未識其面也나 見其文而知其心[1)]이라 旣見也에 聞其言而信其平生이라 洵은 不以身之進退出處之間으로 有謁於執事요 而執事도 亦不以稱譽薦拔之라 故로 有德於洵이러이다 再召而辭也를 執事不以爲矯하고 而知其恥於自求로라 一命而受也에 執事不以爲貪하고 而知其不欲爲異라 其去不追며 而其來不拒하고 其大不榮이나 而其小不辱이라 此는 洵之所以自信於心者니 而執事擧知之라 故凡區區而至門者를 爲是謝也라

그러나 君子가 相從함은 본래 利益을 추구함이 아니며, 대개 또한 온 천하가 그 마음을 알지 못하는데도 或者는 그것을 깊이 알아주는 데서 즐거움을 느낍니다. 집사께서는 저에 대해 一面識도 없으면서 그 文章을 보시고는 그 마음을 아셨습니다. 뵙자마자 그 말을 들으시고는 그 평생을 믿으셨습니다. 저는 몸이 나아가고 물러나는 계제라 여기지 않고 집사께 아뢰었고, 집사께서도 칭찬하여 추천하고 뽑지 않으셨기 때문에 제게 덕을 베푸셨습니다.

거듭 부름을 받았으나 사양한 것을 집사께서는 假飾이라 생각지 않으셨고, 제 스스로 구하는 것을 부끄러이 여긴다는 것을 아셨습니다. 한 번 〈나라에서〉 명을 내림에 받은 것을 집사께서는 貪慾이라 생각지 않으셨고, 그 하고자 하지 않음이 〈딴 사람들과는〉 다름을 아셨습니다. 떠난 것은 쫓지 않고 오는 것은 막지 않으며, 큰 것을 영화롭게 여기지 않고 작은 것을 욕되이 여기지 않습니다. 이것이 제가 마음속으로 스스로 믿고 있는 것이며, 집사께서도 모두 그렇게 알고 계십니다. 그래서 무릇 區區히 〈집사의〉 대문에 이르는 것을 이 때문에 사절하였습니다.

1) 執事之於洵……見其文而知其心 : 至和 2년(1055) 犍爲令 吳照隣이 대궐에 가게 되자 蘇洵은 〈憶山送人〉, 〈送吳職方赴闕引〉을 지어 전송하였다. 蘇軾의

〈跋先君送吳職方引〉에서는 "先伯父(蘇渙) 및 吳公(照隣)은 同榜 급제자이다. 先君은 집에 거처하여 사람들이 잘 알지 못하였다. 공이 그 글을 지니고 서울로 가니 歐陽文忠公께서 비로소 만나보고 알게 되었다."라 하였다.

禮曰 仕而未有祿者에 **君有餽焉曰獻**이라하고 **使焉曰寡君**이라하나 **違而君薨**이면 **弗爲服也**[1]라하니 **古之君子**가 **重以其身臣人者**는 **蓋爲是也哉**아 **子思**[2]**孟軻之徒**는 **至於是國**에 **國君**이 **使人餽之**면 **其詞曰 寡君使某有獻於從者**[3]라 **布衣之尊而至於此**나 **惟不食其祿也**라 **今洵已有名於吏部**나 **執事其將以道取之耶**인댄 **則洵也猶得以賓客見**이라 **不然**이면 **其將與奔走之吏同趨於下風**[4]이 **此洵所以深自憐也**니이다 **惟所裁擇**하소서

≪禮記≫에서 말하기를 "벼슬을 하면서도 아직 國祿을 받지 않는 자에게 임금이 음식을 보내는 것을 '獻(드린다)'이라고 하며, 使者로 나갔을 때는 '寡君'이라 하나, 나라를 떠나서 임금이 죽으면 그 葬禮에는 服을 입지 않는다."고 하였습니다.

옛날의 君子들이 그 몸이 臣下가 되는 것을 중히 여긴 것은 아마 이 때문일 것입니다. 子思와 孟軻의 무리가 이 나라에 이르렀을 때 임금이 사람을 시켜 음식을 보내주면서 말하기를 "寡君께서 아무개로 하여금 從者에게 바치게 하였습니다."라고 하였습니다. 布衣之士의 尊貴함이 이에 이르렀으나 다만 그 녹을 먹지는 않았습니다.

지금 저는 이미 吏部에 이름이 올라간 官吏가 되었으나 집사께서는 아마도 저를 道를 같이하는 사람으로써 취하셨을 것입니다. 그렇다면 저는 오히려 賓客의 신분으로 뵐 수 있을 것입니다. 그렇지 않고 장차 분주한 관리들과 함께 집사의 아래에서 쫓아다니는 것, 이것이 제가 깊이 스스로 가련히 여기는 것입니다. 오직 헤아려 택해주시길 바랍니다.

1) 禮曰……弗爲服也 : ≪禮記≫ 〈檀弓 下〉에 나오는 말이다. 이 일단의 내용은, 신하로서 벼슬을 하였으나 이미 國祿을 받은 사람과, 벼슬은 하였으나 아직 국록을 받지 않은 사람의 차이를 말하는데, 앞의 두 가지는 국록을 받았거나 받지 않았거나 똑같으나, 세 번째 것은 다르다는 것을 말한다. 국록을 받지 않았기 때문에 임금의 은혜를 그만큼 못 입었다는 뜻이다.

2) 子思 : 이름은 伋이다. 孔子의 손자이며, 孔鯉의 아들이다. 일찍이 魯 繆(목)公의 스승이 되었으며, ≪子思≫ 23편을 지었으나 唐나라 이후 실전되었다.
3) 其詞曰 寡君使某有獻於從者 : ≪儀禮≫ 〈燕禮〉이 "寡君께서 薄酒를 차려놓고 그대를 청하였습니다.〔寡君有不腆之酒 以請吾子〕"라는 말이 있다.
4) 趨於下風 : 윗사람 앞에서 굽신거리는 것을 이른다. 下風은 바람이 불어오는 아래라는 뜻으로 아랫사람이 윗사람 앞에서 자신을 謙讓하는 말이다.

06. 上張侍郞第二書* 張侍郞에게 올린 두 번째 글

* 張侍郞은 곧 張方平(1007~1091)이다. 자는 安道이며 그 선조는 宋州(지금의 河南 商丘市 남쪽) 사람인데 나중에 揚州로 옮겼다. 벼슬은 參知政事에까지 이르렀으며 ≪樂全集≫이 있다. 至和 원년(1054) 張方平이 戶部侍郞으로 知益州가 되었기 때문에 張侍郞 혹은 張益州라고 하였다.

≪續資治通鑑≫ 권56 嘉祐 원년(1056) 8월 조의 기록에 의하면, 端明殿學士 知益州 장방평을 불러 三司使로 삼았다고 하였다. 이 편지 서두에 '省主'라고 한 것은 이 三司使에 대한 존칭이다. 三司使란 鹽鐵과 度(탁)支, 戶部의 세 관청을 총괄하는 벼슬인데, '計省'이라고 부르기도 하며, 이 벼슬은 國政을 총괄하는 '參知政事', 國家安全을 총괄하는 '樞密使'와 같은 우대를 받았다.

본문에서 "눈 온 뒤라 바람 속에 고생하였다.〔雪後苦風〕"라 하였으므로 張方平이 서울로 돌아온 때는 이미 한겨울이었음을 알 수 있으며, 이때 蘇洵은 이미 文名을 크게 떨쳤지만 官職을 구하려는 뜻은 끝내 이루지 못하였다. 따라서 蘇洵이 재차 張方平에게 글을 올려 거듭 천거해주기를 구한 것이다.

告知己者之言으로 情詞可涕라

자신을 알아준 사람에게 한 말로 情詞가 눈물을 흘리게 할 만하다.

省主侍郞執事아 洵始至京師時에 平生親舊가 往往在此한대 不見者蓋十年矣로되 惜其老而無成하여 問所以來者하고 旣而皆曰 子欲有求면 無事他人이요 須張益州來乃濟라 且云 公不惜數千里走表하고 爲子求官하니 苟歸에 立便殿上하여 與天子相唯諾에

顧不肯邪아

省主侍郎 執事께.

제가 애초 京師에 이르렀을 때 平生의 親舊들이 往往 이곳에 있었는데, 만나지 못한 지가 거의 10년은 되었는데도 제가 늙도록 이룬 것이 없는 것을 안타까이 여겨, 온 까닭을 물어보고는 이윽고 모두 말하기를 "그대가 바라는 것이 있다면 다른 사람을 섬길 것이 아니라 모름지기 張益州라야 이루어줄 것이다."라 하였습니다.

또 이르기를 "張公은 수천 리 밖에서 表를 올리는 것을 꺼리지 않고 그대를 위해 官職을 구하였으니, 만약 朝廷으로 돌아가 便殿에 서서 天子와 응대하게 되면 어찌 돌봐주지 않으시겠는가?"라 하였습니다.

退自思 公之所與我者가 蓋不爲淺이나 所不可知者는 唯其力不足이요 而勢不便이라 不然이면 公於我無愛也라 聞之古人하니 日中必熭며 操刀必割[1)]이라하니이다 當此時也에 天子虛席而待公이며 其言宜無不聽用이라 洵也與公有如此之舊하고 適在京師하며 且未甚老니 而猶足以有爲也라 此時而無成이면 亦足以見他人之無足求하고 而他日之無及也已라

물러나 스스로 생각해보니, 公께서 제게 베풀어주신 厚意가 대개 얕지 않았으나, 저를 알아주지 못한 것은 오직 제 能力이 부족한데다가 또 形勢가 〈저를 추천하시기에는〉 편치 않아서입니다. 그렇지 않다면 相公께서는 저를 사랑해주지 않았을 것입니다.

옛사람에게서 듣자니 "해가 한가운데 있을 때 반드시 〈사물을〉 말릴 것이며, 칼을 잡았으면 반드시 베어야 한다."고 하였습니다. 이때를 당하여 天子께서는 자리를 비워놓고 공을 기다렸으며, 그 말은 마땅히 듣고 쓰지 않음이 없었습니다. 저는 공에게 이와 같은 舊面이 있고 마침 京師에 있으며 또한 그다지 늙지 않아서 여전히 큰 일을 할 수 있습니다. 이때를 만나서도 이룬 것이 없게 된다면 또한 다른 사람이 제게 구할 만한 것이 없고 훗날에는 이러한 기회를 얻지 못할 따름임을 족히 알겠습니다.

1) 日中必熭 操刀必割 : ≪新書≫ 〈宗首〉에 나온다. 熭는 曬와 같은 뜻이다. 때가 되어 할 일을 꼭 해야만 한다는 비유이다.

昨聞車馬至此有日하고 **西出百餘里迎見**이라 **雪後苦風**에 **晨至鄭州**하니 **脣黑而裂**이요 **僮僕無人色**이라 **從逆旅主人得束薪縕火**라가 **良久**에 **乃能以見**이라 **出鄭州十里許**에 **有導騎從東來**한대 **驚愕下馬立道周**[1]라 **云宋端明**[2]**且至**라하며 **從者數百人**이요 **足聲如雷**라 **已過**에 **乃敢上馬徐去**라 **私自傷至此**는 **伏惟明公所謂潔廉而有文**하고 **可以比漢之司馬子長者**[3]라하니 **蓋窮困如此**라 **豈不爲之動心而待其多言邪**아

어제 공의 車馬가 이곳에 이른 지 얼마 되지 않았다는 소식을 듣고 서쪽으로 백여 리를 맞아 뵈러 나갔습니다. 눈 온 뒤의 모진 바람 속에서 새벽에 鄭州에 이르니 입술은 까맣고 터졌으며 아이종 녀석은 사람의 기색이 없었습니다. 客館 주인에게서 땔나무 묶음과 삼부스러기 불씨를 얻느라 한참이 되어서야 이에 뵐 수 있었습니다.

鄭州를 10리 남짓 나서자 이끄는 騎兵이 동쪽에서 왔는데 깜짝 놀라 말에서 내려 길가에 서 있었습니다. 宋端明(宋祁)께서 이르실 거라면서 從者가 수백 명이나 되고 발소리가 우레와 같았습니다. 이미 지나간 뒤에야 감히 말에 올라 천천히 떠났습니다. 제가 스스로 傷心이 여기에 이른 것은, 엎드려 생각건대 明公께서 이른바 "潔白하고 淸廉하며 文彩가 있고 漢나라의 司馬子長(司馬遷)에 비길 만하다." 하셨으니 아마 困窮함이 이와 같아서일 것입니다. 어찌 거기에 마음을 움직이지 않고 말이 많기를 기다리시겠습니까!

1) 道周 : '길가, 길옆'이라는 뜻이다.

2) 宋端明 : 宋祁(998~1061)를 가리키며, 자는 子京이고 安陸(지금의 湖北) 사람이다. 벼슬이 工部尙書까지 이르렀으며 형인 宋庠과 함께 文名을 떨쳐 당시 二宋으로 일컬어졌다. 嘉祐 원년(1058) 8월 張方平이 知益州를 그만두자 宋祁가 端明殿學士로 특별히 工部侍郎 知益州로 옮겼으므로 宋端明이라고 일컬었다.

3) 伏惟明公所謂潔廉而有文 可以比漢之司馬子長者 : 子長은 司馬遷의 자이다. 張方平의 〈文安先生墓表〉에서는 "한참 있다가 蘇君이 과연 이르렀다. 그곳에 갔

는데 和睦하였다. 그 말을 듣고는 博學하고 文才가 많음을 알았다. 조금 있다가 그가 지은 〈權書〉와 〈衡論〉을 얻어 살펴보았는데 큰 산의 구름이 산에서 나와 불현듯 사방을 덮어 방향을 가늠치 못하게 하다가 일순간에 확 걷힌 듯 하였고, 큰 강이 도도하게 동으로 흘러 바다의 근원에 이른 것 같았다.……그래서 蘇君에게 말하기를 '左丘明과 ≪國語≫, 司馬遷은 敍事에 뛰어났고 賈誼는 王道에 밝았는데 그대는 그것을 겸하였소.'라 하였다."라 하였다. 雷簡夫의 〈上歐陽內翰書(歐陽內翰에게 올린 글)〉에서는 "張益州는 그(蘇洵)의 글을 한 번 보더니 탄식하여 말하기를 '司馬遷이 죽었으니 그대가 아니면 우리 중 누가 비견되겠는가.'라 하였다."라 하였다.

07. 上韓舍人書* 韓舍人에게 올린 글

* 韓舍人은 아마 韓絳(1012~1088)일 것이다. 자는 子華이며 雍丘 사람으로 벼슬은 同中書門下平章事에 이르렀다. 嘉祐 2년(1057) 韓絳은 歐陽脩와 함께 權知禮部貢擧로 있었으며, 蘇軾이 진사에 급제한 후에 지은 〈謝韓舍人啓〉가 있다. 王文誥의 ≪蘇文忠公詩編注集成總案≫ 권1에서는, ≪東都事略≫과 ≪宋史≫의 本傳을 고찰해보니 韓絳이 起居 中書舍人 등의 관직에 제수된 사실이 수록되지 않았다고 하면서 대략을 제거하였을 것이라고 의심하였다. 다만 공의 시의 自註에서는 "知制誥는 舍人의 班列에 둔다."고 하였으니 당시에는 翰林의 知制誥가 아니면 모두 舍人이라 할 수 있었던 것 같다. 본문에 "한가로이 거처한 10년〔閑居十年〕"이라는 말이 있는데, 이는 慶曆 7년(1047)에서 嘉祐 원년(1056)까지 두문불출하고 집에만 있었던 것을 가리킬 것이다. 또한 "해가 넘도록 경사에 있으면서〔踰年在京師〕"라는 말이 있는 것으로 보아 이 글은 嘉祐 2년 봄에 지어졌음을 알 수 있다.

老蘇强項如此하니 正與前篇詞旨不同이라

老蘇의 剛直함이 이와 같으니 꼭 前篇과 글의 뜻이 같지 않다.

舍人執事아 方今天下雖號無事나 而政化未淸하고 獄訟未衰息하고 賦斂日重하며 府

庫空竭이라 而大者는 又有二虜[1]之不臣이라 天子震怒하고 大臣憂恐이라 自兩制[2]以上宜皆苦心焦思하고 日夜思念하여 求所以解吾君之憂者니이다

舍人 執事께.

바야흐로 지금 천하에는 비록 일이 없다고 하지만 政治와 教化는 맑지 못하고, 訟獄은 줄어들거나 그치지 않고, 賦稅의 징수는 날로 무거워지며, 府庫는 비어 고갈되고 있습니다. 그리고 큰 근심은 또한 두 오랑캐가 臣下 노릇을 하지 않고 있습니다. 天子는 震怒하고, 大臣들은 근심하고 두려워합니다. 兩制 以上으로는 마땅히 모두 勞心焦思하고 밤낮으로 생각하여 우리 임금님의 근심을 푸는 방법을 구해야 할 것입니다.

1) 二虜 : 북방의 契丹과 서북방의 黨項을 가리킨다.
2) 兩制 : 翰林學士이면서 知制誥가 된 것을 內制라 하고, 他官으로서 知制誥가 된 것을 外制라고 하는데, 이 둘을 합쳐서 兩制라고 한다.

洵自惟 閑人으로 於國家無絲毫之責하며 得以優游終歲하여 咏歌先王之道以自樂이라 時或作爲文章이나 亦不求人知라 以爲天下方事事어늘 而王公大人豈暇見我哉오 是以로 踰年在京師에 而其平生所願이 見如君侯[1]者나 未嘗一至其門이라 有來告洵以所欲見之之意하니 洵不敢不見이라 然不知君侯見之而何也라 天子求治如此之急하신대 君侯爲兩制大臣으로 豈欲見一閒布衣하여 與之論閒事邪아 此洵所以不敢遽見也니이다

저 스스로 생각건대 저는 閑暇한 사람으로 나라에는 털끝만 한 책임도 없으며, 한가로운 末年을 얻어 先王의 道를 읊고 노래하며 스스로 즐겼습니다. 이따금 어쩌다 文章을 지어도 또한 남이 알아주기를 바라지 않았습니다. 생각건대 天下에 바야흐로 해야 할 일이 있거늘 王公 大人이 어찌 저를 만날 겨를이 있겠습니까? 그런 까닭에 해가 넘도록 京師에 있으면서 평소 소원이 君侯와 같은 분을 뵙는 것이면서도 일찍이 한 번도 그 문에 이른 적이 없었습니다.

어떤 사람이 제게 와서 만나고자 하신다는 뜻을 알리니 저는 감히 뵙지 않을 수

없었습니다. 그러나 君侯께서 저를 만나 무엇을 하실지 모르겠습니다. 天子께서 이런 위급함을 다스리길 구하시는데 君侯께서는 兩制의 大臣이 되어 어찌 한 한가한 布衣之士를 만나 함께 한가한 일을 논하고자 하십니까? 이것이 제가 감히 성급히 뵙지 않는 까닭입니다.

1) 君侯 : 秦漢時代에는 列侯로서 승상이 된 자를 가리켰는데, 漢나라 이후로는 貴人을 뜻하는 말로 쓰인다.

自閒居十年으로 **人事荒廢**하여 **漸不喜承迎將逢**하고 **拜伏拳跽**라 **王公大人苟能無以此求之**하니 **使得從容坐隅**하여 **時出其所學**이면 **或亦有足觀者**라 **今君侯辱先求之**니 **此其必有所異乎世俗者矣**니이다

한가로이 거처한 10년 이래 人事를 잘할 줄 모르게 되어 점차 맞아들여 만나고 절하고 엎드리며 꿇어앉는 것을 좋아하지 않게 되었습니다. 王公 大人께서는 실로 이러한 것을 가지고 구하실 수 없으니, 조용히 모서리에 앉아 이따금 그 배운 것을 끄집어낼 수 있게 하신다면 더러 또한 볼 만한 것이 있을 것입니다. 그러나 이제 君侯께서 외람스럽게도 먼저 구하시니, 이는 반드시 世俗과는 다른 것이 있는 것입니다.

孟子曰 段干木은 **踰垣而避之**하고 **泄柳**는 **閉門而不納**하니 **是皆已甚**이라 **迫**이면 **斯可以見矣**[1]라하니 **嗚呼**라 **吾豈斯人之徒歟**아 **欲見我而見之**하고 **不欲見而徐去之**니 **何傷**이리오 **況如君侯**는 **平生所願見者**니 **又何辭焉**이리오 **不宣**하노이다

孟子께서 말씀하기를 "段干木은 담을 넘어 피하였고, 泄柳는 문을 닫고 들이지 않았으니, 이는 모두 너무 심하다. 〈만나보려는 마음이〉 간절하면 이에 만나볼 수 있는 것이다."라 하였습니다.

아아! 제가 어찌 이런 사람들의 무리이겠습니까! 저를 보고 싶으시면 만나보시고, 보고 싶지 않으시면 서서히 버리셔도 될 것이니, 무엇을 근심하시겠습니까? 하물며 君侯 같은 분은 평소 뵙기를 바라는 분이니 또한 어찌 사양하겠습니까? 줄입

니다.

1) 段干木……斯可以見矣 : ≪孟子≫ 〈滕文公 下〉에 나오는 말이다. 皇甫謐의 ≪高士傳≫에서는 "段干木은 晉나라 사람인데……道를 지키면서 벼슬하지 않았다. 魏 文侯가 만나보고자 하여 그의 집을 찾아갔는데, 段干木은 담을 넘어 피하였다."라 하였다. 泄柳는 魯나라 사람인데 魯 繆(목)公이 그가 賢明하다는 말을 듣고 그를 만나러 갔는데, 泄柳는 처음에는 문을 닫고 들이지 않았으나 나중에는 繆公에게서 벼슬을 하였다.

孟子의 뜻은 魏 文侯와 魯 繆公이 두 사람을 만나러 갔을 때 본래 만날 수 있었지만 두 사람이 거리를 둠이 너무 심하였다는 것이다. 그러므로 蘇洵은 아래에서 "제가 어찌 이런 사람들의 무리이겠습니까?"라고 하였다.

宋大家蘇文公文抄 卷4

論

01. 易論* ≪易≫에 대한 논문

* 이 이하 6편은 모두 〈六經論〉에 속하는 글이다. 至和(1055) 2년에 雷簡夫는 蘇洵이 쓴 〈上歐陽內翰書〉를 처음 보고 蘇洵을 칭찬하여 "일찍이 〈六經〉과 〈洪範〉 등의 論을 지었다."라 하였으므로, 이 일련의 문장들 또한 皇祐 3(1051), 4년에서 嘉祐 원년(1056) 봄 사이에 지어졌음을 알 수 있다.

文有烟波라 而以禮[1)]爲明하고 以易爲幽며 謂聖人所以用其機權以持天下之心이니 過矣라

文章에 起伏이 있다. 그리고 禮를 밝다고 생각하고 ≪易≫을 은밀하다고 생각하였으며, 聖人이 그 機智와 權變을 써서 天下 사람들의 마음을 붙드는 것이라 하였는데 지나치다.

1) 禮 : 여기서 禮는 특정한 책을 가리키는 것이 아니라, ≪禮記≫, ≪周禮≫, ≪儀禮≫ 등의 禮書를 두루 가리킨다.

聖人之道는 得禮而信하고 得易而尊이라 信之而不可廢하고 尊之而不敢廢라 故로 聖人之道가 所以不廢者는 禮爲之明이요 而易爲之幽也[1)]라

聖人의 道는 禮를 얻으면서 믿게 되었고, ≪易≫을 얻으면서 높아졌다. 믿는지라 폐할 수 없게 되었고, 높은지라 감히 폐할 수 없었다. 그러므로 聖人의 道가 폐하여지지 않는 까닭은 禮가 그것을 밝게 나타나게 하였고, ≪易≫이 그것을 은밀하게 감추고 있기 때문인 것이다.

1) 禮爲之明 而易爲之幽也 : 明은 神靈을 섬기고 尊卑를 변별함을 밝히는 것이

다. 〈禮記正義序〉에서는 "禮가 아니면 天地의 神을 섬기고 君臣과 長幼의 지위를 변별할 도리가 없다."라 하였다. 幽는 神明에게 점을 치는 것으로 숨겨져 보기가 어렵다. ≪周易≫ 說卦에서는 "옛날 聖人이 易을 지을 때 가만히 神明을 도와 蓍草를 내었다."라 하였다.

生民之初에 **無貴賤**하고 **無尊卑**하고 **無長幼**하며 **不耕而不饑**하고 **不蠶而不寒**하니 **故**로 **其民逸**이라 **民之苦勞而樂逸也**는 **若水之走下**[1)]라 **而聖人者**가 **獨爲之君臣**하여 **而使天下貴役賤**하고 **爲之父子**하여 **而使天下尊役卑**하며 **爲之兄弟**하여 **而使天下長役幼**라 **蠶而後衣**하고 **耕而後食**하니 **率天下而勞之**[2)]라 **一聖人之力**은 **固非足以勝天下之民之衆**이라 **而其所以能奪其樂而易之以其所苦**하고 **而天下之民亦遂肯棄逸而卽勞**하여 **欣然戴之以爲君師**하여 **而遵蹈其法制者**하니 **禮則使然也**라

사람이 생겨난 처음에는 貴賤도 없었고 尊卑도 없었고 長幼도 없었으며, 밭을 갈지 않아도 주리지 않았고 누에를 치지 않아도 춥지 않았기 때문에 그 백성들은 편안하였다. 백성들이 수고하는 것을 괴로이 여기고 편안함을 즐기는 것은 물이 아래쪽으로 흘러가는 것과 같다.

그런데 聖人이 홀로 그 君臣이 되어 天下로 하여금 貴한 이가 천한 자를 부리게 하고, 父子가 되어 천하로 하여금 높은 이가 낮은 이를 부리게 하며, 兄弟가 되어 천하로 하여금 年長者가 年少者를 부리게 하였다. 누에를 치고 난 다음에 입고 밭을 갈고 난 다음에 먹게 하니 온 천하가 수고롭게 되었다.

한 聖人의 힘은 실로 천하 백성의 무리를 이기기에는 부족하다. 그런데도 그 즐거움을 빼앗아 그 괴로움으로 바꿀 수 있었고, 천하의 백성들 또한 마침내 기꺼이 편안함을 버리고 수고로움으로 나아가 흔연히 추대하여 임금과 스승으로 삼고 그 法制를 준수하여 따르니, 이는 禮가 그렇게 한 것이다.

1) 民之苦勞而樂逸也 若水之走下 : ≪孟子≫ 〈離婁 上〉에서는 "백성이 인으로 돌아감은 물이 아래로 내려가며 짐승이 들로 달아나는 것과 같다.〔民之歸仁也 猶水之就下 獸之走壙也〕"고 하였으며, 또 ≪孟子≫ 〈告子 上〉에서는 "人性이 善함은 물이 아래로 내려가는 것과 같다. 사람은 선하지 않은 사람이 없고 물

은 아래로 내려가지 않음이 없다.〔人性之善也 猶水之就下也 人無有不善 水無有不下〕"라 하였다.

2) 聖人者……率天下而勞之 : ≪孟子≫〈滕文公 上〉에 "堯임금 때 天下가 아직 평정되지 않아서 洪水가 멋대로 흘러 천하에 氾濫하여 草木이 번창하고 무성하며 禽獸가 繁殖하였다. 五穀이 익지 못하며 禽獸가 사람을 핍박하여 짐승의 발굽과 새의 흔적이 있는 길이 中國에 교차하여 堯임금이 홀로 이를 걱정하여 舜을 들어 다스림을 펴게 하니 舜이 益으로 하여금 불을 맡게 하였는데, 益이 산과 못에 불을 놓아 태우자 禽獸가 도망가 숨었다. 禹는 九河를 흐르게 하였다.〔當堯之時 天下猶未平 洪水橫流 氾濫於天下 草木暢茂 禽獸繁殖 五穀不登 禽獸偪人 獸蹄鳥跡之道交於中國 堯獨憂之 擧舜而敷治焉 舜使益掌火 益烈山澤而焚之 禽獸逃匿 禹疏九河〕"라고 하였다.

≪孔子家語≫〈問禮〉에서는 "나중에 聖人이 일어난 다음에 불의 이로움을 닦아 금속을 주조하고 흙을 합하여 臺榭와 宮室, 窓門을 만들었으며, 통째로 굽고 태우고 삶고 구워서 술을 만들었고, 삼과 실을 다스려 베와 비단을 만들었다.……君臣間의 관계를 바르게 하고 父子間을 도탑게 하고 兄弟間을 和睦하게 하고 아래위를 平等하게 하고 夫婦間에는 처할 곳이 있게 하였으니, 이는 하늘의 福을 이은 것이다."라 하였다.

聖人之始作禮也에 **其說曰 天下無貴賤**하고 **無尊卑**하며 **無長幼**니 **是人之相殺無已也**요 **不耕而食鳥獸之肉**하며 **不蠶而衣鳥獸之皮**하니 **是鳥獸與人相食無已也**라 **有貴賤**과 **有尊卑**와 **有長幼**면 **則人不相殺**[1]하며 **食吾之所耕**하고 **而衣吾之所蠶**이면 **則鳥獸與人不相食**이라하니라 **人之好生也**는 **甚於逸**하고 **而惡死也**는 **甚於勞**한대 **聖人奪其逸死**하고 **而與之勞生**이라 **此**는 **雖三尺豎子**라도 **知所趨避矣**라 **故**로 **其道之所以信於天下而不可廢者**는 **禮爲之明也**라

聖人이 처음 禮를 만들 때 말하기를 "天下에 貴賤이 없고 尊卑가 없으며 長幼가 없으니 이 때문에 사람들이 서로 죽이는 일이 그치지 않았고, 밭을 갈지 않고 鳥獸의 고기를 먹으며 누에를 치지 않고 鳥獸의 가죽을 입으니 이 때문에 鳥獸와 사람이 서로 잡아먹는 일이 그치지 않았다. 貴賤이 있고 尊卑가 있으며 長幼가 있으면 사람

들은 서로 죽이지 않으며, 내가 간 것을 먹고 내가 누에 친 것을 입으면 鳥獸와 사람이 서로 잡아먹지 않는다."라고 하였다.

사람이 사는 것을 좋아하는 것은 편안함보다 심하고, 죽는 것을 싫어하는 것은 수고하는 것보다 심한데, 聖人이 그 편안함과 죽음을 빼앗고 수고로움과 삶을 주었다. 이는 비록 三尺童子라도 利益이 되니 좇고, 損害가 되니 회피하여야 한다는 것을 알 것이다. 그러므로 그 道가 천하 사람들에게 신뢰를 받아서 폐할 수 없게 된 것은 禮가 그것을 밝게 했기 때문이다.

1) 聖人之始作禮也……則人不相殺 : ≪荀子≫ 〈王制〉에 "權勢와 地位가 같으며 愛憎이 같은데 사물이 넉넉해질 수 없으면 반드시 다투게 된다. 다투면 반드시 어지럽게 되고, 어지러우면 궁해진다. 先王은 그 어지러운 것을 미워하였으므로 禮義를 제정하여 貧富와 貴賤의 등급이 있게 하여 서로 아울러 다스리기 편하게 하였는데, 이것이 천하를 기르는 근본이다. ≪書經≫ 〈呂刑〉에서 말한 '고르지 못한 것을 고르게 하는 것〔維齊非齊〕'이 이를 이르는 것이다."라는 말이 있다.

雖然이나 **明則易達**이요 **易達則褻**이며 **褻則易廢**니 **聖人懼其道之廢而天下復於亂也**요 **然後作易**이니라 **觀天地之象以爲爻**하고 **通陰陽之變以爲卦**하며 **考鬼神之情以爲辭**[1]라 **探之茫茫**하고 **索之冥冥**하며 **童而習之**이어늘 **白首而不得其源**이라 **故**로 **天下視聖人**을 **如神之幽**하고 **如天之高**하며 **尊其人**하니 **而其教亦隨而尊**이니라 **故**로 **其道之所以尊於天下而不敢廢者**는 **易爲之幽也**라

비록 그러하나 밝으면 쉽게 이르고 쉽게 이르면 親狎해지며 친압해지면 쉽게 폐하여지니, 聖人은 그 道가 폐하여져서 천하가 다시 어지럽게 될까 두려워하였고, 그런 다음에 ≪易≫을 만들었다. 天地의 象을 살펴서 爻를 만들고, 陰陽의 變化에 통달하여 卦를 만들었으며, 鬼神의 情을 상고하여 辭를 만들었다.

아득히 더듬고 정성껏 찾았으며, 어려서 그것을 익혔는데 흰머리가 되도록 그 기원을 얻을 수 없었다. 그러므로 天下에서 聖人을 보기를 鬼神이 그윽한 것처럼 하고 하늘이 높은 것처럼 하며, 그 사람을 높이니 그 가르침 또한 따라서 높아졌다. 그러므로

그 도가 천하 사람에게 尊崇을 받아서 감히 폐할 수 없게 된 것은 ≪易≫이 그윽하게 했기 때문이다.

1) 聖人懼其道之廢而天下復於亂也……考鬼神之情以爲辭 : 卦는 ≪周易≫에서 象을 살펴보기 위하여 설치한 부호로, 乾・震・兌・離・艮・坎・巽・坤의 8괘가 있으며, 두 卦를 서로 겹쳐 배열하여 64괘를 얻는데 이를 重卦라고 한다. 爻는 卦를 조성하는 두 부호로 ━은 陽爻로 하늘을 본떴으며, --은 陰爻로 땅을 본떴다. 3획을 중첩시키면 陰陽剛柔가 서로 推移變化하여 卦가 된다.
　蘇洵의 설명은 〈說卦〉의 "陰陽에서 변화를 관찰하여 卦를 세우고, 剛柔에서 發揮하여 爻를 내고, 道德에서 和順하여 義에 理致가 부합하고, 理致를 다하고 本性을 극진히 하여 天命에 이른다."라 한 것과, 또 〈繫辭 下〉에서 "8괘가 列을 이루니 象이 그 가운데 있고, 그것에 따라 곱하니 爻가 그 가운데 있고, 剛한 것과 柔한 것이 서로 추진하니 변함이 그 가운데 있고, 말을 거기에 붙여 명령하니 움직임이 그 가운데 있다."라 한 것에 근본하였다.

凡人之所以見信者는 以其中에 無所不可測者也요 人之所以獲尊者는 以其中에 有所不可窺者也라 是以로 禮無所不可測이며 而易有所不可窺니 故天下之人이 信聖人之道而尊之라 不然이면 則易者는 豈聖人이 務爲新奇秘怪以夸後世耶인저 聖人은 不因天下之至神이면 則無所施其教[1]라 卜筮者는 天下之至神也라 而卜者는 聽乎天而人不預焉者也요 筮者는 決之天而營之人者也라 龜는 漫而無理者也니 灼荊而鑽之하여 方功義弓이니 惟其所爲[2]에 而人何預焉이리오 聖人曰 是는 純乎天技耳라하니라 技何所施吾教아 於是取筮라 夫筮之所以或爲陽 或爲陰者는 必自分而爲二로 始니 掛一에 吾知其爲一而掛之也요 揲(설)之以四에 吾知其爲四而揲之也요 歸奇於扐(륵)에 吾知其爲一爲二爲三爲四而歸之也[3]니 人也라 分而爲二에 吾不知其爲幾而分之也니 天也라 聖人曰 是天人參焉이니 道也요 道有所施吾教矣라 於是因而作易하여 以神天下之耳目이니 而其道는 遂尊而不廢라 此는 聖人用其機權以持天下之心하여 而濟其道於無窮也라

무릇 사람이 남에게 신뢰받는 것은 그 속에 헤아릴 수 없는 것이 없기 때문이며,

사람들에게 높임을 얻는 것은 그 속에 엿볼 수 없는 것이 있기 때문이다. 그런 까닭으로 禮에는 헤아릴 수 없는 것이 없으며, ≪易≫에는 엿볼 수 없는 것이 있으므로 天下의 사람들이 聖人의 道를 믿고 높이는 것이다. 그렇지 않다면 ≪易≫은 聖人이 힘써 新奇하고 怪異한 것을 만들어 후세에 자랑하기 위한 것이리라.

聖人은 天下의 지극히 神靈스런 것에 연유하지 않는다면 그 가르침을 베풀 길이 없다. 卜筮라는 것은 天下에서 지극히 신령한 것이다. 그래서 卜이라는 것은 하늘에서 들려주는 것으로 사람이 관여하는 것은 아니다. 筮라는 것은 하늘이 결정하지만 사람이 하는 것이다. 龜甲의 표면은 질펀하면서도 무늬가 없는 것이니 가시나무를 태우고 구멍을 뚫어 方兆, 功兆, 義兆, 弓兆가 나타나니, 오직 그것이 그렇게 되는 일에 사람이 어찌 관여하겠는가? 聖人이 말하기를 "이는 순수하게 하늘의 기술일 따름이다."라고 하셨다.

그런데 기술이 어떻게 우리에게 가르침을 베푸는가? 이에 筮를 취하였다. 대저 筮가 혹은 陽이 되고 혹은 陰이 되는 것은 반드시 자연스럽게 나누어져서 둘이 되는 데서 시작된다. 하나를 걸 때 나는 그것이 하나라는 것을 알면서 걸고, 넷으로 셀 때 나는 그것이 넷이라는 것을 알면서 세고, 남은 수를 扐에 돌릴 때 나는 그것이 하나이고, 둘이고, 셋이고, 넷이라는 것을 알면서 돌리니, 〈이것은 모두〉 사람이 하는 일이다. 나누어 둘이 될 때 나는 그것이 얼마인지 모르면서 나누니, 〈이것은 모두〉 하늘의 뜻이다.

聖人이 말하기를 "여기에 하늘과 사람이 참여하니 道이며, 道에는 우리에게 가르침을 베푸는 바가 있다."고 하였다. 이에 이를 계기로 ≪易≫을 지어 天下의 耳目을 신령스럽게 하였으니, 그 도가 마침내 높아져 폐하여지지 않는다. 이는 聖人이 그 機智와 權變을 써서 天下 사람들의 마음을 붙들어 無窮함에서 그 道를 이룬 것이다.

1) 聖人……則無所施其敎 : 聖人이 ≪易≫을 지은 것은 곧 神을 명분으로 하여 그 가르침을 베푸는 것이라는 것을 말한다. 〈繫辭 上〉에서는 "陰陽의 변화를 헤아릴 수 없는 것을 일러 神이라 한다."라 하였는데, 王弼의 주석에서는 "지극히 虛하지만 잘 응하면 道라고 칭하고, 생각지도 않는데 오묘하게 살피니 神이라고 이름짓는다."라고 하였다.

또한 〈繫辭 上〉에서 말하기를 "變化의 道를 아는 사람은 神이 하는 것을 아는가 보다.……그러므로 君子는 장차 하려는 일이 있고, 행하려는 일이 있을 때 그 일을 물어 말하려 하니 그가 명령을 받을 때 響應하는 듯이 하여 멀고 가깝고 깊고 그윽함이 없이 드디어 미래의 일을 안다. 천하의 지극히 精한 사람이 아니라면 누가 이런 일에 참여할 수 있겠는가? 셋과 다섯으로 변화하며, 그 수를 錯綜하여 드디어 天地의 변화에 통달하여 모든 文彩를 이루며, 끝까지 궁구하여 드디어 천하의 모든 象을 정한다. 천하의 지극한 변화를 아는 자가 아니라면 그 누가 여기에 참여할 수 있겠는가? 易은 생각하는 일이 없고 作爲하는 것도 없이 고요히 움직이지 않다가 느끼어 드디어 천하의 일에 통한다. 천하의 지극히 신묘한 자가 아니라면 누가 이런 일에 참여할 수 있겠는가?"라 하였다.

2) 卜筮者……惟其所爲 : 卜은 불로 龜甲을 지져서 그 조짐을 취하는 것이다. ≪書經≫ 〈洛誥〉에 "내 이에 澗水의 동쪽을 점쳐보았다.〔我乃卜澗水東〕"라는 말이 있는데, 孔穎達의 傳에 "卜은 반드시 먼저 먹으로 거북 腹甲에 그리고 난 후에 지지는데 조짐이 순조로우면 먹을 먹는다."라 하였다. 筮는 蓍草로 吉凶〔休咎〕을 점치는 것이다. ≪詩經≫ 〈衛風 氓〉에 "그대 거북점과 그대 시초점에, 점괘에 나쁜 말 없다네.〔爾卜爾筮 體無咎言〕"라는 구절이 있는데, ≪毛詩≫의 傳에 "거북점을 卜이라 하고 蓍草占을 筮라 한다."라 하였다.

方功義弓은 ≪周禮≫ 〈春官〉의 거북점에 나타난 네 가지의 占兆를 가리킨다. ≪周禮≫ 〈春官〉에 "卜師는 거북의 네 가지 점조를 열어보는 것을 관장하는데, 네 가지 점조는 方兆, 功兆, 義兆, 弓兆이다.〔卜師 掌開龜之四兆 一曰方兆 二曰功兆 三曰義兆 四曰弓兆〕" 하였다. 方兆, 功兆, 義兆, 弓兆의 자세한 내용은 알 수 없다.

3) 掛一……吾知其爲一爲二爲三爲四而歸之也 : ≪周易≫ 〈繫辭 上〉에 "大衍의 수가 50이요, 사용하는 것은 49이다. 이를 나누어 둘로 만들어서 天地를 상징하고, 하나를 손가락 사이에 걸어서 三才를 상징하고, 이것을 넷으로 세어 四時를 상징하고, 남은 수를 扐에 돌려 윤달을 상징한다.〔大衍之數五十 其用四十有九 分而爲二 以象兩 掛一 以象三 揲之以四 以象四時 歸奇於扐 以象閏〕" 하였다. 여기서 掛는 蓍草 하나를 왼손의 작은 손가락 사이에 다는 것이고, 揲은 사이를 띄워 세는 것이고, 奇는 넷으로 세고 남은 것이며, 扐은 왼손의 가운데 세 손가락의 양 사이에 끼는 것이다.

02. 禮論* 禮에 대한 논문

* 秦나라가 焚書한 후에 三禮(≪禮記≫, ≪儀禮≫, ≪周禮≫)가 세상에 전하여졌다. 漢나라 초기에는 ≪儀禮≫를 ≪禮經≫이라고 하였다. 그 후에는 ≪儀禮≫와 ≪周禮≫를 經이라고 병칭하였고, ≪禮記≫는 記라고 하였다. 蘇洵은 이 글에서 禮를 특정한 책을 가리킨 것이 아니라 두루 가리키는 것으로, 곧 사회의 尊卑와 貴賤을 지도할 때 따라야 할 法則, 規範, 儀式을 말한다.

茅坤은 이 글이 荀子의 '性惡說의 유산'으로 보았으나, 실은 董仲舒의 '性惡相混說'에 접근한 것으로 보는 注釋도 있다. 그렇기 때문에 本文에서, 사람들이 '好逸惡勞'하고 '守舊畏變'하는 본성을 가지고 있기도 하지만, 동시에 '知恥趨聖'하는 일면을 가지고 있기 때문에, 성인은 이러한 점을 이용하여 '尊尊上上'하게 하며, 이를 계기로 禮를 지키게 하고, 또 그 '因襲守舊'의 심리를 이용하여 그것을 서로 이어 습관이 되게 하는 것을 '聖人之權'이라고 하였다.

老蘇는 以禮爲强世之術하니 卽荀子性惡之遺라 文甚縱橫而議論頗僻矣라

老蘇는 禮를 세상을 강하게 하는 술책으로 여겼으니, 곧 荀子의 性惡說의 유산이다. 文章의 起伏이 심하고 議論은 자못 편벽되었다.

夫人之情은 安於其所常爲하니 無故而變其俗이면 則其勢必不從이라 聖人之始作禮也엔 不因其勢之可以危亡困辱之者로 以厭(압)服[1]其心하며 而徒欲使之輕去其舊하여 而樂就吾法도 不能也라 故로 無故而使之事君하고 無故而使之事父하며 無故而使之事兄하니 彼其初엔 非如今之人知君父兄之不事則不可也나 而遂翻然以從我者는 吾以恥厭(壓)服其心也[2]라

대체로 사람의 情은 늘 하는 것을 편안히 여기니, 까닭 없이 그 習俗을 변화시키면 그 形勢가 반드시 따르지 않는다. 聖人이 처음 禮를 만들었을 때는 그 형세가 危亡하고 困辱하게 할 수 있는 것으로 그 마음을 눌러 복종케 하지도 않았으며, 다

만 가벼이 그 옛것을 버리고 즐거이 나의 法으로 나아가라 하는 것도 불가능하였다.

그러므로 까닭 없이 임금을 섬기게 하고, 까닭 없이 아비를 섬기게 하며, 까닭 없이 형을 섬기게 하지 않았으니, 그 처음에는 지금 사람들처럼 임금과 아비, 형을 섬기지 않으면 안 된다고 하지 않았으나 마침내 翻然히 나를 따른 것은, 나는 '부끄러움'으로써 그 마음을 눌러 복종하게 한 것으로 여긴다.

1) 厭(압)服 : '厭'은 곧 '壓'의 본자이다. ≪廣雅≫ 〈釋言〉에서는 "壓은 누른다〔鎭〕는 뜻이다."라 하였고, ≪漢書≫ 〈景帝紀〉 顔師古의 주에서는 "厭은 복종〔服〕하는 것이다."라 하였다.

2) 吾以恥厭(壓)服其心也 : 백성들에게 부끄러움을 알게 하여 禮를 行하게 했다는 설은 ≪論語≫에 근본을 두었다. 이를테면 ≪論語≫ 〈學而〉에 "공손함을 禮에 가깝도록 한다면 恥辱을 멀리할 수 있다.〔恭近於禮 遠恥辱也〕"라는 말이 있고, ≪論語≫ 〈爲政〉에서는 "德으로 이끌어주고 禮로 가지런하게 한다면 〈백성들이〉 부끄러워함이 있고 또 〈善에〉 이를 것이다."라 하였다.

彼爲吾君이요 **彼爲吾父**요 **彼爲吾兄**이라 **聖人曰 彼爲吾君父兄**이 **何以異於我**리오 **於是**에 **坐其君與其父以及其兄**하고 **而己立於其旁**하고 **且俛首屈膝於其前以爲禮**하고 **而謂之拜**라하고 **率天下之人**하여 **而使之拜其君父兄**이라 **夫無故而使之拜其君**하고 **無故而使之拜其父**하며 **無故而使之拜其兄**이면 **則天下之人**은 **將復嗤笑**하고 **以爲迂怪而不從**이라 **而君父兄**이 **又不可以不得其臣子弟之拜而徒爲其君父兄**이니 **於是**에 **聖人者**가 **又有術焉以厭服其心**하여 **而使之肯拜其君父兄**이라 **然則聖人者**는 **果何術也**오 **恥之而已**라

저가 나의 임금이고 저가 나의 아비이며 저가 나의 형이다. 聖人은 말하기를 "저 나의 임금과 아비, 형은 어째서 나와 다른가?"라 하였다. 이에 그 임금과 그 아비 및 그 형을 앉히고 자기는 그 곁에 서서 또한 그 앞에서 머리를 숙이고 무릎을 꿇어 禮를 행하는 것을 '절〔拜〕'이라 하고, 천하의 사람들을 거느려 그들로 하여금 그 임금과 아비, 형에게 절을 하게 하였다.

대체로 까닭 없이 그로 하여금 그 임금에게 절을 시키고, 까닭 없이 그로 하여금

그 아비에게 절을 시키며, 까닭 없이 그로 하여금 그 형에게 절을 시킨다면, 天下의 사람들은 다시 비웃고 괴상하다고 여겨 따르지 않을 것이다.

그러나 임금과 아비, 형은 또한 그 신하와 아들, 아우의 절을 받지 못하면서 다만 그 임금과 아비, 형이 될 수는 없으니, 이에 聖人이 또 술책을 가지고 그 마음을 눌러 복종시켜 그들로 하여금 기꺼이 임금과 아비, 형에게 절을 하게 한 것이다. 그렇다면 聖人은 과연 어떤 술책을 썼는가? 부끄럽게 할 따름이었다.

古之聖人은 將欲以禮治天下之民하니 故로 先自治其身하여 使天下皆信其言이라 曰 此人也는 其言如是인댄 是는 必不可不如是也라하니라 故로 聖人曰 天下有不拜其君父兄者는 吾不與之齒[1]라하니 而天下之人亦曰 彼將不與我齒也라하니라 於是相率以拜其君父兄하여 以求齒於聖人이라

옛 聖人은 禮로 천하의 백성을 다스리려 하였기 때문에 먼저 스스로 자기 몸을 다스려 천하 사람들이 모두 자기 말을 믿도록 하였다.

〈사람들은〉 말하기를 "이분이 그 말씀이 이와 같으시니 이것은 반드시 이와 같이 아니할 수 없다."라 한다. 그러므로 聖人이 말하기를 "天下에 그 임금과 아비, 형에게 절을 하지 않는 자는 내 그런 자를 사람으로 치지도 않는다."라 하니, 天下의 사람들 또한 말하기를 "저분은 나를 사람으로 치지도 않을 것이다."라 한다. 이에 서로 이끌어 그 임금과 아비, 형에게 절을 하여 聖人에게 사람 대접받기를 구한다.

1) 齒 : 列의 뜻이다.

雖然이나 彼聖人者가 必欲天下之拜其君父兄은 何也오 其微權也라 彼爲吾君이요 彼爲吾父요 彼爲吾兄이로되 聖人之拜不用於世엔 吾與之皆坐於此하고 皆立於此하며 比肩而行於此가 無以異也하고 吾一旦而怒하여 奮手擧梃而搏逐之라도 可也라 何則고 彼其心常以爲吾儕也하여 不見其異於吾也라 聖人知人之安於逸而苦於勞하여 故로 使貴者逸而賤者勞하며 且又知坐之爲逸하고 而立且拜者之爲勞也라 故로 擧其君父兄坐之於上하고 而使之立且拜於下라 明日에 彼將有怒作於心者에 徐而自思之하여

必曰 此는 吾嚮之所坐而拜之하고 且立於其下者也라 聖人固使之逸而使我勞는 是賤於彼也라 奮手擧梃以搏逐之면 吾心不安焉이라하니라 刻木而爲人하여 朝夕而拜之라가 他日에 析之以爲薪이면 而猶且忌之라 彼其始木焉에 已拜之猶且不敢以爲薪이라 故로 聖人은 以其微權으로 而使天下로 尊其君父兄이요 而權者도 又不可以告人이니 故로 先之以恥라

비록 그렇지만 저 聖人이 반드시 천하 사람들로 하여금 그 임금과 아비, 형에게 절을 하게 한 것은 어째서인가? 그 작은 權謀 때문이다. 저는 나의 임금이고 저는 나의 아비이며 저는 나의 형인데, 성인의 절이 세상에 쓰이지 않았을 때는 내가 그(임금, 아비, 형)와 함께 여기에 앉고 함께 여기에 서며 어깨를 나란히 하여 이곳에서 행하는 데 다른 것이 없었고, 내가 하루아침에 노하여 손을 휘두르고 몽둥이를 들어 그(임금, 아비, 형)를 때려서 쫓아내도 괜찮았다. 어째서인가? 저는 그 마음이 항상 우리와 같은 또래라고 생각하고 나에게서 다른 점이 보이지 않기 때문이다.

聖人은 사람들이 편안한 것을 편안히 여기고 수고로운 것을 괴로워한다는 것을 알았기 때문에 貴한 자는 편안하게 하고 賤한 자는 수고롭게 하였으며, 또한 앉는 것이 편안하고 서고 절하는 것이 수고롭다는 것을 알았기 때문에 그 임금과 아비, 형을 들어 위에 앉히고 그에게는 아래에서 서고 절하게 하였다.

다음날 저가 마음에 怒氣가 일어나려 할 때 천천히 스스로 생각해보고는 반드시 말하기를 "이분은 내가 저번에 앉히고 절을 하고 또한 그 아래에 서서 모시던 분이다. 聖人이 실로 그분을 편안하게 하고 나를 수고롭게 한 것은 〈내가〉 저보다 천해서이다. 손을 휘두르고 몽둥이를 들어 그를 때려서 쫓아낸다면 내 마음이 불안할 것이다."라 할 것이다.

나무를 깎아서 사람을 만들어놓고 아침저녁으로 절을 하다가, 훗날 쪼개어 땔나무로 만들려면 오히려 또한 그것이 꺼리어진다. 저것이 처음에 나무였을 때 이미 절을 하였더라도 오히려 또한 감히 땔나무로 쓰지 못할 것이다. 그래서 聖人은 그 작은 權謀를 가지고 天下 사람들로 하여금 그 임금과 아비, 형을 높이게 하였고, 권모는 또한 남에게 알려줄 수 없었기 때문에 '부끄러움'을 앞세웠던 것이다.

嗚呼라 **其事如此**라야 **然後**에 **君父兄**이 **得以安其尊而至于今**이라 **今之匹夫匹婦**는 **莫不知拜其君父兄**이며 **乃曰 拜起坐立**이 **禮之末也**라하되 **不知聖人其始之教民拜起坐立**이 **如此之勞也**라 **此聖人之所慮**로 **而作易以神其教也**[1]라

아아! 그 일이 이와 같게 된 연후에야 임금과 아비, 형이 그 높은 것을 편안히 여기는 것이 지금까지 이르게 되었다. 지금의 匹夫와 匹婦는 그 임금과 아비, 형에게 절할 줄 모르는 사람이 없으며, 이에 말하기를 "절하고 일어서고 앉고 서는 것이 禮의 끝이다."라 하지만, 聖人이 그 처음에 백성들에게 절하고 일어서고 앉고 서는 것을 가르친 것이 이와 같은 수고로웠음은 알지 못한다. 이는 성인이 걱정한 것으로, ≪易≫을 지어서 그 가르침을 신령스럽게 한 것이다.

1) 作易以神其教也 : ≪周易≫ 〈觀卦〉에 "聖人이 神道로 가르침을 베푸니 천하가 복종하였다.〔聖人以神道設教而天下服〕"라 하였다. 위의 〈易論〉에 "이에 이를 계기로 ≪易≫을 지어 天下의 耳目을 신령스럽게 하였으니, 그 道가 마침내 높아져 폐하여지지 않는다.〔於是因而作易 以神天下之耳目 而其道遂尊而不廢〕"는 말이 있다.

03. 樂論* 樂에 대한 논문

* ≪禮記≫ 〈樂記〉에 "무릇 音은 사람의 마음에서 생기는 것이며, 樂이라는 것은 倫理에 상통하는 것이다.……그런 까닭에 音聲을 밝혀서 音을 알고, 音을 살펴서 樂을 알며, 樂을 살펴서 政治를 알면 다스리는 道가 갖추어질 것이다.……樂을 알면 거의 禮에 가깝게 될 것이다.〔凡音者 生於人心者也 樂者 通倫理者也……是故審聲以知音 審音以知樂 審樂以知政 而治道備矣……知樂則幾於禮矣〕"라 하였다.

이 글은 곧 이 때문에 지어진 것으로 "禮가 후세의 不信으로 궁하여지자" 성인이 곧 天地의 사이를 관찰하여 그 지극히 神妙한 기틀을 얻어 소리에 따라 音樂을 만들어 "몰래 몰아 가만히 따르게 하여" 禮가 부족함을 구제하게 하였다.

六經 중의 ≪樂經≫은 일찍부터 없어졌으며, 蘇洵의 이 論은 또한 音樂을

두루 가리키는 것이지 經을 전문적으로 논한 것은 아니다.

論樂之旨非是라 **而文特嫋娜百折**이며 **無限烟波**니라

音樂을 논한 뜻이 옳지 않다. 文章이 특히 간드러지게 수없이 曲折이 많으며 起伏이 무한하다.

禮之始作也에 **難而易行**이라 **既行也**엔 **易而難久**라 **天下未知君之爲君**과 **父之爲父**와 **兄之爲兄**하여 **而聖人爲之君父兄**이어늘 **天下未有以異其君父兄**하여 **而聖人爲之拜起坐立**이나 **天下未肯靡然以從我拜起坐立**하여 **而聖人身先之以恥**라 **嗚呼**라 **其亦難矣**로다 **天下惡夫死也久矣**에 **聖人招之曰 來**하라 **吾生爾**라하니라 **既而**에 **其法果可以生天下之人**이 **天下之人**이 **視其嚮也如此之危**어늘 **而今也如此之安**[1]이니 **則宜何從**고 **故**로 **當其時**는 **雖難而易行**이니라

禮가 비로소 일어났을 때는 〈표면상으로는〉 어려웠지만 〈실제로는〉 쉽게 행하여졌다. 이미 행하여짐에 쉬우면서도 오래가기가 어려웠다. 天下에서는 임금이 임금이 되고 아비가 아비가 되며 형이 형이 되는 것을 아직 알지 못하여 聖人이 그 임금과 아비, 형의 구별을 만들었으나, 天下에는 그 임금과 아비, 형이 〈남과〉 다른 까닭이 있지 아니하여 聖人이 그들에게 절하고 일어서고 앉았다 섰다 하게 하였으나, 天下에서는 바람에 쓰러지듯이 순조롭게 나를 따라 절하고 일어서고 앉았다 서려고 하지 않아서 聖人이 몸소 〈모범을 보이면서 그렇게 하지 않으면〉 "부끄러움을"을 앞세웠다. 아아! 그 또한 어려웠을 것이다.

天下에서는 저 죽음을 싫어한 지가 오래되었기 때문에 聖人이 그들을 불러 말하기를 "오너라, 내 너희를 살려주겠다."라 하였다. 얼마 후 그 法이 과연 천하의 사람을 살릴 수 있었다. 천하의 사람들이 저번에는 이렇게 위태로웠는데 지금은 이렇게 편안한 것을 보았으니, 마땅히 무엇을 따르겠는가? 그러므로 그때를 당하여서는 비록 표면상으로는 어려우나 실제로 행하기는 쉬웠다.

1) 其嚮也如此之危 而今也如此之安 : ≪禮記≫ 〈曲禮 上〉에 "사람은 禮가 있으면 便安하고 禮가 없으면 危殆하다.〔人有禮則安 無禮則危〕"라는 말이 있다.

既行也에 天下之人은 視君父兄을 如頭足之不待別白而後識하고 視拜起坐立을 如寢食之不待告語而後從事라 雖然이나 百人從之하고 一人不從이라도 則其勢不得遽至乎死라 天下之人이 不知其初之無禮而死요 而見其今之無禮而不至乎死也하고 則曰 聖人欺我라하니라 故當其時하여 雖易而難久라

이미 행하여짐에 天下의 사람들은 임금과 아비, 형 보기를, 머리와 발에 대해 따로 말해주지 않아도 아는 것처럼 하였고, 절하고 일어서고 앉았다 섰다 하는 것을 보기를, 자고 먹는 것에 대해 알리어 말해주지 않아도 따라서 하듯이 하였다.

비록 그러하나 백 사람이 따르고 한 사람이 따르지 않는다고 하더라도 곧 그 形勢가 갑자기 죽는 데 이르지는 않았다. 天下의 사람들이 처음에는 無禮하면 죽는다는 것을 알지 못하였고, 지금도 무례해도 죽음에 이르지는 않는다는 것을 보고는 말하기를 "聖人이 우리를 속였다!"라 한다. 그러므로 그때를 당하여서는 비록 쉽지만 오래하기는 어려웠다.

嗚呼라 聖人之所恃以勝天下之勞逸者는 獨有死生之說耳라 死生之說不信於天下니 則勞逸之說將出而勝之라 勞逸之說勝이니 則聖人之權去矣라 酒有鴆(짐)과 肉有堇[1] 然後에 人不敢飮食하며 藥可以生死 然後에 人不以苦口爲諱[2]라 去其鴆하고 徹其堇이면 則酒肉之權이 固勝於藥이라 聖人之始作禮也에 其亦逆知其勢之將必如此也하여 曰 告人以誠이라야 而後人信之라 幸今之時에 吾之所以告人者가 其理誠然하고 而其事亦然하니 故로 人以爲信이라 吾知其理하고 而天下之人知其事나 事有不必然者면 則吾之理不足以折天下之口로 此告語之所不及也라하니라 告語之所不及에 必有以陰驅而潛率之[3]니 於是에 觀之天地之間에 得其至神之機하여 而竊之以爲樂[4]이라

아아, 聖人이 믿어 천하의 수고롭고 편안한 것을 이기는 것은 오직 死生만이 있을 따름이다! 死生에 관한 말이 천하에서 신뢰받지 않으니, 수고롭고 편안한 말이 나와 그것을 이기려 하였다. 수고롭고 편안한 말이 이기게 되니 聖人의 權威가 없어졌다.

술에 짐새〈의 독이〉 있고 고기에 烏頭가 있게 된 다음에야 사람들은 감히 먹고 마시지 않았으며, 藥이 죽음을 살릴 수 있게 된 다음에야 사람들은 입에 쓴 것을

꺼리지 않게 되었다. 짐독을 없애고 오두를 제거하면 술과 고기의 權威가 실로 약보다 낫게 된다.

聖人이 비로소 禮를 만들었을 때 그 또한 그 形勢가 장차 반드시 이렇게 되리라는 것을 미리 알고 말하기를 "사람들에게 진실하게 알린 다음에야 사람들이 그것을 믿는다. 다행히 지금 내가 사람들에게 알리는 것이 그 이치가 실로 그러하고 그 일이 또한 그러하므로 사람들이 그렇다고 믿는다. 나는 그 이치를 알고 천하의 사람들도 그 일을 알기는 하나 일에 반드시 그렇지 않은 것이 있다면 나의 이치는 천하의 입을 복종시키기에는 부족한 것으로, 이는 알리는 말이 미치지 못하는 것이다."라 하였다.

알리는 말이 미치지 못함에 반드시 몰래 몰아 가만히 따르게 하는 것이 있으니, 이에 天地 사이에서 그것을 살피고 지극히 神妙한 기틀을 얻어 그것을 훔쳐 樂으로 삼았다.

1) 酒有鴆(짐) 肉有堇 : 鴆은 새 이름이다. ≪漢書≫ 〈齊悼惠王傳〉의 顔師古 注에서는 應劭의 말을 인용하여 "鴆새는 몸은 검고 눈은 붉으며 살모사와 야갈(鉤吻)을 먹는다. 그 깃털을 술 속에 담갔다가 마시면 바로 죽는다."라 하였다. 堇은 풀이름이다. ≪呂氏春秋≫ 〈勸學〉의 高誘 注에 의하면 "堇은 毒藥이다. 사람을 毒殺할 수 있다."라 하였다.

2) 藥可以生死 然後人不以苦口爲諱 : 生死는 起死回生, 곧 죽는 이를 살리는 것을 말한다. ≪鹽鐵論≫(권7)에 "藥酒는 입에 쓰나 病에는 이롭다.〔藥酒苦於口而利於病〕"라는 말이 있다.

3) 必有以陰驅而潛率之 : 音樂은 은연중에 사람을 默化시킬 수 있음을 이른다. ≪荀子≫ 〈樂論〉에 "대체로 歌聲과 音樂이 사람에게 끼친 影響은 깊고 사람을 感化시킴이 빠르기 때문에 先王이 삼가 樂章을 지었다. 音樂이 치우치지 않고 고르다면 백성들이 和順하여 〈방탕한 곳으로〉 흐르지 않으며, 音樂이 嚴肅하고 莊重하면 백성들이 일치하여 어지러워지지 않는다. 백성이 和順하고 일치하면 군사는 굳세고 城은 견고해져서 敵國이 감히 침범하지 않는다. 이렇게 되면 百姓이 그 거처를 편안히 여기지 않음이 없으며 고향에서 즐거이 거처하여 그 임금까지 만족시키게 된다. 그런 다음에 名聲이 이에 드러나고 光輝가

이에 커지며 四海의 백성들이 스승으로 삼기를 바라지 않음이 없다. 이는 王天下가 비롯되는 것이다."라는 말이 있다.

4) 於是……而竊之以爲樂 : ≪禮記≫ 〈樂記〉에 "큰 音樂은 天地와 同和하고 重大한 禮는 천지와 마찬가지로 〈인간을〉 절제한다. 和合하기 때문에 만물이 잃지 않는다. 節制하기 때문에 천지에 제사를 지낸다. 明界에는 禮樂이 있고, 幽界에는 鬼神이 있다.〔大樂與天地同和 大禮與天地同節 和故百物不失 節故祀天祭地 明則有禮樂 幽則有鬼神〕"라는 말이 있다.

또한 "音樂은 和合하는 일이 풍부하고 神氣와 하늘의 덕을 갖추었으며 禮는 秩序를 유지하는 힘이 풍부하고 鬼氣와 땅의 성능을 갖추고 있다. 그러므로 성인이 음악을 지어 하늘에 응하고 禮를 제정하여 땅에 짝을 지었다. 예악을 밝게 갖추어 천지의 기능을 나타내었다.〔樂者敦和 率神而從天 禮者別宜 居鬼而從地 故聖人作樂以應天 制禮以配地 禮樂明備 天地官矣〕"라 하였으며, "그 禮樂이 그 최고 效用에 있어서 천상에 퍼지고 땅끝까지 미쳐 陰陽의 이치와 함께 귀신의 힘과도 같은 경우를 생각하면 예악의 효용은 실로 높고 멀고 깊고 두터운 것이라 할 수 있는 것이다. 또 音樂은 천지의 開始 작용에 비유되고 禮는 천지의 成物 작용에 비유된다. 그 작용이 명료하고 움직여 멈추지 않는 것은 하늘이고, 그 작용이 명료하고 정지하여 움직이지 않는 것은 땅이며, 혹은 움직이고 혹은 정지하는 것이 천지 중간의 萬物이다. 그러므로 성인이 '禮樂'을 말하게 되는 것이다.〔及夫禮樂之極乎天而蟠乎地 行乎陰陽而通乎鬼神 窮高極達而測深厚 樂著大始 而禮居成物 著不息者天也 著不動者地也 一動一靜者 天地之間也 故聖人曰 禮樂云〕"라 하였다.

雨는 吾見其所以濕萬物也요 日은 吾見其所以燥萬物也며 風은 吾見其所以動萬物也라 隱隱谹谹[1]而謂之雷者는 彼何用也오 陰凝而不散하고 物蹙而不遂하며 雨之所不能濕과 日之所不能燥와 風之所不能動을 雷一震焉而凝者散하고 蹙者遂라 曰雨者曰日者 曰風者는 以形用이요 曰雷者는 以神用이라 用莫神於聲이니 故聖人因聲以爲樂[2]이라 爲之君臣父子兄弟者는 禮也요 禮之所不及을 而樂及焉이라 正聲入乎耳하여 而人皆有事君事父事兄之心이니 則禮者는 固吾心之所有也며 而聖人之說이니 又

何從而不信乎아

비는 내가 보기에 萬物을 젖게 하는 것이고, 해는 내가 보기에 만물을 말리는 것이며, 바람은 내가 보기에 만물을 움직이는 것이다. 우르릉 쾅쾅하며 우레라 하는 것은 어디에 쓰이는가? 陰이 엉기어 흩어지지 않고, 사물이 움츠리어 이루지 못하며, 비가 습하게 할 수 없는 것과 해가 말릴 수 없는 것, 바람이 움직일 수 없는 것을 우레가 한번 침으로써 엉긴 것이 흩어지고 움츠린 것이 이루어지게 된다.

비라느니 해라느니 바람이라느니 하는 것은 形을 가지고 쓰는 것이며, 우레라는 것은 神으로 쓴다. 쓰는 것은 소리보다 神妙한 것이 없으므로 聖人은 소리에 인하여 樂을 만들었다.

그 君臣과 父子, 兄弟가 되는 것은 禮이며, 禮가 미치지 못하는 것을 音樂은 미친다. 바른 소리가 귀에 들어가서 사람들은 모두 임금을 섬기고 아비를 섬기며 형을 섬기려는 마음을 가지게 되니, 禮라는 것은 실로 내 마음이 가지고 있는 것이며 성인의 말씀이니 또한 어찌 좇아서 믿지 않겠는가?

1) 隱隱谹谹 : 우레와 천둥이 치는 소리를 나타내는 의태어이다. ≪法言≫ 〈問道〉에 "누가 큰 소리에 대해 묻자 말하기를 우레도 아니고 천둥도 아니며 우르릉 쾅쾅하는 것이다.〔非雷非霆 隱隱谹谹〕"라는 말이 있다.

2) 用莫神於聲 故聖人因聲以爲樂 : ≪禮記≫ 〈樂記〉에 "音樂의 기원은 사람의 마음에서 생겨난다. 사람의 마음의 움직임은 사물이 그렇게 되게끔 하는 것이다. 사물에 感應하여 움직이기 때문에 聲音으로 드러난다. 성음이 서로 감응하기 때문에 변화가 생겨나며 변화가 반듯함을 이루면 이를 音이라 한다. 音을 배열하여 연주하고 干戚과 羽旄에까지 미치게 된 것을 樂이라고 한다.〔音之起 由人心生也 人心之動 物使之然也 感於物而動 故形於聲 聲相應 故生變 變成方 謂之音 比音而樂之 及干戚羽旄 謂之樂〕"라 하였다.

蘇氏父子兄弟는 於經術甚疎니 故로 論六經處는 大都渺茫不根이라 特其行文縱橫하여 往往空中布景하고 絶處逢生하여 令人有凌雲御風之態라

蘇氏 父子·兄弟는 經術에 매우 疏略하였으므로 六經을 논한 곳은 대부분 까마득하고 근거가 없다. 유독 그 文章의 구사가 起伏이 심하여

왕왕 空中에 경치를 펼친 것 같고, 절박한 곳에서 살아난 것 같아 사람들로 하여금 구름을 뚫고 바람을 타는 듯한 모습이 있게 하는 것 같다.

04. 詩論* ≪詩≫에 대한 논문

* 이 글은 ≪荀子≫ 〈樂論〉에서 "무릇 백성들이 好惡의 情만 있고 喜怒의 和應이 없으면 어지럽다.〔夫民有好惡之情而無喜怒之應 則亂〕"라 한 것에서 立論하였다. 그러나 "道로 慾望을 억제하면 즐겁되 어지럽지 않다.〔以道制欲 則樂而不亂〕"라 한 설에 반박하여 백성의 好惡의 정에 통제할 수 없는 것이 있으면 禮로 "백성이 할 수 없는 것을 통제하면 어지러움이 더욱 심하여지고 예는 더욱 어그러지며," "여색을 좋아함을 끊지 못하고 원망함을 금하지 못한다면 도리어 어지러움에 이르지 않는다." 그러므로 聖人은 ≪詩≫로 그것을 통하게 하여 "사람의 정이 이기지 못하는 데 이르지 않게 한다."고 하였다.

說詩處愈支나 而文自澎湃可觀이라

≪詩≫를 말한 곳이 더욱 지리하나, 문장이 절로 澎湃함은 볼 만하다.

人之嗜欲은 好之有甚於生이며 而憤憾怨怒는 有不顧其死라 於是에 禮之權又窮이러라 禮之法曰 好色不可爲也요 爲人臣과 爲人子와 爲人弟하여는 不可以有怨於其君父兄也라하니라 使天下之人으로 皆不好色하고 皆不怨其君父兄이면 夫豈不善고 使人之情을 皆泊然而無思하며 和易而優柔하여 以從事如此면 則天下固亦大治라 而人之情이 又不能皆然이니 好色之心이 毆諸其中하고 是非不平之氣가 攻諸其外하여 炎炎而生하여 不顧利害하고 趨死而後已[1)]라 噫라 禮之權이 止於死生하고 天下之事가 不至乎可以博生者면 則人不敢觸死以違吾法이리라 今也에 人之好色과 與人之是非不平之心이 勃然而發於中하여 以爲可以博生[2)]也어늘 而先以死自處其身이면 則死生之機固已去矣라 死生之機去면 則禮爲無權이니라 區區擧無權之禮하여 以强人之所不能이면 則亂益甚하여 而禮益敗라

사람의 嗜好와 慾望은 좋아함이 사는 것보다 심한 경우가 있으며, 憤慨하고 怨望하고 노함은 죽음도 돌아보지 않는 경우가 있다. 이에 禮의 權威가 또 궁하여졌다.

禮의 법에서 말하기를 "女色을 좋아하는 것은 해서는 안 되며, 人臣이 되고 자식이 되고 아우가 되어서는 그 임금과 아비, 형을 원망해서는 안 된다."라 하였다. 天下의 사람으로 하여금 모두 여색을 좋아하지 않게 하고, 모두 그 임금과 아비, 형을 원망하지 않게 한다면 어찌 善해지지 않겠는가?

사람의 마음이 淡泊하게 생각이 없으며 溫和하고 平易하며 여유롭게 일에 종사하기를 이와 같이 하게 한다면 天下는 실로 또한 크게 다스려질 것이다. 그러나 사람의 마음이 또한 다 그럴 수 없으니, 여색을 좋아하는 마음이 마음속에서 내닫고, 是非가 고르지 않은 기운이 밖에서 공격하여 활활 일어나 利害를 돌아보지 않고 죽음을 향해 달린 후에야 끝난다.

아! 禮의 權威가 死生에서 멈추고 天下의 일이 널리 살릴 수 있음에 이르지 않는다면, 사람은 감히 죽음을 무릅쓰고 내 법을 어기지 않을 것이다.

지금 사람이 여색을 좋아하는 마음과 사람들의 是非를 못마땅하게 여기는 마음이 불쑥 마음속에서 발하여 널리 살릴 수 있으나 먼저 죽음으로 그 몸을 자처한다면 死生의 기틀은 실로 이미 떠난 것이다. 死生의 기틀이 떠나면 禮는 權威가 없게 된다. 區區히 權威가 없는 禮를 들어 사람이 할 수 없는 것을 강제한다면 어지러움은 날로 심하여져 예는 더욱 허물어질 것이다.

1) 人之情……趨死而後已 : 이는 ≪荀子≫ 〈性惡〉에 근거하였다.
2) 可以博生 : 博은 여기서 使動用法으로 쓰였다. 곧 '널리~을 풍부하게 한다.'는 뜻이다.

今吾告人曰 必無好色하고 必無怨而君父兄이라하면 彼將遂從吾言이나 而忘其中心所自有之情耶아 將不能也인저 彼旣已不能純用吾法하고 將遂大棄而不顧吾法이며 旣已大棄而不顧니 則人之好色與怨其君父兄之心이 將遂蕩然無所隔限하며 而易內竊妻之變과 與弑其君父兄之禍가 必反公行於天下리라 聖人憂焉하여 曰 禁人之好色而至於淫하고 禁人之怨其君父兄而至於叛이니 患生於責人太詳이요 好色之不

絶하고 而怨之不禁이면 則彼將反不至於亂이라하니라

이제 내가 사람들에게 "반드시 女色을 좋아함이 없고 반드시 너희 임금과 아비, 형을 怨望하지 않아야 한다!"라 한다면 저들은 결국 내 말을 따르긴 하겠지만, 그 마음속에 절로 가지고 있는 마음을 잊겠는가? 그렇게 할 수 없을 것이다.

저들은 이미 나의 法을 순수하게 쓸 수 없을 것이고 마침내 크게 버리고 나의 법을 돌아보지 않을 것이며, 이미 크게 버리고 돌아보지 않았으니 사람이 여색을 좋아하는 것과 그 임금과 아비, 형을 원망하는 마음이 마침내 모두 격리하고 제한함이 없게 될 것이며, 아내를 바꾸고 남의 처를 훔치는 변고와 그 임금과 아비, 형을 해치는 화가 반드시 도리어 천하에 공공연히 행해질 것이다.

聖人이 그것을 근심하여 말하였다. "사람들이 여색을 좋아함을 금하였으나 淫亂함에 이르고, 사람들이 그 임금과 아비, 형을 원망하는 것을 금하였으나 背反에 이르니, 근심은 사람을 꾸짖음이 너무 상세함에서 생겨난다. 여색을 좋아함을 끊지 않고 원망을 금하지 않으면, 저들은 장차 도리어 어지러움에 이르지 않을 것이다."

故로 聖人之道는 嚴於禮而通於詩라 禮曰 必無好色하고 必無怨而君父兄이라하나 詩曰 好色而不至於淫하고 怨而君父兄이나 而無至於叛이라하니라 嚴以待天下之賢人하고 通以全天下之中人이니라 吾觀國風은 婉孌柔媚하며 而卒守以正하니 好色而不至於淫者也라 小雅는 悲傷詬讟(독)하며 而君臣之情을 卒不忍去하니 怨而不至於叛者也[1]라 故로 天下觀之하여 曰 聖人固許我以好色이며 而不尤我之怨吾君父兄也라하니라 許我以好色호되 不淫可也요 不尤我之怨吾君父兄이니 則彼雖以虐遇我나 我明譏而明怨之하여 使天下明知之면 則吾之怨亦得當焉이요 不叛可也니라 夫背聖人之法은 而自棄於淫叛之地者요 非斷不能也라 斷之始는 生於不勝이라 人不自勝其忿 然後에 忍棄其身이라 故로 詩之敎는 不使人之情으로 至於不勝也[2]라

그러므로 聖人의 道는 禮에서 嚴하지만 ≪詩≫에서 마음이 통하게 한다. 禮에서는 말하기를 "반드시 女色을 좋아하지 않아야 하고, 반드시 임금과 아비, 형을 怨望하지 않아야 한다."라 하였으나, ≪詩≫에서는 말하기를 "女色을 좋아하면서도 淫亂

함에 이르지 않고, 임금과 아비, 형을 怨望하면서도 背反함에 이르지 않는다."라 하였다. 嚴함으로 천하의 賢人을 기다리고 通함으로 천하의 中人을 온전케 한다.

내가 살펴보건대 〈國風〉은 순하고 아름답고 부드럽고 예쁘며 마침내 바른 것으로 지키니 여색을 좋아하면서도 음란한 데 이르지 않는 것이다. 〈小雅〉는 꾸짖고 원망함을 슬퍼하고 가슴 아파하며 君臣의 정을 끝내 차마 없애지 못하니 원망하면서도 배반하는 데 이르지 않는 것이다.

그러므로 天下 사람들이 그것을 살펴보고는 말하기를 "聖人이 실로 나에게 여색 좋아함을 허락하였으며, 내가 우리 임금과 아비, 형을 원망하는 것을 탓하지 않는다."라 하였다. 나에게 여색을 좋아함을 허락하여도 음란하지 않으면 괜찮으며, 내가 임금과 아비, 형을 원망하는 것을 탓하지 않으니 저들은 비록 나를 모질게 대하지만 내가 나무람을 밝히고 원망함을 밝혀 천하로 하여금 그것을 환히 알게 하면 나의 원망 또한 마땅함을 얻었으며 배반하지 않음이 옳다.

대체로 聖人의 법을 저버리는 것은 음란하고 배반하는 곳에 스스로 내버리는 것이지 결단하여 할 수 없는 것이 아니다. 결단이 비롯됨은 이기지 못하는 데서 생겨난다. 사람은 그 분함을 스스로 이기지 못한 연후에 차마 그 몸을 버린다. 그러므로 ≪詩≫의 가르침은 사람의 마음으로 하여금 이기지 못함에 이르지 않게 한다.

1) 吾觀國風……怨而不至於叛者也 : 婉孌은 ≪詩經≫ 〈齊風 甫田〉에 "예쁘고 아름답다.〔婉兮孌兮〕"는 구절이 있는데, 나이가 어리고 예쁜 모양을 말한다. 詬讟은 꾸짖고 원망하는 것이다.

毛詩序(大序)에 "그러므로 〈關雎〉는 淑女를 얻어 군자에 짝함을 즐거워하고 賢者를 등용함을 걱정하여 女色에 빠지지 않는다.〔不淫其色〕"는 말이 있다. 孔穎達의 疏에서는 "淫은 지나친 것이다. 지나치게 헤아리는 것을 일러 淫이라고 한다. 남자가 여자를 과도하게 사랑하는 것을 淫女色이라 하며, 여자가 과도하게 총애를 구하는 것은 自淫其色이다."라 하였다.

또한 ≪論語≫ 〈八佾〉에 "〈關雎〉는 즐거워하되 지나치지 않고, 슬퍼하되 〈和를〉 해치지 않는다."라는 말이 있다. 또한 ≪史記≫ 〈屈原賈生列傳〉에는 "〈國風〉은 여색을 좋아하되 지나치지 않고, 〈小雅〉는 원망하되 어지럽지 않다."고 하였다. ≪詩經≫은 〈國風〉, 〈小雅〉, 〈大雅〉, 〈頌〉의 네 부분으로 나뉜다.

2) 詩之教……至於不勝也 : 孔穎達의 〈詩大序正義〉에서는 "詩라는 것은 사람의 뜻〔志意〕이 가는 것이다. 뜻이 간다 하더라도 아직 입으로 발하여지지 않고 마음속에 간직되어 있으면 그것을 일러 志라고 하며 발하여져서 말로 드러나면 시라고 하는 것이다. 시를 짓는 자가 마음의 뜻과 憤懣을 펴내면 마침내 歌詠이 이루어진다.……기쁜 뜻을 말하면 和樂함이 일어나고 稱頌하는 소리가 일어나며, 근심스런 뜻이라면 슬픔이 일어나고 怨望이 생겨난다. 〈藝文志〉에서 '哀樂의 즐거움을 느끼고 歌詠의 소리를 발한다.'라 한 것은 이를 이른다."라 하였다.

夫橋之所以爲安於舟者는 以有橋而言也며 水潦大至면 橋必解나 而舟不至於必敗라 故로 舟者는 所以濟橋之所不及也라 吁라 禮之權이 窮於易達하니 而有易焉하고 窮於後世之不信하니 而有樂焉이며 窮於彊人하니 而有詩焉이라 吁라 聖人之慮事也蓋詳이로다

대체로 다리〔橋〕가 배〔舟〕보다 편안하다고 생각하는 것은 다리가 있고 난 다음에 한 말이며, 장마가 크게 이르면 다리는 반드시 허물어지지만 배는 부서지는 데까지 이르지는 않는다. 그러므로 배라는 것은 다리가 미치지 못하는 것을 구제하는 것이다.

아! 禮의 權威가 쉽게 통달함에서 궁해지자 易이 있게 되었고, 후세의 不信으로 궁하여지자 樂이 있게 되었으며, 강한 사람으로 궁하여지자 詩가 있게 되었다. 아, 聖人이 일을 염려함이 대체로 상세하도다.

05. 書論* ≪書≫에 대한 논문

* 書는 곧 ≪尙書≫로 곧 上古時代의 "人君이 신하들에게 내린 글"(孔穎達의 〈尙書正義序〉)이다. 본문은 ≪尙書≫에 실려 있는 史實을 취하여 議論을 내었는데, 堯・舜・禹 때의 風俗이 순박함을 盛贊하고, 湯・武의 풍속이 이미 점차 경박해져 가지만 형세가 바뀌어 되돌릴 수 없음을 개탄하였다.

此篇識見好하고 而行文法度亦勝이라

이 글의 識見은 좋고 文章의 구사 또한 뛰어나다.

風俗之變은 聖人爲之也[1)]라 聖人은 因風俗之變而用其權하고 聖人之權이 用於當世하여 而風俗之變益甚하여 以至於不可復反이라 幸而又有聖人焉하여 承其後而維之하니 則天下可以復治니라 不幸其後無聖人하여 其變窮而無所復入이니 則已矣러라 昔者에 吾嘗欲觀古之變이나 而不可得也요 於詩에 見商與周焉[2)]이나 而不詳이러라 及今觀書 然後에 見堯舜之時와 與三代之相變한대 如此之亟也[3)]러라 自堯而至於商에 其變也가 皆得聖人而承之하니 故로 無憂라 至於周하여 而天下之變窮矣[4)]라 忠之變而入於質하고 質之變而入於文하니 其勢便也러라 及夫文之變하여는 而又欲反之於忠也어늘 是猶欲移江河而行之山也라 人之喜文하고 而惡質與忠也는 猶水之不肯避下而就高也라 彼其始未嘗文焉이니 故로 忠質而不辭라 今吾日食之以太牢하고 而欲使之復茹其菽哉오 嗚呼라 其後無聖人하여 其變窮而無所復入이니 則已矣라 周之後而無王焉은 固也라 其始之制其風俗也는 固不容爲其後者計也요 而又適不値乎聖人이라 固也라 後之無王者也여

風俗의 變化는 聖人이 그렇게 하였다. 聖人은 風俗의 변화에 따라 그 權道를 썼으며, 聖人의 권도가 당세에 쓰여져서 風俗의 변화가 더욱 심하여져 다시 되돌릴 수 없는 지경에 이르렀다. 다행히 또 聖人이 있어 그 뒤를 계승하였으니 天下는 다시 다스릴 수 있었다. 不幸히 그 뒤로 聖人이 없어 그 변화가 다하여 다시 더 넣을 것이 없었으니 그치게 되었다!

지난 날 내 일찍이 옛날의 변화를 보고 싶었으나 볼 수 없었으며, ≪詩經≫에서 商나라와 周나라를 보았으나 상세하지 않았다. 지금 ≪尙書≫를 보고 난 다음에 堯舜時代와 三代가 변한 것을 보게 되었는데 이렇게나 빨랐단 말인가! 堯임금에서 商나라에 이르기까지 그 변화는 모두 聖人을 얻어 이었으므로 근심이 없었다. 周나라에 이르러 天下의 변화가 다하였다.

忠直함이 변하여 質朴함으로 흘러들어갔고, 질박함이 변하여 文彩로 흘러들어갔는데 그 형세가 편했기 때문이다. 저 문채가 변함에 미쳐서는 또한 충직함으로 되돌

리려고 하였으나 오히려 江河를 옮겨 산으로 가게 하고자 하는 것이었다. 사람들이 문채를 좋아하고 질박함과 충직함을 싫어하는 것은 물이 기꺼이 아래를 피하지 않고 높아지려고 하는 것과 같다. 저 처음에는 일찍이 문채가 없었으므로 충직하고 질박하였는데도 사양치 않았다. 지금 내가 날마다 太牢를 먹이고는 그로 하여금 다시 콩깍지를 먹이려고 하는 것인가?

아아! 그 뒤로 聖人이 없어서 그 변화가 끝이 나 더 넣을 것이 없으니 그치게 되었다. 周나라 후에 王다운 왕이 없었음은 당연하도다! 그 처음의 풍속을 통제함에 실로 나중 사람을 위한 계책을 용납하지 않았으며, 또한 마침 聖人을 만나지 못하였다. 실로 당연하도다, 나중에 王者가 없었음이여!

1) 風俗之變 聖人爲之也 : ≪漢書≫ 〈地理志 下〉에서는 "무릇 백성은 五常의 性에 잠겨 그 剛柔와 緩急, 音聲이 같지 않고 水土의 風氣에 매여 있으므로 그것을 일러 風이라고 한다. 好惡와 取舍는 動靜이 무상하여 君上의 情欲을 따르므로 俗이라 이른다. 孔子가 말하기를 '易風易俗은 음악〔樂〕만 한 것이 없다.'라 하였다. 이는 聖王이 위에서 人倫을 다스림에 반드시 그 本을 옮기고 末을 바꾸어 이로써 천하를 섞어 함께하여 中和로 일치시키고 난 다음이라야 王教가 이루어진다는 것을 말한다."라 하였다.

2) 於詩 見商與周焉 : 古人들은 ≪詩經≫ 300편이 殷나라 말 周 文王에게서 비롯되어 魯 僖公에게서 끝났다고 믿었다. 〈毛詩正義序〉에서는 "先君 宣父(孔子)가 遺文을 정리하여 그 精華를 취하고 번중함을 없애어 위로는 周나라에서 시작하여 아래로는 魯 僖公에게서 끝이 나니 400년 사이에 여섯 詩가 갖추어졌다."라 하였다.

3) 及今觀書……如此之亟也 : 書는 ≪尙書≫를 가리키며, 孔穎達의 〈尙書正義序〉에서 "위로는 唐虞에서 끊고 아래로는 秦魯에서 끝이 난다."라 하였다. 亟은 ≪說文≫에서 "민첩하고 빠른 것이다."라 하였다. 이는 ≪尙書≫에서 堯舜으로부터 三代까지의 풍속의 급격한 변화를 알 수 있다는 것으로, 곧 아래에서 논한 忠直하고 質朴함에서 文彩로 들어간다는 것이다.

4) 自堯而至於商……而天下之變窮矣 : 堯에서 商까지는 풍속의 변화가 충직한 데서 질박하게 되었으며, 周나라에 이르러서는 다시 변화하여 문채가 있게 되었으니, 이미 궁함이 다하여 더 이상 충직하고 질박함을 회복할 수 없다는

것을 말한다.

當堯之時에는 擧天下而授之舜하고 舜得堯之天下하여는 而又授之禹라 方堯之未授天下於舜也에 天下未嘗聞有如此之事也며 度其當時之民에 莫不以爲大怪也라 然而舜與禹也는 受而居之하여 安然若天下固其所有하고 而其祖宗旣已爲之가 累數十世者하며 未嘗與其民으로 道其所以當得天下之故也요 又未嘗悅之以利며 而開之以丹朱商均之不肖[1]也라 其意以爲天下之民이 以我爲當在此位也면 則亦不俟乎援天以神之며 譽己以固之也라 湯之伐桀也에 囂囂然數其罪而以告人하여 如曰 彼有罪니 我伐之宜也[2]라하니라 旣又懼天下之民이 不己悅也하여 則又囂囂然以言柔之曰 萬方有罪면 在予一人이요 予一人有罪면 無以爾萬方[3]이라하니 如曰 我如是而爲爾之君이니 爾可以許我焉耳니라 吁라 亦旣薄矣로다 至於武王하여 而又自言 其先祖父偕有顯功하고 旣已受命而死어늘 其大業不克終하여 今我奉承其志하여 擧兵而東伐하니 東國之士女가 束帛以迎我하고 紂之兵이 倒戈以納我[4]라하니라 吁라 又甚矣로다 如曰 吾家之當爲天子久矣니 如此乎民之欲我速入商也니라 伊尹之在商也는 如周公之在周也라 伊尹攝位三年에 而無一言以自解나 周公爲之紛紛乎急於自疏 其非簒也[5]라

堯임금 때는 온 天下를 舜에게 주었고 舜은 堯의 天下를 얻어 또 禹에게 주었다. 바야흐로 堯임금이 아직 천하를 舜에게 주지 않았을 때 天下에서는 일찍이 이런 일이 있다는 것을 들어본 적이 없으며, 그 당시의 백성들을 헤아려보건대 매우 괴이하게 생각하지 않음이 없었다.

그러나 舜과 禹는 그것을 받아서 차지하고는 편안하기가 천하를 원래 소유하고 있었고 그 조상들이 이미 다스린 지 수십 세는 되는 것 같이 하며, 일찍이 그 백성들에게 마땅히 천하를 얻어야 하는 까닭을 설명한 적이 없었고, 또한 일찍이 이로움으로 기쁘게 해준 적도 없었으며, 丹朱와 商均의 불초함을 설명한 일도 없었다. 그 뜻이 천하의 백성이 내가 마땅히 이 자리에 있어야 한다고 생각하는 것이라면, 또한 하늘을 끌어다 神格化하거나 원래 그랬다고 자신을 기리는 것을 기다리지 않을 것

이다.

湯이 桀을 칠 때는 떠들썩하게 그 죄를 짚어가며 사람들에게 알려 "저 사람에게 죄가 있어 내가 그를 치는 것이 마땅하다."고 말하였다. 조금 있다가 또 천하의 백성이 자기를 좋아하지 않는 것을 두려워하여 또 떠들썩하게 말로 그들을 회유하기를 "萬方에 죄가 있으면 나 한 사람에게 책임이 있고, 나 한 사람에게 죄가 있으면 그대들 만방의 사람들과는 상관이 없는 것이오."라 하였는데, 마치 "내가 이렇게 그대들의 임금이 되었으니 그대들은 나를 인정해야 할 따름이다."라 하는 것 같았다. 아! 또한 이미 얼마나 박해졌는가!

武王에 이르러 또한 스스로 말하기를 "그 先祖父가 모두 현저한 공을 세웠으며, 이미 〈그 아버지가〉 天命을 받고 죽었는데 그 大業을 끝내지 못해서 지금 내가 그 뜻을 받들어 군사를 일으켜 동쪽을 치니 동쪽 나라의 남녀가 비단을 묶어 우리를 맞이하고 紂의 병사가 창을 거꾸로 하여 우리를 받아들였다."고 하였다. 아! 또한 심하도다. 마치 "우리 집안이 마땅히 天子가 된 것이 오래되었으니 이렇게 백성들이 내가 속히 商나라로 들어갔으면 하는구나."라 하는 것 같았다.

伊尹이 商나라에 있었던 것은 周公이 周나라에 있었던 것과 같다. 伊尹은 3년간 攝政을 하면서도 한마디도 스스로 해명하는 말을 하지 않았으나, 周公은 그렇게 하면서 紛紛히 그것이 簒奪이 아님을 스스로 알리는 데 급급하였다.

1) 丹朱商均之不肖 : ≪史記≫ 〈五帝本紀〉에서는 "堯는 아들 丹朱가 不肖해서 천하를 이어받기에는 부족하다는 것을 알았기 때문에 이에 權力을 舜에게 넘겨주기로 하였다. 舜에게 帝位를 넘겨주면 천하의 모든 사람들이 이익을 얻고 丹朱만 손해를 보지만, 丹朱에게 제위를 넘겨주면 천하의 모든 사람들이 손해를 보고 丹朱만 이익을 얻는다는 것을 알았던 것이다. 따라서 堯는 '결코 세상 모든 사람들이 손해를 보게 하고 한 사람만 이익을 얻게 할 수는 없다.'고 하며 결국 천하를 舜에게 넘겨주었다."라 하였다.

또 말하기를 "舜의 아들 商均 또한 不肖하여 舜은 미리 하늘에 禹를 천거하고 그 후 17년 만에 세상을 떠났다. 삼년상을 마치자 禹 또한 舜이 堯의 아들에게 양보했던 것처럼 舜의 아들에게 제위를 양보했다. 제후들이 모두 禹에게 복종한 뒤에야 禹는 비로소 天子의 자리에 올랐다."라 하였다.

2) 湯之伐桀也……我伐之宜也 : ≪尙書≫ 〈湯誓〉에 "夏나라 임금은 죄가 있소. 나는 하느님을 두려워하고 있으니 감히 바로잡지 않을 수가 없소. 지금 여러분은 '夏나라의 죄는 어떤 것이오?'라고 말할 것이오. 夏나라 임금은 백성들의 힘을 다 빠지게 하고, 夏나라 고을들을 해치기만 하였소. 백성들은 모두 게으름 피고 협력하지 않으면서 '이 해는 언제나 없어질 것인가? 우리는 너와 함께 망해버렸으면 좋겠다.'고 말하게 되었소."라는 말이 있다.

3) 旣又懼天下之民……無以爾萬方 : ≪尙書≫ 〈湯誥〉에 "나는 하늘과 땅에 죄를 짓고 있는지 몰라 두려워 떨기를 깊은 못에 떨어지는 듯이 하고 있소.……그대들 온 세상에 죄가 있다면 나 한 사람이 책임질 것이나, 나 한 사람에게 죄가 있다면 온 세상 사람들과는 상관도 없는 것이오."라는 말이 있다.

4) 至於武王……倒戈以納我 : ≪尙書≫ 〈武成〉에 "옛 임금(周王의 선조 后稷을 가리킴)께서 나라를 세우시고 땅을 여시었고, 公劉께서는 앞의 많은 공을 두터이 하실 수 있으셨으며, 太王에 이르러 비로소 임금의 공적의 터전을 마련하셨고, 왕께서도 임금 집안일을 부지런히 하셨으며, 나의 文德 많은 아버지 文王은 그분들의 공훈을 이루실 수 있으셨고, 크게 하늘의 명을 받아 온 中和 땅을 어루만지시니, 큰 나라는 그 힘을 두려워하였고 작은 나라는 그 덕을 그리게 되었었소. 이처럼 9년 동안 하셨으나 큰일을 이루지 못하시어 이 小人(武王의 自稱)이 그분의 뜻을 계승한 것이오.……牧 땅의 들에서 만나 싸웠다. 그러나 그쪽 군사들은 전혀 대적하지 않았으니 앞에 있던 무리들이 창을 거꾸로 돌려 戰意가 없음을 보이자, 뒤를 공격하여 패배시켰는데 피가 흘러 절굿공이가 떠다니었다."라는 말이 있다.

5) 伊尹之在商也……其非簒也 : 伊尹의 일은 ≪尙書≫ 〈太甲 上〉에 보이는데 "太甲(湯의 嫡長孫)이 이미 즉위하였으나 명민치 못하여 伊尹은 그를 桐으로 추방하였다. 3년 만에 다시 亳으로 복귀하였다."라 하였다.

周公의 일은 ≪尙書≫ 〈金縢〉에 보이는데 "武王이 돌아가신 뒤에 管叔과 그의 여러 아우들이 나라에 뜬소문을 퍼뜨리기를 '周公은 장차 어린 조카에게 이롭지 않은 짓을 할 것이다.'라 하였는데, 周公은 이에 두 公(太公과 召公)에게 아뢰기를 '내가 피하지 않는다면 나는 우리 옛 임금님들께 아뢸 말이 없게 될 것입니다.'라 하였다."라 하였다.

夫固由風俗之變而後에 用其權하고 權用而風俗成이면 吾安坐而鎭之리니 夫孰知風俗之變而不復反也리오

실로 風俗의 변화에 말미암은 후에 그 權道를 쓰고, 권도를 써서 풍속이 이루어지면 내 편안히 앉아서 그것을 누를 것이니, 대개 누가 풍속이 변하는데도 다시 돌아오지 않음을 알겠는가?

06. 春秋論* ≪春秋≫에 대한 논문

* 전하는 바에 의하면 孔子는 魯나라의 역사에 의거하여 ≪春秋≫를 修訂하였다고 하는데, 魯 隱公 원년(B.C. 721)에서 시작하여 魯 哀公 14년(B.C. 380)에서 끝이 난다.

杜預의 〈春秋序〉에서는 "仲尼(孔子)가 魯나라 史官이 策에 기록한 成文에 의거하여 그 眞僞를 校勘하고 그 典禮를 기록하여 위로는 周公이 남긴 法制를 따르고 아래로는 장래의 法을 밝히셨다. 舊史에 기재된 사건 중에 교훈이 될 만한 점이 있으나 文辭가 교훈을 해친 곳은 그 文段을 삭제하고 시정하여 勸戒의 뜻을 보였다."라 하였다.

≪春秋≫의 敍事는 극히 간략하여 用字를 褒貶으로 삼았다. 孔穎達은 "한 글자로 가상하게 여긴 것은 華袞(王公의 의복)을 주는 것과 같음이 있었고, 한마디 말로 축출하는 것은 蕭斧(刑罰을 시행할 때 쓰는 도끼)로 벰과 다름이 없었다."라 하였다. 司馬遷 역시 "≪春秋≫의 義가 행하여지면 천하의 亂臣賊子들이 두려워한다."고 하였다.

蘇洵의 이 글은 ≪孟子≫ 〈滕文公 下〉의 "≪春秋≫는 天子의 일이다."라 한 설에 근본하였으며, 강하게 褒貶함을 天子의 賞罰에 대신하고 聖人의 權威에서 立論한 것은 廢할 수 없으며, 天子의 地位는 僭稱할 수 없다는 것은 곧 儒者들의 일상적인 論調이다. 그러나 문장의 구사는 首尾가 상응하고 줄줄이 잘 엮어졌으며 침착하면서도 예쁜 것이 다양하여 마침내 천년의 명필이 되었다.

此文은 自謝枋得氏錄之[1)]로 以爲名筆하여 而世之學者遂相傳하여 以爲千年絶論이라 予竊謂老蘇於論六經處에 幷以强詞軋正理니 故로 往

往支離旁斥이나 特其行文은 嫋娜百折하여 似屬烟波耳라

이 문장은 謝枋得氏가 수록해놓은 이래로 名文으로 생각하여 세상의 學者들이 마침내 서로 전하여 千年의 절묘한 論이라 하였다. 내가 가만히 생각건대 老蘇는 ≪六經≫을 논한 곳에서 아울러 강한 말로 바른 이치를 삐걱거리게 하였으므로, 往往 지루하여 두루 배척하였으나 유독 그 문장의 구사는 예쁘장하면서도 백 번이나 꺾이어 기복이 있는 것 같을 따름이다.

1) 謝枋得氏錄之 : 宋나라 謝枋得(1226~1289)은 字가 君直이고 號는 疊山이다. 信州 弋陽 사람으로 ≪文章軌範≫을 지었는데, 이 책에 이 〈春秋論〉을 수록해놓은 것을 가리킨다.

賞罰者는 天下之公也요 是非者는 一人之私也라 位之所在에 則聖人이 以其權으로 爲天下之公하여 而天下以懲以勸하고 道之所在에 則聖人이 以其權으로 爲一人之私하여 而天下以榮以辱하니라 周之衰也에 位不在夫子而道在焉하니 夫子以其權是非天下는 可也라 而春秋엔 賞人之功[1]하고 赦人之罪하며 去人之族[2]하고 絶人之國[3]하고 貶人之爵[4]하며 諸侯而或書其名[5]하고 大夫而或書其字[6]하여 不惟其法이라 惟其意니 不徒曰 此是此非라 而賞罰加焉하니 則夫子固曰 我可以賞罰人矣로다 賞罰人者는 天子諸侯事也라 夫子病天下之諸侯大夫 僭天子諸侯之事하사 而作春秋[7]어시늘 而己則爲之하시니 其何以責天下리오

賞罰은 天下의 公的인 것이고, 是非는 한 개인의 私的인 것이다. 地位가 있는 곳은 곧 聖人이 그 권위를 천하의 공적인 것으로 삼아 天下가 이로써 懲戒되고 이로써 勸勉되며, 道가 있는 곳은 곧 聖人이 그 권위를 한 개인의 사적인 것으로 삼아 天下가 이로써 榮光스럽게 되고 이로써 恥辱스럽게 된다.

周나라가 쇠함에 지위가 夫子(孔子)에 있지 않고 道만 거기에 있었으니, 夫子가 그 권세를 가지고 천하의 是非를 가리는 것은 옳았다.

≪春秋≫에는 남의 공에 상주고 남의 죄를 용서하며 남의 겨레를 없애고 남의 나

라를 끊으며 남의 관작을 폄하하였으며, 諸侯인데 그 이름을 쓰기도 하였고 大夫인데 그 字를 쓰기도 하여, 다만 그 법대로만 한 것이 아니라 오직 그 뜻대로 하였으니, 다만 "이것이 옳고 이것이 그르다."라 하였을 뿐만 아니라 거기에 賞罰을 가한 것이다.

夫子께서 실로 말씀하시기를 "나는 남에게 상줄 수도 있고 벌줄 수도 있다!"라 하였다. 남에게 상주고 벌주는 것은 天子와 諸侯의 일이다. 夫子께서는 천하의 제후와 대부들이 천자와 제후의 일을 참칭하는 것을 병폐로 여겨 ≪春秋≫를 지으셨거늘, 자신이 그렇게 하셨으니 어떻게 천하를 꾸짖겠는가?

1) 賞人之功 : 이를테면 僖公 4년의 "楚나라 屈完이 군영으로 와서 會盟하고 召陵에서 盟約을 맺었다.〔楚屈完來盟于師 盟于召陵〕"는 '楚使屈完'의 '使'자를 생략한 따위와 같다. ≪春秋公羊傳≫에서는 "屈完은 누구인가? 楚나라 大夫이다. 어째서 使라고 칭하지 않았는가? 屈完을 높여서이다. 어째서 屈完을 높였는가? 桓公에 상당하였기 때문이다."라고 해석하였다.
2) 去人之族 : 이를테면 隱公 4년에 "翬가 군사를 거느리고 宋公과 陳侯, 蔡나라 사람, 衛나라 사람과 만나 鄭나라를 쳤다.〔翬帥師會宋公陳侯蔡人衛人伐鄭〕"라 한 것과 같다. 공자 翬는 魯나라 대부로 孔子가 그가 굳이 임금에게 불의를 행하도록 강요한 것을 미워하였으므로 그 겨레를 없애 魯公子라고 하지 않고 바로 그 이름을 불렀다는 것이다.
3) 絶人之國 : 이를테면 昭公 31년의 "邾나라의 黑肱이 濫邑을 가지고 도망쳐 왔다.〔邾黑肱以濫來奔〕"라 한 것과 같다. 黑肱은 邾나라의 大夫인데 邾나라 사람이 濫邑으로 봉한 것이며 天子가 봉한 것이 아니므로 그 나라 이름을 기록하지 않은 것이다.

   ≪春秋左氏傳≫에서는 "겨울에 邾나라의 黑肱이 濫邑을 가지고 도망쳐 왔다. 지위가 낮은데도 이름을 기록한 것은 땅을 중시하였기 때문이다.……땅을 가지고 배반하였으므로 지위가 낮지만 반드시 地名을 기록한 것이다.〔冬 邾黑肱以濫來奔 賤而書名 重地故也……以地叛 雖賤 必書地〕"라 하였다.
4) 貶人之爵 : 莊公 30년의 "齊나라 사람이 戎을 쳤다.〔齊人伐戎〕"와 같은 것이다. ≪春秋公羊傳≫에서는 "이는 齊侯이다. 사람〔人〕이라 칭한 것은 어째서인가? 貶毁하였기 때문이다. 어째서 폄훼하였는가? 子司馬子가 말하기를 '아마

핍박하여 고통스럽게 하였기 때문일 것이다.'라 하였다."고 하였다.

5) 諸侯而或書其名 : 僖公 23년의 "衛侯 燬가 邢나라를 멸했다.〔衛侯燬滅邢〕"와 같은 것이다. 衛나라와 邢나라는 다같이 성이 姬로, 同姓의 나라를 멸하였으므로 이름을 일컬어 죄를 주었다.

6) 大夫而或書其字 : 桓公 23년의 "祭(채)叔이 내빙하였다.〔祭叔來聘〕"와 같은 것이다. 祭叔은 곧 天子의 內臣이므로 제후들과 外交를 할 수 없기 때문에 그 字를 써서 죄준 것이다.

7) 賞罰人者……而作春秋 : ≪孟子≫ 〈滕文公 下〉에 "세상이 쇠하고 道가 미약해져서 부정한 학설과 포학한 행동이 일어났다.……孔子가 〈이를〉 두려워하여 ≪春秋≫를 지으시니, ≪春秋≫는 天子가 하는 일이다.〔世衰道微 邪說暴行有作……孔子懼 作春秋 春秋 天子之事也〕"라는 말이 있다.

位는 **公也**요 **道**는 **私也**라 **私不勝公**이니 **則道不勝位**하고 **位之權**은 **得以賞罰**이니 **而道之權**은 **不過於是非**라 **道在我矣**로되 **而不得爲有位者之事**면 **則天下皆曰 位之不可僭也如此**며 **不然**이면 **天下其誰不曰 道在我**리오 **則是道者**는 **位之賊也**리라 **曰 夫子豈誠賞罰之耶**아 **徒曰賞罰之耳**시니 **庸何傷**이리오 **曰 我非君也**요 **非吏也**라 **執塗之人而告之曰 某爲善 某爲惡**은 **可也**라 **繼之曰 某爲善**일새 **吾賞之**하고 **某爲惡**일새 **吾誅之**라하면 **則人有不笑我者乎**아 **夫子之賞罰**이 **何以異此**리오

地位는 公的인 것이고 道는 私的인 것이며, 사적인 것은 공적인 것을 이기지 못하니 도는 지위를 이기지 못하고, 지위의 권위는 상을 주기도 하고 벌을 주기도 하게 되니 도의 권위는 是非에 불과한 것이다. 도가 나에게 있으되 지위 있는 자의 일을 할 수 없다면 天下에서는 모두 "지위를 僭濫할 수 없는 것이 이와 같다."고 말할 것이며, 그렇지 않다면 天下에 그 누가 "도가 나에게 있다."고 말하지 않겠는가? 그렇다면 이 도는 지위의 적이 되는 것이다.

말하기를 "夫子가 어찌 실로 남을 상주고 벌주셨겠는가? 다만 상을 주고 벌을 준다고 말했을 따름이니, 무엇이 문제이겠는가?"라 하였다. 〈이에 나는 다음과 같이〉 말하였다. "나는 임금도 아니고 관리도 아니다. 그런데 길 가는 사람을 붙잡고 그에게 이르기를 '아무개는 善行을 하고, 아무개는 惡行을 한다.' 하는 것은 옳지만, 이

어서 말하기를 '아무개는 선행을 하므로 내 그에게 상을 주었으며, 아무개는 악하므로 내 그에게 벌을 주었다.'라 한다면 나를 비웃지 않는 사람이 있겠는가? 夫子께서 상주고 벌주는 것이 어찌 이와 다르겠는가?"

然則 何足以爲夫子며 **何足以爲春秋**리오 **曰 夫子之作春秋也**는 **非曰孔氏之書也**요 **又非曰我作之也**라 **賞罰之權**을 **不以自與也**일새 **曰 此**는 **魯之書也**요 **魯作之也**라하며 **有善而賞之**에 **曰魯賞之也**라하시고 **有惡而罰之**에 **曰魯罰之也**라하시니라 **何以知之**오 **曰 夫子繫易**을 **謂之繫辭**요 **言孝**를 **謂之孝經**이라하사 **皆自名之**하시니 **則夫子私之也**요 **而春秋者**는 **魯之所以名史**어늘 **而夫子託焉**하시니 **則夫子公之也**라 **公之以魯史之名 則賞罰之權**이 **固在魯矣**라 **春秋之賞罰**이 **自魯而及于天下**하니 **天子之權也**라 **魯之賞罰**은 **不出境**이어늘 **而以天子之權**을 **與之**는 **何也**오 **曰 天子之權**이 **在周**나 **夫子不得已而以與魯也**시니라 **武王之崩也**에 **天子之位 當在成王**이로되 **而成王幼**하니 **周公以爲天下**에 **不可以無賞罰**이라 **故**로 **不得已而攝天子之位**하사 **以賞罰天下**하여 **以存周室**[1]하시니 **周之東遷也**에 **天子之權**이 **當在平王**이로되 **平王昏亂**[2]이라 **故**로 **夫子亦曰 天下不可以無賞罰**이요 **而魯**는 **周公之國也**니 **居魯之地者**하여 **宜如周公不得已而假天子之權**하여 **以賞罰天下**하여 **以尊周室**이라 **故**로 **以天子之權**을 **與之也**러라 **然則假天子之權**은 **宜如何**오 **曰 如齊桓晉文**이 **可也**니라 **夫子欲魯如齊桓晉文**이나 **而不遂以天子之權與齊晉者**는 **何也**오 **齊桓晉文**은 **陽爲尊周而實欲富彊其國**이라 **故**로 **夫子與其事而不與其心**[3]하시고 **周公**은 **心存王室**하시니 **雖其子孫**이 **不能繼**나 **而夫子思周公而許其假天子之權**하여 **以賞罰天下**라 **其意曰 有周公之心然後**에 **可以行桓文之事**라 **此其所以不與齊晉而與魯也**라 **夫子亦知魯君之才**가 **不足以行周公之事矣**로되 **顧其心**에 **以爲今之天下**에 **無周公 故**로 **至此**라하사 **是故**로 **以天子之權**으로 **與其子孫**하시니 **所以見思周公之意也**시니라

그렇다면 어찌 夫子가 될 수 있을 것이며, 어찌 ≪春秋≫가 될 수 있겠는가? 말하기를 "夫子께서 ≪春秋≫를 지으신 것은 '孔氏의 책이다.'라 한 것이 아니며, 또한 '내가 지었다.'라 한 것이 아니고, 賞罰의 권한을 스스로 자신에게 줄 수가 없는 것

이다."라 하였다. 말하기를 "이는 魯나라의 책이며 魯나라가 지은 것이라 하며 선행을 하여 상을 줄 때는 魯나라가 상을 준 것이고, 악행을 하여 벌을 줄 때는 魯나라가 벌을 내린 것이다."라 하였다.

어떻게 그것을 아는가? 말하기를 "夫子께서 ≪周易≫을 이어 붙인 것을 〈繫辭〉라 하고, 孝를 말한 것을 ≪孝經≫이라 하시어 모두 스스로 이름하셨으니 곧 부자께서 사사로이 그렇게 하신 것이다. 그런데 ≪春秋≫라는 것은 魯나라에서 역사책에 이름을 붙인 것인데 夫子께서 그대로 가탁하였으니 夫子께서 公的으로 그렇게 하신 것이다. 魯나라 역사책의 이름을 공적으로 하신 것이니 상주고 벌주는 권위가 실로 魯나라에 있는 것이다. ≪春秋≫의 상벌이 魯나라에서 천하에 미쳤으니 이는 천자의 권한이다."라 하였다.

魯나라의 賞罰은 國境을 벗어나지 않았는데 天子의 권한을 부여한 것은 어째서인가? 말한다. "天子의 권한은 周나라에 있었으나 夫子가 어쩔 수 없어서 魯나라에 부여한 것이다. 武王이 붕어하자 天子의 지위는 마땅히 成王에 있어야 하나 成王이 어려서 周公이 천하에 상벌이 없을 수 없다고 생각하였으므로, 어쩔 수 없이 천자의 지위를 攝行하시어 천하에 상벌을 행함으로써 周나라 王室을 보존한 것이다. 周나라가 동쪽으로 天道를 함에 天子의 권한은 마땅히 平王에게 있어야 하나 平王이 昏亂하므로 夫子가 또한 말하기를 '天下에 상벌이 없을 수는 없다. 그런데 魯나라는 周公의 나라이며, 魯나라의 땅에 사는 자는 마땅히 周公과 같이 어쩔 수 없이 天子의 권한을 빌려 天下에 상벌을 행하여 周나라 왕실을 높여야 하므로 천자의 권한을 그에게 준 것이다.'라 하였다."

그렇다면 天子의 권한을 빌리는 것은 마땅히 어떻게 하여야 하는가? 말한다. "齊 桓公이나 晉 文公처럼 하면 된다." 夫子께서 魯나라가 齊 桓公이나 晉 文公과 같이 되었으면 하였으나 마침내 천자의 권한을 齊나라와 晉나라에게 주지 않음은 어째서인가? "齊 桓公과 晉 文公은 겉으로는 周나라를 높인다 하고 실은 그 나라를 부강케 하고자 하였다. 그러므로 夫子께서는 그 일은 인정하셨으나 그 마음은 인정하지 않으셨으며, 周公은 마음이 王室에 있었으니 그 子孫들이 이을 수는 없었지만 夫子께서는 周公을 생각하여 그가 천자의 권한을 빌려 천하에 상벌을 가할 것을 허락하신 것이다. 그 뜻은 '周公의 마음을 가진 다음이라야 桓公과 文公의 일을 행할 수 있다.'

는 것이다. 이것이 齊나라와 晉나라에 주지 않고 魯나라에 준 까닭이다. 夫子 또한 魯나라 임금의 재주가 周公의 일을 행하기에는 부족하다는 것을 아셨으나, 다만 마음속으로 지금 천하에는 周公이 없었기 때문에 여기에 이른 것이라고 여기신 것이다. 그렇기 때문에 천자의 권한을 그 자손에게 주신 것이니 이는 周公을 생각하는 뜻을 드러낸 것이다."

1) 武王之崩也……以存周室 : ≪禮記≫ 〈明堂位〉에 "武王이 崩하자 成王이 너무 어려서 周公이 天子의 자리에 앉아 천하를 다스렸다. 6년에 제후들을 明堂에 모아 조회하게 하여 禮樂을 제정하고 度量衡을 頒布하니 천하가 이를 따랐다.〔武王崩 成王幼弱 周公踐天子之位以治天下 六年 朝諸侯於明堂 制禮作樂 頒度量 而天下大服〕"는 말이 있다.
2) 周之東遷也……平王昏亂 : ≪史記≫ 〈周本紀〉에 "〈犬戎이 幽王을 죽이자〉 제후들이 곧 申侯에게 가서 幽王의 원래 太子였던 宜臼를 옹립하니 그가 平王으로 周나라의 제사를 받들었다. 平王은 즉위하자 戎寇를 피해서 雒邑으로 東遷하였다. 平王 때 周나라 왕실은 쇠약해졌고 제후들 가운데는 강한 나라가 약한 나라를 겸병하였다. 齊·楚·秦·晉이 강대해지기 시작하였고, 정권은 方伯에게서 좌우되었다."라는 말이 있다.
3) 齊桓晉文……夫子與其事而不與其心 : 이 말은 ≪史記≫ 〈管晏列傳〉의 "管仲은 세상에서 이른바 賢臣이지만 孔子는 그를 小人이라고 하였다. 어찌 周 王朝가 쇠락한 상황에서 齊 桓公이 賢人이었음에도 불구하고 그를 도와 王道를 실행하지 않고 다만 諸侯 중에서 霸者로서의 이름만 떨치게 하였는가?"라 한 말에서 기인한다.

   管仲이 齊 桓公을 보좌하여 周나라를 높이는 것을 명분으로 富國强兵에 힘써 霸業을 이룸을 실질로 삼은 것을 작게 여긴 것이다. 그러나 ≪論語≫ 〈憲問〉을 살펴보면 孔子는 이미 管仲을 어질다고 인정하고는 또 말하기를 "晉 文公은 속이고 바르지 않았으며, 齊 桓公은 바르고 속이지 않았다.〔晉文公譎而不正 齊桓公正而不譎〕"라 하였으니, 孔子가 그 마음을 인정하지 않은 것은 곧 晉 文公이지 齊 桓公이 아니다.

   齊 桓公과 晉 文公을 모두 인정하지 않은 것은 곧 孟子이니, ≪孟子≫ 〈梁惠王 上〉에서는 "仲尼의 門徒들 가운데 齊 桓公과 晉 文公의 일을 말한 자가 없

다.〔仲尼之徒無道桓文之事者〕"라 하였고, 또 〈告子 下〉에서는 "五霸는 諸侯를 이끌어 諸侯를 정벌하였다. 그러므로 내가 五霸는 三王의 죄인이라고 말하는 것이다.〔五霸者 摟諸侯以伐諸侯者也 故曰 五霸者 三王之罪人也〕"라 하였다.

司馬遷과 蘇洵이 달리 근거한 것이 있었던가? 아니면 검토를 하지 않은 잘못인가? 생각건대 겉으로 周나라를 높인 일은 齊 桓公이 제후들을 이끌고 蔡나라를 쳐서 蔡나라가 붕괴되자 마침내 楚나라를 정벌한 것 같은 일이다. 楚 成王이 군사를 일으켜 묻자 管仲이 대답하기를 "楚나라가 周 王室에 包茅를 바치지 않아 왕의 제사가 갖추어지지 않자 이를 꾸짖은 것입니다. 〈周나라〉 昭王이 南征하여 돌아오지 않았으므로 와서 물을 것입니다."라 하였다.

晉 文公이 막 즉위하자 周王의 아우인 帶가 난을 일으켜 秦나라가 河上에 주둔하여 周나라에 쳐들어가려고 하였다. 趙衰(최)가 말하기를 "霸者가 되려면 周나라를 높이는 것만 한 일이 없습니다. 周나라는 晉나라와 같은 姓인데 晉나라가 먼저 왕을 들이지 않고 秦나라로 하여금 들이게 한다면 천하를 호령할 수 없을 것입니다. 지금 왕을 높이는 것이 晉나라의 바탕이 될 것입니다."라 하였다. 晉나라는 곧 군사를 일으켜 襄王을 周나라에 들이고 왕의 아우 帶를 죽였다.

吾觀 春秋之法은 **皆周公之法**이요 **而又詳內而略外**[1)]며 **此其意欲魯法周公之所爲**요 **且先自治而後治人也明矣**라 **夫子嘆禮樂征伐**이 **自諸侯出**하여 **而田常**[2)]**弑其君**에 **則沐浴而請討**러라 **然則天子之權**을 **夫子固明以與魯也**시니라 **子貢之徒**는 **不達夫子之意**하고 **續經而書孔丘卒**[3)]이라하니라 **夫子旣告老矣**에 **大夫告老而卒不書**어늘 **而夫子獨書**라 **夫子作春秋**는 **以公天下**시니 **而豈私一孔丘哉**리오 **嗚呼**라 **夫子以爲魯國之書**어늘 **而子貢之徒**는 **以爲孔氏之書也歟**인저

내가 살펴보건대 ≪春秋≫의 법은 모두 周公의 법이고 또한 안을 상세히 하고 밖은 소략하게 하였으니, 이는 그 뜻이 魯나라가 周公이 한 것을 본받고 또한 먼저 스스로를 다스린 후에 남을 다스리고자 한 것임이 분명하다. 夫子는 禮樂과 征伐이 諸侯에게서 나온 것을 탄식하시어 田常이 그 임금을 죽이자 沐浴齋戒하고 토벌할 것을 청하였다. 그러니 天子의 권한은 夫子께서 실로 분명히 魯나라에 주신 것이다.

子貢의 무리들은 夫子의 뜻을 이해하지 못하고 經文을 이어 "孔丘가 죽었다."고 기록하였다. 夫子께서 이미 告老하셨으며, 大夫가 告老하고 죽으면 쓰지 않는데 夫子만 유독 기록되었다. 夫子께서 ≪春秋≫를 지으신 것은 천하를 공변되게 하신 것이지 어찌 孔丘 한 사람만 사사로이 한 것이겠는가? 아아! 夫子께서는 魯나라의 책으로 삼으셨는데, 子貢의 무리는 孔氏의 책으로 삼은 것이로다.

1) 詳內而略外 : ≪春秋公羊傳≫ 成公 15년에 "≪春秋≫는 魯나라를 안으로 여기고 諸夏를 바깥으로 여겼으며, 諸夏를 안으로 여기고 夷狄을 바깥으로 여겼다. 王者가 천하를 통일하려 하면서 어째서 안팎이라는 말로 말하였는가? 가까운 곳에서 시작한다는 것을 말한 것이다.〔春秋 內其國而外諸夏 內諸夏而外夷狄 王者欲一乎天下 曷爲以外內之辭言之 言自近者始也〕"라 하였다.

2) 田常 : 齊나라 大夫 陳成子로 뒤에 성을 田으로 고쳤으며 군주인 簡公을 시해하였다. 이에 孔子는 목욕재계하고 그를 토벌할 것을 청하였는데, ≪論語≫ 〈憲問〉에 "陳成子가 簡公을 시해하자, 孔子께서 목욕하고 조회하시어 哀公에게 아뢰기를 '陳恒이 군주를 시해하였으니, 토벌하소서.'라고 하였다.〔陳成子弑簡公 孔子沐浴而朝 告於哀公曰 陳恒弑其君 請討之〕"라는 기록이 보인다.

3) 子貢之徒……續經而書孔丘卒 : ≪春秋≫에서 원래 孔子의 經文은 "魯哀公十四年 西狩獲麟"까지인데, 2년 후에 孔子가 별세하자 子貢 등이 經文을 더 이어서 "十六年夏四月己丑孔丘卒"까지로 연장하였으므로 이렇게 말한 것이다.

遷固之史는 **有是非而無賞罰**하니 **彼亦史臣之體宜爾也**라 **後之效夫子作春秋者**는 **吾惑焉**이로라 **春秋**에 **有天子之權**하니 **天下有君**이면 **則春秋**를 **不當作**이요 **天下無君**이면 **則天子之權**을 **吾不知其誰與**러라 **天下之人**이 **烏有如周公之後之可與者**리오 **與之而不得其人則亂**이요 **不與人而自與則僭**이요 **不與人不自與**하여 **而無所與則散**이라 **嗚呼**라 **後之春秋**[1]는 **亂邪**아 **僭邪**아 **散邪**아

司馬遷과 班固의 역사책에는 是非는 있어도 賞罰은 없으니, 저 또한 史官의 文體로 타당한 것이다. 나중에 夫子를 본받아 ≪春秋≫를 짓는 자들에 대해서는 내가 의혹을 가진다.

≪春秋≫에는 天子의 권한이 있으니 天下에 임금이 있으면 ≪春秋≫를 지어서는

안 되며, 天下에 임금이 없으면 天子의 권한을 내 누구에게 줄지 모르겠다. 그러니 天下의 사람들이 어찌 周公의 後孫과 같이 줄 만한 자가 있겠는가?

주면서도 그 사람을 얻지 못하면 어지럽게 되고, 남에게 주지 않고 자기에게 주면 僭濫하게 되며, 남에게 주지도 않고 자기에게도 주지 않아 줄 곳이 없으면 散漫하게 된다. 아아! 나중의 ≪春秋≫는 어지러운가? 참람한가? 산만한가?

1) 後之春秋 : 후세의 '春秋'를 제목으로 삼은 책들. 이를테면 ≪晏子春秋≫, ≪吳越春秋≫, ≪呂氏春秋≫ 따위를 가리킨다.

荊川曰 只是一事問答이 纏聯到底라

荊川(唐順之)이 말하기를 "다만 한 가지 일의 問答이 끝까지 얽히고 이어졌다."라 하였다.

愚謂 孔子非思周公而與魯以天子之權이오 蓋當是時諸侯之國竝各有史라 孔子는 魯大夫也니 故로 得以遍觀魯之史하여 因其編年紀事之文으로 而繫之以賞罰功罪之權하여 以補王政之缺하니 垂敎萬世耳라 使孔子而晉大夫라면 謂晉之乘可也니라

내 생각에 孔子는 周公을 생각하여 魯나라에 天子의 권한을 준 것이 아니고, 대개 이때 諸侯의 나라는 모두 각기 史書가 있었다. 孔子는 魯나라의 大夫이므로 魯나라의 역사를 두루 살펴볼 수 있어서, 그 編年記事의 문장으로 功에는 상을 주고 罪에는 벌을 주는 권한으로 이어서 王政에서 결핍된 것을 보완하니 만세에 교훈을 드리웠을 따름이다. 만약 孔子가 晉나라의 大夫였다면 晉나라의 ≪乘≫이라 하여도 되었을 것이다.

宋大家蘇文公文抄 卷5

論

01. 史論序* 〈歷史에 대한 논문〉의 서문

* 序는 ≪嘉祐集≫ 원문에는 引으로 되어 있다. 雷太簡의 〈上韓忠獻書〉에 의하면 蘇洵의 〈史論〉은 또한 皇祐 3(1051), 4년에서 嘉祐 원년(1056) 봄 사이에 지어졌다. 서문에서는 먼저 左丘明과 司馬遷, 班固를 들고, 다음으로는 范曄과 陳壽를 들었으며, 다음으로는 비견할 만한 사람이 없다고 하여 역사를 편수하는 어려움을 밝혔다.

老泉史論三篇은 頗得史家之髓하니 故幷存之니라 三篇當合看이니라

老泉의 〈史論〉 3篇은 史家의 정수를 자못 터득하였으므로 함께 남겨 둔다. 3편은 합하여 보아야 한다.

史之難其人은 久矣라 魏晉宋齊梁隋間에 觀其文하니 則亦固當然也라 所可怪者는 唐三百年文章이 非三代兩漢無敵하여 史之才도 宜有如丘明遷固[1]輩나 而卒無一人可與范曄陳壽[2]比肩이니라 巢子之書는 世稱其詳且博이나 然이나 多俚辭俳狀[3]이요 使之紀事면 將復甚乎其嘗所譏誚者니라 唯子餗例[4]爲差愈라 吁라 其難而然哉라 夫知其難이니 故로 思之深하고 思之深이 故로 有得이 因作史論三篇이니라

歷史가 그 사람을 어렵게 한 지가 오래되었다. 魏·晉·宋·齊·梁·隋나라 연간에는 그 文章을 보니 또한 실로 당연하였다. 이상한 것은 唐나라 300년의 文章은 三代와 兩漢이 아니면 대적할 것이 없어서, 史官의 재능으로 응당 左丘明이나 司馬遷, 班固 같은 무리가 있어야 할 것이나 끝내 范曄이나 陳壽에 比肩될 만한 사람조차 하나 없다.

巢子(劉知幾)의 책은 세상에서 상세하고도 넓다고 하지만 속된 말과 우스꽝스런 모습이 많으며, 그로 하여금 일을 기록하게 한다면 장차 다시 그가 일찍이 나무라고 꾸짖은 것보다 더 심하게 될 것이다. 오직 그 아들인 餗의 ≪史例≫만이 조금 낫다. 아! 그것은 아마 어려워서 그럴 것이다. 대체로 그 어려움을 알기 때문에 생각을 깊이 하였고, 생각을 깊이 하였기 때문에 얻는 것이 있었다. 이에 〈史論〉 3편을 짓는다.

1) 丘明遷固 : 左丘明은 ≪春秋左氏傳≫을 지었고, 司馬遷은 ≪史記≫를 지었고, 王固는 ≪漢書≫를 지었다.
2) 范曄陳壽 : 范曄은 ≪後漢書≫를 지었고, 陳壽는 ≪三國志≫를 지었다.
3) 巢子之書……然多俚辭俳狀 : 劉知幾(661~721)의 자는 子玄이다. 唐나라 高宗에서 玄宗 때까지 20여 년 동안 史官을 역임하였다. 巢縣에서 살았으므로 巢子라고 하였다. ≪唐書≫ 本傳에 의하면 처음에 劉知幾가 ≪武侯實錄≫을 편수하고 개정한 것이 있었으나 武三思 등이 허락하지 않았다. 스스로 임용은 되었으나 뜻을 이루지 못하였다고 생각하여, 이에 ≪史通≫ 내외편 49편을 지어 고금의 역사를 譏評하였다.
4) 唯子餗例 : 餗은 곧 劉知幾의 次子로 天寶 초년에 集賢殿學士로 知史官을 겸하고 있었다. 例는 劉餗이 지은 ≪史例≫이다. ≪新唐書≫ 〈劉子玄傳〉에 부록된 〈劉餗傳〉에서는 "父子 세 사람이 번갈아 史官職에 임하였으며, ≪史例≫를 지었는데 자못 법도가 있었다."라 하였다. ≪新唐書≫ 〈藝文志〉에 의하면 劉餗의 ≪史例≫는 모두 3권이다.

02. 史論 上* 歷史에 대한 논문 上

* 이 글은 經과 史는 서로 따르지 않는다는 것을 논하였다. 곧 經은 道와 法을 뛰어난 것으로 여기고 史는 事實과 文辭를 뛰어난 것으로 여기며, 經은 史를 따라 그 褒貶을 증명하고 史는 經에 의거하여 그 輕重을 헤아리며, 經은 곧 常法이며 史는 곧 實錄이라는 것이다. 그러나 그 쓰임은 실로 서로 바탕으로 삼으니 곧 그 뜻은 모두 小人이 일을 짓는 것을 근심하고, 그 쓰임은 또한 經史가 겸하여 가지고 있는 것이다. 全文은 經史를 짝지어 들고 둘씩 내려가며

서로 發明하고 있다.

經史幷言하니 是對客論主라

經과 史를 함께 말하였으니 손님에게 주인의 주장을 논한 것이다.

史는 何爲而作乎아 其有憂也[1)]니라 何憂乎아 憂小人也니라 何由知之오 以其名知之니라 楚之史曰檮杌이라하니 檮杌은 四凶之一也[2)]라 君子不待褒而勸이요 不待貶而懲이라 然則史之所懲勸者는 獨小人耳니라 仲尼之志大하니 故로 其憂愈大요 憂愈大라 故로 其作愈大니라 是以로 因史修經이니 卒之에 論其效者는 必曰 亂臣賊子懼[3)]라하니라 由是史與經이 皆憂小人而作이니 其義一也라

歷史는 무엇 때문에 짓는가? 아마 근심이 있어서일 것이다. 무슨 근심인가? 小人을 근심함이다. 무슨 이유로 그것을 아는가? 그 이름으로 안다. 楚나라의 역사를 ≪檮杌≫이라고 한다. 檮杌은 四凶의 하나이다. 君子는 褒揚을 기다리지 않고 激勵하며, 貶毁를 기다리지 않고 懲罰한다. 그렇다면 역사가 징계하고 격려하는 것은 다만 소인일 따름이다.

仲尼의 뜻이 컸으므로 그 근심이 더욱 컸으며, 근심이 더욱 컸으므로 지음이 더욱 컸다. 그런 까닭으로 역사를 통하여 經書를 편수하였는데, 그것을 끝내자 그 효과를 논하는 자들이 반드시 말하기를 "亂臣賊子들이 두려워하였다."라 하였다. 이로 말미암아 역사와 경서는 모두 소인을 근심하여 지었는데 그 뜻은 마찬가지이다.

1) 史何爲而作乎 其有憂也 : 司馬遷의 〈報任安書〉에서는 "이런 사람들은 모두 마음속에 울분을 가지고 자신의 뜻을 실현할 수 없었기 때문에 지난 일을 서술하여 후세 사람이 자신의 뜻을 알아주기를 생각하였다."라 하였는데, "마음속에 울분을 가지고 있다.〔意有所鬱結〕"는 것이 곧 蘇洵이 이른바 "근심이 있어서일 것이다."라는 것의 근거이다.

2) 楚之史曰檮杌 檮杌四凶之一也 : ≪春秋左氏傳≫ 文公 18년에 "檮杌은 顓頊의 될성싶지 않은 자식〔不才子〕이다."라고 하였고, 또 "舜은 四凶인 渾敦, 窮奇, 檮杌, 饕餮을 유배시켰다."라고 하였다. ≪孟子≫ 〈離婁 下〉에는 "晉나라의 ≪乘≫, 楚

나라의 ≪檮杌≫, 魯나라의 ≪春秋≫는 마찬가지이다."라는 말이 수록되어 있으니, 楚나라는 檮杌을 史書의 이름으로 삼은 것이며, 이는 小人을 懲勸하기 위함이다.

3) 仲尼之志大……必曰亂臣賊子懼 : ≪孟子≫ 〈滕文公 下〉에 보인다.

其義一이요 **其體二**이니 **故**로 **曰史焉**이요 **曰經焉**이라 **大凡文之用四**니 **事以實之**요 **辭以章之**요 **道以通之**요 **法以檢之**니 **此經史所兼而有之者也**라 **雖然**이나 **經以道法勝**하고 **史以事辭勝**이라 **經不得史**면 **無以證其褒貶**이요 **史不得經**이면 **無以酌其輕重**이며 **經非一代之實錄**이요 **史非萬世之常法**이라 **體不相沿**이나 **而用實相資焉**이라

그 뜻은 하나이고 그 體는 둘이기 때문에 그것을 '史'라 하고 '經'이라고 한다. 대체로 文의 쓰임은 네 가지인데, 事實로 眞實을 드러내고, 文辭로 文彩를 드러내고, 道로 통하게 하며, 法으로 規範을 드러내니, 이는 經과 史가 겸하여 가지고 있는 것이다.

비록 그러하지만 經은 道와 法을 뛰어난 것으로 여기고, 史는 事實과 文辭를 뛰어난 것으로 여긴다. 經이 史를 얻지 않으면 그 褒貶을 증명할 방법이 없고, 史가 經을 얻지 못하면 그 輕重을 짐작할 방법이 없으며, 經은 一代의 實錄이 아니고 史는 만세의 常法이 아니다. 體는 서로 따르지 않지만 用과 實은 서로 바탕으로 삼는다.

夫易禮樂詩書에 **言聖人之道與法詳矣**나 **然**이나 **弗驗之行事**니라 **仲尼懼後世以是爲聖人之私言**이라 **故**로 **因赴告策書以修春秋**[1]하여 **旌善而懲惡**이니 **此經之道也**라 **猶懼後世以爲己之臆斷**이라 **故**로 **本周禮以爲凡**이니 **此經之法也**[2]라 **至於事則擧其略**이요 **辭則務於簡**이라 **吾故曰 經以道法勝**이라 **史則不然**이 **事旣曲詳**하니 **辭亦夸耀**하여 **所謂褒貶**은 **論贊之外無幾**[3]라 **吾故曰 史以事辭勝**이라하니라

대체로 ≪周易≫, ≪禮記≫, ≪樂記≫, ≪詩經≫, ≪書經≫에서 聖人의 道와 法을 말한 것은 상세하지만 行事로 그것을 證驗하지 않았다. 仲尼는 후세에서 이것을 聖人의 사사로운 말로 생각할까 두려워하였으므로, 赴告와 策書에 따라 ≪春秋≫를 편수하여 善을 격려하고 惡을 징계하였는데 이것이 經의 道이다. 그래도 후세에서

자기가 臆斷한 것으로 생각할까 두려워하였으므로 ≪周禮≫에 근본함을 大要로 삼았는데, 이것이 經의 法이다.

事實에 이르면 그 대략을 들고 文辭는 간략함에 힘쓴다. 내 그러므로 말하기를 "經은 道와 法을 뛰어난 것으로 여긴다."라 하였다. 역사는 그렇지 않으니, 事實은 이미 상세하고 文辭 또한 화려하고 아름다워 이른바 褒貶은 '論贊' 외에는 거의 없다. 내 그러므로 말하기를 "역사는 사실과 문사를 뛰어난 것으로 여긴다."라 하였다.

1) 故因赴告策書以修春秋 : '赴'는 '訃'와 뜻이 통하고, '策'은 '冊'과 뜻이 통한다. 〈春秋左氏傳序〉에서는 "周나라의 德이 衰頹하자 史官이 그 직책을 제대로 수행하지 못하고 위에 있는 사람(임금)도 〈勸戒와 褒貶 같은〉 ≪春秋≫의 大義를 밝히지 못하여, 赴告·策書와 모든 記注가 대부분 옛 法度와 어긋나게 되었다. 仲尼가 이에 魯나라의 史官이 책에 기록한 成文에 의거하여 그 眞僞를 校勘하고 그 典禮를 기록하였다."라 하였다. 孔穎達은 "凶事를 赴라 하고, 다른 일은 告라고 한다."라 하였다.

2) 本周禮以爲凡 此經之法也 : 〈春秋左氏傳序〉에서는 또한 "≪춘추좌씨전≫에 '凡'자를 써서 例를 말한 것들은 모두 나라를 다스리는 不變의 制度와 周公이 전한 법과 史書의 옛 典章을 仲尼가 그대로 따라 編修하여 ≪春秋≫ 一經의 通體로 이루었다."라 하였다.

3) 史則不然……論贊之外無幾 : 劉知幾의 ≪史通≫ 〈六家〉에서는 ≪史記≫를 평하여 "그 기록한 말은 모두 褒貶하는 말이 드물고 黜陟의 일이 적으므로, 司馬遷이 이른바 整齊한 故事일 따름이니 어찌 ≪春秋≫에 비견하겠는가?"라 하였다.

使後人不知史而觀經이면 則所褒莫見其善狀이요 所貶弗聞其惡實이라 吾故曰 經不得史면 無以證其褒貶이라 使後人不通經而傳史면 則稱讚不知所法하고 懲勸不知所沮라 吾故曰 史不得經이면 無以酌其輕重이라하니라

後人들로 하여금 歷史를 알지 못하고 經을 보게 한다면 褒揚한 것에서 그 좋은 모습을 보지 못하고 貶毁한 것에서 그 나쁜 실상을 듣지 못한다. 내 그러므로 말하기를 "經이 歷史를 얻지 못하면 그 褒貶을 증명할 방법이 없다."라 하였다. 後人들로

하여금 經에 통하지 않고 歷史를 전하게 한다면 稱讚을 본받을 줄 모르고 懲勸을 그만둘 줄 모른다. 내 그러므로 말하기를 "歷史가 經을 얻지 못하면 그 輕重을 헤아릴 길이 없다."고 하였다.

經或從僞赴而書[1]하고 **或隱諱而不書**[2]라 **若此者衆**한대 **皆適於敎而已**라 **吾故曰 經非一代之實錄**이라 **史之一紀一世家一傳**에 **其間美惡得失**은 **固不可以一二數**니라 **則其論贊數十百言之中**에 **安能事爲之貶褒**하여 **使天下之人**으로 **動有所法如春秋哉**아 **吾故曰 史非萬世之常法**이라하니라

經은 혹 거짓 赴告를 따라 기록하기도 하였고, 혹 꺼리는 것을 숨기고 기록하지 않기도 하였다. 이와 같은 것은 많은데 모두가 '가르침'으로 나아갈 따름이다. 내 그러므로 말하기를 "經은 一代의 實錄이 아니다."라고 하였다. 歷史의 한 紀와 한 世家, 한 傳에 있는 그 사이의 美惡과 得失은 실로 일일이 헤아릴 수 없다. 곧 그 論贊 數十百 言 가운데 어찌 事爲를 褒貶하여 천하 사람들로 하여금 ≪春秋≫처럼 본받게 할 수 있겠는가? 내 그래서 말하기를 "歷史는 萬世의 常法이 아니다."라 하였다.

1) 經或從僞赴而書 : 이를테면 鄭나라 公子 騑가 임금인 僖公을 죽이고 제후들에게 寢疾로 죽었다고 부고하였는데, ≪春秋≫에서는 다만 "僖公이 죽었다.〔僖公卒〕"로 기록한 것 같은 따위이다.

2) 或隱諱而不書 : 이를테면 齊 威王이 項을 멸하였는데 ≪春秋≫에서는 꺼리어 기록하지 않은 따위이다. ≪春秋公羊傳≫ 閔公 원년에 "≪春秋≫는 높은 자를 꺼리며, 친한 자를 꺼리고, 현명한 자를 꺼린다."는 말이 있다.

夫規矩準繩은 **所以制器**니 **器所待而正者也**라 **然而不得器**면 **則規無所效其圓**이요 **矩無所用其方**이요 **準無所施其平**이요 **繩無所措其直**이니라 **史待經而正**이며 **不得史則經晦**니라 **吾故曰 體不相沿**이나 **而用實相資焉**이라하니라

대체로 그림쇠, 曲尺, 水準器, 먹줄은 器物을 제어하는 것이니, 기물이 이에 의지하여 바르게 되는 것이다. 그러나 기물을 얻지 못하면 그림쇠는 圓을 그릴 때 아무 효과가 없고, 곡척은 方形을 만들 때 소용이 없으며, 수준기는 평평하게 할 때 베풀

곳이 없고, 먹줄은 곧게 할 때 쓸 곳이 없게 될 것이다. 歷史는 經을 기다려 바르게 되니, 歷史를 얻지 못하면 經은 어두워질 것이다. 내 그러므로 말하기를 "體는 서로 따르지 않지만 用과 實은 서로 바탕으로 삼는다."라고 하였다.

噫라 **一規一矩一準一繩**으로도 **足以制萬器**니라 **後之人其務希遷固實錄可也**라 **愼無若王通陸長源輩**가 **囂囂然冗且僭**이면 **則善矣**[1]라

아, 하나의 그림쇠, 하나의 曲尺, 하나의 水準器, 하나의 먹줄로 충분히 모든 기물을 제어할 수 있다. 후대의 사람들이 司馬遷과 班固의 실록을 바라는 데 힘쓴 것은 옳다. 실로 王通과 陸長源 같은 무리들이 야단스레 쓸데없고 참람되이 한 것은 없었다면 좋았을 것이다.

1) 後之人其務希遷固實錄可也……則善矣 : ≪漢書≫ 〈司馬遷傳〉에서는 "그 文章은 곧았고 그 일은 核心을 파악했으며 아름다움을 비우지 않았고 惡을 숨기지 않았으므로 實錄이라고 하는 것이다."라 하였다. ≪史記≫와 ≪漢書≫를 實錄이라 하는 것은 여기서 기인한다.

隋나라 王通의 자는 仲淹인데 일찍이 ≪元經≫을 지어 ≪春秋≫를 이었으며, 唐나라 陸長源의 자는 泳之로 일찍이 ≪唐春秋≫를 지었는데, 모두 無益하고 雜駁하여 史書의 체례에 어긋난다.

03. 史論 中* 歷史에 대한 논문 中

* 이 글은 ≪史記≫와 ≪漢書≫가 비록 事實과 文辭를 뛰어난 것으로 여기고 있지만, 또한 孔子의 經을 닦는 道와 法의 遺意를 겸하고 있음을 논하였다.

分段議論體니 **古人讀史**에 **刻畫如此**라

단락을 나누어 議論한 體이니, 옛사람들이 歷史를 읽음에 새김질을 하는 것이 이와 같았다.

遷固史雖以事辭勝이나 **然**이나 **亦兼道與法而有之**하니 **故**로 **時得仲尼遺意焉**이니라

吾今擇其書에 **有不可以文曉**요 **而可以意達者四**니 **悉顯白之**리라 **其一曰隱而彰**이요 **其二曰直而寬**이요 **其三曰簡而明**이요 **其四曰微而切**이니라

司馬遷과 班固의 歷史가 비록 事實과 文辭를 뛰어난 것으로 여기기는 하지만, 또한 道와 法도 겸하여 가지고 있기 때문에 이따금 仲尼가 남긴 뜻을 얻었다. 내가 지금 그 책을 택하면서 文으로는 밝힐 수가 없고 뜻으로 이를 수 있는 것이 네 가지가 있는데 모두 드러내어 말한다. 첫째는 "숨기면서도 밝히는 것"이고, 둘째는 "곧으면서도 너그러운 것"이며, 셋째는 "간단하면서도 명료한 것"이고, 넷째는 "작으면서도 절실한 것"이다.

遷之傳廉頗也에 **議救閼與之失不載焉**이나 **見之趙奢傳**[1]이요 **傳酈食**(이)**其也**에 **謀撓楚權之謬不載焉**이나 **見之留侯傳**[2]이라 **固之傳周勃也**에 **汗出洽背之恥不載焉**이나 **見之王陵傳**[3]이요 **傳董仲舒也**에 **議和親之疏不載焉**이나 **見之匈奴傳**[4]이라 **夫頗食其勃仲舒**는 **皆功十而過一者也**라 **苟列一以疵十**이면 **後之庸人**이 **必曰 智如廉頗**요 **辯如酈食其**요 **忠如周勃**이요 **賢如董仲舒**에 **而十功不能贖一過**라하니 **則將苦其難而怠矣**리라 **是故**로 **本傳晦之**하고 **而他傳發之**니 **則其與善也**가 **不亦隱而彰乎**아

司馬遷은 廉頗의 傳을 지으면서 閼與를 구할 것을 의논하는 실수를 기록하지 않았는데 〈趙奢傳〉에 보이며, 酈食其의 전을 지으면서 楚나라의 권세를 어지럽힐 것을 모의하는 잘못을 기록하지 않았는데 〈留侯傳〉에 보인다.

班固는 周勃의 전을 지으면서 땀이 흘러 등을 흠뻑 적신 치욕을 기록하지 않았는데 〈王陵傳〉에 보이며, 董仲舒의 전을 지으면서 和親을 의논하는 疏를 기록하지 않았는데 〈匈奴傳〉에 보인다.

저 廉頗, 酈食其, 周勃, 董仲舒는 모두 功은 열 가지이고 過는 하나인 사람들이다. 실로 하나를 들어 열 가지 흠을 낸다면 후세의 용렬한 사람들은 반드시 "智慧가 廉頗와 같고, 辯說이 酈食其와 같고, 忠誠이 周勃과 같으며, 賢明하기가 董仲舒와 같은데 열 가지 공이 하나의 과실을 속죄하지 못하는구나."라 할 것이니, 그 어려움을 괴로워하면서도 업신여기게 될 것이다. 그런 까닭에 本傳에서는 그런 사실들을

숨기고 타인의 전에서 그것을 밝혔으니, 훌륭한 점을 칭찬한 것이 또한 은미하면서도 드러난 것이 아니겠는가?

1) 遷之傳廉頗也……見之趙奢傳 : ≪史記≫ 〈趙奢傳〉에는 秦나라가 韓나라를 치면서 閼與(지금의 山西 和順)에 주둔하는 일이 기록되어 있다. 〈趙나라〉 왕이 廉頗를 불러서 묻기를 "구할 수 있겠는가?"라 하자, 대답하기를 "길이 멀고 좁고 험하여 구하기가 어렵습니다."라 하였다. 또 趙奢를 불러서 묻자 趙奢가 대답하기를 "길이 멀고 좁고 험한 것은 비유컨대 쥐 두 마리가 구멍에서 싸우는 것과 같으니 용감한 자를 데리고 가면 이길 수 있습니다."라 하였다. 왕이 이에 趙奢에게 명하여 구원하게 하여 마침내 閼與의 포위를 풀었다. 〈趙奢傳〉은 ≪史記≫ 〈廉頗藺相如列傳〉에 붙어 있다.
2) 傳酈食(이)其也……見之留侯傳 : 漢나라 3년에 項羽가 滎陽에서 漢王(劉邦)을 급히 포위하자 漢王이 두려워하여 酈食其와 함께 모의하여 六國의 후예들을 복위시켜 楚나라의 힘을 약화시키자고 하니 漢王이 좋다고 하였다. 張良이 와서 뵈었는데 漢王은 마침 식사를 하면서 酈食其의 계책을 알려주었다. 張良이 8가지 어려운 점을 들어 말하기를 "실로 客의 계책을 쓰면 폐하의 일은 그르칠 것입니다."라 하였다. 漢王은 입안의 음식을 뱉고 꾸짖기를 "썩은 선비가 하마터면 일을 그르칠 뻔하였구나."라 하였다. ≪史記 留侯世家≫
3) 固之傳周勃也……見之王陵傳 : 文帝가 帝位를 이은 후 얼마 있다가 나라의 일에 더욱 익숙해져서 조회 때 右丞相 周勃에게 묻기를 "천하에 한 해의 決獄이 얼마나 되오?"라 하니 周勃이 알지 못한다고 사과하였다. 또 묻기를 "천하에 錢穀의 출입이 한 해에 얼마나 되오?"라 하니 周勃이 또 알지 못한다고 사과하였는데, 땀이 나서 등이 축축해졌고 부끄러워 대답을 할 수 없었다. ≪漢書 王陵傳≫
4) 傳董仲舒也……見之匈奴傳 : ≪漢書≫ 〈匈奴傳贊〉에서는 "董仲舒는 네 조정(高祖・惠帝・文帝・景帝)의 일을 보고 오히려 다시 義를 지켜 자못 그 맹약을 더하려 하였으니, 義는 君子를 움직이고 利는 貪人을 움직인다고 생각하였다. 匈奴 같은 것은 仁義를 가지고 말할 수 없다. 유독 두터운 이익으로 유세하여 천자의 나라와 연결할 따름이다. 그러므로 두터운 이익을 주어 공격하려는 뜻을 없애고 천자와 동행케 하여 그 약속을 굳게 하고 그 사랑하는 아들을

인질로 삼아 그 마음을 묶어야 한다. 董仲舒의 의논을 살펴보고 여러 행사를 고찰해보면 당시와는 맞지 않으며 후세에 부족한 것이 있음을 알 수 있다."라 하였다.

遷論蘇秦에 **稱其智過人**하여 **不使獨蒙惡聲**[1)]하고 **論北宮伯子**하여 **多其愛人長者**[2)]러라 **固贊張湯**에 **與其推賢揚善**[3)]이라하고 **贊酷吏**에 **人有所褒**나 **不獨暴其惡**[4)]이라 **夫秦伯子湯酷吏**는 **皆過十而功一者也**니 **苟擧十以廢一**이면 **後之凶人**이 **必曰 蘇秦北宮伯子張湯酷吏**는 **雖有善不錄矣**니 **吾復何望哉**아하리니 **是窒其自新之路**하고 **而堅其肆惡之志者也**라 **故**로 **於傳**에 **詳之**하고 **於論於贊**에 **復明之**니 **則其懲惡也**가 **不亦直而寬乎**아

司馬遷은 蘇秦을 논하면서 그 智慧가 남보다 뛰어나다고 칭찬하여 혼자 악하다는 명성을 뒤집어쓰게 하지 않았으며, 北宮伯子를 논하면서 사람을 사랑하는 長者라 칭찬하였다.

班固는 張湯의 贊에 적기를 賢者를 추천하고 善行을 장려한다고 칭찬하였으며, 酷吏의 贊에 적기를 사람들이 칭찬하는 바가 있어, 유독 그 악행만을 드러내지는 않았다.

저 蘇秦, 北宮伯子, 張湯, 酷吏들은 모두 過가 열이고 功은 하나인 자들인데, 실로 열을 들어 하나를 폐한다면 후세의 흉악한 사람들은 반드시 말하기를 "蘇秦, 北宮伯子, 張湯, 酷吏들은 비록 훌륭한 점이 있긴 하지만 기록하지 않았으니 내 다시 무엇을 바라겠는가?"라 할 것이다. 이는 그 스스로 새로워지려는 길을 막고 그 방자하고 악한 뜻을 굳게 하는 것이다. 그러므로 傳에서 〈그들의 장점을〉 상세하게 밝히고 論과 贊에서 다시 밝혔으니 그 악함을 징계하는 것이 또한 곧으면서도 너그러운 것이 아니겠는가?

1) 遷論蘇秦……不使獨蒙惡聲 : ≪史記≫ 〈蘇秦列傳贊〉에서는 "蘇秦이 평민의 신분에서 입신하여 6국을 연결시켜 合縱을 맺게 한 것은 그의 才智가 일반 사람을 뛰어넘는다는 것을 설명하는 것이다. 따라서 나는 시간의 순서에 따라 그의 경력과 사적을 나열함으로써 그 혼자만 惡評을 받도록 하지 않았다."라 하

였다.

2) 論北宮伯子 多其愛人長者 : ≪史記≫ 〈佞幸列傳〉에서 "孝文皇帝 때의 寵臣으로 士人은 鄧通이 있고, 宦者로는 趙同과 北宮伯子가 있다. 北宮伯子는 사람을 사랑하는 長者로, 趙同은 占星術과 望氣術에 뛰어난 자로 총애를 받았다." 라 하였다.

3) 固贊張湯 與其推賢揚善 : ≪漢書≫ 〈張湯傳贊〉에서 "張湯은 비록 매우 혹독하여 자신은 해를 입었으나 賢者를 추천하고 善한 자를 선양하였기 때문에 이로 인해 後嗣가 있었다. 아들 安世는 道를 지켰고, 아들 賀는 陰德을 쌓았다."라 하였다.

4) 贊酷吏……不獨暴其惡 : ≪漢書≫ 〈酷吏傳贊〉에서 "郅都 이하로는 모두 매우 혹독한 것으로 명성이 높았다. 그러나 郅都는 강직하여 是非를 끌어당기고 대체를 다투었다.……그중에 淸廉한 자는 족히 儀表가 될 만하였고, 汚點이 있는 자도 백성을 교도하기를 꾀하고 일체 간사한 것을 금하였으며 또한 바탕에 文武를 갖추고 있었다. 비록 혹독하기는 하였으나 그 지위에 걸맞았다."라 하였다.

遷表十二諸侯에 首魯訖吳로 實十三國이나 而越不與焉이라 夫以十二名篇에 而載國十三[1]은 何也오 不數吳也니라 皆諸侯耳나 獨不數吳는 何也오 用夷禮也니라 不數而載之는 何也오 周裔而霸盟上國也[2]니라 春秋書哀七年에 公會吳于鄫하고 書十二年에 公會吳于橐皐하며 書十三年에 公會晉侯及吳子于黃池라 此其所以雖不數而猶獲載也라 若越은 區區於南夷로 豺狼狐貍之與居하여 不與中國會盟以觀華風이나 而用夷俗之名以赴하니 故로 君子卽其自稱以罪之[3]니라 春秋書定五年에 於越入吳하고 書十四年에 於越敗吳于檇李하고 書哀十三年에 於越入吳니 此春秋所以夷狄畜之也라 苟遷擧而措之諸侯之末하니 則西戎獫狁亦或庶乎其間이라 是以絶而棄之하여 將使後之人君으로 觀之면 曰 不知中國禮樂하여 雖句踐之賢이라도 猶不免乎絶與棄니 則其賤夷也가 不亦簡而明乎아

司馬遷의 〈十二諸侯年表〉는 魯나라를 필두로 吳나라까지 사실 13國인데 越나라

는 거기에 끼이지 못했다. 十二라고 篇名을 달고, 수록된 나라가 13國인 것은 어째서인가? 吳나라를 헤아리지 않았기 때문이다. 모두 諸侯일 따름인데 유독 吳나라를 헤아리지 않은 것은 어째서인가? 오랑캐의 禮를 썼기 때문이다. 헤아리지 않고는 수록한 것은 어째서인가? 周나라의 후예로 上國과의 맹약 때 霸主가 되었기 때문이다. ≪春秋≫ 哀公 7년의 기록에 公이 鄫에서 吳나라를 만났고, 12년의 기록에 公이 橐皐에서 吳나라를 만났으며, 13년의 기록에 公이 晉侯 및 吳子를 黃池에서 만났다고 하였다. 이는 비록 헤아리지는 않았어도 기록된 것이다.

越나라의 경우는 南夷에 구구하여 승냥이, 이리, 여우, 삵과 함께 살아 中國과의 會盟에 참여하여 華風을 보지는 못했지만 오랑캐 風俗의 이름을 써서 나아갔기 때문에 君子가 곧 그 自稱을 가지고 罪 주었다. ≪春秋≫ 定公 5년의 기록에 越나라가 吳나라에 들어갔고, 14년의 기록에 越나라가 檇李에서 吳나라를 물리쳤고, 哀公 13년의 기록에 越나라가 吳나라에 들어갔다고 하였는데, 이것은 ≪春秋≫가 夷狄으로 받아들인 까닭이다. 실로 司馬遷이 들어 제후의 끝에 두었으니 西戎과 獫狁 또한 어쩌면 아마 그 사이에 놓일 것이다. 이런 까닭으로 잘라내어 버렸으니 후세의 人君에게 그것을 보게 한다면, "中國의 禮樂을 몰라 句踐이 현명하여도 오히려 단절되고 버려짐을 면치 못하였다."라 할 것이니, 오랑캐를 천하게 여긴 것이 또한 간단하면서도 명료한 것이 아니겠는가?

1) 遷表十二諸侯……而載國十三 : ≪史記≫ 〈十二諸侯年表〉의 ≪史記索隱≫에서는 "12篇이라 하고 실제 13諸侯를 서술한 것은 夷狄을 천하게 여겨 吳나라를 치지 않았고, 또 霸諸侯가 뒤에 있었기 때문이다. 치지 않았는데도 서술한 것은 闔閭가 上國과의 盟約에서 霸權을 잡았기 때문이다."라 하였다. 〈年表〉에서는 魯・齊・晉・秦・楚・宋・衛・陳・蔡・曹・鄭・燕・吳나라의 13國을 열거하였으나 吳나라를 치지 않았으니 12이다.

2) 獨不數吳……周裔而霸盟上國也 : 吳太白은 周 太王의 아들로 太王이 그 아우 季歷을 세우고자 하니 太白은 이에 荊蠻으로 달아나 自號를 句吳라 하고 文身을 하고 머리카락을 잘라 쓸모가 없음을 보여줌으로써 季歷을 피하였다. 荊蠻에서 이를 의롭게 여겨 吳太白을 세웠는데 闔閭에까지 전하여져 패권을 잡았다. ≪史記 吳太白世家≫

3) 若越……故君子卽其自稱以罪之 : 越王 句踐은 그 선조가 禹의 苗裔로 會稽에 봉하여졌다. 文身을 하고 머리카락을 잘랐으며, 草木을 제거하고 都邑을 세웠다. 孔子가 ≪春秋左氏傳≫에 越나라를 기록할 때 '於越'이라 적은 것은 越나라 사람들이 자기 이름을 발음할 때 내는 소리를 그대로 적은 것이고, '越'이라는 말은 中原 사람들이 그렇게 적은 것이라고 한다. ≪史記 越王句踐世家≫

固之表八而王侯六이니라 書其人也에 必曰 某土某王若侯某[1)]라하고 或功臣外戚이면 則加其姓하여 而首目之曰號諡姓名하니 此異姓列侯之例也[2)]라 諸侯王其目止號諡니 豈以其尊 故不曰名之耶아 不曰名之나 而實名之니 豈以不名則不著耶아 此同姓諸侯王之例也[3)]라 王子侯其目爲二는 上則曰號諡名이요 名之而曰名之하여 殺一等矣니 此同姓列侯之例也라 及其下則曰號諡姓名하여 夫以同姓列侯에 而加之異姓之例[4)]는 何哉오 察其故면 蓋元始之間에 王莽僞褒宗室而封之者也[5)]요 非天子親親而封之者也라 宗室天子不能封이요 而使王莽封之니 故로 從異姓例로 亦示天子不能有其同姓也라 將使後之人君으로 觀之면 曰 權之歸於臣은 雖同姓不能有하니 名器는 誠不可假人矣로다하리니 則其防僭也가 不亦微而切乎아

班固의 〈表〉는 8편인데 王侯가 6편이다. 사람을 기록할 때는 반드시 "아무개 땅의 아무개 王 혹은 侯 아무개"라 하였다. 혹 功臣이나 外戚이라면 그 姓을 더하여 첫머리의 제목에서 '封號 · 諡號 · 姓名'이라 하였는데, 이는 異姓 列侯의 예이다.

諸侯王은 그 제목이 '封號 · 諡號'에 그치니 어찌 높이기 때문에 이름을 말하지 않은 것이 아니겠는가? 그 이름을 말하지 않았는데 실은 이름을 말하였으니 어찌 이름을 부르지 않으면 드러나지 않기 때문이겠는가? 이는 同姓 諸侯王의 예이다.

王子侯는 그 제목이 둘인데 위에서는 '封號 · 諡號 · 이름'을 말하고 그 이름을 붙여 '이름'이라고 한 것은 한 등급을 줄인 것이다. 이는 同姓 列侯의 예이다.

그 아래에서는 '封號 · 諡號 · 姓名'으로 하여 대체로 同姓 列侯에 異姓의 예를 더한 것은 어째서인가? 그 까닭을 살펴보면 대개 元始 연간에 王莽이 거짓으로 宗室을 褒揚하고 봉한 것이지 天子가 친족을 가까이하여 봉한 것이 아니다. 宗室은 天子가 봉할 수 없었고 王莽으로 하여금 봉하게 하였으므로 異姓의 例를 따라 또한 天子

는 그 同姓을 가질 수 없음을 보인 것이다. 후세의 人君들에게 그것을 보게 하면 "勸戒를 신하에게 돌리면 비록 同姓이라 하더라도 가질 수 없는 것이니 名號과 器物은 실로 남에게 빌려줄 수가 없겠구나!"라 할 것이니, 참람됨을 막은 것이 또한 작으면서도 절실한 것이 아니겠는가?

1) 固之表八而王侯六……某士某王若侯某 : 班固의 ≪漢書≫는 권13에서 권20까지가 〈表〉로 모두 8表이다. 그 가운데 권13에서 권18까지가 〈王侯表〉로 모두 6表이다. '某土某王若侯某'라는 것은 首欄의 名目으로 "西楚(某土)의 霸王(某王) 項籍(某)"(〈異姓諸侯王表〉)과 "楚(某土)의 元王(某王) 交(某)"(〈諸侯王表〉) 같은 것이다.

2) 或功臣外戚……此異姓列侯之例也 : 이는 권16에서 권18까지의 〈功臣表〉 및 〈外戚表〉인데 首欄은 '號諡姓名'으로 되어 있는데, 이를테면 "平王懿侯(號諡) 曹參(姓名)"(〈功臣表〉)과 "臨泗侯(號諡) 呂公(姓名)"(〈外戚表〉) 같은 것이다.

3) 諸侯王其目止號諡……此同姓諸侯王之例也 : 이는 ≪漢書≫ 권14 〈諸侯王表〉의 首欄에서 '號諡'만 기록한 것에 그친 것을 가리키지만 실은 그의 이름을 주로 달았다. 이를테면 '楚의 元王 交'라 한 것과 같은 따위이다.

4) 王子侯其目爲二……而加之異姓之例 : ≪漢書≫ 〈王子侯表〉의 上卷에서는 첫머리에 號·諡·名 셋을 썼는데 이를테면 "安城 思侯 蒼"과 같은 따위이다. 下卷의 "松玆載侯 霸" 같은 따위에 이르면 姓은 기록하지 않았더라도 첫머리에 號, 諡, 姓, 名의 4자를 반드시 추가하였는데 이는 異姓의 예가 同姓에 있는 것이다.

5) 王莽僞褒宗室而封之者也 : 기록에 의하면, 平帝 元始 원년에 王莽을 安漢公으로 삼았다. 王莽은 吏民에게 아첨하여 종실의 군신들을 포상할 것을 건의하고 옛 東平王 雲의 태자 開明을 왕으로 세웠으며, 또한 東平思王의 손자 成都를 中山王으로 삼고 孝王의 뒤를 받들었으며 宣帝의 耳孫 信 등 36명을 모두 列侯에 봉하였다. ≪資治通鑑 권35≫

噫라 隱而彰이니 則後人樂得爲善之利요 直而寬이니 則後人知有悔過之漸이요 簡而明이니 則人君知中國禮義之爲貴요 微而切이니 則人君知彊臣專制之爲患이라 用力寡而成功博이니 其能爲春秋繼요 而使後之史無及焉者는 以是夫로다

아! 숨기면서도 밝히니 後人들이 善을 하는 이로움을 얻는 것을 즐기고, 곧으면서도 너그러우니 後人들이 過失을 점점 뉘우침이 있음을 알며, 간단하면서도 명료하니 人君이 中國의 禮義가 귀한 것을 알고, 작으면서도 절실하니 人君이 강한 臣下가 專制하는 것이 근심이 된다는 것을 안다. 힘을 씀이 적은데 공은 넓으니 능히 ≪春秋≫를 이을 수 있고, 나중의 역사가 거기에 미치지 못하게끔 하는 것은 이 때문이리라!

04. 史論 下* 歷史에 대한 논문 下

* 이 글에서는 司馬遷, 班固, 范曄, 陳壽의 실수를 논하였다.

評隲諸家가 **如酷吏斷獄**이라

諸家를 평하여 판정함이 酷吏가 獄事를 판결하는 것 같다.

或問 子之論史에 **鉤抉仲尼遷固潛法隱義**는 **善矣**라 **仲尼則非吾所可評**요 **吾惟意遷固非聖人**이나 **其能如仲尼**면 **無一可指之失乎**아 **曰 遷喜雜說**하여 **不顧道所可否**[1]요 **固貴諛僞**하고 **賤死義**[2]러라 **大者此旣陳議矣**요 **又欲寸量銖稱以摘其失**이면 **則煩不可擧**이니 **今姑告爾其尤大彰明者焉**이라

혹자가 물었다. "그대가 歷史에 대해 논한 것 중 仲尼, 司馬遷, 班固의 깊은 법과 숨은 뜻을 찾아낸 것은 좋다. 仲尼는 내가 평가할 수 있는 것이 아니고, 나는 다만 생각하기를, 司馬遷과 班固는 聖人이 아니지만, 〈그들이〉 仲尼와 같을 수 있다면 하나도 지적할 만한 실수가 없겠는가?"

내가 말했다. "司馬遷은 雜說을 좋아하여 道의 옳고 그른 곳을 돌아보지 않았으며, 班固는 아첨과 거짓을 귀하게 여겼고 죽음으로 義를 지킴을 천하게 여겼다. 큰 것은 여기서 이미 의논을 펼쳤으며, 또한 아주 미세한 것까지 따져서 그 과실을 가려내려고 한다면 번거로워 들 수가 없으니, 지금은 일단 그대에게 그 가운데 더욱 크고 환히 드러난 것만을 일러주겠다.

1) 遷喜雜說 不顧道所可否 : 司馬遷은 ≪春秋左氏傳≫, ≪國語≫, ≪世本≫, ≪戰國策≫, ≪楚漢春秋≫와 諸子百家를 널리 취하여 ≪史記≫를 지었는데, 揚雄의 ≪法言≫ 〈問神〉에서는 그가 훌륭한 史官의 재질이 있다고 칭찬하였지만 "그 재주가 많은데 어찌 그리 잡박한가!"라 하였고, 班固의 ≪漢書≫ 〈司馬遷傳〉에서는 "소략한 곳이 매우 많고 혹 모순되는 곳도 있다.", "또한 그 是非는 자못 聖人과 다르다."라 하였다. 그 후에 劉知幾의 ≪史通≫ 〈六家〉에서도 그에 대하여 논하기를 "옛 기록을 많이 모아 이따금 잡된 말을 끼워넣었다."라 하였다.

2) 固貴訣僞 賤死義 : ≪後漢書≫ 〈班彪列傳贊〉에서는 "班彪와 班固는 司馬遷을 비난하면서 是非가 聖人에 오류가 많다고 하였다. 그러나 그 논의는 늘 죽음으로 지킨 節槪를 배척하였고 正直함을 부정하였으며 殺身成仁의 아름다움을 서술하지 않았으니 仁義를 가벼이 여기고 節槪를 지킴을 천하게 여김이 더욱 심했다.……아아! 古人이 말한 눈과 속눈썹같이 아주 가까운 논의에만 치중한 것이다."라 하였다.

遷之辭는 淳健簡直하여 足稱一家나 而乃裂取六經傳記하여 雜於其間하니 以破碎汨亂其體러라 五帝三代紀엔 多尙書之文하고 齊魯晉楚宋衛陳鄭吳越世家엔 多左傳國語之文이라 孔子世家仲尼弟子傳엔 多論語之文이라 夫尙書左傳國語論語之文이 非不善也로되 雜之則不善也니라 今夫繡繪錦縠은 衣服之窮美者也나 尺寸而割之하여 錯而紉之以爲服이면 則綈繒之不若이니 遷之書가 無乃類是乎아 其自敍曰 談爲太史公하고 又曰 太史公遭李陵之禍[1]라하니 是與父無異稱也라 先儒反謂[2] 固沒彪之名은 不若遷讓美於談이라하나 吾不知遷이 於紀 於表 於書 於世家 於列傳에 所謂太史公者가 果其父耶아 抑其身耶아 此遷之失也니라

司馬遷의 文辭는 순박하고 굳세며 간략하고 곧아 一家를 이루었다고 할 만하나, 六經과 傳記를 찢어서 취하여 그 사이에다 섞어 넣어 그 體를 깨뜨리고 부수어 어지럽게 하였다. 〈五帝紀〉와 〈三代紀〉에는 ≪尙書≫의 문장이 많고, 〈齊世家〉, 〈魯世家〉, 〈晉世家〉, 〈楚世家〉, 〈宋世家〉, 〈衛世家〉, 〈陳世家〉, 〈鄭世家〉, 〈吳世家〉, 〈越

世家〉에는 ≪春秋左氏傳≫과 ≪國語≫의 문장이 많으며, 〈孔子世家〉와 〈仲尼弟子傳〉에는 ≪論語≫의 문장이 많다.

대체로 ≪尙書≫, ≪春秋左氏傳≫, ≪國語≫, ≪論語≫의 문장이 훌륭하지 않은 것이 아니라 섞어놓아서 훌륭하지 못한 것이다. 지금 저 그림을 수놓은 비단은 衣服 가운데 매우 아름다운 것인데 한 자 한 치씩 잘라 섞어서 이어 옷을 만든다면 깁비단만 못하게 된다. 司馬遷의 책이 이와 비슷하지 않겠는가!

그의 〈自敍〉에서는 "談이 太史公이 되었다." 하였고, 또 말하기를 "太史公이 李陵의 禍를 당하였다."고 하였는데, 이는 아버지와 칭호가 다르지 않은 것이다. 先儒들은 오히려 말하기를 班固가 班彪의 이름을 없앤 것은 司馬遷이 아름다움을 司馬談에게 양보한 것만 못하다고 하였다. 그러나 나는 司馬遷이 〈紀〉, 〈表〉, 〈世家〉, 〈列傳〉에서 이른바 '太史公'이란 것이 과연 그의 아버지인지 아니면 그 자신인지 모른다. 이것이 사마천의 과실이다.

1) 其自敍曰……太史公遭李陵之禍 : 〈自敍〉는 〈太史公自序〉를 가리킨다. '敍'자는 저본에 '序'로 되어 있는데, ≪嘉祐集≫에 따라 수정하였다. 이는 蘇洵이 부친의 이름인 '序'자를 피휘하여 '敍'자를 쓴 것이다. 談은 司馬遷의 부친인 司馬談을 가리킨다. 〈自序〉에서는 "喜는 談을 낳았는데, 談은 太史公이 되었다."라 하였고, 또 말하기를 "이에 그 글을 論次하였다. 7년 만에 太史公(司馬遷)은 李陵의 화를 당하여 포박되어 유폐되었다."라 하였다. 司馬遷의 〈自序〉에서는 그 부친인 司馬談과 스스로를 太史公이라 한 것이 더 많은데 여기서는 이 예만 들었을 뿐이다.

2) 先儒反謂 : 劉知幾의 ≪史通≫ 〈六家〉에서는 "司馬遷은 ≪史記≫를 지으면서 지금의 임금에게서 끝냈는데 太初 이하로는 빠뜨리고 기록하지 않았다. 班彪는 그에 이어 〈後記〉를 완성하여 前篇을 이었다. 班固는 高祖에서부터 잘라 王莽에게서 끝을 내어……한 史書를 이루고 ≪漢書≫라고 하였다."라 하였다. 司馬遷은 ≪史記≫에서 그 아버지가 史官이었다는 것을 분명히 밝히고 있으나, 班固는 ≪漢書≫에서 그 아버지가 쓴 ≪後記≫라는 책이 있었다는 사실을 언급하지 않았다.

固贊漢自倉業至麟止之間에 襲蹈遷論하여 以足其書者過半[1]이라 且褒賢貶不肖에 誠己意也라 盡己意而已니라 今又剽他人之言以足之요 彼旣言矣에 申言之하니 何益이리오 及其傳遷揚雄에 皆取其自敍하여 屑屑然曲記其世系[2]러라 固於他載에 豈若是之備哉아 彼遷雄自敍可也나 己因之非也라 此固之失也니라

班固는 漢나라에 대해 찬술하면서 創業에서 절필하는 사이에 司馬遷이 논한 것을 답습하여 그 기록에 보탠 것이 반이 넘는다. 또한 현자를 기리고 불초한 자를 폄훼함에 자기의 뜻을 성실히 발휘하였는데 자기의 뜻을 다하였을 뿐이다. 이제 또 다른 사람의 말을 표절하여 거기에 보태었으며, 저기서 이미 말하였는데 거듭 말을 하니 무슨 도움이 되겠는가?

司馬遷과 揚雄의 전기를 쓰면서 모두 그들이 썼던 〈自敍〉에서 취하여 자잘하게 그 世系를 왜곡하여 기술하였다. 班固가 다른 기록에서 어찌 이와 같이 갖추었겠는가! 저 司馬遷과 揚雄의 〈자서〉라면 괜찮으나 자기가 그것을 그대로 쓴 것은 그릇된 것이다. 이것이 班固의 과실이다."

1) 固贊漢自倉業至麟止之間……以足其書者過半 : ≪史記≫는 黃帝에서부터 시작하여 武帝가 기린을 잡은 데서 그친다. ≪史記索隱≫에서는 服虔의 말을 인용하여 "武帝가 雍에 이르러 흰 기린을 잡자 쇠를 부어 기린의 발 모양을 만들었으므로 '麟止'라고 하였다(止자는 趾자와 통용됨). 司馬遷이 ≪史記≫를 지으면서 여기서 끝낸 것은 ≪春秋≫가 기린을 잡은 데서 끝나는 것과 같다."라 하였다. 기린이 잡힌 것은 太初 2년(B.C. 103)인데 그 전의 것에 대해 ≪漢書≫에서는 ≪史記≫의 것을 많이 베꼈다.

2) 及其傳遷揚雄……屑屑然曲記其世系 : ≪漢書≫ 〈司馬遷傳〉과 〈揚雄傳〉은 모두 그 시조로부터 시작하는데, 거의 司馬遷과 揚雄의 〈自序〉를 베껴 체례가 어긋나게 되었다. 揚雄의 〈自序〉는 지금 전하지 않는다.

或曰 遷固之失旣爾나 遷固之後에 爲史者多矣니 范曄陳壽는 實巨擘焉이나 然이나 亦有失乎아 曰 烏兗哉리오 曄之史之傳에 若酷吏宦者列女獨行에 多失其人이라 間尤甚者는 董宣以忠毅나 槪之酷吏[1]요 鄭衆呂强以廉明直諒이나 槪之宦者[2]요 蔡琰以忍恥

妻胡한대 概之烈女[3]하고 李善王忳以深仁厚義한대 概之獨行[4]과 與夫前書張湯[5]을 不載於酷吏하고 史記姚杜仇趙之徒를 不載於遊俠과 遠矣[6]로다 又其是非頗與聖人異하여 論竇武何進[7]엔 則戒以宋襄之違天이며 論西域[8]엔 則惜張騫班勇之遺佛書라 是欲相將苟免以爲順天乎아 中國叛聖人以奉戎神乎아 此는 曄之失也라

혹자가 말하였다. "司馬遷과 班固의 과실은 이미 그렇다 치더라도 司馬遷과 班固의 후에도 역사를 집필한 자가 많은데, 范曄과 陳壽가 실로 으뜸이지만 또한 과실이 있는가?"

내가 말하였다. "어찌 면하겠는가! 范曄의 史書(≪後漢書≫)의 傳 가운데 〈酷吏傳〉, 〈宦者傳〉, 〈列女傳〉, 〈獨行傳〉 같은 것은 들어가야 할 인물들을 많이 빠뜨렸다. 간혹 더욱 심한 것은 董宣은 忠毅한데 〈酷吏傳〉에 개괄하였으며, 鄭衆과 呂强은 청렴하고 명민하며 곧고 진실된데도 〈宦者傳〉에 개괄하였으며, 蔡琰은 치욕을 참아가며 오랑캐의 처가 되었는데 〈烈女傳〉에 개괄하였으며, 李善과 王忳은 仁義가 깊고 두터운데 〈獨行傳〉에 개괄하여 넣었으니, ≪漢書≫에서 張湯을 〈酷吏傳〉에 수록하지 않고 ≪史記≫에서 姚氏, 杜氏, 仇氏, 趙氏의 무리를 〈遊俠傳〉에 수록하지 않은 것과는 거리가 멀도다.

또한 그 是非를 가림이 자못 聖人과는 다르며, 竇武와 何進을 논한 것은 宋 襄公이 하늘을 어긴 것을 가지고 경계하였으며, 西域을 논한 것은 張騫과 班勇이 佛書를 빠뜨린 것을 애석히 여겼다. 이는 구차하게 화를 면하고자 하는 것을 하늘의 뜻에 순응하는 것으로 생각한 것인가? 中國이 聖人을 배반하고 오랑캐의 神을 받들겠는가? 이는 范曄의 실수이다.

1) 董宣以忠毅 概之酷吏 : 董宣은 洛陽令이 되어 법대로 湖陽公主의 종을 사형시켰는데, 공주가 光武帝에게 알리자 황제가 노하여 매질하여 죽이려고 하였다. 董宣이 이치대로 대답하였지만 光武帝는 끝내 公主에게 사죄하게 하였으며, 董宣은 맞서서 따르지 않았다. 이로부터 호족들을 치니 두려워 떨지 않는 사람이 없었다. 죽은 후 집에는 보리 몇 되와 부서진 수레 한 대밖에 없었다. ≪後漢書 酷吏傳≫

2) 鄭衆呂强以廉明直諒 概之宦者 : 鄭衆은 사람됨이 계책이 있었는데, 당시 竇憲

이 권력을 천단하고 있었으며 朝臣들 가운데 상하간에 그에게 붙지 않는 사람이 없었으나 鄭衆만은 왕실에 一片丹心이었으며 누구보다도 먼저 竇憲을 죽이려고 하였다. 呂强은 사람됨이 맑고 충성스러웠으며, 누차 글을 올려 일을 논하였으나 도리어 여러 常侍로부터 참소를 받아 마침내 자살하고 말았다. ≪後漢書 宦者傳≫

3) 蔡琰以忍恥妻胡 概之烈女 : '烈'은 ≪嘉祐集≫에는 '列'로 되어 있다. 蔡琰은 자가 文姬이며 董祀의 처이자 蔡邕의 딸이다. 興平 연간에 천하가 화란에 휩싸이자 文姬는 오랑캐의 기병에 붙잡혀 南匈奴 左賢王에게 떨어져 오랑캐 땅에서 12년 동안 있으면서 두 아들을 낳았다. 曹操가 사자를 보내어 金과 碧玉으로 속량하고 돌아오게 하여 董祀에게 다시 시집보내었다.≪後漢書 列女傳≫

4) 李善王忳以深仁厚義 概之獨行 : 李善은 본래 南陽 淯陽의 李元의 家奴였다. 建武 연간에 疫疾이 돌아 李元의 집 사람들이 잇달아 죽고 고아인 李續만 남았는데 태어난 지 수십 일밖에 되지 않았으나 재산은 천만 금이었다. 여러 종들이 李續을 죽이고 그 재산을 나누어 가지려고 하였는데, 李善은 이를 막을 수가 없자 몰래 李續을 업고 도망쳐서 10세가 되도록 먹이고 키워 李善과 함께 本縣으로 돌아가 옛 家業을 닦고 다스렸다.

王忳은 新都 사람으로 일찍이 京師에 갔다가 빈 집에서 한 書生이 병들어 있는 것을 보고 불쌍히 여겨 보살펴주었다. 書生의 목숨은 이미 경각에 달려 허리춤에 찬 금 열 근을 주고는 죽은 뒤에 장례를 치러주기를 바랐다. 미처 성명을 묻기도 전에 절명했다. 王忳은 즉시 금 1근을 팔아서 장례를 치러주고 나머지 금 9근은 모두 관 밑에 그대로 놓아두었다. ≪後漢書 獨行傳≫

5) 前書張湯 : 前書는 곧 ≪漢書≫이다. ≪史記≫에서는 張湯을 〈酷吏列傳〉에 넣었으나, ≪漢書≫ 〈酷吏傳贊〉에서는 "張湯과 杜周는 자손이 매우 귀하여졌으므로 별도의 傳이 있다."라 하였다.

6) 史記姚杜仇趙之徒……遠矣 : ≪史記≫ 〈游俠傳〉에서는 "長安 북쪽 지방의 姚氏, 서쪽 지방의 杜氏, 남쪽 지방의 仇景, 동쪽 지방의 趙他羽公子, 南陽의 趙調 등의 무리는 盜跖과 같은 집단으로 단지 민간에 섞여 살았을 뿐이다. 어찌 거론할 가치가 있겠는가! 이들은 모두 옛날 朱家와 같은 인물이 매우 수치스럽게 여기던 자들이었다."라 하였다.

7) 論竇武何進 : ≪後漢書≫ 〈竇何列傳〉에 다음과 같은 기록이 있다. 竇武의 딸

은 桓帝의 왕비가 되고 何進의 누이는 靈帝의 왕비가 되었는데, 당시에는 宦官이 권력을 좌지우지하여 모두 죽일 계책을 세웠으나 실패하여 해를 당하였다. 그 끝에 다음과 같은 論評이 붙어 있다.

"竇武와 何進은 元舅라는 자리에 의지하고 정치를 보좌하는 권력에 의거하여 안으로는 太后가 조정에 군림하는 위엄에 기대고 밖으로는 뭇 영웅들의 바람을 타는 듯한 기세를 맞았으나, 끝내 환관들에 의해 일은 어그러지고 몸은 죽었으며 공은 허물어져 마침내 세상이 슬퍼하는 바가 되었다. 어찌 智慧가 부족한데 權勢를 마음껏 발휘할 수 있겠는가! ≪春秋左氏傳≫에서 말하기를 '하늘이 商을 폐한 지 오래되었는데 主君께서 흥기시키려고 하고 계십니까?'라 하였다. 이는 宋 襄公이 泓에서 패한 까닭이다."

蘇洵은 宋 襄公이 하늘의 뜻을 어겨 실패한 일과 竇氏·何氏의 패인을 나란히 든 것은 말이 되지 않는 것이라고 보고 있다.

8) 論西域 : 張騫은 西漢 때 두 차례 西域으로 出使한 적이 있으며, 班勇은 東漢 때 西域長史를 맡은 적이 있는데 모두 奇功을 세운 적이 있다. ≪後漢書≫ 〈西域傳〉에서는 말하기를 "佛道의 神化가 身毒(印度)에서 일어났으나 두 漢나라(前漢·後漢)의 方志에는 칭한 것이 없다. 張騫은 다만 땅이 매우 덥고 습하며 코끼리를 타고 싸운다고 기록하였을 따름이다. 班勇은 비록 그들이 浮圖를 받들고 살벌하지 않음을 열거하였으나 문장이 정밀하고 법에 뛰어나며 이끈 공에 대해서는 傳述한 것이 없다."라 하였다.

壽之志三國也에 **紀魏而傳吳蜀**[1)]이라 **夫三國鼎立稱帝**하며 **魏之不能有吳蜀**은 **猶吳蜀之不能有魏也**라 **壽獨以帝當魏**하고 **而以臣視吳蜀**이니 **吳蜀於魏何有而然哉**오 **此壽之失也**니라

陳壽가 三國의 역사를 기록할 때 魏나라는 〈本紀〉에 넣고 吳나라와 蜀나라는 〈列傳〉에 넣었다. 대체로 三國은 鼎立하여 稱帝하였으며, 魏나라가 吳나라와 蜀나라를 가질 수 없었던 것은 吳나라와 蜀나라가 魏나라를 가질 수 없었던 것과 같다. 陳壽는 유독 魏나라를 皇帝에 해당시키고, 吳나라와 蜀나라를 臣下로 간주하였으니, 吳나라와 蜀나라가 魏나라에 무슨 〈권위가〉 있어서 그렇게 하였던가? 이는 陳壽의 실

수이다."

1) 壽之志三國也 紀魏而傳吳蜀 : 曹丕는 漢나라 延康 원년(220)에 황제에 즉위하고 黃初로 改元하였으며, 劉備는 魏나라 黃初 2년(221)에 황제에 즉위하고 章武로 改元하였으며, 孫權은 魏나라 太和 3년(229)에 황제에 즉위하고 黃龍으로 改元하여 三國이 서로 신하에 속하지 않았다.

≪隋書≫ 〈經籍志 正史類敍〉에서는 "晉나라 때 巴西의 陳壽가 三國의 일을 刪集하였는데 魏나라의 황제만 紀로 삼고 그 공신 및 吳와 蜀의 임금은 모두 傳을 짓고 그대로 각각 그 나라별로 分類하여 ≪三國志≫라 하였다."라 하였다.

宋나라 晁公武의 ≪郡齋讀書志≫에서도 "魏나라는 4紀, 26列傳이고, 蜀나라는 15列傳, 吳나라는 20列傳이다."라 하였다.

噫라 **固譏遷失**이나 **而固亦未爲得**이요 **曄譏固失**이나 **而曄益甚**이며 **至壽復爾**라 **史之才誠難矣**라 **後之史**는 **宜以是爲監**하여 **無徒譏之也**니라

아! 班固는 司馬遷의 과실을 나무랐지만 班固 또한 제대로 터득하지 못하였고, 范曄은 班固의 과실을 나무랐지만 范曄은 더욱 심하였으며, 陳壽에 이르러 되풀이 되었을 따름이다. 역사의 재능은 실로 어렵도다! 나중의 역사는 마땅히 이를 거울 삼아 공연히 나무라지 말아야 한다.

05. 諫 上* 〈賢君은 不時有하고 忠臣은 不時得이니 故作諫論이니라〉

諫言에 대한 논문 上 〈賢君은 때맞춰 있을 수 없고 忠臣은 때맞춰 얻지 못하므로 〈諫論〉을 지었다〉

* ≪嘉祐集≫에는 〈諫論〉으로 되어 있으며, 지어진 시기는 未詳이다. "신하가 諫하는 데 능하면서도 임금으로 하여금 반드시 諫言을 받아들이게 할 수 없다면 정말로 간언에 능한 신하가 아니다.〔臣能諫 不能使君必納諫 非眞能諫之臣〕"라는 것을 논하였다. 賢君은 늘 있는 것이 아니기 때문에 신하는 항상 機智와 勇辯으로 그 忠誠을 이루어 임금으로 하여금 반드시 그 간언을 받아들이게 하여야 한다고 하고 있다.

進諫은 千古絶調라 荊川謂 此等文字는 摹荀卿이라하니 良是라

進諫은 千古의 絶調이다. 荊川이 말하기를 이런 文字는 荀卿을 베낀 것이라 하였는데, 실로 그러하다.

古今論諫은 常與諷而少直한대 其說蓋出於仲尼[1)]니라 吾以爲諷直一也요 顧用之之術何如耳니라 伍擧進隱語에 楚王淫益甚[2)]하고 茅焦解衣危論에 秦帝立悟[3)]니라 諷固不可盡與요 直亦未易少之니라 吾故曰 顧用之之術何如耳라하니라

古今에 諫言을 논함은 항상 諷諫을 택하였고 直諫은 적었는데 그 설은 아마 仲尼(孔子)에게서 나왔을 것이다. 나는 諷諫과 直諫은 마찬가지이며, 그것을 쓰는 기술이 어떠한가를 돌아보아야 할 따름이라고 생각한다. 伍擧가 隱語로 진언하자 楚王의 음란함은 더욱 심하여졌고, 茅焦가 옷을 벗고 危殆롭다는 議論을 올리자 秦帝는 곧바로 깨닫게 되었다. 諷諫은 실로 다 채택할 수 없고, 直諫 또한 쉽사리 적게 하지 못한다. 내가 이 때문에 "그것을 쓰는 기술이 어떠한가를 돌아보아야 할 따름이다."라고 하였다.

1) 古今論諫……其說蓋出於仲尼 : ≪孔子家語≫ 〈辯政〉에 孔子를 칭하여 "忠臣이 임금에게 간하는 것은 다섯 가지 뜻이 있다. 첫째는 譎(휼)諫, 둘째는 戇(당)諫, 셋째는 降諫, 넷째는 直諫, 다섯째는 諷諫이니 오직 임금을 헤아려가며 행해야 한다. 나는 諷諫을 따를까 보다."라 하였다. 王肅은 "諷諫은 어긋난 데 의거하여 죄를 멀리하고 해를 피하는 것이다."라고 주를 달았다.

2) 伍擧進隱語 楚王淫益甚 : 楚 莊王은 즉위한 지 3년이 되도록 號令도 내리지 않고 밤낮으로 향락을 즐기면서 온 나라에 명령하기를 "감히 간하는 자가 있으면 죽여서 용서치 않으리라."라 하였다. 伍擧가 들어가 간하였다. 莊王은 왼쪽에는 鄭姬를 껴안고 오른쪽으로는 越나라 여인을 끼고 악기〈를 연주하는 舞姬들〉 사이에 앉아 있었다.

伍擧가 말하기를 "제가 수수께끼를 내고자 합니다."라 하고는 계속하여 말하였다. "어떤 새가 언덕에 앉아 있는데 3년 동안 날지도 않고 울지도 않으니 어떤 새입니까?" 莊王이 말하였다. "3년 동안 날지 않았으니 날았다 하면 하늘을 뚫고 오를 것이고, 3년 동안 울지 않았으니 울었다 하면 사람을 놀라게

할 것이다. 伍擧는 물러나라. 내 알겠노라."라 하였다. 몇 달 동안 荒淫에 더욱 빠져들었다. ≪史記 楚世家≫

3) 茅焦解衣危論 秦帝立悟 : 秦始皇의 모친은 嫪毒를 총애하여 두 아들을 낳았다. 일이 밝혀지자 秦始皇은 嫪毒를 車裂刑에 처하고 두 동생을 때려죽였으며 太后를 萯陽宮으로 옮겼다. 명령을 내려 말하기를 "감히 太后의 일로 간하는 자가 있으면 죽이고 말겠다."라 하였다. 齊나라의 客인 茅焦가 간하기를 청하자 秦始皇은 대로하여 칼을 어루만지며 그를 불렀다.

茅焦가 말하기를 "폐하께서 假父를 車裂刑에 처한 것은 嫉妬하는 마음이 있어서이며, 두 아우를 자루에 넣어 때려죽인 것은 仁慈하지 않은 마음이 있어서이고, 어머니를 萯陽宮으로 옮긴 것은 不孝를 행한 것이며, 諫言하는 선비들에게 蒺藜를 따르게 하는 것은 桀·紂의 다스림이 있는 것입니다. 지금 천하는 듣건대 모두 와해되어 秦나라에 맞설 나라가 없다고 합니다. 신이 생각건대 秦나라는 망하고 폐하는 위태롭게 될까 걱정이옵니다. 할 말을 다 마쳤으니 도끼(質, 곧 形具로 鑕을 말함) 앞으로 나아갈 것을 원합니다."라 하고는 옷을 벗고 도끼 앞에 엎드렸다. 秦始皇은 즉시 그를 용서해주고 茅焦를 仲父로 세웠으며 太后를 맞아들여 咸陽으로 돌려보냈다. ≪說苑 正諫≫

然則仲尼之說非乎아 **曰 仲尼之說**은 **純乎經者也**요 **吾之說**은 **參乎權而歸乎經者也**라 **如得其術**이면 **則人君有少不爲桀紂者**요 **吾百諫而百聽矣**니 **況虛己者乎**아 **不得其術**이면 **則人君有少不若堯舜者**요 **吾百諫而百不聽矣**니 **況逆忠者乎**아

그렇다면 仲尼의 說은 틀린 것인가? 내가 말하였다. "仲尼의 說은 순수하게 經이고 나의 說은 權道를 참고하여 經에 귀의한 것이다. 그 기술을 얻는다면 人君이 거의 桀과 紂가 되지 않을 것이며 내가 백 번 諫言하면 백 번 들을 것이니, 하물며 자기를 비우는 것이겠는가? 그 기술을 얻지 못한다면 人君이 거의 堯와 舜 같지 않게 되어 내가 백 번 간언해도 백 번 다 듣지 않을 것이니, 하물며 忠言을 거스름이겠는가?"

然則奚術而可오 **曰 機智勇辯**을 **如古游說之士而已**라 **夫游說之士**는 **以機智勇辯濟**

其詐요 吾欲諫者는 以機智勇辯濟其忠이니라 請備論其效하노라 周衰에 游說熾於列國하니 自是로 世有其人이라 吾獨怪夫諫而從者百一하고 說而從者十九니라 諫而死者皆是나 說而死者는 未嘗聞이라 然而抵觸忌諱는 說或甚於諫이니라 由是로 知不必乎諷諫이요 而必乎術也니라

그렇다면 어떤 기술이면 되겠는가? 내가 말하였다. "機智와 勇辯을 옛날 遊說하는 선비와 같이 할 따름이다. 대체로 遊說하는 선비들은 機智와 勇辯으로 그 속임수를 이루었고, 내가 諫言하고자 하는 사람은 機智와 勇辯으로 그 忠誠을 이루었다. 그 효과를 갖추어 논할 것을 청한다.

周나라가 쇠하자 列國에서는 遊說가 성행했으며 이로부터 세상에는 그 사람이 있게 되었다. 내 홀로 이상하게 생각하노니, 諫言하면 따르는 자가 백에 하나이고 遊說하면 따르는 자가 열에 아홉이며, 간언하다 죽은 자는 모두 그렇게 많으나 유세하다 죽은 자는 아직 들어보지 못하였다. 그러나 忌諱를 抵觸함은 유세가 어쩌면 간언보다 심하다. 이로 말미암아 꼭 諷諫이어야 할 것은 아니며 반드시 기술이어야 함을 알겠다."

說之術 可爲諫法者五니 理諭之요 勢禁之요 利誘之요 激怒之요 隱諷之之謂也니라

遊說하는 기술로 諫言하는 법이 될 만한 것은 다섯 가지가 있으니, 이치로 깨우치고, 形勢로 禁하며, 利益으로 꾀고, 激動시켜 노하게 하며, 隱喩로 풍간함을 이르는 것이다.

觸龍 以趙后愛女賢於愛子하여 未旋踵而長安君出質[1)]하며 甘羅以杜郵之死詰張唐하니 而相燕之行有日[2)]하며 趙卒 以兩賢王之意語燕하니 而立歸武臣[3)]이라 此는 理而諭之也라

觸龍이 趙后가 딸을 사랑하는 것이 아들을 사랑하는 것보다 현명하다고 하자 얼마 되지 않아 長安君이 인질로 나갔으며, 甘羅가 〈白起가〉 杜郵에서 죽은 것으로 張唐을 힐문하자 〈張唐이〉 곧바로 燕나라의 재상으로 떠났고, 趙나라의 士卒이 두

현명한 왕이라는 뜻으로 연나라에 말하니 武臣을 즉시 돌려보냈다. 이는 이치로 깨우친 것이다.

1) 觸龍以趙后愛女賢於愛子 未旋踵而長安君出質 : 趙나라 孝成王 3년에 秦나라가 趙나라를 쳐서 성 3개를 함락시켰다. 趙나라가 齊나라에 구원을 청하니 齊나라에서 말하기를 "반드시 長安君을 인질로 삼으면 군사를 내겠다."고 하였다. 太后는 하려 하지 않았다. 대신들이 억지로 간하였으나 듣지 않았다.
   左師 觸龍이 그의 작은 아들 舒祺를 그 경호원으로 바치고 태후를 뵙고 태후가 아들인 長安君보다 딸인 燕后를 더 사랑하는 것을 가지고 말하였다. 아울러 말하기를 "지금 太后께서 長安君의 지위를 높이려 하시면서 나라에 공을 세우지는 못하게 하십니다. 하루아침에 변고라도 생기면 長安君이 어찌 趙나라에 있다고 한들 스스로 편안하시겠습니까?"라 하였다. 趙后는 이에 깨닫고 長安君을 齊나라의 인질로 보냈다. ≪戰國策 趙策≫ 觸龍의 '龍'이 ≪戰國策≫에는 '讋'으로 되어 있다.
2) 甘羅以杜郵之死詰張唐 而相燕之行有日 : 甘羅는 〈12세로〉 秦나라의 丞相 文信侯 呂不韋를 섬겼다. 秦始皇이 剛成君 蔡澤을 燕나라에 사신으로 보내니 燕王 喜는 太子 丹을 秦나라에 人質로 들어가게 하였다. 秦나라는 張唐으로 하여금 燕나라의 재상이 되게 하였다. 張唐이 가려 하지 않자 文信侯는 불쾌해했다.
   甘羅는 張唐을 뵙기를 청하여 말하였다. "卿의 공은 武安君(장군 白起)에 비해 어떻습니까?" 말하기를 "武安君보다 못하네."라 하였다. 甘羅가 말하기를 "應侯(승상 范雎)가 秦나라에 등용된다 한들 文信侯처럼 〈국정을〉 오로지 하겠습니까?"라 하니, 張唐이 말하였다. "應侯가 文信侯처럼 오로지 못하겠지." 甘羅가 말하기를 "應侯가 趙나라를 치려 할 때 武安君이 난처하게 여기자 咸陽에서 7리를 떠났을 즈음 〈杜郵에서〉 목을 매어 죽였습니다. 지금 文信侯께서 卿을 燕나라의 재상이 되기를 청하였는데 경은 떠나려 하지 않으시니, 저는 경이 〈언제 어디서〉 피살될지 모르겠습니다."라 하였다. 張唐이 말하기를 "청컨대 童子님의 말씀을 따라 가겠네."라 하고는 마침내 짐을 꾸려 곧바로 떠났다. ≪戰國策 秦策≫
3) 趙卒以兩賢王之意語燕 而立歸武臣 : 陳涉이 왕이 되자 武臣을 장군으로 삼고 張耳와 陳餘를 左右校尉로 삼아 북으로 옛 趙나라 땅을 침략하여 趙나라의 십

수 개의 성을 함락시켰다. 武臣은 張耳와 陳餘의 말을 듣고 趙王에 즉위하고 陳餘를 대장군으로 삼았으며 張耳는 右丞相으로 삼아 북쪽으로 燕나라의 경계를 침략하였다. 趙王은 한가로운 때 외출하였다가 燕나라 군에게 사로잡혔다. 燕나라는 趙나라의 땅 반을 나누어주면 왕을 돌려주려고 하였다.

趙나라에 잡일을 하는 병사가 있었는데 燕나라 성벽 아래로 달려가 말하기를 "저 武臣, 張耳, 陳餘는 말채찍을 흔드는 것만으로 趙나라의 수십 개 성을 함락시켰으며, 이들 또한 각기 南面하여 왕이 되고자 하니 어찌 卿相으로 그치고자 하겠습니까? 무릇 신하와 왕의 지위를 어찌 동등하게 말할 수 있겠습니까? 처음 趙나라의 세력이 정해질 무렵에는 감히 나라를 三分하여 각기 왕이 될 수가 없었기에 나이의 高下를 따져 먼저 武臣을 앞세워 왕위에 즉위시킴으로써 趙나라의 人心을 잡은 것이었습니다. 이제 趙나라 땅도 모두 복종하였으니 이 두 사람도 趙나라를 나누어 왕이 되고 싶지만 다만 기회가 나지 않았을 뿐이었던 것입니다.

그런데 지금 공께서 趙王을 감금하고 계시니 이 두 사람은 명목상으로는 趙王을 구한다고 하고 있습니다만 실은 燕나라가 그를 죽이기를 바라고 있으니, 그렇게 되면 이 두 사람은 趙나라를 半分하여 각기 왕이 될 것입니다. 대체로 하나의 趙나라로도 燕나라를 가벼이 여기는데 하물며 두 현명한 왕이 서로 지지하며 왕을 죽인 죄를 질책한다면 燕나라를 멸망시키는 것은 쉬운 일일 것입니다."라 하였다. 燕나라는 그럴 것이라고 생각하여 이에 趙나라 왕을 돌려보냈다. ≪史記 張耳陳餘列傳≫

子貢 以內憂敎田常하니 **而齊不得伐魯**[1)]하고 **武公 以麋鹿脅頃襄**하여 **而楚不敢圖周**[2)]하고 **魯連 以烹醢懼垣衍**하니 **而魏不果帝秦**[3)]이라 **此**는 **勢而禁之也**니라

子貢이 국내의 근심으로 田常을 훈계하니 齊나라가 魯나라를 치지 못하였으며, 武公이 麋鹿으로 頃襄王을 으르니 楚나라가 감히 周나라를 도모하지 못하였으며, 魯仲連이 삶아 죽이고 젓을 담근다는 말로 新垣衍을 겁주니 魏나라는 과연 秦나라를 임금으로 섬기지 않았다. 이는 형세로 금하게 한 것이다.

1) 子貢以內憂敎田常 而齊不得伐魯 : 田常이 齊나라에서 난을 일으키고자 하였으

나 〈齊나라의 거족인〉 高氏, 國氏, 鮑氏, 晏氏를 두려워하였으므로 그 군대를 옮겨 魯나라를 치려고 하였다. 孔子가 子貢에게 명하여 齊나라에 유세하여 齊나라가 군사를 일으키는 것을 그치게 하였다. 子貢이 가서 田常을 설득하여 군사를 옮겨 吳나라를 치게 하였다. 田常이 군사를 옮기는 것은 명분이 없다고 의심하자 子貢은 남쪽으로 吳王 夫差를 만나 吳나라가 齊나라를 치도록 하였다. 또 越나라로 갔다가 晉나라로 가서 吳나라를 약하게 할 계책을 바쳤다. 魯 哀公 11년(B.C. 484)에 夫差가 과연 군사를 일으켜 艾陵에서 齊나라 군사를 격파하였으며, 2년 뒤에는 晉나라와 강성함을 다투어 크게 물리쳤다. 越王 句踐은 승세를 타고 吳나라를 쳐서 멸망시켰으며 동쪽을 향하여 패권을 잡았다.

太史公이 논평하여 말하기를 "그러므로 子貢이 한번 나서 魯나라를 존속시키고 齊나라를 혼란에 빠뜨렸으며 吳나라를 깨뜨리고 晉나라를 강하게 하고 越나라가 패권을 쥐게 하였다."라 하였다. ≪史記 仲尼弟子列傳≫

2) 武公以麋鹿脇頃襄 而楚不敢圖周 : 楚나라 頃襄王이 齊나라 및 韓나라와 연합하여 秦나라를 치고 周나라를 도모하고자 하였다. 周 赧王은 武公으로 하여금 楚나라 재상 昭子에게 西周의 땅은 이것저것 다 합쳐도 백 리밖에 되지 않는다고 말하게 하였다.

武公이 말하기를 "일 벌이기를 좋아하는 임금과 전쟁을 좋아하는 권신들이 호령을 발하고 군대를 지휘하면서도 시종 창칼을 周 王室에 겨누지 않은 것은 어째서이겠습니까? 祭器가 그곳에 있는 것을 알고 단지 그것을 옮겨서 자신을 과시하려고 하였을 뿐 군주를 시해하는 화를 자초하지는 않았습니다. 지금 韓나라가 祭器를 楚나라로 옮기려 한다면 나는 세상 사람들이 祭器 때문에 楚나라와 적이 될까 걱정됩니다. 신이 청컨대 예를 들어보겠습니다. 원래 호랑이는 고기가 비려서 食用으로 적당하지 않고 자신을 방어하는 예리한 발톱이 있는데도 사람들은 여전히 호랑이를 사냥하려 합니다. 만약 호숫가에 사는 麋鹿에게 호랑이 가죽을 씌운다면 麋鹿을 사냥하는 사람은 호랑이를 잡는 것보다 수만 배의 이익을 취할 수 있습니다."라고 하니, 이에 楚나라는 계획을 철회하고 가지 않았다. ≪史記 楚世家≫

3) 魯連以烹醢懼垣衍 而魏不果帝秦 : 秦나라 군사가 동쪽으로 邯鄲을 포위하자 魏나라 安釐王이 객인 新垣衍을 보내 平原君에게 趙나라가 秦 昭王을 天子로

높여 군사를 물리게끔 하였다. 平原君은 머뭇거리며 결단을 내리지 못하였다.

魯仲連은 이에 平原君을 통하여 新垣衍에게 유세하여 말하기를 "梁(곧 魏)나라는 아직 秦나라를 임금으로 높임으로 해서 입을 해를 보지 못하였을 따름입니다.……지난날 鬼侯와 鄂侯, 文王은 紂의 三公이었습니다. 그러나 紂는 마침내 鬼侯를 젓갈 담았고 鄂侯를 포를 떴으며 文王을 가두었습니다. 그러한 폭군을 어찌하여 사람들은 그래도 帝王이라 칭하며 마침내 스스로 포를 뜨거나 젓을 담는 곳으로 나아간 것입니까?……또한 秦나라는 끊임없이 稱帝할 것이며 또한 제후의 대신을 바꿀 것이니……장군은 또한 어떻게 옛 총애를 누릴 수 있겠습니까?"라고 하였다. 이에 감히 다시는 秦나라를 天子라 하려 하지 않았다. ≪戰國策 趙策 3≫

田生 以萬戶侯啓張卿하니 **而劉澤封**[1)]이요 **朱建 以富貴餌閎孺**하니 **而辟陽赦**[2)]하고 **鄒陽 以愛幸悅長君**하니 **而梁王釋**[3)]이라 **此**는 **利而誘之也**라

田生이 萬戶侯로 張卿을 깨우치자 劉澤이 〈琅琊王으로〉 봉하여졌으며, 朱建이 富貴를 閎孺에게 미끼로 던지자 辟陽侯가 사면되었으며, 鄒陽이 寵愛를 가지고 王長君을 기쁘게 하자 梁王이 풀려났다. 이는 利益으로 꾄 것이다.

1) 田生以萬戶侯啓張卿 而劉澤封 : 劉澤은 漢 高祖의 4촌 兄弟이다. 처음에는 營陵侯에 봉하여졌으며 일찍이 金으로 田生과 관계를 맺었다. 田生이 그를 위하여 呂后가 총애하는 謁者 張卿에게 말하기를 "太后께서는 呂產을 왕으로 세우려 하시나 대신들이 따르지 않을까 걱정하시는데 지금 경께서는 어찌 대신들에게 은근히 권하여 呂氏를 왕으로 봉하게 하고 그 일이 太后에게 알려지도록 하지 않습니까? 太后께서는 반드시 기뻐하실 것입니다. 呂氏들이 왕이 되면 萬戶侯 또한 반드시 경의 것이 될 것입니다."라 하였다.

張卿은 매우 그럴듯하게 여기고 이에 대신들에게 呂產을 왕으로 세우게끔 부추겼다. 太后는 張卿에게 천금을 내렸다. 田生이 또 말하기를 "呂產이 왕은 되었으나 대신들은 심복하지 않을 것입니다. 지금 營陵侯 澤은 劉氏들의 우두머리입니다. 지금 경께서 태후께 말씀드려 10여 현을 쪼개어 그를 봉하십시오. 그는 왕이 되면 기뻐할 것이고 여러 呂氏 왕들도 공고해질 것입니다."라 하였

다. 張卿이 들어가 그렇게 말하자 마침내 劉澤을 琅琊王으로 세웠다. ≪漢書 荊燕吳傳≫

2) 朱建以富貴餌閎孺 而辟陽赦 : 朱建은 楚 땅 사람으로 平原君이란 호가 내려졌으며 長安으로 이사하였다. 辟陽侯 審食(이)其는 행실이 바르지 않았으나 太后의 총애를 얻고 있었는데 朱建과 알고 지내고자 하였으나 朱建은 만나려 하지 않았다. 朱建의 어머니가 죽자 가난하여 發喪을 할 수 없었는데 辟陽侯가 100금으로 문상하였다.

한참 있다가 惠帝가 辟陽侯를 하옥시키니 辟陽侯는 朱建에게 위급함을 알렸으며, 朱建은 이에 惠帝가 총애하는 신하 閎籍孺를 만나 말하였다. "그대가 황제의 총애를 받는다는 것은 천하에서 모르는 사람이 없소. 지금 辟陽侯는 太后의 총애를 받고 있지만 형리에게 넘겨졌는데 거리에서는 모두 그대가 참소하여 그를 죽이려 한다고 하고 있소. 지금 辟陽侯가 주살을 당한다면 당장은 太后가 분노를 숨기고 있겠지만 또한 그대를 죽일 것이오. 그대는 어찌하여 옷을 벗어 어깨를 드러내고 辟陽侯를 위하여 황제께 용서해달라고 청하지 않습니까? 황제께서 그대의 말을 듣고 辟陽侯를 내보내준다면 太后께서는 크게 기뻐할 것입니다. 그렇게 되면 〈황제와 태후〉 두 분께서는 모두 그대를 총애할 것이고 그대의 富貴는 더욱 늘어날 것입니다."라 하였다. 이에 閎籍孺는 크게 두려워하여 그의 계책을 따라 황제에게 말하니 황제는 과연 辟陽侯를 풀어주었다. ≪漢書 酈陸朱劉叔孫傳≫ 顔師古의 주에 의하면 閎籍孺의 籍자는 후인이 함부로 추가한 것이라 하였다. 그래서 蘇洵은 여기에서 閎孺라고 하였다.

3) 鄒陽以愛幸悅長君 而梁王釋 : 鄒陽은 齊나라 사람이다. 梁孝王이 사람을 시켜 〈자기가 후계자가 되는 것을 반대한〉 爰盎을 죽인 일이 발각되자 梁孝王은 죽임을 당할까 두려워하여 鄒陽으로 하여금 方略을 써서 죄가 풀리도록 하였다. 鄒陽은 이에 長安에 이르러 王美人의 오빠인 長君에게 말하였다.

"가만히 듣자 하니 長君의 동생이 後宮으로서 총애를 얻음이 천하에 그만한 사람이 없다는데 長君의 행적은 도리를 따르지 않음이 많다는군요. 지금 爰盎의 일이 막바지에 달하여 梁孝王은 죽임을 당할까 두려워하고 있소. 이렇게 되면 太后께서는 울분에 피눈물을 흘리시며 화를 발할 곳이 없어 이를 갈며 귀한 신하들에게 눈을 돌릴 것이오. 저는 長君이 累卵의 위기에 빠진 것을 두려워하며, 가만히 족하가 근심되오."

長君이 두려워하자 鄒陽은 곧 長君에게 친척을 가까이하는 道를 가지고 天子에게 말하게 하였으며 그 사건은 과연 다스려지지 않았다. ≪漢書 賈鄒枚路傳≫

蘇秦 以牛後羞韓하니 **而惠王按劍太息**[1)]하고 **范雎 以無王恥秦**하니 **而昭王長跪請敎**[2)]하고 **酈生 以助秦凌漢**하니 **而沛公輟洗聽計**[3)]니라 **此**는 **激而怒之也**니라

蘇秦이 '소의 꼬리'라는 말로 韓나라를 부끄럽게 하자 惠王은 劍을 어루만지며 크게 탄식하였고, 范雎가 '왕이 없다.'는 말로 秦나라를 수치스럽게 하자 昭王이 길게 무릎을 꿇고 가르침을 청하였으며, 酈生이 '秦나라를 돕겠느냐.'는 말로 漢나라를 능멸하자 沛公이 〈두 여인에게 발을〉 씻기게 하던 것을 그만두고 계책을 들었다. 이는 격분시킨 것이다.

1) 蘇秦以牛後羞韓 而惠王按劍太息 : 蘇秦이 合從策으로 六國을 유세하니 趙 肅侯는 제후를 찾아가 맹약하게 하였다. 이에 蘇秦은 韓 宣王에게 유세하여 말하기를 "……저는 속담에 '닭의 부리가 될지언정 소의 꼬리는 되지 말라.〔寧爲鷄口 無爲牛後〕'는 말을 들었습니다. 지금 대왕께서 만일 서쪽으로 투항하여 두 손을 모으고 굴복하여 秦나라를 섬긴다면 소의 꼬리가 되는 것과 무엇이 다르겠습니까? 대왕께서 현명함과 강대한 군대를 가지고서도 오히려 소의 꼬리라는 오명을 받게 된다면 대왕을 위하는 저로서는 그것을 부끄럽게 여기게 될 것입니다."라 하였다. ≪史記 蘇秦列傳≫

≪史記≫ 〈韓世家〉와 〈六國年表〉에 모두 韓王은 宣惠王이라 실려 있으므로 宣王이라 하든 惠王이라 하든 모두 같은 사람이다.

2) 范雎以無王恥秦 而昭王長跪請敎 : 范雎는 魏나라 사람으로 자는 叔이다. 먼저 魏나라 中大夫 須賈를 섬겼는데 齊나라에 사신으로 따라갔다가 齊나라와 내통하였다는 혐의를 쓰고 거의 죽을 뻔했다. 그 후 이름을 張祿으로 바꾸고 秦나라의 謁者 王稽를 통하여 離宮에서 昭王을 뵈었다. 당시 宣太后가 정권을 천단하여 그 동생인 穰侯와 華陽君을 총애하여 기용하였는데 范雎는 昭王이 이를 깨닫고 노하게 하려고 환관에게 큰소리로 "秦나라에 왕이 어디 있느냐? 秦나라에는 太后와 穰侯만이 있을 뿐이다."라 하였다.

昭王이 이 말을 듣고 좌우를 물리치고 무릎을 꿇고 청하여 말하기를 "선생

께서는 무엇으로 과인을 가르치려 하십니까?"라 하였다. 范雎가 말하기를 "예, 예."하였으며, 이렇게 하기를 세 차례나 한 뒤에 진언하였다. 昭王이 范雎를 客卿에 임명하고 수년 뒤에는 穰侯를 대신하여 재상으로 삼고 應侯에 봉하였다. ≪史記 范雎蔡澤列傳≫

3) 酈生以助秦凌漢 而沛公輟洗聽計 : 沛公이 군대를 이끌고 陳留의 교외를 지나갈 때 高陽의 傳舍에 이르렀다. 酈生이 들어가 뵈었는데 沛公은 바야흐로 침상에 앉아 두 여인에게 발을 씻기게 하면서 酈生을 만났다. 酈生은 들어가 길게 揖만 하고 절을 하지 않고 말하기를 "足下께서는 秦나라를 도와 제후를 공격하려 하시는 것입니까? 아니면 제후를 거느리고 秦나라를 깨뜨리려 하시는 것입니까?"라 하였다.

沛公은 욕설을 퍼부으며 말하였다. "이 미친 선비 놈아! 천하가 秦나라에 고초를 당한 지가 오래되었다. 그래서 제후들이 서로 협력하여 秦나라를 치려고 하는데 어찌하여 秦나라를 도와 제후를 친다고 하느냐?" 酈生이 말하였다. "반드시 무리를 모으고 義兵을 합쳐서 無道한 秦나라를 없애려면 거만하게 나이 든 사람을 만나서는 안 됩니다."라 하였다. 이에 沛公은 씻는 것을 그만두고 일어나 옷자락을 당기며 酈生을 윗자리로 끌어 앉히고 사과하였다. ≪史記 酈生陸賈列傳≫

蘇代는 **以土偶笑田文**[1]하고 **楚人**은 **以弓繳感襄王**[2]하고 **蒯通**은 **以娶婦悟齊相**[3]하니라 **此**는 **隱而諷之也**니라

蘇代는 흙인형〔土偶〕을 가지고 田文을 비웃었으며, 楚나라 사람은 활과 주살로 襄王을 감동시켰으며, 蒯通은 아내를 맞는 것으로 齊나라 宰相을 깨우쳤다. 이것이 隱喩로 諷諫한 것이다.

1) 蘇代 以土偶笑田文 : 蘇代는 蘇秦의 아우이다. 燕나라는 제후들에게 蘇秦 때와 같이 合從으로 화친을 맺으려 하였다. 蘇代가 齊나라로 갔는데 秦 昭王이 孟嘗君 田文을 보기를 구하자 田文이 가려고 하였으며 빈객들이 간하여도 듣지 않는다는 말을 들었다.

蘇代가 말하기를 "오늘 아침 제가 밖에서 오다가 나무인형〔木偶人〕과 흙인

형〔土偶人〕이 말하는 것을 들었습니다. 나무인형이 말하기를 '하늘에서 비가 내리면 너는 허물어질 것이다.'라 하니, 흙인형이 말하기를 '나는 흙에서 났으니 허물어지면 흙으로 돌아갈 뿐이다. 이제 하늘에서 비가 내리면 그대를 흘려보내 머물 곳이 어딘지 알지 못할 것이다.'라 하였습니다. 지금 秦나라는 호랑이나 승냥이 같은 나라인데 그대가 가려고 하니 돌아오지 못한다면 그대는 흙인형의 웃음거리가 되지 않겠습니까?"라 하였다. 孟嘗君은 이에 그만두었다. ≪史記 蘇秦列傳·孟嘗君列傳≫

2) 楚人 以弓繳感襄王 : 楚나라 頃襄王이 楚나라 사람 중에 가벼운 화살과 가는 실로 기러기를 쏘아 맞히는 사람이 있다는 말을 듣고 불러서 물어보니, 楚나라 사람은 기러기나 작은 새를 쏘아 맞히는 일은 곧 작은 화살을 쏘는 것이며, 임금은 어찌 聖人을 화살로 삼고 勇士를 실로 삼아 적당한 시기를 보아 활을 당겨 천하를 향해 쏘지 않느냐고 하였다. 또 齊·魯·韓·魏나라는 모두 쏘기 쉬우며 오직 秦나라만이 큰 새로 등 뒤로는 대륙을 의지하고 살고, 얼굴은 동쪽을 향하고 서 있고, 왼쪽 어깨로 趙나라의 서남쪽을 제어하고 있고, 오른쪽 어깨로는 楚나라의 鄢과 郢을 위협하고 있고, 가슴으로 韓나라와 魏나라를 대하고 있고, 아래로는 중원의 여러 나라를 내려다보며, 살고 있는 地形은 편리하고 地勢가 유리하여 날개를 펴고 3천 리를 종횡무진하니 秦나라는 하룻밤 사이에 혼자의 힘으로는 제압할 수 없음을 알 수 있다고 하여 頃襄王을 격노케 하려 했다.

頃襄王이 이에 그를 불러 말하니 마침내 선왕인 懷王이 秦나라에 감금되어 죽은 원한이 있는데다가 이제 또 앉아서 곤란을 당하고 있으니 이는 왕이 취할 태도가 아니라고 하였다. 이에 頃襄王은 제후들에게 사자를 보내어 다시 合從을 맺고 秦나라를 치려고 하였다. ≪史記 楚世家≫

3) 蒯通 以娶婦悟齊相 : 蒯通은 范陽(지금의 河北 涿縣) 사람이다. 楚漢 사이의 智士이다. 曹參이 齊 悼惠王의 相이 되어 賢人을 예우하면서 蒯通에게 賓客이 되기를 청하였다.

蒯通이 齊나라의 處士 東郭先生과 梁石君을 위하여 相國을 만나 말하기를 "부인 중에 남편이 죽은 후 사흘 만에 시집가는 자와 깊이 거처하며 정절을 지키며 문을 나서지 않는 자가 있는데, 족하께서 즉시 아내를 구하고자 하신다면 어느 쪽을 취하시겠습니까?"라 하니, 말하기를 "시집가지 않는 자를 취하겠소."라 하였다.

蒯通이 말하기를 "그렇다면 신하를 구하는 것도 이와 같습니다. 저 東郭先生과 梁石君은 齊나라의 빼어난 선비로 은거하여 시집을 가지 않고 일찍이 절의를 낮추어 벼슬을 구한 적도 없습니다. 족하께서는 사람을 보내어 그들을 예우하도록 하십시오."라 하였다. 曹參은 그들을 모두 上賓으로 삼았다. ≪漢書 蒯伍江息夫傳≫

五者는 **相傾險詖之論**이라 **雖然**이나 **施之忠臣**이면 **足以成功**이니 **何則**고 **理而諭之**면 **主雖昏**이나 **必悟**요 **勢而禁之**면 **主雖驕**나 **必懼**요 **利而誘之**면 **主雖怠**나 **必奮**이요 **激而怒之**면 **主雖懦**나 **必立**이요 **隱而諷之**면 **主雖暴**이나 **必容**이니라 **悟則明**하고 **懼則恭**하며 **奮則勤**하고 **立則勇**하며 **容則寬**이니라 **致君之道**는 **盡於此矣**로다 **吾觀昔之臣**한대 **言必從**하고 **理必濟**는 **莫若唐魏鄭公**이니 **其初實學縱橫之說**[1]이라 **此所謂得其術者歟**인저

다섯 가지는 서로 경쟁하는 陰險하고 邪辟한 의논이다. 비록 그러하지만 忠臣에게 펴면 충분히 成功한다. 어째서인가? 理致로 깨우치면 임금이 비록 혼매하다 해도 반드시 깨달으며, 形勢로 금하면 임금이 비록 교만하다 해도 반드시 두려워하고, 利益으로 꾀면 임금이 비록 게으르다 해도 반드시 분발하고, 激動하여 노하게 하면 임금이 비록 나약하다 해도 반드시 서며, 隱喩로 諷諫하면 임금이 비록 사납다 해도 반드시 포용하게 된다. 깨달으면 밝아지고, 두려워하면 공손해지고, 분발하면 부지런해지고, 서면 용감해지며, 포용하게 되면 너그러워진다. 임금을 聖君으로 만드는 道가 모두 여기에 있다.

내가 옛 신하들을 보건대, 말을 했다 하면 반드시 따르고 이치를 펴면 반드시 이룸은 唐나라의 魏鄭公 같은 사람이 없었으니, 그 처음에는 사실 縱橫의 說을 배웠다. 이것이 이른바 그 기술을 얻은 것이리라.

1) 唐魏鄭公 其初實學縱橫之說 : 魏鄭公은 魏徵(580~643)을 말하며, 자가 玄成이고 鉅鹿 曲城 사람으로 讀書를 좋아하여 通涉한 것이 많았다. 천하가 점점 혼란해지는 것을 보고 더욱 縱橫의 설에 뜻을 두어 十策으로 李密에게 써주기를 구하였으나 李密은 이 계책을 쓰지 못하였다. 나중에 李密을 따라 唐나라

에 항복하였다. 太宗이 즉위하자 諫議大夫로 발탁하였다. 太宗은 政道에 전심전력을 쏟아 자주 魏徵을 내실까지 끌어들여 정치의 득실을 물었다. 魏徵 또한 자신을 알아주는 임금을 만난 것을 기뻐하여 그 쓰임을 다하고자 하였으며 못할 말이 없음을 알았다. 누차 승진하여 尙書左丞과 秘書監이 되었으며 侍中으로 승진하여 鄭國公에 봉하여졌다. ≪舊唐書 魏徵傳≫

噫라 龍逢比干은 不獲稱良臣[1]이니 無蘇秦張儀[2]之術也며 蘇秦張儀는 不免爲游說니 無龍逢比干之心也라 是以로 龍逢比干은 吾取其心이요 不取其術이며 蘇秦張儀는 吾取其術이요 不取其心이라 以爲諫法하노라

아! 龍逢과 比干은 훌륭한 신하로 일컬어지지 않았으니 蘇秦과 張儀의 기술이 없었기 때문이며, 蘇秦과 張儀는 遊說家를 면치 못하였으니 龍逢과 比干의 마음이 없었기 때문이다. 그런 까닭에 龍逢과 比干에 대해서는 내 그 마음을 취하였고 그 기술은 취하지 않았으며, 蘇秦과 張儀에 대해서는 내 그 기술을 취하였고 그 마음은 취하지 않았다. 이로써 諫言하는 法으로 삼는다.

1) 龍逢比干 不獲稱良臣 : 제후들이 桀에게 반기를 들자 關龍逢이 〈皇圖〉를 가지고 桀에게 간하며 서서 떠나지를 않았다. 桀은 노하여 이에 〈皇圖〉를 불태우고 龍逢을 죽였다. ≪帝王世紀≫

　紂는 갈수록 더욱 음란해져서 그칠 줄을 몰랐다. 比干이 말하기를 "신하 된 자는 죽음으로 간하지 않을 수 없습니다."라 하고는 이에 紂에게 강하게 간하였다. 紂가 노하여 말하기를 "내가 듣건대 聖人은 심장에 7개의 구멍이 있다고 하더라."라 하며 比干의 가슴을 갈라 심장을 관찰하였다. ≪史記 殷本紀≫

　≪舊唐書≫ 〈魏徵傳〉에는 魏徵이 한 말이 다음과 같이 실려 있다. "良臣은 后稷과 契(설)·咎陶(고요) 같은 사람이다. 忠臣은 龍逢, 比干 같은 사람이다. 良臣은 몸으로 하여금 아름다운 명성을 얻게 하고, 임금이 드러난 명성을 받게 하여 자손대대 만세토록 그 복록이 무궁하나, 忠臣은 몸으로 죽임을 받아 임금은 큰 죄악에 빠지게 되고 나라도 함께 잃으며 헛되이 그 명성만 남는다."

2) 張儀 : 張儀(?~B.C. 309)는 魏나라 사람이다. 처음에는 일찍이 蘇秦과 함께 鬼谷先生을 사사한 적이 있었다. 蘇秦이 이미 趙나라 왕을 설득하여 合從

을 약속받았으나 秦나라가 趙나라를 칠까 봐 두려워하여 〈趙나라에서〉 張儀에게 車馬와 金錢을 대주고 秦나라에 들여보냈는데 惠王이 그를 客卿으로 삼았다. 張儀는 魏나라가 上郡과 少梁을 바치게 하고 秦 惠王에게 감사하게 하자, 惠王은 그를 재상으로 삼았다. 이에 秦나라를 위해 魏나라의 재상이 되고 楚나라의 재상이 되었으며 韓나라로 갔다가 燕나라에 유세하여 連衡策을 쓰니 秦나라는 이 때문에 강하여졌다. ≪史記 張儀列傳≫

06. 諫 下* 諫言에 대한 논문 下

* 下篇에서는 "임금이 諫言을 잘 받아들이면서도 신하로 하여금 반드시 간언할 수 없게 한다면 정말로 간언을 잘 받아들이는 임금이 아니다.〔君能納諫 不能使臣必諫 非眞能納諫之君〕"라는 것을 논하였다. 刑賞을 베풀어 신하로 하여금 반드시 간하게 하여야 함을 극력 주장하고 있다. 儲欣은 말하기를 "上篇은 術자를 내세웠고, 하편에서는 勢자를 내세웠는데, 이것이 두 편의 關鍵이 되는 곳이다."라 하였다.

勸諫하며 行文亦痛快니라

諫言할 것을 권하며 文章의 구사 또한 痛快하다.

夫臣能諫호되 不能使君必納諫이면 非眞能諫之臣이요 君能納諫호되 不能使臣必諫이면 非眞能納諫之君이니라 欲君必納乎는 嚮之論에 備矣요 欲臣必諫乎는 吾其言之리라

대저 신하가 諫言에 능하면서도 임금으로 하여금 반드시 간언을 받아들이게 할 수 없다면 정말로 간언에 능한 신하가 아니며, 임금이 간언을 잘 받아들이면서도 신하로 하여금 반드시 간언하게 할 수 없다면 정말로 간언을 잘 받아들이는 임금이 아니다. 임금이 반드시 받아들이게 하고자 하는 것은 저번의 논한 것에 갖추어져 있고, 신하가 반드시 간언하게 하려는 것에 대하여서는 내 거기에 대해 말을 하겠다.

夫君之大는 天也요 其尊은 神也요 其威는 雷霆也라 人之不能抗天觸神忤雷霆은 亦

明矣로다 聖人이 知其然이라 故로 立賞以勸之니라 傳曰 興王賞諫臣[1)]이 是也라 猶懼其選耎阿諛하여 使一日不得聞其過라 故로 制刑以威之니 書曰 臣下不正이면 其刑墨[2)]이 是也라 人之情은 非病風喪心이면 未有避賞而就刑者니 何苦而不諫哉오 賞與刑不設이면 則人之情이 又何苦而抗天觸神忤雷霆哉리오 自非性忠義不悅賞不畏罪면 誰欲以言博死者오 人君又安能盡得性忠義者而任之리오

대저 임금의 크기는 하늘이며, 그 높음은 神이며, 그 위엄은 우레이다. 사람이 하늘에 맞서고 神에 저촉하며 우레를 거스를 수 없음은 또한 명백하다! 聖人은 그런 것을 알았기 때문에 賞을 세워서 권하였다. 傳에서 말하기를 "興王은 諫言하는 신하에게 상을 내린다."라 한 것이 이를 말한다.

그래도 그 벌벌 떨며 나아가지 못하고 아첨하며 하루라도 그 過失을 듣지 못하게 하는 것을 두려워하였으므로 刑罰을 제정해놓고 위엄을 보였으니 ≪尙書≫에서 말한 "신하가 바로잡지 않으면 墨刑을 내렸다."라 한 것이 이를 말한다.

사람의 情은 정신병을 앓아 마음을 잃지 않으면 상을 피하여 형벌로 나아가는 자가 여태껏 없었으니 어찌 괴로워하며 간언하지 않겠는가? 상과 형벌이 설치되지 않으면 사람의 정이 또한 어찌 괴로워하며 하늘에 맞서고 신에 저촉되며 우레를 거스르겠는가? 스스로 성품이 忠義롭지 않고 상을 기뻐하지 않으며 죄를 두려워하지 않으면 누가 널리 죽는 것을 말하려 하겠는가? 人君이 또한 어찌 성품이 충의로운 자를 다 얻어서 그에게 맡길 수 있겠는가?

1) 傳曰 興王賞諫臣 : ≪國語≫ 〈晉語〉에서 范文子는 "興王(王業에 힘써 나라를 번영하게 하는 왕. 혹은 나라를 세운 왕)은 간언하는 신하에게 상을 준다. 逸王(교만 방탕한 왕)은 그들에게 벌을 내린다."라 하였다. 范文子는 곧 范燮으로 晉나라 大夫인데 많은 계책을 바쳤다.

2) 書曰……其刑墨 : ≪尙書≫ 〈伊訓〉에 나오는 말인데 원문에는 '正'이 '匡'으로 되어 있다. 匡은 正과 같은 뜻이다.

今有三人焉한대 一人勇하고 一人勇怯半하며 一人怯이라 有與之臨乎淵谷者하고 且告之曰 能跳而越이면 此謂之勇이요 不然爲怯이라하면 彼勇者恥怯하여 必跳而越焉이요

其勇怯半者與怯者則不能也라 又告之曰 跳而越者與千金하고 不然則否라하면 彼勇怯半者奔利하여 必跳而越焉하며 其怯者猶未能也니라 須臾에 顧見猛虎暴然向逼이면 則怯者不待告하고 跳而越之如康莊矣라 然則人豈有勇怯哉리오 要在以勢驅之耳니라 君之難犯은 猶淵谷之難越也니라 所謂性忠義不悅賞不畏罪者는 勇者也니 故로 無不諫焉이요 悅賞者는 勇怯半者也니 故로 賞而後諫焉이요 畏罪者는 怯者也니 故로 刑而後諫焉이니라 先王知勇者不可常得하니 故로 以賞爲千金하여 以刑爲猛虎하여 使其前有所趨하고 後有所避하여 其勢不得不極言規失하니 此三代所以興也니라

지금 세 사람이 있는데, 한 사람은 勇敢하고, 한 사람은 勇氣와 怯이 반반이며, 한 사람은 겁쟁이이다. 어떤 사람이 그들과 함께 깊은 골짜기를 내려다보며 또한 이르기를 "뛰어넘을 수 있으면 용기가 있다 하겠고 그렇지 않으면 겁쟁이이다."라 하면, 저 용기가 있는 자는 겁내는 것을 부끄러워하여 반드시 뛰어넘을 것이며, 용기와 겁이 반반인 자와 겁쟁이는 할 수 없을 것이다.

또 이르기를 "뛰어서 넘는 자에게는 千金을 주고 그러지 않으면 안 준다."라 하면, 저 용기와 겁이 반반인 자는 利益으로 달려가 반드시 뛰어서 넘을 것이며, 겁쟁이는 여전히 그렇게 할 수 없을 것이다. 잠깐 만에 사나운 호랑이가 사납게 다가오는 것을 돌아보면 겁쟁이는 말해주는 것을 기다리지 않고 달아나 넘어가기를 四通八達의 대로처럼 할 것이다. 그렇다면 사람이 어찌 용기와 겁이 있겠는가? 요는 氣勢로 그것을 몰아내는 데 있을 따름이다.

임금을 범하기 어려운 것은 깊은 골짜기를 넘기 어려움과 같다. 이른바 성품이 忠義하고 賞을 기뻐하지 않으며 죄를 두려워하지 않는 자는 용감한 자이므로 간언하지 않음이 없고, 상 받기를 기뻐하는 자는 勇氣와 怯이 반반인 자이므로 상을 받은 후에야 간언하며, 죄를 두려워하는 자는 겁을 내는 자이므로 형을 받은 후에야 간언한다. 先王들은 용감한 자를 항상 얻을 수는 없음을 알았으므로 상으로 천금을 주고 형벌을 사나운 호랑이로 삼아, 앞에서는 〈상으로〉 달려가게 하고 뒤에서는 〈형벌을〉 피함이 있게 하여 그 형세가 부득불 잘못의 規諫을 極言하게 하였는데, 이것이 三代가 흥한 까닭이다.

末世不然하여 遷其賞於不諫하고 遷其刑於諫하니 宜乎臣之噤口卷舌하여 而亂亡隨之也라 間或賢君欲聞其過나 亦不過賞之而已라 嗚呼라 不有猛虎면 彼怯者肯越淵谷乎아 此無他라 墨刑之廢耳라 三代之後로 如霍光誅昌邑不諫之臣者[1]는 不亦鮮哉아

末世에는 그렇지 않아 諫言하지 않는 자에게 賞을 옮기어 주고 간언하는 자에게는 刑罰을 옮기어 주니, 신하가 입을 다물고 혀를 말아 넣어 어지럽고 망함이 뒤따르는 것은 당연하다. 간혹 賢君이 그 過失을 듣고자 하나 또한 그에게 상을 주는데 지나지 않을 따름이다.

아아! 사나운 호랑이가 없다면 저 겁쟁이가 기꺼이 깊은 골짜기를 건너려 하겠는가? 이는 다름이 아니라 墨刑이 폐하여져서일 따름이다. 三代의 후로 霍光이 간언하지 않은 昌邑王의 신하를 죽인 것과 같은 것이 또한 드물지 않은가!

1) 霍光誅昌邑不諫之臣者 : 대장군 霍光은 明帝의 후계자로 昌邑王을 황제로 옹립하였으나 곧 昌邑王을 폐하였는데, 昌邑王의 뭇 속관들은 왕을 제대로 보좌하지 못하고 악의 구렁텅이에 빠뜨렸다는 죄목에 연좌되어 霍光에 의해 모두 200여 명이 誅殺되었다. ≪漢書 霍光傳≫

今之諫賞은 時或有之나 不諫之刑은 缺然無矣라 苟增其所有하고 有其所無면 則諛者直하고 佞者忠이니 況忠直者乎아 誠如是하니 欲聞讜言而不獲을 吾不信也라

오늘날 諫言하면 賞을 주는 일은 이따금 어쩌다 있으나, 간언하지 않는다고 刑罰을 내리는 일은 절대로 없다. 실로 그 가진 것을 더해주고 없는 것을 있게 한다면 아첨하는 자가 곧아지고 비위를 잘 맞추는 자가 忠誠스러워질 것이니, 하물며 忠直한 者이겠는가? 실로 이렇지니 곧은 말을 듣고자 하나 얻지 못한다는 것을 나는 믿지 않는다.

07. 明論* 밝음에 대한 논문

* 이 글은 賢人의 明睿에 대하여 논한 것으로, 저작 시기는 확실치 않다.

此是老泉本色學問이라 宋迂齋謂 其意脈自戰國策來라하니 良是라

이 글은 老泉의 진면목이 드러나는 學問이다. 宋나라 迂齋(樓昉)가 말하기를 그 의미의 맥락은 ≪戰國策≫에서 왔다고 하였는데, 실로 그러하다.

天下有大知하고 有小知[1)]하며 人之智慮는 有所及하고 有所不及이니라 聖人은 以其大知而兼其小知之功하고 賢人은 以其所及으로 而濟其所不及이며 愚者는 不知大知하고 而以其所不及으로 喪其所及이니라 故로 聖人之治天下也以常하고 而賢人之治天下也以時니라 旣不能常하고 又不能時면 悲夫殆哉라 夫惟大知라야 而後可以常이요 以其所及으로 濟其所不及이라야 而後可以時니라 常也者는 無治而不治者也요 時也者는 無亂而不治者也라

天下에는 큰 智慧가 있고 작은 智慧가 있으며, 사람의 智慮에는 미칠 것이 있고 미치지 못하는 것이 있다. 聖人은 그 큰 지혜를 가지고 작은 지혜의 공을 겸하며, 賢人은 그 미치는 것을 가지고 미치지 못하는 것을 이루며, 어리석은 자는 큰 지혜를 알지 못하며 그 미치지 못하는 것을 가지고 그 미치는 것을 잃는다.

그러므로 聖人이 天下를 다스리는 것은 常法으로 하고, 賢人이 天下를 다스리는 것은 때를 가지고 한다. 常法이 될 수 없는데다가 때에 맞추어 할 수도 없다면 슬프고 위태롭도다!

대체로 다만 큰 지혜인 이후에 常法으로 할 수 있고, 그 미치는 것으로 미치지 못하는 것을 이룬 이후에 때에 맞출 수 있게 된다. 常法이란 것은 다스릴 때 다스려지지 않음이 없는 것이고, 때라는 것은 혼란할 때 다스려지지 않음이 없는 것이다.

1) 天下有大知 有小知 : ≪莊子≫ 〈逍遙遊〉에 "작은 지혜는 큰 지혜에 미치지 못한다.〔小知不及大知〕"는 말이 있다.

日月經乎中天이면 大可以被四海로되 而小或不能入一室之下하니 彼固無用此區區小明也라 故로 天下視日月之光이 儼然其若君父之威[1)]라 故로 自有天地而有日月로

以至于今히 而未嘗可以一日無焉이라 天下嘗有言曰 叛父母하고 褻神明이면 則雷霆下擊之라하나 雷霆이 固不能爲天下盡擊此等輩也나 而天下之所以兢兢然不敢犯者는 有時而不測也라 使雷霆으로 日轟轟焉이 遶天下以求夫叛父母褻神明之人而擊之라도 則其人未必能盡이니 而雷霆之威를 無乃褻乎아 故로 夫知日月雷霆之分者라야 可以用其明矣라

해와 달이 하늘 한가운데를 지나가면 크게는 四海를 덮을 수도 있으나 작게는 或한 방구석의 아래에도 들어갈 수가 없으니, 저것은 실로 이와 같은 구구한 작은 밝음에는 소용이 없다. 그러므로 天下가 해와 달의 빛을 보는 것이 儼然하기가 君父의 위엄과 같았다. 그러므로 天地가 있고 해와 달이 있어온 이래 지금까지 일찍이 하루라도 없게 할 수가 없었다.

天下에서 일찍이 말하기를 "父母를 배반하고 神明을 업신여기면 우레가 내려친다."라 하였다. 그러나 우레는 실로 천하를 위해 이런 무리를 다 칠 수 없으나 天下가 戰戰兢兢하며 감히 범하지 못하는 것은 언제 칠지 헤아리지 못하기 때문이다. 우레로 하여금 날마다 우릉우릉 天下를 둘러싸게 하여 저 부모를 배반하고 신명을 업신여기는 사람을 치게 하려 해도 그런 사람들을 반드시 다 칠 수는 없을 것이니 우레의 위엄을 업신여기는 것이 아니겠는가! 그러므로 저 해와 달, 우레의 성분을 아는 자라야 그 밝음을 쓸 수 있다.

1) 天下視日月之光 儼然其若君父之威：≪周易≫ 說卦에 "乾卦는 하늘이요, 원이요, 임금이요, 아버지이다.〔乾爲天 爲圜 爲君 爲父〕"라는 말이 있다.

聖人之明을 吾不得而知也로되 吾獨愛夫賢者之用其心約하여 而成功博也하며 吾獨怪夫愚者之用其心勞하여 而功不成也라 是無他也라 專於其所及而及之면 則其及必精하고 兼於其所不及而及之면 則其及必粗라 及之而精이면 人將曰 是惟無及이니 及則精矣라하리라 不然이면 吾恐姦雄之竊笑也라 齊威王卽位에 大亂三載한대 威王一奮하니 而諸侯震懼二十年하니 是는 何修何營耶오 夫齊國之賢者는 非獨一卽墨大夫 明矣며 亂齊國者는 非獨一阿大夫와 與左右譽阿而毁卽墨者幾人이 亦明矣[1]라 一

卽墨大夫도 **易知也**요 **一阿大夫**도 **易知也**하며 **左右譽阿而毁卽墨者幾人**도 **易知也**니라 **從其易知而精之**라 **故**로 **用心甚約**하여 **而成功博也**니라

聖人의 밝음을 내 알지 못하나, 내 홀로 저 賢者의 마음 씀이 간략하지만 공을 이룸이 넓음을 사랑하며, 내 홀로 저 어리석은 자의 마음 씀이 수고롭지만 공이 이루지 못함을 이상하게 여긴다.

이는 다름이 아니라, 그 미치는 것에 오로지 하여 거기에 미치면 그 미침이 반드시 정밀해지고, 그 미치지 못하는 것을 겸하여 거기에 미치면 그 미침이 거칠어져서이다. 거기에 미쳐 정밀해지면 사람들은 "이는 다만 미치지 못하였을 뿐 미치면 정밀해진다."라 할 것이다. 그렇지 않으면 나는 姦雄이 몰래 비웃을까 두렵다.

齊 威王이 卽位하고 3년 동안 大亂이 일어났는데 威王이 한 번 분발하자 諸侯들이 20년이나 놀라 두려워하였으니, 이는 어떻게 다스리고 어떻게 경영해서인가? 저 齊나라의 賢者는 다만 卽墨의 大夫 한 사람만이 아니었음이 분명하며, 齊나라를 어지럽힌 자는 다만 阿의 大夫 한 사람과 左右에서 阿를 기린 사람만이 아니라 卽墨을 헐뜯은 자가 몇 명이었음이 또한 분명하다! 한 卽墨의 大夫도 쉽게 알며, 한 阿의 大夫도 쉽게 알며, 左右에서 阿를 기리고 卽墨을 헐뜯은 자 몇 명도 쉽게 안다. 그 쉽게 아는 것에서 자세히 살폈으므로 마음 씀이 매우 간략하였으나 공을 이룸이 넓었다.

1) 齊威王卽位……亦明矣 : 齊 威王이 즉위하고 9년 뒤에 卽墨의 大夫를 불러 "과인이 사람을 불러 卽墨을 보니, 밭을 개간하여 백성들에게 주고 관엔 공무가 쌓인 일도 없이 동쪽은 태평하였소. 이는 그대가 과인의 측근들에게 名譽를 구하지 않았기 때문이오."라 칭찬하고 萬戶의 식읍을 하사하였다. 阿의 대부 및 그를 칭찬했던 측근의 대부들은 모두 烹刑에 처하여 '측근들에게 뇌물을 주어 명예를 구한 것'을 징계하였다.

마침내 군사를 일으켜 서쪽으로 趙나라와 衛나라를 쳤고, 魏나라를 濁澤에서 물리쳤으며 惠王을 포위하였다. 惠王이 觀 땅을 헌납하고 협상을 청하였으며 趙나라는 齊나라에 長城을 돌려주었다. 이에 제나라는 國威를 떨치고 사람들은 모두 가식과 잘못을 저지르지 않았으며 성심껏 임무를 다하였다. ≪史記 田敬仲完世家≫

제후들이 이를 듣고는 20여 년 동안 齊나라에 군사를 일으킬 생각을 하지 않았다. 齊 威王은 재위 기간이 36년으로 즉위 후 9년에 잘 다스렸으니 제후들이 감히 제나라에 병사를 일으키지 않은 것은 20여 년이다. 蘇洵은 成數를 든 것이다.

天下之事는 譬如有物十焉이면 吾擧其一이로되 而人不知吾之不知其九也니라 歷數之至於九로되 而不知其一이면 不如擧一之不可測也온 而況乎不至於九也리오

天下의 일은 비유컨대 어떤 물건이 10개가 있는데 내가 그중에 하나를 들어도 남들은 내가 그중 9개는 알지 못한다는 것을 알지 못함과 같다. 수를 하나하나 헤아려 9에 이르렀는데도 〈가장 중요한〉 그 하나를 모른다면, 헤아릴 수 없는 그 하나를 듦만 못하거늘, 하물며 그 9까지 하나하나 헤아리는 정도에도 이르지 못함에랴.

蘇子之明은 明之小者也로되 伯(패)者之所操切也라 聖人之明은 則以無心而虛니 虛라 故로 能照며 照則能普萬物而不蔽라 釋氏之所謂寂生照와 莊子之所謂泰宇定而天光發은 皆此意也라

蘇子의 밝음은 밝음의 작은 것이나 伯者들이 절실하게 조종해야 하는 것이다. 聖人의 밝음은 無心으로써 비우는 것이니, 비었으므로 비출 수 있으며 비추면 만물에 두루 미쳐 숨길 수 없다. 釋氏가 이른바 "고요한 곳에서 빛이 생겨난다."고 한 것이나, 莊子가 이른바 "타고난 기품이 태연하고 조용하면 天光을 발한다."라 한 것이 모두 이 뜻이다.

08. 辨奸論* 奸邪함을 분별함에 대한 논문

* 이 글은 王安石의 奸邪함을 논한 글로 張方平의 〈文安先生墓表〉에 의하면 "王安石의 모친이 죽었을" 때 지은 것이다. 王安石의 모친은 嘉祐 8년(1063)에 죽었으므로 이 글은 이때 지어졌을 것이다.

荊川嘗讀韓非子八諫篇하고 謂是一面照妖鏡[1)]이라하니 余於老泉此論

亦云이라

荊川이 일찍이 ≪韓非子≫ 〈八諫篇〉을 읽어보고 말하기를 "이는 하나의 照妖鏡이다."라 하였는데, 나는 老泉의 이 論 또한 그렇다고 생각한다.

1) 照妖鏡 : 入山修道하는 사람이 妖怪를 물리치기 위하여 등 뒤에 달았다는 거울이다.

張文定公撰老蘇先生墓表云 嘉祐初에 王安石名始盛하여 黨友傾一時라 其命相制曰 生民以來 數人而已니라 造作語言하여 至以爲幾於聖人이라 歐陽脩亦善之하여 勸先生與之遊니라 而安石亦願交於先生이라 先生曰 吾知其人矣니 是不近人情者로 鮮不爲天下患이라하니라 安石之母死에 士大夫皆弔호되 先生獨不往하고 作辨奸一篇하니 其文曰

張文定公(張方平)이 〈老蘇先生墓表〉를 지어 말하였다.

"嘉祐 初年에 王安石의 名聲이 비로소 盛하여 黨友들이 한때 〈그 사람에게〉 쏠렸다. 그 〈命相制〉에는 '백성이 생겨난 이래 數人일 따름이다.'라 하였다. 言語를 造作하여 심지어 聖人에 가깝다고까지 하였다. 歐陽脩 또한 그를 잘 보아 先生(蘇洵)에게 그와 교유하라고 권하였다. 그리고 王安石 또한 先生과 교유하기를 원하였다. 先生이 말하기를 '나는 그 사람을 잘 아니 그런 사람은 人情에 가깝지 않은 자로, 天下의 근심거리가 되지 않음이 드물다.'라 하였다. 王安石의 모친이 죽자 士大夫들이 모두 弔問하였으나 先生만은 홀로 가지 않고 〈辨奸論〉 한 편을 지었으니 그 글에서 〈다음과 같이〉 말하였다."

事有必至면 理有固然이니 惟天下之靜者라야 乃能見微而知著니라 月暈而風이면 礎潤而雨[1)]는 人人知之니라 人事之推移와 理勢之相因은 其疎闊而難知하니 變化而不可測者는 孰與天地陰陽之事리오 而賢者有不知하니 其故何也오 好惡亂其中하고 而利害奪其外也니라

일에 반드시 이르는 것이 있으면 이치상 실로 그렇게 되는 것이 있으니, 오직 천하의 고요한 자라야 곧 미세한 것을 보고 드러난 것을 알 수 있다. 달무리가 지고 바람이 불면 주춧돌이 축축해지고 비가 옴은 사람마다 알고 있다. 사람의 일의 推移와 이치의 形勢가 서로 因果가 됨은 소활하여 알기 어려우니, 變化하여 헤아릴 수 없는 것이 天地와 陰陽의 일에 비하여 어떠한가? 그런데 賢者도 모름이 있음은 그 까닭이 어째서인가? 好惡가 그 안을 어지럽히고 利害가 그 바깥을 빼앗기 때문이다.

1) 礎潤而雨 : ≪淮南子≫ 〈說林訓〉에 "산의 구름이 많으면 기둥 아래 주춧돌이 축축해진다.〔山雲烝 柱礎潤〕"는 말이 있다. 이는 무슨 일이 발생하기 전에 반드시 무슨 조짐이 있음을 말한 것이다.

昔者에 **山巨源**이 **見王衍**[1] **曰 誤天下蒼生者**는 **必此人也**라하고 **郭汾陽**이 **見盧杞**[2] **曰 此人得志**면 **吾子孫無遺類矣**라하니 **自今而言之**컨대 **其理固有可見者**라 **以吾觀之**하니 **王衍之爲人**은 **容貌言語**가 **固有以欺世而盜名者**라 **然**이나**不忮**(기)**不求**[3]하고 **與物浮沈**하여 **使晉無惠帝**[4]하고 **僅得中主**면 **雖衍百千**이라도 **何從而亂天下乎**아 **盧杞之姦**은 **固足以敗國**이라 **然而不學無文**하며 **容貌不足以動人**하고 **言語不足以眩世**하니 **非德宗**[5]**之鄙暗**이면 **亦何從而用之**리오 **由是言之**컨대 **二公之料二子**에 **亦容有未必然也**라

옛날에 山巨源(山濤)이 王衍을 보고 말하기를 "天下의 蒼生을 그르치는 사람은 반드시 이 사람일 것이다."라 하였고, 郭汾陽(郭子儀)이 盧杞를 보고 말하기를 "이 사람이 뜻을 얻으면 내 자손은 남는 무리가 없을 것이다."라 하였다.

지금 그것을 말하건대 그 이치가 실로 볼 만한 것이 있다. 내가 보기에는 王衍의 爲人은 容貌와 言語가 실로 세상을 속이고 名譽를 훔침이 있었지만, 원망하지 않고 추구함이 없이 사물과 더불어 浮沈하여, 설사 晉나라에 惠帝가 없고 중간쯤 되는 임금만 겨우 얻었더라도 王衍 같은 사람이 백천 명이라 한들 무엇 때문에 천하가 어지럽혀졌겠는가?

그러나 盧杞의 간사함은 실로 나라를 그르치기에 족하였다. 그런데 배우지 않아 문채가 없으며 容貌는 사람을 움직이기에 부족하고 言語는 세상을 현혹시키기에 부족하니, 唐 德宗의 비루하고 어두움이 아니라면 또한 무엇 때문에 그를 등용했겠는가?

이로써 말하건대 두 公이 두 사람을 헤아림에 또한 더러 꼭 그렇지 않은 점이 있었다.

1) 山巨源 見王衍 : 巨源은 山濤(205~283)의 자이다. 河內 懷縣(지금의 河南 茂陵) 사람으로 老莊을 좋아하여 은거하면서 嵇康·阮籍 등과 교유하며 竹林七賢의 하나가 되었다. 40세 때 벼슬길에 나서 右僕射, 吏部尙書에 이르렀다. 이 때문에 嵇康에게 절교를 당하였다.

王衍(256~311)은 자가 夷甫이며 琅邪 臨沂(지금의 山東 臨沂) 사람이다. 老莊의 玄談을 좋아하고 義理를 논함에 변화가 많아 '口中雌黃'이라 불렸다. 벼슬길에 올라 거듭 승진하여 尙書令, 司空, 司徒에 올랐다. 당시 사회가 어지러워지자 자신의 보전만 꾀하여 아우인 王澄을 荊州刺史로, 족제인 王敦을 青州刺史로 삼아 세 개의 굴을 미리 준비하였다. 東海王 司馬越이 苟晞를 토벌할 때 太尉로 太傅軍司가 되었으며, 司馬越이 죽자 元帥로 추대되었다. 그러나 石勒에게 패하여 포로로 잡혀 죽었다. ≪晉書 王衍傳≫

2) 郭汾陽 見盧杞 : 郭汾陽은 곧 郭子儀(697~781)이다. 郭子儀에 대해서는 앞의 〈上韓樞密書〉에 보인다. 盧杞(?~785)는 자가 子良으로 滑州(지금의 河南 滑縣) 사람이다. 門蔭으로 青道率府兵曹參軍이 되었다. 建中 2년(781) 御史大夫로 승진하고 조금 있다가 門下侍郎, 同中書門下平章事로 발탁되었다. 賢能한 이를 질투하여 楊炎과 顔眞卿 등을 모함하였다. ≪舊唐書 盧杞傳≫

3) 不忮(기)不求 : 忮는 '질투, 원망'의 뜻이다. ≪詩經≫ 〈邶風 雄稚〉에 "질투하지 않고 탐하지 않는다면, 어찌 착하지 않으리오.〔不忮不求 何用不臧〕"라는 구절이 있다.

4) 惠帝 : 晉 惠帝 司馬衷(259~306)으로 자는 正度이며, 武帝 司馬炎의 次子이다. 太熙 원년(290)에 즉위하였으며 우매하고 지혜가 없었다. 백성들이 크게 기근이 들어 먹을 것이 없자 "어찌하여 고기 죽을 먹지 않느냐?"고 하여 웃음거리가 되었다. 처음에는 外戚인 楊駿의 조종을 받다가 나중에는 賈皇后가 전권을 행사했다. 永康 원년(300) 趙王 司馬倫이 賈氏를 멸하고 집정대신을 모두 잡아 죽였다. 이듬해에 趙王에게 禪讓하여 여러 왕들의 난을 야기시켰다. 얼마 후 복위하였지만 천하의 일을 수습할 수가 없었다.

5) 德宗 : 唐 德宗 李適(742~805)을 말하며, 代宗의 장자이다. 大歷 14년

(779)에 즉위하였다. 재위 기간 중에 藩鎭이 반란을 일으켰으며, 德宗 또한 그 때문에 梁州(지금의 陝西 漢中)로 도망갔다.

今有人口誦孔老之言하고 **身履夷齊之行**에 **收召好名之士不得志之人**하여 **相與造作言語**하고 **私立名字**하여 **以爲顔淵孟軻復出**이나 **而陰賊險狠**하여 **與人異趣**하니 **是**는 **王衍盧杞合而爲一人也**니 **其禍豈可勝言哉**리오 **夫面垢不忘洗**하고 **衣垢不忘澣**이 **此人之至情也**니라 **今也不然**하여 **衣臣虜之衣**하고 **食犬彘之食**[1]하며 **囚首喪面**[2]**而談詩書**하니 **此豈其情也哉**아 **凡事之不近人情者**는 **鮮不爲大姦慝**하니 **豎刁易牙開方**[3] **是也**니라 **以蓋世之名**으로 **而濟其未形之患**이면 **雖有願治之主好賢之相**이 **猶將擧而用之**라도 **則其爲天下患必然而無疑者**니 **非特二子之比也**니라

지금 어떤 사람이 입으로는 孔子와 老子의 말을 외고, 몸으로는 伯夷와 叔齊의 행실을 밟는데, 名譽를 좋아하는 선비와 뜻을 얻지 못한 사람을 거두어 불러들여 서로 더불어 言語를 조작하고 사사로이 名字를 세워 顔淵과 孟軻가 다시 나왔다고 하나, 음험하고 잔인하며 험악하고 악독하여 남들과는 意趣가 다르다. 이는 王衍과 盧杞가 합쳐서 한 사람이 된 것이니 그 禍를 어찌 이루 다 말할 수 있겠는가?

대체로 얼굴이 더러워지면 씻는 것을 잊지 않고, 옷이 더러워지면 빠는 것을 잊지 않으니, 이것은 사람의 지극한 情이다. 지금 〈이 사람은〉 그렇지 않아서 포로의 옷을 입고 개・돼지의 음식을 먹으며 죄수의 머리털에 喪을 당한 사람의 낯짝으로 ≪詩經≫・≪書經≫을 담론하니, 이것이 어찌 그 정이겠는가?

범사가 사람의 정에 가깝지 않은 자는 크게 姦慝하지 않음이 드문데, 豎刁・易牙・開方이 이런 작자들이다. 세상을 덮는 명성으로 형체가 드러나지 않은 근심을 저지르니, 비록 다스리기를 원하는 임금과 賢者를 좋아하는 재상이 있어서 오히려 천거하여 그들을 쓴다 해도 반드시 天下의 근심이 될 것임은 의심할 것이 없으니, 〈그 해독이〉 다만 앞의 두 사람에 비할 바가 아닐 것이다.

1) 食犬彘之食 : 宋나라 邵伯溫의 ≪邵氏聞見錄≫(卷2)에 의하면 仁宗 朝에 王安石이 知制誥가 되었는데 하루는 꽃구경을 하고 낚시를 하고 內侍에게 연회를 베풀었는데, 각기 금접시에 낚시 미끼를 담아 상 위에 놓았더니 王安石은 그

것을 다 먹었다. 다음날 皇帝가 宰輔에게 이르기를 "王安石은 남을 속이는 사람이다. 거짓으로 낚시 미끼를 먹게 하였더니 〈다른 사람들은〉 한 입만 먹어 보고는 그만 먹는데 王安石은 다 먹었으니 진정이 아니다."라며 황제는 기뻐하지 않았다고 하였다.

2) 囚首喪面 : 韓琦가 知揚州로 있을 때 王安石은 막 급제하여 僉判이 되었는데, 매번 글을 읽다가 아침이 되었으며 대충 선잠을 자다 해가 이미 높이 떠서야 관청에 갔으며 거의 세수와 양치를 하지 않았다. 韓琦는 王安石의 나이가 아직 어린 것을 보고 밤마다 술을 마시고 방종하는 것으로 의심했다. 하루는 조용하게 王安石에게 이르기를 "그대는 나이가 어리니 책 읽는 것을 그만두지 말고 자포자기하지 말라." 하니 王安石은 아무 대답도 하지 않았다고 한다. ≪邵氏聞見錄 卷9≫

3) 豎刁易牙開方 : 이 일은 ≪史記≫ 〈齊太公世家〉에 보인다. 이 세 사람은 모두 齊나라의 신하이다. 豎刁는 桓公을 섬겨 桓公의 환심을 사기 위하여 스스로 宮刑을 받아 寵臣이 되었으며 아울러 共姬(長衛姬)의 총애도 받았다. 桓公이 죽자 易牙와 함께 총애를 믿고 뭇 관리들을 죽이고 公子 無詭를 임금으로 세웠다.

易牙는 '雍巫'라고도 하며 桓公의 환심을 사기 위해 자기의 아들을 삶아 바쳤으며 桓公의 총애를 받았다.

開方은 桓公의 환심을 사기 위해 어버이를 저버렸으며 만년에 桓公의 총애를 받았다. 원래는 衛나라의 公子였으나 千乘의 君位를 버리고 桓公의 신하가 되어 섬겼다고도 한다. 齊 孝公 10년(B.C. 633)에 孝公이 죽자 開方은 孝公의 아우 潘을 도와 孝公의 아들을 죽이고 왕으로 세웠다.

孫子曰 善用兵者는 **無赫赫之功**[1)]이라하니라 **使斯人而不用也**면 **則吾言爲過**하고 **而斯人有不遇之嘆**이면 **孰知禍之至於此哉**오 **不然**이면 **天下將被其禍**하고 **而吾獲知言之名**이니 **悲夫**라

孫子가 말하기를 "用兵에 뛰어난 자는 赫赫한 功이 없다."라 하였다. 만약 이러한 사람이 등용되지 않으면 내 말이 잘못된 것이고, 이러한 사람이 때를 만나지 못했다는 탄식을 하면, 누가 禍가 여기까지 이를 줄 알겠는가? 그렇지 않아 〈이러한 사람

이 등용되면〉 天下는 그 화를 입을 것이고, 나는 식견 있다는 명예를 얻을 것이니 슬프다!

1) 孫子曰……無赫赫之功 : ≪孫子兵法≫ 〈形篇〉에 나오는데, "그러므로 잘 싸우는 자가 이긴 것은 智謀가 있다는 名聲도 없고 勇敢한 功勞도 없다.〔故善戰之勝也 無智名 無勇功〕"라는 말이 있다. 이에 대해 曹操는 "적병이 형세를 채 이루기 전에 이기면 혁혁한 공이 없다.〔敵兵刑未成 勝之無赫之功也〕"라고 注하였다.

宋大家蘇文公文抄 卷6

論

01. 嚳妃論* 帝嚳의 妃에 대한 논문

* 이 글은 ≪史記≫에 기술된 帝嚳의 두 아내가 아이를 잉태하여 낳게 된 일을 論한 것으로, 蘇洵은 이것을 司馬遷이 ≪詩經≫의 시를 잘못 이해하여 불길한 두 가지 허황한 일로써 聖人을 왜곡한 것으로 간주하였다.

辨이라

변론이다

史記에 載帝嚳元妃 曰姜嫄이요 次妃 曰簡狄[1)]이니 簡狄이 行浴이라가 見燕墮其卵하고 取呑之하여 因生契(설)[2)]하니 爲商始祖니라 姜嫄이 出野라가 見巨人跡하고 忻然踐之하여 因生稷[3)]하니 爲周始祖라하니라

≪史記≫에는 "帝嚳의 元妃는 姜嫄이요, 次妃는 簡狄이니, 簡狄이 목욕을 하러 갔다가 제비가 그 알을 떨어뜨린 것을 보고 그것을 취해 삼켜 그로 인해 契을 낳았으니, 이분이 商나라의 시조이다. 姜嫄이 들에 나갔다가 巨人의 발자국을 보고 마음이 설레어 그 발자국을 밟고 나서 그로 인해 稷을 낳았으니, 이분이 周나라 시조이다." 라고 기록되어 있다.

1) 帝嚳元妃……曰簡狄 : 帝嚳은 黃帝의 曾孫으로 辛에 거주하여 高辛氏라고 하였으며, 姜嫄과 簡狄이라는 두 부인이 있었다. 姜嫄의 嫄은 ≪嘉佑集≫에는 原으로 되어 있으나, 여기서는 저본을 따랐다.
2) 簡狄行浴……因生契(설) : ≪史記≫ 〈殷本紀〉에 다음과 같은 내용이 보인다. "殷나라 契은 어머니가 簡狄인데, 有娀氏의 딸이며, 帝嚳의 次妃이다. 세 사람

이 목욕하러 가다가 제비가 그 알을 떨어뜨린 것을 보고 簡狄이 그것을 취해 삼켜 이로 인해 아이를 잉태하여 契을 낳았다. 契이 자라서 禹의 治水를 도와 功이 있었다.〔殷契母曰簡狄 有娀氏之女 爲帝嚳次妃 三人行浴 見玄鳥墮其卵 簡狄取呑之 因孕生契 契長而佐禹治水有功〕"

3) 姜嫄……因生稷 : ≪史記≫ 〈周本紀〉에 다음과 같은 내용이 보인다. "姜嫄이 들에 나아갔다가 巨人의 발자국을 보고는 마음이 너무 설레고 기뻐 그 발자국을 밟고 싶었다. 그 발자국을 밟았더니 몸이 움직이며 孕胎한 것 같았는데, 달이 차서 아들을 낳았다. 상서롭지 못하다 생각하여 좁은 골목길에 버렸으나 소와 말이 지나면서 모두 피하여 밟지 않았고, 숲 속으로 옮겨두었더니 마침 산속에 사람이 많이 있어서, 그를 옮겼다가 다시 도랑의 얼음 위에 버렸더니 날짐승들이 날개로 덮어 보호해주었다. 姜嫄이 신성스럽게 여겨 마침내 데려다 키웠다. 처음에 버리려고 했으므로 이름을 棄라고 하였다."

其祖商周信矣로되 其妃之所以生者는 神奇妖濫하니 不亦甚乎아 商周有天下七八百年하니 是는 其享天之祿하여 以能久其社稷이어늘 而其祖宗이 何如此之不祥也오 使聖人而有異於衆庶也니 吾以爲天地必將儲[1]陰陽之和하고 積元氣之英하여 以生之하니 又焉用此二不祥之物哉아 燕墮卵於前하여 取而呑之라하니 簡狄이 其喪心乎아 巨人之迹이 隱然在地면 走而避之且不暇어늘 忻然踐之라하니 何姜嫄之不自愛也오 又謂行浴出野하여 而遇之면 是는 以簡狄姜嫄爲淫泆無法度之甚者라 帝嚳之妃요 稷契之母니 不如是也리라

그들이 商나라와 周나라의 祖上이란 것은 믿을 만하되, 그 부인들이 자식을 낳게 된 연유가 지나치게 신기하고 요상하니, 또한 너무 심하지 않은가! 商나라와 周나라가 천하를 소유한 지 7, 8백 년이나 되었으니, 이것은 그 나라들이 하늘의 福祿을 누려서 그 社稷을 그토록 오랫동안 유지할 수 있었던 것인데, 그 조상들이 어찌 이처럼 상서롭지 못하단 말인가?

聖人이라면 일반 사람과 다른 점이 있을 것이니, 내 생각으로는 天地가 반드시 陰陽의 조화를 쌓고 元氣의 정수를 축적하여 그들을 낳았을 것인데, 또한 어찌 이 두 가지 상서롭지 못한 일을 사용했단 말인가?

제비가 앞에 알을 떨어뜨리자 그것을 주워 삼켰다니, 簡狄이 아마도 정신을 놓았단 말인가? 거인의 발자국이 은연히 땅에 있으면 달려가다 피하기에도 틈이 없었을 것이거늘, 설레어 그것을 밟았다니, 어찌 姜嫄이 그토록 자신을 아끼지 않았단 말인가? 또 簡狄이 목욕을 하러 갔다가 잉태하고, 姜嫄이 들에 나갔다 발자국을 만나 잉태했다면, 이것은 簡狄과 姜嫄을 심히 淫亂하고 法道가 없는 사람으로 여긴 것이다. 帝嚳의 부인이며, 稷과 契의 어머니이니 이와 같지는 않았을 것이다.

1) 儲 : ≪嘉祐集≫에는 '構'로 되어 있으나, 여기서는 저본을 따랐다.

雖然이나 **史遷之意**는 **必以詩**에 **有天命鳦鳥**하사 **降而生商**[1)]이라하고 **厥初生民**은 **時維姜嫄**이시니 **生民如何**오 **克禋克祀**하사 **以弗無子**하시고 **履帝武敏歆**하사 **攸介攸止**하사 **載震載夙**하사 **載生載育**하시니 **時維后稷**[2)]이라하야 **而言之**리라 **吁**라 **此又遷求詩之過也**라 **毛公之傳詩也**[3)]에 **以鳦鳥降**으로 **爲祀郊禖之候**하고 **履帝武**로 **爲從高辛之行**이러니 **及鄭之箋**[4)]**而後**에 **有呑踐之事**라 **當毛之時**에 **未始有遷史也**라 **遷之說**은 **出於疑詩**하고 **而鄭之說**은 **又出於信遷矣**라 **故**로 **天下皆曰 聖人**은 **非人**이니 **人不可及也**라하니 **甚矣**라 **遷之以不祥**으로 **誣聖人也**여 **夏之衰**에 **二龍**이 **戲於庭**하여 **藏其漦**하여 **至周而發之**하니 **化爲黿**이라 **以生褒姒**하여 **以滅周**[5)]하니 **使簡狄而呑卵**하고 **姜嫄而踐跡**면 **則其生子**도 **當如褒姒**하여 **以妖惑天下**어늘 **奈何其有稷契也**오

비록 그러하지만, 司馬遷의 뜻은 틀림없이 ≪詩經≫의 "天帝께서 제비에게 명하여, 내려가 商나라 祖上을 낳게 하셨네."라는 구절과, "처음 백성을 내신 분은, 바로 姜嫄이란 분이시네. 백성을 어떻게 낳으셨을까, 정결히 제사 지내시어, 자식 없는 나쁜 징조 쫓아내시었네. 帝의 발자국 밟고 기뻐서, 휴식하시며 편히 머무셨네. 아기 배어 삼가시고, 아기 낳아 기르시니, 이분이 后稷이시다."라는 구절을 가지고 말했을 것이다. 아! 이것 또한 司馬遷이 ≪詩經≫을 잘못 이해한 것이다.

毛公은 ≪詩經≫의 이 시를 해설함에 '제비가 내려왔다.'라는 말을 '郊外에서 禖祭祀를 지낼 때'가 된 것으로 보았고, '帝의 발자국 밟다.'라는 말을 '〈남편인〉 高辛氏를 따라간 것'으로 보았다. 그런데 鄭玄의 箋 이후에 '제비 알을 삼켰다.'거나 '거인

의 발자국을 밟았다.'는 사실이 있게 되었다. 毛公의 시대에는 애초에 司馬遷의 ≪史記≫가 없었다. 따라서 司馬遷의 說은 ≪詩經≫을 臆測한 데에서 나왔고, 鄭玄의 說은 또 司馬遷을 믿은 데에서 나왔다. 그래서 천하 사람들은 모두 "聖人은 凡人과 다르니 범인이 미칠 수 없다."라고 한다. 심하도다! 司馬遷이 상서롭지 못한 두 가지 일로써 聖人을 왜곡함이여.

夏나라 말기에 두 마리 용이 궁정에 노닐다가 그 용이 흘린 침을 감추었다가 周나라에 이르러 감춘 침을 드러내니, 침이 변하여 자라가 되었다. 〈어린 宮女가 자라를 만나 妊娠하여〉 褒姒를 낳아, 〈褒姒로〉 인해 결국 周나라는 망하였으니, 가령 簡狄이 알을 삼키고, 姜嫄이 거인의 발자국을 밟고서 〈자식을 낳았다면〉, 그녀들이 낳은 자식들도 당연히 褒姒처럼 요상한 행동으로 천하를 현혹시켰을 것이거늘, 어찌하여 그녀들은 稷과 契 같은 훌륭한 사람을 갖게 되었을까?

1) 天命鳦鳥 降而生商 : ≪詩經≫ 〈商頌 玄鳥〉에 나온다.
2) 厥初生民……時維后稷 : ≪詩經≫ 〈大雅 生民〉에 나온다.
3) 毛公之傳詩也 : 毛公은 漢代에 ≪詩經≫의 注釋을 단 사람으로, 두 가지 說이 있다. 하나는 大毛라 불리는 毛亨이고, 다른 하나는 小毛라 불리는 毛萇인데, 淸代 학자들은 대부분 大毛인 毛亨이라 여겼다. 傳은 '해설하다.', '주석을 달다.'의 뜻이다.
4) 鄭之箋 : 鄭은 鄭玄(127~200)이다. 東漢 高密 사람이다. 馬融에게 經學을 배웠고 五經의 注를 달았다. 箋은 鄭玄이 注한 ≪毛詩≫를 가리키며, ≪鄭箋≫이라 한다.
5) 夏之衰……以滅周 : 옛날 夏나라 말기에 두 마리의 神龍이 夏나라 임금의 궁정에 머물며 말했다. "우리는 褒의 두 임금이다." 夏나라 임금이 占을 치니 죽이든 쫓아내든 궁 안에 머물든 모두 불길하다는 것이었다. 다시 점을 치게 하니 용의 타액을 받아 보관하면 길하다고 나왔다.……

   夏나라 임금은 그 타액을 목갑에 넣어 깊이 보관하도록 하였다. 夏나라가 망하고 그 목갑은 殷나라에 전해졌고, 殷나라가 망하자 다시 周나라에 전해졌다. 三代가 지나도록 감히 그 목갑을 열어보지 못했다가 周나라 厲王 말년에 목갑을 열어보게 되었다. 목갑을 열자 그 안에 있던 용의 침이 궁정의 뜰로 흘러내리는데 없앨 방법이 없었다.……

용의 타액이 검고 큰 자라로 변하더니 後宮으로 숨어 들어갔다. 후궁의 侍女 가운데 어린 宮女가 자라와 마주치게 되었다. 그녀가 열다섯 성년이 되어 아이를 배니, 시집도 가지 않고 아이를 낳게 되자 두려워 아이를 내다 버렸다.

宣王 때 어린 계집아이들이 童謠를 불러 "산뽕나무로 만든 활과 箕草로 만든 箭筒으로 周나라가 망하리라!" 하였다. 이에 宣王은 그 노래를 듣고 그 물건을 파는 부부가 있자 잡아서 죽이도록 하였다. 그 부부는 길로 달아나다가, 후궁의 어린 궁녀가 낳아서 버린 어린아이가 길에 나와 있는 것을 발견했는데, 밤중에 우는 소리를 듣자 불쌍하여 거두어 褒城으로 달아났다. 褒城의 사람이 죄를 짓자 후궁의 어린 궁녀가 낳아 버린 아기를 구해서 왕에게 바치며 贖罪를 청했다. 버려진 아기가 자란 곳이 褒城이었기 때문에 이름을 褒姒라 했다. ≪史記 周本紀≫

或曰 然則稷은 **何以棄**고 **曰 稷之生也**에 **無菑無害**[1)]하니 **或者姜嫄**이 **疑而棄之乎**인저 **鄭莊公**이 **寤生**하여 **驚姜氏**하여 **姜氏惡之**[2)]하니 **事固有然者也**라 **吾非惡夫異也**요 **惡夫遷之以不祥**으로 **誣聖人也**로라 **棄之**하여 **而牛羊避**하고 **遷之**하여 **而飛鳥覆**하니 **吾豈惡之哉**아 **楚子文之生也**에 **虎乳之**[3)]하니 **吾固不惡夫異也**로라

어떤 사람이 "그렇다면 稷은 무엇 때문에 버려졌는가?"라고 하자, "后稷이 태어남에, 災害도 被害도 끼치지 않았으니, 어쩌면 姜嫄이 그를 의심하여 버리신 것이리라. 鄭 莊公은 〈어머니가〉 잠에서 깨어나 보니 이미 태어나 있어, 어머니 姜氏를 놀라게 하여 姜氏가 그를 싫어하였으니, 일이란 본래 그럴 만한 까닭이 있다."라고 하였다.

나는 기이한 것을 싫어하는 것이 아니라, 司馬遷이 상서롭지 못한 것으로 聖人을 왜곡한 것을 싫어한다. 그를 버리자 소와 양이 피해 가고, 그를 옮겨놓자 새가 날개로 덮어주었다고 하니, 내 어찌 그런 것을 싫어하겠는가? 楚나라 子文은 태어나서 〈버려지자〉 호랑이가 젖을 먹이기도 하였으니, 나는 본래 기이한 것을 싫어하는 것이 아니다.

1) 無菑無害 : ≪詩經≫ 〈大雅 生民〉에 나온다.

2) 鄭莊公……姜氏惡之 : ≪春秋左氏傳≫ 隱公 元年에 보인다. "이보다 앞서 鄭

莊公이 申나라에서 아내를 맞이했는데, 이름이 武姜이다. 武姜은 莊公과 共叔段을 낳았다. 莊公은 난산 끝에 태어나 어머니를 놀라게 하였으므로 이름을 寤生이라 하고 마침내 그를 싫어하였다."

이 구절에 대해 杜預는 "어머니가 잠에서 깨어나 보니 莊公이 이미 태어나 있었기 때문에 놀라서 그를 싫어하였다."라고 주석을 달았는데, 蘇洵도 이 說을 따랐다. 그런데 楊伯峻 같은 사람은 寤生의 寤의 주체를 莊公으로 보았고, 아울러 寤를 牾〔거스르다〕의 假借字로 보고서 '莊公이 때어날 때 다리부터 먼저 나와 난산을 한 것'으로 보았다.

3) 楚子文之生也 虎乳之 : ≪春秋左氏傳≫ 宣公 4년에 보인다.

02. 管仲論* 管仲에 대한 논문

* 작자 蘇洵의 역사적인 人物論 중의 하나로, 管仲을 評價하는 작자의 독특한 견해가 날카롭다. 管仲은 살아서 齊 桓公의 宰相으로 많은 공을 세웠던 사람인데, 실은 그 공은 管仲 자신보다도 그를 桓公에게 천거하였던 鮑叔의 공로로 보아야 한다는 게 그의 입장이다.

管仲이 앓아누워 죽음을 눈앞에 두고 있을 때 桓公이 문병을 가서 그의 뒤를 이을 재상감에 대하여 물었다. 管仲은 竪刁 같은 간사한 자들을 멀리할 것을 진언하는 한편, 몇몇 대신들의 단점만 얘기하고 자기 후임자를 추천하지 않았다. 齊나라는 管仲이 죽은 뒤 크게 혼란에 빠졌는데, 그것은 곧 賢明한 사람을 추천하지 않았던 管仲에게 원인이 있다는 것이다. 齊나라의 큰 功臣으로 보는 일반적인 평가를 뒤엎는 그의 〈管仲論〉은 후세 사람들에게도 깊은 인상을 주고 있다.

通篇이 只罪管仲不能臨沒薦賢호되 起起伏伏하여 光景不窮이라

문장 전편이 오직 管仲이 죽음에 임하여 賢者를 천거하지 않은 것을 탓하고 있는데, 솟구치고 가라앉고 하는 변화의 광경이 끝이 없다.

管仲[1)]이 相威公[2)]하여 霸[3)]諸侯하고 攘戎狄하여 終其身토록 齊國富強하고 諸侯不敢

叛이러니 管仲死에 竪刁易牙開方[4]이 用하니 威公薨於亂[5]하고 五公子[6]爭立하여 其禍蔓延하여 訖簡公[7]히 齊無寧歲하니라 夫功之成은 非成於成之日이요 蓋必有所由起이며 禍之作은 不作於作之日이요 亦必有所由兆하니 則齊之治也를 吾不曰管仲而曰鮑叔[8]이라하며 及其亂也는 吾不曰竪刁易牙開方而曰管仲이라하노라 何則고 竪刁易牙開方三子는 彼固亂人國者어니와 顧其用之者威公也니라 夫有舜而後에 知放四凶[9]이요 有仲尼而後에 知去少正卯[10]하나니 彼威公은 何人也오 顧其使威公으로 得用三子者는 管仲也니라

管仲이 齊 桓公의 宰相이 되어 諸侯들 가운데 霸者가 되게 하고 오랑캐들을 물리쳐서, 그가 죽을 때까지 齊나라는 富强하고, 제후들은 감히 背反하지 못하였다. 管仲이 죽자 竪刁·易牙·開方이 임용되니, 桓公은 혼란 중에 죽었고 다섯 명의 公子들이 王位를 서로 다투어 그 禍가 이어져 簡公에 이르기까지 齊나라는 편안했던 해가 없었다.

대저 공로가 이루어지는 것은 이루어지는 바로 그날에 이루어지는 것이 아니라 반드시 일어나게 된 연유가 있는 것이며, 禍가 일어나는 것은 禍가 일어난 바로 그날에 일어나는 게 아니라 또한 반드시 그것이 시작된 조짐이 있는 것이니, 그렇다면 齊나라가 잘 다스려졌던 것을 나는 管仲 때문이 아니라 鮑叔 때문이었다 할 것이며, 齊나라가 혼란하게 된 것은 나는 竪刁·易牙·開方 때문이 아니라 管仲 때문이었다 할 것이다.

왜 그런가? 竪刁·易牙·開方 세 사람은 본시 나라를 어지럽힐 인물이었는데도 바로 그들을 임용한 자는 桓公이었기 때문이다. 舜임금이 있고 난 다음에야 四凶을 내칠 줄 알았던 것이고, 孔子가 있고 난 다음에야 少正卯를 제거할 줄 알았던 것이니, 저 桓公은 어떤 사람이었는가? 桓公으로 하여금 그 세 사람들을 임용할 수 있도록 한 사람은 管仲이었던 것이다.

1) 管仲 : 춘추시대 齊나라 大夫로, 이름이 夷吾, 字가 仲이다. 謚號를 敬이라 하여 敬仲이라고도 부른다. 처음엔 많은 실패를 하였으나 친구 鮑叔의 추천으로 齊 桓公의 재상이 되어 나라를 부강하게 하고 제후들을 糾合하여 周왕실을 받들며 오랑캐들을 물리쳤다. 桓公도 그를 높이어 仲父라 불렀다.

2) 威公 : 齊 桓公이다. 宋 欽宗의 이름인 趙桓을 피휘하여 齊 桓公을 齊 威公이라 하였다.

3) 霸 : 霸者가 되는 것을 말한다. 춘추시대에는 이른바 五霸가 있어 여러 제후들을 이끌며 周나라 왕실을 받들어 천하의 질서를 유지하고 힘을 합쳐 오랑캐들을 물리쳤다.

4) 竪刁易牙開方 : 춘추시대 齊 桓公의 內侍로, 매우 총애를 받았으나, 桓公이 죽은 뒤, 같은 내신인 易牙・開方과 함께 많은 신하들을 죽이며 齊나라를 크게 어지럽혔다. 易牙는 뛰어난 요리사로 狄牙라고도 부르며, 桓公의 비위를 맞추기 위하여 자기 아들을 삶아 요리하여 올렸다고도 한다.

5) 威公薨於亂 : 桓公은 竪刁 등의 亂中에 죽었다.

6) 五公子 : 다섯 명의 왕자로, 춘추시대 제후들의 아들을 公子라고 하였다. 桓公의 아들은 여섯 명이었으나 그중 공자 昭는 뒤에 孝公이 되고, 나머지 다섯 공자는 공자 武孟・공자 元・공자 潘・공자 商人・공자 雍이다.

7) 簡公 : 이름은 壬이고 悼公의 아들로, 桓公으로부터 11대 임금이다. 春秋時代 齊나라는 簡公에 이르러 혼란이 극심하였다.

8) 鮑叔 : 鮑叔牙로 齊나라 대부였다. 젊어서부터 管仲의 친구로서 여러 가지 일로 管仲을 이해해주고 도와주었으며, 뒤에는 管仲이 公子 糾를 섬기다가 잡히자, 그를 齊 桓公에게 추천하여 재상이 되도록 밀었다.

9) 四凶 : 舜에 의하여 추방되었던 네 惡人으로, 驩兜・共工・鯀・三苗이다. ≪書經 舜典≫

10) 少正卯 : 春秋時代 魯나라의 대부였는데, 孔子가 魯나라의 大司寇가 된 뒤, 그가 정치를 어지럽힌다 하여 처형했다.

仲之疾也에 公問之相[1]하니 當是時也에 吾以仲且擧天下之賢者以對러니 而其言이 乃不過曰 竪刁易牙開方三子는 非人情이니 不可近而已라하니라 嗚呼라 仲以爲威公이 果能不用三子矣乎아 仲與威公處幾年矣니 亦知威公之爲人矣乎인저 威公聲不絶乎耳하고 色不絶乎目한대 而非三子者면 則無以遂其欲이니 彼其初之所以不用者는 徒以有仲焉耳니라 一日無仲이면 則三子者는 可以彈冠而相慶矣리니 仲以爲將死之言이 可以縶威公之手足耶아

管仲이 병이 났을 때에 桓公이 그에게 재상에 관하여 물었으니, 바로 그때에 나는 管仲이 천하의 어진 사람을 천거하여 대답할 줄 알았더니, 그는 단지 "豎刁·易牙·開方 세 사람은 人情이 없으니 가까이해서는 안 됩니다."라고만 하였다.

아아! 管仲은 桓公이 과연 그 세 사람을 쓰지 않을 수 있다고 생각했던 것일까? 管仲은 桓公과 함께 몇 년을 지냈으니, 또한 桓公의 사람됨을 잘 알고 있었을 것이다. 桓公은 귀에는 音樂이 끊이지 않았고 눈에는 美色이 끊이지 않았는데, 그들 세 사람이 아니면 그러한 욕망을 채울 수가 없는 처지였으니, 〈그런데도〉 그가 처음에 그들을 쓰지 않았던 이유는 다만 管仲이 있었기 때문이었다. 어느 하루에 管仲이 없게 되면 그들 세 사람은 〈벼슬을 하려고〉 冠을 털면서 서로 축하할 것이니, 管仲은 죽음에 임박하여 한 말이 桓公의 手足을 묶어둘 수 있다고 생각한 것일까?

1) 公問之相 : 桓公이 그에게 재상에 관해서 물었다. 즉 재상으로 임용할 사람에 대하여 물었다는 뜻이다.

夫齊國은 不患有三子요 而患無仲이니 有仲이면 則三子者는 三匹夫耳라 不然이면 天下豈少三子之徒리오 雖威公이 幸而聽仲하여 誅此三人이라도 而其餘者를 仲能悉數而去之耶아 嗚呼라 仲은 可謂不知本者矣니라 因威公之問하여 擧天下之賢者하여 以自代면 則仲雖死라도 而齊國未爲無仲也니 夫何患三子者리오 不言可也니라

齊나라에서는 세 사람이 있는 것을 걱정한 것이 아니라, 管仲이 없는 것을 걱정하였으니, 管仲이 있으면 곧 세 사람은 세 명의 匹夫일 따름이다. 그렇지 않다면 천하에 어찌 세 사람과 같은 무리들이 적겠는가? 비록 桓公이 다행히도 管仲의 말을 듣고서 이 세 사람을 처형하였다 하더라도, 그 나머지 사람들을 管仲이 모두 헤아려서 제거할 수 있었겠는가?

아아! 管仲은 根本을 모르는 사람이었다고 할 수가 있다. 桓公의 질문에 응하여 천하의 賢明한 사람을 推薦하여 자신을 대신하게 하였다면, 管仲이 죽는다 하더라도 齊나라에는 管仲이 없는 셈이 아니니, 어찌 그 세 사람들을 걱정하였는가? 그것은 말하지 않아도 되는 것이다.

五霸[1)]에 **莫盛於威文**이니 **文公之才**는 **不過威公**이요 **其臣**도 **又皆不及仲**하며 **靈公**[2)]**之虐**은 **不如孝公**[3)]**之寬厚**언마는 **文公死**에 **諸侯不敢叛晉**하고 **晉襲文公之餘威**하여 **得爲諸侯之盟主者百有餘年**하니라 **何者**오 **其君**이 **雖不肖**나 **而尙有老成人焉**이러라 **威公之薨也**에 **一亂塗地**는 **無惑也**니 **彼獨恃一管仲**이라가 **而仲則死矣**라 **夫天下**에 **未嘗無賢者**니 **蓋有有臣而無君者矣**어니와 **威公在焉**에 **而曰 天下不復有管仲者**는 **吾不信也**로라

五霸 중에 齊 桓公과 晉 文公보다 强盛한 사람들이 없었으니, 文公의 재능은 桓公보다 뛰어나지 않았고 그의 신하도 모두 管仲에 미치지 못하였으며, 晉 靈公의 포악함은 齊 孝公의 관후함에 견줄 바가 못 되었건만 文公이 죽었어도 제후들은 감히 晉나라를 배반하지 않았고, 晉나라는 文公의 남은 威勢를 이어받아 제후들의 盟主 노릇을 백여 년이나 할 수 있었다. 어째서인가? 그 나라 임금은 비록 못났지만 여전히 그 나라에 노련하고 훌륭한 사람들이 있었기 때문이다. 桓公이 죽자 〈齊나라가〉 단번에 혼란에 빠진 것은 의심할 나위 없었으니, 그가 오직 管仲 한 사람을 의지하고 있다가 그 管仲이 죽어버렸기 때문이다.

천하에 현명한 사람이 없었던 적이 없었으니, 대개 현명한 신하는 있었지만 현명한 임금이 없는 경우가 있었다. 桓公이 살아 있을 때에 "천하는 더는 관중 같은 사람이 없구나."라고 말하는 것은 나는 믿지 않는다.

1) 五霸 : 춘추시대의 다섯 명의 霸者로, 齊 桓公·晉 文公·秦 穆公·宋 襄公·楚 莊王이다. 秦 穆公과 宋 襄公 대신 吳 闔閭와 越 句踐을 넣기도 한다.
2) 靈公 : 晉 文公의 손자로, 無道한 임금으로 유명하다.
3) 孝公 : 齊 桓公의 아들로, 厚德한 임금으로 알려졌다.

仲之書[1)]엔 **有記其將死**에 **論鮑叔賓胥無**[2)]**之爲人**하고 **且各疏其短**[3)]하니 **是**는 **其心**에 **以爲是數子者**는 **皆不足以託國**이요 **而又逆知其將死**하니 **則其書誕謾**하여 **不足信也**니라 **吾觀史鰍(鰌)以不能進蘧伯玉而退彌子瑕**[4)]라 **故**로 **有身後之諫**하고 **蕭何**[5)]**且死**에 **擧曹參以自代**하니 **大臣之用心**이 **固宜如此也**니라 **一國**이 **以一人興**하고 **以一人亡**하나니

賢者는 **不悲其身之死**요 **而憂其國之衰**라 **故**로 **必復有賢者而後**에 **有以死**하나니 **彼管仲者**는 **何以死哉**아

管仲의 책에는, 그가 죽음에 임박하여 鮑叔과 賓胥無의 사람됨을 논하고, 아울러 각자에 대한 그들의 단점을 조목조목 진술한 기록이 있으니, 이것은 管仲이 마음속에 이 몇 사람들은 모두 나라를 맡기기에 부족한 인물이라 여긴 것이고, 게다가 그가 곧 죽을 것이라는 것도 미리 알았던 것이니, 그렇다면 그 책은 황당하고 진실되지 못하여 믿을 수가 없다.

내가 보건대 〈衛나라〉의 史鰌는 蘧伯玉을 벼슬자리에 나아가게 하고 彌子瑕를 물러나게 할 수가 없었다. 그래서 죽은 뒤에 시신으로 간함이 있었고, 〈漢나라〉 蕭何는 죽음을 맞게 되자 曹參을 천거하여 자신을 대신하도록 하였으니, 大臣의 마음씀이 본래 마땅히 이와 같아야 하는 것이다.

한 나라는 한 사람으로 말미암아 흥성하기도 하고 한 사람으로 말미암아 망하기도 하나니, 현명한 사람은 그 자신의 죽음을 슬퍼하지 않고 그 나라의 쇠락을 걱정하는 것이다. 그러므로 반드시 다시 현명한 사람이 자리에 있도록 한 뒤에야 자신이 죽을 수 있으니, 저 管仲이란 사람은 어찌 그렇게 죽었단 말인가?

1) 仲之書 : 齊나라 管仲의 이름을 따서 지은 ≪管子≫란 책이다. 대부분 管仲의 言行을 기록한 것이지만 清代 사람의 考證에 의하면 거의 대부분이 後人의 僞作으로 밝혀졌다. 그 내용은 잡다하지만 法家 사상을 위주로 하여 道家·名家·天文·曆數 등이 포함되어 있다. 그러나 중국의 역대 서적 분류에는 法家類로 분류하고 있다.
2) 賓胥無 : 齊나라 大夫의 이름이다.
3) 疏其短 : 중병이 든 管仲에게 桓公이 위문을 가서 묻자, 管仲은 "鮑叔의 사람됨은 매우 정직하기는 하지만 나라를 위해 굽히지 못하고, 賓胥無의 사람됨은 매우 착하기는 하지만 나라를 위해 굽히지 못합니다."라고 대답하였다.
4) 吾觀史鰍(鰌)以不能進蘧伯玉而退彌子瑕 : 鰍는 鰌와 同字이다. 史鰌는 史魚라고도 부르며, 衛나라 大夫였다. 衛 靈公 때 蘧伯玉을 벼슬자리에 천거하고 간사한 彌子瑕를 내치려고 여러 번 간하였으나 뜻대로 되지 않았다. 그는 죽게 되자 아들에게 나라를 위하여 뜻을 이루지 못하였으니, 禮를 갖추어 자신

을 장사 지내지 말도록 유언하였다. 靈公이 조문을 와서 禮대로 다루어지지 않은 屍身을 보고, 그 연유를 물어보고 나서야 크게 깨닫고, 다시 蘧伯玉을 등용하고 彌子瑕를 내쳤다 한다.

5) 蕭何 : 漢 高祖의 재상으로 천하를 통일하는 데 큰 공을 세운 사람이다. 蕭何는 죽음을 앞두고 동료인 曹參을 추천하여, 曹參이 그를 이어 재상이 되게 하였다.

03. 審勢論* 天下의 形勢를 살피는 것에 대한 논문

* 이 글은 天下의 形勢나 時局을 잘 알고 나서 거기에 맞는 국가의 방침을 정해야 한다는 것을 논한 글이다. 蘇洵은 宋朝가 은혜를 베푸는 데에 익숙하고 威嚴을 부리는 것을 두려워하여, 國勢는 강하지만 政治가 나약하여 오랫동안 연약한 형세가 지속되어 온 것으로 이해하였다. 이러한 宋나라의 연약한 형세를 강한 형세로 바꾸기 위해서 宋나라가 시급히 세워야 할 방침으로, 威嚴을 세울 것을 주장하였다. 그는 구체적인 해결책으로 賞과 罰을 통일하고 號令을 통일하고 擧動을 통일해서, 모든 것이 威嚴에서 나오도록 해야 한다고 제시하였다.

宋은 以忠厚立國하여 似失之弱하니 而蘇氏父子往往注議於此하여 以矯當世라 看他回護轉換하여 救首救尾之妙니라

宋나라는 忠厚로 나라를 세워 결점이 연약함에 빠진 것 같았으니 蘇氏 父子는 종종 여기에 의논을 집중하여 當世를 바로잡고자 하였다. 그의 문장은 되짚어가면서 강조하고 轉換하여 문장의 首尾를 잘 조화시킨 묘미를 볼 수 있다.

治天下者는 定所尙[1)]이니 所尙一定이면 至於千萬年而不變하여 使民之耳目純于一하고 而子孫有所守면 易以爲治라 故로 三代聖人[2)]에 其後世遠者는 至七八百年[3)]이니라 夫豈惟其民之不忘其功하여 以至于是리오 蓋其子孫이 得其祖宗之法하여 而爲依據하여

可以永久니라 夏之尙忠이요 商之尙質이요 周之尙文[4)]이라 視天下之所宜尙하여 而固執之하여 以此而始하고 以此而終하니 不朝文而暮質하여 以自潰亂이라 故로 聖人者出엔 必先定一代之所尙하니라 周之世엔 蓋有周公爲之制禮[5)]하니 而天下遂尙文하니라 後世에 有賈誼[6)]者가 說漢文帝하여 亦欲先定制度나 而其說不果用이라 今者에 天下幸方治安하니 子孫萬世帝王之計를 不可不預定于此時라 然이나 萬世帝王之計는 常先定所尙하여 使其子孫으로 可以安坐而守其舊요 至於政弊然後엔 變其小節하되 而其大體는 卒不可革易이라 故로 享世長遠하고 而民不苟簡이라

천하를 다스리는 자는 崇尙할 바(國是)를 정해야 하니, 숭상할 바가 일단 정해지면 천년만년에 이르도록 바꾸지 않고, 백성들의 耳目이 오로지 〈숭상할 바의〉 한 곳에만 쏠리게 하고, 〈통치자의〉 자손들도 〈그것을〉 고수하는 바가 있으면 쉽게 다스릴 수 있을 것이다. 그러므로 三代의 聖人 가운데에 그 후세가 멀게는 7, 8백 년에까지 이르기도 했다. 어찌 오직 그 백성들이 그 공로를 잊지 않았기 때문에 여기에까지 이르렀겠는가? 대개 그 자손들이 그 祖上의 法道를 얻어서 〈治國의〉 근거로 삼았기에 그렇게 오래 지속될 수 있었던 것이다.

夏나라는 忠(忠誠)을 숭상하였고, 商나라는 質(質朴)을 숭상하였으며, 周나라는 文(文化)을 숭상하였다. 천하 사람들이 마땅히 숭상할 바를 살피고 정하여 그것을 고집스럽게 집행하여 그것으로 시작하고 그것으로 끝났으니, 아침에는 文을 숭상하다가 저녁이면 質을 숭상하여 스스로 무너져 혼란에 빠지지 않았다. 그래서 聖人이 나온 뒤에는 반드시 먼저 그의 一代에 숭상할 것을 정했던 것이다.

周나라의 시대에는 周公이 周나라를 위하여 禮를 만드니, 천하가 마침내 文을 숭상하게 되었다. 후대로 내려와 賈誼라는 사람이 漢 文帝를 설득하여, 그 역시 먼저 나라의 제도를 정하려 했지만, 그의 말은 결국 채용되지 않았다. 지금의 천하는 다행히도 잘 다스려져 편안하니, 자손만대에까지 미칠 帝王의 계책을 지금 이때에 미리 정하지 않으면 안 된다. 그러나 만대에까지 미칠 제왕의 계책은 항상 숭상할 바를 먼저 정해서, 그 자손으로 하여금 편안히 앉아서도 그 옛 제도를 지킬 수 있도록 해야 하고, 정치의 폐단이 생긴 뒤에는 그 사소한 항목만 고치되 그 큰 체제는 끝까지 바꾸어서는 안 된다. 그래야 누리는 세월이 장구할 것이고, 백성들도 구차하고

대수롭게 여기지 않을 것이다.

1) 尙 : ≪嘉祐集≫에는 '上'로 되어 있으나, 여기서는 저본을 따랐다.
2) 三代聖人 : 夏 禹王, 商 湯王, 周 文王과 武王을 말한다.
3) 至七八百年 : 夏나라는 禹王에서 桀王까지 17代 471년을 유지하였고(≪史記≫ 〈夏本紀〉), 殷나라는 31代 600여 년을 유지하였으며(≪史記≫ 〈殷本紀〉), 周나라는 37王 867년을 유지하였다.(≪史記≫ 〈周本紀〉)
4) 夏之尙忠……周之尙文 : ≪史記≫ 〈高祖本紀〉에 太史公이 말하였다. "夏나라의 정치는 忠으로 하였다. 忠의 폐해는 백성이 거칠고 禮儀가 없게 하였다. 그러므로 殷나라 사람들이 敬으로 그것을 이어받았다. 敬의 폐해는 백성들이 귀신을 섬기게 하였다. 그러므로 周나라 사람들이 文으로 그것을 이어받았다. 文의 폐해는 백성들이 형식에 얽매여 진실성이 없게 하였다. 그러므로 그것을 구제하는 데는 역시 忠만 한 것이 없었다."

   ≪漢書≫ 〈董仲舒傳〉에도 "夏나라는 忠을 숭상하고, 殷나라는 敬을 숭상하였으며, 周나라는 文을 숭상하였는데, 임금이 계승하고 보완해야 할 바는 마땅히 이것으로 해야 합니다."라 하고 있다.

   蘇洵이 말한 '商之尙質'은 ≪史記≫의 '殷人承之以敬'이나 ≪漢書≫의 '殷上敬'과는 차이가 있다.
5) 周公爲之制禮 : ≪禮記≫ 〈明堂位〉에 "武王이 죽고 成王이 어려서, 周公이 천자의 자리에 나아가 천하를 다스렸다. 6년에 明堂에서 제후들을 조회받고, 禮樂을 제정하고 度量衡을 반포하니 천하가 크게 복종하였다."라는 내용이 있다.
6) 賈誼 : B.C. 200~B.C. 168. 洛陽 사람으로, 漢 文帝의 총애를 받아 正朔과 服色을 바꾸고 官名을 정하고 禮樂을 일으키려 했으나 중신들의 질시로 실행하지 못하였다.

今也에 考之于朝野之間하여 以觀國家之所尙者하니 而愚猶有惑也라 何則고 天下之勢는 有强弱하니 聖人審其勢하여 而應之以權하니라 勢彊矣한대 彊甚而不已면 則折이오 勢弱矣한대 弱甚而不已면 則屈이라 聖人權之하여 而使之甚不至於折與屈者하여 威與惠[1]也라 夫彊甚者면 威竭而不振이요 弱甚者면 惠褻하여 而下不以爲德이라 故로

處弱者利用威요 而處彊者利用惠라 乘强之威하여 以行惠면 則惠尊이요 乘弱之惠하여 以養威면 則威發하여 而天下震慄이라 故로 威與惠者는 所以裁節天下彊弱之勢也라

지금 朝廷과 在野에서 점검하여 국가가 숭상하는 바를 살펴보니, 나는 오히려 의혹이 생긴다. 무엇 때문인가? 天下의 形勢에는 강한 때와 약한 때가 있으니, 聖人은 그 형세를 잘 살펴서 權變으로 거기에 응한다. 형세가 강한데 강함이 더 심해져 멈추지 않으면 꺾이고 말 것이고, 형세가 약한데 약함이 더 심해져 멈추지 않으면 굽히고 말 것이다. 聖人이 그것을 저울질해서 심하게 꺾이거나 굽히는 데에 이르지 않게 한 것은 威嚴과 恩惠였다.

대저 강함이 너무 심하면 위엄이 다하여 다시 떨쳐 일어나지 못하고, 약함이 너무 심하면 은혜를 얕잡아 보고서 아랫사람들이 恩德으로 여기지 않는다. 그렇기 때문에 약한 형세에 처하여서는 위엄을 이용함이 이롭고, 강한 형세에 처하여서는 은혜를 이용함이 이롭다. 강한 위엄에 편승해서 은혜를 베풀면 그 은혜는 존중되고, 약한 은혜에 편승해서 위엄을 기르면 그 위엄이 발동되어 천하가 떨게 된다. 그러므로 위엄과 은혜는 천하의 강하고 약한 형세를 조절하는 도구이다.

1) 威與惠 : '威嚴과 恩惠'란 뜻이지만, 정책으로 보면 强硬策과 懷柔策이다.

然而不知彊弱之勢者면 有殺人之威하되 而下不懼하고 有生人之惠하되 而下不喜하니 何者오 威竭而惠褻故也라 故로 有天下者는 必先審知天下之勢而後에 可與言用威惠라 不先審知其勢하여 而徒曰我能用威요 我能用惠者라하여는 未也라 故로 有彊而益之以威하고 弱而益之以惠면 以至於折與屈者니 是는 可悼也라 譬之人身컨대 將欲餌藥餌石[1]하여 以養其生하면 必先審觀其性之爲陰과 其性之爲陽하여 而投之以藥石이라 藥石之陽이면 而投之以陰하고 藥石之陰이면 而投之以陽하니 故로 陰不至於涸이요 而陽不至於亢이라 苟不能先審觀己之爲陰과 與己之爲陽하고 而以陰攻陰하고 以陽攻陽하면 則陰者는 固死於陰이요 而陽者는 固死於陽하여 不可救也라 是以로 善養身者는 先審其陰陽하고 而善制天下者는 先審其彊弱하여 以爲之謀라

그러나 强弱의 形勢를 알지 못하는 자라면 사람을 죽이는 威嚴이 있으되 아랫사

람들이 두려워하지 않고, 사람을 살리는 恩惠를 베풀되 아랫사람들이 기뻐하지 않는다. 왜 그런가? 위엄은 다 없어지고, 은혜는 얕잡아 보기 때문이다. 그러므로 천하를 가진 자는 반드시 먼저 천하의 형세를 잘 살펴 안 다음에야 위엄과 은혜의 이용을 함께 이야기할 수 있다. 먼저 그 형세를 잘 살펴 알지 못하면서, 공연히 "나는 위엄을 잘 쓸 수 있고, 나는 은혜를 잘 쓸 수 있다."라고 하는 것은 안 될 일이다. 그러므로 형세가 강한데 더욱 위엄을 부리고, 형세가 약한데 더욱 은혜를 베풀면 결과적으로 꺾이고 굽히는 데에 이를 것이니, 이는 실로 애석한 일이다.

사람의 신체에 비유해보면, 藥物을 복용하여 그 몸을 보양하고자 하면 반드시 먼저 그 성질이 陰性인지 아니면 그 성질이 陽性인지를 잘 살펴보고서 약물을 투여해야 한다. 약물이 양성이면 음성에다 투여하고, 약물이 음성이면 양성에다 투여하니, 그래서 음성이 고갈됨에 이르지 않고 양성이 넘쳐남에 이르지 않는다. 만약 자신이 음성인지 양성인지를 잘 살펴보지도 않고, 자신이 음성인데도 음성의 약물로 다스리고, 자신이 양성인데도 양성의 약물로 다스리면, 음성인 자는 결국 음성의 약물에 죽게 되고, 양성인 자는 결국 양성의 약물에 죽게 되어 구제할 수 없게 된다.

그러므로 養生을 잘하는 자는 먼저 자신이 음성인지 양성인지를 잘 살펴야 하고, 천하를 잘 통치하는 자는 먼저 그 천하의 형세가 강한지 약한지를 잘 살펴서 그 계책을 세워야 한다.

1) 飮藥餌石 : 藥은 藥劑이고 石은 鑛物性 藥物로, 여기서는 약물을 통칭한 것이다.

昔者에 周有天下엔 諸侯大盛하여 當其盛時엔 大者는 已有地五百里로되 而畿內는 反不過千里하니 其勢爲弱이라 秦有天下엔 散爲郡縣하여 聚爲京師하니 守令은 無大權柄이니라 伸縮進退는 無不在我[1]니 其勢爲彊이라 然이나 方其成康在上[2]엔 諸侯無小大히 莫不臣伏하니 弱之勢가 未見於外라 及其後世失德하여 而諸侯禽奔獸遯하여 各固其國하여 以相侵攘이나 而其上之人卒不悟하고 區區守姑息之道하여 而望其能以制服彊國하니 是謂以弱政으로 濟弱勢라하니라 故로 周之天下는 卒斃於弱이라 秦自孝公으로 其勢固已駸駸焉[3]하고 日趨於彊大하여 及其子孫엔 已幷天下나 而亦不悟하고 專任法制하여 以斬撻平民하니 是謂以彊政으로 濟彊勢라하니라 故로 秦之天下는 卒斃

於彊이라 **周拘於惠**하여 **而不知權**이요 **秦勇於威**하여 **而不知本**[4]이니 **二者**는 **皆不審天下之勢也**라

옛날 周나라가 천하를 차지했을 때에는 諸侯國이 크게 성하여, 한창이었던 때에는 큰 제후국은 이미 5백 리의 영토를 가졌는데도 畿內(天子의 直轄地)는 도리어 천 리를 넘지 않았으니, 그 형세는 약한 것이었다.

秦나라가 천하를 차지했을 때에는 〈천하를〉 나누어 郡과 縣을 만들어 〈권력을〉 서울의 〈천자에게로〉 집중하니, 지방의 郡守나 縣令에게는 큰 권력이 없었다. 늘이고 줄이며 나아가게 하고 물러나게 하는 것이 천자에게 있지 않은 것이 없었으니, 그 형세는 강한 것이었다.

〈그러나 周代의〉 成王과 康王이 천자의 자리에 있을 때에는 제후들은 크거나 작거나 신하로 복종하지 않음이 없었으니, 약한 형세가 밖으로 드러나지 않았다. 그 후세에 이르러 德을 잃게 되자 제후들은 마치 금수가 날뛰듯 제각기 자기의 나라를 굳게 지키면서 서로간에 침략하였으나, 위에 있던 〈천자는〉 끝내 깨닫지 못하고 소심하게 일시적 안일만 바라는 길을 고수하면서 강한 제후국들을 제압하고 복종시킬 수 있기를 바랐으니, 이를 일러 약한 政治로 약한 形勢를 구제하려 한 것이라 하겠다. 그러므로 周의 천하는 끝내 弱勢로 망한 것이다.

秦나라는 孝公 때부터 이미 그 세가 급속히 커지고 나날이 강대하여져서, 그의 자손 〈始皇帝에〉 이르러 천하를 통일하였지만, 또한 깨닫지 못하고 오로지 法律에 따라 백성을 목 베고 매로 쳤으니, 이를 일러 강한 정치로 강한 형세를 구제하려 한 것이라 하겠다. 그러므로 秦의 천하는 강함으로 망한 것이다.

周나라는 恩惠에 구속되어 權變을 몰랐고, 秦나라는 威嚴에 치우쳐 根本을 몰랐으니, 이 두 나라는 다 천하의 형세를 잘 살피지 못한 것이다.

1) 秦有天下……無不在我 : 秦始皇은 六國을 통일한 후 천하를 36개의 郡으로 나누고 郡 밑에는 몇 개의 縣을 두었다. 郡의 장관을 郡守라 하고 縣의 장관을 縣令이라 하여, 황제가 직접 任免權을 행사하여 중앙집권제를 확립하였다. 我는 秦始皇을 뜻한다.

2) 成康在上 : ≪史記≫ 〈周本紀〉에 “成王과 康王 때에는 천하가 안정되고 편안

하여 刑罰을 40여 년 동안 쓰지 않았다."라 하였다. 成王은 어려서 父王인 武王이 죽어 숙부인 周公이 섭정을 하였지만, 7년 뒤 王位를 돌려받아 禮樂을 바로잡고 제도를 개선하는 등 많은 업적을 남겼고, 康王은 成王의 아들로 文·武 두 방면에 업적을 쌓아 천하를 편안하게 하고 형벌을 쓰지 않았다. 후세 사람들은 成王과 康王의 시기를 '成康之治'라고 한다.

3) 秦自孝公 其勢固已駸駸焉 : 秦나라는 서쪽 모퉁이에 치우쳐 있어 中原의 제후들과 會盟도 하지 못하였고, 게다가 中原의 제후국들은 秦나라를 오랑캐로 여겨 멸시까지 하였다. 孝公은 즉위하자 바로 令을 내려 인재를 찾아, 衛나라 출신 商鞅을 중용하여 두 번에 걸쳐 變法을 시행함으로써 秦나라는 급속하게 국력이 신장되어 秦나라를 무시했던 제후들을 승복시키고 강대국으로 부상하였다.

4) 本 : 儒家에서 治國의 근본으로 여긴 禮制·仁政을 말한다.

吾宋制治는 有縣令이요 有郡守[1]요 有轉運使[2]하니 以大系小하여 絲牽繩聯하여 總合於上이라 雖其地在萬里外하고 方數千里에 擁兵百萬이라도 而天子一呼于殿陛間하여 三尺豎子로 馳傳捧詔하여 召而歸之京師면 則解印趨走하며 惟恐不及하니라 如此之勢면 秦之所恃以彊之勢也라 勢彊矣로되 然이나 天下之病常病於弱이라 噫라 有可彊之勢如秦하되 而反陷於弱者는 何也오 習於惠而怯於威也요 惠太甚而威不勝也라 夫其所以習於惠而惠太甚者는 賞數而加於無功也요 怯於威而威不勝者는 刑弛而兵不振也라 由賞與刑與兵之不得其道하여 是以로 有弱之實著於外焉이라 何謂弱之實고 曰 官吏曠惰하고 職廢不擧하되 而敗官之罰을 不加嚴也요 多贖數赦하여 不問有罪하니 而典刑之禁이 不能行也요 冗兵驕狂하여 負力幸賞하되 而維持姑息之恩하여 不敢節也요 將帥覆軍匹馬不返하되 而敗軍之責을 不加重也요 羌胡彊盛하여 凌壓中國하여 而邀金繒과 增幣帛之恥[3]하되 不爲怒也라 若此類者가 太弱之實也니 久而不治면 則又將有大於此하여 而遂浸微浸消하여 釋然而潰하여 以至於不可救止者가 乘之矣라 然이나 愚以爲弱在於政이요 不在於勢니 是謂以弱政으로 敗彊勢라하니라 今에 夫一輿薪之火면 衆人之所憚하여 而不敢犯者也나 擧而投之河면 則何熱之能爲리오

是以로 負彊秦之勢나 而溺於弱周之弊이니 而天下不知其彊焉者는 以此也라

우리 宋나라의 통치제도는 縣令이 있고 郡守가 있으며 轉運使가 있으니, 큰 벼슬로 작은 벼슬을 묶어서, 마치 실이 이어지고 새끼가 이어진 것처럼 모든 〈권력이〉 天子에게로 集中되어 있다. 비록 그 지역이 만 리 밖에 있고 사방 수천 리의 땅에 백만의 군대를 거느리고 있다 할지라도, 천자가 조정에서 일단 호출하여 三尺童子에게라도 詔書를 받들어 역마를 타고 가서 그를 京師로 불러오게 하면, 그는 몸에 찼던 官印을 풀어놓고 황급히 달려오며 오직 제때에 도착하지 못할까 두려워한다. 이러한 형세라면 옛날 秦나라가 의지했던 바의 강한 형세이다. 이처럼 國勢는 강하지만, 그 천하의 병폐는 약한 데에 병들어 있다.

아아! 강한 형세는 옛 秦나라와 같으면서도 오히려 약함에 빠져 있는 것은 무엇 때문인가? 恩惠를 베푸는 것에 익숙하고 威嚴을 부리는 것을 겁내며, 은혜가 지나쳐서 위엄이 은혜를 이기지 못하기 때문이다. 은혜에 익숙해지고 은혜가 지나치게 된 이유는 상 주는 일이 잦아서 공이 없는 자에게까지 베풀어지기 때문이다. 위엄 부리는 것을 겁내고 위엄이 이기지 못하는 이유는 형벌이 느슨하여 軍의 위세를 떨칠 수 없기 때문이다. 상과 형벌과 군의 위세가 正道를 얻지 못하였기 때문에, 이로써 약한 실상이 밖으로 나타나는 것이다.

무엇을 약한 실상이라 하는가? "官吏가 일이 없어 게으름을 피우고 職務를 버려두고 거행하지 않아도 官職을 무너뜨린 데에 대한 처벌을 엄중하게 하지 않는 것이요, 罪人에게 대부분 벌금형을 처하거나 자주 사면해주며 죄가 있어도 엄하게 묻지 않아 法令에 금지된 것이 제대로 시행되지 않는 것이요, 쓸모없는 兵士들이 거만하고 횡포하게 굴면서 힘을 믿고 상 주기를 바라는데도 朝廷에서는 고식적인 은혜를 유지하여 감히 절제하지 않는 것이요, 또 將帥가 군대를 이끌고 전쟁에 나갔다가 패전하여 말 한 마리조차 살려서 데려오지 못하였는데도 그 敗戰의 책임을 엄중히 따지지 않는 것이요, 西夏와 契丹의 세력이 강성해져 우리 중국을 무시하고 압박하여 금전과 비단을 요구하고 또 이미 바치고 있는 비단의 양을 늘려달라는 치욕을 받으면서도 성을 내지 않는 것이다."

이와 같은 것들이 현재의 크게 약한 실상이니, 오래토록 이것을 바로잡지 않으면,

또한 장차 이보다 더 커져서 마침내는 점점 쇠약하고 쇠퇴하여 와르르 무너져 더 이상 구제할 수 없는 지경이 뒤따를 것이다. 그러나 내 생각으로는 우리 宋나라의 약함이 政治에 있는 것이지 形勢에 있는 것이 아니니, 이것을 일러 약한 정치로 강한 형세를 꺾어버린 것이라 하겠다.

지금 한 수레의 땔나무에 불이 나면 뭇 사람들은 두려워하면서 감히 가까이 가려 하지 않지만, 그것을 들어서 강물에 던져버리면 무슨 열을 낼 수 있겠는가? 이 때문에 옛 秦나라와 같은 강한 형세를 가지고 있지만 약했던 周나라의 병폐에 빠져 있으니, 천하의 사람들이 그 강함을 모르는 것은 이 때문이다.

1) 郡守 : 宋나라 때에는 행정구역이 郡이 아닌 州였기 때문에 통칭 知州라 하였다. 여기에서는 知州를 대칭한 것이다.
2) 轉運使 : 官名으로, 轉運司라는 관청의 장관이다. 轉運司는 각 路(지방행정구역)에 설치하여 처음에는 국가의 財政에 관한 일을 하다가, 나중에는 관할 업무가 넓어져 邊防·盜賊·刑訟·金穀·按察 등의 일을 맡았다.
3) 羌胡彊盛……增幣帛之恥 : 羌胡는 西夏와 契丹을 가리킨다. 北宋 眞宗 景德 元年(1004)에 契丹이 침입하여 '澶淵之盟'을 맺고 매년 契丹에 비단 20만 필과 銀 10만 냥을 보내기로 하였다. 仁宗 慶歷 2년(1042)에는 西夏가 침입하자 契丹이 그 틈을 타 다시 압박하여 宋은 契丹에 비단과 은을 10만씩 더 늘려주기로 하고, 西夏에도 은과 비단을 주기로 하고 강화를 맺었다.

雖然이나 政之弱은 非若勢弱之難治也라 借如弱周之勢는 必變易其諸侯而後에 彊可能也라 天下之諸侯는 固未易變易이요 此又非一日之故也라 若夫弱政이면 則用威而已矣니 可以朝改而夕定也라 夫齊는 古之彊國也요 而威王은 又齊之賢王也니라 當其卽位하여 委政不治하니 諸侯竝侵하여 而人不知其國之爲彊國也[1]라 一旦에 發怒하여 裂萬家하여 封卽墨大夫[2]하고 召烹阿大夫와 與嘗譽阿大夫者[3]하고 而發兵하여 擊趙魏衛[4]하니 趙魏衛盡走請和하고 而齊國人人도 震懼하여 不敢飾非者라 彼誠知其政之弱하고 而能用其威하여 以濟其弱也온 況今以天子之尊으로 藉郡縣之勢하여 言脫於口면 而四方響應하니 其所以用威之資가 固以完具라 且有天下者는 患不爲요

焉有爲而不可者리오 今誠能一留意於用威하여 一賞罰하고 一號令하고 一擧動하여 無不一切出於威하고 嚴用刑法하여 而不赦有罪하며 力行果斷하되 而不牽衆人之是非하고 用不測之刑하고 用不測之賞하여 而使天下之人으로 視之如風雨雷電하여 遽然而至하고 截然而下하여 不知其所從發하되 而不可逃遁하니라 朝廷如此然後에 平民益務檢愼이요 而奸民猾吏도 亦常恐恐然懼刑法之及其身하여 而斂其手足하여 不敢輒犯法이라 此之謂彊政이라하니라 政彊矣하여 爲之數年이면 而天下之勢는 可以復彊이라 愚故曰 乘弱之惠以養威면 則威發而天下震慄이라하니라 然則以當今之勢로 求所謂萬世爲帝王이면 而其大體는 卒不可革易者니 其尙威而已矣라

비록 그러하나, 약한 정치는 形勢의 약함처럼 다스리기 어려운 것은 아니다. 가령 옛날 약한 周나라의 形勢 같은 경우는 반드시 제후의 나라를 갈아치운 다음에야 강하게 할 수가 있었다. 천하의 제후는 갈아치우기가 본래 쉬운 일도 아니고, 이것은 또한 하루에 해낼 수 있는 일도 아니다.

약한 정치라면 다만 위엄을 행사하기만 하면 되는 것이니, 아침에 바꾸면 저녁이면 안정이 된다. 저 齊나라는 옛날의 강한 나라였고, 威王 또한 齊나라의 賢明한 군주였다. 그가 임금의 자리에 올랐을 때 신하들에게 정치를 위임하고 돌보지 않으니, 다른 제후들이 서로 齊나라를 침범하여, 사람들이 齊나라가 강한 나라라는 것을 알지 못하였다. 〈이에 威王은〉 하루아침에 성을 내고는, 萬戶의 땅을 떼어내어 卽墨大夫에게 봉하여주고, 阿大夫와 일찍이 阿大夫를 칭찬했던 자들은 불러서 삶아 죽이고, 군대를 내어 趙·魏·衛를 치니 趙·魏·衛가 다 패주하면서 화친을 청하였고, 齊나라 백성들도 저마다 떨고 두려워하여 감히 잘못을 속이려 하지 않았다. 齊 威王은 실로 그의 정치가 약했던 것을 알고 그의 위엄을 잘 부려서 약한 정치를 구제한 것이다. 하물며 지금은 천자의 존엄함으로써 郡·縣의 세력에 기대어 말씀이 입에서 떨어지기만 하면 사방이 다 호응하니, 그 위엄을 부릴 수 있는 바탕이 본래부터 완전하게 갖추어져 있었다.

게다가 천하를 가진 사람은 하지 않는 게 걱정이지, 어찌 해서는 안 되는 일이 있겠는가? 이제는 진실로 위엄을 부리는 데에 오로지 뜻을 두어, 賞과 罰을 통일하고 號令을 통일하고 擧動을 통일해서 그 모든 것이 위엄에서 나오지 않음이 없도록

하고, 형법을 엄중히 시행해서 죄 지은 자를 용서치 않으며, 일을 힘써 행하고 과단성 있게 처리하되 사람들의 시시비비에 끌려다니지 않고, 사람들이 예상치 못한 형벌을 사용하고 예상치 못한 상을 운용하여 천하 사람들로 하여금 마치 비바람과 번개를 보듯 갑자기 닥치고 번쩍하며 떨어져 그것이 어디에서 온 것인지 모르게 하되, 피하여 달아날 수도 없게 한다.

조정에서 이와 같이 한 뒤에야 일반 백성들은 더욱 자신을 단속하고 신중히 하는 데에 힘을 쓸 것이고, 奸惡한 자들이나 狡猾한 官吏들도 항상 벌벌 떨며 형벌이 자신의 몸에 이를까 두려워하여 자신의 手足을 단속해서 감히 법을 함부로 어기지 않을 것이다. 이것을 일러 강한 정치라고 한다. 정치를 강하게 하여 몇 년을 행하면 천하의 형세는 다시 강하게 될 것이다.

그러므로 나는 "약한 은혜에 편승해서 위엄을 기르견, 그 위엄이 발동되어 천하가 떨게 된다."고 말한 것이다. 그렇다면 지금의 형세를 가지고 이른바 만대의 帝王이 되기를 바란다면, 그 큰 체제는 끝까지 바꿀 수 없는 것이니, 오직 威嚴을 숭상할 뿐이다.

1) 威王……而人不知其國之爲彊國也 : 威王은 이름이 田因齊로, 姜氏 姓의 齊나라를 찬탈하여 田氏 姓의 齊나라 왕이 된 사람이다. 威王은 즉위한 뒤 酒色을 가까이하고 음악에 빠져 9년간 모든 정치를 신하들에게 맡기자 사방의 이웃 제후들이 서로 침범하여 齊나라가 혼란에 빠졌다. 威王은 騶記의 완곡한 간언에 크게 깨닫고 齊나라를 다스려 천하의 강자가 되었다.

2) 一旦……封卽墨大夫 : ≪史記≫ 〈田齊世家〉에 "威王이 卽墨大夫를 불러 말하기를 '그대가 卽墨에 부임하면서부터 헐뜯는 말이 날마다 이르므로 내가 사람을 시켜 卽墨을 살펴보게 하였더니, 田野가 잘 개간되고 백성들이 넉넉하며 官에는 남은 일이 없어 東方이 이로써 평안하였다. 이는 그대가 내 좌우의 신하를 섬겨 칭찬을 구하지 않은 것이다.' 하고는 萬家를 봉하였다."는 내용이 있다.

3) 召烹阿大夫 與嘗譽阿大夫者 : ≪史記≫ 〈田齊世家〉에 "阿大夫를 불러 말하기를 '그대가 阿를 지키면서부터 칭찬하는 말이 날마다 들리기에 사람을 시켜 阿를 살펴보게 하였더니, 田野는 개간되지 아니하고 백성들은 빈곤함이 극심

하였다. 지난날 趙나라가 甄을 쳤을 때에 그대는 구원하지도 못하였고, 衛나라가 薛陵을 빼앗아도 그대는 알지 못하였다. 이는 그대가 나의 좌우에 있는 자들에게 뇌물로 폐백을 후하게 주어서 칭찬을 구한 것이다.' 하고, 그날로 阿大夫 및 좌우에서 일찍이 칭찬했던 자들을 烹刑에 처하였다."는 내용이 있다.

4) 衛 : 저본에는 없으나 ≪嘉祐集≫에 따라 보충하였다.

或曰 當今之勢는 事誠無便於尙威者라 然이나 孰知夫萬世之間에 其政之不變하여 而必曰威耶라하니라 愚應之曰 威者는 君之所恃以爲君也라 一日而無威면 是無君也라 久而政弊면 變其小節하고 而參之以惠하여 使不至若秦之甚可也요 擧而棄之過矣라하니라 或者는 又曰 王者는 任德이요 不任刑[1]이라 任刑은 霸者之事니 非所宜言이라하니라 此又非所謂知理者也라 夫湯武는 皆王也요 桓文은 皆霸也라 武王은 乘紂之暴하여 出民於炮烙斬刖[2]之地하니 苟又遂多殺人하고 多刑人하여 以爲治면 則民之心去矣리라 故로 其治一出於禮義라 彼湯則不然이라 桀之惡固無以異紂나 然其刑不若紂暴之甚也하여 而天下之民이 化其風하여 淫惰不事法度라 書에 曰 有衆率怠弗協[3]이라하고 而又諸侯昆吾氏가 首爲亂[4]하여 於是에 誅鋤其强梗怠惰不法之人하여 以定紛亂이라 故로 記에 曰 商人을 先罰而後에 賞[5]이라하니라 至於桓文之事하여는 則又非皆任刑也니라 桓公用管仲하니 管仲之書에 好言刑이라 故로 桓公之治는 常任刑이요 文公은 長者[6]요 其佐狐趙先魏[7]도 皆不說以刑法하고 其治도 亦未嘗以刑爲本하되 而號亦爲霸라하니라 而謂湯非王이요 而文非霸也得乎아 故로 用刑不必霸요 而用德不必王이라 各觀其勢之何所宜用而已라 然則今之勢는 何爲不可用刑이요 用刑이라도 何爲不曰王道리오 彼不先審天下之勢하고 而欲應天下之務하니 難矣라

어떤 사람은 "지금의 形勢로는 일을 함에 실로 威嚴을 숭상하는 것보다 더 편한 것은 없다. 그렇지만 만대의 사이에 그 政治는 변함없이 반드시 威嚴이어야 한다고 말할 것인지 누가 알겠는가?"라고 한다.

나는 거기에 대해 "위엄이란, 임금이 그것을 의지함으로써 임금이 될 수 있는 것이다. 하루라도 위엄이 없다면 이는 임금이 없는 것이다. 오래되어 정치상의 폐단이

생기면, 그 작고 사소한 항목을 바꾸고 거기에다 적당한 은혜를 베풀어서 옛날 秦나라처럼 심한 지경에 이르지 않도록 하면 되는 것이지, 위엄을 들어다 아주 버리는 것은 잘못된 것이다."라고 하겠다.

혹자는 또 "王道를 행하는 사람은 德을 베풀지, 刑罰을 쓰지 않는다. 형벌을 쓰는 것은 霸道의 일이니 말하지 않는 것이 마땅하다."라고 한다. 이것 또한 이른바 도리를 아는 자가 아니다.

대저 商나라 湯임금과 周나라 武王은 다 王道를 행하였고, 齊 桓公이나 晉 文公은 다 霸道를 행하였다.

武王은 紂王의 난폭함을 틈타 炮烙과 斬刖의 땅에서 백성을 구출하였으니, 만약 그 또한 많은 사람을 죽이고, 온갖 형벌을 사람에게 가하여 정치를 하였다면 民心이 그에게서 떠났을 것이다. 그래서 그의 정치는 오로지 禮義에서 나왔던 것이다.

저 湯王의 경우는 그렇지 않다. 桀王의 포악함도 물론 紂王과 다름이 없었지만, 그의 형벌은 紂王의 포학함만큼 심하지 않아서, 천하의 백성들은 桀王의 風氣의 영향을 받아 음란하고 나태하여 법도를 지키지 않았다. ≪書經≫에서는 "백성이 다 게으르고 화합하지 않았다."라고 하였고, 또 제후인 昆吾氏가 먼저 난을 일으켜서, 이에 湯王은 그 강경하고 게으르고 법을 지키지 않는 자들을 죽여 분란을 안정시켰다. 그러므로 ≪禮記≫에서 "商나라 사람을 먼저 벌을 준 뒤에 상을 주었다."라고 하였다.

桓公・文公이 나라를 다스림에 있어서는 또한 두 사람 다 형벌을 쓴 것은 아니다. 桓公이 管仲을 등용하니, 管仲은 책(≪管子≫)에서 刑法을 즐겨 이야기했기 때문에 桓公이 정치를 하면서 늘 刑法을 사용하였다. 文公은 寬大하고 厚德한 사람이었고, 그를 보좌한 狐偃・趙衰・先軫・魏犨도 모두가 刑法을 말하지 않았고, 文公의 정치 또한 刑法을 근본으로 삼은 적이 없는데도 그를 부를 때에는 또한 霸者라고 한다.

그렇다 해서 湯王은 王者가 아니요, 文公은 霸者가 아니라고 할 수 있는가? 따라서 刑法을 쓴다고 해서 반드시 霸道가 아니며, 德을 쓴다고 해서 반드시 王道가 아니다. 각각 그 형세에 무엇을 쓰는 것이 적당한지를 살펴볼 뿐이다. 그렇다면 지금의 형세에는 무엇 때문에 刑法을 쓸 수가 없겠으며, 刑法을 쓴다 하여 왜 王道라 할 수가 없겠는가? 저들은 먼저 천하의 형세를 깊이 살피지도 않고 천하의 일에 응하고자 하니, 어려운 것이다.

1) 王者任德 不任刑 : ≪漢書≫ 〈董仲舒傳〉에 "天道는 德을 베풀지, 刑罰을 쓰지 않는다.〔天之任德 不任刑〕"고 하고 있다.
2) 炮烙斬刖 : 炮烙은 기름을 바른 구리기둥을 걸어놓고 밑에 숯불을 깔아놓고서 죄인을 그 위로 걷게 하여 숯불로 미끄러져 타죽게 하는 炮烙之刑을 말하고, 斬刖은 발꿈치를 베는 형벌이다.
3) 有衆率怠弗協 : ≪書經≫ 〈商書 湯誓〉에 보인다.
4) 諸侯昆吾氏 首爲亂 : ≪史記≫ 〈殷本紀〉에 "夏나라 桀王은 정치가 포학하고 음란하여서 제후 昆吾氏가 반란을 일으켰다. 湯이 이에 군사를 일으켜 제후를 거느리니 伊尹도 湯을 따랐다. 湯은 스스로 도끼를 잡고 昆吾를 베고 마침내 桀을 쳤다."라 하였다.
5) 商人先罰而後賞 : ≪禮記≫ 〈表記〉에 나온다.
6) 文公 長者 : 晉 文公은 관대하고 후덕하며 노성한 사람이었다. ≪史記≫ 〈晉世家〉에 의하면, 晉 文公 重耳가 즉위하였을 때에 나이가 이미 62세였다 한다.
7) 狐趙先魏 : 晉 文公을 보좌한 狐偃·趙衰·先軫·魏犫이다. 이 사람들은 文公을 따라 오랜 세월 동안 떠돌며 망명생활을 했고, 文公이 즉위한 후에는 文公이 霸業을 이루는 데 크게 기여한 사람들이다.

王遵巖이 **曰 老泉此論**은 **於宋煞是對病之藥**이어늘 **惜乎**라 **當時之不能用也**여

王遵巖(王愼中)은 "蘇洵의 이 논(〈審勢論〉)은 宋나라의 병폐에 맞추어 쓸 수 있는 藥이었거늘, 애석하구나! 당시에 쓸 수 없었음이."라고 하였다.

04. 審敵論* 敵을 살피는 것에 대한 논문

* 이 글은 앞의 〈審勢論〉의 내용과 서로 보충된다. 〈審勢論〉은 內政 문제를 중점적으로 다루었다면, 이 〈審敵論〉은 敵, 특히 契丹에 대한 대응문제를 중점적으로 다루었다. 특히 敵情을 중점적으로 분석하여 契丹에 대한 宋나라의 실책을 상세히 지적함과 동시에 거기에 대한 蘇洵 자신의 해결책을 제시함으로

써, 契丹에 대한 자신의 정치적 견해를 적극적으로 피력하였다.

揣料匈奴脇制中國之狀하여 極盡事理하니 非當時熟覩而經算者면 安能道此리오

匈奴가 中國을 협박하고 억제하는 상황을 요량하여 모든 事理를 다 했으니, 당시 자세히 보고 계획한 것이 아니라면 어찌 이렇게 말할 수 있겠는가?

中國內也요 四夷[1]外也라 憂在內者本이나 憂在外者末也라 夫天下無內憂면 必有外懼라 本旣固矣면 盍釋其末以息肩乎아 曰未也라 古者에 夷狄憂在外나 今者에 夷狄[2]憂在內라 釋其末可也나 而愚不識方今夷狄之憂爲末也라 古者에 夷狄之勢가 大弱則臣하고 小弱則遁하며 大盛則侵하고 小盛則掠하니라 吾兵良하고 而食足하며 將賢하고 而士勇하면 則患不在[3]中原이라 如是면 而曰外憂可也라하니라 今之蠻夷는 姑無望其臣與遁하고 求其志止於侵掠이나 而不可得也라 北胡[4]驕恣는 爲日久矣하여 歲邀金繒이 以數十萬計[5]라 昔者에 幸吾有西羌之變[6]하여 出不遜語하여 以撼中國이라 天子가 不忍使邊民으로 重困於鋒鏑하시니 是以로 虜日益驕하여 而賄日益增[7]하니 迨今하여는 凡數十百萬이로되 而猶慊然未滿其欲하여 視中國을 如外府하니라 然則其勢가 又何止數百萬也리오 夫賄益多면 則賦斂不得不重하고 賦斂重이면 則民不得不殘이라 故로 雖名爲息民이나 而其實은 愛其死而殘其生也라 名爲外憂나 而其實憂在內也니라 外憂之不去라도 聖人은 猶且恥之한대 內憂而不爲之計하니 愚不知天下之所以久安而無變也라

中國은 內部요, 사방 夷狄은 外部이다. 憂患이 내부에 있는 것이 根本的인 문제이고, 우환이 외부에 있는 것은 枝葉的인 문제이다. 대저 천하에 內憂가 없으면 반드시 外患이 있기 마련이다. 근본이 견고하면, 어찌 그 지엽적인 것을 내려놓고 쉬지 않겠는가? 대답은 "아직은 아니다."라고 하겠다.

옛날 夷狄에 대한 근심은 外的인 것이었지만, 지금 夷狄에 대한 근심은 內的인

것이다. 그 지엽적인 것을 내려놓는 것은 괜찮지만, 나는 지금의 夷狄에 대한 근심을 지엽적인 것이라 인식하지 않는다. 지난날 夷狄의 세력이 크게 약했을 때에는 신하로 복종하였고 조금 약했을 때에는 달아나 숨었으며, 그들의 세력이 크게 강성했을 때에는 침략을 해왔고 조금 강성했을 때에는 노략질을 하였다. 우리의 군대가 정예화되고 식량이 풍족하며, 장수가 현명하고 군사가 용감하면, 환난이 中原에 이르지 않는다. 이와 같은 상황이면 外憂라고 해도 괜찮을 것이다. 지금의 蠻夷에게는 잠시라도 그들이 신하로 복종하거나 달아나 숨기를 바랄 수 없고, 그들의 뜻이 침략하여 노략질에 그치기를 바라지만 기대할 수가 없다.

북쪽 오랑캐(契丹)의 驕慢함과 放恣함은 오래되어, 해마다 금전과 비단을 요구하는 것이 수십만을 헤아린다. 지난날 우리에게 있은 西夏의 변란을 다행으로 여겨 불손한 말을 하면서 우리 중국을 흔들었다. 천자께서 차마 변방 백성들을 또다시 전쟁에 시달리게 할 수 없으시니, 이 때문에 오랑캐들은 나날이 교만해져 요구하는 歲幣 또한 나날이 늘어나, 지금에 이르러서는 수십 수백만이나 되는데도 오히려 불만스럽게 그들의 욕심을 아직 다 채우지 못한 듯, 中國을 마치 외부의 창고나 되는 것처럼 본다. 그렇다면 그 형세상 또 어찌 수백만에만 그치겠는가?

歲幣가 많아지면 거두는 세금이 무겁지 않을 수 없고, 세금이 무거워지면 백성들이 손상되지 않을 수 없다. 그러므로 비록 명분이야 백성들을 쉬게 한다 하지만, 그 실상은 백성들의 죽음을 아끼려다 그 삶을 손상시키는 것이다. 이름은 外憂라 하지만 실상은 內憂인 것이다. 外憂를 제거하지 못해도 聖人은 오히려 부끄럽게 여겼는데, 內憂가 생겼는데도 해결할 계책을 세우지 않으니, 나는 천하가 오래도록 편안하면서 변란이 없을지 모르겠다.

1) 四夷 : 고대 중국 민족들이 사방 이민족을 경시하여 東夷・西戎・南蠻・北狄이라 불렀다.
2) 今者 夷狄 : 북방 遼나라의 契丹族과 서쪽 西夏의 拓(탁)跋族을 말한다.
3) 在 : ≪嘉祐集≫에는 '及'자로 되어 있으나 여기서는 저본을 따랐다.
4) 北胡 : 宋나라 때에는 遼나라를 세운 契丹族을 北胡라 하였다.
5) 歲邀金繒 以數十萬計 : 北宋 眞宗 景德 元年(1004)에 契丹이 침입하여 '澶淵之盟'을 맺고 매년 契丹에 비단 20만 필과 銀 10만 냥을 보내기로 한 것을 말

한다.

6) 西羌之變 : 仁宗 慶歷 2년(1042)에 西夏가 宋나라를 침입하여 벌어진 전쟁을 말한다.

7) 賄日益增 : 西夏가 宋나라를 침입한 것을 기회로, 契丹이 宋나라를 압박하여 宋나라는 契丹에 비단과 은을 10만씩 더 늘려주기로 하고, 西夏에도 은과 비단을 주기로 하고서 강화를 맺었다. 賄는 歲幣를 말한다.

古者에 匈奴之彊은 不過冒頓(묵특)[1]이라 當暴秦刻剝하여 劉項戰奪之後에 中國濊然矣라 以今度之컨대 彼宜遂入踐中原이면 如決大河潰蟻壤이리라 然이나 卒不能越其疆하여 以有吾尺寸之地라 何則고 中原之彊이 固皆百倍於匈奴라 雖積衰新造나 而猶足以制之也라 五代之際엔 中原無君하여 晉瑭[2]이 苟一時之利하여 以子行事匈奴[3]하며 割幽燕之地하여 以資其强大라 孺子繼立이나 大臣外叛[4]하니 匈奴掃境來寇어늘 兵不血刃하고 而京師不守하여 天下被其禍니라 匈奴는 自是로 始有輕中原之心하여 以爲可得而取矣니라 及吾宋景德中하여 大擧來寇하니 章聖皇帝[5]가 一戰而却之하시고 遂與之盟以和하니라 夫人之情은 勝則狃하고 狃則敗하고 敗則懲하고 懲則勝이라 匈奴가 狃石晉之勝하여 而有景德之敗하고 懲景德之敗하리니 而愚未知其所勝이나 甚可懼也라

옛날 匈奴의 강성함은 冒頓單于를 능가한 적은 없다. 당시 포악한 秦나라가 가혹하게 착취하자, 劉邦과 項羽가 쟁탈전을 벌인 뒤에 中國은 극도로 쇠약하였다. 지금의 입장에서 헤아려보건대, 저 匈奴가 당시 中原을 쳐들어왔다면 마치 큰 강물이 터져 흘러 개미 둑을 무너뜨리듯 하였을 것이다. 그러나 그들은 끝내 그들의 국경을 넘어서 한 치의 우리 강토를 소유하지 못했다. 왜냐하면 中原의 강함이 본래 모두 匈奴보다 백 배 더 강하였기 때문이다. 中原이 비록 쇠약함이 쌓이고 새롭게 국가가 세워졌지만, 그래도 충분히 그들을 제압할 수 있었던 것이다.

五代 때에는 中原에 주인이 없어, 後晉의 石敬瑭이 구차하게 일시적인 이익을 탐하여 契丹을 어버이로 섬기며, 幽燕의 땅을 떼어 바쳐 그들의 강대함을 도왔다. 아들이 뒤이어 왕위에 올랐지만, 大臣이 밖으로 배신하니 契丹이 국경의 군대를 끌고

침입해 왔거늘, 병사는 싸우지도 않고 京師는 지키지도 않아 온 천하가 그 禍를 입게 되었다. 契丹은 이때부터 비로소 中原을 얕보는 마음이 생겨, 中原을 차지할 수 있다고 여겼다.

우리 宋나라 景德 年間에 이르러 대거 침입해 오니 章聖皇帝(眞宗)께서 한 차례 싸워서 그들을 물리치시고, 마침내 그들과 盟約하여 强化를 맺으셨다. 대저 사람의 마음이란, 승리하면 탐닉에 빠지고, 탐닉에 빠지게 되면 패배하고, 패배하면 경계하게 되고, 경계하면 승리하게 된다. 契丹이 後晉의 승리를 탐닉하다가 景德 年間의 패배가 있었고, 景德 年間의 패배를 경계할 것이니, 나는 그들이 승리할지는 알 수 없지만 심히 두렵다.

1) 冒頓(묵특) : 秦漢 시기 匈奴의 冒頓單于(B.C. ?~B.C. 174)는 일찍이 북방을 통일하고 秦나라 장수 蒙恬에게 빼앗긴 匈奴의 옛 땅을 수복하였으며, 漢나라를 위협하였다.
2) 晉瑭 : 五代 때에 後晉을 세운 石敬瑭(892~942)을 말한다. 石敬瑭은 後晉을 찬탈하여 자립할 때에 契丹의 힘을 빌렸다. 그 후 그는 북방 燕雲十六州를 떼어 契丹에 바치고 스스로 아들이라 하여 契丹을 섬겼다. 石敬瑭이 죽고 2대 出帝(石重貴, 石敬瑭의 조카)가 즉위하여 契丹과의 맹약을 끊고, 수 차례 契丹과 전쟁을 하였지만 결국 2대 만에 망하였다.
3) 匈奴 : 고대 중국의 長城 밖 북방에 거주하던 이민족으로, 秦漢 때에 匈奴라 불렀다. 여기서 말한 匈奴는 그 匈奴가 아니라 契丹을 말한다. 契丹은 東胡族의 일파로 匈奴와는 다르다. 이 문장 이후로 나오는 匈奴는 다 契丹을 지칭한 말이다.
4) 大臣外叛 : 後晉의 장수 楊光遠(?~944)은 契丹과 밀통하면서 後晉이 맹약을 위반했을 때를 노려 출병하라고 설득했다.
5) 章聖皇帝 : 章聖은 宋 眞宗의 시호이다.

雖然이나 **數十年之間**에 **能以無大變者**는 **何也**오 **匈奴之謀**는 **必曰 我百戰而勝人**하여 **人雖屈**이라도 **而我亦勞**니라 **馳一介入中國**하여 **以形凌之**하고 **以勢邀之**면 **歲得金錢**이 **數十百萬**이라 **如此數十歲**면 **我益數百千萬**이요 **而中國**은 **損數百千萬**이니 **吾日以富**하고

中國은 日以貧하리니 然後에 足以有爲也라하리라 天生北狄을 謂之犬戎[1)]하니 投骨於地면 狺然而爭者가 犬之常也라 今則不然하니 邊境之上에 豈無可乘之釁아 使之來寇면 大足以奪一郡하고 小亦足以殺掠數千人이나 而彼不以動其心者는 此其志非小也라 將以蓄其銳하여 而伺吾隙以伸其所大欲하니 故로 不忍以小利而敗其遠謀니라 古人有言에 曰 爲虺弗摧면 爲蛇奈何[2)]오라하니라 匈奴之勢는 日長炎炎한대 今也에 柔而養之하여 以冀其卒無大變하니 其亦惑矣라 且今中國之所以竭生民之力하여 以奉其所欲하되 而猶恐恐焉하여 懼一物之不稱其意者는 非謂中國之力이 不足以支其怒也라 然이나 以愚度之컨대 當今中國은 雖萬無有如石晉可乘之勢者하고 匈奴之力이 雖足以犯邊이라도 然이나 今十數年間엔 吾可以必無犯邊之憂라 何也오 非畏吾也요 其志不止犯邊也라 其志不止犯邊하고 而力又未足以成其所欲爲면 則其心은 惟恐吾之一旦絶其好하여 以失吾之厚賂也라 然而나 驕傲하여 不肯少屈者는 何也오 其意曰 邀之而後에 固也라하니라 鷙鳥將擊엔 必匿其形이라 昔者에 冒頓이 欲以攻漢하여 漢使至면 輒匿其壯士健馬[3)]라 故로 兵法曰 辭卑者면 進也요 辭彊者면 退也[4)]라하니라 今에 匈奴之君臣이 莫不張形勢以夸我라 此는 其志不欲戰明矣라 闔閭之入楚也에 因唐蔡[5)]하고 句踐之入吳也에 因齊晉[6)]하니라 匈奴가 誠欲與吾戰耶아 曩者에 陝西에 有元昊之叛[7)]하고 河朔에 有王則之變[8)]하고 嶺南에 有智高之亂[9)]한대 此는 亦可乘之勢矣라 然이나 終以不動이니 則其志之不欲戰又明矣라 吁라 彼不欲戰하되 而我遂不與戰이면 則彼旣得其志矣라 兵法曰 用其所欲하여 行其所能하고 廢其所不能이라 於敵反是[10)]라하니 今無乃與此異乎아

비록 그러하나 수십 년간 큰 변란이 없었던 것은 무엇 때문인가? 契丹이 꾀하는 것은 틀림없이 "우리가 백 번을 싸워 상대를 이겨서, 상대가 굴복하더라도 우리 또한 수고로울 것이다. 使臣 한 사람을 중국에 보내어 形勢로써 깔보고 勢力으로 요구하면, 해마다 얻는 금전이 수십 수백만 냥이 될 것이다. 이와 같이 수십 년을 하면, 우리에게는 수백 수천만의 利益이 생길 것이고, 중국은 수백 수천만의 損害가 생길 것이다. 우리는 나날이 부유해지는 반면 중국은 나날이 빈곤해질 것이니, 그런 다음에 족히 할 일이 있을 것이다."라 할 것이다.

천성적인 北狄을 犬戎이라 하는데, 땅에 뼈다귀를 던져주면 으르렁거리며 다투는 것이 개의 일상적 모습이다. 그런데 지금은 그렇지 않으니, 邊境에서 어찌 틈을 엿보지 않겠는가? 가령 그들이 침입해 오면, 크게는 족히 한 개의 郡 정도는 뺏을 만하고, 작게도 족히 수천 사람을 죽이거나 약탈할 만하지만, 저들이 그것만으로 그들의 마음을 움직이지 않는 것은 그들의 뜻이 작지 않아서이다. 장차 그 銳氣를 축적하여 우리의 틈을 엿보아 그들의 큰 야욕을 펴려 하는 것이니, 작은 이익을 참아서 그들의 원대한 계획을 망치지 않으려는 것이다.

옛사람들의 말에 "어린 뱀일 때 꺾어놓지 않으면 큰 뱀이 되면 어떻게 하리오?"라는 말이 있다. 契丹의 세력은 나날이 커지고 있는데 지금 宥和策으로 그들의 힘을 길러주면서 끝까지 그들의 큰 변란이 없기를 바라니, 그 또한 의혹스럽다. 게다가 지금 중국은 백성들의 힘을 다해 그들이 바라는 것을 받들되, 오히려 벌벌 떨며 물건 하나라도 그들의 마음에 들지 않을까 두려워하는 이유가 중국의 힘이 족히 그들의 분노를 견디지 못할 것이라 여긴 것이 아니겠는가?

그러나 내가 헤아려보건대, 지금 중국은 절대로 後晉의 石敬瑭처럼 틈탈 수 있는 형세가 없고, 契丹의 힘이 변방을 침범하기에 넉넉하다 할지라도 지금부터 십수 년간에는 우리는 변방 침입을 걱정할 필요가 결코 없을 것이다. 무엇 때문인가? 우리를 두려워해서가 아니라, 그들의 뜻이 변방 침입에만 그치지 않기 때문이다. 그들의 뜻이 변방 침입에 그치지 않고, 그들의 힘 또한 그들이 하고 싶은 것을 이루기에 아직 부족하다면, 그들의 마음은 오직 우리가 하루아침에 우호관계를 끊어서 우리의 많은 歲幣를 잃을까 걱정할 뿐이다. 그렇지만 오만방자하여 조금도 굽히려 하지 않는 것은 무엇 때문인가? 그들의 의도는 〈우리를 협박하여〉 요구한 다음에 〈우호관계가〉 공고해진다고 여기는 것이다.

猛禽이 장차 공격을 하려 할 때에는 반드시 그 공격의 모습을 숨기는 법이다. 지난날 冒頓單于가 漢나라를 공격하고자, 漢나라 사신이 당도하면 그때마다 건장한 병사와 말을 숨겼다. 그러므로 兵法에 "상대가 하는 말이 비굴하면 進擊을 하려는 것이고, 상대가 하는 말이 강경하면 退却하려는 것이다."라고 하였다. 지금 契丹의 임금과 신하들이 형세를 과장해서 우리에게 허세를 부리지 않음이 없다. 이것은 그들의 뜻이 싸우고 싶지 않다는 것이 분명하다.

吳王 闔閭가 楚나라를 침입할 때에 唐나라와 蔡나라를 이용하였고, 越王 句踐이 吳나라를 침입할 때에 齊나라와 晉나라를 이용하였으니, 契丹이 진실로 우리와 싸우려 하겠는가? 지난날 陝西에서는 元昊의 반란이 있었고, 河朔에서는 王則의 변란이 있었으며, 嶺南에서는 儂智高의 난이 있었는데, 이러한 일들은 또한 틈을 엿볼 만한 기회였다. 그러나 끝내 그들은 움직이지 않았으니, 그렇다면 그들의 뜻은 전쟁을 하고 싶지 않다는 것이 또한 분명하다.

아! 저들이 싸우려 하지 않는데 우리마저도 싸우려 하지 않으면, 저들은 이미 그들의 뜻을 얻은 것이다. 兵法에 "그들이 하고 싶은 일에 그들을 써서 그들이 할 수 있는 일을 하게 하고, 그들이 할 수 없는 일은 버려야 한다. 적에 있어서는 이와 반대로 하도록 해야 한다."라고 하였으니, 지금이 어찌 이와 다르겠는가?

1) 犬戎 : 고대 匈奴族의 前身이다.
2) 古人有言曰……爲蛇奈何 : ≪國語≫ 〈吳語〉에 "越王 句踐이 吳나라에 和議를 청하자 吳王 夫差가 허락하려 하였다. 伍子胥가 諫하여 말하기를 '허락해서는 안 됩니다. 越나라는 眞實되고 忠誠스런 마음으로 吳나라를 좋아하는 것이 아니며, 또 우리 군대의 강함을 두려워하는 것도 아닙니다.……어린 뱀일 때 꺾어놓지 않으면 큰 뱀이 되면 장차 어떻게 하시겠습니까?'라고 하였다."라는 내용이 보인다.
3) 昔者……輒匿其壯士健馬 : ≪史記≫ 〈劉敬列傳〉에 "韓王 信이 배반하였다. 高祖는 몸소 가서 그를 치려고 하였다.……匈奴에 사자를 보내었다. 匈奴는 그들의 壯士와 살찐 牛馬는 숨기고 다만 노약자들과 파리한 가축들을 보여주었다. 使臣 열 사람이 돌아와서 다 '匈奴를 치는 것이 좋겠습니다.' 하였다. 皇上이 사신으로 劉敬을 다시 匈奴로 보내었는데, 돌아와 이렇게 復命하였다. '두 나라가 서로 싸우려 하면 마땅히 과장하여 장점을 상대방에게 보이는 것인데, 이제 신이 가니 다만 파리하고 수척한 노약자들만 보였습니다. 이것은 틀림없이 단점을 보여놓고 奇兵을 숨겨두었다가 승리를 쟁취하고자 하는 것입니다. 신은 匈奴를 쳐서는 안 된다 생각합니다.' "라는 내용이 보인다.
4) 兵法曰……退也 : ≪孫子≫ 〈行軍篇〉에 "말이 비굴하면서 대비를 굳게 하는 자는 進擊할 뜻이 있는 것이고, 말이 강경하면서 진격할 기세를 보이는 자는 退却할 뜻이 있는 것이다.〔辭卑而益備者進也 辭强而進驅者退也〕"라는 말이

있다.

5) 闔閭之入楚也 因唐蔡 : ≪史記≫ 〈吳太伯世家〉에 "吳王 闔閭가 장차 楚나라를 치고자 伍子胥와 孫武에게 묻기를 '처음에 그대들은 楚나라를 공격해서는 안 된다고 하였는데, 지금은 과연 어떤가?' 하니, 두 사람이 대답하기를 '楚나라 대장 子常이 탐욕스러워 唐·蔡가 다 그를 원망합니다. 왕께서는 꼭 크게 치고자 하시면, 반드시 唐·蔡와 맹약을 맺고 치시면 가능할 것입니다.'라 하였다. 이에 〈闔閭가〉 크게 군대를 일으켜 唐·蔡와 〈서로 약속하고〉 서쪽으로 楚나라를 쳤다."라는 내용이 있다.

6) 句踐之入吳也 因齊晉 : ≪史記≫ 〈越王句踐世家〉에 "越나라가 다시 吳나라를 치니, 吳나라 士民들은 피폐하였고, 정예병들은 齊나라와 晉나라에서 다 죽었으니, 越나라가 크게 吳나라를 깨뜨렸다."라는 내용이 있다.

7) 陝西 有元昊之叛 : 宋 仁宗 慶歷 2년(1042)에 西夏가 宋나라를 침입한 것을 말한다. 陝西는 陝西路이며, 元昊는 西夏 景宗 李元昊(1004~1048)이다. 宋나라에서 자신의 왕족 성인 趙氏를 내렸기 때문에 趙元昊라고도 한다.

8) 河朔 有王則之變 : 王則(?~1048)이 貝州 宣毅軍의 하급장교로서 彌勒教를 신봉하였는데, 宋 仁宗 慶歷 7년(1047)에 그 州의 장교들과 미륵교 신자들을 규합하여 난을 일으켜 東平郡王이라 하였다. 이듬해 조정에서 파견한 文言博 등에 의해 난은 평정되고 王則은 서울로 압송되어 처형되었다.

9) 嶺南 有智高之亂 : 智高는 儂智高이며 蠻族이다. 廣南을 근거지로 南天國을 세웠다가 宋 仁宗 皇祐 3년(1051)에 狄青에게 패하여 大理로 달아났다가 죽었다.

10) 兵法曰……於敵反是 : ≪司馬法≫ 〈定爵〉에 나온다. '적과 싸울 때에는 자기의 장점을 드러내고 자기의 단점을 숨겨야 하며, 적의 입장에서는 당연히 이와 반대로 해야 한다.'는 의미이다. '廢其所不能'은 ≪司馬法≫에는 '廢其不欲不能'으로 되어 있다.

且匈奴之力도 旣未足以伸其所大欲하고 而奪一郡하고 殺掠數千人之利는 彼又不以動其心이라 則我勿賂而已라 勿賂하여 而彼以爲辭면 則對曰 爾何功於吾하여 歲欲吾賂아 吾有戰而已요 賂不可得也라하니라 雖然이나 天下之人이 必曰 此愚人之計也라

天下孰不知賂之爲害하고 而勿賂之爲利오 顧勢不可耳라하니라 愚以爲不然이라 當今夷狄之勢는 如漢七國[1]之勢라 昔者에 高祖는 急於滅項籍이라 故로 擧數千里之地하여 以王諸將이라 項籍死에 天下定이나 而諸將之地는 因遂不可削이라 當是時에 非劉氏而王者가 八國[2]이라 高祖는 懼其且爲變하여 故로 大封吳楚齊趙同姓之國하여 以制之라 旣而에 信越布綰은 皆誅死[3]하되 而吳楚齊趙之强하여 反無以制라 當是時에 諸侯王은 雖名爲臣이나 而其實은 莫不有帝制之心이라 膠東膠西濟南도 又從而和之하여 於是에 擅爵人하고 赦死罪하며 戴黃屋[4]하고 刺客公行[5]하니 匕首交於京師라 罪至彰也하여 勢至逼也라 然이나 當時之人은 猶且徜徉容與하여 若不足慮라 月不圖歲하고 朝不計夕하되 循循而摩之하고 煦煦而吹之하여 幸而無大變이라 以及於孝景之世하여 有謀臣에 曰晁錯(조)[6]가 始議削諸侯地하여 以損其權이라하니라 天下皆曰 諸侯必且反이라하니라 錯가 曰 固也라 削亦反이요 不削이라도 亦反이라 削之면 則反疾而禍小요 不削이면 則反遲而禍大라 吾懼其不及今反也라하니라 天下皆曰晁錯를 愚라하니라 吁라 七國之禍는 期於不免이라 與其發於遠而禍大온 不若發於近而禍小라 以小禍易大禍는 雖三尺童子라도 皆知其當然이라 而其所以不與錯者는 彼皆不知其勢將有遠禍라 與知其勢將有遠禍온 而度己不及見하여 謂可以寄之後人하고 以苟免吾身者也라 然則錯爲一身謀는 則愚나 而爲天下謀는 則智니라 人君이 又安可捨天下之謀하여 而用一身之謀哉아

게다가 契丹의 힘도 그들의 큰 야욕을 이루기에 아직 부족할 뿐만 아니라, 하나의 郡을 빼앗거나 수천 사람을 죽이고 약탈하여 생기는 이익에는 저들 또한 그들의 마음을 움직이지 않는다. 그렇다면 우리는 歲幣를 주지 않으면 될 뿐이다. 歲幣를 주지 않아서 저들이 구실거리로 삼으면 "너희들이 우리에게 무슨 공로가 있어 해마다 우리에게 歲幣를 요구한다 말인가? 우리에겐 전쟁이 있을 뿐이요 歲幣는 더 이상 얻을 수 없다."라고 대답하면 될 것이다. 그렇지만 천하 사람들은 틀림없이 "그것은 어리석은 사람의 계책이다. 천하에 어느 누가 歲幣를 주는 폐해를 모르고 歲幣를 주지 않는 이득을 모르겠는가? 다만 形勢가 부득이해서 그렇게 할 뿐이다."라고 할 것이다.

내 생각은 그렇지 않다. 지금 夷狄의 형세는 漢 七國의 형세와 같다. 지난날 漢高祖는 項羽를 치는 데에 급하였기 때문에, 수천 리의 땅을 들어 여러 장수들을 王으로 삼았다. 項羽가 죽자 천하는 안정되었지만, 여러 장수들의 땅은 끝내 삭감할 수가 없었다. 이때에 劉氏가 아니면서 왕이 된 자가 여덟 나라였다. 漢 高祖는 그들이 장차 변란을 일으킬까 걱정하였으므로, 吳・楚・齊・趙 같은 同姓의 제후국을 크게 봉하여 그들을 견제하였다. 얼마 후 韓信・彭越・英布・盧綰은 모두 주살되었지만, 吳・楚・齊・趙 같은 同姓 제후국이 강해져 도리어 그들을 통제할 방법이 없었다.

이때 諸侯王들은 이름은 신하라 하였지만, 실제로는 황제가 되고자 하는 야심이 없지 않았다. 膠東・膠西・濟南王들도 그들을 따라 호응하여, 이에 멋대로 사람들에게 爵位를 주고, 사형수를 사면하며, 수레 덮개를 누런 비단으로 장식하고, 刺客을 보내어 공공연히 암살을 시도하니, 匕首가 京師에서 횡행하였다. 그 죄상이 확연히 드러나 형세가 지극히 긴박하였다. 그러나 당시 사람들은 여전히 유유자적하면서 족히 걱정할 것이 못 되는 것처럼 하였다. 한 달이 지나면 한 해를 생각할 수 없고, 아침이면 저녁을 생각할 수 없는데도, 공손한 마음으로 어루만지고 작은 은혜를 베풀며 추켜세워서, 요행히 큰 변란은 없었다.

景帝時代에 이르러서 책략가 가운데 晁錯라는 사람이 처음으로 諸侯王들의 땅을 삭감하여 그들의 권력을 줄여야 한다고 논의하였다. 그러자 천하 사람들은 모두가 "제후들이 틀림없이 반란을 일으킬 것"이라 하였다. 晁錯는 "분명하다. 땅을 삭감하여도 반란할 것이요, 삭감하지 않아도 반란할 것이다. 삭감하면 반란은 빨라지겠지만 그 禍는 작을 것이요, 삭감하지 않으면 반란은 늦어지겠지만 그 禍는 클 것이다. 내가 두려워하는 것은 그들이 지금 반란하지 않는 것이다."라고 하였다. 그러자 천하 사람들은 모두 晁錯를 어리석다 하였다.

아! 七國의 禍는 피할 수 없었던 것이다. 반란이 늦게 일어나 그 禍가 커지는 것보다는 빨리 일어나 禍가 작은 것이 더 낫다. 작은 禍로 큰 禍를 바꾸는 것은 三尺童子라도 다 당연히 그렇게 해야 함을 안다. 그러나 그들이 晁錯의 의견에 찬성하지 않았던 이유는 그들 모두가 형세상 먼 뒷날에 환란이 생길 것을 몰랐기 때문이다. 그 형세상 먼 뒷날에 환란이 생길 것을 알았더라도 자신은 그 화를 보지 못할 것이라 예상하여, 후인에게 맡기고 자신의 몸은 일시적으로 면할 수 있어서 한 말이다. 그렇다면 晁錯는 자기 一身을 위한 계책으로는 어리석었지만, 天下를 위한 계책으로는 지혜로웠다. 임금이 되어서 또한 어찌 천하를 위한 계책을 버리고 일신을 위한 계책을 쓸 수 있단 말인가!

1) 漢七國 : 漢 景帝 때의 吳·楚·膠西·膠東·淄川·濟南·趙의 일곱 劉氏姓의 제후국을 말한다.
2) 非劉氏而王者 八國 : 齊國·楚國·淮南國·趙國·燕國·梁國·代國·長沙國을 말한다.
3) 信越布綰 皆誅死 : 韓信(?~B.C. 196)은 처음에 楚나라 項羽를 섬겼으나 중용되지 않자 漢王(高祖 劉邦)의 군에 참가하였다. 漢軍을 지휘하여 크게 공을 세움으로써 齊王에 이어 楚王이 되었다. 漢나라가 확립되자 차차 권력에서 밀려나 淮陰侯로 격하되었다가, B.C. 196년 陳豨의 난에 연루되어 呂后의 부하에게 참살되었다.

   彭越(?~B.C. 196)은 漢나라 개국공신으로, 처음엔 項羽를 섬겼지만 나중에 漢나라 장군이 되어 큰 공을 세워 梁王에 봉해졌지만, 陳豨의 난을 토벌하는 데에 적극적이지 않아 高祖의 미움을 받았다가 반역으로 몰려 죽었다.

   英布(?~B.C. 195)는 법을 어겨 墨刑을 받아 黥布라고도 부른다. 처음 項羽 밑에 있다가 劉邦의 휘하로 들어가 많은 공을 세워 淮南王에 봉해졌다가 모반으로 高祖에게 주살되었다.

   盧綰(?~B.C. 195)은 高祖와 동향으로 어릴 때부터 친구였다. 건국공신 중 高祖와 가장 친하였으나, 燕王에 봉해진 뒤 모반의 혐의를 받자 匈奴로 망명하여 죽었다.
4) 黃屋 : 누런 비단으로 장식된 수레 덮개인데, 天子의 수레 덮개만 누런 비단으로 할 수 있었다.
5) 刺客公行 : 景帝 때에 梁孝王이 세자가 되기를 청했는데, 大臣 袁盎이 반대하였다. 梁孝王은 刺客을 두 번이나 보내 袁盎을 죽였다.
6) 晁錯(조) : B.C. 200~B.C. 154. 鼂錯라고도 쓴다. 漢初의 유능하고 젊은 정치가로, 景帝 때에 御史大夫가 되어 제후왕들의 영지를 깎아 그들의 세력을 누르려다가 吳楚七國의 난을 불러일으켜 결국 그 희생양이 되었다.

今者[1]에 **匈奴之彊**은 **不減於七國**하되 **而天下之人**은 **又用當時之議**하여 **因循維持**하며 **以至於今**히 **方且以爲無事**라 **而愚以爲天下之大計**는 **不如勿賂**라 **勿賂**면 **則變疾而禍小**요 **賂之**면 **則變遲而禍大**라 **畏其疾也**론 **不若畏其大**요 **樂其遲也**론 **不若樂其小**라 **天下之勢**는 **如坐弊船之中**하여 **駸駸乎將入於深淵**이니 **不及其尙淺也**에 **舍之**하여 **而求所以自生之道**라 **而以濡足爲解者**면 **是**는 **固夫覆溺之道也**라 **聖人**은 **除患於未萌然後**에 **能轉禍而爲福**이라 **今也**에 **不幸養之**[2]하여 **以至此**하되 **而近憂小患**을 **又憚**하여 **而不決**하니 **則是遠憂大患終不可去也**라 **赤壁之戰**에 **惟周瑜呂蒙知其勝**[3]하고 **伐吳之役**에 **惟羊祜張華以爲是**[4]니라 **然則宏遠深切之謀**는 **固不能合庸人之意**라 **此晁錯所以爲愚也**라

지금 匈奴의 강성함은 七國보다 못하지 않는데도, 천하 사람들은 또 당시의 의논으로 답습하고 지키며 지금에 이르기까지 여전히 무사하기를 생각한다. 하지만 나는 천하의 가장 좋은 계책은 歲幣를 주지 않는 것이라 생각한다. 歲幣를 주지 않으면 변란은 빨라지겠지만 그 禍는 작을 것이요, 歲幣를 주면 변란은 늦어지겠지만 그 禍는 클 것이다. 변란이 빨라지는 것을 두려워하기보다는 그 환란이 커지는 것을 두려워하는 것이 더 나을 것이요, 변란이 늦어지는 것을 좋아하기보다는 그 환란이 작아지는 것을 좋아하는 것이 더 나을 것이다.

지금 천하의 형세는 마치 부서진 배 속에 앉아 점점 깊은 물속으로 침몰해가는 것과 같으니, 배가 아직 얕은 곳에 있을 때에 배를 버리고 스스로 살 수 있는 방도를 찾는 것이 더 좋을 것이다. 그러나 발이 젖는 것쯤으로 이해를 해버리면, 이는 분명 배가 뒤집혀 익사로 가는 길이 될 것이다. 聖人은 싹이 트기 전에 憂患을 제거하여 禍를 돌려 福으로 만들 수 있었다. 지금은 불행히도 그들을 길러서 이 지경에까지 이르렀는데도 가까운 근심과 작은 우환을 또 꺼려하며 척결하지 않으니, 그렇다면 먼 근심과 큰 우환은 끝내 제거할 수 없게 될 것이다.

赤壁의 싸움에 오직 周瑜와 呂蒙만이 자신들이 승리할 것임을 알았고, 吳나라를 치는 일에 羊祜와 張華만이 옳다고 하였다. 그렇다면 遠大하고 深奧한 계책은 진실로 평범한 사람들의 생각과 합치되지 않을 수 있다. 이것이 晁錯를 어리석게 여긴 이유이다.

1) 今者 : ≪嘉祐集≫에는 '今日'로 되어 있으나 여기서는 저본을 따랐다.
2) 之 : 여기서는 契丹人을 말한다.
3) 赤壁之戰 惟周瑜呂蒙知其勝 : 曹操가 대군을 끌고 南征했을 때, 吳나라 대신들은 모두 두려워 투항해야 한다고 하였으나, 오직 周瑜와 魯肅만이 싸울 것을 주장하였다. 吳王 孫權은 이 두 사람의 말을 받아들여 劉備와 연맹하여 赤壁에서 曹軍을 대패시켰고, 呂蒙은 周瑜를 따라 烏林에서 曹軍을 깨뜨렸다.
4) 伐吳之役 惟羊祜張華以爲是 : 晉 武帝 때에, 尙書左伏射 羊祜가 상소하여 吳나라를 칠 계책을 올리자 많은 사람들이 반대하였지만, 오직 杜預와 張華만이 찬성하였다. 1년 뒤, 武帝는 군대를 일으켜 吳나라를 쳤다.

羊祜(221~278)는 자가 叔子이고 南城 사람이다. 鉅平侯로 봉해졌고 죽은 뒤 南州 사람들이 그를 위해 罷市하고 조문했다 한다.

張華(231~299)는 字가 茂先으로 範陽 方城 사람이다. 學識이 넓고 詩歌와 文章에 뛰어났다. 惠帝 때에 太子少傅로 임명되었으나, 八王의 난 때에 趙王 倫에게 殺害되었다.

雖然이나 錯之謀도 猶有遺憾이라 何者오 錯知七國必反이나 而不爲備反之計라 山東[1] 變起면 而關內[2]騷動이라 今者에 匈奴之禍는 又不若七國之難制라 七國反은 中原半爲敵國이요 匈奴叛은 中國以全制其後니 此又易爲謀也라 然則謀之奈何오 曰 匈奴之計는 不過三이라 一曰聲이요 二曰形이요 三曰實이라 匈奴謂中國怯久矣라하여 以吾爲終不敢與之抗하고 且其心은 嘗欲固前好하여 而得厚賂以養其力이라 今也遽絶之면 彼必曰戰而勝은 不如坐而得賂之爲利也라하니라 華人怯하니 吾可以先聲으로 脇之면 彼將復賂我라 於是에 宣言於遠近하여 我將以某日로 圍某所하고 以某日로 攻某所라 如此謂之聲이라하니라 命邊郡하여 休士卒하고 偃旗鼓하여 寂然若不聞其聲이라 聲旣不能動이면 則彼之計는 將出於形이라 除道翦棘하여 多爲疑兵以臨吾城이니 如此謂之形이라하니라 深溝固壘하고 淸野以待하여 寂然若不見其形이라 形又不能動이면 則技止此矣라 將遂練兵秣馬하여 以出於實이라 實而與之戰이면 破之易耳라 彼之計는 必先出於聲與形而後에 出於實者라 出於聲與形엔 期我懼而以重賂請和也요 出於

實엔 不得已而與我戰이니 以幸一時之勝也라 夫勇者는 可以施之於怯이요 不可以施之於智라 今夫叫呼跳踉하여 以氣先者는 世之所謂善鬪者也라 雖然이나 蓄全力以待之면 則未始不勝이라 彼叫呼者는 聲也요 跳踉者는 形也라 無以待之면 則聲與形者도 亦足以乘人於卒이나 不然이면 徒自弊其力於無用之地하여 是以로 不能勝也라

비록 그러하지만 晁錯의 계책에도 오히려 유감이 있다. 무엇인가? 晁錯는 七國이 반드시 모반할 것을 알았지만, 모반을 대비한 계책은 세우지 않았다. 山東에서 변란이 일어나면 關內가 소란스러워진다. 지금 契丹의 禍는 또한 七國의 반란처럼 제압하기 어려운 것이 아니다. 七國의 반란은 中原의 절반이 敵國이 되는 것이요, 契丹의 반란은 中國이 全力으로 그 뒤에서 제압하면 되는 것이니, 이것 또한 쉽게 꾀할 수 있다.

그렇다면 그 꾀함이 어떠해야 할까? 말하자면 다음과 같다.

"契丹의 계책은 세 가지에 불과하다. 첫째가 聲이요, 둘째가 形이며, 셋째가 實이다. 契丹은 중국이 겁을 먹은 지 오래되어 우리가 끝내 그들에게 감히 대항하지 못할 것이라 여기고, 또 그들의 마음은 늘 이전의 우호관계를 공고히 해서 많은 歲幣를 받아 그들의 힘을 기르고자 한다. 그런데 지금 갑자기 그들과의 우호관계를 끊어버리면, 저들은 틀림없이 싸워서 이기는 것보다는 앉아서 많은 歲幣를 얻는 이익이 더 낫다고 할 것이다.

中華 사람들이 겁이 많으니 우리가 먼저 聲勢로 그들을 협박하면 저들은 다시 우리에게 歲幣를 바칠 것이다. 이에 멀고 가까운 곳에 선포하여, 우리는 장차 某日에 某所를 포위하고 某日에 某所를 공격할 것이라 한다. 이와 같은 것을 聲이라 한다. 그러면 우리는 변방의 郡에 명을 내려 병사들을 휴양시키고 깃발을 눕혀두고 북소리를 멈추고서 조용히 그들의 소리가 들리지 않는 것처럼 한다.

聲勢로 우리를 동요시킬 수 없으면 저들의 계책은 장차 形勢로 나올 것이다. 길을 내고 가시를 제거하여 많은 疑兵을 만들어 우리의 城을 압박해 올 것이니, 이와 같은 것을 形이라 한다. 〈그러면 우리는〉 도랑을 깊이 파고 보루를 견고히 하고 들판의 곡식을 깨끗이 없애고 기다리면서 조용히 그들의 모습이 보이지 않는 것처럼 한다.

形勢로도 우리를 동요시킬 수 없으면, 그들의 수단은 여기에서 멈출 것이다. 그러

면 장차 곧 병사를 조련하고 말을 먹이고서 實力으로 나올 것이다. 실력으로 나와 그들과 싸우면 그들을 격파하는 것은 쉬울 따름이다.

저들의 계획은 반드시 먼저 聲勢와 形勢로 나온 이후에 實力으로 나오는 것이다. 聲勢와 形勢로 나올 때에는 우리가 두려워 많은 歲幣로 우호관계를 청할 것을 기대한 것이고, 實力으로 나올 때에는 부득이하여 우리와 싸우는 것이니 일시의 승리마저도 요행으로 여길 것이다.

勇敢한 사람은 怯弱한 사람에게 그 용감함을 펼 수 있는 것이요, 智慧로운 사람에는 그것을 펼 수 없다. 지금 소리 지르고 날뛰면서 氣勢를 앞세우는 사람은 이른바 세상에서 싸움질을 잘하는 사람이다. 그렇다 하나, 우리가 全力을 모아 그들에 맞선다면 이기지 못한다고도 할 수 없다. 저들이 소리 지르는 것은 聲이요, 날뛰는 것은 形이다. 그것에 맞설 방법이 없으면, 聲과 形으로도 충분히 창졸지간에 남의 틈을 탈 수가 있지만, 그렇지 않으면 공연히 스스로 쓸모없는 곳에 그 힘을 소모하게 되어, 이 때문에 이길 수 없게 된다."

1) 山東 : 秦漢 시기에 崤山 동쪽 지역을 山東이라 하였다

2) 關內 : 옛날에는 函谷關 서쪽을 關內라고 하였다.

韓許公[1)]이 節度宣武軍할새 李師古[2)]가 忌公嚴整하여 使來告曰 吾將假道伐滑이라하거늘 公이 曰 爾能越吾界爲盜耶아 有以相待니 無爲虛言이라하니라 滑帥가 告急하니 公이 使謂曰 吾在此하니 公安無恐이라하니라 或告除道翦棘하니 兵且至矣라한대 公이 曰 兵來不除道也라하니라 師古는 詐窮하여 遷延以遁이니라 愚故曰 彼計出於聲與形이나 而不能動하니 則技止此矣라 與之戰이면 破之易耳라하니라 方今匈奴之君은 有內難新立하니 意其必易與인저 隣國之難은 霸王之資也라 且天與不取면 將受其弊라 賈誼는 曰 大國之王이 幼弱未壯하여 漢之所置傅相이 方握其事라 數年之後엔 大抵皆冠하여 血氣方剛이면 漢之傅相을 以病而賜罷하리니 當是之時에 而欲爲安이면 雖堯舜이라도 不能[3)]이라하니라 嗚呼라 是七國之勢也라

韓弘이 宣武軍節度使로 있을 때, 李師古가 韓弘의 嚴整함을 시기하여 사람을 보

내어 알리기를 "내 장차 길을 빌려 滑州를 치려고 하오."라고 하거늘, 韓弘이 "그대가 내 경계를 넘어 도둑질을 하겠단 말이오? 상대할 방법이 있으니, 헛소리하지 마시오!"라고 하였다. 滑州의 장수가 韓弘에게 급박함을 알리니, 韓弘이 사람을 보내어 "내가 여기에 있으니 그대는 편안히 있으면서 두려워하지 마시오."라고 하였다. 어떤 사람이 李師古가 길을 내고 가시를 제거하니, 장차 군대가 이를 것이라 알렸는데, 韓弘이 "군대가 오려고 길을 내는 것이 아니다."라고 하였다. 李師古는 속임수가 다하자 시간을 끌다가 되돌아갔다. 나는 그래서 "저들의 계획이 聲과 形으로 나왔지만 우리를 동요시킬 수 없으니 그 수법이 여기에서 멈추었다. 그와 싸웠다면 그를 격파하는 것은 쉬울 따름이다."라고 말한 것이다.

지금 契丹의 임금에게는 내부에 어려움이 있고 막 임금 자리에 올랐으니, 생각건대 그들을 대적하기에 틀림없이 쉬울 것이다. 이웃나라의 患難은 우리가 霸王이 될 기반이 되는 것이다. 게다가 하늘이 준 기회를 취하지 않으면, 장차 그 폐해를 입을 것이다. 賈誼는 "큰 나라의 제후왕들이 幼弱하여 아직 장성하지 않아서 漢나라 朝廷에서 임명한 太傅와 丞相이 지금 그 政事를 장악하고 있습니다. 몇 년 뒤에는 대저 그들 모두가 成人이 되어 혈기가 왕성하게 되면, 漢나라 〈조정에서 임명한〉 太傅와 丞相들을 병을 핑계로 파직시킬 것이니, 이러한 때에 정치를 안정시키고자 하면, 비록 堯와 舜 같은 임금이라도 할 수가 없을 것입니다."라고 하였다. 아! 이것은 七國의 형세이다.

1) 韓許公 : 韓弘(765~822)은 唐나라 匡城 사람으로 관직이 宣武軍節度使에 이르렀다. 吳元濟를 토벌하여 許國公에 봉해졌다. 宣武軍은 宋州·亳州·潁州를 포함한 것으로 소재지는 宋州이다.
2) 李師古 : ?~806. 蔭敍로 青州刺史가 되었다가 아버지 李納의 뒤를 이어 平盧節度使가 되었다.
3) 賈誼曰……不能 : 賈誼의 〈治安策〉에 나온다.

蘇氏父子之論虜情이 **大略本此**라

蘇氏 父子가 적의 형세를 논한 것은 대략 이 글을 바탕하고 있다.

宋大家蘇文公文抄 卷7

權書

01. 權書序* 〈權書〉의 서문

* 蘇洵은 〈權書〉, 〈衡論〉, 〈審勢〉, 〈審敵〉, 〈六經論〉, 〈洪範論〉, 〈史論〉 같은 여러 글들을 皇祐 3년(1051)에서 嘉祐 元年(1056)에 걸쳐서 지었다. 〈權書〉는 모두 10편으로 用兵을 논한 것이다. 權은 權變이다. 蘇洵은 仁義之道를 '衡(準則)'으로 보고, 用兵을 '權'으로 보았다. 序는 ≪嘉祐集≫에는 '敍'로 되어 있다. ≪嘉祐集箋注≫에서는 蘇洵의 부친 이름인 蘇序를 피휘하여 '序'를 '敍'로 썼다고 밝히고 있다.

人有言에 曰 儒者는 不言兵[1)]이요 仁義之兵은 無術而自勝[2)]이라한대 使仁義之兵이 無術而自勝也면 則武王은 何用乎太公고 而牧野之戰에 四伐五伐六伐七伐하여 乃止齊焉[3)]이라하니 又何用也오 權書는 兵書也요 而所以用仁濟義之術也라 吾疾夫世之人이 不究本末하고 而妄以我爲孫武之徒也라 夫孫氏之言兵은 爲常言也나 而我以此書爲不得已而言之之書也라 故로 仁義不得已而後에 吾權書用焉이라 然則權者는 爲仁義之窮而作也라

사람들의 말에 "儒者는 戰爭을 말하지 않고, 仁義의 군대는 策略을 쓰지 않고도 저절로 이긴다."라 하였는데, 가령 仁義의 군대가 책략을 쓰지 않고 저절로 이긴다면, 武王은 어찌하여 姜太公을 등용하였는가? 牧野의 싸움에서 "네 번 다섯 번 여섯 번 일곱 번 공격하여 이에 멈추어 대열을 정돈한다."라고 하였으니, 또한 무엇 때문인가?

〈權書〉는 兵書요, 仁으로써 正義를 구제하는 방법이다. 나는 세상 사람들이 本末을 깊이 연구하지 않고 함부로 나를 孫武의 부류로 여기는 것을 싫어한다. 대저 孫

武가 말한 兵法은 통상적인 말이지만, 나는 이 책이 부득이하다 여겨서 쓴 것이다. 그러므로 仁義로는 부득이하다 여긴 뒤에 나의 〈權書〉가 쓰일 것이다. 그러니 〈權書〉는 仁義가 막힐 것을 〈보완하기〉 위해서 지은 것이다.

1) 儒者 不言兵 : ≪孟子≫ 〈梁惠王 上〉에서는 "孔子의 門徒들은 桓公과 文公의 일을 말한 사람이 없다."라고 하였고, ≪荀子≫ 〈仲尼篇〉에서는 "孔子의 門人들 중에 5尺 아이도 말할 때에 五霸를 칭찬하는 것을 부끄럽게 여겼다."라고 하였다.
2) 仁義之兵 無術而自勝 : ≪荀子≫ 〈議兵〉에서는 "仁人의 用兵은 속이지 않는 것이다."라고 하였다.
3) 牧野之戰……乃止齊焉 : ≪書經≫ 〈周書 牧誓〉에 나온다.

按老泉此書는 **皆孫吳之餘智**라 **余不欲刪其文**하여 **故并存之**라 **然**이나 **學者於此**에 **參之以孫武十三篇**이면 **則於兵事**에 **思過半矣**라

생각건대 蘇洵의 이 글은 다 孫子와 吳起의 餘智이다. 나는 그 글을 잘라내고 싶지 않아서 함께 실어놓는다. 그러나 배우는 자는 여기에 孫武의 兵法 13篇을 참고하면 軍事에 관한 일에 절반을 넘게 생각한 것이다.

02. 心術* 마음 다스리는 법

* 이 글은 將軍으로서의 道理를 論述한 것인데, 蘇洵은 戰爭을 지휘하는 가장 중요한 문제는 바로 마음을 다스리는 것, 즉 心術이라고 보았다. 그는 또 心術의 근본을 '義'라고 여겨, 오직 正義의 군대만이 百戰不殆할 수 있다고 보았다. 이것은 〈權書序〉에서 말한 '用仁濟義'의 관점과도 일치한다.

此文中엔 **多名言**이나 **但一段段**이 **自爲文節**이라 **蓋按古兵法與傳記**하여 **而雜出之者**요 **非通篇起伏開闔**[1]**之文也**라

이 글 속에는 名言이 많지만, 한 단락 한 단락 자체가 文節이 된다. 대개 옛 兵法과 傳記에 의거하여 뒤섞어 내놓은 것이지, 이 편 전체가

기복이 있고 시작과 결말이 있는 글은 아니다.

1) 起伏開闔 : 문장이 變化無常하고 起承轉結이 있음을 말한다.

爲將之道는 當先治心[1]이니 泰山이 崩於前이라도 而色不變하고 麋鹿이 興於左라도 而目不瞬然後에 可以制利害요 可以待敵이라

將軍으로서의 道理는 당연히 먼저 마음을 다스리는 것이니, 泰山이 눈앞에서 무너져도 안색이 변하지 않고, 사슴이 옆에서 뛰어나와도 눈 하나 깜박하지 않은 다음에야 利害關係를 제어할 수 있고, 敵에 대응할 수 있다.

1) 爲將之道 當先治心 : ≪管子≫ 〈心術〉에 "心은 몸에 있어서 임금의 자리이다.〔心之在體 君之位也〕"라고 한 말을 응용한 것이다.

凡兵은 上義[1]니 不義면 雖利라도 勿動이라 非一動之爲害[2]나 而他日에 將有所不可措手足也라 夫惟義라야 可以怒[3]士하고 士以義怒라야 可與百戰이라

무릇 軍隊는 正義를 숭상하여야 하니, 正義롭지 않으면 비록 이롭더라도 움직이지 말아야 한다. 한 번 움직인다 해서 害가 되지는 않겠지만, 훗날 手足을 쓸 수 없는 일이 생기게 될 것이다. 오직 正義라야 병사를 격분시킬 수 있고, 병사가 正義로써 격분해야 함께 백 번이라도 싸울 수 있다.

1) 凡兵 上義 : ≪孫臏兵法≫ 〈將義〉에 "義(정의)는 군대의 으뜸이다.〔義者 兵之首也〕"란 말을 바탕으로 한 말이다.
2) 害 : 저본에는 '利害'로 되어 있지만, ≪嘉祐集≫에는 '利'자가 없다. 여기에서는 ≪嘉祐集≫을 따랐다.
3) 怒 : ≪孫子兵法≫ 〈作戰篇〉에 "적을 죽이는 것은 격분이다.〔殺敵者 怒〕"란 말이 있다.

凡戰之道는 未戰엔 養其財하고 將戰엔 養其力하며 既戰엔 養其氣하고 既勝엔 養其心이라 謹烽燧[1]하고 嚴斥堠하여 使耕者로 無所顧忌가 所以養其財요 豐犒而優游之가 所以

養其力이며 小勝益急하고 小挫益厲가 所以養其氣요 用人不盡其所欲爲가 所以養其心이라 故로 士常蓄其怒하고 懷其欲而不盡이라 怒不盡이면 則有餘勇하고 欲不盡이면 則有餘貪이라 故로 雖竝天下라도 而士不厭兵하니 此는 黃帝之所以七十戰하되 而兵不殆也[2]라 不養其心하여 一戰而勝이라도 不可用矣라

무릇 戰爭의 道理는 전쟁이 발생하기 전에는 그 財力을 쌓아야 하고, 곧 전쟁이 일어나려 할 때에는 그 힘을 길러야 하며, 이미 전쟁이 시작되었으면 그 사기를 북돋워야 하고, 전쟁에서 승리하였으면 그 마음을 길러야 한다.

烽火를 신중히 하고 警戒를 엄하게 하여 農民들로 하여금 돌아보고 꺼리는 바가 없도록 하는 것이 그 재력을 쌓는 방법이고, 兵士들을 넉넉히 먹이고 유유자적하게 하는 것이 그 힘을 키우는 방법이고, 작은 승리에는 더욱 다잡고 작은 좌절에는 더욱 격려하는 것이 그 사기를 북돋는 방법이며, 병사를 쓸 때 그들이 하고 싶어 하는 욕망을 다하지 못하게 하는 것이 그 마음을 기르는 방법이다.

그러므로 병사는 항상 激憤을 쌓아두게 되고, 慾望을 가슴에 품고 있지만 다하지 않게 된다. 격분이 다하지 않으면 남은 용기가 있게 되고, 욕망이 다하지 않으면 탐하는 마음이 남게 된다. 그러므로 천하를 다 병탄해도 군사들이 전쟁을 싫어하지 않게 되니, 이것이 黃帝가 70번을 싸웠지만 병사가 위태롭지 않았던 이유이다. 그 마음을 기르지 않으면 한 번 싸워서 이기더라도 다시는 쓸 수 없게 된다.

1) 烽燧 : 邊方의 위급한 정세를 중앙에 급히 전달하는 옛날의 군사통신 도구로, 높은 산에 봉화대를 설치하여 낮에 연기를 피워 알리는 것을 燧라 하고, 밤에 횃불을 피워 알리는 것을 烽이라 한다.

2) 黃帝之所以七十戰 而兵不殆也 : 黃帝는 중국 민족의 조상으로, 軒轅氏・有熊氏라고도 한다. 당시 黃河 유역의 여러 부락의 추대를 받아 首長이 된 후, 炎帝와 蚩尤를 치고 주변의 여러 부락을 물리쳐서 黃河 유역을 통일하였다.

凡將은 欲智而嚴[1]하고 凡士는 欲愚[2]라 智則不可測이요 嚴則不可犯이니 故로 士皆委己하여 而聽命하니 夫安得不愚리오 夫惟士愚而後에 可與之皆死라

무릇 將軍은 智慧롭고 威嚴이 있어야 하고 軍士는 愚直해야 한다. 지혜로우면 예

측할 수 없고, 위엄이 있으면 범할 수 없다. 그러므로 군사들은 모두 자신을 맡겨 명령을 듣게 되니, 어찌 우직하지 않을 수 있겠는가? 오직 병사들이 우직한 다음에야 모두 죽음을 함께할 수가 있다.

1) 凡將 欲智而嚴 : ≪孫子兵法≫ 〈計篇〉에 "장수는 智·信·仁·勇·嚴을 갖추어야 한다.〔將者 智信仁勇嚴也〕"라는 말이 있다.

2) 凡士 欲愚 : ≪孫子兵法≫ 〈九地篇〉에 "士卒들의 귀와 눈을 어리석게 만들어 아는 것이 없게 한다.〔能愚士卒之耳目 使之無知〕"라는 말이 있다.

凡兵之動엔 **知敵之主**하고 **知敵之將而後**에 **可以動於險**이라 **鄧艾**는 縋**兵于蜀中**[1)]이어늘 **非劉禪**[2)]**之庸**이면 **則百萬之師**도 **可以坐縛**이니 **彼固有所侮而動也**라 **故**로 **古之賢將**은 **能以兵嘗敵**하고 **而又以敵自嘗**하니 **故**로 **去就可以決**이라

무릇 병사를 움직이는 데에는, 적의 임금을 알고 적의 장군을 알고 난 다음에야 위험한 곳으로 出兵할 수가 있다. 鄧艾는 蜀中으로 군사를 끈으로 묶어 내려보냈거늘, 劉禪이 어리석지 않았다면 백만의 군사라도 앉은 채 결박할 수 있었을 것이니, 저 〈鄧艾는〉 분명 〈劉禪을〉 얕잡아 본 바가 있었기에 움직였던 것이다. 그러므로 옛날의 賢明한 장군은 능히 〈我軍의〉 병사로써 적을 시험해보고, 또 敵軍으로 〈아군을〉 시험해보고서 거취를 결정할 수 있었다.

1) 鄧艾 縋兵於蜀中 : 鄧艾(197~264)가 蜀나라를 공격할 때에, 陰平道(옛 길 이름)에서 사람도 다니지 않은 700여 리 길을 행군하며, 나무를 잡고 오르고 험악한 돌길을 올라 綿竹에 도착하여 諸葛瞻을 죽이고 마침내 劉禪을 투항시킨 일을 말한다.

2) 劉禪 : 劉禪(207~271)은 字가 公嗣로, 劉備의 아들이다. 章武 3년(223)에 帝位에 올랐지만 무능하여 炎興 元年(263)에 魏나라에 항복하고, 이듬해 洛陽으로 옮겨져 安樂縣公에 봉해졌다.

凡主將之道는 **知理而後**에 **可以擧兵**이요 **知勢而後**에 **可以加兵**이요 **知節而後**에 **可以用兵**이라 **知理**면 **則不屈**이요 **知勢**면 **則不沮**요 **知節**이면 **則不窮**이라

무릇 主將으로서의 길은 道理를 알고 난 뒤에야 擧兵할 수가 있고, 形勢를 알고 난 뒤에야 進兵할 수 있으며, 節制할 줄 안 뒤에야 用兵할 수가 있다. 도리를 알면 굴복하지 않고, 형세를 알면 기세가 꺾이지 않으며, 절제를 알면 곤경에 빠지지 않는다.

見小利不動하고 見小患不避라 小利小患이 不足以辱吾技也라 夫然後에 有[1]以支大利大患이라 夫惟養技而自愛者가 無敵於天下라 故로 一忍이 可以支百勇이요 一靜이 可以制百動이라

작은 利益을 보고 움직이지 않고 작은 患難을 만나도 피하지 않으며, 작은 이익과 작은 환난이 자신의 능력을 족히 욕되게 하지 못해야 한다. 그런 뒤에야 큰 이익과 큰 환난에 대응할 수가 있다. 오직 능력을 기르고 자신을 아낄 줄 아는 사람만이 천하에 적이 없게 된다. 그러므로 한 번의 忍耐가 백 번의 勇氣에 맞설 수 있고, 한 번의 고요함이 백 번의 움직임을 제어할 수가 있다.

1) 有 : ≪嘉祐集≫에는 '可'로 되어 있으나, 여기서는 저본을 따랐다.

兵有長短이니 敵我一也라 敢問컨대 吾之所長을 吾出而用之하니 彼將不與吾較[1]요 吾之所短을 吾蔽而置之하니 彼將彊與吾角이면 奈何오하니 曰 吾之所短을 吾抗而暴之하여 使之疑而却하고 吾之所長을 吾陰而養之하여 使之狎而墮其中이라하니라 此用長短之術也라

用兵에는 장점과 단점이 있으니, 敵軍이나 我軍이나 마찬가지다. 감히 묻건대 "우리의 장점을 우리가 내어 쓰려 하는데 敵將이 우리와 겨루려 하지 않고, 우리의 단점을 우리가 감추어두려 하는데 적장이 억지로 우리와 싸우려 든다면 어찌해야 됩니까?" 하니, 대답하기를 "우리의 단점을 우리가 일부러 떠벌리며 드러내어 그들이 의심하여 물러나게 하고, 우리의 장점을 우리가 몰래 길러서 그들이 가볍게 여겨 그 속으로 빠져들게 해야 한다."하였다. 이것이 장점과 단점을 사용하는 방법이다.

1) 較 : ≪嘉祐集≫에는 校로 되어 있으나, 여기서는 저본을 따랐다.

善用兵者는 使之無所顧하되 有所恃라 無所顧면 則知死之不足惜이요 有所恃면 則知不至於必敗라 尺箠當猛虎라도 奮呼而操擊이요 徒手遇蜥蜴이라도 變色而却步니 人之情也라 知此者는 可以將矣라 袒裼이라도 而案劍이면 則烏獲[1]不敢逼이요 冠冑衣甲이라도 據兵而寢이면 則童子彎弓하여 而殺之矣라 故로 善用兵者는 以形固라 夫能以形固면 則力有餘矣라

用兵을 잘하는 사람은 병사들이 돌아보는 바가 없게 하되 믿을 곳은 있게 한다. 돌아보는 바가 없으면 죽어도 족히 아쉽지 않음을 알게 되고, 믿을 곳이 있게 되면 반드시 패배에 이르지 않음을 알게 된다.

한 자의 짧은 채찍이라도 있으면 사나운 호랑이를 만나더라도 분투하여 소리 지르며 채찍을 잡고 공격할 것이요, 맨손으로는 도마뱀을 만나더라도 안색이 변하여 뒷걸음칠 것이니, 〈이것은〉 人之常情이다. 이런 점을 아는 자는 군사를 거느릴 수 있다.

윗옷을 벗은 맨몸이라도 칼을 잡고 있으면 烏獲 같은 力士도 감히 다가오지 못하지만, 투구를 쓰고 갑옷을 입고서도 무기에 기대어 자고 있으면 어린아이도 활을 당겨 그를 죽일 수 있다. 그러므로 용병을 잘하는 사람은 形勢를 견고하게 한다. 形勢를 견고하게 할 수 있으면 힘은 남음이 있을 것이다.

1) 烏獲 : 戰國時代의 유명한 力士이다. 그 힘이 千鈞의 무게를 들어 올릴 수 있었다 한다. 당시 力士였던 任鄙・孟賁과 함께 秦 武王의 신임을 받았다.

03. 法制* 군대를 統制하는 법

* 이 글은 전쟁에서 敵을 制壓하여 승리하는 방법을 論述한 것이다. 蘇洵은 여기에 대해 구체적으로 여덟 가지를 제시하고 있는데, 첫째 敵將을 제압하는 방법, 둘째 兵士를 통솔하는 방법, 셋째 衆兵과 寡兵을 통솔하는 방법, 넷째 險地로 진군하는 방법, 다섯째 攻守의 방법, 여섯째 守城하는 방법, 일곱째 自省하는 방법, 여덟째 敵情의 虛實을 審察하는 방법이 이것이다.

與前篇과 **竝孫武之餘智**라 **老泉之兵略**을 **亦可概見矣**라

前篇과 아울러 孫武의 餘智이다. 蘇洵의 兵略을 또한 概觀할 수가 있다.

將戰에 **必審知其將之賢愚**니 **與賢將戰**이면 **則持之**하고 **與愚將戰**이면 **則乘之**라 **持之**면 **則容**[1]**有所伺**하여 **而爲之謀**하고 **乘之**면 **則一擧而奪其氣**라 **雖然**이나 **非愚將勿乘**이라 **乘之不動**이면 **其禍在我**라 **分兵而迭進**이 **所以持之也**요 **幷力而一戰**이 **所以乘之也**라

전쟁이 시작되려 할 때, 반드시 敵將이 賢明한지 愚鈍한지를 깊이 살펴서 알아야 한다. 현명한 장군과 싸우게 되면 持久戰을 하여야 하고, 우둔한 장군과 싸우게 되면 허술한 틈을 타야 한다. 지구전을 벌이게 되면 기회를 엿보면서 이길 수 있는 계책을 세울 수 있고, 허술한 틈을 탈 때에는 일거에 그들의 士氣를 꺾어야 한다.
비록 그러하지만, 우둔한 장군이 아니라면 틈을 타서는 안 된다. 틈을 타서 공격했다가 저들이 동요하지 않으면, 그 禍는 우리가 입게 된다. 군사를 나누어서 돌아가며 공격하는 것이 지구전을 하는 방법이요, 힘을 모아 한 번에 치는 것이 틈을 타는 방법이다.

1) 容 : '할 수 있다.'는 뜻이다.

古之善軍者는 **以刑使人**이요 **以賞使人**이요 **以怒使人**이나 **而其中**엔 **必有以義附者焉**이라 **不以戰**이요 **不以掠**이요 **而以備急難**이니 **故**로 **越有君子六千人**[1]이요 **韓之戰**엔 **秦之鬪士**가 **倍於晉**이나 **而出穆公於淖者**는 **赦食馬者也**[2]라

옛날 군대를 잘 통솔한 자는 刑罰(엄격한 軍紀)로 사람을 부리고 恩賞으로 사람을 부리며 激怒로 사람을 부렸지만, 그 속에는 반드시 正義에 부합함이 있었다. 전쟁 때문도 아니요 약탈 때문도 아닌 急難을 대비했기 때문에 越나라에는 君子로 이루어진 군사 6천 명이 있었다. 韓原의 전쟁에서는 秦나라 병사가 晉나라보다 배나 많았지만 진흙탕에 빠진 秦 穆公을 구출해준 사람은 그의 말을 잡아먹고서도 사면을 받았던 사람들이다.

1) 越有君子六千人 : ≪國語≫ 〈吳語〉에 "吳王 夫差는 군사를 일으켜 江北에 주둔하고, 越王 句踐은 江南에 주둔하였다. 越王 句踐은 이에 그의 군대를 둘로 나누어 左右軍으로 삼고, 그의 사병인 君子 6천 인을 中軍으로 삼았다."라는 내용이 있다.

2) 韓之戰……赦食馬者也 : 秦 穆公이 良馬를 잃었는데, 백성들 중에 그 말을 잡아서 그 고기를 먹은 자가 300명이었다. 관리가 그 말고기를 먹은 자들을 체포하여 처벌하려 하자, 秦 穆公이 畜生 때문에 백성을 해칠 수 없다 하여 사면해주었다. 秦 穆公 15년(647)에 秦 穆公과 晉 惠公이 韓原에서 大戰을 벌였는데, 이 전쟁에 이 300인도 자청하여 참전하였다. 그런데 晉 惠公이 單騎로 돌진하다 진흙탕에 말이 빠지자 秦 穆公이 그것을 보고 추격하다 도리어 晉軍에 포위되었다. 이 위기 상황에서 300인은 죽을힘을 다해 秦 穆公을 구해내고 晉나라 임금마저 포로로 잡았다. ≪史記 秦本紀≫

사실 진흙탕에 빠진 사람은 秦 穆公이 아니라 晉 惠公인데, 蘇洵이 착각한 것으로 보인다.

兵이 或寡而易危요 或衆而易叛이니 莫難於用衆이요 莫危於用寡라 治衆者는 法欲繁하고 繁則士難以動이라 治寡者는 法欲簡하고 簡則士易以察이라 不然이면 則士不任戰矣라 惟衆而繁이면 雖勞나 不害爲强이라

병사가 혹 적으면 危險하기 쉽고, 병사가 혹 많으면 叛亂하기 쉬우니, 많은 수의 군사를 쓰는 것보다 어려운 것은 없고, 적은 수의 군사를 쓰는 것보다 위험한 것은 없다. 많은 수의 병사를 다스리는 데에는 軍法이 細密하여야 하고, 〈군법이〉 세밀하면 병사들은 함부로 행동하기 어렵다. 적은 수의 병사를 다스리는 데에는 軍法이 簡明하여야 하고, 간명하면 병사들이 알기 쉽다. 그렇지 않으면 병사들은 전쟁을 감당할 수 없다. 병사가 많고 군법이 세밀하면 〈지휘하기는〉 수고롭지만 强兵을 만드는 데에는 해롭지 않다.

以衆入險阻엔 必分軍而疎行이라 夫險阻엔 必有伏이요 伏必有約이니 軍分이면 則伏不知所擊하여 而其約携矣라 險阻懼蹙하니 疎行以紓士氣라

많은 병사들을 거느리고 險地로 들어갈 때에는 반드시 군대를 나누어 띄엄띄엄 가야 한다. 대저 험지에는 반드시 伏兵이 있을 것이고, 복병이 있으면 틀림없이 약속이 있을 것이니, 군대를 나누면 복병이 공격할 곳을 몰라서 그들의 약속은 쓸모가 없을 것이다. 험지로 들어가면 두렵고 긴장되니 띄엄띄엄 행군함으로써 병사들의 긴장을 풀어준다.

兵은 **莫危於攻**이요 **莫難於守**니 **客主之勢**가 **然也**라 **故**로 **城有二不可守**니 **兵少**면 **不足以實城**이요 **城小**면 **不足以容兵**이라 **夫惟賢將**이라야 **能以寡爲衆**하고 **以小爲大**라 **當敵之衝**엔 **人莫不守**니 **我以疑兵**[1]이면 **彼愕不進**이니 **雖告之曰 此無人**이라하되 **彼不信也**라 **度彼所襲**하여 **潛兵以備**면 **彼不我測**하여 **謂我有餘**하리니 **夫何患兵少**리오 **偃旗仆鼓**하여 **寂若無氣**하고 **嚴戢兵士**하여 **敢嘩者斬**이라 **時令老弱**으로 **登埤示怯**하여 **乘懈突擊**하면 **其衆可走**하리니 **夫何患城小**리오

용병에는 攻擊만큼 위험한 것이 없고, 守備만큼 어려운 것도 없으니, 〈공격하는〉 客이나 〈수비하는〉 主의 형세가 그러한 것이다. 그러므로 城에는 두 가지 지킬 수 없는 것이 있으니, 병사가 적으면 성을 튼실하게 지키지 못하고, 城이 작으면 수비병을 넉넉히 수용하지 못한다. 대저 현명한 장군이라야 적은 수를 많은 수로 여겨 쓸 수 있고, 작은 것을 큰 것으로 여겨 쓸 수가 있다.

적과 대치하고 있는 要衝地에는 사람이 지키지 않을 수 없으니, 우리가 疑兵으로써 지키면 저들은 놀라서 나오지 않을 것이니, 저들에게 이곳에 아무도 없다고 알려주더라도 저들은 믿지 않을 것이다. 저들이 기습할 곳을 헤아려 병사를 잠복시켜 대비하면, 저들은 우리의 의도를 예측하지 못하여 우리에게 병사가 넉넉하다 여길 것이니, 어찌 군사가 적은 것을 걱정하겠는가!

깃발을 내리고 북을 멈추고서 조용히 아무런 기척도 내지 않고, 병사들을 엄중히 단속하여 감히 떠드는 자가 있으면 목을 벤다. 때로는 노약자들을 城牆 위로 올려보내 나약한 모습을 보이다가, 저들의 해이해진 틈을 타서 돌격하면 그 많은 군사도 달아나게 할 수 있으니, 어찌 성이 작은 것을 걱정하랴!

1) 疑兵 : 적의 눈을 속이는 가짜 군사를 이른다.

背城而戰엔 陣은 欲方하여 欲踞하고 欲密하여 欲緩하니라 夫方而踞하고 密而緩이면 則士心固요 固則不懾이라 背城而戰엔 欲其不懾이라 面城而戰엔 陣은 欲直하여 欲銳하고 欲疎하여 欲速하니라 夫直而銳하고 疎而速이면 則士心危요 危則致死라 面城而戰엔 欲其致死라

城을 등지고 싸울 때에는 陣形은 方形으로 하여 버티고 앉은 듯하고 밀집시켜서 완만하게 前進하는 모형을 갖추어야 한다. 方形으로 하여 버티고 앉은 듯하고 밀집시켜서 완만하게 전진할 수 있는 모형을 갖추면, 병사들의 마음은 견고함을 느끼게 되고, 견고함이 느껴지면 두렵지 않게 된다. 城을 등지고 싸울 때에는 병사들이 두려워하지 않도록 해야 한다.

城을 마주보고 싸울 때에는 陣形은 直形으로 하여 날카로워야 하고 분산시켜서 速戰할 수 있는 모형을 갖추어야 한다. 直形으로 하여 날카롭고 분산시켜서 速戰하는 모형을 갖추면, 병사들의 마음은 위기감을 느끼게 되고, 위기감을 느끼게 되면 죽음을 무릅쓴다. 城을 마주보고 싸울 때에는 병사들이 죽음을 무릅쓰도록 해야 한다.

夫能靜而自觀者는 可以用人矣라 吾何爲則怒하고 吾何爲則喜하며 吾何爲則勇하고 吾何爲則怯고 夫人豈異於我리오 天下之人이 孰不能自觀其一身이리오 是以로 知此[1)]理者는 塗之人이라도 皆可以將이라

대저 냉정하게 스스로를 관찰할 수 있는 자는 사람을 쓸 수가 있다. 나는 무엇 때문에 激忿하고, 무엇 때문에 기뻐하며, 무엇 때문에 勇敢하고, 무엇 때문에 怯을 먹을까? 대저 남이라고 해서 어찌 나와 다르겠는가? 천하 사람들이 누군들 스스로 자기 한 몸을 관찰할 수야 없겠는가! 따라서 이런 이치를 아는 사람은 길 가는 행인이라도 모두 장군이 될 수 있다.

1) 此 : 저본에는 '於'로 되어 있지만, ≪嘉祐集≫에 따라 '此'로 바꾸었다.

平居與人言에 一語라도 不循故면 猶且愕而忌라 敵이 以形으로 形我한대 恬而不怪면 亦已固矣라 是故로 智者는 視敵有無故之形이면 必謹察之하여 勿動이라 疑形은 二니

可疑於心이면 則疑而爲之謀하여 心固得其實也요 可疑於目이면 勿疑니 彼敵疑我也라 是故로 心疑는 以謀로 應이요 目疑는 以靜으로 應이라 彼誠欲有所爲耶면 不使吾로 得之目矣라

평상시 남과 말을 나눔에 한마디라도 옛 습관처럼 하지 않으면 오히려 또한 놀라고 시기한다. 적이 그들의 形勢를 우리에게 펼쳐 보이는데도 편안히 여기고 괴이하게 보지 않으면 또한 이미 고루한 것이다. 따라서 지혜로운 자는 적의 이유 없는 형세를 보게 되면 반드시 신중히 살펴서 함부로 거동하지 말아야 한다.

疑心스런 形勢는 두 가지가 있으니, 마음에서 의심스럽게 느껴지면 의심하면서 그에 대한 계책을 세워 마음속에 확고히 그 실체를 터득할 것이요, 눈으로 의심스런 것을 보면 의심스러워하지 말아야 할 것이니 저 적들이 우리를 미혹시키려 하는 것이다. 그러므로 마음에 생긴 의심은 계책으로 대응하고, 눈에 보이는 의심은 냉정함으로 대응한다. 저들이 진실로 하고자 하는 바가 있다면, 우리가 그것을 볼 수 있도록 하지는 않을 것이다.

04. 强弱* 强弱의 활용

* 이 글은 戰爭에서 形勢의 强弱과 軍隊의 强弱을 활용하는 방법을 논한 것이다. 蘇洵은 形勢의 强弱을 잘 활용한다는 것은 먼저 상대방의 약한 곳을 공격하여 상대의 강한 곳을 약화시킴으로써 승리로 이끄는 것이라 하였고, 軍隊의 强弱을 잘 활용한다는 것은 자신의 강한 군대로 상대의 약한 군대를 공격하고 자신의 약한 군대로 상대의 강한 군대를 유인하여 희생시킴으로써 승리로 이끄는 것이라 하였다.

通篇은 將古人行事로 立言하여 而經緯成文이라

이 편 전체가 古人들이 행한 일을 가지고 立言하여 엮어서 문장을 만들었다.

知有所甚愛하고 知有所不足愛[1)]라야 可以用兵矣라 故로 夫善將者는 以其所不足愛

者로 養其所甚愛者라

아주 아껴야 할 것이 있음을 알고, 아끼지 않아도 될 만한 것이 있음을 알아야 軍士를 부릴 수 있다. 그러므로 군사를 잘 거느리는 將帥는 아끼지 않아도 될 만한 것을 가지고 아주 아껴야 할 것을 잘 養成하는 자이다.

1) 所不足愛 : '아끼지 않아도 될 만한 것'이란 병사 가운데 노약자를 가리킨다.

士之不能皆銳하고 馬之不能皆良하며 器械之不能皆利는 固也니 處之而已矣라 兵之有上中下也니 是兵之有三權也라 孫臏[1)]有言에 曰 以君下駟로 與彼上駟하고 取君上駟하여 與彼中駟하고 取君中駟하여 與彼下駟[2)]라하니라 此兵說也요 非馬說也라 下之不足以與其上也는 吾既知之矣니 吾既棄之矣라 中之不足以與吾上이요 下之不足以與吾中이니 吾不既再勝矣乎아 得之多於棄也니 吾斯從之矣라 彼其上之不得其中下之援也하니 乃能獨完耶아 故로 曰 兵之有上中下也니 是兵之有三權也라하니라 三權也者는 以一로 致三者也라

兵士들이 다 精銳일 수 없고, 말들이 다 良馬일 수 없으며, 무기와 기계들이 다 날카로울 수 없는 것은 당연하니, 그것을 잘 안배할 따름이다. 兵士는 上·中·下가 있으니, 用兵에도 세 가지 權變이 있다.

孫臏의 말에 "그대의 하등 말로 상대방의 상등 말과 경주를 시키고, 그대의 상등 말로 상대방의 중등 말과 경주시키며, 그대의 중등 말로 상대방의 하등 말과 경주시키십시오."라는 말이 있다. 이것은 兵法에 관한 說이지, 競馬에 관한 說이 아니다.

하등 말은 그의 상등 말과 족히 경주가 되지 않는다는 것은 나는 이미 잘 알고 있으니, 내가 이미 그것을 포기한 것이다. 중등 말은 나의 상등 말과 경주가 되지 않고, 하등 말은 나의 중등 말과 경주가 되지 않으니, 나는 이미 두 번은 이긴 것이 아닌가? 이기는 것이 지는 것보다 많으니, 나는 곧 그 방법을 따르겠다. 저들의 그 상등 말은 그의 중등 말과 하등 말의 도움을 얻지 못하니, 그 혼자 〈목표를〉 완수할 수 있겠는가?

그래서 나는 "兵士는 上·中·下가 있으니, 用兵에드 세 가지 權變이 있다."라고

한 것이다. 세 가지 權變이란 한 번을 〈포기함으로써〉 세 번의 〈목표에〉 이르는 것이다.

1) 孫臏 : 孫臏은 齊나라 사람으로, 孫武의 후손이다. 그는 일찍이 龐涓과 함께 병법을 배웠는데, 龐涓이 魏 惠王을 섬겨 장군이 되자 孫臏의 재능이 자기보다 뛰어난 것을 두려워하여 孫臏을 魏나라로 불러서 죄에 빠뜨린 뒤 臏刑(무릎을 잘라내는 형벌)에 처하였다. 그의 이름도 여기에서 비롯되었다. 이후 孫臏은 齊나라 사신을 따라 탈출하여 齊 威王의 軍師가 되어 魏나라를 격파하고 龐涓을 죽였다. 그의 ≪孫臏兵法≫이 세상에 전해지고 있다.
2) 以君下駟……與彼下駟 : ≪史記≫ 〈孫子吳起列傳〉에 보인다. 駟는 戰車 한 대를 네 마리 말이 끌었기 때문에 '말 네 마리' 혹은 '네 마리가 끄는 수레 한 대'란 의미로 쓰였지만, '말'을 통칭하기도 하였다.

管仲이 曰 攻堅이면 則瑕者堅이요 攻瑕면 則堅者瑕[1)]라하니라 嗚呼라 不從其瑕而攻之면 天下皆彊敵也라 漢高帝之憂는 在項籍耳라 雖然이나 親以其兵하여 而與之角者는 蓋無幾也[2)]라 隋何가 取九江[3)]하고 韓信이 取魏하고 取代하고 取趙하고 取齊[4)]然後에 高帝가 起而取項籍[5)]이라 夫不汲汲於其憂之所在하고 而彷徨乎其不足恤之地하니 彼蓋所以孤項氏也라 秦之憂는 在六國이니 蜀은 最僻最小나 最先取요 楚는 最彊이나 最後取[6)]라 非其憂在蜀也라 諸葛孔明은 一出其兵이면 乃與魏氏角하니 其亡宜也라 取天下와 取一國과 取一陣은 皆如是也라

管仲은 "적의 견고한 부대를 공격하면 적의 연약한 부대도 견고해지고, 적의 연약한 부대를 공격하면 적의 견고한 부대도 연약해진다."라고 하였다. 아아! 적의 연약한 부대부터 공격하지 않으면 천하는 모두가 强敵이 될 것이다.

漢 高祖의 걱정거리는 오직 項羽에게 있었을 뿐이다. 그렇지만 〈漢 高祖가〉 친히 그의 군대를 거느려 項羽와 싸운 것은 대략 몇 번도 되지 않는다. 隋何가 九江을 취하고, 韓信이 魏를 취하고 代를 취하고 趙를 취하고 齊를 취하고 난 다음에야, 高祖가 출병하여 項羽를 취하였다. 대저 그 걱정거리가 있는 곳에서는 급급하지 않고 걱정할 필요가 없는 곳에서 오랫동안 배회하였으니, 漢 高祖는 아마 項羽를 고립시

키기 위한 목적이었을 것이다.

秦나라의 걱정거리는 六國에 있었으니, 蜀나라가 가장 편벽되고 가장 작았지만 가장 먼저 취하였고, 楚나라는 가장 강하였지만 가장 뒤에 취하였다. 〈秦의 걱정거리는〉 蜀나라에 있었던 것이 아니다. 諸葛亮은 일단 出兵만 하면 바로 가장 강한 魏나라와 겨루었으니, 그 망함은 마땅하다. 천하를 취하든 한 나라를 취하든 하나의 陣地를 취하든 다 이와 같다.

1) 攻堅……則堅者瑕：≪管子≫〈制分〉에 보인다.
2) 親以其兵……蓋無幾也：≪史記≫〈高祖本紀〉와 〈項羽本紀〉를 통해 '漢 高祖가 친히 그의 군대를 거느리고 項羽와 싸운 것'을 살펴보면, 모두 다섯 차례에 불과하다.
3) 隋何 取九江：張良의 계책에 따라 隋何가 項羽의 수하로 있던 九江王 英布를 찾아가 楚나라를 버리고 漢나라로 투항시킨 것을 말한다. ≪史記≫〈黥布列傳〉
4) 韓信……取齊：≪史記≫〈淮陰侯列傳〉에 나온다.
5) 高帝 起而取項籍：高祖 5년(B.C. 202) 12월 劉邦이 제후들을 거느리고 垓下에서 項羽의 군대를 대파하자 項羽는 결국 자결하였다. ≪史記 高祖本紀, 淮陰侯列傳≫
6) 蜀最僻最小……最後取：秦나라가 B.C. 316년에 蜀을 멸하였고, B.C. 224년에 楚나라를 멸하였으며, 그리고 1년 뒤 燕나라를, 2년 뒤 齊나라를 각각 멸하였다. ≪史記 秦本紀≫
   蘇洵이 '楚나라는 가장 강하였는데에도 가장 뒤에 취하였다.'는 말은 사실에 맞지 않는다.

范蠡[1)]가 曰 凡陣之道는 益左以爲牡하고 設右以爲牝[2)]이라하니라 春秋時에 楚伐隋[3)]하니 季梁이 曰 楚人은 上左하니 君必左라 無與王遇하고 且攻其右하소서 右無良焉하니 必敗요 偏敗면 衆乃携[4)]라하니라 蓋一陣之間엔 必有牡牝左右니 要當以吾彊으로 攻其弱耳라 唐太宗이 曰 吾自興兵으로 習觀行陣形勢하여 每戰에 視敵强其左면 吾亦彊吾左요 弱其右면 吾亦弱吾右라 使弱으로 常遇强하고 强常遇弱이라 敵犯吾弱하여 追奔이 不過數十百步요 吾擊敵弱하여는 常突出自背反攻之하니 以是로 必勝[5)]이라하니라

後之庸將은 **旣不能處其强弱**하여 **以敗**하고 **而又曰 吾兵**은 **有老弱**이 **雜其間**하여 **非擧軍精銳**니 **以故**로 **不能勝**이라하니라 **不知老弱之兵**도 **兵家**에 **固亦不可無**라 **無之**면 **是無以耗敵之彊兵**하여 **而全吾之銳鋒**이니 **敗可俟矣**라

范蠡는 "무릇 布陣의 방법은 좌측을 강화하여 雄陣으로 삼고, 우측에 약한 부대를 두어 雌陣으로 삼는다."라고 하였다. 春秋 때에 楚나라가 隋나라를 치니, 〈隋나라〉 季梁이 "楚나라는 왼쪽을 높이니, 임금은 반드시 왼쪽에 있을 것입니다. 楚王과 마주치지 마시고 우선 그 우측을 공격하소서. 우측에는 精兵이 없으니 반드시 패배시킬 수 있을 것이고, 한쪽이 패하게 되면 주력부대도 무너질 것입니다."라고 하였다. 대개 하나의 陣地 속에는 반드시 〈强弱이 다른〉 雄雌·左右가 있으니, 요컨대 당연히 우리의 강한 부대로 적의 약한 부대를 공격해야 할 따름이다.

唐 太宗은 "내가 군대를 일으키면서부터 軍陣의 형세를 자세히 관찰하여, 매번 싸울 때마다 적이 그 좌측을 강하게 하는 것을 보면 나도 우리의 좌측을 강하게 하였고, 적이 그 우측을 약하게 하면 나도 우리의 우측을 약하게 하였다. 〈우리의〉 약한 부대로 항상 〈적의〉 강한 부대를 맡게 하고, 〈우리의〉 강한 부대로 항상 〈적의〉 약한 부대를 맡게 하였다. 적이 우리의 약한 곳을 침범해서 추격해온 것은 수십 수백 보에 불과하였고, 우리가 적의 약한 곳을 공격할 때에는 항상 〈적군의 진지를〉 돌파하여 적의 배후에서 되돌아 공격하였으니, 이 때문에 반드시 승리할 수 있었다."라고 하였다.

후세의 용렬한 장군들은 그 强弱을 제대로 안배할 수 없어 패배하였을 뿐만 아니라, 또한 "우리 부대에는 노약자들이 사이에 끼어 있어 全軍이 精銳가 아니었기 때문에 이길 수 없었다."라고 한다. 그들은 노약한 병사들도 兵家에서 진실로 없어서는 안 되는 것임을 모른다. 그들이 없으면, 이것은 적의 强兵을 소모시켜 우리의 銳鋒을 보전할 수 없는 것이니, 패배를 기다릴 수밖에 없을 것이다.

1) 范蠡 : 春秋 때에 楚나라 사람이었으나 越나라의 大夫가 되어 越 句踐을 도와 吳나라를 멸하였다. 그는 句踐에 대해 患難은 같이할 수 있으나 榮樂은 같이 할 수 없는 사람이라 하고, 越나라를 떠나 齊나라로 가서 陶라는 곳에 거주하며 陶朱公이라 했다. 장사를 하여 巨富가 되기도 했다.

2) 凡陣之道……設右以爲牝：≪國語≫〈越語〉에 보인다. 옛날에는 牡(수컷)를 강한 것으로 여기고, 牝(암컷)을 약한 것으로 여겼으며, 또 左를 右보다 높였다.
3) 春秋時 楚伐隋：隋는 西周·春秋 때의 周나라 同姓의 諸侯國이었지만, 戰國 때에 초나라에 멸망되어 楚邑이 되었다.
4) 季梁曰……衆乃携：≪春秋左氏傳≫ 桓公 8년에 보인다.
5) 唐太宗曰……必勝：≪冊府元龜≫ 卷43〈帝王 多能〉에 보인다.

故로 **智者**는 **輕棄吾弱**하여 **而使敵**으로 **輕用其强**이요 **忘其小喪**하고 **而志於大得**이라 **夫固要其終而已矣**라

그러므로 지혜로운 자는 우리의 약한 부대를 가볍게 희생해서 적이 그들의 强兵을 가볍게 쓰도록 하고, 그 작은 損失은 잊어버리고 크게 얻는 데 뜻을 둔다. 진실로 요체는 그 끝맺음일 뿐이다.

大略祖孫武子三駟中議論이라 **三駟者**는 **射千金之法**이요 **非大將謀國之全也**라

대략 孫武의 三駟 속의 의논을 祖述한 것이다. 三駟라는 것은 천금을 걸고 내기하는 방법이지 장군이 국가의 안전을 도모하는 것은 아니다.

05. 攻守* 攻擊과 守備

* 이 글은 攻擊과 守備를 논한 것이다. 蘇洵은 공격과 수비에는 모두 正道·奇道·伏道의 세 가지 방법이 있는데, 用兵에 뛰어난 사람들은 正道·奇道·伏道 세 가지를 잘 운용해서 승리를 취하지만, 正道는 가능한 피하고 奇道·伏道의 운용에 주력해야 한다고 여겼다.

按古傳記하여 **論奇道伏道處**는 **古今名言也**라

옛 傳記에 의거해서 奇道와 伏道를 논한 부분은 고금의 名言이다.

古之善攻者는 不盡兵以攻堅城하고 善守者는 不盡兵以守敵衝이라 夫盡兵以攻堅城이면 則鈍兵費糧하여 而緩於成功이라 盡兵以守敵衝이면 則兵不分하니 而彼間行襲我無備라 故로 攻敵所不守하고 守敵所不攻이라

옛날 攻擊을 잘하는 사람은 전 병력을 동원하여 견고한 성을 공격하지 않았고, 守備를 잘하는 사람은 전 병력을 동원하여 적의 요충지를 수비하지 않았다. 전 병력으로 견고한 성을 공격하면, 병사들을 둔하게 하고 식량을 낭비하여 성공이 늦어진다. 전 병력으로 적의 요충지를 수비하면, 병력을 나누어 지키지 않으니 저들이 우리의 방비가 없는 곳으로 潛行하여 습격할 수가 있다. 그러므로 적이 수비하지 않는 곳을 공격하고, 적이 공격하지 않는 곳을 수비해야 한다.

攻者는 有三道焉이요 守者도 有三道焉이라 三道는 一曰正이요 二曰奇요 三曰伏이니라 坦坦之路는 車轂擊하고 人肩摩하며 出亦此요 入亦此라 我所必攻이요 彼所必守者를 曰正道[1)]라하니라 大兵이 攻其南이면 銳兵은 出其北하고 大兵이 攻其東이면 銳兵은 出其西者를 曰奇道[2)]라하니라 大山峻谷과 中盤絶徑에 潛師其間하여 不鳴金하고 不撾鼓라가 突出乎平川하여 以衝敵人腹心者를 曰伏道[3)]라하니라 故로 兵出於正道면 勝敗未可知也요 出於奇道면 十出而五勝矣요 出於伏道면 十出而十勝矣라 何則고 正道之城은 堅城也요 正道之兵은 精兵也라 奇道之城은 不必堅也요 奇道之兵은 不必精也라 伏道則無城也요 無兵也라 攻正道하고 而不知奇道與伏道焉者면 其將木偶人是也요 守正道하여 而不知奇道與伏道焉者면 其將亦木偶人是也라

攻擊에는 세 가지 길이 있고, 守備에도 세 가지 길이 있다. 세 가지 길이란, 첫 번째는 正道요, 두 번째는 奇道요, 세 번째는 伏道이다.

넓고 평탄한 길은 수레바퀴가 부딪히고 사람의 어깨가 부딪히며, 나갈 때도 이 길을 통하고 돌아올 때도 이 길을 통한다. 우리가 반드시 공격해야 할 길이고 적들은 반드시 지켜야 할 길을 正道라고 한다.

大軍이 적의 남쪽을 공격하면 精銳兵은 적의 북쪽을 공격하고, 大軍이 적의 동쪽을 공격하면 精銳兵은 적의 서쪽을 공격하는 것을 奇道라고 한다.

높은 산 험난한 계곡과 구불구불 감도는 험난한 길, 그 사이로 潛行하여 징도 울리지 않고 북도 치지 않다가 갑자기 평야로 나와 적의 심장부로 돌진하는 것을 伏道라 한다.

그래서 용병을 正道로 나가면 勝敗를 알 수가 없고, 奇道로 나가면 열 번 나가서 다섯 번은 승리할 수 있으며, 伏道로 나가면 열 번 나가서 열 번을 다 이길 수 있다.

왜 그런가? 正道의 城은 견고한 城이고, 正道의 수비병은 정예병이다. 奇道의 城은 반드시 견고한 것만은 아니고, 奇道의 수비병은 반드시 정예병만 있는 것은 아니다. 伏道는 지키는 城도 없고 병사도 없다. 正道로만 공격하고 奇道와 伏道를 모른다면 그 장수는 허수아비 같은 사람이고, 正道로만 수비하고 奇道와 伏道를 모른다면 그 장수 또한 허수아비 같은 사람이다.

1) 坦坦之路……曰正道 : 정면 승부를 말한다.
2) 大兵……曰奇道 : 聲東擊西의 작전을 말한다.
3) 大山峻谷……曰伏道 : 은밀한 기습작전을 말한다.

今夫盜之於人에 **抉門斬關**하여 **而入者有焉**이요 **他戶之不扃鍵**하여 **而入者有焉**이요 **乘壞垣坎墻趾**하여 **而入者有焉**이라 **抉門斬關**하되 **而主人**이 **不之察**[1]은 **幾希矣**요 **他戶之不扃鍵**하되 **而主人**이 **不之察**은 **太半矣**요 **乘壞垣坎墻趾**하되 **而主人**이 **不之察**은 **皆是矣**라 **爲主人者**는 **宜無曰 門之固**하여 **而他戶墻隙之不恤焉**이라 **夫正道之兵**은 **抉門之盜也**요 **奇道之兵**은 **他戶之盜也**요 **伏道之兵**은 **乘垣之盜也**라

지금 남의 집에 도둑질을 하는데, 대문을 뜯어내거나 빗장을 부수고서 들어가는 사람이 있고, 빗장이 잠겨 있지 않은 다른 문으로 들어가는 사람도 있으며, 부서진 담을 넘어 들어가는 사람도 있다. 대문을 뜯어내거나 빗장을 부수고서 들어가는데도 주인이 그것을 알아차리지 못하는 경우는 거의 드물고, 빗장이 잠겨 있지 않은 다른 문으로 들어가는데 주인이 그것을 알아차리지 못하는 경우는 태반이며, 부서진 담을 넘어가는데 주인이 그것을 알아차리지 못하는 경우는 전부이다. 주인 된 사람은 당연히 "대문이 견고하니 다른 문이나 무너진 담은 걱정할 것이 없다."라고 말하지 않을 것이다.

正道로 침입하는 군대는 대문을 뜯어내고 들어오는 도둑과 같고, 奇道로 침입하는 군대는 다른 문을 통해 들어오는 도둑과 같으며, 伏道로 침입하는 군대는 담을 넘어오는 도둑과 같다.

1) 不之察 : '之'자는 ≪嘉祐集≫에는 '知'자로 되어 있다. 뒤에 나오는 같은 구절의 '之'자도 마찬가지다.

所謂正道者는 **若秦之函谷**과 **吳之長江**과 **蜀之劍閣**[1)]이 **是也**라 **昔者**에 **六國**이 **嘗攻函谷矣**나 **而秦將**이 **敗之**[2)]요 **曹操**가 **嘗攻長江矣**나 **而周瑜**가 **走之**[3)]요 **鍾會**가 **嘗攻劍閣矣**나 **而姜維**가 **拒之**[4)]라 **何則**고 **其爲之守備者 素也**라 **劉濞**가 **反**하여 **攻大梁**하니 **田祿伯**이 **請以五萬人**으로 **別循江淮**하여 **收淮南**과 **長沙**하고 **以與濞**로 **會武關**[5)]이라 **岑彭**이 **攻公孫述**에 **自江州**로 **泝都江**하여 **破侯丹兵**하고 **徑拔武陽**하고 **繞出延岑軍後**하여 **疾以精騎**로 **赴廣都**하니 **距成都**는 **不數十里**[6)]라 **李愬**가 **攻蔡**에 **蔡悉精卒**이 **以抗李光顏**하여 **而不備愬**하니 **愬**가 **自文城**으로 **破張柴**하고 **疾馳二百里**하여 **夜半到蔡**하여 **黎明**에 **擒元濟**[7)]라 **此**는 **用奇道也**라 **漢武**가 **攻南越**에 **唐蒙**이 **請發夜郎兵**하여 **浮船牂牁江**하여 **道番禺城下**하니 **以出越人不意**[8)]라 **鄧艾**가 **攻蜀**에 **自陰平**으로 **由景谷**[9)]하여 **攀木緣磴**하고 **魚貫而進**하여 **至江油**[10)]하여 **而降馬邈**하고 **至綿竹**하여 **而斬諸葛瞻**하고 **遂降劉禪**이라 **田令孜**가 **守潼關**에 **關之左**에 **有谷曰禁**이나 **而不之備**하여 **林言**과 **尙讓**이 **入之**하여 **夾攻關**하니 **而關兵潰**[11)]라 **此**는 **用伏道也**라

이른바 正道라는 것은 秦나라의 函谷關, 吳나라의 長江, 蜀나라의 劍閣 같은 곳이 이것이다. 옛날 六國이 일찍이 函谷關을 공격하였지만 秦나라 장수들이 그들을 물리쳤고, 曹操가 일찍이 長江을 공격하였지만 周瑜가 그를 내쫓았고, 鍾會가 일찍이 劍閣을 공격했지만 姜維가 그를 막았다. 무엇 때문인가? 그들이 그곳을 수비한 것이 일상적인 일이었기 때문이다.

劉濞가 반란을 일으켜 大梁을 공격하니, 田祿伯은 5萬의 군사로 별도로 長江・淮河를 따라 내려가 淮南・長沙를 탈취하고 劉濞와 武關에서 만날 것을 청하였다. 岑彭은 公孫述을 공격할 때에, 江州에서 都江을 거슬러 올라가 侯丹의 군대를 깨고,

곧장 武陽을 취하고, 延岑의 군대 뒤를 우회하여 신속히 정예의 騎兵으로 廣都로 달려가니, 成都와는 불과 수십여 리였다. 李愬가 蔡州를 공격할 때에, 蔡州에서는 모든 정예병이 李光顔에 대항하느라 李愬를 대비하지 않으니, 李愬는 文城에서 출발하여 張柴를 깨고 질풍처럼 200리를 달려 한밤중에 蔡州에 도착하여 날이 밝아올 무렵 吳元濟를 사로잡았다. 이러한 것은 다 奇道를 쓴 것이다.

漢 武帝가 南越을 공격할 때에, 唐蒙이 〈武帝에게〉 청하여 夜郎의 군대를 징발해서 배를 타고 牂牁江을 따라 내려가 番禺城 아래를 지나, 南越 사람들이 전혀 예상치 못하게 나타났다. 鄧艾가 蜀나라를 공격할 때에, 陰平에서 출발하여 景谷을 경유하여 나무를 잡고 오르고 험악한 돌길을 올라, 물고기를 꼬챙이에 꿴 듯이 앞으로 나아가 江油에 이르러 馬邈을 투항시키고, 綿竹에 도착하여 諸葛瞻을 죽이고 마침내 劉禪을 투항케 하였다. 田令孜가 潼關을 지킬 때에, 潼關 좌측에 禁谷이라는 큰 계곡이 있었지만 그곳을 지키지 않자, 林言과 尙讓이 禁谷으로 들어가 潼關을 협공하니 潼關의 병사가 괴멸하였다. 이러한 것은 다 伏道를 쓴 것이다.

1) 劍閣 : 옛 길 이름이다. 三國時代 諸葛亮이 이 閣道를 만들었는데, 당시 四川과 陝西를 잇는 주요 통로였고, 방어를 하는 데 아주 유리하였다.
2) 昔者……敗之 : ≪史記≫ 〈楚世家〉에 "蘇秦이 從約하여 山東의 六國이 秦나라를 공격하였는데, 楚 懷王이 從約의 長이 되었다. 函谷關에 이르자 秦나라가 군대를 보내어 六國을 공격하니 六國은 군대를 끌고 돌아갔다."라는 내용이 있다.
3) 曹操……走之 : 周瑜가 赤壁에서 曹操軍을 대패시킨 것을 말한다.
4) 鐘會……拒之 : 魏 元帝 景元 4년(263) 魏나라 장수 鐘會와 鄧艾가 군대를 끌고 西蜀을 공격하자 西蜀의 장수 姜維가 험지인 劍閣에 진을 치고 그를 막으니 鐘會가 이기지 못하고 돌아갔다. ≪三國志 姜維傳≫
5) 劉濞……會武關 : 漢 孝景帝 4년(154) 吳王 劉濞가 晁錯를 죽인다는 명분으로 劉氏의 同姓 諸侯國인 七國을 연합하여 반란을 일으켜 大梁으로 진격하였다. 당시 대장인 田祿伯이 5萬의 군사로 남쪽을 경유하여 武關에서 劉濞와 만날 것을 청하였지만, 劉濞는 받아들이지 않았다. 七國의 난은 결국 景帝가 파견한 周亞夫 등에 의해 평정되었다. ≪史記 吳王濞列傳≫

6) 岑彭……不數十里 : 岑彭은 東漢 때에 南陽 棘陽 사람으로 처음엔 更始帝에게 붙었다가 나중에 光武帝에게 등용되어 대장군의 일을 맡았다. 당시 公孫述이 蜀川 지역을 근거로 稱帝하자 光武 11년(35년) 岑彭이 명을 받아 公孫述을 토벌하였다. ≪後漢書 岑彭列傳≫

7) 李愬……擒元濟 : 吳元濟는 부친 吳少陽의 蔡州刺史를 세습하여 唐 朝廷의 號令을 듣지 않았다. 唐 朝廷은 李光顔을 忠武軍節度使로 삼아 吳元濟를 토벌하도록 보냈지만, 吳元濟가 정예병으로 맞서자 李愬가 눈 내린 밤을 이용하여 급습해서 吳元濟를 사로잡았다. ≪舊唐書 李愬傳≫

8) 漢武……以出越人不意 : 漢 武帝 建元 6년(B.C. 135)에 武帝가 唐蒙을 파견하여 南越을 치려 하였는데, 唐蒙이 長沙·豫章 등에서 정면으로 공격하고자 했던 계획을 포기하고 夜郞의 군대를 이용해 기습공격을 하여 승리하였다. ≪史記 西南夷列傳≫

9) 自陰平 由景谷 : 陰平은 甘肅省 文縣 서북쪽에 있는 길이다. 옛날에는 陰平道라 하였다. 景谷은 四川省 昭化縣 서북쪽에 있는 옛 길 이름이다.

10) 江油 : 저본에는 '油江'으로 되어 있는데, ≪嘉祐集≫에 따라 江油로 바로잡았다.

11) 田令孜……而關兵潰 : 唐 僖宗 廣明 元年(880)에 黃巢가 난을 일으켜 潼關을 공격하자 조정에서는 宦官인 田令孜를 파견하여 神策·博野軍 등의 10만을 거느리고 潼關을 지키게 하였다. 田令孜가 단지 潼關의 정면만 지키고 潼關 옆의 사람이 출입할 수 있는 禁谷은 아무런 방비를 하지 않자, 黃巢가 대장 林言과 尙讓에게 군사를 거느리고 禁谷으로 들어가 潼關을 협공하게 하니, 唐軍이 크게 무너졌다. 黃巢는 마침내 長安을 공격하여 함락하였다. ≪舊唐書 黃巢傳≫

吾觀古之善用兵者는 一陣之間에 尙猶有正兵奇兵伏兵三者하여 以取勝이온 況守一國과 攻一國은 而社稷之安危가 係焉者니 其可以不知此三道而欲使之將耶아

내가 보기에, 옛날 용병에 뛰어난 사람들은 한 번의 戰陣 속에서도 오히려 正兵·奇兵·伏兵 세 가지를 운용해서 승리를 취하였는데, 하물며 한 나라를 지키고 한 나라를 공격하는 것은 社稷의 安危가 거기에 달린 것이니, 어찌 이 三道를 모르는

사람에게 장수를 시킬 수 있겠는가?

06. 用間* 用間에 대해 논함

* 이 글은 ≪孫子≫ 〈用間篇〉에 대한 批判과 補完의 성격이 있다. 蘇洵은 用間을 詭道(속임수의 방법)와 正道의 用間으로 나누고, 孫武의 '五間'을 詭道의 用間으로 여겨, 이 '五間'을 쓰면 세 가지 실패를 가져올 수 있다고 하여 반대하였다. 그는 正道의 用間만이 성공할 수 있다고 보았고, 正道의 用間 중에서도 '上智之間'의 중요성을 특히 강조하였다.

論三敗處는 **刺骨**이라

세 가지 실패를 논한 부분은 뼈를 찌른다.

孫武가 **旣言五間**[1)]하고 **則又有曰 商之興也**는 **伊摯**[2)]가 **在夏**요 **周之興也**는 **呂牙**[3)]가 **在商**[4)]이라 **故**로 **明君賢將**이 **能以上智**로 **爲間者**면 **必成大功**이라 **此**는 **兵之要**요 **三軍**[5)]이 **所恃而動也**라하니라

孫武는 이미 五間을 이야기하고 나서, 또 "商나라가 일어난 것은 伊尹이 夏나라에 있었기 때문이요, 周나라가 일어난 것은 呂尙이 商나라에 있었기 때문이다. 그러므로 聰明한 임금과 賢明한 장수가 최고의 智慧를 가진 사람을 間者로 삼을 수 있으면, 반드시 큰 공을 이룰 수 있다. 이것은 用兵의 요체이고, 三軍이 그를 믿고 움직일 수 있는 것이다."라고 하였다.

1) 五間 : ≪孫子兵法≫ 〈用間篇〉에 "用間에는 다섯 가지가 있는데, 因間・內間・反間・死間・生間이다."라는 내용이 있다.
2) 伊摯 : 伊尹이라고도 한다. 摯는 그의 이름이고, 伊摯가 당시 宰相의 관직을 지냈는데 재상을 尹이라 하였기 때문에 그를 伊尹이라고도 하였다. 商나라 湯王의 宰相으로 湯王을 도와 夏나라 傑王을 멸하였다.
3) 呂牙 : 呂尙으로 字가 子牙여서 呂牙라고도 불렀다. 本姓이 姜이어서 姜子牙라고도 하고 姜太公이라고도 한다. 渭水 가에서 낚시하다 周 文王을 만났는

데, 文王은 그를 스승으로 삼았고, 아들 武王은 그를 師尙父로 높였다. 武王을 도와 紂王을 멸하고 周나라를 세웠다.

4) 商之興也……在商 : 伊尹과 呂尙은 夏나라와 商나라에 있으면서 등용되지는 못하였지만, 그 나라의 정세는 잘 알았다. 따라서 孫武는 商나라와 周나라가 伊尹과 呂尙을 최고의 지혜를 가진 間者로 이용한 것으로 보았다.

5) 三軍 : 周制에는 諸侯의 大國은 三軍이 있는데, 中軍이 가장 높고 上軍이 그 다음이고 下軍이 그 다음이었다. 步兵·戰車兵·騎馬兵을 합쳐 삼군이라고도 하였고, 군대를 통칭하기도 하였다.

按書에 伊尹이 適夏나 醜夏歸亳[1)]이요 史에 太公이 嘗事紂나 去之歸周[2)]하니라 所謂在夏在商은 誠矣라 然이나 以爲間은 何也오 湯과 文王이 固使人間夏商耶아 伊와 呂가 固與人爲間耶아 桀과 紂가 固待間而後에 可伐耶아 是는 雖甚庸이라도 亦知不然矣라

≪尙書≫의 기록에 의하면 伊尹이 夏나라로 갔으나 夏나라 정치가 추악하여 〈湯王이 있는〉 亳으로 돌아왔고, ≪史記≫의 기록에 의하면 姜太公이 일찍이 殷나라 紂王을 섬겼지만 그를 떠나 周나라로 돌아갔다. 〈孫武가 伊尹이〉 夏나라에 있었고 〈呂尙이〉 商나라에 있었다고 한 말은 사실이다. 그러나 間者로 여긴 것은 무엇 때문인가?

湯임금과 文王이 정말 그들을 夏나라와 商나라에 間者 노릇을 시켰단 말인가? 伊尹과 呂尙이 정말 남의 間者가 된 것인가? 아니면 桀王과 紂王은 정말 간첩을 기다린 뒤에야 정벌될 수 있었던 것인가? 이것은 아주 용렬한 사람이라도 그렇지 않음을 알 것이다.

1) 伊尹適夏 醜夏歸亳 : ≪尙書≫ 〈夏書 胤征〉에 "伊尹이 亳을 떠나 夏나라로 갔지만, 이미 夏나라에는 추악한 정치가 있어 다시 亳으로 돌아왔다."라는 내용이 있다.

2) 太公嘗事紂 去之歸周 : ≪史記≫ 〈齊太公世家〉에 "태공이 博聞하여 일찍이 紂를 섬겼지만, 紂가 無道하여 그를 떠났다. 제후들에게 유세하였지만 알아주는 바가 없어 마침내 서쪽의 周나라 西伯(文王)에게로 돌아갔다."라는 내용이 있다.

然則 武[1)]意는 天下存亡을 寄於一人이라 伊尹之在夏也에 湯은 必曰 桀雖暴나 一旦에 用伊尹이면 則民心復安이니 吾何病焉이리오라하고 及其歸亳也에 湯은 必曰 桀이 得伊尹하여 不能用하니 必亡矣라 吾不可以安視民病이라하고 遂與天下로 共亡之라 呂牙之在商也에 文王이 必曰 紂雖虐이나 一旦에 用呂牙면 則天祿必復이니 吾何憂焉이리오하고 及其歸周也에 文王이 必曰 紂가 得呂牙하여 不能用하니 必亡矣라 吾不可以久遏天命이라하고 遂命武王與天下로 共亡之라 然則夏商之存亡은 待伊呂用否而決이라

그렇다면 孫武의 생각은 천하의 存亡을 한 사람에게 돌렸던 것이다. 伊尹이 夏나라에 있을 때에 湯王은 틀림없이 "桀이 비록 포악하나, 하루아침에 伊尹을 등용하면 민심은 다시 안정될 것이니, 내가 무엇을 걱정하겠는가?"라고 하였을 것이고, 〈伊尹이〉 亳으로 돌아오니 湯王은 틀림없이 "桀이 伊尹을 얻고도 임용하지 못했으니, 〈夏나라는〉 반드시 망해야 한다. 나는 백성의 고통을 편안히 보고만 있을 수가 없다."라고 하고, 마침내 천하 제후들과 함께 〈夏나라 桀王을〉 멸망시켰던 것이다.

呂尙이 商나라에 있을 때 文王은 틀림없이 "紂가 비록 포학하나, 하루아침에 呂尙을 등용하면 하늘이 준 福祿을 반드시 회복할 것이니, 내가 무엇을 걱정하겠는가?"라고 하였을 것이고, 〈呂尙이〉 周로 돌아오니 文王은 틀림없이 "紂가 呂尙을 얻고도 임용하지 못했으니 반드시 망해야 한다. 나는 오랫동안 天命을 막을 수는 없다." 하고, 마침내 武王에게 명하여 천하의 제후들과 함께 〈殷나라 紂王을〉 멸망시켰던 것이다. 그렇다면 夏나라와 商나라의 存亡은 伊尹과 呂尙의 임용 여부에 의해 결정된 것이다.

1) 武 : 저본에는 '吾'로 되어 있으나 ≪嘉祐集≫에 따라 '武'로 바꾸었다.

今夫問將之賢者면 必曰 能逆知敵國之勝敗라하니라 問其所以知之之道면 必曰 不愛千金하니 故로 能使人으로 爲之出萬死하여 以間敵國이라하고 或曰 能因敵國之使하여 而探其陰計라하니라 嗚呼라 其亦勞矣라 伊呂一歸하니 而夏商之國이 爲決亡하니 使湯武無用間之名과 與用間之勞하고 而得用間之實하니 此는 非上智면 其誰能之리오

지금 어떤 將帥가 賢明한지를 묻는다면, 반드시 "적과의 싸움에서 승패를 미리 알

수 있어야 한다."라고 대답할 것이다. 그것을 어떻게 알 수 있는지 그 방법을 물어보면, 반드시 "千金을 아까워하지 않았기에 사람을 시켜 온갖 죽음의 위험을 무릅쓰고 적국을 정탐할 수 있었다."라고 할 것이고, 어떤 사람은 "적국의 使臣을 통해서 그들의 은밀한 계획을 탐지할 수 있었다."라고 할 것이다.

아아! 그것 또한 수고로운 것이다. 伊尹과 呂尙이 일단 귀순하자마자 夏나라와 殷나라는 바로 멸망되었으니, 湯王과 武王은 간첩을 이용했다는 이름이나 간첩을 쓰는 수고도 들이지 않고 오히려 간첩을 이용한 실익을 얻었으니, 이것은 최고의 지혜가 아니면 그 누가 그렇게 할 수 있겠는가?

夫兵이 **雖詭道**나 **而本於正者**면 **終亦必勝**이라 **今五間之用**은 **其歸於詐**니 **成則爲利**나 **敗則爲禍**라 **且與人爲詐**면 **人亦將且詐我**라 **故**로 **能以間勝者**면 **亦或以間敗**라 **吾間**이 **不忠**하여 **反爲敵用**이 **一敗也**요 **不得敵之實**하고 **而得敵之所僞示者**하여 **以爲信**이 **二敗也**요 **受吾財**하고 **而不能得敵之陰計**하여 **懼而以僞告我**가 **三敗也**라 **夫用心於正**이면 **一振**에 **而群綱擧**하고 **用心於詐**면 **百補**라도 **而千穴敗**라 **智於此**면 **不足恃也**라

用兵이 비록 교묘한 속임수의 방법이지만, 正道에 근본을 두면 종국에는 또한 반드시 승리한다. 지금 다섯 가지 간첩의 운용은 그 귀착점은 속임수에 있으니, 성공하면 利益이 되겠지만 실패하면 禍가 된다. 아울러 우리가 남에게 속임수를 쓰면, 남도 장차 우리를 속일 것이다. 그러므로 간첩을 이용해서 이기면 또한 때로는 간첩 때문에 실패하게 될 것이다.

우리의 간첩이 충성스럽지 못하여 도리어 적에게 이용되는 것이 첫 번째 실패 요인이요, 적의 실상을 얻지 못하고 적이 거짓으로 보여준 것을 얻고서 사실로 여기는 것이 두 번째 실패 요인이며, 우리의 재물을 받고 적의 은밀한 계획을 정탐하지 못하자 두려워 거짓으로 나에게 보고하는 것이 세 번째 실패 요인이다.

대저 正道에 마음을 쏟으면 綱領 하나를 들어 올림에 모든 그물코가 딸려 올라오듯 순조로울 것이고, 속임수에 마음을 쏟으면 백 군데를 기워도 천 군데가 새어 결국 실패할 것이다. 여기에 지혜를 쓰면 믿을 수가 없다.

故로 五間者는 非明君賢將之所上이요 明君賢將之所上者는 上智之間也라 是以로 淮陰과 曲逆이 義不事楚하니 而高祖가 擒籍之計定[1]하고 左車와 周叔이 不用於趙魏하니 而淮陰이 進兵之謀決[2]이라 嗚呼라 是亦間也라

그러므로 이 다섯 가지 간첩은 총명한 임금과 현명한 장수가 숭상하는 바가 아니다. 총명한 임금과 현명한 장수가 숭상하는 바는 최고 智慧의 間者이다. 이 때문에 淮陰侯 韓信과 曲逆侯 陳平이 正義에 따라 楚를 섬기지 않자 高祖가 項籍을 잡을 계획을 확정하였고, 李左車와 周叔이 趙나라와 魏나라에 쓰이지 않으니, 淮陰侯 韓信이 출전의 계획을 결정하였다. 아아! 이것 또한 用間이다.

1) 淮陰……擒籍之計定 : 淮陰侯 韓信과 曲逆侯 陳平은 본래 項羽에게 의탁하였는데, 項羽가 그들을 重用하지 않자 項羽를 버리고 劉邦에 귀의하였다. 劉邦이 項羽를 이기고 漢나라를 세울 수 있었던 것은 韓信과 陳平 같은 최고 지혜의 間者를 잘 이용했기 때문으로 蘇洵은 이해하였다.

2) 左車……進兵之謀決 : 左車는 李左車로 趙나라에서는 廣武君이라 불렀다. 韓信이 趙나라로 진군하자 李左車는 統帥인 陳餘에게 성을 굳게 지키고 싸우지 말 것을 당부하면서, 자신이 3만의 군대를 끌고 韓信의 보급부대를 습격하면 韓信을 이길 수 있을 것이라 하였다. 그러나 陳餘는 끝내 그의 말을 듣지 않고 韓信에게 패하였다. ≪史記 淮陰侯列傳≫

韓信이 魏나라를 치기 전에 酈食其에게 魏나라 대장이 周叔인지를 물어보니, 周叔이 아니라 柏直이라 하였다. 韓信은 柏直이라면 철모르는 아이로다 하고 거병하여 魏나라를 치고 魏王 豹를 사로잡았다. ≪漢書 韓彭英盧吳傳≫

07. 孫武* 孫武의 실책을 논함

* 이 글은 兵家의 理論보다는 實戰이 더 중요하다는 것을 역설한 것이다. 蘇洵은 '言兵(理論)에 뛰어나다 해서 반드시 用兵(實戰)을 잘하는 것이 아니며, 言兵에 뛰어나지 않다 해서 用兵을 못하는 것이 아니다.'라고 이해하고, 孫武와 吳起의 두 군사 전문가를 그 예로 들어 孫武를 비판하고 吳起를 높였다.

通篇은 按武成敗之事하여 而責之나 而文多烟波生色處라

전편이 孫武가 실패한 일에 의거하여 그를 책망하였지만, 문장은 자욱한 물안개 속에 색이 피어나듯 出衆한 곳이 많다.

求之而不窮者는 天下奇才也라 天下之士가 與之言兵하여 而曰我不能者가 幾人이며 求之於言하여 而不窮者가 幾人이며 言不窮矣나 求之於用하여 而不窮者가 幾人이리오 嗚呼라 至於用而不窮者는 吾未之見也라

물어서 막힘이 없는 자는 천하의 奇才이다. 천하의 선비들이 그와 用兵을 이야기하면서 '나는 할 수 없다.'라고 말하는 자는 몇이나 될까? 理論에 대해 물어서 막힘이 없는 자는 몇이나 될까? 理論은 막히지 않으나, 實戰에 참가하여 막히지 않는 자는 몇이나 될까? 아아! 實戰에 이르러서도 막힘이 없는 자는 나는 아직 보지 못하였다.

孫武十三篇[1)]은 兵家擧以爲師라 然이나 以吾評之컨대 其言兵之雄乎라 今其書에 論奇權密機한대 出入神鬼하니 自古로 以兵著書者罕所及이라 以是로 而揣其爲人이면 必謂有應敵無窮之才라하리라 不知武用兵이 乃不能必克하고 與書所言遠甚이라 吳王闔廬之入郢也[2)]에 武爲將軍이라 及秦楚交敗其兵하고 越王이 入踐其國하니 外禍內患이 一旦에 迭發하여 吳王奔走自救不暇[3)]한대 武는 殊無一謀以弭斯亂이라

≪孫子兵法≫ 13篇은 兵家에서는 모두가 모범으로 여긴다. 그러나 내 나름으로 그것을 평가하건대, 兵法을 이야기한 것으로는 참으로 걸출하다! 지금 그 책에서 奇特·權變·秘密·機智를 논하였는데 신출귀몰하니, 예로부터 兵法을 가지고 쓴 책으로는 거기에 미칠 만한 것이 거의 없다. 이것으로 그 사람을 헤아려본다면 반드시 敵에 대응하는 무궁한 재능을 가지고 있었을 것이라 생각된다. 그런데도 孫武가 용병하여서는 반드시 이길 수만은 없었고, 책에서 말한 것과도 심히 거리가 멀었던 것을 이해하지 못하겠다.

吳王 闔閭가 〈楚나라 수도〉 郢으로 쳐들어갈 때에 孫武를 장군으로 삼았다. 秦나라와 楚나라는 연합하여 吳나라 군대를 패배시켰고, 越王이 그 틈을 이용하여 吳나라로

들어와 짓밟으니, 外禍內患이 하루아침에 겹쳐 吳王은 東奔西走하며 스스로를 구원할 틈도 없었는데, 孫武는 끝내 이 환란을 멈추게 할 계책 하나 내놓지 못하였다.

1) 孫武十三篇 : ≪孫子兵法≫ 13篇이다. 〈計篇〉·〈作戰篇〉·〈謀攻篇〉·〈形篇〉·〈勢篇〉·〈虛實篇〉·〈軍爭篇〉·〈九變篇〉·〈行軍篇〉·〈地形篇〉·〈九地篇〉·〈火攻篇〉·〈用間篇〉이다.
2) 吳王闔廬之入郢也 : B.C. 506년에 闔閭가 唐·蔡와 서로 연합하여 楚나라를 쳐서, 한 번의 공격으로 楚나라 수도 郢으로 들어갔다.
3) 及秦楚交敗其兵……吳王奔走自救不暇 : 闔閭가 楚나라를 치자 越나라가 그 틈을 타서 갑자기 吳나라를 습격하였고, 楚나라에서는 大夫 申包胥를 秦나라로 보내 구원병을 요청하여 楚·秦 연합군이 吳나라 군대를 대패시켰다. 吳나라 내부에서는 闔閭의 동생 夫概가 전장에서 吳나라로 몰래 돌아와 스스로 왕이 되니, 闔閭가 이 소식을 듣고 황급히 철수하여 夫概를 쳤다. ≪史記 吳太伯世家≫

若按武之書하여 以責武之失이면 凡有三焉이라 九地엔 曰 威加於敵하여 則交不得合[1]이라하니라 而武는 使秦으로 得聽包胥[2]之言하여 出兵救楚한대 無忌吳之心하니라 斯不威之甚이니 其失一也요 作戰엔 曰 久暴師면 則鈍兵挫銳하고 屈力殫貨면 則諸侯乘其弊而起[3]라하니라 且武以九年冬에 伐楚하여 至十年秋에 始還하니 可謂久暴矣라하노라 越人이 能無乘間入國乎아 其失二也요 又曰 殺敵者는 怒也라하니라 今武縱子胥伯嚭가 鞭平王尸[4]하여 復一夫之私忿이라가 以激怒敵하니 此司馬戌子西子期가 所以必死로 讐吳也[5]라 句踐은 不頹舊塚하여 而吳服[6]하고 田單은 譎燕掘墓하여 而齊奮[7]하니 知謀與武遠矣라 武는 不達此하니 其失三也라 然始吳能以入郢은 乃因胥嚭唐蔡之怒와 及乘楚瓦之不仁[8]이요 武之功은 蓋亦鮮矣라 夫以武自爲書로도 尙不能自用하여 以取敗北온 況區區祖其故智餘論者하여 而能將乎아

만약 孫武의 책에 근거해서 孫武의 과실을 책망하자면, 모두 세 가지가 있다. 〈九地篇〉에서는 "적에게 威壓을 가함으로써 〈다른 나라들이 그들과〉 外交關係를 맺을 수 없도록 한다."라고 하였지만, 孫武는 秦나라가 申包胥의 말을 듣고서 출병하여 楚나라를 구원하는데도 吳나라를 두려워하는 마음을 갖도록 하지 못하였다.

이것은 위압을 제대로 가한 것이 아니니, 孫武의 첫 번째 과실이다.

〈作戰篇〉에서는 "장기간 군대를 밖에 나가 있게 하면 兵器가 무디어지고 兵士들의 士氣가 꺾이며, 戰鬪力이 소진되고 財政이 바닥나면 주변의 제후들이 그 폐해를 이용하여 일어난다."라고 하였다. 그런데 孫武는 闔閭 9년 겨울에 楚나라 정벌에 나섰다가 闔閭 10년 가을이 되어서야 돌아왔으니, 장기간 군대를 밖에 나가 있게 한 것이라 할 수 있다. 越나라 사람이 이 틈을 타서 吳나라를 침입하지 않을 수 있겠는가? 이것이 孫武의 두 번째 과실이다.

〈作戰篇〉에서 또 "적을 죽이려는 자는 敵愾心을 일으켜야 한다."라고 하였다. 그런데 지금 孫武는 伍子胥·伯嚭가 楚 平王의 무덤을 파서 그 시체에 채찍질하여 一夫의 개인적 원한을 갚도록 내버려두었다가 적을 격분시켰으니, 이것이 〈楚나라〉 司馬戌·子西·子期가 필사적으로 吳나라에 원수를 갚고자 결심한 원인이 되었다. 越 句踐은 〈吳나라 왕들의〉 무덤을 훼손하지 않음으로써 吳나라 백성들이 복종하였고, 田單은 燕軍이 〈齊나라 사람의〉 무덤을 파헤친다고 속여 齊나라 사람의 투지를 불러일으켰으니, 그들의 智謀가 孫武보다 훨씬 더 원대하였다. 孫武는 여기에 이르지 못하였으니, 이것이 그의 세 번째 과실이다.

처음 吳나라가 〈楚나라의 수도〉 郢으로 바로 진격해 들어갈 수 있었던 것은 바로 伍子胥·伯嚭·唐國·蔡國의 楚나라에 대한 분노와 楚瓦의 어질지 못함을 틈탄 것이지, 孫武의 공적은 어쩌면 거의 없을 정도였다. 대저 孫武는 자신이 쓴 책조차도 오히려 스스로 잘 운용하지 못하여 패배를 하였는데, 하물며 구구하게 그의 낡은 智識과 여분의 理論을 으뜸으로 여겨서야 장수가 될 수 있겠는가?

1) 威加於敵 則交不得合 : ≪孫子兵法≫ 〈九地篇〉 원문에는 "威加於敵 則其交不得合"이라 하여 '其'자가 한 자 더 있다.

2) 包胥 : 楚나라 大夫 申包胥이다. 申包胥가 秦나라로 가서 구원병을 요구하며 7일 밤낮을 궁정에서 哭을 하니 秦나라가 구원병을 보냈다.

3) 久暴師……則諸侯乘其弊而起 : ≪孫子兵法≫ 〈作戰篇〉 원문에는 "장기간 군대를 밖에 나가 있게 하면 국가의 재정이 부족해진다. 대저 兵器가 무디어지고 兵士들의 士氣가 꺾이며, 전투력이 소진되고 재정이 바닥나면 주변의 제후들이 그 폐해를 이용하여 일어난다."라 하여, '國用不足'이란 문구가 더 있다.

4) 今武縱子胥伯嚭 鞭平王尸 : 子胥는 伍子胥로, 이름은 員이다. 그는 본래 楚나라 사람인데, 楚 平王이 讒訴를 믿고 伍子胥의 아버지 伍奢를 감금하고 그의 두 아들을 유인하여 죽이려고 하였다. 伍子胥가 이 소식을 듣고 吳나라로 망명하여 吳王 闔閭의 참모가 되었다. 伯嚭는 楚나라 신하였던 伯犁의 손자였는데, 楚王이 伯犁를 죽이자 吳나라로 달아나 吳나라 大夫가 되었다. 伍子胥와 伯嚭는 吳나라가 楚나라를 칠 때 함께 따라가 楚 平王의 무덤을 파서 그 시체에 채찍질을 하며 개인의 원한을 풀었다. ≪史記 吳太伯世家≫

5) 此司馬戌子西子期……讐吳也 : 司馬戌・子西・子期는 모두 楚나라 신하로, 吳나라가 楚나라 수도 郢에 들어온 뒤 필사적으로 楚 昭王을 도와 楚나라를 되찾았다. ≪春秋左氏傳 定公 4년≫

6) 句踐不頹舊塚 而吳服 : 越王 句踐이 吳나라를 대파하고 吳王 夫差를 압박하여 자살하게 하였다. 夫差가 죽은 뒤 句踐이 禮로써 夫差를 안장하니 吳나라 백성들이 신복하였다. ≪史記 越王句踐世家≫

7) 田單譎燕掘墓 而齊奮 : 田單은 戰國時代 齊나라 사람이다. 齊 湣王 40년(B.C. 284)에 燕나라는 秦나라 등과 함께 齊나라를 공격하여 70여 城을 함락시켰다. 田單이 지키던 城도 공격을 받아 卽墨으로 달아났는데, 마침 卽墨의 大夫도 싸움에 져서 달아나니, 城 사람들이 田單을 城主로 옹립하였다. 田單은 反間計로 燕나라 大將 樂毅의 병권을 회수하게 하고, 아울러 卽墨의 사람들에게 燕軍이 포로들의 코를 베고 점령지의 무덤을 파헤쳐 죽은 자를 모욕한다고 소문을 퍼뜨려 卽墨 사람들의 투지를 불러일으켰다. 그리고는 마침내 燕나라 군대를 물리치고 잃은 땅을 수복하였다. ≪史記 田單列傳≫

8) 楚瓦之不仁 : 楚瓦는 楚 公子 子貞의 손자로 令尹의 벼슬에 있으면서 온갖 탐욕을 부렸다. 그의 탐욕이 원래 楚나라에 복종하던 唐國과 蔡國을 격분시켜, 결국 楚나라를 저버리고 吳나라와 함께 楚나라를 치는 데 동참하게 하였다. '楚瓦'가 저본에는 '子瓦'로 되어 있으나, ≪嘉祐集≫에 따라 '楚瓦'로 바꾸었다.

且吳起[1)]與武는 一體之人也로 皆著書言兵하니 世稱之曰 孫吳라하니라 然而나 吳起之言兵也는 輕法制하고 草略無所統紀하여 不若武之書가 詞約而意盡이라 天下之兵說은 皆歸其中이라 然이나 吳起始用於魯하여 破齊하고 及入魏하여 又能制秦兵하고 入

楚하여 **楚復**霸하니라 **而武之所爲**는 **反如是**하니 **書之不足信也 固矣**라

또 吳起와 孫武는 같은 부류의 사람으로, 모두 다 책을 지어 兵法을 말하였으니, 세상 사람들은 그들을 칭하여 '孫吳'라고 한다. 그러나 吳起가 말한 兵法은 法制를 중시하지 않고 글도 거칠고 소략하여 통일된 규칙이 없어, 孫武의 책이 말은 간략하지만 뜻이 깊은 것만 못하였다. 그래서 天下의 兵法 이론은 모두 ≪孫子兵法≫ 속에서 그 근원을 찾는다. 그러나 吳起는 처음 魯나라에 등용되어 齊나라를 격파하였고, 魏나라로 가서는 또 秦나라 군대를 제압할 수 있었으며, 楚나라로 가서는 楚나라를 다시 霸者로 만들었다. 그러나 孫武가 한 일은 이(吳起의 공적)와 반대였으니, 책은 족히 믿을 것이 못 되는 게 분명하다.

1) 吳起 : 戰國時代 魏나라 사람이다. 일찍이 魯나라 장군이 되어 齊나라를 공격하여 대파하였고, 나중에 魏나라로 들어가 魏 文侯에게 등용되어 秦나라를 공격하여 다섯 개의 城을 빼앗았고, 魏 文侯가 죽은 뒤에는 楚나라로 들어가 楚 悼王의 승상이 되었다. 그는 楚 悼王을 도와 남으로는 百越을 평정하고, 북으로는 陳·蔡를 병합하였으며, 서로는 秦나라를 쳐서 楚나라로 하여금 다시 霸者가 되게 하였다. 吳起의 兵法으로 알려진 ≪吳子≫가 일부 전해오고 있지만, 후인들이 가탁한 것으로 보인다.

今夫外御一隸하고 **內治一妾**은 **是賤丈夫**도 **亦能**이니 **夫豈必有人而敎之**리오 **及夫御三軍之衆**하여는 **闔營而自固**라도 **或且有亂**하니 **然則是三軍之衆**이 **惑之也**라 **故**로 **善將者**는 **視三軍之衆**을 **與視一隸一妾**하여 **無加焉**하니 **故**로 **其心常若有餘**라 **夫以一人之心**으로 **當三軍之衆**하되 **而其中恢恢然**하여 **猶有餘地**니 **此韓信之所以多多而益善**[1] **也**라 **故**로 **夫用兵**에 **豈有異術哉**아 **能勿視**[2] **其衆而已矣**라

지금 대저 밖으로 한 사내종을 부리고 안으로 한 여자 종을 관리하는 것은 미천한 남자라도 할 수 있는 일이니, 어찌 그것을 가르칠 사람이 필요하겠는가?

三軍과 같은 많은 수를 통솔함에 이르러서는 兵營의 문을 닫고 자신을 견고히 하더라도 때로는 소란이 일어날 수도 있으니, 그렇다면 그것은 三軍의 많은 수가 그를 혼란스럽게 해서이다. 그러므로 훌륭한 장수는 三軍의 많은 병사를 한 사내종이나

한 여자종에 더 보탠 것이 없는 것처럼 보기 때문에 그의 마음은 늘 여유가 있는 것이다. 대저 한 사람의 마음으로 三軍의 많은 兵士를 감당하되 그 속은 넉넉하여 오히려 여유가 있으니, 이것이 韓信이 '多多益善'이라고 한 이유이다. 그러므로 用兵에 어찌 다른 특별한 기술이 있겠는가? 다만 그것을 많게 보지 말아야 할 뿐이다.

1) 多多而益善 : 韓信에게 高祖가 묻기를 "나라면 얼마쯤의 군사를 거느릴 수 있겠는가?" 하니, 韓信이 대답하기를 "폐하께서는 10만의 군사를 거느리는 데에 불과합니다." 하였다. 高祖가 말하기를 "그대는 얼마쯤인가?" 하니, 韓信이 대답하기를 "신은 많으면 많을수록 더욱 좋습니다." 하였다. 高祖가 웃으면서 "많으면 많을수록 좋다고 하는 사람이 어째서 10만의 장군에 불과한 나에게 포로가 되었는가?" 하니, 韓信이 대답하기를 "폐하께서는 병사를 잘 거느릴 수는 없지만 장군을 잘 통솔합니다. 이것이 바로 제가 폐하께 포로가 된 까닭입니다. 또한 폐하의 능력은 하늘이 주신 것이므로 도저히 사람의 힘으로는 할 수 없는 것입니다."라 하였다. ≪史記 淮陰侯列傳≫
　저본에는 '善'이 '辦'으로 되어 있으나. ≪嘉祐集≫에 따라 '善'으로 바꾸었다.
2) 勿視 : ≪嘉祐集≫에는 '物視'로 되어 있다. '物視'로 보아도 뜻은 통한다. 즉, 그 많은 수를 마치 '물건인 양 본다.'라는 뜻이다.

08. 子貢* 子貢의 계책에 대해 논함

* 이 글은 用兵과 관련된 政治外交 활동의 智謀와 信義의 관계를 설명한 것이다. 蘇洵은 일시적인 智謀로 성공할 수도 있지만, 그것은 지속할 수 없는 것으로 여겨, 信義가 뒷받침되지 않은 智謀의 사용을 신중히 할 것을 주장하였다.

子貢之亂齊滅吳하고 **存魯**는 **出於戰國傾危之習**이요 **決非子貢事**니라 **而老泉此論**은 **却足以補子貢之所不及**이라

子貢이 齊나라를 혼란케 하고 吳나라를 멸망케 하였으며 魯나라를 보존케 한 것은 戰國時代의 위태로운 풍습에서 나온 것이지, 결코 子貢이 일로 삼아서가 아니다. 그러나 蘇洵의 이 論은 오히려 子貢이 미치지 못한 것을 족히 보완해준다.

君子之道는 智信難이니 信者는 所以正其智也나 而智常至於不正이요 智者는 所以通其信也나 而信常至於不通이라 是故로 君子愼之也라 世之儒者는 曰 徒智可以成也라 하니라 人見乎徒智之可以成也면 則擧而棄乎信이라 吾則曰 徒智可以成也나 而不可以繼也라하니라

君子의 道는 智謀와 信義를 〈한 번에 하기가〉 어려우니, 信義는 그 智謀를 바로잡아 주는 것이지만 智謀는 늘 바른 데에 이르지 않는다. 智謀는 그 信義를 통하도록 하는 것이지만 信義는 늘 통하지 않음에 이른다. 이 때문에 군자는 여기에 대해 신중해야 한다.

세상의 儒學者들은 "智謀만으로도 성공할 수 있다."라고 말한다. 사람들이 智謀만으로도 성공할 수 있는 것을 보게 되면, 모두가 信義를 버리게 된다. 나라면 곧 "智謀만으로도 성공할 수 있지만, 그것을 계속해서 쓸 수는 없다."라고 말하겠다.

子貢之以亂齊滅吳하며 存魯也[1)]를 吾悲之라 彼子貢者는 遊說之士니 苟以邀一時之功하여 而不以可繼爲事라 故로 不見其禍[2)]라 使夫王公大人이라도 而計出於此면 則吾未見其不旋踵而敗也라 吾聞之하니 王者之兵은 計萬世而動이요 霸者之兵은 計子孫而擧요 强國之兵은 計終身而發이라하니 求可繼也라 子貢之兵은 是明日이면 不可用也라

子貢이 〈智謀로써〉 齊나라를 혼란케 하였고, 吳나라를 멸망케 하였으며, 魯나라를 보존케 하였는데, 나는 그것을 슬프게 생각한다. 저 子貢과 같은 사람은 遊說하는 선비니, 구차히 한때의 성공을 탐하여 지속할 수 있는 것을 일로 삼지 않았기 때문에 다가올 禍를 보지 못하였다. 가령 王公·大臣이라도 그 계책이 智謀에서 나온 것이라면, 나는 그것이 짧은 시간에 실패하지 않은 경우를 아직 보지 못하였다.

내가 듣자니, 王者의 군대는 萬代를 계산하여 움직이고, 霸者의 군대는 子孫들을 계산하여 거병하며, 强國의 군대는 자신 한 대를 계산하여 움직인다 하니, 계속 쓸 수 있기를 바라서이다. 子貢과 같은 用兵은 明日이면 쓸 수가 없다.

1) 子貢之以亂齊滅吳 存魯也 : 田常이 齊나라에서 반란을 일으키고자 먼저 魯나

라 침공을 구실로 삼으려 하였다. 이에 孔子의 제자 子貢이 齊·吳·越·晉나라를 다니며 유세하여 齊나라의 침공을 저지하려 하였다. 子貢은 吳王에게 齊나라를 칠 것을 종용하고, 越王 句踐에게는 吳王이 齊나라를 쳐서 이기면 다시 晉나라를 치게 하여 吳나라 정예병이 晉나라에 묶여 있을 때, 吳나라를 습격하도록 유세하였다. 결국 子貢의 말대로 되어 吳나라는 齊나라를 쳐서 이기고 이어 晉나라를 공격했지만 패하였고, 越나라는 그 틈을 이용하여 吳나라를 멸망시켰다. ≪史記 仲尼弟子列傳≫

子貢은 孔子의 제자인 端木賜의 字이다. 魏나라 사람으로 孔子보다 31살이 적다. 그는 특히 言辯에 뛰어나 遊說家의 풍모를 가지고 있었고, 貿易에도 뛰어나 萬金을 쌓기도 했다.

2) 苟以邀一時之功……不見其禍 : 子貢의 이 한 번의 出使로 齊나라는 혼란에 빠졌고 吳나라는 망하였으며 魯나라는 보존되었지만, 晉나라는 强國이 되었고 越나라는 霸者가 되었다. 이 다섯 나라에는 거대한 변화가 생겼고, 균형을 이루고 있던 형세가 깨지면서 천하가 혼란에 빠져들었다.

故로 子貢之出也에 吾以爲魯可存也로되 而齊可無亂하고 吳可無滅하니 何也오 田常之將簒也에 憚高國鮑晏[1]이라 故로 使移兵伐魯라 爲賜計者면 莫若抵高國鮑晏하여 吊之라 彼必愕而問焉이면 則對曰 田常이 遣子之兵伐魯하니 吾竊哀子之將亡也라하니라 彼必詰其故면 則對曰 齊之有田氏는 猶人之養虎也요 子之於齊에 猶肘股之於身也라 田氏之欲肉齊久矣라 然이나 未敢逞志者는 懼肘股之捍也라 今子出伐魯면 肘股去矣니 田氏孰懼哉리오 吾見身將磔裂[2]이면 而肘股隨之니 所以吊也라하니라 彼必懼하여 而咨計於我라 因敎之 曰 子悉甲趨魯하되 壓境而止하고 吾請爲子하여 潛約魯侯하고 以待田氏之變이라가 帥其兵하여 從子入討之라하니라 爲齊人計之면 彼懼田氏之禍니 其勢不得不聽이요 歸以約魯侯면 魯侯懼齊伐이니 其勢亦不得不聽이라 因使練兵蒐乘[3]하여 以俟齊釁하여 誅亂臣하고 而定新主면 齊必德魯니 數世之利也라

그러므로 子貢의 그 出使에서, 내 생각으로는 魯나라는 보존할 수 있으되, 齊나라는 혼란하지 않을 수 있었고, 吳나라는 멸망하지 않을 수 있었으니, 어째서인가?

당시 田常이 齊나라를 찬탈하려 할 때에, 高昭子·國惠子·鮑牧·晏圉를 두려워하였기 때문에, 그들로 하여금 군대를 거느리고 魯나라를 치게 하였다. 子貢을 위해 계획을 세운다면 高昭子·國惠子·鮑牧·晏圉를 찾아가 애도를 표하는 것이 더 낳았다.

그들은 반드시 놀라면서 그 이유를 물을 것이니, 그러면 "田常이 그대들의 군대를 파견하여 魯나라를 치려고 하니, 나는 그대들이 장차 망할 것을 가만히 애도하는 것이라오."라고 대답한다.

그들은 틀림없이 그 이유를 따져 물을 것이고, 그러면 "齊나라에 田氏가 있음은 사람이 호랑이를 키우고 있는 것과 같고, 그대들은 齊나라에서 몸의 팔다리와 같소. 田氏가 齊나라라는 고기를 욕심낸 지 오래되었소. 그러나 감히 그 마음을 아직 드러내지 못한 것은 팔다리의 반격을 두려워해서요. 지금 그대들이 魯나라를 치려고 나가면 팔다리가 제거되는 것이니, 田氏가 무엇을 두려워하겠소? 내가 보기에 몸통이 찢어지면 팔다리도 그 뒤를 따를 것이니, 그래서 애도를 하는 것이라오."라고 대답한다.

그러면 저들은 틀림없이 두려워서 나에게 계책을 물을 것이다. 그러면 그 틈을 이용해서 그들에게 지도하기를 "그대들은 모든 병사들을 거느리고 魯나라로 향하되 국경에서 멈추고, 나는 청컨대 그대들을 위하여 魯나라 임금과 몰래 약속하고 田氏의 변란을 기다렸다가, 魯나라 군대를 거느리고 그대들을 따라 들어가 그를 토벌할 것이오."라고 한다.

齊나라 사람의 입장에서 생각해보면, 저들은 田氏의 禍를 두려워할 것이니, 그 형세상 말을 듣지 않을 수 없을 것이고, 그 뒤 子貢이 돌아가 魯나라 임금과 약속을 하면, 魯나라 임금도 齊나라의 침벌을 두려워할 것이니, 그 형세상 子貢의 계획을 듣지 않을 수 없을 것이다. 그 틈에 〈魯나라는〉 병사를 훈련시키고 전차를 점검하면서 齊나라의 틈을 기다려 亂臣을 죽이고 新王을 안정시키면, 齊나라는 반드시 魯나라를 은덕으로 보답할 것이니, 몇 세대에까지 이로울 것이다.

1) 田常之將簒也 憚高國鮑晏 : 田常은 齊 簡公의 재상으로 田乞의 아들이다. 高昭子는 齊 景公을 섬겼는데, 景公이 병이 나자 高昭子와 國惠子에게 어린 아들 荼를 태자로 세울 것을 부탁하였다. 이듬해 田乞과 鮑牧이 병사를 끌고 궁중에 난입하자 高昭子는 荼를 구하려다 피살되었고, 國惠子는 田乞의 패당에게 쫓겨 莒로 달아났다가 나중에 돌아왔지만, 吳王 夫差가 齊나라를 공격할

때 포로가 되었다. 鮑牧은 田乞과 함께 난에 가담하여 公子 陽生을 세웠는데, 이 사람이 悼公이다. 그러나 悼公 4년에 鮑牧은 悼公을 죽였다. 晏圉는 安嬰의 아들로 田乞 등의 난을 피해 魯나라로 달아났다. ≪史記 仲尼弟子列傳≫

蘇洵이 여기에서 '憚高國鮑晏'이라 한 것은 齊 景公의 재상 田乞 때의 이야기이지, 齊 簡公의 재상 田常 때의 일이 아니다.

2) 磔裂 : 옛날 죄인의 몸을 찢어 죽이던 형벌의 일종이다.

3) 蒐乘 : ≪嘉祐集≫에는 '搜乘'로 되어 있다. 뜻은 다 '戰車를 점검하다.'는 말이다.

吾觀하니 仲尼도 以爲齊人不與田常者半하여 故로 請哀公討之[1)]니라 今誠以魯之衆으로 從高國鮑晏之師하고 加齊之半이면 可以轘[2)]田常於都市라 其勢甚便하고 其成功甚大라 惜乎라 賜之不出於此也여

내가 보니, 孔子도 齊나라 사람 중에 田常을 찬성하지 않는 사람이 절반이나 된다고 생각하였기 때문에 魯 哀公에게 그를 토벌하여야 한다고 청한 것이다. 진실로 魯나라 군대에 高昭子·國惠子·鮑牧·晏圉의 군대가 따르고 거기에 齊나라 백성의 절반이 보태지면, 齊나라 도성에서 田常을 車裂刑에 처할 수 있었을 것이다. 이것은 그 형세상 아주 쉽게 할 수 있고, 그 성공도 아주 클 것이다. 애석하도다! 子貢이 이런 계책을 내놓지 못함이여.

1) 仲尼……請哀公討之 : 齊나라 陳恒(漢 文帝 劉恒의 이름을 피휘하여 田常이라 함)이 그의 임금인 壬을 舒州에서 피살하였다. 孔子는 3일을 제계하고 세 번이나 齊나라를 토벌하자고 청하였다. 그러나 魯 哀公은 "우리나라가 齊나라의 침략으로 쇠약한 지 오래되었다. 지금 그대가 齊나라를 치자 하니 장차 어떻게 하겠다는 것인가?" 하였다. 孔子는 "齊나라 陳恒이 그 임금을 죽였으니, 齊나라 백성 중에 찬성하지 않는 사람이 반수는 될 것입니다. 魯나라의 많은 군사에 齊나라의 반수의 사람을 보탠다면 이길 수 있습니다." 하였다. ≪春秋左氏傳 哀公 14년≫

2) 轘 : 형벌의 일종으로, 車裂刑이다.

齊哀王이 擧兵誅呂氏어늘 呂氏以灌嬰爲將拒之라 至滎陽하여 嬰이 使使諭齊와 及諸

侯連和하고 **以待呂氏變**이라가 **共誅之**[1]라 **今田氏之勢**는 **何以異此**리오 **有魯以爲齊**요 **有高國鮑晏以爲灌嬰**이어늘 **惜乎**라 **賜之不出於此也**여

〈漢代의〉 齊哀王이 거병하여 呂氏 일족을 죽이려 하거늘, 呂氏 일족은 灌嬰을 장군으로 삼아 그를 막게 하였다. 滎陽에 이르러 灌嬰이 사신을 보내 齊王과 다른 제후들이 연합하도록 설득하고 呂氏 일족의 변란을 기다렸다가 함께 呂氏 일족을 죽이고자 하였다. 지금 田常이 처한 형세가 어찌 이것과 다르겠는가? 魯나라는 〈漢代의〉 齊나라와 흡사함이 있고, 高昭子・國惠子・鮑牧・晏圉는 灌嬰과 흡사함이 있었거늘, 애석하도다! 子貢이 이런 계책을 내놓지 못함이여.

1) 齊哀王……共誅之 : 呂后가 權力을 독점한 후, 그 친척인 呂産・呂祿 등 여러 呂氏들의 권세가 막강하였다. 呂后가 죽은 뒤, 呂氏들은 국가의 대사를 장악하고 난을 일으키려고 하였지만, 周勃・灌嬰 같은 劉邦의 옛 신하를 두려워하여 함부로 거동하지 못하였다. 劉氏 姓의 제후의 한 사람인 劉章이 그 소식을 듣고 그의 형인 齊哀王에게 알리고 呂氏를 토벌하고자 하였다. 齊王이 군대를 내자 당시 재상인 呂山이 灌嬰에게 명하여 그를 토벌하게 하니, 灌嬰이 군대를 거느리고 滎陽에 이르러 거기에 주둔하고 나아가지 않았다. 灌嬰은 齊王 등 劉氏 姓의 제후들과 연합하여 呂氏들이 반란하기를 기다렸다가 함께 그들을 제거하려고 하였다. ≪史記 呂太后本紀≫

蘇氏父子之學은 **出於戰國縱橫者多**라 **故**로 **此策**은 **大略亦竊陳軫蘇秦之餘**나 **而爲計甚工**이라

蘇氏 父子의 학문은 전국시대 縱橫家에서 나온 것이 많다. 그러므로 이 책략도 대략 陳軫・蘇秦의 여분을 훔친 것이지만, 그 계책은 심히 공교하다.

09. 六國* 六國에 대해 논함

* 이 글은 齊・楚・燕・趙・魏・韓의 六國이 멸망한 원인을 분석하고 있다. 蘇洵은 이 六國이 멸망한 원인을 '강한 秦나라의 공격을 두려워하여 그 禍를 면

하기 위해 각국이 자신들의 국토를 뇌물로 바친 데에 있다.'고 분석하였다. 사실 蘇洵은 이 글 말미에 "천하의 강대함을 가지고서도 六國이 걸은 파멸의 전철을 밟는다면, 이것 또한 六國보다 못하다."라고 하여, 〈六國論〉을 통해 宋이 契丹과의 화친을 통해 歲幣를 주면서 일시적 안녕을 꾀하고 있는 현실을 풍자한 것이라 하겠다.

一篇議論은 **由戰國策縱人之說來**나 **却能與戰國策相伯仲**이라 **當與子由六國論幷看**이라

이 한 편의 議論은 ≪戰國策≫의 合縱을 주장하던 사람의 설에서 나왔지만, 오히려 ≪戰國策≫과 서로 쌍벽을 이루니, 당연히 蘇轍의 〈六國論〉과 함께 보아야 한다.

六國破滅[1)]은 **非兵不利**요 **戰不善**이요 **弊在賂秦**[2)]이라 **賂秦而力虧**가 **破滅之道也**라 **或曰 六國互喪**은 **率賂秦耶**아하니 **曰 不賂者**도 **以賂者喪**하니 **蓋失彊援**하여 **不能獨完**이라하니라 **故**로 **曰 弊在賂秦也**라하니라

六國이 파멸한 것은 兵器가 날카롭지 않아서도 아니요, 싸움을 잘못하여서도 아니며, 그 폐단이 秦나라에 땅을 賂物로 바친 데에 있다. 秦나라에 땅을 뇌물로 바쳐서 그 國力이 결핍된 것이 멸망의 길이 되었다. 어떤 사람이 "六國이 서로 망한 것은 모두가 秦나라에 땅을 뇌물로 바쳐서인가?"라고 하니, "땅을 뇌물로 바치지 않았던 나라도 뇌물을 바친 나라 때문에 망하였으니, 대개 강력한 원조를 잃어 홀로 자기 나라를 완전하게 보전할 수가 없었기 때문이다."라고 하였다. 그래서 "폐단이 秦나라에 땅을 뇌물로 바친 데에 있다."라고 말한 것이다.

1) 六國破滅 : 六國은 전국시대 秦나라 동쪽에 있었던 齊·楚·燕·趙·魏·韓의 여섯 나라를 말한다. 秦始皇 17년(B.C. 230)에 韓나라, 19년에 趙나라, 22년에 魏나라, 24년에 楚나라, 25년에 燕나라, 26년에 齊나라가 각각 秦나라에 멸망하였다.

2) 賂秦 : 본문에서는 전적으로 土地와 城邑을 바쳐 秦나라를 회유한 것을 말한다.

秦以攻取之外에 小則獲邑[1)]이요 大則得城이라 較秦之所得하면 與戰勝하여 而得者로 其實百倍라 諸侯之所亡은 與戰敗하여 而亡者로 其實亦百倍라 則秦之所大欲이 諸侯之[2)]所大患이요 固不在戰矣라 思厥先祖父면 暴霜露하고 斬荊棘하여 以有尺寸之地어늘 子孫視之不甚惜하고 擧以與人을 如棄草芥하니 今日割五城이요 明日割十城然後에 得一夕安寢이라 起視四境이면 而秦兵又至矣라 然則諸侯之地는 有限이요 暴秦之欲은 無厭이니 奉之彌繁하고 侵之愈急이라 故로 不戰而強弱勝負가 已判矣라 至於顚覆하여는 理固宜然이라 古人云 以地事秦은 猶抱薪救火니 薪不盡이면 火不滅[3)]이라하니 此言得之라

秦나라는 다른 나라를 공격해서 빼앗은 것 이외에, 〈뇌물을 통해〉 작게는 邑을 얻고 크게는 城을 얻었다. 秦나라가 뇌물로 얻은 땅을 비교해보면 전쟁에서 이겨 얻은 땅보다 실제로 백 배나 되었다. 제후들이 〈秦나라에 바쳐서〉 잃은 땅이 전쟁에 져서 잃은 땅보다 실제로 또한 백 배나 되었다. 그렇다면 秦나라의 큰 욕심이 제후들의 큰 걱정거리였지, 사실 전쟁에 있지 않았다.

그들 先祖와 父母를 생각해보면 서리와 이슬을 맞고 가시덤불을 쳐내어서 이 작은 땅을 소유하게 되었거늘, 그 子孫들은 그런 땅을 보고 심히 아깝게 여기지 않고, 〈그 땅을〉 들어 다른 이에게 주기를 마치 지푸라기를 내버리듯 하였으니, 오늘은 다섯 개의 성을 떼어주고, 내일은 열 개의 성을 떼어준 뒤에야 겨우 하루저녁의 편안한 잠을 잘 수 있다.

그리고 일어나 사방을 살펴보면, 秦나라의 군대가 또 쳐들어온다. 그러니 제후들의 땅은 한계가 있고, 포악한 秦나라의 욕심은 만족함이 없으니, 秦나라에 바치는 땅은 더욱더 많아지고, 秦나라의 침략은 갈수록 급박해진다. 그러므로 싸워보지도 않고서 強弱과 勝敗가 이미 판가름이 나고 말았다. 그러니 나라가 망하는 것은 이치상 당연하였다.

옛사람이 "땅을 떼어주면서 秦나라를 섬기는 것은 마치 나무를 껴안고 불에 뛰어들어 불을 끄려고 하는 것과 같으니, 탈 나무가 다 없어지지 않으면 불은 꺼지지 않는다."라고 하였으니, 이 말은 이치에 꼭 맞는 말이다.

1) 邑 : 백성들의 취락지로 큰 곳은 '都'라 하였고 작은 곳은 '邑'이라 하였다.
2) 之 : 저본에는 없으나, ≪嘉祐集≫에 의해 보충하였다.
3) 古人云……火不滅 : ≪戰國策≫ 〈魏策〉과 ≪史記≫ 〈魏世家〉에 같은 내용이 보인다.

齊人이 未嘗賂秦이나 終繼五國遷滅하니 何哉아 與嬴[1]하여 而不助五國也라 五國既喪하니 齊亦不免矣라 燕趙之君은 始有遠略하여 能守其土하고 義不賂秦이라 是故로 燕雖小國이나 而後亡하니 斯用兵之效也라 至丹以荊卿爲計[2]하니 始速禍焉이라 趙嘗五戰于秦하여 二敗而三勝[3]이라 後에 秦擊趙者再나 李牧이 連却之[4]라 洎牧以讒誅하여 邯鄲爲郡[5]하니 惜其用武而不終也라 且燕趙는 處秦革滅殆盡[6]之際하여 可謂智力孤危하니 戰敗而亡은 誠不得已라 向使三國으로 各愛其地하고 齊人이 勿附于秦하고 刺客不行하고 良將猶在하여 則勝負之數와 存亡之理를 當與秦相較면 或未易量이니라

齊나라 사람은 秦나라에 뇌물로 땅을 떼어준 적도 없었지만, 끝내 다섯 나라의 뒤를 이어 멸망하였으니, 어째서인가? 〈齊나라가〉 秦나라의 편이 되어 다른 다섯 나라를 도와주지 않았기 때문이다. 다섯 나라가 이미 멸망하였으니, 齊나라 또한 벗어날 수 없었던 것이다.

燕나라와 趙나라의 임금은 처음엔 원대한 계략이 있어, 각자의 땅을 잘 지킬 수 있었고, 의리를 지키며 秦나라에 뇌물을 바치지 않았다. 그러므로 燕나라는 비록 작은 나라였지만 〈다른 나라보다〉 뒤에 망했던 것이니, 이는 用兵으로 저항한 효과이다. 〈燕나라의 太子〉 丹이 荊軻를 〈刺客으로 삼아 秦나라 임금을 시해하려고〉 계획하니 비로소 禍를 재촉하고 말았다.

趙나라는 일찍이 다섯 번 秦나라와 싸워 두 번 지고 세 번 이겼다. 그 후 秦나라는 두 번이나 趙나라를 공격하였지만 〈趙나라의 장수〉 李牧이 연달아 秦軍을 물리쳤다. 李牧이 모함에 걸려 처형되자, 〈趙나라의 수도〉 邯鄲은 〈秦나라의 한〉 郡이 되고 말았으니, 武力으로 끝까지 맞서지 못한 것이 애석하다.

게다가 燕나라와 趙나라는 秦나라가 〈제후 국가들을〉 거의 멸망시켜 갈 무렵에 처해서 그들의 지혜와 힘이 孤立無援이라 할 만했으니, 싸움에 패하여 망하는 것은

실로 어찌할 수 없는 것이었다. 가령 〈韓·魏·楚〉 세 나라가 각자의 땅을 아끼고, 齊나라가 秦나라의 편에 붙지 않고, 〈荊軻를〉 자객으로 보내지 않고, 좋은 장수가 여전히 살아 있어서 勝負의 運數와 存亡의 理致를 秦나라와 서로 겨루어보았더라면 아마도 쉽게 예측할 수 없었을 것이다.

1) 嬴 : 秦나라 왕족의 姓이다. 여기서는 秦나라를 대칭한 것이다.
2) 至丹以荊卿爲計 : 丹은 燕나라 太子로, 姓은 姬씨요, 이름이 丹이다. 燕王 喜의 아들로 荊軻를 秦나라 자객으로 보내 秦始皇을 시해하려 했으나 실패하였다. 秦나라가 군대를 내어 燕나라를 공격하자 燕王 喜가 太子 丹의 목을 베어 그 머리를 秦始皇에게 바쳤으나 결국 멸망하였다.

   荊卿은 荊軻로 戰國時代 衛나라 사람이다. 燕나라 太子 丹의 門客이 되었다가 태자의 명을 받고 秦始皇을 시해하려다 실패하여 피살되었다.
3) 趙嘗五戰于秦 二敗而三勝 : 이 말은 蘇秦이 燕 文侯에게 유세하면서 대략적으로 한 말이다. 실제로 趙·秦 간의 전쟁은 다섯 번만 있었던 것도 아니고, 趙나라가 두 번만 진 것도 아니다.
4) 秦擊趙者再 李牧連却之 : 趙 幽繆王 3년(B.C. 233)에 秦나라 군대가 趙나라를 공격하니, 趙나라 장군 李牧이 肥下에서 싸워 秦나라 군대를 격퇴하였고, 다음해 秦나라가 다시 침입해오자 李牧이 다시 물리쳤다. ≪史記 李牧列傳≫
5) 洎牧以讒誅 邯鄲爲郡 : B.C. 229년 秦나라 장수 王翦이 趙나라를 공격하자 李牧이 秦軍을 물리쳤다. 秦나라는 이에 反間計를 써서 趙나라 寵臣인 郭開를 매수하여 趙王에게 李牧이 반란을 꾀한다고 모함하니, 趙王이 그 말을 믿고 사람을 보내 李牧의 兵權을 빼고자 하였다. 李牧이 병권을 내놓으려 하지 않자 결국 피살되었다. 李牧이 죽은 뒤 趙나라는 멸망하였고, 秦나라는 趙나라 수도에 邯鄲郡을 설치하였다. ≪史記 李牧列傳≫
6) 革滅殆盡 : 革滅은 '소멸하다', '멸망하다'의 뜻이다. 즉 六國의 멸망이 거의 끝나간다는 뜻이다.

嗚呼라 以賂秦之地로 封天下之謀臣하고 以事秦之心으로 禮天下之奇才하여 幷力西嚮이면 則吾恐秦人食之不得下咽也리라 悲夫라 有如此之勢나 而爲秦人積威之所劫하여 日削月割하여 以趨於亡하니 爲國者는 無使爲積威之所劫哉리라

아아! 秦나라에게 뇌물로 바친 땅을 천하의 智謀가 뛰어난 신하들에게 나누어주고, 秦나라를 섬기는 마음으로 천하의 奇才를 예우하여, 힘을 합쳐 서쪽 〈秦나라에〉 대항했더라면, 내 생각으로는 아마 秦나라 사람들이 밥조차 목으로 넘기지 못하였을 것이다.

아 슬프도다! 이와 같이 좋은 形勢가 있었으나 秦나라 사람의 누적되어 온 威勢에 겁먹어, 날마다 땅이 깎이고 달마다 땅을 떼어주어 멸망의 길로 나아갔으니, 나라를 다스리는 자는 누적되어 온 위세에 겁먹지 말아야 할 것이다.

夫六國은 **與秦**으로 **皆諸侯**니 **其勢弱於秦**이나 **而猶有可以不賂而勝之之勢**라 **苟以天下之大**로 **而從六國破亡之故事**면 **是又在六國下矣**라

대저 그 六國은 秦나라와 함께 다 제후의 나라이니, 그 세력이 秦나라보다는 약하였지만, 오히려 秦나라에 뇌물을 주지 않고도 그를 이길 수 있는 形勢가 있었다. 만약 천하의 강대함을 가지고서도 六國이 걸은 파멸의 전철을 밟는다면, 이것은 또한 六國보다 못한 것이다.

10. 高帝* 漢 高祖를 논함

* 이 글은 독특한 관점에서 漢 高祖의 인물을 논한 것이다. 蘇洵은 高祖가 呂氏들의 禍를 미리 예견하여 周勃을 太尉에 임명하였고, 자신의 뒤를 이을 惠帝가 무사히 장성할 수 있도록 呂后를 제거하지 않았다고 했다. 다만 呂后의 세력을 약화시키기 위하여 陳平과 周勃에게 樊噲를 죽이도록 하였지만, 이들이 그때 당장 죽이지 않음으로써 큰 우환거리를 남겼는데, 다행히 樊噲가 그 뒤 오래 살지 못하였기 때문에, 뒤에 周勃이 呂氏 일족을 제거할 수 있었고, 劉氏 왕조가 지속될 수 있었다고 했다. 蘇洵의 才氣가 번뜩이는 글이다.

雖非當漢成敗確論이나 **而行文**이 **却自縱橫可愛**라

비록 漢나라의 成敗를 명확히 논의한 것은 아니지만, 行文은 오히려 자유자재로 거침이 없어 좋아할 만하다.

漢高祖[1]는 **挾數用術**하여 **以制一時之利害**엔 **不如陳平**[2]하고 **揣摩天下之勢**하여 **擧指搖目**하여 **以劫制項羽**[3]엔 **不如張良**[4]하니 **微此二人**이면 **則天下不歸漢**이요 **而高帝**는 **乃木彊之人而止耳**라 **然**이나 **天下已定**에 **後世子孫之計**는 **陳平張良智之所不及**하니 **則高帝常先爲之規畫處置**하여 **以中後世之所爲**하여 **曉然如目見其事**하여 **而爲之者**라 **蓋高帝之智**는 **明於大而暗於小**가 **至於此而後**에 **見也**라

漢 高祖는 術數를 가지고 術法을 써서 한때의 利害를 제어하는 데에는 陳平만 못하였고, 天下의 形勢를 헤아려 손가락을 들고 눈을 깜박여서 項羽를 위협하고 통제하는 데에는 張良만 못하였으니, 이들 두 사람이 아니었다면 천하는 漢나라의 것으로 돌아가지 않았을 것이고, 高祖는 나무처럼 뻣뻣한 융통성 없는 사람에 지나지 않았을 것이다.

그러나 천하가 평정된 뒤에 후세 자손들을 위한 계획을 세우는 데에는 陳平과 張良의 智慧가 〈高祖에〉 미치지 못하였으니, 高祖가 언제나 앞서 그것을 계획하고 처리하여 후세에 해야 할 일에 딱 들어맞아, 마치 눈으로 환히 그 일을 직접 보고서 한 것 같았다. 대체로 高祖의 지혜는 큰 일에는 밝았지만 작은 일에는 어두웠음이 여기에 이르러서야 비로소 드러난다.

1) 漢高祖 : 劉邦으로, 項羽와 천하를 다툰 끝에 秦나라를 멸망시키고 漢나라를 세웠다. 재위기간은 B.C. 206~B.C. 195년이다.
2) 陳平 : 漢 高祖를 도와 천하를 차지하게 한 功臣의 한 사람이다. 특히 策士로 알려졌다.
3) 項羽 : 이름은 籍이고, 楚 땅의 귀족 출신으로 힘이 센 장사였으나, 뒤에 漢 高祖와 천하를 다투다가 패하여 죽었다.
4) 張良 : 漢 高祖를 섬겼던 功臣의 한 사람으로, 군사고문으로 유명했다.

帝嘗語呂后[1]**曰 周勃**[2]은 **重厚少文**이나 **然**이나 **安劉氏**는 **必勃也**니 **可令爲太尉**[3]라하니라 **方是時**엔 **劉氏旣安矣**어늘 **勃又將誰安耶**아 **故**로 **吾之意曰 高帝之以太尉屬勃也**는 **知有呂氏之禍**[4]**也**라

高祖가 일찍이 呂后에게 "周勃은 重厚하고 겉치레는 적으나, 劉氏를 안정케 해줄

사람은 반드시 周勃일 것이니, 그를 太尉에 임명하는 것이 좋을 것이오."라고 하였다. 바로 그때는 劉氏들이 이미 안정되어 있던 때였거늘, 周勃이 또 그 누구를 안정케 해준다는 것이었을까? 그러므로 내 생각으로는, 高祖가 太尉의 벼슬을 周勃에게 주라고 부탁한 것은 呂氏의 禍가 있을 것을 알았기 때문일 것이다.

1) 呂后 : 漢 高祖가 젊었을 때에 고향에서 결혼한 본실 부인이다. 呂后의 아버지가 高祖를 일찍이 알아보고 딸을 주었고, 呂后는 여장부로, 高祖가 죽은 뒤에는 스스로 권력을 잡았다.
2) 周勃 : 高祖의 공신 중 한 사람으로, 성품이 매우 質朴하였다.
3) 太尉 : 漢나라 때 丞相・御史大夫와 함께 三公이라 불렸다. 丞相이 行政, 御史大夫가 司法의 최고 책임자였고, 太尉는 軍事의 최고 책임자였다.
4) 呂氏之禍 : 高祖가 죽은 뒤 呂后가 권력을 잡고, 자기가 낳지 않은 高祖의 자식들은 모두 죽이고, 자기 呂氏 집안 사람들에게 높은 벼슬을 주었다.

雖然이나 其不去呂后는 何也오 勢不可也라 昔者에 武王沒에 成王幼而三監[1]叛하니 帝意百歲後[2]에 將相大臣及諸侯王에 有武庚祿父者면 而無有以制之也라 獨計以爲家有主母면 而豪奴悍婢가 不敢與弱子抗이요 呂氏佐帝定天下하여 爲大臣素所畏服하니 獨此可以鎭壓其邪心하여 以待嗣子[3]之壯이라 故로 不去呂后者는 爲惠帝計也라

그러한데도 그가 呂后를 제거하지 않은 것은 무엇 때문인가? 形勢가 그래서는 안 되었기 때문이다. 옛날 周 武王이 죽고 成王이 아직 어렸는데 三監이 반란을 일으켰으니, 高祖의 생각으로는 자신이 죽고 난 뒤에 將軍・宰相・大臣・諸侯王들 중에 武庚 祿父 같은 자가 있으면 제어할 방법이 없게 될지 모른다고 여겼을 것이다. 〈高祖는〉 유일한 계책으로 '집안에 主母가 있으면, 기운 있는 사내종이나 사나운 계집종이 감히 약한 자식에 대하여 항거하지 못할 것이고, 呂后는 나를 도와서 천하를 평정하여 대신들이 평소에도 두려워하고 복종하니, 오직 그녀만이 그들의 사악한 마음을 진압하여 뒤를 이을 자식이 장성할 수 있게 할 것이다.'라고 생각하였을 것이다. 그러므로 呂后를 제거하지 아니하였던 것은 惠帝를 위한 계책이었던 것이다.

1) 三監 : 周 武王은 殷나라를 멸한 다음, 紂王의 아들 武庚(이름은 祿父)을 자기 네 옛 땅에 봉해주고, 자기 형제인 管叔・蔡叔・霍叔으로 하여금 이들을 감시케 하였다. 그러나 武王이 죽고 周公이 攝政을 하자 이들은 오히려 紂王의 아들과 공모하여 난을 일으켰는데, 이를 三監之亂이라 한다. 周公이 東征하여 이들을 평정하였다.
2) 百歲後 : 王이 죽는 것을 가리키는 隱語이다.
3) 嗣子 : 뒤를 이을 아들을 말하는데, 바로 惠帝(B.C. 194~B.C. 188 在位)를 가리킨다.

呂后旣不可去하니 **故**로 **削其黨**하여 **以損其權**하여 **使雖有變**이라도 **而天下不搖**라 **是故**로 **以樊噲[1]之功**으로도 **一旦**에 **遂欲斬之而無疑**라 **嗚呼**라 **彼豈獨於噲不仁耶**아 **且噲與帝偕起**하여 **拔城陷陣**하며 **功不爲少矣**요 **方亞父[2]嗾項莊時**에 **微噲誚讓羽**면 **則漢之爲漢**을 **未可知也**라 **一旦**에 **人有惡噲**하여 **欲滅戚氏[3]者**라하니 **時噲出伐燕**이어늘 **立命平勃**하여 **卽軍中斬之[4]**라 **夫噲之罪**가 **未形也**요 **惡之者誠僞**도 **未必也**요 **且高帝之不以一女子**로 **斬天下功臣**도 **亦明矣**라 **彼其娶於呂氏**하고 **呂氏之族**에 **若産祿[5]輩**는 **皆庸才**하여 **不足恤**이라 **獨噲豪健**하여 **諸將所不能制**니 **後世之患**이 **無大於此矣**라

呂后는 이미 제거할 수 없었기 때문에 그녀의 무리들을 쳐내어 그녀의 권력을 줄임으로써, 변고가 생기더라도 천하가 요동치 않도록 해야 했다. 그래서 樊噲와 같이 공이 큰 사람도 하루아침에 의심도 없이 죽이려 했던 것이다. 아아! 高祖는 어찌 樊噲에게만 仁慈하지 않았단 말인가? 게다가 樊噲는 高祖와 함께 군사를 일으켜 적의 성을 함락시키고 적진을 쳐부수며 적지 않은 공을 세웠고, 〈鴻門에서〉 范增이 項莊을 시켜 〈高祖를 죽이려 했을〉 때에 樊噲가 項羽를 꾸짖지 않았더라면, 곧 漢나라가 漢나라를 세울 수 있었을지 알 수 없는 일이었다.

그런데 하루아침에 樊噲를 미워하여 〈樊噲가〉 戚氏를 죽이려 한다고 말하는 자가 있자, 당시 樊噲는 燕나라를 정벌하러 나가 있었거늘 즉시 陳平과 周勃에게 명하여 陣營으로 가서 樊噲를 죽이도록 하였다. 그때 樊噲의 죄가 드러난 것도 아니었고, 그를 미워한 자의 말의 眞僞도 확인할 수 없었으며, 또한 高祖가 한 여자 때문에

천하의 공신을 죽이지 않는 것도 분명하였다. 樊噲는 呂氏 집안에 장가를 들었고, 呂氏의 일족 중 呂産이나 呂祿 같은 무리들은 모두 庸劣한 인물이어서 걱정할 것이 못 되었다. 오직 樊噲만이 豪傑이어서 여러 장수들도 제어할 수 없는 인물이었으니, 후세의 患難이 이보다 더 큰 것이 없었기 때문이다.

1) 樊噲 : 漢 高祖의 공신 중 한 사람이다. 유명한 鴻門宴에서 項羽의 삼촌인 項莊이 칼춤을 추며 高祖를 죽이려 했을 때에, 용감히 鴻門 안으로 뛰어들어 高祖를 구해냈다. 그는 呂后의 동생에게 장가들어 공신들 중에서는 呂氏 집안과 가장 친밀한 관계였다. 漢 高祖가 오히려 呂后와 너무 가까운 것을 걱정하여 자기의 재위기간 중에 제거하려 하였으나 성공하지 못하고 뒤에 惠帝 6년까지 살다가 죽었다.

2) 亞父 : 項羽의 군사고문인 范增이다. 項羽가 평소에 그를 존경하여 叔父와 비슷한 말로 '亞父'라 불렀다. 鴻門에서 項羽가 劉邦을 불러 잔치를 벌였을 때, 范增은 項羽의 삼촌 項莊을 使嗾하여, 술자리에서 칼춤을 추다가 기회를 엿보아 劉邦을 찔러 죽이라고 하였다. 그러나 뒤에 樊噲가 이를 알고 뛰어 들어와 큰소리치는 바람에 劉邦은 죽음을 면할 수 있었다.

3) 戚氏 : 戚夫人으로 高祖의 첩이다. 趙王 如意를 낳았으나 高祖가 죽자 呂后가 如意를 독살하고, 戚氏 부인의 팔다리를 자르고 눈과 귀를 멀게 하여 '사람돼지'로 만들었다.

4) 時噲出伐燕……卽軍中斬之 : 燕은 지금의 河北省 지방이다. 漢 高祖의 친구였던 공신 盧綰이 반란을 일으키려 한다 하여 樊噲가 대장으로 정벌에 나섰었다. 高祖는 "軍中으로 가서 바로 樊噲를 죽여라." 하고 陳平과 周勃에게 명하였으나, 陳平은 呂后의 보복이 두려워 樊噲를 죽이지 않고 長安으로 호송하였다. 그가 長安에 도착하자 高祖가 이미 죽은 뒤여서, 樊噲는 바로 석방되었고, 陳平도 무사할 수 있었다.

5) 産祿 : 呂産과 呂祿이다. 각각 呂后의 오빠 아들로, 이들 두 사람을 필두로 呂氏 집안 사람들은 모두 王侯에 봉해지고 높은 벼슬자리에 올랐다.

夫高帝之視呂后也는 猶醫者之視菫[1]也라 使其毒으로 可以治病하되 而無至於殺人而已矣라 樊噲死면 則呂氏之毒이 將不至於殺人이니 高帝以爲是足以死而無憂矣라

彼平勃者는 **遺其憂**[2]**者也**라 噲**之死於惠之六年**[3]이니 **天也**라 **使**[4]**其尙在**면 **則呂祿不可**紿[5]요 **太尉不得入北軍矣**리라

高祖가 呂后를 보는 태도는 마치 醫師가 毒草를 보는 것과 같았다. 그 독이 단지 사람의 병만 치료할 수 있어야지 사람을 죽이는 데에 이르게 해서는 안 될 따름이다. 樊噲가 죽으면 呂氏의 독이 사람들을 죽이는 데에는 이르지 않을 것이니, 高祖는 그래야만 죽은 뒤에도 걱정이 없을 것이라고 여겼다. 그런데 저 陳平과 周勃이 高祖의 걱정거리를 남겨놓았던 것이다. 樊噲는 惠帝 6년에 죽었으니, 天命이었다. 그가 살아 있었더라면, 呂産과 呂祿을 속여 넘길 수가 없었을 것이고, 太尉인 周勃이 北軍으로 들어가지 못했을 것이다.

1) 堇 : 毒草의 일종이다. 잘 쓰면 병을 고치지만 잘못 쓰면 사람을 죽게도 하는 藥草이다.
2) 遺其憂 : 漢 高祖의 걱정을 후세에까지 남기는 것, 곧 樊噲를 죽이지 않았던 일을 가리킨다.
3) 噲之死於惠之六年 : 樊噲는 惠帝 6년에 병으로 죽었다. 呂后가 죽고 呂氏 일가가 멸족된 것은 그로부터 9년 뒤의 일이다.
4) 使 : 저본에는 '彼'로 되어 있으나 ≪嘉祐集≫에 의해 '使'로 고쳤다.
5) 呂祿不可紿 : 呂后가 죽은 뒤, 長安의 군대는 남북 양군으로 나뉘어 있었으나 呂産과 呂祿 두 사람이 지휘를 맡아, 太尉인 周勃도 軍中으로 들어갈 수 없었다. 마침 여러 제후들이 呂氏 토벌의 군사를 일으키자, 周勃은 陳平과 의논한 끝에, 呂祿에게 첩자를 보내어 呂祿으로 하여금 자기 領地인 趙로 돌아가도록 하였다. 그러면 呂氏가 帝位를 탐내지 않는다는 것이 밝혀져 여러 제후들의 군대도 저절로 수그러질 것이라는 것이었다. 呂祿은 그 말을 믿고 北軍의 지휘권을 즉시 내놓았다. 그러자 周勃은 곧장 北軍으로 들어가 군사들을 선동하여 呂氏 일족을 모두 잡아 죽여버렸다. 만약 樊噲가 살아 있었더라면 呂氏 일족이 그토록 당하지는 않았을 것이라는 뜻이다.

或謂噲**於帝最親**하니 **使之尙在**라도 **未必與産祿叛**이라 **夫韓信**[1]黥**布**[2]**盧**綰[3]은 **皆南面稱孤**[4]요 **而**綰**又最爲親幸**이나 **然及高帝之未崩也**에 **皆相繼以逆誅**하니 **誰謂百**

歲之後에 椎埋屠狗[5)]之人이 見其親戚乘勢爲帝王이면 而不欣然從之耶아 吾故曰 彼平勃者는 遺其憂者也라하니라

어떤 사람은 樊噲가 高祖와 가장 친하였으니, 그가 살아 있었다 하더라도 반드시 呂產·呂祿과는 반란을 일으키지 않았을 것이라 한다. 韓信·黥布·盧綰은 모두 왕의 신분이었고, 盧綰은 또 가장 임금의 총애를 받았지만, 高祖가 죽기도 전에 모두 연이어 반역죄로 처형을 당하였으니, 〈高祖가〉 죽고 난 뒤에 사람을 때려죽여 땅에 묻고 개백정 노릇이나 하던 樊噲가 그의 친척이 時勢를 타서 帝王이 되는 것을 본다면 흔쾌히 따르지 않을 것이라 누가 말하겠는가? 나는 그래서 "저 陳平과 周勃이 高祖의 걱정거리를 남겨놓았다."라고 한 것이다.

1) 韓信 : 漢 高祖의 장군으로, 項羽와의 싸움에서 가장 큰 공을 세웠다. 그러나 뒤에 반란을 꾀하다가 죽임을 당하였다.
2) 黥布 : 본명은 英布이다. 墨刑을 받아 黥布라고도 부른다. 項羽를 섬기다가 漢 高祖에게로 와서 많은 공을 세웠다. 韓信이 죽임을 당하자 선수를 치려고 반란을 꾀하다가 역시 죽임을 당하였다.
3) 盧綰 : 漢 高祖와 동향으로 어릴 때부터 친구였다. 건국 공신 중 高祖와 가장 친하였으나, 燕王에 봉해진 뒤 모반을 했다는 혐의로 征討되었다.
4) 南面稱孤 : 왕은 남쪽을 향해 앉아 신하들을 맞아 조회를 하고 자신을 '孤'라 부른다. 따라서 임금 노릇하는 것을 뜻한다.
5) 椎埋屠狗 : 사람을 쳐 죽여 땅에 묻어버리는 무법자〔椎埋〕와 개백정〔屠狗〕을 뜻하지만, 여기서는 樊噲를 말한다. 樊噲는 젊어서 개 잡는 일을 업으로 하였다.

愚謂高帝死而呂后獨任陳平하여 未必不由不斬噲一着이요 且噲不死라도 其助祿産之叛亦未必이라 觀其譙羽鴻門與排闥而諫이면 噲似有氣岸而能守正者니 豈可以屠狗之雄而遽逆其詐哉아 蘇氏父子兄弟는 往往以事後成敗하여 摭拾人得失이 類如此라

내 생각으로는, 高祖가 죽고 呂后가 陳平에게 모든 일을 맡겼으니 樊噲를 제일 먼저 참하도록 허락하지 않았을 것이라고 할 수도 없고, 또

樊噲가 죽지 않았다 해도 반드시 呂祿·呂産의 반란을 도왔을 것이라 할 수도 없다. 그가 鴻門宴에서 項羽를 꾸짖었던 일과 문을 밀어제치고 들어가 諫한 일로 볼 때, 樊噲는 마음이 견실하고 정의를 지킬 수 있는 사람인 듯한데, 어찌 개 잡는 사나이라 하여 갑자기 그가 가장하고 있을 것이라 지레 짐작할 수 있단 말인가! 蘇氏 父子와 兄弟들은 왕왕 事後의 成敗에 의거해서 남의 득실을 주워담는 것이 대개 이와 같다.

11. 項籍* 項籍을 논함

* 이 글은 項羽가 천하를 차지하지 못한 실책을 밝힌 것이다. 蘇洵은 먼저 '項羽가 百戰百勝의 능력을 가지고 있었으면서도 끝내 천하를 얻지 못한 것은 천하를 취할 재능은 있으나 천하를 취할 책략이 없었기 때문이다.'라 정의를 내리고, 구체적으로 魏나라가 趙나라를 공격했을 때에, 齊나라가 비어 있는 魏나라 수도 大梁을 공격함으로써 趙나라도 구원하고 魏나라도 패배시킨 그런 책략을 취하여, 項羽도 바로 秦나라 수도 咸陽을 공략하여 천하를 취해야 했지만, 項羽에게는 그런 책략이 없었다는 것이다.

蘇氏父子는 **往往按事後成敗**하여 **立說**이나 **而非其至**라 **然**이나 **其文特雄**하여 **近戰國策**이라

蘇氏 父子는 왕왕 事後의 成敗에 의거해서 자신의 견해를 세웠지만 적절한 데에 이르지는 않았다. 그러나 그 문장만은 뛰어나 ≪戰國策≫에 가깝다.

吾嘗論項籍은 **有取天下之才**나 **而無取天下之慮**요 **曹操**는 **有取天下之慮**나 **而無取天下之量**이요 **劉備**는 **有取天下之量**이나 **而無取天下之才**라 **故**로 **三人**[1)]은 **終其身無成焉**이라

나는 일찍이 "項羽는 천하를 취할 才能은 있으나 천하를 취할 策略이 없고, 曹操는 천하를 취할 策略은 있으나 천하를 취할 度量이 없으며, 劉備는 천하를 취할 度

量은 있으나 천하를 취할 才能이 없었다."라고 논평한 적이 있다. 그러므로 이 세 사람은 죽을 때까지 성공할 수 없었다.

1) 三人 : ≪嘉祐集≫에는 '三人者'로 되어 있으나, 여기서는 저본을 따랐다.

且夫不有所棄면 不可以得天下之勢요 不有所忍이면 不可以盡天下之利라 是故로 地有所不取요 城有所不攻이요 勝有所不就요 敗有所不避라 其來不喜하고 其去不怒하여 肆天下之所爲하여 而徐制其後면 乃克有濟라

또한 대저 버리는 것이 있지 않으면 천하의 大勢를 얻을 수 없고, 인내하는 바가 있지 않으면 천하의 利益을 다 차지할 수 없다. 이 때문에 땅도 취하지 않아야 할 것이 있고, 城도 공격하지 않아야 할 것이 있으며, 승리할 수 있어도 나아가지 말아야 할 것이 있고, 실패할 수 있어도 피하지 말아야 할 것이 있다. 와도 기뻐하지 않고 떠나도 성내지 아니하여, 천하 사람들이 하는 대로 놓아두었다가 서서히 그 뒤를 제압하면 이에 성공할 수 있다.

嗚呼라 項籍은 有百戰百勝之才나 而死于垓下[1]하니 無惑也라 吾觀其戰於鉅鹿[2]也한대 見其慮之不長하고 量之不大하여 未嘗不怪其死於垓下之晩也라 方籍之渡河에 沛公은 始整兵嚮關[3]하니 籍於此時에 若急引軍趨秦하여 及其鋒而用之면 可以據咸陽하여 制天下라 不知出此하고 而區區與秦將으로 爭一旦之命하고 旣全鉅鹿하되 而猶徘徊河南新安間하여 至函谷하니 則沛公은 入咸陽數月矣[4]라 夫秦人은 旣已安沛公하고 而讐籍[5]하니 則其勢不得强而臣이라 故로 籍雖遷沛公漢中이나 而卒都彭城하여 使沛公으로 得還定三秦[6]하니 則天下之勢는 在漢不在楚라 楚雖百戰百勝이라도 尙何益哉아 故로 曰 兆垓下之死者는 鉅鹿之戰也라하니라

아아! 項羽는 百戰百勝의 재능을 가지고 있었으나 垓下에서 죽었으니, 의아해할 것이 없다. 나는 鉅鹿에서 그가 한 싸움을 관찰해보았는데, 그의 책략이 장구하지도 않고 도량도 크지 않음을 보고서, 그가 그렇게 늦게 垓下에서 죽은 것을 괴이하게 여기지 않은 적이 없었다.

項羽가 黃河를 건너고 있을 때에, 劉邦은 비로소 군대를 정돈하여 函谷關으로 향하기 시작하였으니, 項羽가 이때에 서둘러 군대를 이끌고 秦나라로 나아가, 병사의 사기가 충만했을 때에 用兵을 했더라면 咸陽(秦의 수도)을 차지하여 천하를 제압할 수 있었을 것이다. 이러한 계책을 낼 줄도 모르고 속 좁게 秦나라 장군과 보잘것없는 승부를 다투고, 이미 鉅鹿을 온전히 차지하고서도 河南・新安 사이를 배회하다가 函谷關에 이르니, 劉邦은 咸陽에 입성한 지가 수개월이나 되었다.

秦나라 사람들은 이미 劉邦에게 편안함을 느끼고 項羽에게는 적개심을 느꼈으니, 그렇다면 그 형세상 〈秦나라 사람을〉 項羽에게 억지로 복종시킬 수가 없었다. 그래서 項羽는 비록 劉邦을 漢中 땅으로 옮기기는 하였지만, 그는 끝내 彭城에 도읍을 정함으로써 劉邦이 다시 三秦을 평정할 수 있게 하였으니, 그렇다면 천하의 대세는 漢나라에 있었지 楚나라에 있지 않았다. 楚나라가 비록 백전백승할 수 있더라도 오히려 무슨 이익이 있겠는가! 그러므로 "垓下에서 죽음이 예견된 것은 鉅鹿의 싸움이었다." 하겠다.

1) 死于垓下 : 秦末 楚・漢이 천하를 다투다가 項羽는 垓下에서 劉邦에게 포위되어 烏江 가에서 자살하였다. 垓下는 지명이다.

2) 吾觀其戰於鉅鹿 : B.C. 207년, 秦나라 장수 章邯이 項梁의 군대를 격파한 후, 楚軍을 보고 趙나라를 공격하자 趙王이 鉅鹿城으로 도망하였다. 章邯과 부장 王離・涉間이 鉅鹿城을 포위하니, 楚 懷王이 宋義를 上將軍으로, 項羽를 次將으로 삼아 북으로 趙나라를 구원하게 하였다. 楚軍이 安陽에 이르자 宋義는 秦軍을 두려워하여 진영에 머문 채 40여 일을 관망하면서 종일 友人들과 술만 마셨다. 項羽가 화가 나서 宋義를 죽이고, 漳河를 건너 鉅鹿에서 秦軍과 싸워 秦軍을 대파하였다. ≪史記 項羽本紀≫

저본에는 '吾於其戰鉅鹿'이라고 되어 있으나, ≪嘉祐集≫에 따라 '吾觀其戰於鉅鹿'으로 바꾸었다.

3) 方籍之渡河 沛公始整兵向關 : 楚 懷王이 宋義와 項羽를 보내 趙나라를 구원하도록 할 때에, 劉邦에게는 서쪽으로 函谷關을 공략하여 서로 호응하게 하였다. 懷王이 諸將들이 출발하기 전에 먼저 咸陽(秦의 수도)을 점령하는 사람에게 그곳 제후왕으로 봉해주겠다고 약속하였다. 項羽가 章邯과 싸우고 있을 때

劉邦이 이미 高陽・陳留・南陽・武關을 거쳐 서쪽 秦나라 땅으로 들어가 灞上에 주둔하자 秦의 왕자 嬰이 劉邦에게 투항하였다. ≪史記 項羽本紀≫

4) 旣全鉅鹿……入咸陽數月矣 : 項羽가 鉅鹿에서 秦軍을 대파했을 때에, 章邯의 軍은 項羽의 軍과 대치하다가 秦나라 내부의 갈등으로 章邯이 투항하려 할 때에 項羽의 공격을 받고 패하였다. 項羽는 이 뒤에도 바로 咸陽으로 향하지 않고 新安으로 가서 항복한 秦軍 20만을 땅에 묻어 죽였다. 이때 劉邦은 咸陽에 입성한 지 이미 오래되었다. ≪史記 項羽本紀≫

5) 夫秦人……而讐籍 : 劉邦은 咸陽에 입성한 후 秦나라 府庫의 재물을 그대로 봉해놓고, 군대를 여전히 灞上에 주둔시키며 秦나라의 가혹한 형벌을 폐지하여 세 가지 법만 지킬 것을 약속하였다. 반면에 項羽는 函谷關에 들어온 후 咸陽을 도륙하고 항복한 秦나라 왕자 嬰을 죽였으며, 秦나라 궁실을 불태우고 재물과 부녀자들을 약탈하는 등 劉邦의 태도와는 확연히 달랐다.

6) 籍雖遷沛公漢中……得還定三秦 : 項羽가 咸陽을 불태운 뒤, 그 참혹한 모습을 보고 동쪽으로 돌아가고 싶었다. 그래서 楚 懷王을 義帝로 높이고 제장들을 侯王으로 세운 뒤, 자신은 군대를 이끌고 동으로 가서 아홉 개의 郡을 통할하며 彭城을 도읍으로 정하였다. 한편 劉邦을 漢王에 봉하고 巴・蜀 땅을 거느리게 하고, 秦나라 옛 땅을 三分하여 秦나라의 항복한 장수에게 주고서 劉邦이 東進하는 것을 막게 하였다. 그 후 B.C. 206년 漢王 劉邦은 韓信의 계책에 따라 漢中으로 돌아와 三秦을 평정하고 項羽와 천하를 다투었다. ≪史記 項羽本紀≫

三秦이란 지금의 陝西省 중북부 일대로 秦나라의 옛 땅이다. 項羽가 入關한 후 세 곳으로 쪼개어 章邯을 雍王으로 봉하여 咸陽 서쪽 땅을 다스리게 하고, 司馬欣을 塞王으로 봉하여 咸陽 서쪽 땅을 다스리게 하였으며, 董翳를 翟王에 봉하여 지금의 陝北 땅을 다스리게 하였다. 이것을 합쳐 三秦이라 하였다.

或曰 雖然이나 籍必能入秦乎아하니 曰 項梁[1)]死에 章邯[2)]謂楚不足慮라 故로 移兵伐趙하니 有輕楚心하여 而良將勁兵을 盡于鉅鹿이라 籍誠能以必死之士로 擊其輕敵寡弱之師면 入之易耳라 且亡秦之守關과 與沛公之守가 善否可知也요 沛公之攻關과 與籍之攻이 善否又可知也라 以秦之守에 而沛公攻入之하고 沛公之守에 而籍攻入之하니 然則亡秦之守에 籍不能入哉아

어떤 사람이 물었다.

"비록 그러하나 項羽가 모름지기 秦나라로 들어갈 수는 있었을까?"

이에 대답하였다.

"項梁이 죽자, 章邯이 楚나라는 족히 염려할 것이 없다고 여겼기 때문에 군대를 옮겨 趙나라를 쳤으니, 楚나라를 가볍게 여긴 마음이 있어 뛰어난 장군과 날쌘 병사들을 모두 鉅鹿으로 집결시켰던 것이다. 項羽가 진실로 필사의 병사들로, 적을 가볍게 여기고 얼마 되지도 않은 연약한 〈函谷關의 秦나라〉 수비군을 공격했더라면 쉽게 들어갈 수 있었을 것이다.

또 망해가는 秦나라가 函谷關을 지키는 것과 劉邦이 函谷關을 지키는 것 중 누가 더 잘 지킬지 알 수가 있었을 것이고, 劉邦이 函谷關을 공격하는 것과 項羽가 函谷關을 공격하는 것 중 누가 더 잘 공격할지 또한 알 수가 있었을 것이다. 秦나라가 지키는데 劉邦이 공격해 들어갔고, 劉邦이 지키는데 項羽가 공격해서 들어갔으니, 그렇다면 망해가는 秦나라가 函谷關을 지키는데 項羽가 들어갈 수 없겠는가?"

1) 項梁 : 秦末 下相 사람으로 楚나라 장수 項燕의 아들이며 項羽의 숙부이다. 項羽와 함께 군대를 일으켜 秦나라에 대항하다가 定陶에서 秦나라의 장수 章邯에게 패하여 죽었다.

2) 章邯 : 秦나라의 장수로 반란군과 싸워 자주 이겼으나, 鉅鹿을 포위하였다가 項羽의 군대에 패하였다. 그 후 楚나라에 항복하여 雍王이 되었다가 劉邦에게 패하여 자살하였다.

或曰 秦可入矣면 如救趙何오하니 曰 虎方捕鹿한대 羆據其穴하여 搏其子면 虎安得不置鹿而返고 返則碎於羆明矣라 軍志에 所謂攻其必救也[1]라하니라 使籍入關이면 王離涉間[2]이 必釋趙自救라 籍據關逆擊其前하고 趙與諸侯救者十餘가 壁[3]躡其後면 覆之必矣라 是籍一擧解趙之圍하고 而收功於秦也라 戰國時에 魏伐趙하니 齊救之라 田忌引兵하여 疾走大梁하니 因存趙而破魏[4]라 彼宋義[5]號知兵이나 殊不達此하고 屯安陽不進하여 而曰待秦敝라하니 吾恐秦未敝에 而沛公先據關矣라 籍與義俱失焉이라

어떤 사람이 물었다.

"秦나라로 들어가면, 趙나라를 구원하는 것은 어떻게 할 것인가?"

이에 대답하였다.

"호랑이가 사슴을 잡으려 하고 있는데, 곰이 호랑이굴을 점거하여 그 새끼를 잡으려 한다면, 호랑이가 어찌 사슴을 놓아두고 돌아오지 않을 수 있겠는가? 돌아오면 곰에게 박살날 것은 분명하다.

兵書에 이른바 '그들이 반드시 구원할 곳을 공격한다.'라고 기록하고 있다. 項羽가 函谷關으로 들어가게 되면 〈秦나라 장군〉 王離·涉間이 반드시 趙나라를 버리고 스스로 구원하러 올 것이다. 項羽가 函谷關을 점거하여 그들의 앞을 막아 공격하고 趙나라와 구원에 나섰던 십여 명의 諸侯 군대가 그들의 뒤를 밟는다면, 그들을 무너뜨리는 것은 틀림없을 것이다. 이렇게 해야 項羽는 일거에 趙나라의 포위를 풀게 할 수 있고, 秦나라에서도 功을 거둘 것이다.

전국시대에, 魏나라가 趙나라를 공격하니 齊나라가 趙나라를 구원하였다. 〈齊나라〉 田忌가 군대를 이끌고 재빨리 〈魏나라 수도인〉 大梁으로 들어가니, 이로 인해 趙나라를 보존시키고 魏나라를 깰 수 있었다. 저 宋義 같은 이는 用兵을 안다고 하지만 전혀 이런 이치를 깨우치지 못하고 安陽에 주둔하여 나아가려 하지 않으면서 '적이 피로해지기를 기다린다.'고 하였으니, 나는 秦나라가 피로해지기도 전에 劉邦이 먼저 函谷關을 점거할까 두렵다. 項羽와 宋義는 다 실책한 것이다."

1) 軍志 所謂攻其必救也 : ≪孫子兵法≫ 〈虛實篇〉에 "내가 싸우고자 하면 적이 비록 성루를 높이 쌓고 참호를 깊이 파고 지키고 있어도 우리와 싸울 수밖에 없는 것은 그들이 반드시 구원해야 하는 곳이기 때문이다.〔我欲戰 敵雖高壘深溝 不得不與我戰者 攻其所必救也〕"라는 내용이 있다.

2) 王離涉間 : 王離는 秦나라의 명장 王翦의 손자로 鉅鹿의 싸움에서 項羽에게 사로 잡혔고, 涉間은 鉅鹿의 싸움에서 項羽에게 패하여 분신자살하였다.

3) 壁 : 옛날 군영의 담장을 말하지만, 여기서는 군대를 대칭한 말이다.

4) 戰國時……因存趙而破魏 : 魏나라 장수 龐涓이 군대를 거느리고 趙나라를 공격하자 趙나라는 齊나라에 구원을 청했다. 齊나라는 田忌를 장군으로 삼고 孫臏을 軍師로 삼아 趙나라를 구원하게 하였다. 孫臏은 魏나라 大軍이 외지에 있어 국내가 텅 빈 것을 알고 田忌에게 魏나라 수도 大梁을 공격할 것을 권하

였다. 魏나라 군대가 자신의 수도가 긴박함을 알고 급히 회군하여 桂陵에서 齊나라와 싸웠지만 魏나라는 패하고 龐涓은 죽었다. ≪史記 孫武吳起列傳≫

5) 宋義 : 秦나라 말기 楚나라 사람이다. 項梁을 따라 起兵하여 秦나라에 대항하였다. B.C. 207년 章邯이 黃河를 건너 趙나라를 공격하여 鉅鹿을 포위하자 楚 懷王은 宋義를 上將軍으로 삼고 項羽를 次將으로 삼아 趙나라를 구원하게 하였다. 宋義가 安陽에 이르러 46일간을 형세만 엿보며 공격하지 않자, 답답하게 여긴 項羽는 宋義가 齊나라와 모의해 楚나라를 배신하려 한다며 그를 살해하였다.

是故로 古之取天下者는 常先圖所守라 諸葛孔明은 棄荊州而就西蜀[1)]한대 吾知其無能爲也라 且彼未嘗見大險也니 彼以爲劍門[2)]者可以不亡也라 吾嘗觀蜀之險한대 其守不可出하고 其出不可繼하니 兢兢而自完도 猶且不給이어늘 而何足以制中原哉아 若夫秦漢之故都[3)]는 沃土千里요 洪河大山이니 眞可以控天下어늘 又烏事夫不可以措足如劍門者而後에 曰險哉아 今夫富人必居四通五達之都하여 使其財布出於天下然後에 可以收天下之利라 有小丈夫者는 得一金하여도 櫝而藏諸家하여 拒戶而守之라 嗚呼라 是求不失也요 非求富也라 大盜至하여 劫而取之면 又焉知其果不失也리오

이 때문에 옛날 천하를 취하려는 자는 늘 지킬 곳을 먼저 도모하였다. 諸葛孔明은 荊州를 버리고 西蜀으로 갔는데, 나는 그가 아무것도 할 수 없을 것임을 알았다. 게다가 그는 일찍이 이처럼 큰 험지를 본 적이 없었으니, 그는 劍門이란 곳을 의지하면 망하지 않을 수 있다고 생각한 것이다. 나는 일찍이 蜀의 험준함을 살펴보았는데, 그곳을 지키면 나올 수가 없고 그곳을 나오면 〈후원군을〉 계속해서 보낼 수가 없으니, 전전긍긍하며 자신을 보존하기에도 오히려 또한 넉넉하지 않거늘, 어찌 족히 中原을 제압할 수 있겠는가?

저 秦·漢의 옛 도읍 같은 곳은 沃土가 천 리에 걸쳐 있고 큰 강과 높은 산이 있으니 진실로 천하를 통제할 수 있거늘, 또한 어찌하여 발도 편히 둘 수 없는 劍門 같은 곳을 기반으로 한 뒤에 '험하구나!'라고 한단 말인가!

지금 부자들은 반드시 四通八達의 도시에 거주하면서 그들의 財富를 천하에 유통

시킨 뒤에 천하의 이익을 모두 거두어들인다. 졸장부는 一金만 얻어도 함 속에 넣어 집안에 감추어두고서 문을 걸어 잠그고 그것을 지킨다. 아아! 이것은 물건을 잃어버리지 않기를 바라는 것이지 부자가 되기를 바라는 것이 아니다. 큰 도적이 들어 겁탈하여 가져가버리면, 또한 어찌 과연 잃어버리지 않을 것인지 알겠는가?

1) 諸葛孔明 棄荊州而就西蜀 : 孫權・劉備의 연합군이 赤壁에서 승리한 후 劉備는 본래 荊州를 그대로 차지하고 西蜀을 경영할 생각이었지만, 關羽의 실수로 荊州를 잃어 어쩔 수 없이 西蜀을 근거지로 삼을 수밖에 없었던 것인데, 蘇洵은 마치 諸葛孔明이 天下三分의 계획 때부터 蜀나라가 西蜀을 근거지로 삼은 것처럼 이해하고 있다.
2) 劍門 : 劍門山에 설치한 關의 이름이다. 劍門山은 梁山이라고도 하는데, 劍門 72峰이 있고 깎아지른 절벽으로 이루어져 있다. 諸葛亮이 劍門關을 설치하고 棧道를 만들었다. 陝西에서 蜀으로 들어오는 목구멍 같은 곳이다.
3) 秦漢之故都 : 秦나라 수도 咸陽과 漢나라 수도 長安을 말한다. 이곳에는 모두 關中의 비옥한 땅이 있고, 關門으로는 函谷關이 있으며, 東西로는 崤山의 험준함과 華山・終南山이 있고, 강으로는 黃河・渭水가 감싸고 있어 나아가면 공격할 수 있고 물러나면 방어할 수 있어 西蜀과는 다르다.

宋大家蘇文公文抄 卷8

衡論

01. 衡論序* 〈衡論〉의 서문

* 〈衡論〉은 〈權書〉의 자매편이다. 〈權書〉는 주로 用兵에 관한 것으로 전쟁에 이기는 방도를 서술한 것이라면, 〈衡論〉은 주로 政治에 관한 것으로 治國의 방도를 서술하였다. 蘇洵은 모름지기 '사람들에게 다 알릴 수 있는 것'을 눈금이 새겨진 저울대〔衡〕로, '단서만 사람들에게 알려주는 것'을 저울추〔權〕로 보았다. 따라서 〈衡論〉은 나라를 다스리기 위한 原則을 확립하는 데에 중점을 두고 서술하였고, 〈權書〉는 用兵을 위한 方法을 제공하는 데에 중점을 두고 서술하여서 양자가 서로 합쳐질 때 온전해진다.

事有可以盡告人者하고 **有可告人以其端而不可盡者**하니 **盡以告人**엔 **其難在告**하고 **告人以其端**엔 **其難在用**이라

일이란 사람들에게 다 알릴 수 있는 것이 있고, 그 단서만 알릴 수 있고 다 알릴 수 없는 것이 있으니, 사람들에게 모두 다 알려야 할 때에는 그 어려움이 정확히 알리는 데 있고, 그 단서만 알려줄 때에는 그 어려움이 운용하는 데에 있다.

今夫衡之有刻也니 **於此爲銖**[1)]요 **於此爲石**[2)]한대 **求之而不得**이면 **曰是非善衡焉**이라도 **可也**어니와 **曰權罪者**는 **非也**라

지금 저 저울대에 눈금이 새겨져 있으니, 여기는 銖의 눈금이고 여기는 石의 눈금인데, 그 눈금을 찾아도 찾을 수 없으면 '이것은 좋은 저울대가 아니다.'라고 해도 되겠지만, '저울추가 잘못되었다.'고 하는 것은 옳지 않다.

1) 銖 : 고대의 무게단위이다. 그 說이 일정하지는 않지만, ≪漢書≫에는 기장

100알의 무게로, 무게단위 중 가장 작은 단위이다.

2) 石 : 무게의 단위로, 1石은 120斤이며, 무게단위 중 가장 큰 단위이다.

始吾作權書하여 **以爲其用可以至於無窮**하고 **而亦可以至於無用**하여 **於是**에 **又作衡論十篇**하노라 **嗚呼**라 **從吾說而不見其成**이면 **乃今**[1]**可以罪我焉耳**니라

처음 내가 〈權書〉를 짓고서, 그 쓰임이 무궁할 수도 있겠고, 또 쓸모가 없을 수도 있겠다 생각되어, 이에 다시 〈衡論〉 10편을 짓는다. 아아! 내 말을 따라하였으나 그 성공을 보지 못한다면, 지금 곧 나를 책망해도 좋을 따름이다.

1) 今 : 저본에는 '今'자가 없으나, ≪嘉祐集≫에 의하여 보충하였다.

按此老泉經世之文也라 **其議論多雜以申韓**이나 **余第謂其與擧子業較近**하여 **故**로 **竝錄之**라

생각건대, 이 글은 蘇洵의 세상을 다스리는 글이다. 그의 議論에는 申不害와 韓非의 法家思想이 많이 섞여 있으나, 나는 다만 그것이 科擧 응시를 위한 공부와 비교적 가깝다고 생각되기에 함께 기록한다.

02. 遠慮* 먼 장래에 대해 생각함

* 이 글은, 君主는 반드시 奇機密謀를 맡길 수 있는 심복의 신하가 있어야 萬代의 功을 이룰 수 있음을 말한 것이다.

文如怒馬가 **奔逸絶塵**하여 **而不可羈制**라 **大略老蘇之文**은 **有此一段奇邁奮迅之氣**하니 **故**로 **讀之往往令人心掉**라

이 글은 마치 성난 말이 먼지조차 일으키지 않을 정도로 빨리 달려서 제어할 수 없는 것과 같다. 대략 蘇洵의 글은 이런 일단의 奇邁奮迅(맹렬히 떨쳐 일어나는 모양)의 기세가 있기 때문에, 그의 글을 읽으면 종종 사람의 마음을 흔들어놓는다.

聖人之道는 **有經**[1]하고 **有權**[2]하고 **有機**[3]하니 **是以**로 **有民**하고 **有群臣**하고 **而又有腹心之臣**이라 **曰經者**는 **天下之民**이 **擧知之可也**요 **曰權者**는 **民不得而知矣**나 **群臣知之可也**요 **曰機者**는 **雖群臣**이라도 **亦不得而知矣**나 **腹心之臣知之可也**라 **夫使聖人而無權**이면 **則無以成天下之務**요 **無機**면 **則無以濟萬世之功**[4]이라 **然**이나 **皆非天下之民**이 **所宜知**요 **而機者**는 **又群臣所不得聞**이니 **群臣不得聞**이면 **誰與議**리오 **不議**면 **不濟**[5]라 **然則所謂腹心之臣者**는 **不可一日無也**라

聖人의 도에는 常道가 있고 權變이 있으며 機密이 있으니, 이 때문에 백성이 있고 群臣이 있고 또 심복의 신하가 있게 된다. 常道라 하는 것은 천하 백성들이 그것을 다 알아야 되는 것이고, 權變이라 하는 것은 백성들은 알 수 없지만 群臣들은 알아야 되는 것이며, 機密이라 하는 것은 비록 群臣이라 하더라도 알 수 없으나, 심복의 신하만 그것을 알아야 되는 것이다.

대저 聖人이 權變이 없으면 천하의 일을 이룰 수 없고, 機密이 없으면 한 왕조의 功을 이룰 수 없다. 그러나 이 둘 다 천하 백성들이 마땅히 알아야 할 바는 아니요, 機密은 또 群臣들도 들을 수 없는 것이니, 群臣이 들을 수 없으면 누구와 의논할까? 의논하지 않으면 성공할 수 없다. 그렇다면 이른바 심복의 신하는 하루라도 없어서는 안 된다.

1) 經 : 常道로, 不變의 道理를 말한다.
2) 權 : 權變으로, 變通하여 正道에 맞는 것을 말한다.
3) 機 : 寄機密謀, 즉 機密을 말한다.
4) 萬世之功 : 한 王朝를 세우는 것을 가리켜 萬代라고 하였다.
5) 不議 不濟 : 토론하지 않으면 성공할 수 없다. 濟는 '성공하다.'는 뜻이다.

後世見三代取天下以仁義하여 **而守之以禮樂也**하고 **則曰聖人無機**라하니 **夫取天下**와 **與守天下**에 **無機不能**이라 **顧三代聖人之機**는 **不若後世之詐**하여 **故**로 **後世不得見耳**라

후세 사람들은 三代에는 仁義로 천하를 취하여 禮樂으로 지킨 것을 보고, 곧 "聖人에게는 機密이 없다."라 말하니, 대저 천하를 취하고 천하를 지키는 데에 機密은

없어서는 안 된다. 다만 三代 聖人의 機密은 후세의 속임과는 달랐기 때문에, 후세 사람들이 그것을 알 수가 없었을 뿐이다.

有機也라야 **是以**로 **有腹心之臣**하니 **禹有益**[1]하고 **湯有伊尹**하고 **武王有太公望**하니라 **是三臣者**는 **聞天下之所不聞**하고 **知群臣之所不知**하니라 **禹與湯武**가 **倡其機於上**하고 **而三臣者**가 **和之於下**하여 **以成萬世之功**이라 **下而至于桓文**하여 **有管仲狐偃**[2]**爲之謀主**하고 **闔廬有伍員**[3]하고 **句踐有范蠡大夫種**[4]이라 **高祖之起也**엔 **大將**은 **任韓信黥布彭越**하고 **裨將**은 **任曹參樊噲滕公灌嬰**하며 **游說諸侯**는 **任酈生陸賈樅公**[5]하며 **至于奇機密謀**하여는 **群臣所不與者**하고 **唯留侯酇侯**[6]**二人**하니라 **唐太宗之臣**엔 **多奇才**하되 **而委之深任之密者**는 **亦不過曰房杜**[7]라

機密이 있어야, 그것 때문에 심복의 신하가 있게 되니, 禹임금에게는 伯益이 있었고, 湯임금에게는 伊尹이 있었으며, 武王에게는 太公望이 있었다. 이 세 신하는 천하 사람들이 듣지 못하는 것을 들었고, 群臣들이 알지 못하는 것을 알았다. 禹임금·湯임금·武王이 그 機密을 위에서 주창하고 세 신하가 아래에서 화답하여 한 왕조의 功을 이룰 수 있었다.

그 후대로 내려와 齊 桓公·晉 文公에게는 管仲과 狐偃이 있어 그들의 謀主가 되었고, 〈吳나라〉 闔廬에게는 伍員이 있었고, 〈越나라〉 句踐에게는 范蠡와 大夫 種이 있었다. 漢 高祖가 일어나서는 大將으로 韓信·黥布·彭越을 임용하였고, 裨將으로 曹參·樊噲·滕公·灌嬰을 임용하였고, 諸侯를 유세하는 데에는 酈生(酈食其)·陸賈·樅公을 임용하였으며, 奇機密謀를 요하는 계책에는 群臣들은 참여하지 못하였고, 오직 留侯(張良)와 酇侯(蕭何) 두 사람만 참여하였다. 唐 太宗의 신하 중에는 기이한 재주를 가진 사람이 많았지만, 중임을 맡기고 機密을 맡길 때에는 또한 房玄齡과 杜如晦 두 사람에 불과하였다.

1) 益 : 伯益으로 嬴씨 성의 시조이다. 목축과 수렵에 뛰어나 舜임금이 虞에 임명하였고, 禹임금 때에는 禹임금을 도와 治水에 功이 있었다. 禹임금이 죽기 전 그에게 천자의 자리를 양위하려 했지만, 그는 箕山 남쪽으로 피하여 살았다.

2) 狐偃 : 字가 子犯으로, 晉 文公의 외숙이며 文公을 따라 19년 동안 외지를 떠

돌다가 귀국 후 文公을 도와 霸業을 이루었다.

3) 伍員 : 字가 子胥로, 아버지 伍奢와 형 伍尙이 楚 平王에게 죽임을 당하자, 吳나라로 달아났다가 吳나라가 楚나라를 공격하는 것을 도왔다.

4) 范蠡大夫種 : 范蠡는 미녀 西施를 찾아내어 吳나라 夫差에게 바쳤고, 大夫 種은 大夫의 벼슬에 있었던 文種으로, 越나라의 寶器를 吳나라 夫差에게 바쳐 강화를 맺었다. 越나라 句踐이 이들의 도움으로 嘗膽하며 마침내 吳나라를 멸하였다.

5) 酈生陸賈樅公 : 酈生은 酈食其로, 陳留 高陽 사람이다. 일찍이 漢나라를 위해 齊나라를 설득하여 齊나라 70여 城을 항복시켰다. 韓信이 齊나라를 공격하자 齊나라 사람들이 그가 齊나라를 속인 것을 알고 그를 삶아 죽였다. 陸賈는 楚나라 사람으로, 일찍이 張良의 계책에 따라 酈食其와 함께 秦나라 장군을 설득하여 武關을 습격하여 깨뜨렸고, 南越의 尉佗를 漢나라 신하가 되도록 설득한 공으로 大中大夫가 되었다. 樅公은 劉邦이 漢王이 되었을 때 御史大夫가 되었고, 楚・漢의 전쟁 중에 漢을 위하여 滎陽을 지키다가, 項羽의 공격으로 죽었다.

6) 留侯鄼侯 : 留侯는 張良으로 본래는 韓나라 사람이었지만, 劉邦의 책사가 되어 천하를 평정한 공로로 留侯에 봉해졌다. 鄼侯는 沛 사람으로 蕭何이다. 楚나라와 漢나라가 패권을 다툴 때 蕭何가 關中을 지키며 군수품을 원활이 공급하여 軍中에 모자람이 없게 하였다. 劉邦이 稱帝하고 論功行賞할 때에 蕭何의 공이 가장 크다 하여 鄼侯에 봉하였다.

7) 房杜 : 房玄齡과 杜如晦를 말한다. 房玄齡은 臨淄 사람이다. 唐 太宗 李世民이 起兵하여 房玄齡을 行軍記室參軍으로 삼았다. 太宗이 稱帝하자 中書令이 되어 15년간 재상의 자리에 있었다. 세상 사람들은 房玄齡은 계책에 뛰어나고, 杜如晦는 과단성이 있다고 하였다. 杜如晦는 杜陵 사람으로 字가 克明이다. 唐 武德 초에 秦王府兵曹參軍이 되어 機密에 참여하였다. 當世에는 杜如晦를 良相이라 하였다.

夫君子爲善之心과 與小人爲惡之心은 一也라 君子有機하여 以成其善하고 小人有機하여 以成其惡하니라 有機也면 雖惡이라도 亦或濟하고 無機也면 雖善이라도 亦不克하니라 是

故로 腹心之臣은 不可以[1]一日無也라 司馬氏[2]는 魏之賊也로되 有賈充[3]之徒하여 爲之腹心之臣하여 以濟하고 陳勝吳廣[4]은 秦民之湯武也로되 無腹心之臣하여 以不克하니라 何則고 無腹心之臣者는 無機也요 有機而泄也라 夫無機와 與有機而泄者는 譬如虎豹食人할새 而不知設陷穽이요 設陷穽하되 而不知以物覆其上者也라

君子가 善을 행하는 마음과 小人이 惡을 행하는 마음은 한가지다. 君子는 機密이 있었기에 그 善을 이루었고, 小人은 機密이 있었기에 그 惡을 이루었다. 機密이 있으면 惡이라 할지라도 때로는 이룰 수가 있고, 機密이 없으면 善이라 할지라도 이룰 수가 없다. 이 때문에 심복의 신하가 하루라도 없어서는 안 되는 것이다.

司馬氏는 魏나라를 해친 도적이었지만, 賈充과 같은 무리들이 있어 그들을 심복의 신하로 삼아 성공하였고, 陳勝과 吳廣은 秦나라 백성들의 입장에서는 殷나라 湯王과 周나라 武王과 같았지만, 심복의 신하가 없어서 성공할 수가 없었다.

왜 그런가? 심복의 신하가 없다는 것은 機密이 없는 것이요, 機密이 있어도 누설된 것이다. 機密이 없거나 機密이 있어도 누설된다는 것은, 비유하자면 호랑이나 표범이 사람을 잡아먹어도 함정을 설치할 줄 모르거나, 함정을 설치해놓고도 그 위를 물건으로 가릴 줄 모르는 것과 같다.

1) 以 : 저본에는 '以'자가 없으나, ≪嘉祐集≫에 의해 보충하였다.
2) 司馬氏 : 三國時代 때 魏나라의 司馬懿와 그 아들 司馬師・司馬昭는 다 魏나라의 機密을 다루는 重臣으로 魏나라 정치를 독단하다가, 司馬昭의 아들 司馬炎에 이르러 魏나라 정권을 찬탈하여 晉나라를 세웠다.
3) 賈充 : 平陽 襄陵 사람으로, 魏나라 때에 大將軍司馬・廷尉 등의 벼슬을 지냈으며, 司馬氏 일가의 심복신하로 司馬炎이 魏나라 정권을 찬탈하는 것을 도왔다. 晉나라가 건국된 뒤, 그는 司馬・侍中・尙書令의 관직을 지냈다.
4) 陳勝吳廣 : 여기서는 陳勝과 吳廣을 秦나라 백성을 재난 속에서 건져낸 賢人으로 보았다.

或曰 機者는 創業之君이 所假以濟耳니 守成之世에 其奚事機하여 而安用夫腹心之臣이리오하니라 嗚呼라 守成之世에 能遂熙然如太古之世矣乎아 未也라 吾未見機之可

去也라 **且夫天下之變**은 **常伏於燕安**하니 **田文**이 **所謂主少國危**에 **大臣未附**[1]라하니라 **如此等事**가 **何世無之**리오 **當是之時**에 **而無腹心之臣**이면 **可爲寒心哉**아 **昔者高祖之末**엔 **天下旣定矣**로되 **而又以周勃遺孝惠孝文**[2]하고 **武帝之末**엔 **天下旣治矣**로되 **而又以霍光遺孝昭孝宣**[3]하니 **蓋天下雖有泰山之勢**라도 **而聖人常以累卵爲心**하니라 **故**로 **雖守成之世**라도 **而腹心之臣**을 **不可去也**니라

어떤 사람은 "機密이란 創業의 군주가 빌려서 성공을 이루는 수단일 뿐이니, 守成의 시대에 어찌 機密을 일로 삼아 심복의 신하를 쓰겠는가?"라고 말한다.

아아! 守成의 시대라 해서, 저 태고의 시대처럼 바로 안락한 시대가 될 수 있을까? 아니다. 나는 機密을 버린 것을 아직 보지 못하였다. 게다가 천하의 변란은 늘 안일 속에 잠복해 있으니, 田文이 이른바 "임금이 어리면 나라는 위험하니, 대신들이 따르지 않는다."라는 것이다. 이와 같은 일들이 어느 시대인들 없겠는가? 바로 이러할 때에 심복의 신하가 없다면 얼마나 한심스런 일인가!

옛날 漢 高祖 말년에는 천하가 이미 안정되었는데도, 周勃을 惠帝와 文帝에게 남겨주었고, 武帝 말년에는 천하가 이미 잘 다스려졌는데도, 霍光을 昭帝와 宣帝에 남겨주었으니, 대개 천하가 비록 泰山의 모습처럼 안정되어 있더라도, 聖人은 늘 위험하게 쌓아놓은 계란처럼 여겼다. 그러므로 守成의 시대라 하더라도 심복의 신하를 없앨 수 없는 것이다.

1) 田文所謂主少國危 大臣未附 : 田文이 吳起에게 "임금이 아직 어려서 나라가 위험한데도, 대신들이 아직 따르지 않으며 백성들이 믿지 않는다. 이런 때에 이 일을 그대에게 맡기겠는가, 나에게 맡기겠는가?"라고 하였다. ≪史記 孫子吳起列傳≫

2) 以周勃遺惠孝文 : 高祖가 呂后에게 "周勃은 重厚하나 文飾이 적다. 그러나 劉氏를 편안하게 할 자는 반드시 周勃이다. 그를 太尉로 삼을 만하다."라고 하였다. ≪史記 高祖本紀≫

3) 以霍光遺孝昭孝宣 : 霍光은 字가 子孟이고, 河東 平陽 사람으로, 驃騎將軍 霍去病의 이복동생이다. 10여 세 때부터 武帝를 측근에서 섬기다가, 武帝가 죽을 무렵에는 大司馬大將軍・博陸侯가 되었으며, 後事를 위탁받았다. 武帝가

죽자 8세로 즉위한 昭帝를 보필하였고, 昭帝가 죽은 후에는 昌邑王 劉賀를 황제로 옹립했지만, 劉賀가 荒誕하여 政事를 돌보지 않자 그를 폐위시키고 宣帝를 세웠다.

傳에 曰 百官總己하여 以聽于冢宰[1]라하니 彼冢宰者는 非腹心之臣이면 天子安能擧天下之事하여 委之三年호되 而不置疑于其間邪아 又曰 五載에 一巡狩[2]라하니 彼無腹心之臣한대 五載一出하여 捐千里之畿면 而誰與守邪아 今夫一家之中에도 必有宗老하고 一介之士라도 必有密友하여 以開心胸하여 以濟緩急하니 奈何天子而無腹心之臣乎아

≪書傳≫에서 "百官은 자신의 직무를 총괄하여 宰相의 명을 듣는다." 하였으니, 저 宰相이라는 사람이 심복의 신하가 아니었다면, 천자가 어찌 온 천하의 일을 들어 그에게 3년 동안이나 맡겨놓고도 그 사이에 의심하지 않았겠는가?

또 "5년에 한 번씩 巡狩한다."라 하였으니, 그에게 심복의 신하가 없는데도 5년에 한 번 巡狩하여 천 리의 畿內를 포기해버리면, 누가 그를 위해 지켜주겠는가? 지금 한 家門 안에도 반드시 長老가 있고, 일개 선비라도 반드시 친밀한 親舊가 있어 심금을 터놓고 급한 일을 해결하는데, 어찌 천자에게 심복의 신하가 없겠는가?

1) 百官總己 以聽于冢宰 : ≪書經≫ 〈商書 伊訓〉에 나온다. ≪論語≫ 〈憲問〉에도 "諸侯가 죽으면 百官은 자신의 직무를 총괄하여 3년 동안 宰相의 명을 듣는다.〔君薨 百官總己以聽於冢宰三年〕"라고 하였다.
2) 五載 一巡狩 : ≪書經≫ 〈虞書 舜典〉에 나온다.

近世之君은 抗然於上하여 而使宰相眇然於下하니 上下不接하여 而其志不通矣라 臣視君을 如天之遼然而不可親하고 而君亦如天之視人하여 泊然無愛之之心也라 是以로 社稷之憂를 彼不以爲憂하고 社稷之喜를 彼不以爲喜라 君憂不辱하고 君辱不死[1]라 一人譽之면 則用之하고 一人毁之면 則舍之하니라 宰相이 避嫌畏譏도 且不暇어늘 何暇에 盡心以憂社稷이리오 數遷數易하여 視相府를 如傳舍[2]하여 百官汎汎於下하고 而天子惸惸於上하여 一旦에 有卒然之憂면 吾未見其不顚沛而殞越也라

근세의 임금은 위에 높이 앉아서 宰相을 아래로 하찮게 대하니, 위아래가 서로 접촉하지 않아 그들의 뜻이 통하지 않는다. 신하는 임금 보기를 아득히 먼 하늘인 양 가까이할 수 없는 것같이 하고, 임금은 또 마치 하늘이 사람을 보듯 덤덤하여 아끼는 마음이 없다. 이 때문에 社稷의 근심을 저들은 근심으로 생각하지 않고, 社稷의 기쁨을 저들은 기쁨으로 생각하지 않는다. 임금이 근심하여도 욕되게 여기지 않고, 임금이 욕을 당해도 죽지 않는다. 한 사람이 그를 칭찬하면 그를 등용하고, 한 사람이 그를 비방하면 그를 버린다. 재상은 의심을 피하고 비난을 두려워하는 데도 겨를이 없거늘, 어느 겨를에 마음을 다하여 社稷을 걱정하겠는가? 걸핏하면 옮기고 걸핏하면 바꾸어, 丞相府 보기를 旅館 보듯이 해서, 백관들은 아래에서 표류하고 천자는 위에서 외로워하다가 어느 날 아침 갑작스런 우환이 생기면, 무너져 몰락하지 않는 것을 나는 아직 보지 못하였다.

1) 君憂不辱 君辱不死 : ≪吳越春秋≫에 "내가 듣기에 임금이 근심하면 신하는 욕되게 여기고, 임금이 욕을 당하면 신하는 죽는다.〔孤聞之 主憂臣辱 主辱臣死〕"라는 말이 있다.

2) 傳舍 : 옛날 行人들에게 숙박을 제공하던 旅館을 말한다.

聖人之任腹心之臣也에 尊之如父師하고 愛之如兄弟하여 握手入臥內하여 同起居寢食하여 知無不言하고 言無不盡하니라 百人譽之라도 不加密하고 百人毁之라도 不加疎하여 尊其爵하고 厚其祿하고 重其權而後에 可與議天下之機하고 慮天下之變이라 太祖用趙中令[1]也하여 得其道矣라 近者에 寇萊公[2]亦誠其人이나 然이나 與之權輕하여 故로 終以見逐하니 而天下幾有不測之變하니 然則其必使之可以生人殺人而後에 可也[3]라

聖人이 심복의 신하를 임용함에 아비와 스승처럼 높이고 형제처럼 아껴서 손을 잡고 침실 안으로 들어가 寢食과 起居를 함께하면서, 아는 것을 말하지 않음이 없고 말을 다하지 않음이 없다. 백 사람이 그를 칭찬해도 더 친밀할 것 없고, 백 사람이 그를 헐뜯어도 더 멀어질 것 없으며, 그 爵位를 높이고 그 俸祿을 후하게 하고 그 權力을 무겁게 해준 다음에 그와 더불어 천하의 機密을 의논할 수가 있고, 천하의 變化를 고려할 수 있다.

太祖께서는 趙中令(趙普)을 등용하여 그 道를 얻으셨다. 근자에 寇萊公(寇準) 또한 진실로 그만 한 사람이지만, 그에게 준 권력이 가벼웠기 때문에 끝내 추방되어, 천하에는 거의 예측할 수 없는 변고가 생겼으니, 그렇다면 그에게 반드시 生殺與奪의 권력을 준 뒤에야 〈일을 이룰 수〉 있을 것이다.

1) 趙中令 : 中令은 中書令으로 宰相이다. 趙中令은 趙普(922~992)로 薊(지금의 天津 薊縣) 사람이다. 陳橋의 兵亂 때에 공이 있어 右諫議大夫가 되었다가, 宋 太祖 趙匡胤이 稱帝하였을 때 樞密直學士가 되었다. 趙匡胤은 그를 심복의 신하라 여겨서 재상으로 삼았다.
2) 寇萊公 : 寇準(961~1023)이다. 字가 平仲으로, 萊國公에 봉해졌다. 宋 眞宗 景德 元年(1004)에 契丹이 침입하자 寇準은 재상으로서 眞宗이 親征하기를 독촉하였다. 澶淵에서 적을 꺾고, 澶淵의 盟을 맺어, 매년 歲幣 30만 냥을 바치기로 하였다. 그 후 王欽若·丁謂 등에게 음해를 받아 雷州司戶參軍으로 폄적되었다. 그래서 蘇洵이 宋朝가 그에게 준 권력이 가벼워 끝내 추방되었다고 한 것이다.
3) 其必使之可以生人殺人而後 可也 : 이 句節은 심복의 大臣에게는 반드시 生殺與奪의 권한을 주어야 大事를 이룰 수 있다고 본 것이다. 저본에는 '其'자가 없으나, ≪嘉祐集≫에 의해 보충하였다.

03. 御將* 將帥를 부림

* 이 글은 장군을 賢將과 才將으로 나누고, 또 그 장군들이 가지고 있는 재능을 크고 작음으로 나누어, 거기에 맞는 방법을 택하여 그들을 부릴 것을 강조하였다.

老蘇論御才將以智하여 **而引漢高祖待韓彭一着**한대 **似痛切矣**라 **獨不思宋祖御諸將**에 **更有處分**이라 **智之一字**는 **決非至理**라

蘇洵이 才將을 機智로써 부려야 한다는 것을 논하면서, 漢 高祖가 韓信·彭越을 우대한 것을 우선적으로 인용하였는데, 참으로 적절한 것 같다. 다만 宋 太祖가 여러 장수를 부리는 데에 더욱 처분이 있었던 것

은 생각하지 않았다. '智' 한 자로는 결코 이치에 맞지 않을 것이다.

人君御臣에 相易而將難이라 將有二니 有賢將이요 有才將이나 而御才將尤難이라 御相以禮하고 御將以術하며 御賢將之術은 以信하고 御才將之術은 以智하니라 不以禮하고 不以信이면 是不爲也요 不以術하고 不以智면 是不能也라 故로 曰 御將難이나 而御才將이 尤難이라하니라

임금이 신하를 부림에, 宰相은 부리기 쉽고 將軍은 부리기 어렵다. 장군에도 두 부류가 있으니, 賢將이 있고 才將이 있지만, 才將을 부리기가 더 어렵다. 宰相을 부리는 데에는 禮로써 하고, 將軍을 부리는 데에는 手段으로써 하며, 賢將을 부리는 수단은 信義로써 하고, 才將을 부리는 수단은 機智로써 한다. 禮로써 하지 않고 信義로써 하지 않으면, 이것은 일부러 하지 않는 것이다. 수단으로써 하지 않고 機智로써 하지 않으면, 이것은 하지 못하는 것이다. 그러므로 장군을 부리는 것이 어렵지만, 才將을 부리는 것이 더 어렵다고 말하는 것이다.

六畜[1]은 其初엔 皆獸也라 彼虎豹能搏能噬하고 而馬亦能蹄하고 牛亦能觸하니라 先王은 知能搏能噬者는 不可以人力制라 故로 殺之하고 殺之不能이면 驅之而後에 已라 蹄者는 可馭以羈紲이요 觸者는 可拘以楅[2]衡이라 故로 先王은 不忍棄其材하여 而廢天下之用이라 如曰 是能蹄하고 是能觸이라하여 當與虎豹竝殺而同驅면 則是天下에 無騏驥하여 終無以服乘耶아

여섯 종의 가축은 그 처음에는 모두가 야생동물이었다. 저 호랑이와 표범은 덮치고 물어뜯는 데 능하고, 말은 또 말굽으로 뒷발질하는 데 능하며, 소는 또 뿔로 들이박는 데 능하다.

先王들은 덮치고 물어뜯는 데 능한 짐승들은 人力으로 제압할 수 없음을 알았다. 그래서 그놈들을 죽였던 것이고, 죽일 수가 없으면 몰아낸 뒤에야 멈췄다. 말굽으로 뒷발질하는 짐승은 굴레와 고삐로 부릴 수 있고, 뿔로 들이박는 데 능한 짐승은 뿔막이로 구속할 수가 있었다. 그래서 先王들은 차마 그 재주를 포기하여 천하에 유용

함을 내버릴 수가 없었다.

만약 이 짐승은 뒷발질에 능하고 이 짐승은 들이박는 데 능하다 하여 호랑이나 표범처럼 죽이거나 몰아내었다면, 이 천하에는 駿馬가 없어져 끝내 아무것도 타고 다닐 수가 없었을 것이다.

1) 六畜 : 소·돼지·양·말·닭·개의 여섯 종류의 가축을 말하는데, 여기에서는 이들 모두는 원래 야생동물이었음을 말한 것이다.
2) 楅 : 뿔막이. 소가 뿔로 들이박는 것을 막기 위하여 두 뿔에 가로 댄 나무이다.

先王之選才也에 自非大奸劇惡이 如虎豹之不可以變其搏噬者면 未有不欲制之以術하여 而全其才하여 以適于用이온 況爲將者면 又不可責以廉隅[1]細謹하고 顧其才何如耳라 漢之衛[2]霍[3]趙充國[4]과 唐之李靖[5]李勣[6]은 賢將也요 漢之韓信黥布彭越과 唐之薛萬徹[7]侯君集[8]盛彦師[9]는 才將也라 賢將旣不多有하니 得才者而任之可也라 苟又曰 是難御라하여도 則是不肖者而後에 可也라 結以重恩하여 示以赤心하고 美田宅과 豐飮饌과 歌童舞女로 以極其口腹耳目之欲하되 而折之以威하니 此는 先王之所以御才將者也라

先王이 인재를 선발할 때에, 그 奸邪하고 極惡함이 호랑이와 표범처럼 덮쳐서 물어뜯는 습성을 바꿀 수 없는 것이 아니라면, 적절한 수단으로 통제하여 그 재능을 온전하게 함으로써 쓰임에 적절하도록 하려 하지 않음이 없었다. 더구나 장군이라면 言行이 단정하고 세심하며 신중하기를 요구하지 않고, 오직 그 才能이 어떠한지만 보았을 따름이다.

漢나라 衛青·霍去病·趙充國과 唐나라 李靖·李勣은 賢將들이요, 漢나라 韓信·黥布·彭越과 唐나라 薛萬徹·侯君集·盛彦師는 才將들이다. 賢將이 많지 않으니, 재능 있는 자를 얻기만 하면 그를 임용하는 것이 옳다. 또 이런 사람은 부리기가 어렵다 하더라도, 이는 不肖한 자라고 생각한 다음에 〈등용해 쓰면〉 될 것이다.

두터운 은혜로 맺어서 진심을 보이고, 좋은 토지와 주택·풍성한 술과 음식·歌童·舞女로써 그 입과 배와 귀와 눈의 욕망을 극도로 만족시켜 주되, 위엄으로써 그를 굴복시켰으니, 이것이 先王들이 才將을 부리는 방법이었다.

1) 廉隅 : 행동과 품성이 단정하여 함부로 하지 않는 것을 말한다.
2) 衛 : 衛靑(?~B.C 106)이다. 字는 仲卿, 河東 平陽 사람이다. 일곱 차례나 匈奴를 물리쳐, 관직이 大司馬·大將軍에 이르렀다.
3) 霍 : 霍去病(B.C 140~B.C 117)이다. 河東 平陽 사람으로 衛靑의 누나 아들, 즉 외종생질이다. 여섯 번이나 匈奴 정벌에 나서 큰 공을 세워 驃騎大將軍이 되었다.
4) 趙充國 : B.C 137~B.C 52. 漢나라 上邽 사람으로 武帝·宣帝 때에 匈奴 정벌에 참여하였고, 西羌의 반란 때에는 先零을 부수고, 군대를 거느려 屯田하며 就食하였다.
5) 李靖 : 571~649. 唐나라 三原 사람으로, 突厥과 吐谷渾을 쳐서 그 공으로 衛國公에 봉해졌다.
6) 李勣 : 594~669. 离狐 사람으로, 唐 太宗 李世民을 도와 唐나라를 세우는 데에 큰 공을 세웠다. 그 공으로 并州都督·光祿大夫를 지냈다.
7) 薛萬徹 : ?~653. 唐나라 汾陽 사람으로, 唐 高祖에게 귀의하여 여러 차례 공을 세웠다. 李靖을 따라 突厥 토벌에 참여하여 그 공으로 統軍이 되었으나, 나중에 房遺愛와 더불어 모반하였다가 피살되었다.
8) 侯君集 : ?~643. 唐나라 三水 사람으로 唐 太宗을 따라 遠征과 討伐에 참여하여 공을 세웠다. 그 공으로 右衛大將軍·兵部尙書 등을 역임하였다. 이후 太子 承乾이 잘못을 범하여 폐위될 처지가 되자 侯君集을 끌어들여 계책을 물었는데, 이 일이 발각되어 侯君集은 피살되었다.
9) 盛彦師 : 唐나라 虞城 사람으로, 戰功으로 葛國公에 봉해졌으나 이후 죄를 지어 살해되었다.

近之論者에 或曰 將之所以畢智竭力하여 犯霜露하며 蹈白刃而不辭者는 冀賞耳라 爲國家者는 不如勿先賞以邀其成功이라하고 或曰 賞所以使人이니 不先賞이면 人不爲我用이라하니라 是皆一隅之說이요 非通論也라 將之才는 固有小大하니 傑然於庸將之中者는 才小者也요 傑然於才將之中者는 才大者也라 才小면 志亦小요 才大면 志亦大니 人君은 當觀其才之小大하여 而爲制御之術以稱其志라 一隅之說不可用也라

근래의 論者 가운데 어떤 사람은 "將軍들이 智慧와 힘을 다하여 서리와 이슬을 맞아가며 시퍼런 칼날을 밟아도 피하지 않는 까닭은 賞을 바라서일 뿐이다. 국가를 위하는 자라면 賞을 앞세우지 말고 그의 成功을 추구하는 것이 더 낳을 것이다."라 한다. 어떤 사람은 "상은 사람을 부릴 수 있는 수단이니, 상을 앞세우지 않으면 사람들은 나를 위해 쓰이지 않을 것이다."라 한다. 이러한 말들은 다 자신들의 일방적인 말이요, 事理에 통하는 말은 아니다.

장군의 재능에는 분명 크고 작은 것이 있으니, 庸將의 중간보다 뛰어난 자는 재능이 작은 자이고, 才將의 중간보다 뛰어난 자는 재능이 큰 자이다. 재능이 작으면 뜻 또한 작고, 재능이 크면 뜻 또한 크니, 임금이라면 당연히 그 재능의 크고 작음을 살펴서, 부릴 수단을 만들어 그들의 뜻에 부응하도록 해야 할 것이다. 일방적인 말을 써서는 안 된다.

夫養騏驥者는 豐其芻粒하고 潔其羈絡하며 居之新閑[1)]하여 浴之淸泉而後에 責之千里라 彼騏驥者는 其志常在千里也니 夫豈以一飽而廢其志哉아 至於養鷹하여는 則不然하니 獲一雉면 飼以一雀하고 獲一兎면 飼以一鼠라 彼知不盡力於擊搏이면 則其勢無所得食하니 故로 然後에 爲我用이라 才大者는 騏驥也니 不先賞之면 是養騏驥者가 饑之하여 而責其千里니 不可得也요 才小者는 鷹也니 先賞之면 是養鷹者가 飽之하여 而求其擊搏이니 亦不可得也라 是故로 先賞之說은 可施之才大者요 不先賞之說은 可施之才小者니 兼而用之 可也라

대저 千里馬를 기르는 사람은 알곡의 사료를 배불리 먹이고, 그 굴레를 깨끗하게 해주며, 새 마구간에 머물게 하면서, 맑은 샘물로 목욕시킨 후에 천 리를 달리도록 요구해야 한다. 저 천리마는 그 뜻이 늘 천 리를 달리는 데 있으니, 어찌 한 번의 배부름 때문에 그 뜻을 버리겠는가? 매를 기르는 데에는 그렇지 않으니, 꿩 한 마리를 잡으면 참새 한 마리를 먹이로 주고, 토끼 한 마리를 잡으면 쥐 한 마리를 먹이로 준다. 저 매는 사냥하는 데 힘을 다하지 않으면, 그 형편상 먹을 수 없다는 것을 알기 때문에, 그런 뒤에야 나에게 쓰이게 되는 것이다.

재능이 큰 것은 천리마와 같은 경우이니, 먼저 상을 주지 않으면, 이것은 천리마

를 기르는 자가 굶주려놓고 천 리를 달리도록 요구하는 것이니 천 리를 달릴 수가 없다. 재주가 작은 것은 매와 같은 경우이니, 먼저 상을 주면, 이것은 매를 먹이는 사람이 매를 배불리 먹인 뒤에 사냥하기를 요구하는 것이니 또한 사냥을 할 수가 없다. 이 때문에 먼저 상을 주어야 한다는 주장은 큰 재주를 가진 자에게 시행할 수 있는 것이고, 먼저 상을 주지 말아야 한다는 주장은 작은 재주를 가진 자에게 시행할 수 있는 것이니, 두 가지를 겸하여 사용하는 것이 옳다.

1) 閑 : 여기서는 마구간을 말한다.

昔者에 **漢高帝**는 **一見韓信而授以上將**하고 **解衣衣之**하고 **推食哺之**[1]하며 **一見黥布而以爲淮南王**하여 **供具飮食如王者**[2]하고 **一見彭越而以爲相國**[3]하니라 **當是時**에 **三人者**는 **未有功于漢也**라 **厥後**에 **追項籍垓下**에 **與信越期而不至**어늘 **捐數千里之地**하여 **以畀之**를 **如棄敝屣**라 **項氏未滅**하고 **天下未定**호되 **而三人者**는 **已極富貴矣**하니 **何則**고 **高帝**는 **知三人者之志大**하여 **不極於富貴**면 **則不爲我用**이요 **雖極於富貴**라도 **而不滅項氏**하고 **不定天下**면 **則其志不已也**라 **至於樊噲滕公灌嬰之徒則不然**하니 **拔一城陷一陣而後**에 **增數級之爵**하고 **否則終歲不遷也**라 **項氏已滅**하고 **天下已定**하여 **樊噲滕公灌嬰之徒**는 **計百戰之功而後**에 **爵之通侯**[4]하니 **夫豈高帝至此而嗇哉**아 **知其才小而志小**하여 **雖不先賞**이라도 **不怨**이요 **而先賞之**면 **則彼將泰然自滿**하여 **而不復以立功爲事故也**라

옛날 漢 高祖는 韓信을 보자마자 上將軍의 지위를 주고 자신의 옷을 벗어 그에게 입히고 자신이 먹는 음식을 그에게 먹였으며, 黥布를 만나자마자 그를 淮南王으로 삼아 그에게 제공한 용품과 음식은 왕의 것과 같았으며, 彭越을 보자마자 相國으로 삼았다. 이때에 이 세 사람은 아직 漢나라에 功이 없었다.

그 후 項羽를 쫓아 垓下에 이르렀을 때에, 韓信과 彭越은 약속한 기일에 이르지도 않았으나, 수천 리의 땅을 포기하여 그들에게 주기를 마치 헌신 버리듯이 하였다. 項羽는 아직 멸망되지 않았고 천하도 아직 평정되지 않았지만, 이 세 사람은 이미 극도로 부귀하였다. 어째서일까? 漢 高祖는 이 세 사람은 뜻이 커서 극도로 부귀하

게 해주지 않으면 자신을 위해서 쓰이지 않을 것이며, 비록 극도의 부귀를 누리더라도 項羽가 멸망하지 않고 천하가 평정되지 않으면 그들의 뜻이 멈추지 않을 것임을 알았기 때문이다.

樊噲·滕公·灌嬰의 무리는 그렇지 않았으니, 城 하나를 빼고 陣 하나를 무너뜨린 뒤에야 몇 등급의 爵位를 더해주었고, 그렇지 않으면 한 해가 다 가도록 승진시키지 않았다. 項羽가 이미 멸망하고 천하가 이미 평정되자, 樊噲·滕公·灌嬰의 무리에게는 百戰의 공을 계산한 뒤에 通侯의 작위를 주었으니, 어찌 高祖가 이토록 인색하였을까? 그들의 재주가 작고 뜻이 작아서 먼저 상을 주지 않더라도 원망하지 않을 것이며, 먼저 그들에게 상을 주면 그들은 곧 태연자약하며 스스로 만족하면서 더 이상 공을 세우는 것을 일로 삼지 않을 것임을 알았기 때문이다.

1) 漢高帝……推食哺之 : ≪史記≫ 〈淮陰侯列傳〉에 "韓信의 군대를 징발하여 楚나라를 치게 하니, 楚나라는 이미 龍且를 잃었고 項王은 두려워하여 盱眙 사람 武涉을 시켜서 齊王 韓信을 설득하였다.……韓信은 사절하여 말하기를 '신이 項王을 섬겼으나 벼슬이 郎中에 불과하였고, 지위는 執戟에 불과하였습니다. 進言하여도 듣지 않았고, 계책은 채용되지 않았습니다. 그런 까닭에 楚나라를 배반하고 漢나라로 돌아갔습니다. 漢王은 나에게 上將軍의 印을 주었으며, 나에게 수만의 군대를 주었습니다. 자신의 옷을 벗어서 나에게 입히고 밥을 내려서 나에게 먹였습니다. 진언하면 들어주시고 계책은 채용되었습니다. 그런 까닭에 내가 지금에 이를 수 있었습니다.'라고 하였다."라는 내용이 있다.

2) 一見黥布而以爲淮南王 供具飮食如王者 : ≪史記≫ 〈黥布列傳〉에 "劉邦이 隨何를 보내 九江王 黥布를 설득하여 楚나라를 배반하고 漢나라로 귀의하게 하여 黥布가 漢나라에 이르니, 漢王은 평상에 걸터앉아 발을 씻고 있었는데, 그대로 黥布를 불러들여 뵙게 하였다. 黥布는 매우 성을 내어 漢나라로 온 것을 후회하고 자살하고 싶었다. 나와서 宿舍에 이르니 帷帳·飮食·從官 등이 漢王의 거처와 같았으므로, 黥布는 자신이 바랐던 것보다 더 과분한 대우에 크게 기뻐하였다."라는 내용이 있다.

3) 一見彭越而以爲相國 : 劉邦이 昌邑을 칠 때에 彭越이 그를 도왔지만 昌邑이 미처 떨어지기도 전에 두 사람은 흩어졌다가, 漢나라가 楚나라를 공격할 때에 彭越이 그의 3만여의 군사를 거느리고 外黃에서 漢나라로 완전히 귀의하였

다. 이에 劉邦은 彭越을 魏相國으로 삼았다. 漢나라 相國으로 삼은 것은 아니다. ≪史記 魏豹彭越列傳≫

4) 通侯 : 徹侯이다. 秦・漢 시기의 爵位 이름이다. 漢 武帝의 이름이 徹이어서 避諱하여 徹을 通으로 바꾸어 徹侯를 通侯라 하였다.

噫라 方韓信之立於齊엔 蒯通武涉之說[1]未去也라 當是之時에 而奪之王이면 漢其殆哉리라 夫人豈不欲三分天下하여 而自立者리오하거늘 而彼則曰 漢王不奪我齊也라하니라 故로 齊不捐이면 則韓信不懷하고 韓信不懷면 則天下非漢之有리라 嗚呼라 高帝可謂知大計矣라

아! 韓信이 齊나라 땅에서 막 자립하였을 때에는 蒯通・武涉이 아직 설득하러 가지 않았을 때였다. 바로 이때에 그에게 왕의 작위를 뺏었다면, 漢나라는 아마 위험했을 것이다. 사람들이 어찌하여 천하를 三分하여 자립하지 않느냐 하거늘, 韓信은 곧 "漢王이 나의 齊 땅을 빼앗지는 않을 것이다."라고 하였다. 그러므로 〈高祖가〉 齊나라를 포기하지 않았다면, 韓信은 〈漢나라를〉 생각하지 않았을 것이고, 韓信이 〈漢나라를〉 생각하지 않았다면, 천하는 漢나라의 소유가 아니었을 것이다. 아아! 高祖는 大計를 알았다 할 수 있다.

1) 蒯通武涉之說 : 蒯通은 范陽 사람으로, 韓信에게 漢나라를 배반하고 자립하여 劉邦・項羽와 더불어 천하를 삼분하도록 설득하였지만, 韓信은 듣지 않았다. 武涉은 盱眙 사람으로, 項羽가 그를 韓信에게 보내어 韓信이 자립하여 천하를 삼분할 것을 설득하였지만, 韓信은 또한 듣지 않았다.

04. 任相* 宰相 임용에 대해 논함

* 宰相은 六卿의 首長으로 가장 중요한 직책이어서, 蘇洵은 재상에 대해 '임용한다.'는 의미의 '任'자를 썼고, 將帥에 대해서는 '부린다.'는 의미의 '御'자를 썼다. 이러한 사실만으로도 宋代에는 文臣을 중시하고 武臣을 경시한 사실을 엿볼 수 있다. 蘇洵은 賈誼의 논리에서 출발하여, 군주는 재상에게 禮로써 대우하여야 재상도 힘을 다하여 군주에게 보답할 것이고, 재상의 죄에 대해서도

엄하게 물을 수 있다고 주장하였다.

任相以禮니라

宰相을 임명하는 데에는 禮로써 한다.

古之善觀人之國者는 觀其相何如人而已라 議者는 常曰 將與相均이라하나 將은 特一大有司耳요 非相侔也라 國有征伐而後에 將權重이요 有征伐無征伐이라도 相은 皆不可一日輕이라 相賢耶면 則群有司皆賢하고 而將亦賢矣라 將賢耶하고 相雖不賢이라도 將不可易也라 故로 曰 將特一大有司耳요 非相侔也라하니라 任相之道는 與任將不同이라 爲將者는 大概多才나 而或頑鈍無恥하니 非皆節廉好禮不可犯者也라 故로 不必優以禮貌하되 而其有不羈不法之事라도 則亦不可以常法御하니 何則고 豪縱不趨約束者가 亦將之常態也라 武帝가 視大將軍에 往往踞厠[1]하고 而李廣利가 破大宛하여 侵殺士卒之罪는 則寢而不問[2]이라 此任將之道也라 若夫相은 必節廉好禮者爲也요 又非豪縱不趨約束者爲也라 故로 接之以禮하고 而重責之라

옛날 남의 나라를 잘 관찰하는 자는 그 나라의 宰相이 어떠한 사람인지만 살펴볼 따름이었다. 평론가들은 언제나 "將軍과 宰相은 〈그 중요성이〉 똑같다."라고 말하지만, 장군은 단지 하나의 큰 관리일 뿐이요 재상과 대등하지 않다. 나라에 征伐 같은 전쟁의 일이 있고 난 뒤에야 장군의 권위는 무겁게 되고, 정벌의 일이 있건 없건 재상은 하루도 가벼이 여길 수 없다. 재상이 어질면 모든 관리가 다 어질게 되고, 장군 또한 어질게 된다. 장군이 어질고 재상이 어질지 않다 할지라도 장군을 〈재상으로〉 바꿀 수는 없다. 그러므로 "장군은 단지 하나의 큰 관리일 뿐이요 재상과 대등하지 않다."라고 한 것이다.

재상을 임용하는 방법은 장군을 임용하는 방법과 다르다. 장군이 된 자는 대개 재주는 많지만 간혹 우둔하고 부끄러움이 없으니, 모두가 節操 있고 廉恥 있으며 禮를 좋아하여 사람들이 감히 침범할 수 없는 자가 아니다. 그러므로 반드시 禮貌로써 우대하지는 않지만, 그가 구속에 얽매이지 않아 불법을 범하더라도 그를 일반적

인 법으로 처벌할 수가 없으니, 무엇 때문인가? 강하고 방종해서 구속에 얽매이지 않으려는 것이 또한 장군들의 일상적 태도이기 때문이다.

漢 武帝가 大將軍을 대할 때 왕왕 평상에 걸터앉은 채로 대하였고, 李廣利가 大宛國을 쳐서 승리했을 때 많은 군졸들을 희생시킨 죄에 대해서는 들추지도 않고 불문에 붙였다. 이것이 장군을 임용하는 방법이다.

그러나 재상과 같은 경우는 반드시 절조 있고 염치 있으며 예를 좋아하는 사람이 되어야지, 강하고 방종해서 구속에 얽매이지 않으려는 자가 되어서는 안 된다. 그러므로 천자는 재상에게 禮를 갖추어 우대하고 책임을 엄중히 요구하는 것이다.

1) 武帝視大將軍 往往踞厠 : ≪史記≫ 〈汲鄭列傳〉에 "대장군 衛靑이 侍中이 되었지만, 漢 武帝는 침상에 걸터앉아 그를 접견했다."라고 하고 있다.

2) 李廣利……則寢而不問 : 李廣利는 中山 사람으로, 여동생 李夫人이 漢 武帝의 총애를 받아, 그로 인해 貳師將軍에 봉해졌다. ≪漢書≫ 〈大宛列傳〉에 "貳師將軍이 나중에 다시 出兵하였다. 군대는 식량이 부족하지도 않았고 전사자들도 많지 않았지만, 그의 장교들이 탐욕스러워 그들 대부분이 병사들을 아끼지 않고 병사들의 식량마저 빼어갔다. 이 때문에 죽은 자가 많았다. 천자는 그들이 만 리 밖의 大宛을 토벌하였기 때문에 그들의 과오를 기록하지 않고 李廣利를 海西侯로 봉하였다."라고 하고 있다.

古者에 相見於天子면 天子는 爲之離席起立하고 在道면 爲之下輿하며 有病이면 親問하고 不幸而死면 親吊[1)]하니 待之如此其厚라 然이나 其有罪亦不私也라 天地大變과 天下大過엔 而相以不起로 聞矣하고 相不勝任엔 策書至而布衣出府免矣라 相有他失엔 而棧車牝馬歸하여 以思過矣[2)]라 夫接之以禮然後에 可以重其責하니 而使無怨言이요 責之重然後에 接之以禮하여도 而不爲過니라 禮薄而責重이면 彼將曰 主上이 遇我以何禮하여 而重我以此責也하니 甚矣라하니라 責輕而禮重이면 彼將遂弛然하여 不肯自飭이라 故로 禮以維其心하고 而重責以勉其怠而後에 爲相者는 莫不盡忠於朝廷하고 而不恤其私라

옛날에 재상이 천자를 알현하면 천자는 앉았던 자리에서 일어나 맞이했고, 또 길

을 가다 만나면 타고 가던 가마에서 내려 맞이했으며, 병이 나면 친히 방문하여 문병하고, 불행히 세상을 뜨면 천자가 친히 찾아가 조상하였으니, 천자가 재상을 대하는 것이 이처럼 정중했던 것이다.

그러나 재상이 죄를 저질렀을 경우엔 조금도 私情을 두지 않았다. 天地에 큰 변화가 있거나 天下에 큰 허물을 끼쳤을 경우엔 재상은 病狀에서 일어나지 못하여 〈국사를 볼 수 없다고〉 아뢰었고, 재상이 임무를 견디어낼 수 없을 경우에는 천자의 詔書를 받고 布衣로 갈아입고서 宰相府를 나와 면직되었다. 재상에게 다른 과실이 있을 경우에는 암말이 끄는 대나무로 엮어 만든 수레를 타고 집으로 돌아가 그 과실에 대한 반성을 하고 근신하였다.

禮로써 재상을 우대한 다음에 책임을 엄중히 물으니 원망하는 말이 없게 될 것이고, 책임을 엄하게 묻고 난 다음에 禮로써 대우하는 것도 잘못된 것은 아니다. 禮를 차리지 않으면서 책임만 엄중히 묻는다면, 그는 "주상께서는 저를 무슨 禮로 대우하셨기에 저를 이같이 엄하게 문책하십니까? 너무 심하십니다."라고 할 것이다. 책임은 가볍고 禮가 중하면, 그는 장차 게을러져서 자신이 할 일에 힘쓰지 않게 될 것이다. 그러므로 禮로써 우대하여 재상의 마음을 묶어두고, 엄중한 책임으로 재상에게 게으르지 않도록 격려한 이후에야, 재상 된 자는 조정에 忠誠을 다하지 않음이 없을 것이고, 사사로운 일에 걱정하지 않을 것이다.

1) 古者……親吊 : ≪太平御覽≫ 卷204에 같은 내용이 있다.

2) 天地大變……以思過矣 : ≪太平御覽≫ 卷204에 같은 내용이 있다.

吾觀賈誼書[1)]하여 **至所謂長太息者**[2)]하여 **常反覆讀不能已**라 **以爲誼生文帝時**하니 **文帝**가 **遇將相大臣**이 **不爲無禮**어늘 **獨周勃一下獄**에 **誼遂發此**[3)]하니 **使誼生於近世**하여 **見其所以遇宰相者**면 **則當復何如也**오

나는 賈誼의 글을 보다가 '長太息者'에 이르러 언제나 반복하여 읽으며 멈출 수가 없었다. 생각건대 賈誼는 漢 文帝 때에 살면서, 文帝가 將軍·宰相·大臣들을 대함에 무례하지 않았는데도, 다만 周勃을 한 번 옥에 가둔 일 때문에 賈誼는 결국 이런 글을 지었으니, 만약 賈誼가 근세에 살아서 천자가 재상을 대하는 실정을 본다면

그는 응당 또 어떻게 할까?

1) 賈誼書 : 賈誼가 지은 ≪新書≫를 말한다.

2) 長太息者 : 賈誼의 〈治安策疏〉에 "신이 가만히 일의 형세를 살펴보니, 통곡할 만한 것이 하나요, 눈물을 흘릴 만한 것이 두 가지요, 長歎息할 만한 것이 여섯 가지가 있습니다.〔臣竊惟事勢 可爲痛哭者一 可爲流涕者二 可爲長太息者六〕"라고 하였다.

3) 獨周勃一下獄 誼遂發此 : ≪新書≫ 〈賈誼傳〉에 "이때(文帝 3년) 丞相 絳侯 周勃이 면직되어 나라로 돌아갔는데, 어떤 사람이 周勃이 모반한다고 고발하여, 그를 장안으로 체포해 와서 옥에서 치죄하였지만, 끝내 그런 일이 없었으므로 그의 爵位와 食邑을 회복시켜 주었다. 그러므로 賈誼는 이 글로 그것을 나무란 것이다."라는 내용이 있다.

夫湯武之德은 **三尺豎子**라도 **皆知其爲聖人**이어늘 **而猶有伊尹太公者**를 **爲師友焉**이라 **伊尹太公**은 **非賢於湯武也**어늘 **而二聖人者**는 **特不顧以師友之**하니 **以**[1]**明有尊也**라 **噫**라 **近世之君姑勿責於此**나 **天子御坐**하여 **見宰相而起者有之乎**아 **無矣**라 **在輿而下者有之乎**아 **亦無矣**라 **天子坐殿上**하고 **宰相與百官趨走於下**면 **掌儀之官**이 **名而呼之**가 **若郡守召胥吏耳**라 **雖臣子爲此**가 **亦不爲**[2]**過**나 **而**[3]**尊尊貴貴之道**는 **不若是褻也**라

殷 湯王과 周 武王의 德은 삼척동자라도 다 두 임금이 聖人임을 알거늘, 〈두 성인은〉 오히려 伊尹·太公을 師友로 삼았다. 伊尹과 太公은 湯王과 武王보다도 현명하지 않았음에도 두 성인은 오히려 돌아보지 아니하고 그들을 師友로 삼았으니, 존경해야 할 사람이 있음을 밝힌 것이다.

아! 근세의 임금에게 우선 이러한 것을 요구하는 것은 아니로되, 천자가 자리에 앉아 있다가 재상을 보고 御座에서 일어난 분이 있었던가? 그런 분은 있지 않았다. 가마를 타고 가시다가 〈재상을 보고〉 그 가마에서 내리는 분이 있었던가? 또한 있지 않았다.

천자께서 御殿에 앉아 계시고, 재상이 여러 신하와 더불어 그 아래에서 허리를

굽히고 급히 걸어가면, 朝廷의 의전관이 성명을 부르는 것이 마치 郡守가 밑의 胥吏를 소집하는 것처럼 할 뿐이다. 비록 신하에게 이렇게 대하는 것이 또한 잘못된 것은 아니지만, 존경해야 할 바를 존경하고 귀히 여길 바를 귀히 여겨야 하는 道理로는 이처럼 모욕적이어서는 안 될 것이다.

1) 以 : 저본에는 '以'자가 없으나, ≪嘉祐集≫에 의해 보충하였다.
2) 爲 : 저본에는 '爲'자가 없으나, ≪嘉祐集≫에 의해 보충하였다.
3) 而 : 저본에는 '然'자로 되어 있으나, ≪嘉祐集≫에 의해 '而'로 바꾸었다.

夫旣不能待[1]之以禮면 則其罪之也에 吾法將亦不得用이니 何者오 不果[2]於用禮하고 而果於用刑이면 則其心不服이라 故로 法엔 曰 有某罪면 而加之以某刑이라하니라 及其免相也하여는 旣曰有某罪라하나 而刑不加焉하고 不過削之一官[3]하여 而出之大藩鎭[4]하니 此는 其弊皆始於不爲之禮라 賈誼가 曰 中罪而自弛하고 大罪而自裁[5]라하니라 夫人不我誅한대 而安忍棄其身이리오마는 此必有大愧於其君이라 故로 人君者는 必有以愧其臣하니 故로 其臣有所不爲라 武帝는 嘗以不冠으로 見平津侯[6]하니 故로 當天下多事하고 朝廷憂懼之際에 使石慶[7]으로 得容於其間하니 而無怪焉이라 然則必其待之如禮而後에 可以責之如法也라

무릇 재상을 禮로써 우대하지 않으면, 그에게 罰을 줄 때에 천자가 정한 國法을 제대로 적용할 수가 없으니, 어째서인가? 禮로써 대하는 데에는 과감하지 않고 刑罰을 쓰는 데에 과감하다면, 그는 진심으로 복종하지 않을 것이다. 그러므로 법에는 "어떤 죄를 지으면 어떤 형벌을 가한다."라고 하고 있다. 그런데 재상을 파면함에 이르러서는 이미 어떤 죄가 있다고 선언하지만 그 죄에 해당하는 형벌은 가하지 않고, 그의 官等을 한 등 깎아내려 큰 고을의 장관으로 내보는 데에 불과하니, 이것은 그 폐단이 다 재상을 禮로써 우대하지 않아서 생긴 것이다.

賈誼는 "中級의 죄를 지었을 경우에는 스스로 자리에서 물러나고, 大罪를 지었을 경우에는 자결한다."고 하였다. 무릇 다른 사람이 나를 죽이지 않는데 어찌 차마 스스로 목숨을 끊을까마는 그래도 이렇게 하는 것은 군주에게 큰 부끄러움을 지었기 때문이다. 그러므로 군주는 반드시 자신의 행동으로써 그 신하를 부끄럽게 할 수

있었기에 그 신하도 하지 않는 일이 있는 것이다.

漢 武帝가 때로는 冠도 쓰지 않은 채 재상인 平津侯 公孫弘을 접견하였기 때문에, 천하에 일이 많고 조정에는 근심거리가 많았을 때에 石慶과 같은 無能한 사람이 재상으로 있어도 이상하게 생각하지 않았던 것이다. 그렇다면 군주는 재상을 대함에 반드시 禮로써 우대한 다음에야 재상의 허물을 법대로 물을 수가 있는 것이다.

1) 待 : ≪嘉祐集≫에는 '接'으로 되어 있으나, 저본의 '待'자를 따랐다.
2) 果 : 저본에는 '過'자로 되어 있으나, ≪嘉祐集≫에 의해 '果'자로 바꾸었다.
3) 削之一官 : '官等을 한 등급 깎아내린다.'는 뜻이다
4) 大藩鎭 : 여기에서는 큰 고을의 수령을 말한다. 宋代에는 重臣이 죄를 지으면 지방수령으로 내보냈다.
5) 中罪而自弛 大罪而自裁. : 賈誼의 〈治安策疏〉에 나온다.
6) 武帝嘗以不冠 見平津侯 : ≪史記≫ 〈汲鄭列傳〉에 "승상 公孫弘이 내정에서 황제를 알현하면, 황제가 어떤 때에는 관을 쓰지 않았다."라고 하였다. 平津侯는 公孫弘이다. 西漢 菑川 사람으로, 집안이 가난하여 40세에 賢良에 추천되어 博士에 올랐다가 관직에서 물러났다. 50세에 다시 현량으로 추천되고, 문학시험에 장원하여 박사에 임관되었다. 內史・御史大夫를 역임하였으며, 元朔 5년에 丞相이 되고 平津侯에 봉해졌다.
7) 石慶 : 萬石君 石奮의 아들로, 武帝 때에 재상이 되었다. 9년 동안 재상의 자리에 있었지만 중대한 계책도 없이 자신의 안위만 걱정하여 신중한 처신으로 일관하였다.

且吾聞之하니 **待以禮**하되 **而彼不自效以報其上**하고 **重其責**하되 **而彼不自勉以全其身**하고 **安其祿位**하여 **成其功名者**는 **天下無有也**라 **彼人主傲然於上**하여 **不禮宰相**하고 **以自尊大者**는 **孰若使宰相自效**하여 **以報其上之爲利**아 **宰相利其君之不責**하여 **而豐其私者**가 **孰若自勉以全其身**하고 **安其祿位**하여 **成其功名之爲福**이리오 **吾又未見去利而就害**하고 **遠福而求禍者也**라

또 내가 듣자니, 천자가 재상을 禮로써 우대하되 재상이 자신의 힘을 다하여 군주에게 보답하지 않거나, 그 책임을 엄중하게 묻되 스스로 힘써 자신의 몸을 보존하고

그 俸祿과 爵位를 편안히 누리면서 그 功名을 이루고자 하지 않는 자는 천하에 없을 것이다.

저 군주가 위에서 거만하게 군림하여 재상을 禮로써 우대하지 않고 스스로 높고 큰 존재로만 여기는 것과, 재상이 자신의 힘을 다해 그 군주에게 보답하게 하는 것 중에 어느 편이 더 이익이 될 것인가? 재상이 군주가 책임을 묻지 않음을 이용하여 자기 私慾만을 크게 취하는 것과, 스스로 힘써 자신의 몸을 보존하고 그 봉록과 작위를 편안히 누리면서 그 功名을 이루고자 하는 것 중에 어느 것이 더 복이 될 것인가? 나는 또한 아직 이익을 버리고 손해로 나아가거나, 복을 멀리하고 화로 나아가는 자를 보지 못하였다.

05. 重遠* 京師에서 멀리 떨어진 지방을 중시함

* 蘇洵은 먼 邊方의 백성들은 '늘 원망이 많고 반란을 쉽게 일으킨다.'고 생각했기 때문에, '가까운 곳을 걱정하는 것보다 멀리 있는 곳을 걱정하는 것이 더 낳다.'고 하였다. 그래서 河朔·陝右·廣南·川峽의 상호관계와 그 중요성을 집중적으로 언급하면서, 먼 변방의 官吏 任用이 특히 중요하다는 것을 지적하였다.

竝切今世情事하여 錄之以備擧子家經濟之一라

금세의 현상들을 함께 뽑아 기록하여, 과거응시자들의 經世濟民의 하나로 대비케 하였다.

武王은 不泄邇하고 不忘遠[1)]하니 仁矣乎아 非仁也요 勢也라 天下之勢는 猶一身이라 一身之中에 手足이 病於外면 則腹心이 爲之深思靜慮於內하여 而求其所以療之之術하고 腹心이 病於內면 則手足이 爲之奔掉於外하여 而求其所以療之之物하니라 腹心手足之相救는 非待仁而後然이라 吾故曰 武王之不泄邇하고 不忘遠은 非仁也요 勢也라하니라 勢如此其急하되 而古之君에 獨武王然者는 何也오 人皆知一身之勢나 而武王은 知天下之勢也라 夫不知一身之勢者면 一身危나 而不知天下之勢者면 天

下不危乎哉아 **秦之保關中**이면 **自以爲子孫萬世帝王之業**이나 **而陳勝吳廣**은 **乃楚人也**[2)]라 **由此觀之**컨대 **天下之勢**는 **遠近如一**이라

武王은 가까이 있는 사람을 더 친숙하게 대하지도 않았고, 멀리 떨어져 있는 사람을 잊지도 않았으니, 仁慈해서인가? 인자해서가 아니라 形勢가 그러해서이다. 천하의 형세는 한 사람의 몸과 같다. 한 사람의 몸 가운데 팔다리가 外傷을 입으면 마음은 그것 때문에 안으로 深思熟考하여 그것을 치료할 수 있는 방법을 찾으며, 마음이 안에서 병이 나면 손과 발이 밖으로 분주히 움직이며 그것을 치료할 수 있는 藥物을 찾는다. 마음과 손발이 서로를 구원하려고 하는 것은 인자함을 기다린 이후에 그렇게 하는 것이 아니다. 나는 그래서 "武王이 가까이 있는 사람을 더 친숙하게 대하지도 않았고, 멀리 떨어져 있는 사람을 잊지도 않았던 것은 인자해서가 아니라 형세가 그러해서이다."라고 말한 것이다.

형세가 이처럼 급한데도 옛날의 군주 가운데에 오직 武王만 그러했던 것은 무엇 때문인가? 사람은 모두 자기 一身의 형세를 알지만, 武王은 天下의 형세를 알았다. 무릇 일신의 형세를 모르면 그 일신이 위태롭지만, 천하의 형세를 모르면 천하가 위태롭지 않겠는가! 秦나라는 關中 지역만 잘 보존하면 자손만대에 걸쳐 帝王의 業을 누릴 것이라 스스로 생각하였지만, 〈秦나라를 무너뜨린〉 陳勝과 吳廣은 바로 楚나라 사람이었다. 이로써 보건대 천하의 형세는 먼 곳과 가까운 곳이 똑같이 중요하다.

1) 武王不泄邇 不忘遠 : ≪孟子≫ 〈離婁 下〉에 "文王은 백성을 보기를 다친 사람 보듯이 하였고, 道를 바라기를 그것을 보지 못했던 것같이 하였다. 武王은 가까이 있는 사람을 더 친숙하게 대하지도 않았고, 멀리 떨어져 있는 사람을 잊지도 않았다.〔文王視民如傷 望道而未之見 武王不泄邇 不忘遠〕"라는 내용이 있다.

2) 秦之保關中……乃楚人也 : 秦王 嬴政이 천하를 통일한 후 關中을 근거지로 삼아 그 자손들이 萬代에 걸쳐 皇帝가 되기를 바랐기 때문에 자신을 始皇帝라 하였지만, 二世 胡亥 때에 陳勝·吳廣의 반란을 시작으로 결국 秦나라가 망하였다.

然이나 以吾言之면 近之可憂는 未若遠之可憂之深也라 近之官吏賢耶면 民譽之歌之요 不賢耶면 譏之謗之라 譽歌譏謗者가 衆이면 則必傳이요 傳이면 則必達於朝廷이니 是는 官吏之賢否를 易知也라 一夫가 不獲其所면 訴之刺史하고 刺史不問이면 則裹糧하여 走京師면 緩不過旬月하여 撾鼓叫號니 而有司가 不得不省矣라 是民有冤을 易訴也라 吏之賢否를 易知하고 而民之冤을 易訴면 亂何從始耶아

그러나 나의 생각을 말하자면, "가까운 곳의 걱정스러움은 멀리 있는 곳의 걱정스러움이 심한 것만 못하다."는 것이다.

가까운 곳의 官吏가 賢明하면 백성들은 그를 칭찬하고 칭송하며, 현명하지 않으면 그를 나무라고 비방한다. 칭찬하고 칭송하며 나무라고 비방하는 사람이 많으면 반드시 전해질 것이고, 전해지면 틀림없이 조정에 알려질 것이니, 이렇게 되면 그곳 관리가 현명한지 아닌지를 쉽게 알게 된다.

어떤 한 匹夫가 자신의 정당함을 얻지 못하면 그것을 刺史에게 호소할 것이고, 刺史가 그것을 문제 삼지 않으면 양식을 싸서 짊어지고 京師로 올라가면 늦어도 열흘이나 달포를 넘기지 않아서 북을 쳐서 소리쳐 알릴 것이니, 담당관리가 그 일을 살피지 않을 수가 없다. 이렇게 되면 백성들은 억울한 일을 쉽게 호소할 수가 있다. 관리가 현명한지 아닌지의 여부를 쉽게 알게 되고, 백성들이 억울한 일을 쉽게 호소할 수 있게 되면, 叛亂이 어디에서 생기겠는가?

遠方之民은 雖使盜跖(척)[1]爲之郡守하고 檮杌(도올)[2]饕餮(도철)[3]爲之縣令하여 郡縣之民이 群嘲而聚罵者가 雖千百爲輩라도 朝廷不知也라 白日에 執人於市하여 誣以殺人이어늘 雖其兄弟妻子聞之라도 亦不過訴之刺史요 不幸而刺史又抑之면 則死且無告矣라 彼見郡守縣令據案執筆하고 吏卒旁列하며 箠械滿前하여도 駭然而喪膽矣리라 則其謂京師天子所居者는 當復如何오 而又行數千里하고 費且百萬이니 富者尙或難之어늘 而貧者又何能乎아 故로 其民은 常多怨而易動이니 吾故曰近之可憂는 未若遠之可憂之深也라하니라

먼 지방의 백성들에게는 盜跖 같은 사람이 郡守가 되고 檮杌이나 饕餮 같은 사람

이 縣令이 되어, 郡縣의 백성들이 떼를 지어 비웃고 욕하는 자가 수천 수백의 무리가 되어도 조정에서는 알지 못한다. 대낮에 저자에서 사람들을 잡아다가 죄를 날조하여 죽였거늘, 그 兄弟와 妻子가 그 소식을 듣고서도 단지 刺史에게만 하소연할 뿐이고, 불행히 자사 또한 그 사실을 덮어버리면 사람이 죽었는데도 알릴 곳이 없어진다. 저들은 군수와 현령이 붓을 잡고 책상에 앉아 있고, 衙前과 兵卒들이 옆에 줄지어 서 있으며, 채찍・칼・족쇄 같은 刑具들이 앞에 가득 놓여 있는 것만 보아도 두려워서 간담이 서늘해질 것이다.

그렇다면 저들이 天子가 계시는 京師에 알리는 일은 또 어떠한가? 그러자면 또한 수천 리를 가야 하고 그 비용만 해도 백만이나 들 것이니, 부자라도 오히려 그렇게 하기 어려울 것인데, 가난한 사람이라면 또한 어찌 할 수 있겠는가?

그러므로 그 백성들은 늘 원망이 많고 쉽게 반란을 일으킬 것이니, 나는 이러한 이유로 "가까운 곳의 걱정스러움은 멀리 있는 곳의 걱정스러움이 심한 것만 못하다."고 한 것이다.

1) 盜跖(척) : 春秋時代에 있었던 柳下屯의 몹시 악한 사람인데, 이름이 跖이고 마음대로 불법을 저질렀다. 후대에는 악독한 强盜를 지칭할 때에 쓴다.
2) 檮杌(도올) : 고대 전설 속의 사나운 짐승의 하나인데, 凶惡한 사람을 지칭할 때에도 쓴다.
3) 饕餮(도철) : 財物이나 飮食을 몹시 욕심냄, 또는 그러한 사람을 지칭한다.

國家分十八路[1]하니 河朔陝右廣南川峽[2]은 實爲要區요 河朔陝右는 二虜[3]之防하니 而中國之所恃以安이라 廣南川峽은 貨財之源이니 而河朔陝右之所恃以全이라 其勢之輕重은 如何[4]哉아 曩者에 北胡驕恣[5]하고 西寇悖叛[6]하니 河朔陝右尤所加恤하여 一郡守一縣令이라도 未嘗不擇이라 至於廣南川峽하여는 則例以爲遠官하여 審官差除[7]에 取具臨時하고 竄謫量移[8]하여 往往而至라 凡朝廷稍所優異者는 不復官之廣南川峽하고 而其人亦以廣南川峽之官爲失職庸人하여 無所歸하여 故로 常聚於此라 嗚呼라 知河朔陝右之可重이나 而不知河朔陝右之所恃以全之地不可輕하니 是는 欲富其倉하나 而蕪其田하니 倉不可得而富也라 矧其地控制南夷氐蠻[9]하여 最爲要害인저 土之所

產又極富夥하여 明珠大貝와 紈錦布帛은 皆極精好하니 陸負水載하여 出境而其利百倍라 然而나 關譏門征僦雇之費[10)]는 非百姓私力所能辦하여 故로 貪官專其利하고 而齊民受其病이라 不招權하고 不鬻獄者[11)]를 世俗遂指以爲廉吏矣나 而招權鬻獄者가 又豈盡無리오 嗚呼라 吏不能皆廉이요 而廉者又止如此하니 是斯民不得一日安也라 方今에 賦取日重하고 科斂日煩하여 罷弊之民이 不任이어늘 官吏復有所規求[12)] 於其間矣라 淳化中에 李順[13)]이 竊發於蜀하니 州郡數十이 望風奔潰하고 近者에 智高[14)]가 亂廣南하여 乘勝取九城如反掌이라 國家設城池하고 養士卒하고 蓄器械하고 儲米粟하여 以爲戰守備나 而凶豎一起에 若涉無人之境者는 吏不肖也라

우리 宋나라는 국토를 18路로 나누었는데, 河朔・陝右・廣南・川峽 지역은 실로 요충지이다. 河朔・陝右는 契丹과 西夏를 방위하는 곳이니, 中原 지역이 그곳에 의지하여 안전이 담보된다. 廣南・川峽은 국가 財貨의 원천이 되는 곳이니, 河朔・陝右 지역이 그곳에 의지해서 保全된다.

그 형세의 輕重은 어떠한가? 지난날 북쪽의 오랑캐가 교만하고 방자한 짓을 하고 서쪽의 도적들이 배반하니, 河朔・陝右 지역을 더욱 우려하여 郡守 한 사람 縣令 한 사람이라도 신중히 가려 뽑지 아니한 적이 없었다. 그러나 廣南・川峽에 대해서는 여전히 遠官이라 생각하여 審官院에서 관리를 선발할 때 임시방편으로 관리를 뽑아 채우거나, 멀리 귀양살이하던 사람들이 종종 이곳으로 오게 된다. 조정에서 조금이라도 우수하거나 특별한 재능을 가진 자는 더 이상 廣南・川峽의 관리로 가지 않고, 그곳 사람 또한 廣南・川峽으로 오는 관리들이 실직한 평범한 사람들로 갈 곳이 없어 늘 이곳으로 모인다고 생각한다.

아! 河朔・陝右 지역의 중요함을 알지만, 河朔・陝右 지역이 이곳에 의지해서 안전이 보장되는 결코 가볍게 여길 수 없는 곳임을 모르니, 이것은 그 창고를 가득 채우고자 하지만 그 농지를 황무지로 내버려두는 것과 같으니, 이렇게 되면 창고는 절대로 가득 찰 수가 없을 것이다. 하물며 廣南・川峽 지역은 南夷・氐蠻을 방어하는 가장 중요한 요충지인데도 말이다. 그 땅에서 생산되는 것 또한 극히 풍부하고 다채로워서, 夜明珠와 조개류 그리고 희고 고운 비단과 채색무늬 비단 같은 織物들은 모두 그 품질이 아주 뛰어나서, 陸地와 水上으로 운반하여 그 지역을 벗어나게

되면, 그 이익이 백 배나 된다. 그러나 集市稅・官廳納付稅・運賃稅 등은 백성 개인의 힘으로는 감당할 수 없는 일이어서, 貪官汚吏들이 그 이익을 독점하고 백성들은 그 병폐를 고스란히 입는다.

權謀術數를 쓰지 않거나 訴訟으로 인한 뇌물을 받지 않는 자를 세속 사람들은 곧 그들을 가리켜 淸廉한 관리라고 하지만, 권모술수를 쓰고 소송으로 인한 뇌물을 받는 자가 또한 어찌 전혀 없을 수가 있겠는가? 아! 관리들이 다 청렴할 수가 없고, 청렴한 자라 해도 단지 이와 같으니, 이 때문에 이곳 백성들이 하루라도 편안할 수가 없는 것이다. 바야흐로 지금은 賦稅가 날로 무거워지고, 온갖 雜稅도 나날이 증가하여 지치고 가난한 백성들이 감당할 수가 없거늘, 관리들은 또다시 그 속에서 〈탐욕을 채울〉 방법을 찾고 있다.

淳化 年間에 李順이 蜀 땅에서 난을 일으키니, 州郡 수십 곳이 風聞만 듣고 달아나 무너졌고, 근래에 儂智高가 廣南에서 난을 일으켜 勝勢를 타고 아홉 개의 성을 손바닥 뒤집듯이 차지하였다. 나라에서 城과 垓子를 설치하고 士卒을 양성하고 〈전쟁에 필요한〉 무기와 기구를 갖추고 곡식을 저축하여 전쟁에 대비하였지만, 흉악한 더벅머리 놈들이 일어나자마자 마치 無人之境을 밟는 듯 차지한 것은 관리들이 불초하였기 때문이다.

1) 國家分十八路 : 太宗 至道 3년 천하를 15路로 나누었다가, 仁宗 天聖 연간에 다시 18路로 나누었다. ≪宋史 地理志 一≫ '八'이 저본에는 '七'자로 되어 있으나, ≪嘉祐集≫에 의해 '八'로 바꾸었다.
2) 河朔陜右廣南川峽 : 河朔은 黃河 이북의 遼나라와의 접경지이고, 陜右는 지금의 陜西・甘肅 일대로 西夏와의 접경지이며, 廣南은 지금의 廣東・廣西 지역이고, 川峽는 지금의 四川・鄂西 지역이다.
3) 二虜 : 契丹과 西夏를 말한다.
4) 如何 : 저본에는 '何如'로 되어 있으나, ≪嘉祐集≫에 의해 '如何'로 바꾸었다.
5) 北胡驕恣 : 眞宗 景德 元年(1004)에 契丹이 宋의 深州・祁州 등을 침략하여 쌍방이 몇 번에 걸쳐 교전하였는데, 11월 眞宗이 親征하여 澶州의 盟을 맺고, 宋나라는 遼에 歲幣로 해마다 은 10만 냥, 명주 20만 필을 주기로 하였다.
6) 西寇悖叛 : 仁宗 寶元 원년(1038) 10월에 西夏의 趙元昊가 稱帝하고, 寶元 3

년에 宋의 延州를 침입하면서 이후 宋과 西夏 간에는 몇 년에 걸쳐 전쟁을 하였다. '悖'가 저본에는 '勃'자로 되어 있으나, ≪嘉祐集≫에 의해 '悖'로 바꾸었다.

7) 審官差除 : 審官은 人事를 담당하는 審官院을 말한다. 差除는 '관리를 선발하다.'는 뜻이다.

8) 竄謫量移 : 竄謫은 '먼 지방으로 貶謫되다.'는 뜻이고, 量移은 '竄謫된 자가 사면을 받아 京師 가까이로 옮겨오는 것'을 말한다.

9) 南夷氐蠻 : 소수민족에 대한 蔑稱이다. 南夷는 남방의 소수민족을 가리키고, 氐蠻은 서북방의 소수민족을 가리킨다.

10) 關譏門征僦雇之費 : 關譏는 옛날 일종의 集市稅이다. 관리들이 集市에서 낯선 옷을 입었거나 낯선 말을 하는 자를 검열하여 매기는 稅이다. 門征은 관청으로 가서 일을 처리할 때에 내는 稅이다. 僦雇는 배를 임대하여 운임에 드는 稅이다.

11) 不招權 不鬻獄者 : 不招權은 '權力을 휘두르거나 權謀術數를 쓰지 않는 것'을 뜻한다. 不鬻獄은 '訴訟으로 인해서 뇌물을 받지 않는 것'을 뜻한다.

12) 規求 : '〈탐욕을 채울〉 방법을 찾다.'는 뜻이다.

13) 李順 : 北宋 淳化 4년(993)에 四川 青城 사람 李順이 자형인 王小波와 난을 일으켜 成都를 무너뜨리고 大蜀을 수립하였지만, 至道 元年(995)에 실패하였다.

14) 智高 : 儂智高로 壯族이다. 仁宗 皇祐 元年(1049)에 安德州를 근거지로 자칭 南天國이라 하고 宋나라에 반란하였다. 宋나라 朝廷은 5년 만에 반란을 진압하였다.

今夫以一身으로 任一方之責者는 莫若漕刑[1)]이라 廣南川峽이 旣爲天下要區요 而其中之郡縣도 又有爲廣南川峽之要區者니 其牧宰[2)]之賢否가 實一方所以安危라 幸而賢이면 則已나 其戕民黷貨[3)]면 的然有罪可誅者니 漕刑이 固亦得以擧劾이라 若夫庸陋巽懦[4)]하여 不才나 而無過者면 漕刑이 雖賢明이라도 其勢不得易置하니 此는 猶弊車甓[5)]馬而求僕夫之善御也라 郡縣有敗事면 不以責漕刑則不可나 責之면 則彼必曰 敗事者는 某所요 治某所者는 某人也니 吾將何所歸罪리오하니라 故로 莫若使漕

刑自擧其人하여 而任之라 他日에 有敗事면 則謂之曰 爾謂此人堪此職也어늘 今不堪此職하니 是爾欺我也니라 責有所在[6)]니 罪無所逃라하니라 然而나 擇之不得其人者는 蓋寡矣라 其餘郡縣도 雖非一方之所以安危者라도 亦當詔審官하여 俾勿輕授라 贓吏冗流를 勿措其間이면 則民雖在千里外라도 無異於處畿甸[7)]中矣라

지금 一身이 한 지방의 책임을 맡은 사람으로는 轉運使만큼 중요한 사람이 없다. 廣南・川峽이 천하의 요충지요, 그 속에 속한 郡縣 또한 廣南・川峽의 요충지이니, 그 郡縣의 수령이 어진지의 여부가 실로 그 한 지방의 安危와 연관된다.

다행히 그들이 현명하면 그만이지만, 그들이 백성을 죽이거나 횡령하고 뇌물을 받는다면, 분명히 처벌해야 할 죄가 있는 것이니, 轉運使는 당연히 또한 그들을 고발하여 탄핵해야 한다. 만약 그들이 평범하고 나약하여 재능은 없지만 과오도 없는 자라면, 轉運使가 현명하다 할지라도 그 형편상 그들을 바꿀 수가 없는 것이니, 이것은 마치 수레는 낡아빠졌고 말은 절름발이인데 마부가 수레를 잘 몰기를 바라는 것과 같다.

郡縣에 잘못된 일이 있으면 轉運使를 책망하지 않으면 안 되지만, 그를 책망하면 그는 반드시 "일을 망친 것은 某所이고, 某所를 다스리는 자는 某人이니, 내가 장차 어디에 죄를 돌리겠는가?"라고 할 것이다. 그러므로 轉運使 자신이 적절한 사람을 천거해서 그를 임용하도록 하는 것이 더 낳을 것이다.

훗날 잘못된 일이 생기면 그에게 "당신이 이 사람은 이 직책을 감당할 수 있다 하여 임명하였거늘, 지금 이 직책을 감당하지 못하였으니, 이것은 당신이 나를 속인 것이다. 책임에는 소재가 있으니, 그 죄를 피할 수 없다."고 하면 된다. 이렇게 하는 데도, 사람을 뽑는 데 그 적절한 사람을 찾지 못하는 경우는 아주 적을 것이다.

그 나머지 郡縣도, 비록 한 지방의 安危와 연관된 곳이 아니라 할지라도, 또한 마땅히 審官院에 詔書를 내려서 관리를 가볍게 제수하지 못하도록 하여야 한다. 탐관오리와 쓸모없는 관리들을 끼어들지 못하게 하면, 백성들이 천 리 밖에 거주하고 있더라도 畿內에 거주하는 것과 다름이 없을 것이다.

1) 漕刑 : 漕司로 宋代에 여러 路에 설치한 轉運使이다. 年貢米의 운송이나 그것에 대신하는 세금의 출납 및 각 路의 監司를 맡는 등 그 권한이 컸다.

2) 牧宰 : 郡縣의 장관을 代稱한 말이다. 옛날 州官을 牧이라 하였고, 縣官을 宰라고 하였다.

3) 黷貨 : '횡령하거나 뇌물을 받다.'는 뜻이다.

4) 巽懦 : '나약하여 겁 많은 사람'을 말한다.

5) 覽 : 저본에는 '攬'자로 되어 있으나, ≪嘉祐集≫에 의해 '覽'자로 바꾸었다.

6) 在 : ≪嘉祐集≫에는 '任'으로 되어 있으나, 저본의 '在'자를 따랐다.

7) 畿甸 : 천자가 직접 다스리는 王都 주위 사방 500리 이내의 지역, 즉 京城 부근의 지역을 말한다.

06. 養才* 人才를 양성함

* 이 글은 인재양성 문제를 논술한 것으로, 蘇洵은 "道와 德은 애써 노력하면 진전될 수 있지만, 才能은 애써 끌어올려도 진전될 수 없음〔道與德可勉以進也 才不可强揠以進也〕"을 제기하면서, 특출한 재능을 가진 사람을 우대하되, 일반 사람과 다른 관용적인 태도를 취하여 쉽게 관직으로 나아갈 수 있도록 해야 한다고 주장하였다.

養奇傑之才하여 而特挈出古者議能[1)]一節하여 以感悟當世가 直是刺骨이라

기이하고 걸출한 인재를 양성하고자, 다만 옛날의 '議能' 한마디만을 꺼내어서 當世를 감동시키고 깨우치게 함이 곧장 뼛속까지 파고든다.

1) 議能 : 죄를 범했을 때 함부로 刑法을 적용하지 못하고 討論을 거쳐서 죄를 결정하는 八議 제도가 있는데, 八議 가운데 재능이 뛰어나 王業을 보좌하고 人倫의 모범이 될 만한 자의 경우가 '議能'이다.

夫人之所爲는 有可勉彊者하고 有不可勉彊者하니라 煦煦然而爲仁하고 孑孑然而爲義[1)]하며 不食片言以爲信하고 不見小利以爲廉하니라 雖古之所謂仁與義와 信與廉者가 不止若是나 而天下之人은 亦不曰 是非仁人이요 是非義人이요 是非信人이요 是

非廉人이라 此則無諸己라도 而可勉彊이면 以到者也라 在朝廷이면 而百官肅하고 在邊鄙면 而四夷懼하며 坐之於繁劇紛擾之中이라도 而不亂이요 投之於羽檄[2)]奔走之地라도 而不惑하며 爲吏而吏요 爲將而將이라 若是者는 豈非天之所與하여 性之所有니 不可勉彊而能也리오 道與德은 可勉以進也오 才不可彊揠以進也라 今有二人焉하니 一人善揖讓[3)]하고 一人善騎射면 則人未有不以揖讓賢於騎射矣라 然而나 揖讓者는 未必善騎射하고 而騎射者는 捨其弓以揖讓於其間이라도 則未必失容이니 何哉아 才難彊이나 而道易勉也라

대저 사람이 하는 일에는 애써 할 수 있는 것이 있고, 애써도 할 수 없는 것이 있다.

작은 恩惠를 베푸는 것을 仁으로 여기고, 작은 善行을 하는 것을 義로 여기며, 한마디 食言하지 않는 것을 信이라 여기고, 작은 利益을 탐하지 않는 것을 廉이라 여긴다. 비록 古代에서 말한 바의 仁과 義 그리고 信과 廉이 단지 이와 같지는 않지만, 천하 사람들은 또한 "이들은 仁人이 아니고, 이들은 義人이 아니고, 이들은 信人이 아니며, 이들은 廉人이 아니다."라고는 하지 않는다. 이러한 것들은 자신에게 없더라도 애써 노력하면 이룰 수 있는 것이다.

朝廷에 있으면 百官이 엄숙해지고, 邊方에 있으면 四方 오랑캐들이 두려워하며, 아주 번잡하고 요란함 속에 앉아 있어도 혼란스러워하지 않고, 긴박한 文書가 왕래하는 전쟁터에 나가 있어도 迷惑되지 않으며, 관리가 되면 관리의 일을 하고 장수가 되면 장수의 일을 한다. 이와 같은 것은 하늘이 부여하여 본성에 있는 것이니, 애써 하지 않고도 할 수 있는 것이 아니겠는가? 道와 德은 애써 노력하면 진전될 수 있지만, 才能은 애써 끌어올려도 진전될 수가 없다.

지금 여기에 두 사람이 있는데, 한 사람은 揖讓 같은 예의에 뛰어나고 한 사람은 말을 타고 활을 쏘는 데에 뛰어나다면, 사람들은 揖讓 같은 예의를 말을 타고 활을 쏘는 것보다 낫다고 생각하지 않음이 없다. 그러나 揖讓 같은 예의에 뛰어난 사람이 반드시 말을 타고 활을 쏘는 데에 뛰어나다 할 수 없고, 말을 타고 활을 쏘는 데에 뛰어난 사람이 그 활을 버리고 사람들 속에서 揖讓을 한다고 해서, 반드시 그 禮貌를 잃는다고도 할 수 없으니, 무엇 때문인가? 재능은 애써 하기 어렵지만 도덕은

노력하면 쉽게 체득할 수 있기 때문이다.

1) 煦煦然而爲仁 孑孑然而爲義 : 煦煦然은 '작은 恩惠를 베푸는 모양'이고, 孑孑然은 '작은 善行을 행하는 모양'이다. 韓愈의 〈原道〉에는 "그(老子)는 작은 은혜를 仁이라 하고, 작은 선행을 義라 하였으니, 그것을 경시한 것이 마땅하다.〔彼以煦煦爲仁 孑孑爲義 其小之也則宜〕"라는 내용이 있다.
2) 羽檄 : 새의 깃을 檄書에 꽂은 것을 말하는데, 새처럼 날아서 급히 전달해야 할 문서를 말한다.
3) 揖讓 : 손님과 주인이 만났을 때 揖하고 사양하는 동작으로, 여기에서는 禮儀를 총괄하여 말한 것이다.

吾觀世之用人하니 好以可勉彊之道與德을 而加之不可勉彊之才之上하여 而曰 我貴賢賤能이라하니 是以로 道與德이 未足以化人이로되 而才有遺焉이라 然而나 爲此者는 亦有由矣라 有才者는 而不能爲衆人所勉彊者耳니 何則고 奇傑之士는 常好自負하여 疏雋傲誕하여 不事繩檢[1]하고 往往冒法律하고 觸刑禁하여 叫號讙[2]呼하며 以發其一時之樂하여 而不顧其禍하고 嗜利酗酒[3]하여 使氣傲物이라가 志氣一發이면 則倜然[4]遠去하니 不可羈束以禮法이라 然이나 及其一旦에 翻然而悟하여 折節而不爲此하고 以留意於向所謂道與德可勉彊者면 則何病不至리오 奈何以樸樕[5]小道加諸其上哉아

내가 이 세상의 사람 쓰는 것을 관찰해보니, 애쓰면 할 수 있는 道와 德을 애써도 할 수 없는 才能 위에 두는 것을 좋아하면서, "나는 어진 사람을 귀하게 여기고 재능 있는 사람을 천시한다."고 하였다. 그래서 道와 德이 아직 사람을 教化시키기에 부족한데도 오히려 才能 있는 사람을 버려버린다. 그러나 이렇게 하는 데에는 또한 이유가 있다. 재능이 있는 자는 일반 대중들이 애써 하는 것을 잘하지 않기 때문이다.

왜 그런가? 기이하고 걸출한 사람은 늘 자신이 대단하다고 여겨 호탕하면서도 오만하고 기이하게 행동하기를 좋아하여, 世俗의 禮法을 따르지 않고 종종 法律을 어기고 禁令에 저촉되어도 크게 소리치고 환호하며 일시적인 쾌락을 발산하면서 거기에 따른 禍를 돌아보지 않고, 利祿을 탐하면서 술에 취하여 함부로 행동하며, 성질이 나면 사람들에게 오만스럽게 대하다가 패기가 한번 발동하면 거리낌없이 멀리

떠나버리니, 禮法으로 그를 구속할 수가 없다. 그러나 그가 어느 날 아침 갑자기 깨우쳐서 품행을 바꾸어 예전의 이런 행동을 하지 않고 앞서 말한 애쓰면 할 수 있는 道와 德에 뜻을 두면, 어찌 이르지 못할까 걱정할 것이며, 어찌 보잘것없는 작은 도리로 그 위에 가할 수 있겠는가!

1) 繩檢 : 世俗의 約束으로, 주로 世俗의 禮法을 말한다.
2) 驪 : 저본에는 '歡'자로 되어 있으나, ≪嘉祐集≫에 의해 '驪'자로 바꾸었다.
3) 酗酒 : '술주정을 하다.'는 뜻이다.
4) 倜然 : '초연한 모양', '거리낌없는 모양'을 뜻한다.
5) 樸樕 : 덤불이나 작은 나무 같은 잡목을 말하지만, 여기서는 '보잘것없는' 정도의 뜻이다.

夫其不肯規規以事禮法하고 **而必自縱以爲此者**는 **乃上之人之過也**라 **古之養奇傑也**엔 **任之以權**하고 **尊之以爵**하며 **厚之以祿**하고 **重之以恩**하여 **責之以措置天下之務**하니 **而易其平居自縱之心**하여 **而聲色耳目之欲**도 **又已極於外**하니 **故**로 **不待放恣而後**에 **爲樂**이라 **今則不然**이니 **奇傑無尺寸之柄**하고 **位一命之爵**[1]과 **食斗升之祿者**가 **過半**이니 **彼又安得不越法逾**[2]**禮**하여 **而自快耶**아 **我又安可急之以法**하여 **使不得泰然自縱耶**아 **今我繩之以法**도 **亦已急矣**라 **急之而不已**하고 **而隨之以刑**이면 **彼有北走胡**요 **南走越耳**라

그 사람이 規範에 따라 禮法을 지키려 하지 않고, 반드시 스스로 방종하며 이렇게 하는 것은 바로 윗사람의 잘못이다.

옛날에 기이하고 걸출한 사람을 양성할 때에는 權力을 주어서 그를 임용하고 爵位를 주어서 그를 존중하며, 그에게 俸祿을 후하게 주고 恩惠를 베풀어 그를 중시하여, 천하의 중요한 임무를 처리하도록 맡기니, 평소 스스로 방종하던 마음을 바꾸어, 귀와 눈을 즐겁게 하던 아름다운 音樂이나 女色에 대한 욕망도 이미 밖으로 충족되었으니, 방종한 다음에 즐길 필요가 없었다.

그런데 지금은 그렇지 않으니, 기이하고 걸출한 사람에게는 작은 권력도 없고 가장 낮은 직위와 쥐꼬리만 한 봉록을 받는 자들이 절반을 넘으니, 저들이 또한 어찌

法과 禮를 벗어나지 않고서 스스로 쾌락을 즐길 수 있겠는가? 나 또한 어찌 법으로 다그쳐서 저들로 하여금 태연히 스스로 방종할 수 없도록 하겠는가? 지금 내가 법으로 단속하는 것도 심히 다그치는 것이다. 그를 다그치는 데에서 멈추지 않고 刑罰이 뒤따르게 되면, 그가 북쪽으로는 胡族에게 달아날 것이고, 남쪽으로는 越나라에게 달아날 뿐이다.

1) 一命之爵 : 周나라 官制에는 爵位가 一命에 九命까지 있는데, 一命이 가장 낮은 작위이다.

2) 逾 : 저본에는 '踰'자로 되어 있으나, ≪嘉祐集≫에 의해 '逾'자로 바꾸었다.

噫라 無事之時에 既不能養이라가 及其不幸하여 一旦에 有邊境之患과 繁亂難治之事而後에 優詔[1]以召之하여 豐爵重祿以結之면 則彼已憾矣라 夫彼固非純忠者也니 又安肯默然於窮困無用之地而已耶아

아아! 無事할 때에는 養育하지도 않다가, 불행히도 하루아침에 邊方의 憂患이 생기거나 번잡하고 혼란하여 다스리기 어려운 일이 생긴 뒤에야 아름답게 포장한 詔書를 내려 그를 불러 높은 爵位와 후한 俸祿으로 결부시키려 한다면, 그들은 심히 유감스럽게 생각할 것이다. 그들은 본래 순수한 忠誠心을 가진 사람들이 아니니, 또한 어찌 곤궁하고 쓸모없는 땅에 묵묵히 가고자 하겠는가?

1) 優詔 : 우대한다는 내용으로 포장한 詔書를 말한다.

周公之時에 天下號爲至治[1]라 四夷가 已臣服하고 卿大夫士已稱職이라 當是時에 雖有奇傑이라도 無所復用이요 而其禮法風俗이 尤復細密하여 擧朝廷與四海之人이 無不遵蹈나 而其八議[2]之中에 猶有曰議能者온 況當今天下에 未甚至治하고 四夷未盡臣服하며 卿大夫士未皆稱職하고 禮法風俗이 又非細密如周之盛時하며 而奇傑之士는 復有困於簿書米鹽間者하니 則反可不議其能而恕之乎아 所宜哀其才而貰其過하여 無使爲刀筆吏[3]所困이면 則庶乎盡其才矣라

周公 때에는 천하 사람들이 太平聖代라 하였다. 사방 오랑캐들이 이미 신하로 복

종하고, 公卿・大夫・선비들은 이미 자신에 걸맞은 직책을 맡았다. 이때에 비록 기이하고 걸출한 사람들이 있어도 더 이상 쓸 곳이 없었고, 그 禮法과 風俗이 더욱 세밀하여 모든 조정과 온 세상 사람들이 준수하지 않음이 없었지만, '八議' 가운데 오히려 재능 있는 자의 죄를 다루는 '議能'이라 하는 항목이 있었다. 하물며 지금의 천하는 아직 완전한 태평성대도 아니고, 사방 오랑캐들이 아직 신하로 완전히 복종하지도 않으며, 公卿・大夫・선비들은 자신에 걸맞은 직책을 아직 다 맡지 못하고 있고, 그 예법과 풍속 또한 周의 태평성대만큼 세밀하지도 않으며, 기이하고 걸출한 사람들도 쌀이나 소금을 장부에 기록하는 하찮은 일에 곤욕을 당하고 있으니, 도리어 그들의 재능을 논의하지〔議能〕 않고도 그들을 관대하게 용서할 수 있겠는가? 당연히 그 재능을 아끼고 그 죄를 사면해서, 하급관리인 刀筆吏에게 곤욕을 당하지 않게 하면, 대체로 그 재능을 다 발휘할 것이다.

1) 至治 : 지극히 잘 다스려지는 시대로, 즉 太平聖代를 말한다.

2) 八議 : ≪周禮≫ 〈秋官 小司寇〉에 "議親之辟 議故之辟 議賢之辟 議能之辟 議功之辟 議貴之辟 議勤之辟 議賓之辟"의 八議를 언급하고 있다. 辟은 죄를 가리킨다. 이 여덟 가지 죄를 범했을 때 함부로 刑法을 적용하지 못하고 討論을 거쳐서 죄를 결정하는 제도이다. 八議의 각 항목을 구체적으로 살펴보면, 議親은 왕실과 일정한 친척관계에 있는 경우, 議故는 왕실과 여러 해 동안 인연이 깊어 특별한 은덕을 입은 경우, 議賢은 큰 덕행이 있는 賢人이나 君子의 경우, 議能은 재능이 뛰어나 왕업을 보좌하고 인륜의 모범이 될 만한 자의 경우, 議勤은 文・武官으로서 성실히 봉직하거나 사신으로 나가서 공로가 현저한 자인 경우, 議貴는 문・무관 3품 이상이거나 散官 2품 이상인 자의 경우, 議功은 국가에 큰 공을 세운 경우, 議賓은 전대 군왕의 자손으로서 선대의 제사를 맡아 國賓이 된 자의 경우이다.

3) 刀筆吏 : 원래 竹簡이나 木版에 잘못 쓴 글자를 칼로 깎아내고 다시 쓰는 하급관료를 말하였지만, 여기서는 文書를 다루는 관리를 말한다.

或曰 奇傑之士가 **有過得免**이면 **則天下之人**에 **孰不自謂奇傑而欲免其過者**리오 **是終亦潰法亂敎耳**라 **曰 是則然矣**라 **然而**나 **奇傑之所爲**는 **必挺然出於衆人之上**이라

苟指其已成之功하여 以曉天下면 俾得以贖其過요 而其未有功者면 則委之以難治之事하여 而責其成績이면 則天下之人이 不敢自謂奇傑하리니 而眞奇傑者出矣라하리라

어떤 사람은 "기이하고 걸출한 선비가 죄가 있어도 사면될 수 있으면, 천하 사람들 가운데 누군들 스스로 걸출한 인재라 칭하면서 자신의 죄를 사면받고자 하지 않겠는가? 이렇게 되면 끝내 法은 무너지고 敎化는 어지러워질 뿐이다."라고 한다.

여기에 대해 말하자면, "그것 또한 옳은 말이다. 그러나 걸출한 사람이 하는 일은 틀림없이 일반 사람보다 훨씬 특출할 것이다. 만약 그가 이미 이룬 功績을 들추어 천하 사람들을 깨우치면 그것으로 그 죄를 사면시킬 수 있을 것이고, 아직 공이 없는 자라면 다스리기 어려운 일을 그에게 맡겨 그 業績을 검증할 것 같으면, 천하 사람들이 감히 스스로 걸출한 인재라 하지는 않을 것이니, 이렇게 되면 진정으로 걸출한 인재가 나올 것이다."라고 하겠다.

衡論

01. 廣士* 선비를 널리 구함

* 이 글은 胥吏들 중에서 才德을 겸비한 자들을 선발하여 官員으로 채울 것을 朝廷에 건의한 것이다. 蘇洵은 먼저 고대의 인재선출을, 현명하기만 하면 도적 중에서도 뽑았고 오랑캐 중에서도 뽑았음을 강조하고, 지금의 宋朝에서는 그렇지 않음을 비판하였다.

그는 宋代의 인재선출에 대해서 대략 다음과 같이 두 가지로 요약하면서 비판하였다. 첫째는 詩賦에 중점을 둔 과거시험으로, 이것은 문학에 능한 사람을 뽑는 것이어서 정치에 크게 도움 되지 않는다고 비판하였다. 둘째는 蔭敍制度로, 高官의 자제뿐만 아니라 심지어 門客이나 親舊들조차 관직으로 나아가 쓸모없는 사람으로 넘쳐나는 것을 비판하였다.

韓子의 **不幸而出於胥商之族**[1]**一段議論**이 **與此略同**이라

韓愈의 '〈훌륭한 인물은〉 불행히 胥吏와 商人의 일족에서 나온다.'라는 일단의 의논이 이것과 대략 같다.

1) 不幸而出於胥商之族：韓愈의 〈行難〉에 나온다.

古之取士엔 **取於盜賊**하고 **取於夷狄**하니 **古之人**이 **非以盜賊夷狄之事可爲也**요 **以賢之所在而已矣**라 **夫賢之所在**면 **貴而貴取焉**하고 **賤而賤取焉**하니 **是以**로 **盜賊下人**과 **夷狄異類**는 **雖奴隷之所恥**나 **而往往登之朝廷**하고 **坐之郡國**[1]호되 **而不以爲怍**[2]이라 **而繩趨尺步**[3]하고 **華言華服者**라도 **往往反擯棄不用**하니 **何則**고 **天下之能繩趨而尺步**하고 **華言而華服者**는 **衆也**나 **朝廷之政**과 **郡國之事**는 **非特如此而可治也**라 **彼雖**

不能繩趨尺步하고 **華言華服**[4)]이나 **然而其才果可用於此**면 **則居此位**가 **可也**라 **古者**에 **天下之國大而多士大夫者**는 **不過曰齊與秦也**라하니 **而管夷吾相齊**하여 **賢也**나 **而擧二盜焉**[5)]하고 **穆公霸秦**하여 **賢也**나 **而擧由余焉**[6)]하니 **是**는 **其能果於是非**하여 **而不牽於衆人之議也**요 **未聞有以用盜賊夷狄而鄙之者也**라 **今有人非盜賊非夷狄**이로되 **而猶有不獲用**하니 **吾不知其何故**[7)]**也**라

옛날 선비를 선발할 때에는 도적 중에서도 뽑았고 오랑캐 중에서도 뽑았으니, 옛 사람들이 도적이나 오랑캐의 일에도 행할 만한 것이 있다고 여겨서 뽑은 것이 아니라 단지 현명함이 있었기 때문이다. 현명함이 있으면 신분이 귀하면 귀한 대로 뽑았고, 신분이 천하면 천한 대로 뽑았다. 그래서 도적 같은 下賤한 사람과 오랑캐 같은 이민족은, 노예조차도 그들을 부끄럽게 여기지만, 종종 그들을 朝廷의 신하로 등용하고 州郡의 수령으로 삼아도 부끄럽게 여기지 않았던 것이다.

그러나 행동거지가 규범에 맞고 화려한 말과 복장을 한 사람이라도 도리어 왕왕 버려진 채 쓰이지 않기도 하였으니, 어째서인가? 천하의 행동거지가 규범에 맞고 화려한 말과 복장을 한 사람은 많지만, 朝廷의 정치와 州郡의 일은 단지 그것만으로 다스릴 수가 없기 때문이다.

저들은 비록 행동거지가 규범에 맞지 않고 화려한 말과 복장은 하고 있지 않지만, 그 재능이 참으로 그 자리에 쓸 만하다면 그 자리에 두는 것이 옳은 것이다. 옛날 천하의 大國이면서 사대부가 많았던 나라로는 단지 齊나라와 秦나라에 불과하다 하였으니, 管仲은 齊나라의 재상이면서 현명하였지만 두 도적을 천거하여 썼고, 穆公은 秦나라를 霸者로 만들면서 현명하였지만 이민족이었던 由余를 천거하여 썼다. 이것은 그들이 是非에 결단성이 있어 많은 사람들의 논의에 끌려들지 않은 것이고, 게다가 盜賊과 夷狄을 등용한 것 때문에 그들을 깔본 자들이 있었다는 말도 지금까지 들어보지 못하였다. 지금 어떤 사람들은 盜賊도 아니고 夷狄도 아닌데도 오히려 등용되지 못하니, 나는 그것이 무슨 까닭인지 모르겠다.

1) 坐之郡國 : 坐는 관리가 현지에 주재하면서 지킨다는 의미로, 이 구절은 '州郡의 수령이 되다.'는 뜻이다.

2) 怍 : 저본에는 '非'자로 되어 있으나, ≪嘉祐集≫에 의해 '怍'자로 바꾸었다.

3) 繩趨尺步 : 繩은 대목이 나무의 곧음을 측정하는 먹줄을 말한다. 따라서 이 구절은 행동거지가 '규범에 딱 맞다.', '규범을 준수하다.'는 의미이다.

4) 繩趨尺步 華言華服 : ≪嘉祐集≫에는 '繩趨而尺步 華言而華服'으로 되어 있다.

5) 管夷吾相齊賢也 而擧二盜焉 : ≪禮記≫ 〈雜記 下〉 "管仲이 도적 떼를 만났는데, 두 사람을 뽑아 추천하여 올려 桓公의 신하로 삼게 하면서 '그들이 함께 노닌 사람들이 邪辟한 사람들이서 도적이 된 것이지, 쓸 만한 사람입니다.'라 하였다."라는 내용이 있다.

6) 穆公霸秦賢也 而擧由余焉 : 穆公은 百里奚・蹇叔 등을 등용해 정치를 혁신하고, 동쪽의 晉나라와 싸워 河西의 땅을 빼앗았으며, 또 由余를 등용해서 서방 이민족을 통합하여 서방의 霸者가 되었다.

由余는 본래 晉나라 사람이었지만, 사건에 연루되어 戎으로 달아나 戎의 관리가 되었다가, 나중에는 秦 穆公에게 중용되었다. 그는 秦나라가 서방의 12국을 통합하여 천 리에 이르도록 영토를 확장하여 西戎의 霸者가 되는 데 크게 기여하였다. ≪史記 秦本紀≫

7) 故 : 저본에는 '故'자가 없으나, ≪嘉祐集≫에 의해 '故'자를 보충하였다.

夫古之用人에 無擇於勢하고 布衣寒士而賢則用之요 公卿之子弟而賢則用之요 武夫健卒而賢則用之요 巫醫方技[1]而賢則用之요 胥史賤吏而賢則用之라 今也에 布衣寒士는 持方尺之紙[2]하여 書聲病剽竊[3]之文하여 而至享萬鍾之祿[4]이요 卿大夫之子弟는 飽食於家하고 一出而驅高車하고 駕大馬하여 以爲民上이요 武夫健卒은 有灑掃之力[5]과 奔走之舊[6]로 久乃領藩郡[7]하여 執兵柄이요 巫醫方技는 一言之中이면 大臣이 且擧以爲吏하니 若此者는 皆非賢也요 皆非功也라 是今之所以進之之途多於古也라 而胥史賤吏는 獨棄而不錄하여 使老死於敲榜[8]趨走하고 而賢與功者도 不獲一施니 吾甚惑也라 不知胥吏之賢을 優而養之면 則儒生武士或所不若이라

대저 옛날에는 사람을 쓸 때에 세력 있는 사람들에게서 뽑지 않고, 布衣의 貧寒한 선비라도 현명하면 그를 등용하였고, 公卿의 子弟들이라도 현명하면 그를 등용하였고, 武人의 건장한 兵卒이라도 현명하면 그를 등용하였고, 巫醫・占星術師・觀相家 같은 사람도 현명하면 그를 등용하였으며, 胥吏처럼 낮은 관리라도 현명하면 그를

등용하였다.

그런데 지금은 布衣의 貧寒한 선비는 과거시험을 통하여, 聲韻格律을 따지고 진부하게 經傳의 글을 모방한 문장을 지어서 萬鍾의 봉록을 향유하는 지위에 이르고, 公卿・大夫의 자제들은 집에서 배불리 먹고, 외출하면 높은 수레를 타고 큰 말을 몰면서 백성들 위에 군림한다. 무인의 건장한 병졸들은 〈貴人達官의 집안에서〉 청소하던 家臣이거나 분주히 집안일을 처리하던 친구와 친척들로 시간이 오래 지나면 이에 藩鎭을 거느리고 兵權을 쥐게 된다. 巫醫・占星術師・觀相家 같은 사람은 어쩌다 한마디 말이 적중이라도 하면 大臣들이 또한 그를 천거하여 관리로 삼으니, 이와 같은 자들은 모두 현명하지도 않고 공적이 있는 것도 아니다. 이것이 오늘날 관직으로 나아가는 길이 옛날보다 많게 된 이유이다.

胥吏처럼 낮은 관리들만은 유독 버리고 발탁하지 않아 늙어 죽을 때까지 榜文이나 붙이는 데 뛰어다니게 하고, 현명하고 공적이 있는 자조차도 한 번도 그 시혜를 받지 못하니, 나는 심히 의혹스럽다. 현명한 胥吏를 우대하여 양성하면, 유생이나 무사도 더러는 그들보다 못하다는 사실을 모른다.

1) 巫醫方技 : 巫는 降神招魂 같은 일에 종사하는 呪術師를 말하고, 醫는 미신적인 방법에 약초를 곁들여 병을 치료하는 사람을 말하며, 方技는 方伎라고도 하며, 별・관상・점・의사행위 등을 통칭한 말로, 여기서는 이러한 활동에 종사하는 사람을 가리킨다.
2) 方尺之紙 : 과거시험의 시험지를 가리킨다.
3) 聲病剽竊 : 聲病은 四聲八病을 말하고, 剽竊은 옛사람들의 詩文을 모방하는 것을 말한다.
4) 萬鍾之祿 : 鍾은 옛날의 용량 단위로, 萬鍾之祿은 많은 봉록을 받는 高官을 말한다.
5) 灑掃之力 : 집과 정원을 청소하는 高官의 家臣을 가리킨다.
6) 奔走之舊 : 일처리로 분주히 왕래하는 高官의 친구나 친척을 가리킨다.
7) 領藩郡 : 지방의 장관이 되는 것을 말한다.
8) 敲榜 : 榜文을 붙이고 알리다.

昔者에 漢有天下에 平津侯樂安侯[1]輩는 皆號爲儒宗이로되 而卒不能爲漢立不世[2]大功이요 而其卓絶俊[3]偉震耀四海者는 乃其賢人之出於吏胥中者耳라 夫趙廣漢[4]은 河間之郡吏也요 尹翁歸[5]는 河東之獄吏也요 張敞[6]은 太守之卒史也요 王尊[7]은 涿郡之書佐也라 是皆雄俊明博하여 出之可以爲將이요 而內之可以爲相者也라 而皆出於吏胥中者니 有以也라 夫吏胥之人은 少而習法律하고 長而習獄訟하니 老姦大豪도 畏憚懾伏하며 吏之情狀變化出入에 無不諳究하니 因而官之면 則豪民猾吏之弊가 表裏毫末이 畢見於外하여 無所逃遁이라 而又上之人이 擇之以才하여 遇之以禮하니 而其志復自知得自奮於公卿이라 故로 終不肯自棄於惡하여 以買[8]罪戾하여 而敗其終身之利라 故로 當此時하여 士君子皆優[9]爲之한대 而其間自縱於大惡者는 大約亦不過幾人이요 而其尤賢者는 乃至成功如是라

옛날 漢나라가 천하를 소유했을 때에 平津侯·樂安侯 같은 사람들은 모두 儒學의 宗師라 불렸으되, 끝내 漢나라를 위해 不世出의 큰 공을 세우지는 못하였다. 재능이 걸출하여 四海를 떨쳤던 사람은 바로 胥吏들 중에서 나온 賢人들뿐이었다. 저 趙廣漢 같은 사람은 河間郡의 胥吏였고, 尹翁歸는 河東의 獄吏였고, 張敞은 太守의 卒史였으며, 王尊은 涿郡의 書佐였다. 이들은 모두 걸출하고 事理에 널리 밝아서 나가면 將帥가 될 수 있고, 조정 안에서는 宰相이 될 수 있는 사람들이었다.

하지만 그들은 다 胥吏 중에서 나온 자들이니, 거기에는 그만 한 이유가 있다. 대저 胥吏들은 젊어서는 法律을 익혔고, 장년이 되어서는 獄訟을 익혔으니, 노회하고 간악한 무리와 큰 호족들도 그들을 두려워하고 복종하였으며, 관리의 상황·변화·출입 등을 자세히 알고 있었으니, 그들을 관리로 삼으면 土豪와 교활한 관리의 폐단이 안팎의 터럭조차도 다 밖으로 드러나 숨길 곳이 없었다.

그리고 또 임금께서 재능으로 그들을 간택하여 예로써 그들을 우대하니, 그들의 의지 또한 스스로 분투하여야 公卿의 지위에 오를 수 있음을 자신들이 잘 알고 있었다. 그래서 스스로 사악함에 빠져 죄를 초래해서 일생 동안의 이익을 그르치려 하지 않았다. 그러므로 이때에는 士君子들도 모두 여력이 있으면 그것을 하려 하였는데, 그 가운데 스스로 방종하여 大惡에 빠진 자는 대략 몇 사람에 불과하였고, 그들 가

운데 특히 현명하였던 자는 이처럼 큰 성공에 이르렀던 것이다.

1) 樂安侯 : 匡衡으로, 字가 稚圭이고, 經學으로 이름이 났다. 鑿壁引光의 故事로도 유명하다. 漢 元帝 建昭 年間에 재상이 되었고, 樂安侯에 봉해졌지만, 나중에 封國의 조세를 너무 많이 거두다가 파면되어 庶人이 되었다.

2) 不世 : '不世出'의 뜻이다.

3) 俊 : ≪嘉祐集≫에는 '雋'자로 되어 있으나 여기서는 저본을 따랐다. 아래도 같다.

4) 趙廣漢 : 字가 子都이고, 涿郡 蠡吾 사람인데, 젊어서 처음엔 郡의 아전이 되었다가 漢 宣帝 때에 潁川太守로 임명되어 그 지방의 간악한 호족인 原氏·褚氏를 주살하였고, 京兆尹이 된 뒤에는 權勢家나 貴族을 가리지 않고 법을 엄격하게 집행하였다.

5) 尹翁歸 : 字가 子兄이고, 河東 平陽 사람으로, 처음에는 獄小吏가 되었다가 漢 宣帝 때에 東海太守로 임명되어 그 지역의 토호와 교활한 관리들을 징벌하여, 그 지역을 크게 안정시켰다.

6) 張敞 : 字가 子高이고, 河東 平陽 사람으로, 처음에는 太守의 卒史가 되었다가 漢 宣帝 때에 太中大夫로 임명되었으며, 몇 차례 곡절을 겪은 후 豫州刺史를 거쳐 京兆尹이 되어 長安의 치안을 확고히 하였다.

7) 王尊 : 字가 子贛이고, 涿郡 高陽 사람이다. 처음에는 郡의 小吏로 있다가 書佐로 보임되었고, 漢 元帝 초에 安定太守가 되어 그 지방의 강폭한 자들을 통제하여 위엄을 떨쳤다. 이후 光祿大夫·京兆尹이 되었다.

8) 賈 : '초래하다', '불러오다'의 뜻이다.

9) 優 : ≪論語≫ 〈子張〉의 "學而優則仕(배우고 여력이 있으면 벼슬한다.)"의 優와 같으며, '여력이 있다.'는 뜻이다.

今之吏胥則不然이라 始而入之不擇也로되 終而遇之以犬彘也라 長吏[1]一怒면 不問罪否하고 袒[2]而笞之라가 喜而接之면 乃反與交手爲市라 其人常曰 長吏待我以犬彘하니 我何望而不爲犬彘哉아하니 是以로 平民不能自棄爲犬彘之行하여 不肯爲吏矣온 況士君子而肯俛首爲之乎아 然이나 欲使之謹飭하여 可用如兩漢이면 亦不過擇之

以才하여 待之以禮하고 恕其小過하되 而棄絶其大惡之不可貰忍者然後에 察其賢하여 有功이면 而爵之하고 祿之하고 貴之하여 勿棄之於冗流之門[3)]이라 則彼有冀於功名하여 自尊其身이니 不敢丐(개)[4)]奪이면 而奇才絶智出矣라

지금의 胥吏는 그렇지가 않다. 처음에는 가리지 않고 그들을 받아들이되 끝내는 그들을 개・돼지로 대우한다. 長吏가 한번 노하면 죄의 여부를 묻지도 않고 웃통을 벗겨 매질을 하다가 기쁠 때에 만나면 반대로 저자거리에서도 拱手하며 禮를 차린다. 胥吏들은 늘 "長吏가 나를 개・돼지로 대하니 내가 어찌 개・돼지가 되지 않기를 바라겠는가?"라고 한다. 이 때문에 평범한 백성도 자신을 개・돼지의 대열에 버릴 수가 없어 胥吏가 되려 하지 않는데, 하물며 士君子들이 머리를 숙여서 그것을 하려고 하겠는가!

그러나 그들을 신중하고 조심스럽게 다루어 兩漢 때처럼 쓸 수 있으려면 또한 才能만으로 그들을 가려 뽑아 禮로 대우하고 작은 허물은 용서해주되, 큰 죄를 지어 도저히 사면할 수도 없고 용납할 수도 없는 자들은 깨끗이 잘라낸 다음에, 그 현명함을 잘 살펴서 功이 있으면 爵位를 주고 祿을 주고 身分을 귀하게 해주어서, 쓸모없는 부류에 내버리지 않으면 되는 것이다. 그러면 저들은 功名을 바라는 것이 있어 스스로 그 자신을 존중할 것이니, 감히 그 뜻을 빼앗지 않으면, 걸출한 才能과 절세의 智謀를 갖춘 사람이 나올 것이다.

1) 長吏 : 지위가 비교적 높은 관리를 말한다.
2) 袒 : 윗옷을 내리게 하거나 아예 벗겨버리는 것을 말한다.
3) 門 : ≪嘉祐集≫에는 '間'자로 되어 있다.
4) 丐(개) : '구하다', '구걸하다'의 뜻이다.

夫人固有才智奇絶호되 而不能爲章句名數聲律之學[1)]者하고 又有不幸而不爲者라 苟一之[2)]以進士制策이면 是使奇才絶智有時而窮[3)]也요 使吏胥之人으로 得出爲長吏면 是使一介之才로 無所逃也라 進士制策은 網之於上하고 此又網之於下한대 而曰天下有遺才者라하면 吾不信也라

대저 사람이 본래 걸출한 才能과 절세의 智謀를 갖추고 있지만, 章句·名數·聲律의 학문을 잘하지 못하는 자도 있고, 또 불행히도 그런 공부를 하지 않은 자도 있다. 만약 그들을 進士·制策과 같은 방법으로 일률적으로 선발한다면 이것은 걸출한 才能과 절세의 智謀를 가진 사람들이 때때로 나아갈 길이 없게 하는 것이요, 胥吏들이 長吏로 나아갈 수 있게 한다면 이것은 하나의 작은 재능을 가진 인재마저도 피하여 숨지 않게 하는 것이다. 進士·制策으로 인재를 위에서 건져 올리고, 이렇게 또 아래에서 인재를 걸러 올리는데도 "천하에 놓쳐버린 인재가 있다."고 한다면, 나는 믿지 않겠다.

1) 章句名數聲律之學 : 章句는 古文의 章節이나 句讀를 연구하여 주석을 다는 학문을 말한다. 名數는 刑名과 術數, 즉 陰陽五行으로 人事의 吉凶을 예측하는 그런 활동을 말한다. 聲律은 詩詞에 내재된 聲韻과 리듬으로, 여기서는 詩歌를 연구하는 학문을 말한다. 모두 과거시험에 필요한 학문을 통칭해서 한 말이다.
2) 一之 : '통일된 표준으로 요구한다.'는 뜻이다.
3) 窮 : '출로가 없다.'는 뜻이다.

02. 申法* 法에 대해 진술함

* 蘇洵은 지금의 法이 상세하고 두루 구비되어 있으면서 이치에도 맞지만, 문제는 법을 운용하는 데에 폐단이 있음을 지적하고 있다. 論者들은 다 지금의 폐단은 다만 胥吏들이 법을 어겨 간악한 짓을 하는 것으로 생각하지만, 蘇洵은 일상생활 속의 다섯 가지 현상, 즉 度量衡이 통일되지 않은 것, 珍珠를 캐고 금가루로 치장하는 것, 工商人의 服飾이 분수에 맞지 않은 것, 관리들이 국가의 수매가로 私的으로 구매하는 것, 관리의 신분으로 장사하는 것을 열거하면서, 대중들이 이 불법적인 것을 보고서도 괴이하게 여기지 않는 것이 법이 무너지는 근원으로 생각하였다. 따라서 법이 잘 다스려지려면, 이 다섯 가지 일에서 시작하여야 하고, 그러면 서리들이 법을 어기는 폐단도 다스릴 수 있다고 보았다. 아울러 法制는 간략함에서 번잡함으로 발전되었다는 蘇洵의 견해는 온당한 논리라 하겠다.

古今分款[1)]이라 荊川이 謂體如鹽鐵[2)]中古今之異一段이니 良是라

옛날과 지금을 조목조목 분석한 것이다. 唐荊川(唐順之)이 "이 글의 體는 ≪鹽鐵論≫에서 옛날과 지금의 차이를 논한 일단과 같다." 하였는데, 진실로 옳다.

1) 款 : 저본과 ≪嘉祐集≫에는 '疑'자로 되어 있으나 文淵閣 四庫全書 ≪唐宋八家文鈔≫에는 '款'자로 되어 있다. 여기서는 '款'자로 보는 것이 뜻이 순통하므로 '款'자로 바꾸었다.

2) 鹽鐵 : ≪鹽鐵論≫으로 前漢의 桓寬이 엮은 책이다. 소금·철·술 등의 專賣政策의 可否를 둘러싼 토론을 정리한 것이지만, 國防·外交·社會·經濟·思想 등 당시의 국가와 사회가 안고 있던 제반 문제를 전면적으로 논의하였다.

古之法은 簡하고 今之法은 繁이라 簡者는 不便於今하고 而繁者는 不便於古하니 非今之法이 不若古之法하고 而今之時는 不若古之時也라

옛날의 법은 簡略하였고 지금의 법은 煩雜하다. 간략한 것은 지금에는 불편하고 번잡한 것은 옛날에는 불편하였으니, 지금의 법이 옛날의 법보다 못하여서도 아니고 지금의 시대가 옛날의 시대보다 못하여서도 아니다.

先王之作法也에 莫不欲服民之心하니 服民之心이면 必得其情이라 情然耶하고 而罪亦然[1)]이면 則固入吾法矣라 而民之情은 又不皆如其罪之輕重大小하여 是以로 先王이 忿其辠나 而哀其無辜라 故로 法擧其略하고 而吏制其詳[2)]이라 殺人者死하고 傷人者刑[3)]을 則以著于法하여 使民知天子之不欲我殺人傷人耳라 若其輕重出入하여 求其情而服其心者면 則以屬吏[4)]라 任吏하고 而不任法하니 故로 其法簡이라

先王이 법을 만듦에 백성이 衷心으로 따르도록 하지 않음이 없었으니, 백성들이 충심으로 따르도록 하려면, 반드시 그 實情에 맞도록 해야 한다. 실정도 그렇고 범한 죄 또한 그렇다면, 당연히 法律의 처벌을 받아야 한다. 그러나 백성의 실정은 또 그들이 지은 죄의 輕重·大小가 다 같지 않아서, 이 때문에 先王께서는 그들의 죄에 대해서는 분개했지만 그들이 잘못 없이 처벌받는 것을 가련히 여겼다. 그래서 법률

에서는 그 개략적인 것만 열거하고, 담당관리가 구체적인 상황을 보고 죄를 판정하게 하였다.

다만 살인자는 죽이고 사람을 해친 자는 처벌한다는 것만을 법으로 명시함으로써, 백성들이 천자께서 사람을 죽이거나 다치게 하지 않고자 함을 알도록 할 뿐이었다. 만약 그 죄의 輕重이 차이가 나 맞지 않을 경우 구처적인 실정을 찾아 그 마음에서 수긍할 수 있으면, 담당관리에게 넘겨 처리하게 하였다. 〈刑量을 정할 때〉 관리에게 맡기고 법조문에 맡기지 않았기 때문에 그 법이 간략하였던 것이다.

1) 情然耶 而罪亦然 : '범인의 범죄의식과 그가 범한 죄가 일치한다.'는 뜻이다.
2) 法擧其略 而吏制其詳 : '법률조문에서는 단지 범죄유형을 개략적으로 열거하고, 刑量이나 懲罰 종류 같은 것은 담당관리가 구체적인 상황을 보고 죄를 판정하게 한다.'는 뜻이다
3) 殺人者死 傷人者刑 : ≪荀子≫ 〈正論〉에 "살인자는 죽이고 사람을 해친 자는 처벌한다 함은 모든 왕이 똑같이 해오던 것으로, 그 유래하는 바를 아는 자는 없다. 刑罰이 그 죄에 걸맞으면 다스려지고, 그 죄에 걸맞지 않으면 어지러워진다.〔殺人者死 傷人者刑 是百王之所同也 未有知其所由來者也 刑稱罪則治 不稱罪則亂〕"라는 내용이 있다.
4) 若其輕重出入……則以屬吏 : '만약 그 輕重이 차이가 날 경우 범죄동기와 범죄사실 등 구체적인 실정을 고찰하여 상황의 경중을 보고 법에 의한 刑量을 정하는데, 죄인이 수긍할 수 있으면 관리에게 넘겨 구체적으로 처리하게 한다.'는 뜻이다.

今則不然이니 吏姦矣하여 不若古之良하고 民媮矣하여 不若古之淳이라 吏姦則以喜怒로 制其輕重而出入之하여 或至於誣執하고 民媮則吏雖以情出入이나 而彼得執其罪之大小하여 以爲辭[1)]라 故로 今之法은 纖悉委備하여 不執于一[2)]하니 左右前後에 四顧而不可逃라 是以로 輕重其罪와 出入其情을 皆可以求之法하고 吏不奉法이면 輒以擧劾하니라 任法하고 而不任吏하여 故로 其法繁이라

지금은 그렇지 않으니, 관리들은 奸惡하여 옛날처럼 善良하지 않고, 백성들은 欺瞞하여 옛날처럼 淳朴하지 않다. 관리가 간악하면 자신들의 喜怒에 따라 그 죄의

輕重을 정함이 달라져, 어떤 때는 날조하여 죄를 집행하기도 하고, 백성들이 기만하면 관리들이 비록 그 실정에 따라 달리 심문하지만, 백성들은 오히려 그 죄의 大小를 가지고서 구실거리로 삼는다.

그러므로 지금의 법은 상세하고 두루 구비하여 하나의 근원적인 것에 집중하지 않으니, 좌우전후로 사방을 돌아보아도 피할 수가 없다. 이 때문에 그 죄의 輕重과 그 실정의 차이를 다 법에서 찾았고, 관리가 법률을 받들어 준수하지 않으면 곧 탄핵되었다. 법조문에 맡기고 관리에게 맡기지 않았기 때문에 그 법이 번잡하였던 것이다.

1) 彼得執其罪之大小 以爲辭 : '백성들은 오히려 그 죄의 大小를 잡고서 구실거리로 삼아 복종하려 하지 않는다.'는 뜻이다.
2) 不執于一 : '根本的이고 原則的인 어떤 한곳에 集中하지 않는다.'는 뜻이다.

古之法은 若方書[1]하여 論其大概하고 而增損劑量은 則以屬醫者니 使之視人之疾하여 而參以己意하고 今之法은 若鬻屨(육구)[2]하여 旣爲其大者하고 又爲其次者하고 又爲其小者하여 以求合天下之足이라 故로 其繁簡則殊나 而求民之情하여 以服其心은 則一也라

옛날의 법은 마치 醫學書와 같아서, 그 대요만을 논하고 調劑量을 늘리고 줄이는 것은 바로 의사에게 속한 것이니, 의사에게 환자의 질병을 보고서 자신의 의견을 제시하게 하는 것과 같았다. 지금의 법은 신발을 파는 것과 같아서, 큰 신발을 만들고, 다시 다음 크기의 신발을 만들고, 다시 작은 크기 신발을 만들어 천하 사람들의 발에 맞기를 바라는 것과 같다. 그러므로 법의 번잡하고 간략함은 달랐지만, 백성의 구체적인 실정을 찾아 그 마음으로 복종할 수 있도록 한 것은 똑같다.

1) 方書 : 처방전을 써놓은 의학책을 말한다.
2) 鬻屨(육구) : '신발을 팔다'의 뜻이다.

然則今之法이 不劣於古矣나 而用法者에 尙不能無弊하니 何則고 律令之所禁이 畫一明備하여 雖婦人孺子라도 皆知畏避나 而其間엔 有習于犯禁하여 而遂不改者하니

擧天下가 皆知之而未嘗怪也라

그렇다면 지금의 법이 옛날보다 못하지 않지만, 법을 적용하는 데에는 오히려 병폐가 없지 않을 수 없으니, 어째서인가? 律令에서 금한 것이 선을 그어놓은 것처럼 분명하게 갖추어져서 아낙네들과 아이들조차도 다 두려워 피할 줄 알지만, 개중에는 犯法에 습관이 되어 끝내는 잘못을 고치지 않는 자가 있으니, 천하 사람들이 다 그것을 알고는 있지만 괴이하게 여긴 적이 없다.

先王은 欲杜天下之欺也하여 爲之度하여 以一天下之長短하고 爲之量하여 以齊天下之多寡하고 爲之權衡[1)]하여 以信天下之輕重이라 故로 度量權衡法은 必資之官하고 資之官而後에 天下同[2)]이라 今也에 庶民之家에 刻木 比竹하고 繩絲縋石[3)]하여 以爲之하니 富商豪賈는 內[4)]以大하고 出以小하니 齊人適楚면 不知其孰爲斗하고 孰爲斛(곡)[5)]하고 持東家之尺하여 而校之西隣이면 則若十指然하니 此는 擧天下가 皆知之나 而未嘗怪者一也라

先王께서는 천하 사람들이 속이는 것을 막고자 〈길이를 재는〉 자를 만들어 천하의 길이를 통일하였고, 〈用量을 되는〉 말을 만들어 천하의 용량을 통일하였으며, 저울을 만들어 천하의 무게를 확실히 하였다. 그러므로 자·말·저울은 반드시 관청에서 그 표준이 되는 바탕을 마련해주었고, 관청에서 그 바탕을 마련해준 이후에야 천하의 〈度量衡이〉 동일해졌다.

지금은 일반 백성들의 집에서 자를 만들고 저울을 만들어 쓰니, 큰 장사꾼들은 물건을 받을 때에는 큰 저울이나 큰 말을 쓰고, 출고할 때에는 작은 저울이나 작은 말을 쓰니, 齊나라 사람이 楚나라로 가면 어떤 것이 말이고 어떤 것이 휘〔斛〕인지 알지도 못하였고, 동쪽 집의 자를 가지고 서쪽 마을에서 재면 마치 열 개의 손가락처럼 〈다 달랐다.〉 이것은 온 천하가 다 알고 있지만, 지금까지 괴이하게 여긴 적이 없는 것의 첫 번째이다.

1) 爲之度……爲之權衡 : 度는 길이를 재는 자, 量은 용량을 되는 되와 말, 權衡는 무게를 다는 저울추와 저울대를 말한다.

2) 資之官而後 天下同 : 관청에서 度量衡의 표준을 만들어준 이후에야 온 천하의 표준이 일치하였다.

3) 刻木比竹 繩絲縋石 : 刻木比竹은 나무와 대나무에 기존의 표준을 본떠서 자를 만드는 것이고, 繩絲縋石은 끈에 돌을 매달아 저울을 만드는 것을 말하는데, 여기서는 民家에서 私的으로 度量衡의 도구를 만들어 쓰는 것을 말한다.

4) 內 : '納'의 뜻이다.

5) 斛(곡) : 휘, 즉 用量을 되는 도구로, 본래 1斛은 열 말이었지만, 나중에 다섯 말로 바뀌었다.

先王은 **惡奇貨之蕩民**하고 **且哀夫微物之不能遂其生也**라 **故**로 **禁民採珠貝**하고 **惡夫物之僞而假眞**하고 **且重費也**라 **故**로 **禁民靡金**[1]하여 **以爲塗飾**이라 **今也**에 **採珠貝之民**이 **溢於海濱**하고 **靡金之工**이 **肩摩於列肆**하니 **此**는 **又擧天下**가 **皆知之**나 **而未嘗怪者二也**라

先王께서는 기이한 財貨가 백성을 타락시키는 것을 싫어하였고 또 희귀하고 작은 물건이 백성들의 삶을 이루어줄 수 없음을 안타깝게 여겼기 때문에 백성들이 珍珠 캐는 것을 금지하였고, 물건이 가짜인데 진짜로 꾸며지고 또 낭비마저 심한 것을 싫어하였기 때문에 백성들이 金을 갈아 鍍金하여 꾸미는 것을 금지하였다.

지금은 珍珠를 캐는 백성들이 바닷가에 넘쳐나고, 金으로 鍍金하여 꾸미는 장인들이 늘어선 점포에서 어깨가 서로 부딪친다. 이것 또한 온 천하가 다 알고 있지만, 지금까지 기이하게 여긴 적이 없는 것의 두 번째이다.

1) 靡金 : '금을 갈아 가루를 낸다.'는 뜻이다.

先王은 **患賤之凌貴**하고 **而下之僭上也**라 **故**로 **冠服器皿**을 **皆以爵列爲等差**하여 **長短大小**를 **莫不有制**니라 **今也**에 **工商之家**도 **曳紈錦**하고 **服珠玉**하니 **一人之身**에 **循其首以至足**히 **而犯法者**가 **十九**하니 **此**는 **又擧天下**가 **皆知之**나 **而未嘗怪者三也**니라

先王께서는 賤한 사람이 貴한 사람을 능멸하고 아랫사람이 윗사람에게 주제넘게 행동하는 것을 걱정하였다. 그래서 冠服·그릇 등을 모두 爵位의 서열에 따라 차등

을 매겨서 길이와 크기를 제한하지 않음이 없었다.

지금은 工人이나 商人의 집에서도 명주비단 옷과 채색비단 옷을 땅에 끌고 다니고 몸에는 珠玉을 차고 다니니, 한 사람의 몸에 머리에 쓴 것에서부터 발에 신은 신발에 이르기까지 법을 어긴 것이 열에 아홉이나 된다. 이것 또한 온 천하가 다 알고 있지만, 지금까지 기이하게 여긴 적이 없는 것의 세 번째이다.

先王은 **懼天下之吏**[1)]가 **負縣官**[2)]**之勢**하여 **以侵劫齊民**[3)]**也**라 **故**로 **使市之坐賈**[4)]로 **視時百物之貴賤而錄之**하여 **旬輒以上**이라 **百以百聞**하고 **千以千聞**하여 **以待官吏之私儥**이요 **十則損三**하고 **三則損一以聞**하여 **以備縣官之公糴**이라 **今也**에 **吏之私儥而從縣官公糴之法**[5)]하니 **民曰 公家之取於民也**가 **固如是**라하니라 **是吏與縣官斂怨於下**하니 **此**는 **又擧天下**가 **皆知之**나 **而未嘗怪者四也**라

先王께서는 천하의 관리들이 朝廷의 세력을 등에 업고서 백성을 침해하여 겁탈할까 걱정하였다. 그래서 저자의 商人들에게 모든 물건의 時價를 파악하여 기록해서 10일에 한 번씩 보고하도록 하였다. 백이면 백으로 알리고 천이면 천으로 알려서 관리들의 개인적인 구매에 응하였고, 10이면 3을 깎고 3이면 1을 깎아서 알려 조정의 公的인 收買에 응하게 하였다.

지금은 관리들의 私的인 購買도 朝廷의 公的인 收買法에 따라 매입하니, 백성들이 "조정에서 백성들에게 착취함이 이와 같다."고 한다. 이것이 관리와 조정이 백성들에게 원망을 받는 것이다. 이것 또한 온 천하가 다 알고 있지만, 지금까지 책망한 적이 없는 것의 네 번째이다.

1) 吏 : 저본에는 '利'자로 되어 있으나, ≪嘉祐集≫에 의해 '吏'자로 바꾸었다.
2) 縣官 : 縣吏 혹은 官府란 뜻과 朝廷 혹은 皇帝를 지칭하는 하는 말로 쓰인다.
3) 齊民 : 일반 백성을 말한다.
4) 坐賈 : 점포를 가지고 앉아서 장사하는 商人을 말한다.
5) 百以百聞……吏之私儥而從縣官公糴之法 : 관리들이 개인적으로 물건을 구매할 때에는 엄격한 市場價, 즉 백이면 백, 천이면 천을 주고 사야 하고, 조정에서 公買할 경우엔 10분의 7 혹은 3분의 2 가격을 주고 사야 한다. 私儥의 儥

는 買의 뜻이고, 公糴은 국가수매를 말한다.

先王은 不欲人之擅天下之利也라 故로 仕則不商하고 商則有罰이요 不仕而商이나 商則有征이라 是는 民之商이면 不免征하고 而吏之商이면 又加以罰이라 今也에 吏之商이라도 旣幸而不罰하고 又從而不征하니 資之以縣官公糴之法하여 負之以縣官之徒[1]하고 載之以縣官之舟라도 關防[2]不譏하고 津梁[3]不呵라 然則爲吏而商이면 誠可樂也나 民將安所措手足이리오 此는 又擧天下가 皆知之나 而未嘗怪者五也라

先王께서는 사람들이 天下의 利益을 멋대로 점유하지 못하도록 하였다. 그래서 벼슬을 하면 장사를 하지 못하게 하였고, 그런데도 장사를 하면 징벌이 있었으며, 벼슬을 하지 않으면 장사를 할 수 있었지만, 장사를 하면 세금을 내도록 하였다. 이것은 곧 백성의 신분으로 장사를 하면 徵稅를 벗어날 수 없었고, 관리로서 장사를 하면 또한 懲罰이 가해졌던 것이다.

지금은 관리의 신분으로 장사를 하여도 요행히 처벌받지 않으며, 또한 거기에 따른 세금도 내지 않으니, 조정의 收買法에 의거하여 물건을 사서 官府의 일꾼들을 시켜 짐을 옮기고 조정의 배를 이용하여 운반해도, 關門에서는 조사도 하지 않고 나루터의 검문소에서는 검사도 하지 않는다. 그렇다면 관리로서 장사를 하면 정말 즐거울 수 있겠지만, 백성들은 장차 어디에 手足을 두겠는가? 이것 또한 온 천하가 다 알고 있지만, 지금까지 기이하게 여긴 적이 없는 것의 다섯 번째이다.

1) 負之以縣官之徒 : '吏商의 화물을 관청 일꾼들에게 져서 나르게 하다.'는 뜻이다.
2) 關防 : '왕래하는 客商이나 行人을 조사하는 關門'을 말한다.
3) 津梁 : 나루터의 橋梁인데, 일반적으로 이곳에 검문소나 세관을 설치하였다.

若此之類는 不可悉數니 天下之人은 耳習目熟하여 以爲當然이요 憲官法吏는 目擊其事에 亦恬而不問이라

이와 같은 부류는 그 수를 다 헤아릴 수가 없으니, 천하 사람들은 귀와 눈으로 익히 듣고 보아서 당연하게 여기고, 법률을 주관하는 관리들은 눈으로 그 사실을

목격하고서 개의치도 않고 묻지도 않는다.

夫法者는 天子之法也라 法明禁之나 而人明犯之면 是不有天子之法也니 衰世之事也라 而議者는 皆以爲今之弊는 不過吏胥骫法하여 以爲姦이나 而吾以爲吏胥之姦이 由此五者始라 今有盜하여 白晝持梃入室하되 而主人이 不知[1]之禁이면 則逾[2]垣穿穴之徒가 必且相告하여 而肆行於其家라 其必先治此五者而後에 詰吏胥之姦이 可也라

대저 法이란 天子의 法이다. 법으로 분명하게 그것을 금하고 있으나 사람이 엄연히 그것을 어기면, 이것은 천자의 법을 업신여기는 것이니, 세상이 쇠퇴할 때 나타나는 현상이다. 論者들은 다 지금의 폐단은 다만 胥吏들이 법을 어겨 奸惡한 짓을 하기 때문으로 생각하지만, 나는 서리들의 간악함은 이 다섯 가지로부터 시작되었다고 생각한다.

지금 도둑이 白晝에 몽둥이를 들고 방으로 들어와도 주인이 그것을 막을 줄 모르면, 담을 넘거나 구멍을 뚫고 들어오는 도둑들이 틀림없이 서로 알려 그 집에서 마음대로 행동할 것이다. 그러니 반드시 이 다섯 가지를 먼저 다스린 뒤에 서리들의 간악함을 꾸짖는 것이 옳을 것이다.

1) 知 : 저본에는 '知'자가 없으나, ≪嘉祐集≫에 의해 보충하였다.

2) 逾 : 저본에는 '踰'자로 되어 있으나, ≪嘉祐集≫에 의해 '逾'자로 바꾸었다.

03. 議法* 法을 논함

* 이 글은 〈申法〉과 자매편이다. 蘇洵은 당시의 死罪 가운데 두 가지에 대해서 논의하고 있다. 그 첫 번째가 貴人·近戚들이 贖金으로 죄를 갚는데, 지나칠 정도로 가볍게 처벌하여 범죄를 저지를 수 있는 틈을 열어놓아 계속되는 범죄를 막기 어렵다는 것이다. 두 번째는 死罪의 혐의가 있음에도 증거를 찾지 못하여 減刑하여 流罪로 처리하는가 하면, 죄가 없는데도 자신의 결백을 증명하지 못하여 죄를 받는 경우가 있어 量刑이 실제와 맞지 않는 폐단이 있음을 지적하고 있다. 그 해결책으로 貴人·近戚들이 자중하고 법을 두렵게 하기 위해

서라도 贖金을 무겁게 할 것을 주장하고 있다.

> **贖金減罪兩端**은 **深中宋時優柔之過之弊**라 **而重贖一議**는 **則古今來有識名言**이라
>
> 贖金과 減罪 두 가지는 宋代의 우유부단한 허물의 폐단에 잘 들어맞는 것이다. 贖金을 무겁게 하자고 한 이 논의는 古今을 통하여 잘 알려진 名言이다.

古者엔 **以仁義**로 **行法律**하고 **後世**엔 **以法律**로 **行仁義**[1]라 **三代之聖**[2]**王**은 **其敎化之本**이 **出於學校**하여 **蔓延於天下**하여 **而形見於禮樂**이라 **下之民**은 **被其風化**하여 **循循翼翼**[3]하여 **務爲仁義**하여 **以求避法律之所禁**이라 **故**로 **其法律**이 **雖不用**이나 **而其所禁**은 **亦不爲不行於其間**[4]이라 **下而至於漢唐**하여 **其敎化**가 **不足以動民**하여 **而一於法律**이라 **故**로 **其民**은 **懼法律之及其身**하여 **亦或相勉爲仁義**라 **唐之初**엔 **大臣房杜輩**가 **爲刑統**[5]하여 **毫釐輕重**을 **明辨別白**하여 **附以仁義**하되 **無所阿曲**하니 **不知周公之刑**[6] **何以易此**오 **但不能先使民務爲仁義**라도 **使法律之所禁不用**이면 **而自行如三代時**라 **然**이나 **要其終亦能使民勉爲仁義**라 **而其所以不若三代者**는 **則有由矣**니 **政之失**이요 **非法之罪也**니라 **是以**로 **宋有天下**에 **因而循之**로되 **變其節目**이나 **而存其大體**하니 **比閭**[7]**小吏**라도 **奉之以公**이면 **則老姦大猾**[8]이라도 **束手請死**하여 **不可漏略**이라 **然而**나 **獄訟常病多**하고 **盜賊常病衆者**니 **則亦有由矣**라 **法之公**이나 **而吏之私也**라 **夫擧公法**하여 **而寄之私吏**하여 **猶且若此**온 **而況法律之間**에 **又不能無失**하니 **其何以爲治**리오

옛날에는 仁義로써 法律을 행하였고, 후대에는 法律로써 仁義를 행하였다. 〈夏·殷·周〉 三代 聖王은 그 敎化의 근본이 학교에서 출발하여 천하로 널리 퍼져 禮樂으로 그 모습이 나타났다. 아래 백성들은 그 감화를 입어, 신중하고 조심스럽게 規範을 준수하여 仁義를 힘써 행하여 법률이 금하는 것을 피하고자 하였다. 그러므로 그 법률이 비록 쓰이지는 않았지만, 법률에서 금하는 것은 또한 그 仁義 속에서 행해지지 않음이 없었다.

후대로 내려와 漢·唐에 이르러 그 敎化가 백성을 움직이기에 부족하여 오로지 법률에 의지하였다. 그러므로 백성들은 법률이 자신의 몸에 미칠까 두려워하여, 또한 더러는 서로 仁義를 힘써 실천하였다. 唐나라 초에는 大臣 房玄齡과 杜如晦 등이 ≪刑統≫을 지어, 죄의 세세한 종류와 刑量을 분명하고 상세하게 밝혀 仁義에 맞추되 영합한 바가 없었으니, 周公의 刑을 무엇 때문에 이렇게 바꾸었는지 모르겠는가? 다만 먼저 백성들에게 힘써 仁義를 행하게 하더라도 법률에서 금한 법조문을 쓰지 않으면 三代의 시대처럼 될 수 없었기 때문이다.

그러나 요컨대 그 최종목표 또한 백성들이 힘써 仁義를 행할 수 있도록 함이었다. 그런데도 三代보다 못하였던 까닭은 그만 한 이유가 있었으니, 그것은 정치상의 실책이지 법이 잘못된 것은 아니다. 이 때문에 宋나라가 천하를 소유함에 前代의 법을 본뜨되, 그 章節條目은 바꾸었으나 그 주요 핵심은 그대로 보존하였으니, 고을의 하찮은 관리라도 공정하게 법을 받든다면, 노회하고 간악한 무리와 크게 교활한 무리라도 손을 묶고 죄를 청하여 빠져나갈 수가 없다.

그러나 獄訟이 늘 번다한 병폐와 도적이 늘 들끓는 병폐 또한 그만 한 이유가 있다. 바로 법은 공정하지만 官吏가 사사로워서이다. 대저 공정한 법을 들어 사사로운 관리에게 맡겨도 오히려 또한 이와 같은데, 하물며 법률간에 또 서로 충돌하여 잘못됨이 없을 수 없으니, 그러면 그 무엇으로 다스릴 것인가?

1) 古者……行仁義 : 仁義禮儀의 방식으로 백성을 단속하여 法制의 효과를 이루고자 한 것은 先秦儒家의 사상이고, 法律로 仁義道德의 효과에 이르고자 한 것은 法家의 사상이다.
2) 聖 : 저본에는 '盛'으로 되어 있으나, ≪嘉祐集≫에 의거하여 '聖'으로 바로잡았다.
3) 循循翼翼 : '조심하고 신중하게 규범을 따르다.'는 뜻이다.
4) 其所禁 亦不爲不行於其間 : '법률로 금지하고 있는 각종 행위를 道德敎化를 통하여 백성들에게 범하지 않도록 하였다.'는 뜻이다.
5) 刑統 : 현존하는 刑律專著로 가장 이른 것은 ≪唐律疏義≫인데, 唐 太宗 때에 房玄齡 등이 律을 지었고, 唐 高宗 때에 長孫無忌 등이 義疏를 지었다. ≪刑統≫은 後周 顯德 연간(954~959)에 竇儀 등이 ≪唐律疏義≫에 근거하여 지

었는데, 宋 建隆 4년(963)에 반포하였다. 蘇洵은 法書를 통칭해서 ≪刑統≫이라고 한 것 같다.

6) 周公之刑 : ≪周禮≫ 〈秋官 司寇〉에 의하면, 野刑·軍刑·鄕刑·官刑·國刑의 五刑을 기록하고 있는데, 그 조목이 아주 간단하다. 周公之刑이라고 한 것은 ≪周禮≫에 기록되어 있는 이 五刑을 말한다. 이 ≪周禮≫가 周公이 지은 것이기 때문이다.

7) 比閭 : ≪周禮≫ 〈秋官 大司寇〉에 의하면, 周代의 향촌조직으로 五家를 比라 하고 五比를 閭라 하였다. 여기서는 마을·촌락 정도의 뜻이다.

8) 老姦大猾 : 노회하고 간악한 사람과 교활한 무리들로, 상습범을 가리킨다.

今夫天子之子弟卿大夫與其子弟는 **皆天子之所優異者**라 **有罪而使與**甿**隷**[1]로 **竝笞而偕戮**이면 **則大臣無恥**하고 **而朝廷輕**이라 **故**로 **有贖焉**하여 **以全其肌膚而**厲**其節操**[2]라 **故**로 **贖金**[3]**者**는 **朝廷之體**[4]**也**를 **所以自尊也**요 **非與其有罪也**[5]라 **夫刑者**는 **必痛之而後**에 **人畏焉**하고 **罰者**는 **不能痛之**면 **必困之而後**에 **人懲焉**이라 **今也**엔 **大**辟**之誅**도 **輸一石之金**[6]**而免**이니라 **貴人近戚之家**는 **一石之金不可勝數**하니 **是雖使朝殺一人**하여 **而輸一石之金**하고 **暮殺一人**하여 **而輸一石之金**이라도 **金不可盡**이요 **身不可困**이온 **況以其官而除其罪**하여 **則一石之金**도 **又不皆輸焉**[7]하니 **是恣其殺人也**라 **且不笞不戮**하여 **彼已幸矣**나 **而贖之又輕**하니 **是啓姦也**라

지금 天子의 자제와 卿大夫 그리고 그 자제들은 다 天子께서 특별히 우대하는 사람들이다. 죄가 있어 그들에게 일반 백성과 똑같이 笞刑을 가하고 死刑에 처할 것 같으면, 大臣들은 염치가 없을 것이고 조정은 경시될 것이다. 그래서 贖罪의 제도를 두어 그 몸을 온전히 보존시켜 주되 그 節操를 엄하게 하도록 하였다. 따라서 贖金이란 조정의 체통을 스스로 높이는 방법이지 그들이 지은 죄를 대신할 수 있는 것은 아니다.

대저 刑은 반드시 〈죄인을〉 고통스럽게 한 이후에야 사람들이 두려워하게 되고, 罰이 〈죄인을〉 고통스럽게 할 수 없으면 반드시 곤궁하게 만든 뒤에야 사람들이 징계된다. 그런데 지금은 死刑의 죄도 1石의 黃銅을 납부하면 면죄된다. 貴人과 天子

의 가까운 인척의 집에서는 1石의 黃銅을 지불하는 일이 이루 다 헤아릴 수 없이 많으니, 이것은 아침에 한 사람을 죽여 1石의 黃銅을 지불하고, 저녁에 한 사람을 죽여 1石의 黃銅을 지불하더라도 돈은 궁함이 없고 몸으로는 곤궁함을 느끼지 못해서인데, 하물며 그 관직에 따라 그 죄를 감해주어서 1石의 黃銅조차도 다 납부하지 않으니, 이것이 그들이 함부로 사람을 죽이게 되는 것이다. 게다가 笞刑을 가하지 않고 死刑에 처하지 않는 것만 해도 저들로서는 이미 행운인데, 贖金마저도 가벼우니, 이것이 범죄의 길을 열어놓게 되는 것이다.

1) 甿隷 : '農夫와 奴隷'란 뜻이지만 여기서는 일반 백성을 가리킨다. ≪嘉祐集≫에는 '氓'으로 되어 있으며, 뜻은 같다.
2) 全其肌膚而厲其節操 : 특별히 우대하는 자들의 生命을 보존시켜 주고, 그들에게 그 節操를 엄격히 하도록 요구한다. '厲'자가 저본에는 '周'자로 되어 있으나, ≪嘉祐集≫에 의해 '厲'자로 바꾸었다. 厲는 '엄격히 요구하다.'란 뜻이다.
3) 贖金 : 돈으로 그 죄를 갚다.
4) 體 : 體統을 말한다.
5) 非與其有罪也 : 贖金이 죄를 범한 사람의 罪行을 대신할 수는 없다는 뜻이다. 與는 '대신하다.'의 뜻이다.
6) 一石之金 : 石은 중량 단위로 120斤이다. 宋代에는 死罪인 경우 贖金으로 黃銅 120斤을 지불하였다.
7) 況以其官而除其罪……又不皆輸焉 : 9品 이상의 관리에게는 死罪인 경우 贖金으로 黃銅 120斤만 지불하면 免罪되었는데, 관직이 높으면 높을수록 지불하는 贖金도 적었다.

夫罪固有疑하니 今有或誣以殺人이나 而不能自明者하고 有誠殺人이나 而官不能折[1] 以實者면 是皆不可以誠殺人之法坐[2]라 由是로 有減罪之律하여 當死而流라 使彼爲不能自明者邪는 去死而得流라도 刑已酷矣요 使彼爲誠殺人者耶는 流而不死면 刑已寬矣니 是失實也라 故로 有啓姦之釁이면 則上之人은 常幸이나 而下之人은 雖死라도 而常無告하고 有失實之弊면 則無辜者多怨이요 而僥倖者易以免이라

대저 죄에는 분명 혐의가 있으니, 지금 어떤 사람은 모함으로 살인자로 몰렸지만

자신의 결백을 밝힐 수가 없고, 어떤 사람은 진짜 살인을 하였지만 관청에서 〈그 증거를 찾지 못하여〉 實犯으로 단정할 수 없으면, 이들은 다 살인의 진범으로 처벌할 수가 없다. 여기에서부터 減罪의 律이 생겨 사형의 죄이지만 〈죄를 감하여〉 유배를 보냈다. 가령 그가 자신의 결백을 밝힐 수 없었던 사람은 사형에서 벗어나 유배가 되었다 하더라도 그 刑은 아주 혹독한 것이고, 진짜 살인을 하였던 자는 유배는 되었지만 사형에서 벗어났으면 刑이 매우 관대한 것이니, 이것은 〈量刑이〉 실제와 맞지 않은 것이다. 그러므로 죄를 지을 틈이 있으면, 상층 사람들은 늘 다행스럽겠지만 하층 사람들은 죽게 되어도 늘 하소연할 곳이 없게 될 것이고, 〈量刑이〉 실제와 맞지 않는 폐단이 생기면 죄 없는 사람들은 억울한 일이 많을 것이고, 요행인 상층 사람들은 쉽게 면죄될 것이다.

1) 折 : '斷定하다.'는 뜻이다.

2) 坐 : '집행하다.'는 뜻이다.

今欲刑不加重하고 赦不加多하여 獨於法律之間에 變其一端이면 而能使不啓姦하고 不失實하니 其莫若重贖이라 然則重贖之說은 何如오 曰 古者에 五刑之尤輕者가 止於墨[1]이니 而墨之罰百鍰(환)[2]이라 逆而數之하여 極於大辟이면 而大辟之罰千鍰이니 此는 穆王之罰[3]也라 周公之時에 又有重於此라 然이나 千鍰之重도 亦已當今三百七十斤有奇矣[4]라 方今大辟之贖은 不能當其三分之一이라 古者엔 以之赦疑罪하되 而不及公族이어늘 今也에 貴人近戚은 皆贖이나 而疑罪不與[5]라 記에 曰 公族有死罪면 致刑于甸人이라 雖君命宥라도 不聽[6]이라하니라 今欲貴人近戚之刑을 擧從于此면 則非所以自尊之道라 故로 莫若使得與疑罪皆重贖이라 且彼雖號爲富强이라도 苟數犯法而數重困於贖金之間이면 則不能不斂手[7]畏法이라 彼罪疑者가 雖或非其辜면 而法亦不至殘潰其肌體요 若其有罪면 則法雖不刑이라도 而彼固亦已困於贖金矣라 夫使有罪者는 不免於困이요 而無辜者는 不至陷於笞戮이니 一擧而兩利라 斯智者之爲也라

지금 刑을 가중시키지도 않고 赦免을 늘리지도 않으면서, 오직 법률 속에서 그

일단만 바꾸면 죄를 짓지 않게 하고 실제 형량과도 부합되게 할 수 있으니, 그것은 贖金을 무겁게 하는 것보다 더 좋은 것은 없다.

그렇다면 重贖이란 어떤 것인가? 말하자면, 옛날 五刑 가운데 가장 가벼운 것이 墨刑이었는데, 묵형의 벌금은 百鍰이었다. 거슬러 계산하여 극단인 死刑의 죄에 이르면 사형죄의 벌금은 千鍰이나 된다. 이것은 周나라 穆王 때의 罰이다. 周公 때에는 또한 이것보다 더 무거웠다. 그러나 〈穆王 때의〉 千鍰의 무거움 또한 이미 지금의 〈斤으로 환산하면〉 370여 斤이나 된다. 지금 사형죄의 贖金은 그때의 3분의 1도 되지 않는다.

옛날에는 일반 嫌疑犯을 사면해주되 公族에게는 미치지 않았지만, 지금은 貴人과 천자의 가까운 인척은 모두 다 贖金으로 사면될 수 있으나 일반 嫌疑犯은 그러한 혜택을 받을 수가 없다. ≪禮記≫에는 "公族에게 死罪가 있으면 甸人에게 넘겨 형벌을 집행했다. 비록 임금이 용서해주라고 명해도 듣지 않았다."라 하였다. 지금 貴人과 천자의 가까운 인척의 刑을 거기에 따라 거행하고자 하면 自尊하는 방법이 아니다. 그러므로 혐의자에게 무거운 贖金을 내도록 하는 것이 더 낫다.

또 저들이 비록 富强하다 하더라도 만약 자주 법을 범할 경우에 그 만큼 더 무겁게 贖金을 내게 해서 곤궁하게 하면, 자중하여 법을 두려워하지 않을 수 없을 것이다. 저 혐의자가 혹 그 자신의 죄가 아니라면 법 또한 그의 몸을 해치는 데 이르지 않을 것이고, 만약 그에게 죄가 있다면 법으로는 처벌받지 않더라도 그는 분명 또한 贖金으로 인해 곤궁해질 것이다. 대저 죄 지은 자는 곤궁함에서 벗어나지 못하고, 죄 없는 자는 笞刑이나 死刑에 빠지지 않으니 일거양득이다. 이것은 곧 지혜로운 자가 할 일이다.

1) 墨 : 墨刑으로, 罪人의 이마에 글자를 새겨 먹물로 문신하는 형벌이다.
2) 鍰(환) : 옛 중량 단위로 1鍰은 6兩 정도이다.
3) 穆王之罰 : ≪呂刑≫을 말한다. 周나라 때에 呂侯가 穆王의 명의를 빌려 천하에 반포하였기 때문에 ≪呂刑≫이라 한다.
4) 當今三百七十斤有奇矣 : 1鍰을 6兩 정도로 쳐서 斤으로 환산하면, 1斤이 16兩이니, 1,000鍰이면 375근 정도 된다. 奇는 우수리를 말한다. 따라서 370斤 남짓이란 뜻이다.

5) 疑罪不與 : 일반 嫌疑犯은 贖錢으로 죄를 사면받는 데에 참여할 수 없다.

6) 公族有死罪……不聽 : 옛날 公族의 刑을 집행할 때에는, 집행하기 전에 그 상황을 임금에게 보고하는데, 이때 임금이 그를 용서해주라고 해도 刑官은 어떠어떠한 죄를 지었기 때문에 반드시 처형하여야 한다고 한다. 임금이 세 차례에 걸쳐 용서해주라고 한 뒤에 甸人에게 넘겨 교수형에 처했다. 甸人은 郊野를 맡은 官員이다. 公族이 死罪를 지으면 그것을 숨기기 위하여 저자거리에서 집행하지 않고 멀리 교외에서 집행하였으므로 甸人에게 맡겼다. ≪禮記 文王世子≫

7) 斂手 : '손을 거두어들인다.'는 뜻이지만, 여기서는 범죄에 이르지 않도록 자신을 단속한다는 의미이다.

04. 兵制* 兵制를 논함

* 이 글은 兵制改革에 관한 것으로, 蘇洵은 宋代 兵制의 두 가지 폐단을 지적하고 있다. 첫째는 병사들이 편안히 앉아서 국가로부터 입고 먹으니 교만해져 그들의 욕심을 채우지 못하면 난을 일으킨다는 것이다. 둘째는 병사들이 백성들에 의존하여 나날이 백성들을 박탈하니 백성들이 그 부담을 이기지 못하여 점점 피폐해지고 있다는 것이다. 그는 그 해결책으로 백성을 선발하여 公田을 경작하게 해서 그 수입의 3분의 1은 국가에, 나머지 3분의 2는 경작자에게 돌려주되, 경작자는 가정마다 한 사람씩 병사를 내어 農繁期에는 농사를 짓고 農閑期에는 군사훈련을 하여 戰時에 대비하자고 제시하였다.

老泉이 欲以職分籍沒之田으로 作養兵之費하니 不知當時通天下皆有是田否아 其數亦可得幾何오 若今之時에 則此計又難行矣라

蘇洵은 職分田과 籍沒田으로 군대를 양성하는 비용으로 삼으려 하였으니, 당시 온 천하에 다 이런 경지가 있었는지의 여부는 알 수가 없고, 그 숫자 또한 얼마나 되었는지 알 수가 없다. 지금의 시대라 하더라도 이 계책은 또한 실행하기 어려울 것이다.

三代之時엔 擧天下之民이 皆兵也라 兵民之分은 自秦漢始[1)]라 三代之時에 聞有諸

侯抗天子之命矣[2)]나 未聞有卒伍叫呼衡行[3)]者也라 秦漢以來로 諸侯之患이 不減於三代하고 而御卒伍者가 乃如畜虎豹圈檻一缺하여 咆哮四出[4)]하니 其故何也오 三代之兵은 耕而食하고 蠶而衣하니 故로 勞하고 勞則善心生이라 秦漢以來로 所謂兵者는 皆坐而衣食於縣官하니 故로 驕하고 驕則無所不爲라 三代之兵은 皆齊民이니 老幼相養하고 疾病相救하며 出相禮讓하고 入相慈孝하며 有憂相吊하고 有喜相慶하여 其風俗이 優柔而和易하니 故로 其兵畏法而自重하니라 秦漢以來로 號齊民者도 比之三代면 則旣已薄矣온 況其所謂兵者는 乃其齊民之中에 尤爲凶悍桀黠[5)]者也니 故로 常慢法而自棄라 夫民耕而食하고 蠶而衣하여 雖不幸而不給이라도 猶不我[6)]咎也라 今謂之曰 爾毋耕하고 爾毋蠶[7)]하고 爲我兵이면 吾衣食爾라하고 他日에 一不充其欲이면 彼將曰 嚮謂我毋耕毋蠶하더니 今而不我給也라하니라 然則怨從是起矣라 夫以有善心之民은 畏法自重하여 而不我咎하니 欲其爲亂이라도 不可得也니라 旣驕矣하고 又慢法而自棄하여 以怨其上하니 欲其不爲亂이라도 亦不可得也라

三代 때에는 온 천하의 백성들이 다 兵士였다. 兵士와 民間이 나뉜 것은 秦・漢 때부터 시작되었다. 三代 때에 天子의 命을 거역한 諸侯가 있었다는 말은 들어보았지만, 병졸들이 소리치며 마음대로 횡포한 짓을 했다는 말은 들어보지 못하였다.

秦・漢 이후로 諸侯의 환란이 三代보다 줄지 않았고, 병졸을 통솔하는 자들이 마치 기르던 호랑이와 표범이 우리가 부서지자 포효하며 사방으로 뛰쳐나오듯 하였으니, 그 까닭이 무엇이었던가?

三代의 병사들은 직접 농사지어 먹고 養蠶하여 입었으므로 수고로웠고, 수고로우면 착한 마음이 생긴다. 秦・漢 이후에는 이른바 병사란 자들이 다 편안히 앉아서 조정으로부터 입고 먹으니 교만해졌고, 교만해지면 못하는 짓이 없다.

三代의 병사들은 다 일반 백성들이었으니, 老幼가 서로 양육해주고 병이 나면 서로 돌보아주며, 나가서는 서로 禮讓하고 들어와서는 서로 慈孝하며, 근심이 있으면 서로 위로하고 기쁜 일이 있으면 서로 축하하여, 그 風俗이 넉넉하고 온화하였다. 그러므로 그때의 병사들은 法을 두려워하고 自重하였다.

秦・漢 이후에는 일반 백성들도 三代時代에 비하면 이미 야박해졌는데, 하물며

소위 병사라는 자들은 바로 일반 백성들 중에서도 특히 흉포하고 교활한 자들이었다. 그러므로 늘 법을 무시하고 자포자기하였다.

대저 백성은 직접 농사지어 먹고 양잠하여 입으면서, 불행히 부족하더라도 오히려 통치자를 책망하지는 않는다. 지금 그들에게 "너는 농사도 짓지 말고 너는 양잠도 하지 말고 나의 병사가 되면, 내가 너를 입히고 먹일 것이다."라고 말하고서, 훗날 한 번이라도 그들의 욕망을 충족시켜 주지 못하면, 그들은 장차 "지난날 나에게 농사도 짓지 말고 양잠도 하지 말라고 하더니, 지금 나에게 넉넉하게 해주지 않는다!"라고 할 것이다. 그렇게 되면 원망이 이로부터 생겨날 것이다.

대저 착한 마음을 가진 백성들은 법을 두려워하고 자중하면서 통치자를 탓하지 않으니, 그들이 난을 일으키고자 하여도 할 수가 없다. 이미 교만해졌을 뿐만 아니라 또 법을 무시하고 자포자기하여 그 윗사람을 원망하니, 그들이 난을 일으키지 않고자 하여도 할 수가 없다.

1) 兵民之分 自秦漢始 : 秦 孝公은 商鞅을 등용해서 變法을 시행하여 軍功을 장려하였다. 제후들과 爭霸를 위해 秦나라 백성을 상대로 직업군인을 모집하였는데, 이때부터 軍人과 民間의 구분이 있게 되었다. 漢나라 때에도 秦나라 제도를 모방하여 전문 직업군인들을 모집하여 정예부대를 만들어 군인과 민간의 구분이 유지되었다. 그러나 당시에 徵兵制도 여전히 시행되었으며, 東漢에 이르러서 募兵制가 점차 병사모집의 주요 방식이 되었다.

2) 聞有諸侯抗天子之命矣 : 夏나라 啓 때에는 有扈氏가 不服하였고, 殷나라 雍己 때에는 몇몇 제후들이 不服하였으며, 周나라 周公 때에는 管叔・蔡叔 등이 반란을 하였다.

3) 卒伍叫呼衡行 : '병졸들이 소리치며 포악무도하게 굴다.'는 뜻이다.

4) 咆哮四出 : '포효하면서 사방으로 도망치다.'는 뜻이다. 즉 군대를 통솔하는 장수들이 반란을 일으킨 것을 말한다. '哮'는 ≪嘉祐集≫에는 '勃'로 되어 있다.

5) 桀黠 : '교활하다.'는 뜻이다.

6) 我 : 여기에서는 '통치자'를 가리킨다.

7) 爾毋耕 爾毋蠶 : '毋'자가 저본에는 '無'자로 되어 있으나, ≪嘉祐集≫에 의해 '毋'자로 바꾸었다.

且夫天下之地가 不加于三代하고 天下之民衣食乎其中者가 又不減於三代한대 平居無事에 占軍籍하고 畜妻子하여 而仰給於斯民者가 則遍[1]天下不知其數하니 奈何民之不日剝月割하여 以至於流亡而無告也오 其患은 始於廢井田하여 開阡陌[2]하니 一壞而不可復收라 故로 雖有明君賢臣이 焦思極慮하여 而求以救其弊나 卒不過開屯田[3]하고 置府兵[4]하여 使之無事則耕而食耳라 嗚呼라 屯田府兵은 其利가 旣不足以及天下하고 而後世之君도 又不能循而守之하여 以至於廢라 陵夷及於五代하여 燕帥劉守光이 又從而爲之黥面涅手之制[5]하니 天下遂以爲常法하여 使之判然不得與齊民齒라 故로 其人益復自棄하여 視齊民如越人矣[6]라

게다가 천하의 땅이 三代의 시대보다 더 늘어난 것도 아니고, 천하의 백성들이 그 속에서 입고 먹는 것이 또한 三代의 시대보다 줄어든 것도 아닌데, 평시 아무 일 없을 때에 軍籍에 올려놓고 妻子를 기르면서 백성들에게 의지하는 자들이 온 천하에 그 수를 헤아릴 수 없으니, 어찌 백성들이 날마다 박탈되고 달마다 빼앗겨서 결국 유랑하다 호소할 곳 없는 지경에 이르지 않겠는가?

그 환란은 井田制를 폐지하여 阡陌을 열면서부터 시작하였으니, 한번 그르치자 다시 거둬들일 수가 없었다. 그러므로 비록 明君·賢臣들이 노심초사하여 그 폐단을 구원해보고자 노력하였지만, 끝내는 屯田을 개간하고 府兵을 설치하여 無事時에 그들에게 직접 농사지어 먹도록 하는 것에 불과할 뿐이었다. 아! 屯田과 府兵은 그 이익이 족히 천하에까지 이르지 못할 뿐만 아니라, 후세의 임금들도 다시 그것을 따르고 지킬 수 없어 폐지함에 이르렀다.

쇠퇴하여 五代에 이르러서, 燕나라 장수 劉守光이 다시 그것을 따르고자 하여 黥面涅手의 제도를 만들자, 천하는 마침내 常法으로 삼아서, 병사들을 일반 백성과 확연히 차이가 나도록 하였다. 그러므로 그들은 더욱 자포자기하여 일반 백성을 마치 越나라 사람 보듯 하였다.

1) 遍 : 저본에는 '徧'자로 되어 있으나, ≪嘉祐集≫에 의해 '遍'자로 바꾸었다.
2) 阡陌 : 밭 사이에 난 길이다. 南北으로 난 것을 阡, 東西로 난 것을 陌이라 한다.
3) 屯田 : 변경이나 군사요지에 주둔한 군대의 군량을 마련하기 위하여 주둔지 주위의 토지를 개간하여 병사들이 직접 경작하여 자급하는 제도로, 이 屯田制

는 西漢 때부터 시작되었다.

4) 府兵 : 兵農一致를 理想으로 한 軍隊制度로, 農民들 가운데 兵丁을 뽑아 농한기에 훈련을 시켜 그 府의 방위를 맡게 하고 租稅를 면하게 하였다. 屯田과 府兵은 다 중앙정부의 군비지출을 줄이는 한 방법이다.

5) 燕帥劉守光 又從而爲之黥面涅手之制 : 五代 때에 劉守光의 부친 劉仁恭이 梁太祖와 전쟁을 할 때에 그 부하 병사들이 자주 달아났기 때문에 병사들의 얼굴에 '定霸都'라고 문신을 하고 팔에는 '一心事主'라고 문신을 하여 병사들이 달아나는 것을 막고자 하였다. 蘇洵은 劉守光의 부친 劉仁恭의 일을 劉守光의 일로 잘못 인용하였다. '黥面涅手'는 얼굴에 문신을 새기고 팔에 글자를 새겨 먹물을 들이는 것을 말한다.

6) 視齊民如越人矣 : '일반 백성들을 자신들과 다른 부류로 본다.'는 뜻이다. 越人은 남방 소수민족을 가리키지만, 여기서는 다른 부류의 사람, 즉 관계가 먼 사람을 지칭한다.

太祖既受命에 懲唐季五代之亂하여 聚衆兵京師나 而邊境亦不曰無備라하고 損節度之權이나 而藩鎭亦不曰無威[1]라하니라 周與漢唐은 邦鎭之兵彊하고 秦之郡縣之兵弱이라 兵強하여 故로 末大不掉[2]하고 兵弱하여 故로 天子孤睽라 周與漢唐則過요 而秦則不及하니 得其中者는 惟吾宋也라 雖然이나 置帥之方은 則遠過於前代나 而制兵之術은 吾猶有疑焉이니 何者오 自漢及唐에 或開屯田하고 或置府兵하여 使之無事則耕而食하나 而民猶且不勝其弊라 今屯田蓋無幾하고 而府兵亦已廢하니 欲民之豐阜나 勢不可也라 國家治平日久하여 民之趨於農日益衆이나 而天下無萊田[3]矣라 以此觀之컨대 謂斯民宜如生三代之盛時하되 而乃戚戚嗟嗟[4]하여 無終歲之蓄者는 兵食奪之也라

太祖께서 天命을 받듦에, 唐末 五代의 혼란을 경계하시어 衆兵을 京師로 모았지만 邊境을 방비함이 없었다고 말할 수도 없고, 節度使의 권력을 줄였지만 藩鎭에 위엄이 없었다고 말할 수도 없다.

周와 漢·唐은 邦鎭의 군대가 강하였고, 秦나라는 郡縣의 군대가 약하였다. 〈邦鎭의〉 군대가 강하였기 때문에 꼬리가 너무 커서 흔들 수가 없었고, 〈郡縣의〉 군대가 약하였기 때문에 천자는 고립되고 외톨이가 되었다. 周와 漢·唐은 〈지방 장수

들의 권세가〉 너무 지나쳤고, 秦나라는 미치지 못하였으니, 그 中庸을 얻은 것은 오직 우리 宋나라뿐이다.

비록 그러하나 장수를 배치하는 방법은 前代보다 훨씬 나았으나, 병사를 제어하는 방법에 대해서는 나는 오히려 의혹이 있으니, 왜인가? 漢나라에서 唐나라에 이르기까지 어떤 때는 屯田을 열고, 어떤 때는 府兵을 두어 그들에게 無事時에는 직접 농사지어 먹게 하였지만, 백성들은 오히려 또한 그 폐단을 견딜 수 없었다.

지금은 屯田은 대개 얼마 남지도 않았고 府兵 또한 이미 폐지되었으니, 백성들을 풍요롭게 하고자 하지만 형세상 그렇게 할 수가 없다. 나라가 화평하게 다스려진 지가 오래되어 농사에 종사하고자 하는 백성이 날로 많아지고 있지만, 천하에는 개간할 땅이 없다. 이로부터 보건대, 이 백성들이 의당 三代의 태평성대에 살고 있는 것 같지만, 결국 근심과 비통에 잠겨 한 해를 넘길 비축물자가 없는 것은 군대의 양식으로 빼어가기 때문이다.

1) 太祖旣受命……而藩鎭亦不曰無威 : 太祖는 宋 太祖 趙匡胤이다. 趙匡胤은 武將 출신으로 兵權을 가진 사람의 위험을 잘 알고 있었으므로, 자신이 황제가 된 후 五代의 황제들이 병권을 쥔 藩鎭들에게 휘둘리는 현상을 막기 위해서 武臣들이 가지고 있는 兵權을 다 빼앗아 자신에게 돌리고, 전국의 부대를 京城 주위에 집중 배치하여서 宋나라의 모든 군대를 자신이 직접 통제하였다.
2) 末大不掉 : 꼬리가 커서 움직이기가 어렵다. 즉 지방조직의 군대가 너무 강하여 중앙에서 마음대로 통제할 수 없음을 말한다. '末'은 꼬리를 말한다.
3) 萊田 : 荒蕪地이다.
4) 戚戚嗟嗟 : '근심스럽고 비통함'을 나타내는 의성어이다.

三代井田은 雖三尺童子라도 知其不可復이라 雖然이나 依倣古制하여 漸而圖之면 則亦庶乎其可也라 方今에 天下之田으로 在官者는 惟二니 職分也와 籍沒也[1]라 職分之田은 募民耕之하여 斂其租之半하여 而歸諸(저)[2]吏요 籍沒이면 則鬻之하고 否則募民耕之하여 斂其租之半하여 而歸諸公이라 職分之田은 徧於天下하여 自四京以降至於大藩鎭하여는 多至四十頃이요 下及一縣하여도 亦能千畝[3]라 籍沒之田은 不知其數나

今可勿復鬻然後에 量給其所募之民하되 家三百畝以爲率[4)]이라 前之歛其半者를 今可損之하여 三分而取其一하여 以歸諸吏與公이라 使之家出一夫爲兵하되 其不欲者는 聽其歸田하여 而他募하니 謂之新軍이라하니라 毋黥其面하고 毋涅其手하며 毋拘之營이라 三時縱之하고 一時集之[5)]하여 授之器械하여 敎之戰法하되 而擇其技之精者하여 以爲長하여 在野督其耕하고 在陣督其戰이면 則其人皆良農也요 皆精兵也라 夫籍沒之田은 旣不復鬻이면 則歲益多라 田益多면 則新軍益衆하여 而嚮所謂仰給於斯民者가 雖有廢疾死亡이라도 可勿復補라 如此數十年이면 則天下之兵은 新軍居十九요 而皆力田하여 不事他業이면 則其人必純固朴厚하여 無叫呼衡行之憂요 而斯民不復知有饋餉供億[6)]之勞矣라

三代의 井田法은 삼척동자라도 그것을 회복할 수 없다는 것을 안다. 비록 그렇지만 옛 제도를 모방하여 점차 그것을 도모하면, 또한 그런대로 할 수가 있을 것이다. 지금 천하의 田地로 官에 속해 있는 公田은 오직 두 종류가 있으니, 職分田과 籍沒田이다.

職分田은 백성을 모집해서 경작하여 소작의 절반을 거두어 관리에게 돌려주고, 籍沒하면 그것을 팔거나 아니면 백성을 모집해서 경작하여 소작의 절반을 거두어 국가에 돌려준다. 職分田은 천하에 널리 퍼져 있어 四京 이하 大藩鎭까지는 대부분이 40頃이고, 아래로 한 縣에 이르러서도 능히 1,000畝는 된다. 籍沒田은 그 수를 알 수 없으나, 지금 더 이상 팔지 말도록 한 뒤에 모집한 백성들에게 땅을 헤아려 나누어주되, 한 집에 300畝를 표준으로 한다.

지난날 그 절반을 거두었던 것을 지금은 줄여서 3분의 1만 거두어 관리와 국가에 돌려준다. 그리고 그 집에서는 사내 한 사람을 병사로 내놓되, 그렇게 하기를 원치 않은 자는 그가 반환한 땅을 받아서 다른 사람을 모집하니, 〈이렇게 모집된〉 병사들을 新軍이라 한다. 그들의 얼굴에 黥도 치지 않고 그들의 팔에 문신도 하지 않으며 그들을 군영에 구속하지도 않는다. 〈1년에〉 세 계절은 농사짓도록 풀어주고 한 계절만 그들을 모아서 무기를 주어 戰法을 가르치되, 그 기예가 뛰어난 자를 골라 長으로 삼아서 들판에서는 경작을 감독하게 하고, 진영에서는 전투를 감독하게 하면, 그 사람들은 모두 다 良農이면서 精銳兵이 된다.

대저 籍沒田은 더 이상 팔지 않으면 해가 갈수록 더욱 늘어나게 된다. 田地가 늘어나면 늘어날수록 新軍도 더욱 늘어나서 앞에서 말한 백성에게 의존하던 자들이 폐질로 사망하더라도 더 이상 보충할 필요가 없다. 이와 같이 수십 년을 하면 천하의 병사 중에 新軍이 열에 아홉을 차지할 것이고, 그들 모두에게 힘써 농사짓고 다른 일에 종사하지 않도록 하면 그들은 틀림없이 淳朴하고 厚德하여, 소리치며 제멋대로 횡포한 짓을 하는 근심거리가 없어질 것이고, 백성들이 더 이상 물자를 공급해야 하는 수고도 모르게 될 것이다.

1) 職分也 籍沒也 : 당시 두 종류의 公田이다. 職分은 관리의 食祿으로 나누어주는 田地이고, 籍沒은 죄인에게 몰수한 田地이다.
2) 諸(저) : 저본에는 '之'자로 되어 있으나, ≪嘉祐集≫에 의해 '諸'자로 바꾸었다.
3) 自四京以降至於大藩鎭……亦能千畝 : 四京은 北宋 때의 開封府인 東京・河南府인 西京・大名府인 北京・應天府인 南京을 말한다. 兩京・大藩府는 40頃, 次藩鎭은 35頃, 防禦・團練州는 30頃……上縣은 10頃, 中縣은 8頃, 下縣은 7頃 등 경작면적을 구체적으로 지정하고 있다. ≪宋史 職官志 職田≫
4) 以爲率 : '표준으로 삼다.'는 뜻이다. '率'은 '비율'을 말한다.
5) 三時縱之 一時集之 : 1년 중 農繁期 세 계절은 각자 농업에 종사하고, 겨울 農閑期 때에 집중적으로 군사훈련을 시키는 것을 말한다.
6) 饋餉供億 : 饋는 저본에 '餽'자로 되어 있으나, ≪嘉祐集≫에 의해 '饋'자로 바꾸었다. 饋餉은 접대할 음식을 말하고, 供億은 부족한 물자를 공급하여 안정시키는 것을 말한다.

或曰 昔者에 斂其半한대 今三分而取一이면 其無乃薄於吏與公乎아하니 曰 古者에 公卿大夫之有田也에 以爲祿한대 而其取之亦不過什[1]一이라 今吏旣祿矣로되 給之田이면 則已甚矣온 況三分而取一이면 則不旣優矣乎아 民之田不幸而籍沒은 非官之所待以爲富也라 三分而取一이면 不猶愈於無乎아 且不如是면 則彼不勝爲兵故也라하니라 或曰 古者에 什一而稅하여 取之薄하니 故로 民勝爲兵이라 今三分而取一이 可乎아하니 曰 古者에 一家之中에 一人爲正卒하고 其餘爲羨卒[2]하여 田與追胥[3]를 竭作이라 今家止一夫爲兵하니 況諸(저)古면 則爲逸[4]하니 故로 雖取之差重이라도 而無害라 此與

周制稍甸縣都[5)]役少輕하고 **而稅十二無異也**라 **夫民家出一夫**하여 **而得安坐以食數百畝之田**하고 **征徭科斂不及其門**이면 **然則彼亦優爲之矣**라하니라

어떤 사람이 "옛날에는 그 절반을 거두었는데, 지금 3분의 1을 거두면 관리와 국가에 너무 적게 내는 것이 아니가?"라고 하니, "옛날 公卿·大夫들은 그들이 가지고 있는 采邑에서 俸祿을 거두었는데, 그들이 거둬들인 것은 10분의 1에 불과하였다. 지금의 관리들은 이미 祿俸이 있는데도 田地까지 주면 너무 과한 것인데, 게다가 3분의 1을 거두어들인다면, 이미 우대하는 것이 아니겠는가? 백성의 田地를 불행히도 籍沒하는 것은 官家에서 이것으로 〈나라가〉 부유해지기를 기대한 것이 아니다. 3분의 1을 거둔다면 오히려 없는 것보다야 낫지 않은가? 게다가 이렇게 하지 않으면 저들이 兵役을 감당할 수 없을 것이다."라고 대답할 것이다.

어떤 사람은 "옛날에는 10분의 1을 세금으로 매겨 세금을 적게 거두었기 때문에 백성들이 병역을 감당할 수 있었다. 지금 3분의 1을 거두는 것이 옳은 것인가?"라고 하니, "옛날에는 한 집안에서 한 사람이 正卒이 되고 나머지는 羨卒이 되어, 田獵을 하고 外寇를 쫒아내고 도적을 잡는 일은 모두가 함께 하였다. 지금은 한 가정에 단 한 사람만 병사가 되니, 옛날에 비하면 병역이 가볍기 때문에 소작료를 조금 무겁게 거둔다 하더라도 해로울 것이 없다. 이것은 周나라 제도인 稍·甸·縣·都의 徭役에 비해 조금 더 가볍고 세율은 10분의 2나 다름없다. 대저 民家에서 한 사내를 내어 편안히 앉아서 수백 畝의 田地의 수익을 얻고 征徭·科斂이 그 집에 이르지 않는다면, 저들에게도 그렇게 하는 것이 나을 것이다."라고 대답할 것이다.

1) 什 : 저본에는 '十'자로 되어 있으나, ≪嘉祐集≫에 의해 '什'자로 바꾸었다. 아래의 '古者什一' 句도 마찬가지이다.

2) 其餘爲羨卒 : 여러 형제가 있을 경우 正卒 한 사람을 빼고 그 나머지는 모두 羨卒이 된다. 羨卒은 후보이다.

3) 田與追胥 : '田'은 田獵, '追'는 外寇를 쫓아내는 것, '胥'는 도적을 잡는 것을 말한다.

4) 況諸(저)古 則爲逸 : '況'은 비교하다. '諸'는 之於의 合字이다. 즉 옛날에 비해서 兵役이 가볍다는 뜻이다.

5) 稍甸縣都 : 都城과의 거리가 300里를 稍, 200里를 甸, 400里를 縣, 500里를 都라고 하였다. ≪周禮 地官 司徒≫ 稍·甸·縣·都는 다 王室貴族의 采地이다.

蘇明允이 **蓋憤當時兵養於官**하고 **或承五代銀槍之後**하니 **多桀驁不可制**하여 **欲括當時職分籍沒二田**하여 **以倣古者井田出兵一乘**[1]하여 **以附寓兵於農**[2]**之意**라 **而今天下旣無職分籍沒之田**하니 **不可爲訓也**라

蘇洵은 당시 병사들이 官에서 양성되고, 五代 禁衛軍인 銀槍의 뒤를 이으니, 대부분이 포악하고 오만하여 통제할 수가 없음을 분개하여, 당시 職分田·籍沒田을 총괄하여 옛날 井田制의 兵一乘을 내던 것을 모방하여 寓兵制度를 따르고자 하였다. 그러나 지금의 천하는 職分田·籍沒田이 없으니 모범으로 삼을 수 없다.

1) 井田出兵一乘 : ≪周禮≫ 〈地官 司徒〉에 "4井이 邑이 되고, 4邑이 丘가 되며, 4丘가 甸이 된다. 〈甸에서는〉 곧 전차 한 대를 내어야 하니, 그렇다면 64井마다 한 대의 전차를 내는 것이다.〔四井爲邑 四邑爲丘 四丘爲甸 乃出車一乘 則每六十四井 出一乘矣〕"라 하였다.
2) 寓兵於農 : 농민들에게 일정한 군사훈련을 시킨 다음, 평시에는 농사를 짓게 하고 전시에는 병사로 소집하는 제도, 즉 寓兵制度를 말한다.

05. 田制* 田制를 논함

* 이 글은 北宋 田制의 폐단과 그 폐단의 개선 방법을 논한 것이다. 蘇洵은 田制의 폐단으로 경작자는 耕地를 소유하지 못하고 경지를 소유한 자는 경작하지 않고서 地主와 雇農이 각각 그 수확의 절반씩을 나누어 가지는데, 雇農은 그 절반의 수입으로 굶주림에서 벗어나지 못하고 地主는 그 절반의 수입에서 전체의 조세를 감당하니 원망에서 벗어나지 못함을 지적하고 있다. 蘇洵은 그 개선책으로 井田法이 해결책이 될 수 있지만 현실적으로 시행할 수 없음을 지적하면서, 토지겸병을 제한하는 董仲舒의 견해를 따라 조금씩 옛 제도를 회복하여 백성들의 고충을 완화해주자는 의견을 제시하고 있다.

限田之制는 **良爲復古之一端**이니 **而惜乎其難行也**라

耕地를 제한하고자 하는 제도는 진실로 復古의 일단이니, 애석하게도 그것을 행하기가 어렵다.

古之稅重乎아 **今之稅重乎**아 **周公之制**는 **園廛**이 **二十而稅一**이요 **近郊**는 **十一**이요 **遠郊**는 **二十而三**이요 **稍甸縣都**는 **皆無過十二**이요 **漆林之征**은 **二十而五**[1]라 **蓋周之盛時**에 **其尤重者**는 **至四分而取一**하고 **其次者**는 **乃五而取一然後**에 **以次而輕**하여 **始至於十一**이나 **而又有輕者也**라 **今之稅**는 **雖不啻十一**이나 **然而使縣官無急征**[2]하고 **無橫斂**[3]이면 **則亦未至乎四而取一與五而取一之爲多也**라 **是**는 **今之稅與周之稅**가 **輕重之相去無幾也**라

옛날의 세금이 무거웠을까, 지금의 세금이 무거울까? 周公의 稅制는 園廛은 20분의 1의 세금을, 近郊는 10분의 1, 遠郊는 20분의 3, 稍·甸·縣·都는 모두 10분의 2를 넘지 않았고, 森林은 20분의 5를 세금으로 징수하였다. 대개 周나라의 興盛期에 특히 무거웠던 세율은 4분의 1에 이르렀고, 그 다음이 5분의 1이었는데, 그 뒤 차츰 경감되어 비로소 10분의 1에 이르렀지만, 또한 가벼운 것도 있었다.

지금의 세율은 단지 10분의 1뿐만은 아니지만, 조정에서 急征이 없고 橫斂이 없다면 또한 4분의 1이나 5분의 1만큼 많지는 않다. 이것은 지금의 세율과 周代의 세율이 그 輕重의 차이가 거의 없다는 것이다.

1) 周公之制……二十而五 : 園廛은 園圃와 民宅을 말한다. 都城과의 거리가 50里 이내를 近郊, 100里를 遠郊, 200里를 甸, 300里를 稍, 400里를 縣, 500里를 都라 하였다. 周나라 稅制는 都城과 가까우면 세금이 가벼웠고 멀면 무거웠는데 가까운 곳은 부역이 많았기 때문이고, 園廛의 세금이 가벼웠던 것은 園圃에는 이익이 적었고 民宅에는 곡식이 나지 않았기 때문이며, 漆林의 세금이 무거웠던 것은 森林은 자연적으로 이루어진 것으로 人力이 쓰이지 않았기 때문이다. ≪周禮 地官 載師≫ 漆林은 여기에서는 森林을 通稱하고 있다.

2) 急征 : 긴급할 때 매기는 세금을 말한다.

3) 橫斂 : 교묘하게 명목을 붙여 거둬들이는 세금을 말한다.

雖然이나 當周之時엔 天下之民이 歌舞以樂其上之盛德이나 而吾之民은 反戚戚不樂하며 常若擢筋剝膚하여 以供億[1]其上이라 周之稅如此하고 吾之稅亦如此한대 而其民之哀樂이 何如此之相遠也오 其所以然者는 蓋有由矣라

그렇지만 周나라 때에는 천하 백성들이 그 임금의 盛德을 노래하고 춤추며 즐겼지만, 지금의 백성들은 도리어 근심하고 즐거워하지 않으며 늘 몸이 닳도록 일하여 조정에 물자를 공급한다. 周나라의 세금도 이와 같고 우리의 세금 또한 이와 같은데, 그 백성들의 슬픔과 기쁨이 어찌 이처럼 차이가 난단 말인가? 그렇게 된 까닭에는 대개 이유가 있다.

1) 供億 : '부족한 물자를 공급하여 안정시킨다.'는 뜻이다.

周之時에 用井田한대 井田廢하니 田非耕者之所有요 而有田者不耕也라 耕者之田은 資[1]於富民한대 富民之家는 地大業廣하여 阡陌連接하니 募召浮客[2]하여 分耕其中하되 鞭笞驅役하여 視以奴僕하고 安坐四顧하며 指麾於其間이라 而役屬之民은 夏爲之耨하고 秋爲之獲하되 無有一人違其節度以嬉라 而田之所入은 已得其半하고 耕者得其半이라 有田者一人이나 而耕者十人이니 是以로 田主는 日累其半하여 以至于富強하고 耕者는 日食其半하여 以至于窮餓而無告라 夫使耕者至于窮餓면 而不耕不獲者는 坐而食富彊之利하여 猶且不可온 而況富彊之民이 輸租於縣官하여 而不免於怨嘆嗟憤이니 何則고 彼以其半으로 而供縣官之稅하니 不若周之民이 以其全力으로 而供其上之稅也라 周之十一은 以其全力으로 而供十一之稅也나 使以其半으로 供十一之稅면 猶用十二之稅然也[3]라 況今之稅는 又非特止於十一而已니 則宜乎其怨嘆嗟憤之不免也라

周나라 때에는 井田制를 썼는데, 井田制가 폐지되니 경지는 더 이상 경작자의 소유가 아니었고, 경지를 소유한 자는 경작하지 않았다. 경작자의 경지는 富民에게 임대한 것인데, 富民의 집은 경지가 광대하여 阡陌이 끝없이 이어지니, 떠도는 雇農을 불러 모아 그 땅을 나누어주고 경작하게 하되, 그들을 채찍과 매질로 부리면서 종으로 여기고, 자신들은 편안히 앉아 사방을 둘러보며 그 가운데에서 지시만 하였다.

고용된 백성들은 여름에는 김을 매고 가을에는 수확하되, 그 분수를 어기면서 노는 사람은 한 사람도 없었다. 그러나 경지의 수입은 주인이 절반을 가지고 경작자가 절반을 가졌다. 경지를 소유한 사람은 한 사람이지만 경작하는 사람은 열 사람이나 되니, 이 때문에 田主는 날로 그 절반의 수입을 쌓아서 富强하게 되고, 경작자는 그 절반을 먹어도 날로 곤궁하여 기아에 허덕이며 하소연할 곳이 없었다.

대저 경작자가 곤궁하여 기아에 허덕이면, 경작도 하지 않고 수확도 거두지 않는 자는 편안히 앉아 부강의 이익을 먹어서도 오히려 안 될 일인데, 하물며 富民들이 조정에 조세를 바치면서 원망과 분노에서 벗어나지 못한다. 무엇 때문인가? 그들은 그 절반의 수입으로 조정의 세금을 내니, 周나라 백성들이 그들의 전체 수확에서 세금을 낸 것과 같지 않기 때문이다. 周나라의 10분의 1의 세금은 그들 전체 수확을 가지고 10분의 1의 세금을 조정에 낸 것이지만, 가령 지금 그 절반의 수입에서 10분의 1의 세금을 내면, 실제로는 10분의 2의 세금을 내는 것과 같다. 게다가 지금의 세금은 또한 단지 10분의 1만도 아니니, 그렇다면 그들이 원망하고 분노하는 것에서 벗어날 수 없는 것이 마땅하다.

1) 貣 : '세를 주고 임대하다.'는 뜻이다.
2) 浮客 : 고용농으로 일정한 주인이 없기 때문에 浮客이라 한다.
3) 猶用十二之稅然也 : 당시 富民들은 사람을 고용해서 경작하여, 田地 수입을 절반은 고용농에게 지불하고, 자신에게 돌아오는 절반을 가지고 전체 田地에 대한 10분의 1의 세금을 납부했기 때문에 富戶가 납부하는 세금이 10분의 2에 상당하였다.

噫라 貧民은 耕而不免於飢하고 富民은 坐而飽且嬉나 又不免於怨하니 其弊는 皆起於廢井田이라 井田復이면 則貧民은 有田以耕穀하여 食粟米不分於富民하여 可以無饑요 富民은 不得多占田하여 以錮貧民하니 其勢不耕이면 則無所得食하고 以地之全力으로 供縣官之稅하니 又可以無怨이라 是以로 天下之士가 爭言復井田이라 旣又有言者曰 奪富民之田하여 以與無田之民이면 則富民不伏하니 此必生亂이라 如乘大亂之後면 土曠而人稀하여 可以一擧而就라 高祖之滅秦과 光武之承漢엔 可爲而不爲하니 以是

爲恨이라하니라

아! 貧民들은 경작을 하면서도 굶주림에서 벗어날 수 없고, 富民들은 앉아서 배불리 먹고 즐기지만 또한 원망에서 벗어나지 못하니, 그 폐단은 다 井田制를 폐지하면서 생겨났다. 井田制가 부활되면 貧民들은 경지가 생겨 곡식을 경작하여 먹을 粟米를 富民들과 나누지 않아 굶주리지 않을 수 있고, 富民들은 경지를 많이 차지하여 貧民들을 마음대로 통제할 수가 없으니, 그 형편상 경작하지 않으면 식량을 얻을 곳이 없고, 경지의 전체 수확으로 조정에 세금을 납부하니 또한 원망을 없앨 수 있다. 이 때문에 천하의 선비들이 다투어 井田制를 부활하자고 한다.

또 어떤 자는 "富民들의 경지를 빼앗아 경지가 없는 백성에게 주면 富民들이 복종하지 않을 것이니, 이것 때문에 틀림없이 난이 생길 것이다. 大亂의 뒤를 이용하면 토지는 넓고 사람이 적어서 〈井田制를〉 일거에 성취할 수 있을 것이다. 漢 高祖가 秦나라를 멸망시켰을 때와 光武帝가 前漢을 계승했을 때에는 〈井田制를〉 할 수 있었는데도 하지 않았으니, 이것이 한스럽다."라고 하였다.

吾又以爲不然이라 今雖使富民皆奉其田하여 而歸諸公하고 乞爲井田이라도 其勢亦不可得이라 何則고 井田之制는 九夫爲井이요 井間有溝하며 四井爲邑이요 四邑爲丘요 四丘爲甸한대 甸方八里니 旁加一里면 爲一成이라 成間有洫하고 其地百井而方十里라 四甸爲縣이요 四縣爲都한대 四都方八十里니 旁加十里면 爲一同[1)]이라 同間有澮하고 其地萬井而方百里라 百里之間에 爲澮者一이요 爲洫者百이요 爲溝者萬이라 旣爲井田이면 又必兼修溝洫이라 溝洫之制는 夫間有遂하고 遂上有徑하며 十夫有溝하고 溝上有畛하며 百夫有洫하고 洫上有涂하며 千夫有澮하고 澮上有道하며 萬夫有川하고 川上有路[2)]하며 萬夫之地는 蓋三十二里有半이나 而其間爲川爲路者一이요 爲澮爲道者九요 爲洫爲涂者百이요 爲溝爲畛者千이요 爲遂爲徑者萬이라 此二者는 非塞溪壑하여 平澗谷하고 夷丘陵하며 破墳墓하고 壞廬舍하고 徙城郭하고 易疆壟이면 不可爲也라 縱使能盡得平原廣野하여 而遂規[3)]畫於其中이라도 亦當驅天下之人하고 竭天下之糧하여 窮數百年專力於此하고 不治他事而後에 可以望天下之地盡爲井田하고 盡爲溝洫이라

已而요 又爲民作屋廬於其中하여 以安其居而後에 可라 吁라 亦已迂矣라 井田成이면 而民之死하여 其骨已朽矣라 古者에 井田之興은 其必始於唐虞之世乎인저 非唐虞之世면 則周之世엔 無以成井田이라 唐虞啓之하여 至於夏商하여 稍稍葺治하여 至周而大備라 周公承之하여 因遂申定其制度하여 疏整其疆界하니 非一日에 而遽能如此也요 其所由來者漸矣라

나는 또한 그렇게 생각하지 않는다. 지금 비록 富民들이 다 자신의 경지를 들어서 국가에 바치고 井田制를 하자고 빌어도, 그 형편상 또한 그렇게 할 수가 없다. 왜 그런가?

井田制는 9夫가 井이 되고, 井 가운데에 溝라는 도랑이 있으며, 4井이 邑이 되고, 4邑이 丘가 되며, 4丘가 甸이 되는데, 甸은 사방 8里니 옆에 1里씩 더하면 1成이 된다. 成 가운데 洫이라는 봇도랑이 있고, 그 땅은 井이 100개이고 사방 10里이다. 4甸이 縣이 되고, 4縣이 都가 되는데, 4都는 사방 80里니 옆에 10里씩 더하면 1同이 된다. 同 가운데에는 澮라는 배수구가 있고, 그 땅은 井이 10,000개이며 사방 100里이다. 100里 가운데 澮가 하나요, 洫이 100개, 溝가 10,000개가 있다.

井田이 만들어지면 또한 반드시 溝·洫을 아울러 만들어야 한다. 溝·洫의 制度는 夫 가운데 遂라는 작은 도랑이 있고, 遂 가에는 徑이 있으며, 10夫에는 溝가 있고, 溝 가에는 畛이 있으며, 100夫에는 洫이 있고, 洫 가에는 涂가 있으며, 1,000夫에는 澮가 있고, 澮 가에는 道가 있으며, 10,000夫에는 川이 있고, 川 가에는 路가 있으며, 10,000夫의 땅은 대략 32里 半이지만 그 가운데에는 川과 路가 하나이고, 澮와 道가 아홉이고, 洫과 涂가 100개이고, 溝와 畛이 1,000개이고, 遂와 徑이 10,000개이다.

이 두 가지는 계곡을 막아 골짜기를 평탄하게 하고 구릉을 깎아 평편하게 하며 무덤을 없애고 집을 부수고 성곽을 옮기고 두둑을 평탄하게 하지 않으면 할 수가 없다. 가령 平原과 曠野로 다 만들어서 그 가운데에 구획을 하려고 하여도 또한 천하의 사람들을 다 동원하고 천하의 양식을 다하여, 수백 년에 걸쳐 여기에 전력을 기울이고 다른 일을 하지 않은 뒤에야, 천하의 땅을 다 井田으로 만들 수 있고, 溝·洫으로 다 만들 수 있다. 그 뒤 또 그 가운데에 백성을 위해 집을 지어, 그 거처를

편안하게 한 뒤에야 끝날 수 있다. 아! 또한 너무 현실과 먼 일이다. 井田이 완성되면 백성은 죽어서 그 뼈는 이미 썩을 것이다.

옛날 井田이 일어난 것은 아마 틀림없이 堯舜의 시대에 시작된 것일 것이다. 堯舜의 시대가 아니라면 周의 시대에는 井田이 만들어질 수가 없었다. 요순시대에 시작하여 夏商에 이르러 조금씩 다듬어져, 周나라에 이르러 크게 구비되었다. 周公이 계승하여 그것을 제도로 반포하고 확정하여 그 경계를 나누어 정리하였으니, 어느 날 하루 갑자기 이처럼 될 수 있었던 것이 아니라 후대로 유래되면서 점차로 완성된 된 것이다.

1) 九夫爲井……爲一同 : ≪周禮≫ 〈地官 小司徒〉에 같은 내용이 보인다. 夫는 井田制의 규정에 1夫가 경지 100畝를 얻을 수 있었기 때문에, 100畝를 통칭 夫라고 하였다. 따라서 9夫란 900畝를 말한다.
2) 夫間有遂……川上有路 : ≪周禮≫ 〈地官 遂人〉에 같은 내용이 보인다. 洫은 田 사이의 水道이고, 澮는 田 사이의 排水口이며, 遂는 100畝의 田地를 경계 짓는 小溝이고, 畛은 田 사이의 小道이다.
3) 規 : 저본에는 '歸'자로 되어 있으나, ≪嘉祐集≫에 의해 '規'자로 바꾸었다.

夫井田을 雖不可爲나 而其實便於今이라 今誠有能爲近井田者而用之면 則亦可以蘇民矣乎인저 聞之하니 董生이 曰 井田雖難卒行이나 宜少近古하여 限民名田하여 以贍不足[1)]이라하니 名田之說은 蓋出於此라 而後世未有行者는 非以不便民也요 懼民不肯損其田하여 以入吾法하여 而遂因此[2)]以爲變也라 孔光何武가 曰 吏民名田은 無過三十頃하고 期盡三年하되 而犯者는 沒入官[3)]이라하니라 夫三十頃之田은 周民三十夫之田也니 縱不能盡如周[4)]制라도 一人而兼三十夫之田은 亦已過矣요 而期之三年은 是又迫蹙平民하여 使自壞其業하니 非人情이요 難用이라 吾欲少爲之限하여 而不奪[5)]其田嘗已過吾限者로되 但使後之人으로 不敢多占田하여 以過吾限耳라 要之數世면 富者之子孫에 或不能保其地하여 以至[6)]於貧하여 而彼嘗已過吾限者가 散而入於他人矣요 或者는 子孫出而分之以無幾矣라 如此則富民所占者少하고 而餘地多니 餘地多면 則貧民易取以爲業하여 不爲人所役屬하고 各食其地之全利요 利不分於人하니

而樂輸於官이라 **夫端坐于朝廷**하여 **下令于天下**하여 **不驚民**하고 **不動衆**하니 **不用井田之制**라도 **而獲井田之利**라 **雖周之井田**이라도 **何以遠過於此哉**아

대저 井田을 비록 할 수는 없지만, 사실 지금 행하는 데에는 편리하다. 지금 진실로 井田에 가까운 것을 만들어 이용할 수 있다면 또한 백성들을 소생시킬 수가 있다. 듣자하니, 董仲舒가 "井田을 비록 갑자기 행하기가 어렵지만 마땅히 조금이라도 옛날에 가깝게 해서 백성들의 名田을 제한하여 부족한 사람에게 채워주십시오."라고 하였으니, 名田이란 말은 대개 여기에서 나왔다. 그러나 후세에 실행되지 않았던 것은 백성들을 불편하게 했기 때문이 아니라, 백성들이 자신의 경지를 손해 보면서 법 안으로 들어오지 않을까 두려워하여, 마침내 이 때문에 바꾸었던 것이다.

孔光·何武는 "吏民의 名田은 30頃을 넘지 않아야 하고, 기한은 3년으로 하되, 이를 범하는 자는 〈그 경지를〉 官에서 몰수한다."라고 하였다. 대저 30頃의 경지는 周나라 백성의 30夫의 경지이니, 설령 周制와 완전히 같지 않다 할지라도 한 사람이 30夫의 경지를 차지한다는 것은 또한 너무 과하고, 기한을 3년으로 정한 것은, 이것 또한 일반 백성들을 압박해서 스스로 그들의 생업을 파괴하게 할 것이니, 인정에도 맞지 않고 실행하기도 어렵다.

나는 조금 제한을 하여 그 경지가 이미 우리가 제한한 한계를 넘은 것을 빼앗지는 않되, 다만 뒷사람들이 토지를 과다하게 차지하여 우리의 제한을 넘지 못하도록 하고자 할 뿐이다. 요컨대 수 世代가 지나면 부자의 자손들 가운데 어떤 사람은 그 경지를 보존할 수 없어 가난해져서 이미 우리가 정한 한계를 넘었던 것이 다른 사람에게 흩어져 들어갈 것이고, 어떤 사람은 자손들이 분가하여 나가면서 그것을 나누어 가져 남는 것이 거의 없을 것이다. 이와 같이 되면 富民들이 차지한 것은 적고 남는 땅이 많아질 것이니, 남는 땅이 많아지면 貧民들이 쉽게 취하여 농업에 종사하여 남에게 종속되지도 않고 각자는 그 땅의 모든 수확을 먹을 것이요, 이익을 남에게 나누어주지 않으니 관청에 조세를 기꺼이 납부할 것이다.

대저 조정에 단정히 앉아서 천하에 명을 내려도 백성을 놀라게 하지 않고 군중을 동요시키지 않을 것이니, 井田制를 쓰지 않더라도 井田의 이점을 얻을 것이다. 비록 周나라의 井田이라 하더라도 어찌 이보다 더 낳겠는가?

1) 井田雖難卒行……以贍不足 : ≪漢書≫ 〈食貨志〉에 같은 내용이 보인다. 名田은 개인 명의로 점유한 田地이다.
2) 此 : ≪嘉祐集≫에는 '之'자로 되어 있다.
3) 吏民名田……沒入官 : ≪漢書≫ 〈食貨志〉에 같은 내용이 보인다. 백성의 경지를 제한하자는 주장은 董仲舒에게서 시작되었고, 西漢 말엽에 孔光과 何武가 경지는 30頃을 넘지 않고 기한은 3년으로 하되 이를 범하는 자는 그 田土를 관에서 몰수하자고 주장하며 시행하려 하였으나, 당시의 권력을 독점한 丁傅와 董賢에 의해 저지되었다.
4) 周 : 저본에는 '此'자로 되어 있으나, ≪嘉祐集≫에 의해 '周'자로 바꾸었다.
5) 奪 : ≪嘉祐集≫에는 '禁'자로 되어 있다.
6) 至 : 저본에는 '復'자로 되어 있으나, ≪嘉祐集≫에 의해 '至'자로 바꾸었다.

王遵巖이 曰 此等은 皆是有用文字로 深透世故라 賈晁之亞也라

王遵巖(王愼中)은 "이것들은 모두 유용한 글로, 세상일들을 철저히 이해한 것이다. 賈誼와 晁錯에 버금간다."고 하였다.

宋大家蘇文公文抄 卷10

記·說·引·敍

01. 彭州圓覺禪院記* 彭州의 圓覺禪院에 대한 기문

* 彭州는 지금의 四川省 彭縣이고, 圓覺禪院은 地理志에 기록이 없어 상세한 위치를 알 수 없다. 이 記文은 글의 내용으로 보아 蘇洵이 서울에서 蜀 땅으로 돌아와 몇 년 뒤에 지은 듯하다. 이 글은 승려인 保聰이 ≪圓覺經≫ 강론에 뛰어난 그의 스승의 뜻을 받들어 원각선원을 수리하고 蘇洵에게 기문을 지어주기를 청하므로 蘇洵이 그가 스승의 뜻을 이은 것을 아름답게 여겨 쓴 것이다.

飜案格議論이 **有一段風致**라

발상을 전환한 격식의 의논이 일단의 풍치가 있다.

人之居乎此也는 **其必有樂乎此也**라 **居斯樂**이라가 **不樂不居也**라 **居而不樂**하고 **不樂而不去**는 **爲自欺且爲欺天**이라 **蓋君子**는 **恥食其食而無其功**하고 **恥服其服而不知其事**라 **故**로 **居而不樂**이면 **吾有吐食脫服**하야 **以逃天下之譏而已耳**라

사람이 여기에 거하는 것은 반드시 이곳에 즐거움이 있어서이다. 이 즐거움이 있는 곳에 거하다가 즐겁지 않으면 거하지 않는다. 거하는 것이 즐겁지 않고 즐겁지 않은데도 떠나가지 않는 것은 스스로를 속이고 하늘도 속이는 것이 된다. 대체로 君子는 그 俸祿을 먹으면서 그 공이 없음을 부끄럽게 여기고, 그 옷을 입고 있으면서 그 일을 알지 못하는 것을 부끄럽게 여긴다. 그렇기 때문에 거하는 것이 즐겁지 않으면 나는 봉록을 먹은 것을 토해내고 옷을 벗어버려 천하의 비난을 피할 뿐이다.

天之畀我以形하여 **而使我以心馭也**라 **今日欲適秦**이라가 **明日欲適越**이라도 **天下誰**

我禦리오 故로 居而不樂하고 不樂而不去는 是는 其心且不能馭其形이니 而況能以馭他人哉아

하늘이 나에게 형체를 주어 나로 하여금 마음으로 다스리게 하였다. 오늘 秦나라에 가고 싶어 하다가, 다음날 越나라에 가고자 하더라도 천하에서 누가 나를 막겠는가? 그렇기 때문에 거하는 것이 즐겁지 않고 즐겁지 않은데도 떠나가지 않는 것은, 이것은 마음이 또한 그 형체를 다스리지 못하는 것이니, 하물며 다른 사람을 다스릴 수 있겠는가?

自唐以來로 天下士大夫가 爭以排釋老爲言이라 故로 其徒之欲求知於吾士大夫之間者는 往往自叛其師하여 以求容於吾하고 而吾士大夫도 亦喜其來而接之以禮라 靈師文暢[1]之徒는 飮酒食肉以自絕於其敎라 嗚呼라 歸爾父子하고 復爾室家而後에 吾許爾以叛爾師니 父子之不歸하고 室家之不復하여 而師之叛이면 是不可以一日立于天下라 傳曰 人臣無外交[2] 라하니라 故로 季布[3]之忠於楚也는 雖不如蕭韓[4]之先覺이나 而比丁公[5]之貳則爲愈라

唐나라 이래로 천하의 사대부들이 釋迦와 老子를 배척할 것을 다투어 말하였다. 그러므로 釋迦와 老子를 배우는 무리 중에서 우리 사대부의 사이에서 인정받기를 바라는 자들은 왕왕 스스로 그들의 스승을 배반하여 우리들에게 용납되기를 구하였고, 우리 사대부들도 그들이 오는 것을 기쁘게 여겨 禮로써 대접하였다. 靈師와 文暢은 술을 마시고 고기를 먹어 스스로 그들의 가르침을 끊었다.

아! 너희들의 부자간의 인륜을 회복하고 室家의 즐거움을 회복한 뒤에야 우리 사대부들은 너희가 너희들의 스승을 배반하였다고 인정할 수 있으니, 부자간의 인륜을 회복하지 않고 室家의 즐거움을 회복하지 않으면서 스승을 배반하면 천하에 하루도 서서 살 수가 없는 것이다. 옛 책에 이르기를 "제후의 신하된 자는 남의 나라에 가서 사사로이 外交할 수 없다."고 하였다. 그러므로 季布가 초나라 項羽에게 충성한 것은 비록 蕭何나 韓信이 선견지명이 있어서 劉邦을 따른 것만은 못하나 丁公이 두 마음 품은 것에 비교해보면 낫다고 하겠다.

1) 靈師文暢 : 靈師는 법명이 靈徹이고 성은 皇甫이다. 두 사람 모두 唐나라 때의 이름난 중으로 韓愈와 동시대의 인물이다. 韓愈의 〈送靈師〉 시와 〈送文暢師北游〉 시에, 佛門의 계율을 지키지 않고 술을 마시면 百盞을 다 마시고 술집에서 기생들과 어울려 춤추기도 하며 바둑을 둘 때에 흑백 돌을 가지고 다투기도 하는 등 엽기적인 행동을 한 내용이 나와 있다.
2) 人臣無外交 : ≪禮記≫ 〈郊特牲〉에 "大夫가 임금을 따라서 남의 나라에 가서 그 나라의 임금을 사사로이 뵙는 것은 禮가 아니다. 제후의 신하 된 자가 外交가 없는 것은 감히 타국의 임금에게 두 마음을 품어서는 안 되기 때문이다.〔爲人臣者 無外交 不敢貳君也〕"라는 기록이 보인다.
3) 季布 : 楚나라 사람이며, 任俠한 기질로 項羽의 장수가 되어 여러 번 漢王인 劉邦을 곤경에 빠뜨렸다. 劉邦이 項羽를 멸한 뒤에 千金의 현상금을 걸어 숨기는 자가 있으면 三族까지 죄를 준다고 하였다. 季布가 濮陽 周氏 집에 숨었다가 여의치 않아 머리를 깎고 목에 쇠고리를 차서 죄수 행세를 하며 魯 지방의 朱氏 집에 스스로 팔려갔다. 朱氏가 마음속으로 季布임을 알고는 밭에다 두어 아들과 함께 지내게 해놓고는 몸소 낙양의 汝陰侯 滕公에게 가서 말하기를 "季布가 무슨 큰 죄를 지었기에 천자께서 급하게 잡으려 합니까? 각기 주인을 위하여 신하의 직분을 다했을 뿐입니다. 천자께서 사사로운 원한으로 찾는다면 마음이 넓지 못함을 천하에 보이는 것입니다. 季布와 같은 어진 사람을 오랑캐 나라로 달아날 수밖에 없도록 하거늘 공께서는 어찌하여 천자에게 말하지 않습니까?" 하니, 滕公이 천자에게 아뢰어 이에 季布를 사면하고 불러 郎中 벼슬에 임명하였다. ≪史記 季布欒布列傳≫
4) 蕭韓 : 蕭何와 韓信을 가리킨다. 두 사람은 劉邦의 인물됨을 알아보고 劉邦을 도와 漢나라를 창업하는 데 많은 공을 세웠다.
5) 丁公 : 季布의 母弟(아버지가 다르고 어머니는 같은 同腹 동생)로 楚王 項羽의 장수가 되어 漢王인 劉邦을 팽성 서쪽에서 쫓아 곤경에 빠뜨렸다. 丁公이 짧은 병기로 劉邦과 싸웠는데 劉邦이 급하여 丁公을 돌아보며 이르기를 "두 賢者가 어찌 서로 괴롭게 하는가?" 하자, 丁公이 그 말에 군사를 이끌고 돌아가고 漢王도 드디어 돌아갔다. 項羽가 멸망한 뒤에 丁公이 劉邦을 알현하니 劉邦이 丁公을 軍中에 조리 돌리며 말하기를 "丁公이 項羽의 신하가 되어 충

성을 하지 않아 項羽로 하여금 천하를 잃게 하였다." 하고는 드디어 목을 베고 말하기를 "뒷날에 남의 신하 된 자로 하여금 丁公을 본받음이 없도록 하노라." 한 기록이 보인다. ≪史記 季布欒布列傳第四十≫

予在京師에 彭州僧保聰이 來求識予甚勤이라 及至蜀에 聞其自京師歸하여 布衣蔬食以爲其徒先하여 凡若干年而所居圓覺院大治라 一日爲予道其先師平潤事와 與其院之所以得名者하고 請予爲記라 予嘉聰之不以叛其師悅予也라 故로 爲之記曰 彭州龍興寺僧平潤이 講圓覺經[1]有奇일새 因以名院이라 院始弊不葺이러니 潤之來에 始得隙地以作堂宇하고 凡更二僧하여 而至於保聰이라 聰又合其隣之僧屋若干於其院以成이라 是爲記하노라

내가 서울에 있을 때 彭州의 승려인 保聰이 나에게 찾아와서 사귐을 청하기를 매우 부지런히 하였다. 蜀 지방에 이르렀을 때에 듣자하니 그가 서울로부터 돌아와서 베옷을 입고 소찬을 먹는 것으로써 그의 무리들의 모범이 된 지 몇 년 만에 거처하던 圓覺院을 크게 수리하였다고 하였다. 하루는 나에게 그의 돌아가신 스승인 平潤의 일과 圓覺院이라는 이름을 짓게 된 까닭을 말해주고 記文을 지어주기를 나에게 청하였다. 나는 保聰이 그의 스승을 배반하여 나를 기쁘게 하지 않은 것을 아름답게 여겼다. 그 때문에 다음과 같이 記文을 쓴다.

彭州 龍興寺의 승려인 平潤이 ≪圓覺經≫ 강론에 뛰어났기 때문에 圓覺院이라는 이름을 짓게 되었다. 圓覺院이 처음에는 허물어져 지붕도 잇지 못하였는데 平潤이 와서 비로소 빈터를 얻어 堂宇를 지었고, 두 승려를 거쳐 保聰에 이르렀다. 保聰이 또 그 이웃의 절 일부분을 圓覺院에 합하여 완성하였다. 이것으로 기문을 삼는다.

1) 圓覺經 : 佛經 이름으로 원명은 大方廣圓覺修多羅了義經으로 1권 12장으로 되어 있다. 文殊·普賢·彌勒 등 12보살이 釋迦와 一問一答하는 형식을 취하였다.

02. 張益州畫像記* 張益州 畫像에 대한 기문

* 이 글은 張方平이 至和 元年(1054) 11月 蘇洵의 고향인 蜀 지방에 知州로 부임하여 당시 도적들로 말미암아 흉흉하던 民心을 안정시킨 공적을 기린 글이다. 張方平은 특히 武力보다는 法과 禮로써 民生을 안정시켜 더욱 큰 칭송을 받았다. 嘉祐 원년(1056) 正月 張方平이 조정으로 돌아가게 되자, 蜀 지방 사람들이 그의 畫像을 사당에 모셔 그의 큰 공적을 기리고자 하였다. 그때 蘇洵이 쓴 글이다.

詞氣嚴重하고 極有法度라 益州常稱老蘇似司馬子長하니 此記似子長之後로 殆不多得이라

문장에 나타난 기품이 엄중하고 지극히 법도가 있다. 益州 사람들은 항상 蘇洵을 司馬子長(司馬遷)과 같다고 칭송하니 이러한 記文은 子長 이후에는 아마도 많지 않을 듯하다.

至和元年秋에 蜀人이 傳言하되 有寇至邊이라하다 軍夜呼하고 野無居人하고 妖言流聞하니 京師震驚이라 方命擇帥할새 天子曰 毋養亂하고 毋助變하라 衆言朋興이나 朕志自定이라 外亂不作이나 變且中起니 不可以文令이요 又不可以武競이라 惟朕一二大吏에 孰能爲處茲文武之間고 其命往撫朕師하노라 乃惟曰 張公方平[1]이 其人이니이다 天子曰 然하다 公以親辭나 不可하시니다 遂行하여 冬十一月에 至蜀하고 至之日에 歸屯軍하고 撤守備하며 使謂郡縣하되 寇來在吾니 無爾勞苦하라 明年正月朔旦에 蜀人相慶如他日하여 遂以無事라 又明年正月에 相告留公像于淨衆寺하니 公不能禁이라

至和 원년 가을, 蜀 지방 사람들이 말을 전하기를 "도적의 무리가 변방으로 몰려온다." 하였다. 그리하여 지키는 병사들이 밤에 고함치니 들에는 거주하는 자가 없게 되었고, 요망한 소문이 떠도니 서울에서는 크게 놀랐다. 바야흐로 장수를 선발할 것을 명하실 때에, 천자께서 말씀하셨다. "난을 키우지도 말고 변고를 조장하지도 말라. 여러 의견이 분분하지만 짐의 뜻은 결정되었다. 外亂이 일어나지는 않았으나,

변고가 안에서 일어날 수도 있으니, 文德으로 교화할 수도 없고 또 武力으로 억누를 수도 없는 형편이다. 짐의 몇 안 되는 大官 중에 누가 이 文武 사이의 일을 처리할 수 있겠는가? 그에게 명하여, 가서 짐의 군사들을 慰撫하도록 하겠노라." 이에 "張方平 공이 적당한 인물입니다." 하니 천자께서 "그렇다."하셨다. 張公이 부모를 이유로 사양하였으나, 천자께서 허락하지 않았다.

張公이 마침내 출발하여, 그해 겨울 11월에 蜀에 도착하였고, 도착한 날로 주둔군을 돌려보내고 수비병을 철수시키며, 사자를 보내어 郡守·縣令에게 이르기를 "도적 떼가 온다고 하여도 내가 있으니 그대들은 애쓰지 말라." 하였다. 다음해 정월 초하루 아침에 蜀 지방 사람들은 평소와 다름없이 서로 새해를 경축하여 끝내 아무 일도 없었다. 또 그 다음 해 정월에, 서로 알려 張公의 畫像을 淨衆寺에 모시기로 하니, 張公이 이를 막을 수가 없었다.

1) 張公方平 : 張方平(1007~1091)은 자가 安道, 호가 樂全居士이다. 益州(지금의 四川省)知州를 지냈기 때문에 '張益州'라 한 것이다.

眉陽 蘇洵이 言於衆曰 未亂易治也요 旣亂도 易治也라 有亂之萌이나 無亂之形을 是謂將亂이라하니 將亂은 難治라 不可以有亂急이요 亦不可以無亂弛니라 是惟元年之秋는 如器之欹未墜於地한대 惟爾張公이 安坐於其旁하여 顔色不變하고 徐起而正之하고 旣正에 油然而退하여 無矜容이라 爲天子牧小民不倦이 惟爾張公이라 爾緊以生하니 惟爾父母라 且公嘗爲我言하되 民無常性하여 惟上所待[2]라 人皆曰 蜀人多變이라하니 於是에 待之以待盜賊之意하고 而繩之以繩盜賊之法하여 重足屛息之民을 而以碪斧令이라 於是에 民始忍以其父母妻子之所仰賴之身을 而棄之於盜賊이라 故로 每每大亂이라 夫約之以禮하고 驅之以法이면 惟蜀人이라도 爲易요 至於急之而生變은 雖齊魯라도 亦然이라 吾以齊魯로 待蜀人이면 而蜀人亦自以齊魯之人으로 待其身이리니 若夫肆意於法律之外하여 以威劫齊民은 吾不忍爲也라하니라 嗚呼라 愛蜀人之深과 待蜀人之厚를 自公而前엔 吾未始見也라 皆再拜稽首曰 然이라

眉陽의 蘇洵이 여러 사람들에게 말하였다.

“亂은 일어나기 전에도 다스리기 쉽고, 난이 일어난 뒤에도 다스리기 쉽다. 그러나 난의 싹은 있으나 난의 형체가 없는 것을 난이 일어나려 하는 것이라 말하니, 난이 일어나려 하는 것은 다스리기 어렵다. 난이 일어난 것처럼 급하게 다스려서도 안 되고, 난이 없는 것처럼 느슨히 다스려서도 안 된다. 至和 원년 가을은 마치 그릇이 기울어지기만 하고 아직 땅에 떨어지지 않은 것과 같은 형세였는데, 오직 너희들의 張公께서는 곁에 편안히 앉아 안색조차 변하지 않고 천천히 일어나서 이를 바로잡았고, 바로잡고 난 뒤에는 油然히 물러가 자랑하는 모양이 없었다. 천자를 위하여 백성을 돌보는 일을 게을리 하지 않는 이가 바로 너희들의 張公이시다. 너희들은 그분으로 말미암아 잘살게 되었으니 너희들의 부모와 같은 분이시다.

또한 張公께서 일찍이 나에게 말씀하기를 '백성들은 일정한 성품이 없어 오직 윗사람이 대하는 대로 따른다. 사람들이 모두 「蜀 지방 사람들은 변고가 많다.」고 하니, 이에 윗사람이 도적을 대하는 마음으로 그들을 대하고 도적을 단속하는 법으로 그들을 단속하여, 발도 제대로 움직이지 못하고 숨도 제대로 쉬지 못하는 백성들을 도끼 받침과 도끼로써 명령하여 다스렸다. 이에 백성들이 비로소 어찌할 수 없어 그의 부모·처자들이 우러르며 의지하는 몸을 도적들에게 버리는 것이다. 이 때문에 번번이 어지러웠던 것이다. 禮로써 단속하고 法으로써 그들을 몰면, 蜀 지방 사람들이라도 다스리기가 쉬울 것이고, 급하게 다그쳐 변고가 생기게 되는 것은 비록 齊나라·魯나라 사람들이라도 그러할 것이다. 내가 齊나라·魯나라 사람들을 대하듯이 蜀 지방 사람들을 대하면, 蜀 지방 사람들도 저절로 齊나라·魯나라 사람들처럼 그 자신을 대하게 될 것이니, 법률 밖의 방법을 멋대로 써서 威劫으로써 백성들을 다스리는 것과 같은 일은 나는 차마 할 수 없다.'고 하셨다. 아아! 蜀 지방 사람들을 사랑함이 깊은 것과, 蜀 지방 사람들을 대함이 후한 것을 張公 이전에는 내 일찍이 본 적이 없다.”

이에 사람들이 모두 재배하고 머리를 조아리며 “그렇습니다.”라고 하였다.

1) 民無常性 惟上所待 : ≪書經≫ 〈周書 蔡仲之命〉에 “民心은 일정하지 않으니 은혜를 베푸는 자를 사모할 뿐이다.〔民心無常 惟惠之懷〕”라는 기록이 보인다.

蘇洵이 又曰 公之恩은 在爾心하니 爾死라도 在爾子孫이요 其功業은 在史官하니 無以像爲也라 且公意不欲하니 如何오 皆曰 公則何事於斯리오 雖然이나 於我心에 有不釋焉이라 今夫平居에 聞一善이면 必問其人之姓名과 與其鄕里之所在하며 以至於其長短大小美惡之狀하고 甚者는 或詰其平生所嗜好하여 以想見其爲人이라 而史官亦書之於其傳하니 意使天下之人으로 思之於心이면 則存之於目이니 存之於目이라 故로 其思之於心也固니라 由此觀之컨대 像亦不爲無助라하니라 蘇洵은 無以詰하여 遂爲之記하노라 公은 南京人이니 爲人이 慷慨有大節하고 以度量이 雄天下하니 天下有大事에 公可屬(촉)이니라

蘇洵이 또 말하였다.

"張公의 은혜는 너희들 마음속에 있으니, 너희들이 죽는다 하더라도 자손들에게 전해질 것이고, 그 공로와 업적은 史官들에 의하여 기록될 것이니, 畫像을 만들 필요가 없다. 또한 張公의 뜻도 그것을 바라지 않으니 어찌하겠는가?"

이에 모두가 말하였다.

"張公께서야 어찌 이 일에 관심을 두겠습니까? 그러나 우리들 마음에 풀리지 않는 것이 있습니다. 지금 평소에 한 가지 善行을 들으면 반드시 그 사람의 姓名과 그의 사는 마을이 있는 곳이며, 그의 키가 크고 작고, 몸집이 크고 작고, 잘 생기고 못 생긴 모습에 이르기까지 묻고, 심한 자는 혹 그가 평소에 좋아하던 것에 대하여도 캐물어서 그의 사람됨을 생각해보려 합니다. 그리고 史官들도 그러한 것들을 그의 傳記에 기록하니, 이는 천하 사람들로 하여금 마음에 그를 생각하면 눈에 선하게 떠오르게 하려는 것이니, 눈에 선하게 떠오르기 때문에 마음에 그를 생각함이 확실해지는 것입니다. 이로써 보건대 畫像도 도움이 없지는 않을 것입니다."

蘇洵은 더 따져 물을 수가 없어서, 마침내 이렇게 畫像記를 짓게 되었다. 張公은 南京 사람이니, 사람됨이 慷慨하여 큰 節操가 있고 도량이 천하에 뛰어나니, 천하에 큰 일이 생김에 張公에게 맡길 만하다.

系之以詩曰 天子在祚하니 歲在甲午라 西人傳言하되 有寇在垣이라 庭有武臣하고 謀

夫如雲이라 天子曰嘻하고 命我張公하시니라 公來自東에 旗纛舒舒라 西人聚觀하니 于巷于塗라 謂公暨暨러니 公來于于라 公謂西人하되 安爾室家하고 無敢或訛하라 訛言不祥하니 往卽爾常하라 春爾條桑하고 秋爾滌場하라 西人稽首하고 公我父兄이로다 公在西囿하니 草木騈騈하고 公宴其僚하니 伐鼓淵淵이라 西人來觀하고 祝公萬年이라 有女娟娟이 閨闥閑閑이요 有童哇哇가 亦旣能言이라 昔公未來엔 期汝棄捐이러라 禾麻芃芃하고 倉庾崇崇이라 嗟我婦子여 樂此歲豊하라 公在朝廷이면 天子股肱이라 天子曰歸라하시니 公敢不承가 作堂嚴嚴하고 有廡有庭이라 公像在中하니 朝服冠纓이라 西人相告하되 無敢逸荒하라 公歸京師나 公像在堂이라

다음과 같은 詩를 붙인다.

천자께서 즉위하시니,
甲午年이었다.
서쪽 사람들이 말 전하기를,
"도적들이 담장 가까이에 와 있다." 하였네.
조정에는 武臣도 있고,
謀士도 구름같이 많았네.
천자께선 "그렇지!" 하시고,
우리 張公에게 하명하셨네.
張公이 동쪽에서 오시는데,
깃발과 새 깃 장식 너풀거렸네.
서쪽 사람들 모여 구경하니,
골목이고 길거리고 가득 찼었네.
張公은 엄하고 무서울 줄 알았는데,
張公 오시는 것 보니 여유 있고 부드러우셨네.
張公께서 서쪽 사람들에게 이르기를,
"그대들 집안 안정시키고,
감히 혹시라도 流言蜚語 퍼트리지 말라!
유언비어는 상서롭지 않은 것이니,

가서 그대들 일상적인 일을 하라.
봄에는 뽕나무의 뽕잎 따고,
가을에는 타작마당 손질하라!" 하셨네.
서쪽 사람들은 머리 조아리며,
"張公은 우리의 父兄이다." 하였네.
張公이 서쪽 정원에 계시니,
초목이 무성해졌고,
張公이 막료들과 잔치 벌이니,
북치는 소리 둥둥 울렸네.
서쪽 사람들 와서 구경하고,
張公이 오래오래 사시기를 빌었네.
어여쁘던 우리 딸,
閨房 안에서 한가롭고,
옹알거리던 우리 아들,
또한 이미 말할 줄 아네.
옛날 張公이 오시기 전에는,
너희들을 내다 버릴 뻔했었지!
밭에는 벼와 삼대 무성하고,
창고엔 물건 높이 쌓였네.
아아! 우리 처자식들이여.
올해는 풍년을 즐길지어다.
張公이 조정에 계시면,
천자께서 팔다리처럼 믿고 소중히 여긴다네.
천자께서 "돌아오라!" 하시니,
張公이 감히 명 받들지 않을 수 있겠는가?
祠堂은 장엄하고,
행랑채도 있고 정원도 있네.
張公의 畫像 그 안에 있으니,

朝服에 冠을 쓰고 계시네.
서쪽 사람들 서로 이르기를,
"감히 함부로 행동하지 말라!
張公은 京師로 돌아가시지만,
張公의 화상 이 사당에 계시다!" 하였네.

唐荊川曰 此文二段이니 **二項敍事**하고 **二項議論**이라

唐荊川(唐順之)이 말하기를 "이 글은 두 단락이니, 두 조목은 張公의 事蹟을 서술했고, 두 조목은 張公에 대해 의논했다."라 하였다.

03. 木假山記* 木假山에 대한 기문

* 큰 나무토막이 물과 모래 사이에서 오랜 세월 동안 우여곡절을 겪은 끝에 산 모양으로 만들어져 자기 집에 관상용으로 오게 된 木假山을 두고 지은 글이다. 中峯은 蘇洵 자신을, 그 곁에 있는 두 봉우리는 아들 兄弟를 은근히 비유하고 있다는 추측을 하기도 한다. 嘉祐 2년(1057년)에 지은 글이다.

卽木假山하고 **看出許多幸不幸來**하고 **有感慨**하고 **有態度**라 **凡六轉入山**하고 **末又一轉**하니 **有百尺竿頭之意**라

木假山을 보고서 수많은 幸과 不幸을 거쳐서 온 것을 간취해내고, 감개무량한 감정이 생겨나고 그것을 대하는 특별한 자세도 갖게 되었다. 글에서 무릇 여섯 번이나 전절되어서 산이 되고 끝에 가서 한 번 더 전절되니 百尺竿頭에 서 있는 것 같은 우뚝한 뜻이 있다.

木之生이 **或蘖而殤**하고 **或拱而夭**라 **幸而至於任爲棟梁則伐**하고 **不幸而爲風之所拔**하며 **水之所漂**하여 **或破折或腐**라 **幸而得不破折不腐**면 **則爲人之所材**하여 **而有斧斤之患**이라 **其最幸者**는 **漂沈**하여 **汩沒於湍沙之間**하여 **不知其幾百年**이나 **而其激射齧食之餘**가 **或髣髴於山者**면 **則爲好事者取去**하여 **彊之以爲山**이라 **然後**에 **可以脫泥**

沙而遠斧斤이라 而荒江之濱에 如此者幾何며 不爲好事者所見하고 而爲樵夫野人所薪者를 何可勝數리요 則其最幸者之中에 又有不幸者焉이라

나무의 삶이 더러는 움이 터서 죽기도 하고, 더러는 두 손으로 마주 잡을 만큼 자라다가 일찍 죽기도 한다. 다행히 기둥이나 들보가 될 만하게 자라게 되면 벌목되기도 하고, 불행하게도 바람에 뽑혀 물에 떠내려가다가 더러는 부서지거나 꺾어지고 더러는 썩게 된다. 다행히 부서지거나 꺾어지지 않고 썩지도 않으면 곧 사람들에게 재목으로 여겨져 도끼에 찍히는 고통이 있게 된다.

그중에서도 가장 다행한 것은 표류하다가 잠기어 여울과 모래 사이에 가라앉아 몇 백 년이 지났는지 알지 못하지만 물에 씻기고 모래에 부딪혀 갉아 먹힌 나머지가 간혹 산과 비슷한 모양이 되면 好事家들이 그것을 가져다가 억지로 산처럼 꾸며놓는다. 그렇게 된 뒤에야 진흙과 모래에서 벗어나고 도끼로부터 멀어지게 된다. 그러나 거친 강가에서 그와 같은 것이 몇이나 되며, 好事家들의 눈에 발견되지 않고 나무꾼이나 촌사람들의 땔감이 되어버리고 마는 것들을 어찌 다 헤아릴 수가 있겠는가? 그러니 가장 다행스런 것 중에도 또 불행한 것이 있는 것이다.

予家에 有三峰한대 予每思之에 則疑其有數存乎其間[1)]이라 且其蘖而不殤하고 拱而不夭하고 任爲棟梁而不伐하고 風拔水漂而不破折不腐하고 不破折不腐而不爲人所材以及於斧斤하고 出於湍沙之間이나 而不爲樵夫野人之所薪而後에 得至乎此하니 則其理似不偶然也라 然이나 予之愛之는 則非徒愛其似山이요 而又有所感焉이라 非徒愛之요 而又有所敬焉이라 予見中峰은 魁岸踞肆하여 意氣端重하여 若有以服其旁之二峰이요 二峰者는 莊栗刻峭하여 凜乎不可犯하여 雖其勢服於中峰이나 而岌然決無阿附意라 吁라 其可敬也夫인저 其可以有所感也夫인저

내 집에는 봉우리가 세 개인 木假山이 있는데, 내가 그것에 대하여 생각할 때마다 아마 거기에는 어떤 運數가 있는 것이 아닌가 여겨진다. 움이 트다가 죽지 아니하고, 두 손으로 마주 잡을 만큼 자라다가 일찍 죽지 아니하고, 기둥이나 들보감이 될 만큼 자라다가 벌목당하지 아니하고, 바람에 뽑혀 물에 떠내려가다가 부서지거나

꺾어지지 아니하고 썩지도 아니하고, 부서지거나 꺾어지지 아니하고 썩지도 아니하면서 사람들에게 材木으로 여겨져 도끼에 찍히는 데도 미치지 아니하고, 여울과 모래 사이에 드러나도 나무꾼이나 촌사람들의 땔감이 되지 아니하여, 여기까지 이를 수 있었으니 그 이치가 우연은 아닌 것 같다.

그러나 내가 그것을 사랑하는 것이 비단 산을 닮았다고 해서 사랑하는 것이 아니라 또한 감회가 있기 때문이요, 비단 그것을 사랑할 뿐만이 아니라 또한 공경할 바가 있기 때문이다. 내가 보건대 가운데 봉우리는 우뚝하게 솟아 뜻과 기운이 단정하고 엄중하여 마치 그 곁의 두 봉우리를 복종시킴이 있는 것 같고, 그 두 봉우리는 씩씩하고 뾰족하여 범할 수 없을 만큼 늠름하여, 비록 그 형세가 가운데 봉우리에 복종하고는 있으나 우뚝하니 결코 아부하는 뜻은 없다. 아! 공경할 만하구나. 감회가 있을 만하구나.

1) 則疑其有數存乎其間 : 조선 중기의 朴孝伯(1562~1623)은 70년 동안 글을 읽어 한 번도 과거에 합격하지 못하여 궁색하고 고생스럽게 지냈지만 하늘을 원망하거나 사람을 탓하지 않았다. 우연히 蘇洵의 이 〈木假山記〉를 읽고 말하기를 "하나의 이치가 빽빽히 둘러싼 채 動靜에 따라서 맺어지는 것은 이치이고, 하나의 氣가 돌고 돌아 吉凶이 나뉘어 끊임없이 순환하는 것은 運數이다. 번갈아가며 발하고 생기는 것은 勢力으로 면할 수도 없고 智巧로도 바랄 수도 없는 것이니, 오직 하늘이 명하는 바를 들어서 순순히 받아들이고 고요히 기다릴 뿐이다."라고 하였다. ≪順菴集≫

04. 蘇氏族譜亭記* 蘇氏 族譜亭에 대한 기문

* 이 글은 記文 형식을 빌려 첫머리에 덕망 있는 匹夫의 敎化의 영향을 기술하고, 族譜를 만들고 정자를 세우고 나서는 相扶相助하도록 고하고, 정월에 제사를 마치고는 마을 어른 말씀을 빌려 마을에 명망이 있는 자가 도리어 風俗을 해치는 여섯 가지 行實을 함을 나열하고 한 가지라도 이런 행실을 하는 사람은 출입하지 말도록 警戒하고, 끝으로 이름은 빼고 그 사실만 기록하여 스스로 뉘우치게 하라는 어른의 말씀을 통하여 族子를 훈계한 글이다.

曾棗庄의 ≪嘉祐集箋注≫에 '이 글은 嘉祐 元年(1056) 정월에 지은 것으로

여겨진다.'고 하였다.

此是老蘇가 **借譜亭**하여 **諷里人**하고 **幷訓族子處**라

이 글은 蘇洵이 族譜亭을 빌려서 마을 사람을 넌지시 깨우치고 아울러 一族 子弟를 훈계한 것이다.

匹夫而化鄉人者를 **吾聞其語矣**라 **國有君**하고 **邑有大夫**나 **而爭訟者**가 **訴於其門**하며 **鄕有庠**하고 **里有學**[1]이나 **而學道者**는 **赴於其家**라 **鄕人**에 **有爲不善於室者**하면 **父兄輒相與恐曰 吾夫子無乃聞之**아하니 **嗚呼**라 **彼獨何修而得此哉**아 **意者**컨대 **其積之有本末**하고 **而施之有次第耶**인저

匹夫이면서 마을 사람을 敎化하는 사람에 대하여 내가 그 이야기를 들었다. 나라에는 임금이 계시고 邑에는 大夫가 있음에도 訟事하는 사람들이 그의 집에 가서 하소연하며 鄕에는 庠이 있고 마을에는 學이 있으나 道義를 배우고자 하는 사람은 그의 집으로 달려간다. 마을 사람들 중에 집에서 나쁜 행동을 하는 자가 있으면 父兄이 번번이 서로 함께 두려워하면서 말하기를 "우리 마을 어른께서 알지 않겠나!" 하니, 아! 저 사람이 유독 어떻게 수양하였기에 이에 이를 수가 있는가? 생각하건대 그가 쌓은 것이 本末이 있고 베푼 것이 차례가 있어서일 것이다.

1) 鄕有庠 里有學 : ≪禮記≫ 〈學記〉에 "학교 제도에 家에는 塾이 있고, 黨에는 庠이 있고, 州에는 序가 있고, 國에는 學이 있다."고 하였다. 鄕은 행정구역 단위로 관할 범위가 시대에 따라 다르나 周制에는 12,500家가 鄕이다. 里는 25家이니 시대에 따라 가호 수가 일정하지 않고 바뀌었다.

今吾族人이 **猶有服者**가 **不過百人**[1]이나 **而歲時蜡社**[2]에 **不能相與盡其歡欣愛洽**하고 **稍遠者**는 **至不相往來**하니 **是無以示吾鄕黨**[3]**隣里也**라 **乃作蘇氏族譜**하고 **立亭於高祖墓塋之西南而刻石焉**이라 **旣而**요 **告之曰 凡在此者**는 **死必訃**하고 **冠娶妻必告**하며 **少而孤則老者字之**하고 **貧而無歸則富者收之**요 **而不然者**는 **族人之所共誚讓也**라하니라

지금 우리 일족이 오히려 服을 입는 가까운 친척이 100명에 불과하나 해마다 철따라 지내는 제사에 서로 함께 기쁨과 友愛를 흡족하게 다하지 못하고, 조금 먼 친척은 서로 왕래조차도 하지 않으니, 우리 마을과 이웃에 보여줄 수 없는 것이다. 이에 ≪蘇氏族譜≫를 만들고 高祖父의 산소 서남쪽에 亭子를 세우고 記文을 돌에 새겼다. 그 뒤 통고하기를 "무릇 여기에 살고 있는 사람은 사망하면 반드시 부고를 전하고, 관례나 결혼을 하게 되면 반드시 알리며, 어려서 고아가 되면 어른이 키우고, 가난하여 돌아갈 곳이 없으면 富者가 거두어주어야 할 것이요, 그렇게 하지 않는 자는 집안사람에게 모두 꾸짖음을 받게 될 것이다."라고 하였다.

1) 猶有服者 不過百人 : 五服 이내의 친척이 100명을 넘지 아니함을 가리킨다. 상복제도에 親疏로 차등하여 斬衰·齊衰·大功·小功·緦麻의 다섯 종류가 있는데, 이것을 총칭하여 五服이라 한다.
2) 蜡社 : 넓은 의미로 祭祀를 가리킨다. 蜡는 年終大祭의 이름이니 百神을 합하여 지내는 제사이고, 社는 社日의 약칭으로 토지 신에게 제사 지내는 날을 가리킨다.
3) 鄕黨 : 鄕里와 같은 말이다. ≪論語≫ 〈鄕黨〉에 "孔子께서 鄕黨에 계실 때에는 信實히 하여 말씀을 잘하지 못하는 것처럼 하셨다."라는 기록이 보이고, 註에 "鄕黨은 父兄과 宗族이 계신 곳이다."라고 하였다.

歲正月에 相與拜奠於墓下하고 旣奠에 列坐于亭하니 其老者가 顧少者而歎曰 是不及見吾鄕隣風俗之美矣라 自吾少時로 見有爲不義者면 則衆相與疾之를 如見怪物焉하여 慄然而不寧이라 其後少衰也나 猶相與笑之한대 今也엔 則相與安之耳라 是는 起於某人也라 夫某人者는 是鄕之望人也로되 而大亂吾俗焉이라 是故로 其誘人也速하고 其爲害也深이라 自斯人之逐[1]其兄之遺孤子而不恤也로 而骨肉之恩薄하고 自斯人之多取其先人之貲田而欺其諸孤子也로 而孝悌之行缺하고 自斯人之爲其諸孤子之所訟也로 而禮義之節廢하고 自斯人之以妾加其妻也로 而嫡庶之別混하고 自斯人之篤於聲色하여 而父子雜處하여 讙譁不嚴也로 而閨門之政亂하고 自斯人之瀆財無厭하여 惟富者之爲賢也로 而廉恥之路塞이라 此六行者는 吾往時所謂大慙而不

容者也어늘 今無知之人이 皆曰 某人은 何人也완대 猶且爲之오하니 其輿馬赫奕하고 婢妾倩麗하여 足以蕩惑里巷之小人이요 其官爵貨力이 足以搖動府縣이요 其矯詐修飾言語가 足以欺罔君子하니 是는 州里之大盜也라 吾不敢以告鄕人하고 而私以告族人焉하노니 髣髴於斯人之一節者는 願無過吾門也하노라

이해 정월에 일족들이 함께 묘에서 제사 지내고 제사를 지낸 뒤에 정자에 나열하여 앉으니, 어른이 젊은이들을 돌아보고 탄식하면서 말씀하셨다.

"이 사람들은 우리 마을 풍속의 아름다움을 미처 보지 못하였다. 내가 어릴 때부터 不義를 하는 사람을 보면 여럿이 함께 미워하기를 괴물을 보듯이 하여 두려워하여 마음이 편하지 않았다. 그 후에 風俗이 점차 쇠퇴해졌으나 오히려 서로 비웃는데, 지금은 서로 편안하게 여길 뿐이다.

이런 일은 某人으로부터 시작되었다. 무릇 某人은 이 마을에서 명망이 있는 사람인데 우리 풍속을 크게 어지럽혔다. 이 때문에 그가 사람을 유혹한 것이 빠르고 그가 사람을 해친 것이 깊다. 이 사람이 죽은 형의 어린 자식을 쫓아내고 돌보지 않으면서부터 혈족간의 은혜가 엷어지게 되었고, 이 사람이 先親의 재산을 많이 차지하고 아비 없는 어린 자식을 속이면서부터 孝道하고 友愛 있는 행실이 모자라게 되었고, 이 사람이 아비 없는 자식들의 다툼의 대상이 되고부터 禮義의 節度가 폐지되었고, 이 사람이 妾을 그 本妻의 윗자리에 두면서부터 嫡庶의 구별이 어지럽게 되었고, 이 사람이 노래와 女色에 빠져 父子가 난잡하게 놀아 시끄럽고 엄하지 않으면서부터 閨門이 어지럽게 되었고, 이 사람이 재물 탐하여 만족함이 없어 오직 富者가 어질게 된다고 하면서부터 淸廉하고 부끄러워하는 길이 막히게 되었다.

이 여섯 가지 행실을 하는 사람은 내가 지난날에 이른바 '대단히 부끄러워 용납 못할 자'이거늘, 지금 무지한 사람들이 모두 말하기를 '이 사람은 어떤 사람이기에 오히려 이런 행동을 하는가?'라고 하니, 그가 타는 수레와 말은 크고 아름다우며, 종과 첩은 예뻐서 마을의 小人을 방탕하고 미혹하게 할 수 있고, 그의 벼슬과 재력이 관청 관리를 동요하게 할 수 있고, 그가 거짓으로 꾸민 말이 君子도 속일 수 있으니 이 사람은 고을의 큰 도적이다. 내가 감히 고을 사람들에게 알리지 아니하고 사사로이 族人들에게 고하니, 이 사람과 한 가지라도 행실이 비슷한 자는 우리 門中에

드나들지 말기를 바란다."

1) 逐 : 저본에는 '族'자로 되어 있으나 ≪嘉祐集≫에 의거하여 '逐'자로 바로잡았다.

予聞之하고 懼而請書焉하니 老人曰 書其事而闕其姓名하여 使他人觀之면 則不知其爲誰요 而夫人之觀之면 則面熱內慙하여 汗出而食不下也리니 且無名之라도 庶其有悔乎인저하다 予曰然하다하고 乃記之하노라

내가 이 말을 듣고 두려워하여 기록해두기를 청하니 어른께서 말씀하시기를 "그 사실은 기록하되 그 사람의 이름은 기록하지 아니하여 다른 사람이 보게 하면 누가 그런 행실을 했는지 사람들은 모르겠지만, 당사자인 그 사람이 보게 되면 얼굴이 화끈거리고 마음속으로 부끄러워 땀을 흘리고 먹은 것이 내려가지 아니할 것이니, 또한 이름을 쓰지 않더라도 어쩌면 그가 뉘우치지 않겠는가?"라고 하셨다. 내가 "그렇습니다." 하고 이에 기록하노라

05. 名二子說* 두 아들의 이름에 관한 글

* 蘇洵이 두 아들에게 軾과 轍이라는 이름을 지어준 의도를 설명하고, 앞날을 미리 내다본 글이다.

字僅百而無限宛轉하고 無限情思하다

겨우 백 글자 정도이나 끝없이 완연히 변화하고, 무한히 느끼고 생각하게 한다.

輪輻蓋軫[1)]이 皆有職乎車나 而軾[2)]은 獨若無所爲者라 雖然이나 去軾則吾未見其爲完車也라 軾乎아 吾懼汝之不外飾也[3)]하노라 天下之車는 莫不由轍이로되 而言車之功에 轍不與焉이라 雖然이나 車仆馬斃라도 而患不及轍하나니 是轍者는 禍福之間이라 轍乎아 吾知免矣[4)]로라

輪·輻·蓋·軫이 모두 수레에서 맡은 역할이 있으나, 軾은 홀로 하는 일이 없는

듯하다. 비록 그러하나 軾을 없애면 나는 그 수레가 완전하다고 보지 않는다. 軾아! 나는 네가 外飾을 하지 않을까 걱정하노라.

천하의 수레가 轍(바퀴자국)을 따르지 않음이 없으나 수레의 공로를 말함에 轍은 상관이 없다. 그러나 수레가 엎어지고 말이 죽더라도 禍가 轍에는 미치지 않으니, 이 轍은 禍와 福의 중간이다. 轍아! 나는 네가 禍를 면할 줄을 아노라.

1) 輪輻蓋軫 : 輪은 수레바퀴, 輻은 바퀴살, 蓋는 수레덮개, 그리고 軫은 수레 뒤 턱나무이다.
2) 軾 : 수레 앞에 있는 가로막이 나무로, 수레를 타고 가다가 禮를 행할 때 손으로 잡는 나무이다. 이것은 수레가 굴러가는 데는 소용이 없지만, 이것이 없으면 완전한 수레가 될 수 없다.
3) 吾懼汝之不外飾也 : 이 구절은, 軾이 수레에서 맡은 역할이 없는 것처럼 보이나 없어서는 아니되듯이, 蘇軾이 外勢와 타협하지 못하는 성격으로 外飾에 급급한 세속과의 마찰로 화를 입지 아니할까 두렵다는 뜻이다. 과연 蘇軾은 뒤에 王安石의 新法을 비판하다가 마침내 참소를 입어 유배되었다.
4) 吾知免矣 : 이 구절은, 蘇洵이 둘째를 轍이라고 이름 지은 것은 일생의 禍를 면하기를 바라는 마음에서요, 또 설령 禍를 만났다 하더라도 면할 것을 헤아린다는 뜻이다. 과연 蘇洵의 말과 같이 蘇轍은 형인 蘇軾의 죄로 인하여 한때 유랑생활을 하였으나 곧 관직으로 돌아갔다.

按此는 **老泉**이 **所以逆探兩公之終身也**라 **卒也**에 **長公**은 **再以斥廢**라가 **僅而能免**이나 **而少公**은 **終得以遺老**로 **自解脫**하여 **攸攸卒歲**하니 **亦奇矣**로다

살펴보건대 이 글은 老泉이 두 아들의 일생을 미리 헤아려본 것이다. 죽은 뒤에 長公(蘇軾)은 두 번이나 내쫓겨 폐하여졌다가 겨우 면하게 되었으나, 少公(蘇轍)은 끝까지 무사하게 은퇴한 원로로 스스로 굴레를 벗어나 유유히 일생을 마쳤으니 정말 신기하구나!

06. 仲兄文甫說* 형의 字를 文甫로 지은 데 대한 글

* 文甫는 蘇洵의 둘째 형 蘇渙(1000~1062)으로 처음 字는 公群이었다. 뒤에 蘇洵이 文甫로 바꾸어 지어주면서 쓴 일종의 字詞(또는 字說)이다. 이 글을 쓴 시기는 정확하지 않다.

風水之形을 **人皆見之**로되 **老泉便描出許多變態來**하니 **令人目眩**이라

바람과 물의 모습을 사람들이 모두 보아왔다. 老泉만이 곧 여기서 수없이 변화하는 모습을 묘사해냈으니 사람들의 눈을 휘둥그레지게 만든다.

洵讀易에 **至渙之六四**에 **曰 渙其群**이라 **元吉**[1]이라하니 **曰 嗟夫**라 **群者**를 **聖人之所欲渙以混一天下者也**[2]라 **蓋余仲兄名渙**이요 **而字公群**이니 **則是以**로 **聖人之所欲解散滌蕩者**를 **以自命也**니 **而可乎**아 **他日以告**하니 **兄曰 子可無爲我易之**아하여 **洵曰 唯**라하다

내가 ≪周易≫을 읽을 적에 渙卦 六四爻에 "〈사사로운〉 무리를 흩어버린다. 크게 길하다."라고 한 대목에 이르러, "아! 사사로운 무리들을 성인께서 흩어서 천하를 통일하려고 하는 것이다. 내 仲兄의 이름은 渙이고, 字가 公群이다. 이것으로 성인께서 흩어버리고 말끔히 씻어내려고 하는 것을 자기의 이름으로 삼았으니, 옳은 것인가?"라고 말하였다. 그래서 뒷날 이러한 뜻을 고하였더니, 형이 말하기를 "자네가 나를 위하여 字를 바꿔줄 수 없겠는가?"라고 하여 내가 "그렇게 하겠다."고 하였다.

1) 至渙之六四……元吉 : 渙은 ≪周易≫ 59번째 卦名이며 '渙其群 元吉'은 六四爻 爻辭의 일부이다. '무리'라는 것은 사사로운 무리로 私黨을 말한다.

2) 聖人所欲渙以混一天下者也 : ≪弘齋全書≫ 卷103에서 "蘇老泉의 해설은 비단 '흩어지는 무리〔渙群〕'에 대한 해석이 絶妙할 뿐만 아니라, 바람과 물이 서로 만나는 뜻을 형용한 것도 〈象傳〉에서 말한 뜻 이상의 것까지 터득하여 곧바로 사람들로 하여금 눈을 휘둥그레지게 한다. 이러한 곳의 得失과 利病에 대하여 모두 상세히 말해줄 수 있겠는가?" 하니, 姜世綸이 "六四의 '흩어지는 무리'에 대하여 程子는 흩어진 것이 모이는 뜻으로 말하였고, 蘇氏는 무리가 흩어지는

것으로 말하였습니다. 대개 천하를 다스리는 道란 흩어지는 것은 모아서 합치지 않을 수 없으며 朋黨을 짓는 것은 풀어서 흩지 않을 수 없는 것입니다. 흩어진다는 '渙'자를 人心이 흩어지는 것으로 본 것은 ≪程傳≫의 해석이 옳고, 무리라는 '群'자를 小人이 朋黨을 만든 무리로 보는 것은 蘇氏의 말이 옳습니다."라고 하였다.

旣而曰 請以文甫易之는 如何오 且兄嘗見夫水之與風乎아 油然而行이라가 淵然而留하고 渟洄汪洋하여 滿而上浮者는 是는 水也로되 而風實起之라 蓬蓬然而發乎太空하여 不終日而行乎四方이나 蕩乎其無形하고 飄乎其遠來하여 旣往而不知其迹之所存者는 是風也로되 而水實形之라 今夫風水之相遭乎大澤之陂也에 紆餘委蛇하며 蜿蜒淪漣하며 安而相推하며 怒而相凌하며 舒而如雲하며 蹙而如鱗하며 疾而如馳하며 徐而如緬하며 揖讓旋辟하며 相顧而不前하니 其繁如縠하고 其亂如霧하여 紛紜鬱擾하나 百里若一이라 汨乎順流하여 至乎滄海之濱하여 磅礴[1]洶涌하고 號怒相軋하며 交橫綢繆하여 放乎空虛하고 掉乎無垠하며 橫流逆折하고 濆旋傾側하여 宛轉膠戾라 回者如輪하고 縈者如帶하며 直者如燧하고 奔者如燄하며 跳者如鷺하고 躍者如鯉하여 殊狀異態하니 而風水之極觀備矣라 故로 曰 風行水上渙[2]이라하니 此亦天下之至文也라

얼마 뒤에 다음과 같이 말하였다

" '文甫'라고 바꾸는 것은 어떻겠습니까? 형님께서도 일찍이 물이 바람과 함께하는 것을 본 적이 있습니까?

자연스럽게 흘러가다가 깊숙한 곳에 이르러서 머무르고, 고여 있다가 돌아 유유히 흘러가서 가득 차 위로 넘치는 것은, 이것은 물이지만 실제로는 바람이 그렇게 일으키는 것입니다. 휘~익 휘~익 허공에서 일어나서, 하루가 채 되지 않아서 사방으로 돌아다니지만, 아무런 形體가 없이 움직이고 아득히 멀리서 표연히 왔다가 이미 가버리면 그 자취를 두었던 곳을 알 수 없는 것은, 이것은 바람이지만 실제로는 물이 그렇게 모양을 만든 것입니다.

지금 바람과 물이 큰 못의 둑에서 서로 만남에, 굽이굽이 구부러지고 꿈틀거리며, 잔잔하다가는 넘실대기도 하며, 편안하게 서로 밀어주며, 성을 내고 서로 업신여기

며, 구름처럼 펴지고 비늘처럼 움츠리며, 빠르게 내달리는 듯하며, 천천히 생각에 잠기는 듯하며, 읍양하면서 머뭇거리며, 서로 돌아보면서 나아가지 못하는 듯합니다. 繁華하기가 주름 잡힌 고운 명주 같고, 어지럽기가 안개가 일어나듯 하여 어지러이 뒤엉켰으나, 백 리를 가도 한결같습니다. 물길에 빠르게 흘러들어가 망망한 바닷가에 이르러 큰 물결에 뒤섞여 용솟음치고 성내어 부르짖으며 서로 부딪히며, 이리저리 얽히고설키어 허공에 제멋대로 튀어오르고 끝없이 요동치며, 이리저리 어지럽게 흘러 거꾸로 꺾어지고 솟아 돌다가 기울어져 나뒹굴어 어그러집니다. 바퀴같이 돌기도 하고 띠같이 두르기도 하며, 횃불같이 곧기도 하고 불꽃같이 내달리기도 하며, 해오라기처럼 뛰기도 하고 잉어처럼 뛰어 올라 특이한 모양과 괴이한 몸짓을 하니, 바람과 물의 絶景이 갖추어져 있는 것입니다. 그렇기 때문에 '바람이 물 위를 지나가는 것이 渙卦가 된다.'고 하니, 이 또한 천하의 지극히 아름다운 무늬입니다.

1) 磅礴 : '섞어서 하나로 만들다, 혼합하다, 충만하다'는 뜻이다.
2) 風行水上渙 : ≪周易≫ 渙卦 〈大象傳〉에 나온다.

然이나 而此二物者가 豈有求乎文哉리오 無意乎相求하고 不期而相遭而文生焉이라 是其爲文也는 非水之文也요 非風之文也라 二物者非能爲文이요 而不能不爲文也라 物之相使而文出於其間也라 故로 曰 此天下之至文也라하니라

그러나 바람과 물, 이 두 물건이 어찌 무늬를 만들기를 구해서 그렇게 했겠습니까! 서로 구하려는 뜻도 없었고 기약하지도 아니하였지만 서로 만나 무늬를 이룬 것입니다. 이렇게 무늬가 이루어진 것은 물의 무늬도 아니고, 바람의 무늬도 아닙니다. 두 물건이 무늬를 이루려고 해도 이룰 수 있는 것이 아니고, 또 무늬를 이루지 않으려고 해도 그렇게 할 수 있는 것이 아닙니다. 사물(바람과 물)이 서로 부려서 그 가운데 저절로 무늬가 생겨난 것입니다. 그렇기 때문에 이것을 '천하의 지극히 아름다운 무늬'라고 하는 것입니다.

今夫玉非不溫然美矣나 而不得以爲文하고 刻鏤組繡는 非不文矣나 而不可以論乎自然이라 故로 夫天下之無營而文生之者는 唯水與風而已라

이제 와서 보면, 대체로 玉이 온화한 아름다움이 있지 않은 것은 아니지만 무늬가 되지 못하고, 아로새기고 수놓은 것들은 무늬가 아닌 것은 아니지만 자연스럽다고 말할 수는 없는 것입니다. 그렇기 때문에 대체로 천하에 꾀함이 없으면서 무늬를 이루는 것은 오직 물과 바람뿐일 것입니다.

昔者에 **君子之處於世**에 **不求有功**이나 **不得已而功成**하면 **則天下以爲賢**하고 **不求有言**이나 **不得已而言出**하면 **則天下以爲口實**이라 **嗚呼**라 **此**는 **不可與他人道之**요 **唯吾兄可也**라

옛날에 君子가 세상에 살면서 功을 이루려고 하지는 않았지만 부득이해서 공을 이루게 되면 천하가 어질다고 여겼고, 말을 하려고 하지 않았지만 부득이해서 말을 하게 되면 천하가 그 말을 口實(이야깃거리)로 삼았습니다. 아! 이것은 다른 사람이 감당할 수 있는 말이 아니고, 오직 나의 형님만이 가능한 것입니다."

07. 送石昌言爲北使引* 北使가 된 石昌言을 전송하는 서문

* 石昌言(995~1057)의 이름은 揚休이며 자가 昌言이다. 저자와 같은 眉山 사람으로 43세인 仁宗 景祐 4년(1037)에 진사시험에 급제하였으며, 仁宗 嘉祐 원년(1056)에 刑部員外郎 知制誥의 관직으로 거란 국모의 생신 사절이 되어 갔다가, 嘉祐 2년(1057)에 江都郎中으로 죽으니 나이가 63세였다. 北使는 거란으로 사신 감을 말한다.

이 글은 동향의 선배인 石昌言이 거란에 사신으로 갈 때 漢나라의 고사를 인용하여 그들의 무력시위는 약한 것을 감추기 위해서이니 言論으로 그들을 제압하여 사신의 업무를 잘 이행해주기를 바라는 뜻으로 쓴 글이다.

文有生色하니 **直當與韓昌黎送殷員外等序**[1)]로 **相伯仲**이라

글이 생동감 있으니, 곧 韓昌黎(韓愈)의 〈送殷員外等序〔殷員外郎 등을 전송하는 서문〕〉과 서로 優劣을 가리기 어렵다.

1) 送殷員外等序 : 唐나라 憲宗 때에 韓愈가 지금의 위구르 지방인 回鶻로 사신

가는 員外郎 殷侑를 전송한 글이다.

昌言擧進士時에 **吾始數歲**[1])로 **未學也**라 **憶與群兒戱先府君**[2])**側**하면 **昌言從旁取棗栗啖我**하니 **家居相近**하고 **又以親戚**[3])**故甚狎**이라 **昌言擧進士**하여 **日有名**하고 **吾後漸長**에 **亦稍知讀書**하여 **學句讀屬對聲律**[4])이라가 **未成而廢**하니라 **昌言聞吾廢學**하고 **雖不言**이나 **察其意甚恨**이라

昌言이 진사시험에 응시할 적에 나는 겨우 몇 살밖에 안 되어 아직 공부를 못하고 있었다. 아이들과 선친 곁에서 장난치며 놀던 때를 회상해보면, 昌言이 옆에서 따르며 대추와 밤을 집어서 나에게 먹여주었으니 두 집이 가깝고 또 친척이기 때문에 매우 친하게 지냈다. 昌言은 진사시험에 천거되어 날마다 명성이 났고, 나는 그 뒤로 점점 자라면서 조금 글을 읽을 줄 알아, 句讀를 떼는 법과 對句를 만드는 법과 聲律을 배우다가 이루지 못하고 그만두었다. 昌言은 내가 공부를 그만두었다는 것을 듣고 비록 말은 하지 않았으나, 그 뜻을 살피건대 매우 한스럽게 여겼을 것이다.

1) 吾始數歲 : 이때 蘇洵의 나이가 겨우 4세였다.
2) 先府君 : 돌아가신 아버지의 敬稱이니 蘇洵의 아버지인 蘇序를 가리킨다.
3) 親戚 : 蘇序의 둘째 딸이 石昌言과 형제의 항렬인 石揚言에게 시집갔기 때문에 두 집안은 사돈관계이다.
4) 屬對聲律 : 屬對는 두 낱말을 이어서 對句를 만드는 것이고, 聲律은 四聲(平聲·上聲·去聲·入聲)의 規律, 또는 그 법을 따라 지은 詩賦나 文章을 말한다.

後十餘年에 **昌言及第第四人**하여 **守官四方**하여 **不相聞**이라 **吾日以壯大**하여 **乃能感悟**하여 **摧折復學**이라 **又數年**에 **遊京師**하여 **見昌言長安**하고 **相與勞問如平生歡**이라 **出文十數首**하니 **昌言甚喜稱善**이라 **吾晩學無師**하여 **雖日爲文**이나 **中心自慚**이라가 **及聞昌言說**하여 **乃頗自喜**라

10여 년이 지난 뒤에 昌言이 진사시험에 4등으로 급제하여 각 지방을 다니며 관직생활을 하느라 서로 소식을 듣지 못하였다. 나는 날로 성장하여 이에 느끼고 깨달아 과거의 습관을 꺾고 다시 學問을 하였다. 또 수년 뒤에 京師에 유학하여 昌言을

長安에서 보고는 서로 함께 위로하며 평소와 같이 기뻐하였다. 10여 편의 글을 내어놓으니 창언이 매우 기뻐하며 잘 지었다고 칭찬하였다. 내가 스승도 없이 늦게 배워 비록 날마다 글을 짓기는 하였으나 마음속으로 스스로 부끄러워하였는데, 昌言의 말을 듣게 되는 데 이르러서 이에 자못 스스로 기뻐하였다.

今十餘年에 **又來京師**하니 **而昌言官兩制**[1)]하여 **乃爲天子出使萬里之外彊悍不屈之虜庭**할새 **建大旆**[2)]하고 **從騎數百**하며 **送車千乘**하고 **出都門**에 **意氣慨然**이라 **自思爲兒時**하니 **見昌言先府君旁**에 **安知其至此**리오 **富貴不足怪**나 **吾於昌言獨自有感也**하니 **大丈夫生不爲將**이면 **得爲使**하여 **折衝**[3)]**口舌之間**도 **足矣**라

지금 10여 년 만에 또 京師에 오니 昌言은 兩制에 벼슬하여 이에 천자를 위하여 만 리 밖의 강하고 사나워서 굽히지 않는 오랑캐 조정에 사신 나갈 적에 큰 깃발을 세우고 수백의 騎馬가 따르며 천여 대의 수레가 전송을 하고 도성 문을 나서는데 의기가 강개하였다. 어린아이였을 때를 스스로 생각해보니 昌言을 선친 곁에서 볼 적에 이런 영광에 이를 줄을 어찌 알았겠는가? 富貴는 괴이하게 여길 것이 없지만 내가 昌言에게 유독 스스로 느낀 점이 있었으니, 대장부 일생에 장수가 되지 않으면 사신이 되어 辯論으로 상대를 제압하는 것도 족하다.

1) 兩制 : 宋代의 內制와 外制를 말하니, 翰林學士가 황제의 誥命을 관장하는 것을 內制라 하고, 中書舍人과 知制誥가 황제의 誥命을 관장하는 것을 外制라 한다.
2) 大旆 : 大將이 세우는 기이다. 검은 바탕에 雜色의 비단으로 그 가장자리를 꾸미고, 끝은 갈라져서 제비꼬리 같다.
3) 折衝 : 적과 흥정하여 자기편의 체면을 保全하거나 국제상의 담판 또는 외국 사절과의 담판을 말한다.

往年에 **彭任**이 **從富公使還**[1)]하여 **爲我言曰 旣出境**하여 **宿驛亭**[2)]하니 **聞介馬數萬騎馳過**하고 **劍槊相摩**하여 **終夜有聲**하니 **從者怛然失色**이라 **及明**에 **視道上馬跡**하고 **尙心掉不自禁**하니라 **凡虜所以誇耀中國者多此類也**로되 **中國之人不測也**라 **故**로 **或至於震**

懼而失辭하여 **以爲夷狄笑**하니 **嗚呼**라 **何其不思之甚也**오 **昔者**에 **奉春君使冒頓**[3)]하니 **壯士健馬**를 **皆匿不見**하여 **是以**로 **有平城之役**이라 **今之匈奴**는 **吾知其無能爲也**라 **孟子曰 說**(세)**大人則藐之**[4)]라하시니 **況於夷狄**이리오 **請以爲贈**하노라

지난해에 彭任이, 富公(富弼)이 使臣으로 가는 데 따라갔다가 돌아와서 나에게 말하기를 "이미 국경을 나가서 驛亭에 숙박하니 철갑을 씌운 말 수만 마리가 달려 지나가고 검과 창이 서로 부딪치는 소리가 밤새도록 들리니 從者들이 근심과 두려움에 얼굴빛이 변하였다. 날이 밝자 길 위의 말 발자국을 보고 더욱 마음이 요동침을 스스로 금할 수 없었다."고 하였다. 무릇 오랑캐가 중국에 자랑하고 뽐내는 것이 이러한 일들이 많은데도 중국 사람이 헤아리지 못하였다. 이 때문에 혹 두려워 떨며 말실수를 하여 오랑캐의 웃음거리가 되는 데 이르렀으니, 아! 어찌 그리 생각하지 못함이 심하였는가?

옛날에 奉春君이 冒頓(묵특)에 사신으로 가니 오랑캐가 씩씩한 병사와 건장한 말들을 모두 숨기고 보여주지 않아 이 때문에 平城의 전쟁이 있었다. 오늘날의 匈奴는 아무것도 할 수 없음을 나는 알고 있다. 孟子가 말씀하시기를 "大人을 설득할 적에는 그를 가볍게 여겨야 한다." 하였으니 하물며 夷狄의 경우이겠는가! 청컨대 이 말을 선물로 드리노라!

1) 彭任 從富公使還 : 彭任의 자는 有道이며 蜀 지방 사람이다. 富公은 宋 仁宗 때의 유명한 정치가이며 외교가인 富弼(1004~1083)이니, 자는 彦國이고 시호는 文忠으로 韓國公에 봉해졌다.

2) 驛亭 : 驛站에 마련되어 있던 여인숙으로, 驛馬를 마련하여 일반 관리가 말을 바꿔 타고 왕래를 할 수 있도록 한 시설이다.

3) 奉春君使冒頓 : 奉春君은 齊나라 사람인 婁敬이다. 漢 高祖가 여러 신하의 건의로 도읍을 洛陽으로 정하려고 하자 婁敬이 長安이 요새임을 들어 적극 권하니, 마침내 長安으로 도읍을 정하고, 婁敬에게 奉春君의 호를 내리고 劉氏 姓을 내려주었다. 漢 高祖가 흉노의 우두머리인 冒頓(묵특)을 치고자 하여 사자를 보내 엿보게 하였는데, 冒頓이 건장한 병사와 살찐 소들을 모두 숨기고 노약자와 파리한 가축들만 보여주었다. 使者 10인이 모두 흉노를 칠 만하다고 말하니 高祖가 다시 劉敬을 사신으로 보내 살펴보게 하였는데, 돌아와서 말하

기를 "두 나라가 서로 칠 때에 자랑하고 뽐내며 長點을 보이는 것이 마땅하거늘, 臣이 가서 한갓 파리하고 수척한 노약자만 보았으니, 이것은 短點을 드러내 보이고 奇兵을 매복시켜 놓아 이로움을 다투려는 것입니다. 저는 흉노를 치면 안 된다고 생각합니다." 하니, 高祖가 노하여 말하기를 "齊나라 오랑캐가 입과 혀로써 관직을 얻어 망령된 말로 우리 군대를 막는구나." 하고 劉敬을 가두고 平城의 전쟁을 시작하였다가 白登山에서 7일 동안이나 포위되었다. 陳平이 冒頓의 처에게 뇌물을 쓴 계책으로 겨우 벗어난 뒤에 劉敬을 사면하고 앞서 사신 갔던 10인을 목 베었다. 劉敬을 建信侯로 封하였다. ≪史記≫, ≪漢書 劉敬列傳≫

4) 孟子曰 說(세)大人則藐之 : ≪孟子≫ 〈盡心 下〉에 나온다. 趙岐의 注에 "大人은 당시의 尊貴한 자이고, 藐은 가볍게 여기는 것이다."라고 하였다.

08. 族譜引* 族譜의 서문

* 蘇洵이 眉州에 사는 蘇氏 집안의 族譜를 처음으로 만들고 족보를 만든 이유를 간결하게 설명하였다. 중국의 족보는 蘇洵이 만든 족보로부터 비롯되어 성행하게 되었으며 우리나라에도 영향을 미쳤다.

議論簡嚴하고 情事曲折하니 其氣格이 大略從公穀來라

議論이 간결하고 엄정하며 情事가 변화가 많으니, 글의 기개와 품격이 대략 ≪春秋公羊傳≫과 ≪春秋穀梁傳≫을 따랐다.

蘇氏族譜는 譜蘇氏之族也라 蘇氏는 出於高陽하여 而蔓延於天下라 唐神堯初에 長史味道가 刺眉州라가 卒於官한대 一子留于眉하니 眉之有蘇氏는 自此始而譜不及者는 親盡也라 親盡則曷爲不及고 譜爲親作也니라 凡子得書而孫不得書者는 何也오 以著代也니라 自吾之父로 以至吾之高祖하여는 仕不仕와 娶某氏와 享年幾와 某日卒皆書나 而他不書者는 何也오 詳吾之所自出也니라 自吾之父로 以至吾之高祖하여는 皆曰諱某나 而他則遂名之는 何也오 尊吾之所自出也니라 譜는 爲蘇氏作이나 而獨吾之

所自出을 得詳與尊은 何也오 譜는 吾作也니라 嗚呼라 觀吾之譜者는 孝悌之心이 可以油然而生矣리라

蘇氏族譜는 소씨 일족을 계통에 따라 적어놓은 것이다. 蘇氏는 高陽(顓頊)에게서 나와 천하에 널리 뻗어나갔다. 唐 神堯(高祖) 초기에 長史 蘇味道가 眉州刺史로 재임중에 세상을 떠났는데 한 아들이 眉州에 남아 있었으니, 眉州에 蘇氏가 있게 된 것은 이로부터 비롯되었으나 족보에 미치지 않은 것은 친족관계가 다하였기 때문이다.

친족관계가 다하면 어찌하여 미치지 않게 되는 것인가? 족보는 친족을 위하여 만들기 때문이다.

모든 자식들에 대해서는 기록하면서 손자들에 대해서 기록하지 않는 것은 어째서인가? 세대를 나타내기 때문이다.

나의 아버지로부터 나의 高祖에 이르기까지는 벼슬하고 하지 않은 것과, 아무 氏에게 장가든 것과, 몇 살까지 사신 것과, 어느 날 돌아가신 것을 모두 기록하면서 다른 분들에 대해서 기록하지 않는 것은 어째서인가? 내가 나온 계보를 자세히 하기 위해서이다.

나의 아버지로부터 나의 고조에 이르기까지는 모두 諱가 무엇이었다고 하면서 다른 분들에 대해서는 마침내 〈諱자를 넣지 않고 곧바로〉 이름을 적는 것은 어째서인가? 내가 나온 계보를 높이고자 해서이다.

족보는 소씨를 위하여 만든 것인데 유독 내가 나온 계보만을 자세히 하고 높이는 것은 어째서인가? 족보는 내가 만드는 것이기 때문이다.

아아! 나의 족보를 보는 사람들은 부모에게 孝道하고 형제간에 友愛하는 마음이 油然히 생겨나게 될 것이다.

情見(현)於親하고 親見於服하며 服始于衰(최)하여 而至於緦麻[1)]하고 而至於無服하니 無服則親盡이요 親盡則情盡하며 情盡則喜不慶憂不弔하니 喜不慶憂不弔면 則塗人也라 吾所與相視如塗人者도 其初엔 兄弟也며 兄弟其初엔 一人之身也라 悲夫라 一人之身이 分而至於塗人하니 吾譜之所以作也라 其意曰 分至於塗人者는 勢也라 勢는 吾無如之何也니 幸其未至於塗人也에 使其無至於忽忘焉이 可也라 嗚呼라 觀吾之

譜者는 **孝悌之心**이 **可以油然而生矣**리라

情은 친족관계에서 드러나고 친족관계는 喪服에서 드러나며, 상복은 斬衰에서 시작하여 緦麻에 이르고, 상복을 입지 않는 데까지 이르니, 상복을 입지 않으면 친족관계가 다한 것이고 친족관계가 다하면 情도 다하며, 情이 다하면 기쁜 일에도 경하하지 않고 근심스런 일에도 슬퍼하지 않으니, 기쁜 일에도 경하하지 않고 근심스런 일에도 슬퍼하지 않으면 곧 길거리의 남처럼 된다. 내가 서로 길거리의 남처럼 여기는 사람도 처음에는 형제였으며, 형제도 처음에는 한 사람의 몸이었다. 슬프다! 한 사람의 몸이 나뉘어 길거리의 남처럼 되는 데 이르렀으니 내가 족보를 만든 까닭이다.

족보를 만든 뜻은, 한 사람의 몸이 나뉘어 길거리의 남처럼 되는 데 이르는 것이 형세인데, 형세는 내가 어떻게 할 수가 없으니, 바라건대 길거리의 남처럼 되는 데 이르기 전에 소홀히 하고 잊어버리는 데 이르지 않도록 해야 하겠다.

아아! 나의 족보를 보는 사람들은 부모에게 효도하고 형제간에 우애하는 마음이 油然히 생겨나게 될 것이다.

1) 服始于衰(최) 而至於緦麻 : 衰는 五服(斬衰・齊衰・大功・小功・緦麻) 중에서 가장 무거운 복인 斬衰를 가리키며, 緦麻(시마)는 五服 중에서 가장 가벼운 복이다.

系之以詩하니 **曰 吾父之子**는 **今爲兄**이니 **吾疾在身**이면 **兄呻不寧**이라 **數世之後**엔 **不知何人**하여 **彼死而生**에 **不爲戚欣**이라 **兄弟之情**은 **如足與手**어늘 **其能幾何**오 **彼不相能**은 **彼獨何心**고

다음과 같은 詩를 붙인다.
내 아버지의 아들이,
지금 나의 형이니,
내 몸에 병이 생기면,
형도 신음하며 편치 못하네.
몇 세대가 지난 뒤에는,
어떤 사람인지도 알지 못하게 되어,

저들이 죽고 사는 것을,
슬퍼하거나 기뻐하지 않는다네.
형제의 情은,
手足과 같거늘,
이렇게 하는 사람이 몇이나 되는가?
저들이 서로 이렇게 하지 않는 것은,
저들이 유독 어떤 마음을 지녀서인가?

09. 族譜後錄* 族譜 뒤에 기록함

* 上下 2편 가운데, 上篇으로 족보를 만든 목적과 방법을 서술한 글이다. 至和 2년(1055) 9월에 지었다.

敍事文字가 法度恰好하니 大略本史遷自敍中來라

사건을 서술하는 문장이 法度에 잘 맞으니, 대략 司馬遷의 〈自序〉 형식을 바탕으로 하였다.

蘇氏之先은 出於高陽하니 高陽[1]之子曰稱이요 稱之子曰老童이며 老童은 生重黎及吳回라 重黎는 爲帝嚳火正 曰祝融이나 以罪誅라 其後爲司馬氏라 而其弟吳回復爲火正[2]이라 吳回生陸終하고 陸終生子六人하니 長曰樊이니 爲昆吾요 次曰惠連이니 爲參胡요 次曰籛이니 爲彭祖요 次曰來言이니 爲會人이요 次曰安이니 爲曹姓이요 季曰季連이니 爲芈姓이라 六人者는 皆有後니 其後各分하여 爲數姓이라 昆吾始姓己氏며 其後에 爲蘇顧溫董이라 當夏之時에 昆吾爲諸侯伯이나 歷商而昆吾之後無聞이라 至周에 有忿生하니 爲司寇하여 能平刑以敎百姓하여 周公稱之라 蓋書所謂司寇蘇公者也[3]라 司寇蘇公與檀伯達은 皆封於河하여 世世仕周하고 家[4]於其封이라 故로 河南河內皆有蘇氏라 六國之際에 秦及代厲는 其苗裔也라

蘇氏의 선조는 高陽에서 나왔으니 高陽의 아들은 稱이고 칭의 아들은 老童이며

老童은 重黎와 吳回를 낳았다. 重黎는 帝嚳 때에 火正이 되어 祝融이라 불리어졌으나 죄로 죽임을 당하였다. 그 후손들이 司馬氏이다. 그 동생 吳回가 다시 火正이 되었다. 吳回가 陸終을 낳았고 陸終이 아들 여섯 명을 낳았다. 장남은 樊이니 昆吾이고, 둘째는 惠連이니 參胡이고, 셋째는 籛이니 彭祖이고, 넷째는 來言이니 會人이고, 다섯째는 安이니 曹氏 姓의 시조이고, 막내는 季連이니 羋氏 姓의 시조이다. 여섯 명은 모두 후손이 있으니 그 후손들이 각각 나뉘어 여러 姓이 되었다. 昆吾는 처음 姓이 己氏였으며 그 뒤에 蘇氏·顧氏·溫氏·董氏가 되었다. 夏나라 때에 昆吾는 諸侯의 우두머리가 되었으나 商나라를 거치면서 昆吾의 후손은 알려진 것이 없다.

周나라에 이르러 忿生이 있었으니, 司寇가 되어 형벌을 공평하게 함으로써 백성을 잘 교화하여 周公이 그를 칭찬하였다. ≪書經≫에 이른바 '司寇인 蘇公'이라는 이가 바로 이분이다. 司寇 蘇公과 檀伯達은 모두 河 땅에 봉해져 대대로 周나라에서 벼슬을 하였고 그 봉토에서 家를 이루었기 때문에 河南·河內에 모두 蘇氏가 있게 되었다. 六國의 시절에 蘇秦·蘇代·蘇厲는 그 후손들이다.

1) 高陽 : 五帝 중의 하나인 顓頊을 가리킨다.
2) 重黎……而其弟吳回復爲火正 : 重黎는 불을 관장하는 관직인 火正을 맡아 帝嚳을 위해 큰 공을 세워 천하가 밝게 빛나게 되었다. 그리하여 帝嚳이 祝融이라고 부르게 하였다. 共工氏가 난을 일으켰는데, 重黎가 소탕하지 못하니 帝嚳이 그를 죽이고 重黎의 동생 吳回에게 火正 벼슬을 주었다.
3) 至周…… 蓋書所謂司寇蘇公者也 : 忿生은 周나라 武王 때의 司寇로 ≪書經≫ 〈周書 立政〉에 "司寇인 蘇公이 공경하게 獄事를 적용하여 우리 왕국을 장구하게 하였으니 이를 본받아 진실로 적절한 형벌을 쓸 것이다.〔司寇蘇公 式敬爾由獄 以長我王國 茲式有愼 以列用中罰〕"라는 내용이 있다.
4) 家 : 작은 제후국을 세웠다는 말이다.

至漢興而蘇氏始徙入秦한대 或曰 高祖徙天下豪傑하여 以實關中하니 而蘇氏遷焉이라하니라 其後曰建이 家於長安杜陵한대 武帝時爲將하여 以擊匈奴有功하여 封平陵侯하고 其後世遂家於其封이라 建生三子하니 長曰嘉요 次曰武며 次曰賢이라 嘉爲奉車

都尉라 其六世孫純이 爲南陽太守라 生子曰章이 當順帝時에 爲冀州刺史하고 又遷爲幷州하여 有功於其人하여 其子孫遂家於趙州라 其後至唐武后之世하여 有味道焉하니 味道는 聖曆[1]初에 爲鳳閣侍郞이라가 以貶爲眉州刺史하고 遷爲益州長史나 未行而卒이라 有子一人不能歸하고 遂家焉이라 自是로 眉始有蘇氏라 故로 眉之蘇는 皆宗益州長史味道하고 趙郡之蘇는 皆宗幷州刺史章하고 扶風之蘇는 皆宗平陵侯建하고 河南河內之蘇는 皆宗司寇忿生하니 而凡蘇氏皆宗昆吾樊하고 昆吾樊宗祝融吳回라

漢나라가 흥기함에 이르러 蘇氏가 처음 옮겨가서 秦 땅에 들어왔는데, 혹자는 "高祖가 천하호걸을 옮겨서 關中을 채웠기 때문에 蘇氏가 옮겨가게 되었다."라고 한다. 그 후손 建이 長安과 杜陵에 家를 이루었는데, 武帝 때에 장군이 되어 흉노족을 쳐서 공로가 있었기 때문에 平陵侯에 봉해졌고 그 후세가 마침내 그 봉토에 家를 이루었다. 建이 세 아들을 낳았으니, 장남이 嘉이고 차남이 武이며 막내가 賢이다. 嘉는 奉車都尉가 되었다. 그의 6세손 純이 南陽太守가 되었다. 그가 낳은 아들 章이 順帝 때에 冀州刺史가 되었고, 또 幷州刺史로 옮겨가서 그곳 사람들에게 공이 있었기 때문에 그 자손들이 마침내 趙州에 家를 이루었다.

그 뒤에 唐 則天武后 때에 이르러 味道라는 자가 있었으니, 味道는 聖曆 초에 鳳閣侍郞이 되었다가 강등되어 眉州刺史가 되었고 益州의 長史(막료의 장)로 옮겨가게 되었으나 부임하지 못하고 죽었다. 아들 한 사람이 趙州로 돌아가지 않고 마침내 그곳에 家를 이루었다. 이때부터 眉州에 비로소 蘇氏가 있게 되었다.

그렇기 때문에 眉州의 蘇氏는 모두 益州長史 味道를 宗으로 하고, 趙郡의 蘇氏는 모두 幷州刺史 章을 종으로 하고, 扶風의 蘇氏는 모두 平陵侯 建을 종으로 하고, 河南과 河內의 蘇氏는 모두 司寇인 忿生을 종으로 하니, 무릇 蘇氏는 모두 昆吾 樊을 종으로 하고 昆吾 樊은 祝融과 吳回를 종으로 하였다.

1) 聖曆 : 則天武后의 연호(698~700)이다.

蓋自昆吾樊으로 至司寇忿生히 自司寇忿生으로 至平陵侯建히 自平陵侯建으로 至幷州刺史章히 自幷州刺史章으로 至益州長史味道히 自益州長史味道로 至吾之高祖히

其間世次皆不可紀어늘 **而洵始爲族譜**하여 **以紀其族屬**이라 **譜之所記**는 **上至於吾之高祖**하고 **下至於吾之昆弟**하며 **昆弟死而及昆弟之子**라 **曰 嗚呼**라 **高祖之上**은 **不可詳矣**라

昆吾 樊에서부터 司寇 忿生까지, 司寇 忿生에서부터 平陵侯 建까지, 平陵侯 建에서부터 并州刺史 章까지, 并州刺史 章에서부터 益州長史 味道까지, 益州長史 味道에서부터 우리 高祖에 이르기까지 그 사이의 世代의 차례는 모두 기록하지 않았는데 내가 비로소 族譜를 만들어 그 족친들의 갈래를 기록하였다. 족보에 기록된 것은 위로는 나의 고조에 이르고 아래로는 나의 형제에 이르게 하며 형제가 죽으면 형제의 자식들에게 이르게 하였다. 아! 고조의 윗대는 자세히 알 수가 없다.

自吾之前은 **而吾莫之知焉**하니 **已矣**라 **自吾之後**는 **而莫之知焉**이면 **則從吾譜而益廣之**하면 **可以至於無窮**이라 **蓋高祖之子孫**은 **家授一譜而藏之**라 **其法曰 凡嫡子而後**라야 **得爲譜**하고 **爲譜者**는 **皆存其高祖**하고 **而遷其高祖之父**하여 **世世存其先人之譜**하고 **無廢也**라 **而其不及高祖者**는 **自其得爲譜者之父始**하여 **而存其所宗之譜**호되 **皆以吾譜冠焉**하라 **其說曰 此**는 **古之小宗也**[1]라하니 **古者**에 **有大宗**하고 **有小宗**[2]이라 **傳曰 別子爲祖**요 **繼別爲宗**이요 **繼禰者**는 **爲小宗**이니 **有百世不遷之宗**하며 **有五世則遷之宗**하니 **百世不遷者**는 **別子之後也**라 **宗其繼別子之所自出者**는 **百世不遷者也**요 **宗其繼高祖者**는 **五世則遷者也**[3]라하니라

나의 앞 세대는 내가 아는 것이 없으니 끝이지만, 내 뒤부터는 알지 못하면 나의 族譜를 따라서 더욱 넓혀나가면 무궁한 데까지 이를 수 있다. 대개 高祖의 자손들은 집집마다 하나의 족보를 받아 보관한다.

그 譜法에 "무릇 嫡子라야 족보를 만들 수 있고 족보를 만든 자는 모두 그 고조를 두고 고조의 父를 遞遷(신주를 옮김)하여 대대로 내려오던 그 선조의 족보에 두고 폐하지는 않는다. 그런데 그 고조에 미치지 못하는 자는 그 족보를 만드는 자의 父에서부터 시작해서 그 宗이 되는 바의 족보를 두되 모두 자기의 족보의 맨 앞에 둔다."고 했다. 그 설에 "이것이 옛날에 小宗에 속한다."라고 했으니 옛날에 大宗과 小

宗이 있었다.

옛 책에 이르기를 "別子가 祖가 되고, 별자를 계승하는 자가 宗이 되고, 아버지를 계승하는 자가 小宗이 된다. 백 대가 지나도 遞遷하지 않는 宗이 있으며, 5대가 되면 체천하는 宗이 있으니 백 대가 지나도 체천하지 않는 것은 별자의 후손이다. 그 별자가 나온 바를 계승하는 자를 宗으로 하는 자는 백 대가 지나도 체천하지 않는 자이고, 그 고조를 계승하는 자를 宗으로 하는 자는 5대가 지나면 체천하는 자이다."라고 했다.

1) 其說曰 此古之小宗也 : 고대 宗法으로 始祖의 嫡長子를 잇는 자는 大宗이 되고, 그 밖의 子를 잇는 자는 小宗이 된다.

2) 古者……有小宗 : 大宗은 別子의 嫡長子를 잇는 한 경우이지만 小宗은 네 가지 경우가 있다. 父를 계승하여 형제가 이를 宗으로 하는 경우에는 朞年服을, 祖父를 계승하여 同堂이 이를 종으로 하는 경우에는 9개월복을, 曾祖父를 계승하여 再從이 이를 종으로 하는 경우에는 5개월복을, 高祖를 계승하여 三從이 이를 종으로 하는 경우에는 3개월복을 입는데, 이 네 가지의 친속이 다하면 복을 입지 않고 또 5대가 되면 遞遷한다.

3) 傳曰……五世則遷者也 : ≪禮記≫ 〈大傳〉에 나오는 말이다. 이에 대해 朱子는 '之所自出' 4자를 衍文이라고 했다.

別子者는 公子及士之始爲大夫者也니 別子不得禰其父하고 而自使其嫡子後之면 則爲大宗이라 故로 曰 繼別爲宗이라하니 族人宗之하여 雖百世라도 而大宗死하면 則爲之齊衰(자최)三月[1]하며 其母妻亡亦然이라 死而無子면 則支子[2]以其昭穆[3]後之하니 此所謂百世不遷之宗也라 別子之庶子[4]가 又不得禰別子하고 而自使其嫡子爲後면 則爲小宗이라 故曰 繼禰者爲小宗이라하니라 小宗五世之外면 則易宗이라 其繼禰者는 親兄弟宗之하고 其繼祖者는 從兄弟宗之하고 其繼曾祖者는 再從兄弟宗之하고 其繼高祖者는 三從兄弟宗之라 死而無子면 則支子亦以其昭穆後之하니 此所謂五世則遷之宗也라 凡今天下之人은 惟天子之子與始爲大夫者而後에 可以爲大宗하고 其餘則否라 獨小宗之法은 猶可施於天下라 故로 爲族譜는 其法皆從小宗이라

別子라는 것은 公子와 士로서 처음 大夫가 되는 자이니, 별자가 그의 父를 아버지 사당에 모시지 아니하고 스스로 자기 嫡子로 하여금 뒤를 잇도록 하면 大宗이 된다. 그렇기 때문에 "별자를 계승하는 자가 大宗이 된다."고 하였으니, 族人들이 그를 宗으로 하여 비록 백 대가 지나도 大宗이 죽으면 齊衰服을 3개월 입으며, 그 母와 妻가 죽어도 또한 그러하다. 죽어서 자식이 없으면 支子가 昭穆을 헤아려 뒤를 이으니, 이것이 이른바 '백 대가 지나도 遞遷하지 않는 宗'이라는 것이다.

別子의 庶子가 또 父인 별자를 아버지 사당에 모시지 아니하고 스스로 적자로 하여금 뒤를 잇도록 하니 小宗이 된다. 그렇기 때문에 "아버지를 계승하는 자가 小宗이 된다."라고 한다. 소종은 5대가 지나면 宗을 바꾼다. 아버지를 계승하는 자는 친형제들이 그를 종으로 하고, 祖父를 계승하는 자는 종형제들이 그를 종으로 하고, 曾祖父를 계승하는 자는 재종형제들이 그를 종으로 하고, 高祖父를 계승하는 자는 삼종형제들이 그를 종으로 한다. 죽어서 자식이 없으면 支子가 또한 昭穆을 헤아려 그 뒤를 이으니, 이것이 이른바 '5대가 지나면 遞遷하는 종'이라는 것이다.

무릇 지금 천하의 사람들은 오직 천자의 아들과 처음 대부가 된 사람만이 대종이 될 수 있고 그 나머지는 될 수 없다. 소종의 법은 오히려 천하에 베풀 수 있으니, 그렇기 때문에 족보에서는 그 법이 모두 소종을 따른 것이다.

1) 齊衰(자최)三月 : 喪服의 이름으로 五服의 하나이다. 齊衰三月은 고조부의 喪에 입는다.
2) 支子 : 맏아들 이외의 之次 아들을 말한다.
3) 昭穆 : 祠堂에서 神主를 모시는 차례로 왼쪽 줄의 昭(짝수 世), 오른쪽 줄의 穆(홀수 世)을 통틀어 일컫는 말로, 중국 상고시대부터 유래된 것인데 周나라에 와서 周公이 禮樂을 정비하면서 구체화되었다. ≪周禮≫에 의하면 제1세를 중앙에 모시는데 天子는 昭에 2・4・6세, 穆에 3・5・7세를 각각 봉안하여 三昭三穆의 七廟이고, 諸侯는 昭에 2・4세, 穆에 3・5세를 각각 봉안하여 二昭二穆의 五廟이며, 大夫는 一昭一穆의 三廟이지만 후대에 천자국이 아닌 중국의 역대 왕조에서 거의 七廟를 두었고, 일반 士大夫家에서도 五廟를 두었다.
4) 別子之庶子 : 別子의 嫡長子를 제외한 나머지 아들을 말한다.

凡吾之宗은 其繼高祖者니 高祖之嫡子祈라 祈死無子하니 天下之宗法不立하여 族人莫克以其子爲之後라 是以로 繼高祖之宗亡(무)而虛存焉이라 其繼曾祖者는 曾祖之嫡子는 宗善이요 宗善之嫡子는 昭圖요 昭圖之嫡子는 惟益이요 惟益之嫡子는 允元이라 其繼祖者는 祖之嫡子諱序며 序之嫡子澹이요 澹之嫡子位라 其繼禰者는 禰之嫡子澹이요 澹之嫡子位라 曰 嗚呼라 始可以詳之矣라 百世之後에 凡吾高祖之子孫이 得其家之譜而觀之면 則爲小宗이라 得吾高祖之子孫之譜而合之하여 而以吾譜考焉이면 則至於無窮而不可亂也라 是爲譜之志云爾라

무릇 나의 宗은 고조부를 계승한 자이니, 고조부의 적자 祈이다. 祈께서 돌아가시어 아들이 없었으니 천하의 宗法이 서지 아니하여 族人이 자기 아들로써 능히 이을 수가 없었다. 이 때문에 고조를 계승한 종이 끊어져 비워두게 되었다. 증조부를 계승한 이는 증조부의 적자 宗善이고, 宗善의 적자는 昭圖이고, 昭圖의 적자는 惟益이고, 惟益의 적자는 允元이다. 조부를 계승한 이는 조부의 적자 諱 序이고, 序의 적자는 澹이고, 澹의 적자는 位이다. 父를 계승한 이는 父의 적자 澹이고, 澹의 적자는 位이다.

아! 비로소 상세하게 알 수 있다. 백 대가 지난 후에 무릇 나의 고조의 자손들이 그 家의 족보를 얻어 보면 그것이 바로 小宗이 된다. 우리 고조의 자손의 족보를 얻어 이것을 합해서 나의 족보로써 상고하면 무궁한 데까지 이르러도 어지럽지 않게 될 것이다. 이것이 족보를 만든 뜻이다.

附 錄

* 이 부록은 '韓國 古文獻 所載 蘇洵 關聯資料'와 '韓·中·日 蘇洵 研究圖書 및 論文 目錄'으로 구성되어 있으며, 이는 관계 자료의 검색에 의한 것으로, 연구자들이 학술적으로 참고할 수 있도록 편집자가 첨부한 자료임.

1. 韓國 古文獻 所載의 蘇洵 關聯資料

(1) 韓國文集叢刊

姜栢年,〈全氏族譜序〉, ≪雪峯遺稿≫ 卷23
姜　瑋,〈北遊續艸〉, ≪古歡堂收艸≫ 卷13
高仁繼,〈開城高氏世譜序〉, ≪月峯集≫ 卷4
權　韠,〈述懷聯句〉, ≪石洲集≫ 卷8
權好文,〈酒令〉, ≪松巖集≫ 卷6
金邁淳,〈答金德瑞〉, ≪臺山集≫ 卷6
———,〈闕餘散筆 天之第一〉, ≪臺山集≫ 卷15
金富倫,〈讀書箚記 心經〉, ≪雪月堂集≫ 卷5
金守溫,〈石假山記〉,≪ 拭疣集≫ 卷2
金安老,〈村中禽詠十六首〉, ≪希樂堂稿≫
金元行,〈詩文初稿序〉, ≪渼湖集≫ 卷13
金允植,〈八家涉筆 下〉, ≪雲養集≫ 卷15
金麟厚,〈岑夫子歌〉, ≪河西全集≫ 卷4
金齊閔,〈保邦要務〉, ≪鰲峯集≫ 卷2
金鍾厚,〈生民〉, ≪本庵續集≫ 卷6
金柱臣,〈散言 上篇〉, ≪壽谷集≫ 卷10
金兌一,〈族譜序〉, ≪蘆洲集≫ 卷3
金澤榮,〈南通費氏譜序〉, ≪韶濩堂集≫ 卷3

———, 〈贈成一汝序〉, ≪韶濩堂集≫ 卷3
———, 〈王原初三子字說〉, ≪韶濩堂集≫ 卷7
金平默, 〈答徐汝心〉, ≪重菴集≫ 卷11
———, 〈策略小辨〉, ≪重菴集≫ 卷37
奇大升, 〈二十四日〉, ≪論思錄≫ 卷下
金得臣, 〈檀龍枕序〉, ≪柏谷集≫ 冊5
金 堉, 〈清風金氏族譜序〉, ≪潛谷遺稿≫ 卷9
金宗直, 〈立春日 以生菜呈姜僉正龜孫 十二月二十日也〉, ≪佔畢齋集≫ 卷10
———, 〈復用前韻 寄孫生員孝祖〉, ≪佔畢齋集≫ 卷15
金昌協, 〈經筵講義〉, ≪農巖集≫ 卷10
金昌翕, 〈題李一源海嶽圖後〉, ≪三淵集≫ 卷25
閔遇洙, 〈與百奮〉, ≪貞菴集≫ 卷3
閔鼎重, 〈回時問答〉, ≪老峯集≫ 卷10
朴珪壽, 〈尙古圖按說十則〉, ≪瓛齋集≫ 卷11
朴世堂, 〈潘南朴氏世譜序〉, ≪西溪集≫ 卷7
朴世采, 〈答宋希文問〉, ≪南溪集≫ 卷50
朴準源, 〈上伯氏〉, ≪錦石集≫ 卷5
朴趾源, 〈鳳山學者傳〉, ≪燕巖集別集≫ 卷8
———, 〈熱河日記 還燕道中錄 17日 癸亥〉, ≪燕巖集≫ 卷14
徐居正, 〈假山記〉, ≪四佳集≫ 卷1
———, 〈送李直提學可行奉使日本詩序〉, ≪四佳集≫ 卷5
———, 〈鐵城聯芳集序〉, ≪四佳集≫ 卷5
徐命膺, 〈重鐫大丘徐氏世譜序〉, ≪保晩齋集≫ 卷7
———, 〈三洲李公遺愛祠記〉, ≪保晩齋集≫ 卷8
徐有榘, 〈魏禧 邵長蘅傳〉, ≪楓石全集≫ 卷4
———, 〈農對〉, ≪楓石全集≫ 卷10
———, 〈擬上經界策〉, ≪楓石全集≫ 卷11
成海應, 〈皇明遺民傳 四〉, ≪研經齋全集≫ 卷40
孫命來, 〈譜跋〉, ≪昌舍集≫ 卷5
宋文欽, 〈答黃淵父〉, ≪閒靜堂集≫ 卷3

宋秉璿,〈上金白溪〉,≪淵齋集≫ 卷6
宋時烈,〈因國舅論斥待罪疏〉,≪宋子大全≫ 卷15
———,〈上淸陰金先生〉,≪宋子大全≫ 卷27
———,〈恩津宋氏族譜序〉,≪宋子大全≫ 卷137
———,〈咸陽朴氏族譜序〉,≪宋子大全≫卷138
———,〈晉州蘇氏族譜〉,≪宋子大全≫ 卷139
申 暻,〈書陶令三逕圖後 贈尹景平〉,≪直菴集≫ 卷10
———,〈祭舍弟郎中文〉,≪直菴集≫ 卷12
申靖夏,〈與昉姪書〉,≪恕菴集≫ 卷6
申佐模,〈老人會序〉,≪澹人集≫ 卷15
申 欽,〈感事〉,≪象村集≫ 卷20
———,〈彙言 六〉,≪象村集≫ 卷46
———,〈彙言 六〉,≪象村稿≫ 卷47
沈喜壽,〈還家後又三律 寄同遊諸君〉,≪一松集≫ 卷3
安德麟,〈通京中文〉,≪沙村集≫ 卷1
安鼎福,〈安東權氏族譜序〉,≪順菴集≫ 卷18
梁居安,〈梁氏同宗題名錄序〉,≪六化集≫ 卷3
梁得中,〈相向而哭說〉,≪德村集≫ 卷4
魚有鳳,〈對客問則〉,≪杞園集≫ 卷22
吳道一,〈昌寧曹氏族譜序〉,≪西坡集≫ 卷17
魏伯珪,〈格物說〉,≪存齋集≫ 卷15
柳思訥,〈稼亭集跋〉,≪稼亭集≫
兪彦鎬,〈西京小集記〉,≪燕石≫ 冊2
柳雲龍,〈請安東復號疏〉,≪謙菴集≫ 卷2
柳正源,〈書筵講義〉,≪三山集≫ 卷2
柳疇睦,〈全氏十四本合譜序〉,≪溪堂集≫ 卷8
兪漢謨,〈舟巖書院實記〉,≪沙村集附錄≫
尹 愭,〈家禁〉,≪無名子集≫ 冊6
尹斗壽,〈折衝將軍 行虎賁衛副護軍兼五衛將黃公墓碑銘〉,≪梧陰遺稿≫ 卷3
尹善道,〈國是疏〉,≪孤山遺稿≫ 卷3上

尹行恁, 〈八子百選〉, ≪碩齋稿≫ 卷14

尹　鑴, 〈漫筆〉, ≪白湖全書≫ 卷27

李建昌, 〈昌寧縣火旺山龍池曺氏靈蹟碑銘〉, ≪明美堂集≫ 卷16

李德懋, 〈嬰處雜稿1　瑣雅〉, ≪青莊館全書≫ 卷5

———, 〈嬰處雜稿1　歲精惜譚〉, ≪青莊館全書≫ 卷5

———, 〈雅亭遺稿7　族姪復初〉, ≪青莊館全書≫ 卷15

———, 〈盎葉記3　諸葛武侯〉, ≪青莊館全書≫ 卷56

李德壽, 〈愛懶子墓表〉, ≪西堂私載≫ 卷11

李德弘, 〈心經質疑〉, ≪艮齋續集≫ 卷3

李　魯, 〈四姓綱目序〉, ≪松巖集≫ 卷3

李晚秀, 〈僉知中樞府事權公墓誌銘〉, ≪屐園遺稿≫ 卷11

———, 〈裕昆眞序〉, ≪屐園遺稿≫ 卷12

李晚用, 〈心庵趙相公 六十一壽啓〉, ≪東樊集≫ 卷4

李命天, 〈家狀〉, ≪敬亭集年譜≫ 卷2

李　穡, 〈陳情表〉, ≪牧隱文藁≫ 卷11

———, 〈紀事〉, ≪牧隱詩藁≫ 卷16

李　選, 〈諡法通編跋〉, ≪芝湖集≫ 卷6

李　畬, 〈德水李氏世譜序〉, ≪睡谷集≫ 卷10

李裕元, ≪林下筆記≫ 卷1〈四時香館編　考史〉

———, ≪林下筆記≫ 卷21〈文獻指掌編　兵制論〉

———, ≪林下筆記≫ 卷27〈春明逸史　時文之法〉

———, ≪林下筆記≫ 卷29〈春明逸史　私諡〉

———, ≪林下筆記≫ 卷35〈薜荔新志〉

李頤命, 〈手書小學跋〉, ≪疎齋集≫ 卷10

李　瀷, 〈挽人〉, ≪星湖全集≫ 卷2

李　栽, 〈答朴見卿〉, ≪密菴集≫ 卷6

———, 〈族譜重修序〉, ≪密菴集≫ 卷12

李齊賢, 〈櫟翁稗說後集　一〉, ≪益齋集≫

李種徽, 〈孝寧大君靖孝公子孫譜序〉, ≪修山集≫ 卷1

李眞望, 〈高氏譜牒序〉, ≪陶雲遺集≫ 冊2

———, 〈如手堂上樑文〉, ≪陶雲遺集≫ 冊2
李賀朝, 〈四仲契帖跋〉, ≪三秀軒稿≫ 卷3
李恒福, 〈漾碧亭題名記〉, ≪白沙集≫ 卷2
李玄錫, 〈宗稧序〉, ≪游齋集≫ 卷15
———, 〈樂有菴記〉, ≪游齋集≫ 卷18
———, 〈題蘇洵譽妃論後〉, ≪游齋集≫ 卷21
———, 〈題蘇洵譽妃論後〉, ≪游齋集≫ 卷21
———, 〈古人密機〉, ≪游齋集≫ 卷22
———, 〈觀省雜錄〉, ≪游齋集≫ 卷22
張　維, 〈晩學成就〉, ≪谿谷漫筆≫ 卷1
———, 〈宋藝祖乾德丁卯五星聚奎爲天下文明之祥〉, ≪谿谷漫筆≫ 卷1
張顯光, 〈宇宙要括帖〉, ≪旅軒續集≫ 卷5
———, 〈皇明朝鮮國 故嘉善大夫司憲府大司憲兼世子輔養官 贈資憲大夫吏曹判書兼知義禁府事寒岡鄭先生行狀〉, ≪旅軒集≫ 卷13
田　愚, 〈代菊答〉, ≪艮齋集前編≫ 卷17
丁範祖, 〈淸倭論〉, ≪海左集≫ 卷37
———, 〈蘓洵春秋論辨〉, ≪海左集≫ 卷38
丁若鏞, 〈詩文集 卷4 秋日憶舍兄〉, ≪與猶堂全書≫ 第1集
———, 〈詩文集 卷6 松坡酬酢〉, ≪與猶堂全書≫ 第1集
———, 〈詩文集 卷9 問律度量衡〉, ≪與猶堂全書≫ 第1集
———, 〈詩文集 卷9 擬嚴禁湖南諸邑佃夫輸租之俗箚子〉, ≪與猶堂全書≫ 第1集
———, 〈詩文集 卷9 貞軒墓誌銘〉, ≪與猶堂全書≫ 第1集
———, 〈詩文集 卷11 易論 一〉, ≪與猶堂全書≫ 第1集
———, 〈周易四箋 卷6 諸卦 第三十三卦之正〉, ≪與猶堂全書≫ 第2集
———, 〈經世遺表 卷5 地官修制 田制1 井田論1〉, ≪與猶堂全書≫ 第5集
———, 〈經世遺表 卷5 地官修制 田制1 井田論3〉, ≪與猶堂全書≫ 第5集
———, 〈牧民心書 卷14 遺愛〉, ≪與猶堂全書≫ 第5集
鄭元容, 〈策題〉, ≪經山集≫ 卷13
正　祖, 〈策問4 八大家〉, ≪弘齋全書≫ 卷51
———, 〈策問4 八子百選〉, ≪弘齋全書≫ 卷51

———, 〈雜著3 示手圈校正諸學士〉, ≪弘齋全書≫ 卷56
———, 〈經史講義40 易3 渙卦〉, ≪弘齋全書≫ 卷103
———, 〈經史講義48 綱目2 漢王〉, ≪弘齋全書≫ 卷111
———, 〈審理錄 卷14 平安道祥原郡金寬玉獄〉≪弘齋全書≫ 卷148
———, 〈日得錄2 文學2〉≪弘齋全書≫ 卷162
———, 〈群書標記1 御定1 明紀提挈 20권〉≪弘齋全書≫ 卷179
———, 〈群書標記3 御定3 鄒書敬選 1권〉≪弘齋全書≫ 卷181
鄭宗魯, 〈東溪權先生文集序〉, ≪東溪集≫
鄭 忕, 〈題蘓老泉族譜序後〉, ≪愚川集≫ 卷5
趙 絅, 〈策問〉, ≪龍洲遺稿≫ 卷12
趙龜命, 〈送徐質甫 赴燕序〉, ≪東溪集≫ 卷1
曺兢燮, 〈自笑〉, ≪巖棲集≫ 卷2
———, 〈西皐精舍記〉, ≪巖棲集≫ 卷22
趙斗淳, 〈筵奏〉, ≪心庵遺稿≫ 卷17
趙文命, 〈成侍中孝行錄序〉, ≪鶴巖集≫ 冊5
———, 〈與宋光彦書〉, ≪鶴巖集≫ 冊5
趙遠期, 〈規春沼說〉, ≪九峯集≫ 卷5
趙 翼, 〈苦說〉, ≪浦渚集≫ 卷21
———, 〈續夙興夜寐箴〉, ≪浦渚集≫ 卷28
趙宗著, 〈送栢谷金丈得臣序〉≪南岳集≫ 卷3
趙泰億, 〈璿源譜畧跋〉, ≪謙齋集≫ 卷42
趙 憲, 〈神道碑銘〉, ≪重峰集≫ 卷3
趙顯期, 〈旣亂易治將亂難治論〉, ≪一峯集≫ 卷4
崔鳴吉, 〈奮忠贊謨立紀明倫靖社功臣輔國崇祿大夫議政府左贊成延平府院君李公行狀〉, ≪遲川集≫ 卷18
崔恒慶, 〈名二子說〉, ≪竹軒集≫ 卷3
崔 晛, 〈陳時務九條疏〉, ≪訒齋集≫ 卷2
河受一, 〈讀蘇老泉管仲論〉, ≪松亭集≫ 卷3
韓汝愈, 〈題蘓老泉春秋論後〉, ≪遁翁集≫ 卷2
韓元震, 〈辨師誣疏〉, ≪寒水齋集附錄≫

韓章錫,〈送族人士敬 南歸序〉,≪眉山集≫ 卷7
韓泰東,〈田制策〉,≪是窩遺稿≫ 卷7
許 穆,〈答客子言文學事書〉,≪記言集≫ 卷5上
―――,〈與林使君〉,≪記言別集≫ 卷6
許 傳,〈三政策〉,≪性齋集≫ 卷9
洪奭周,〈復次憲仲韻 刱用螭頭集句體〉,≪淵泉集≫ 卷3
洪 暹,〈洪氏族譜序〉,≪忍齋集≫ 卷4
洪良浩,〈與紀尙書勻書〉,≪耳溪集≫ 卷15
洪 瑋,〈諫院疏〉,≪西潭集≫ 卷3
洪直弼,〈上潁西任丈〉,≪梅山集≫ 卷7
洪泰猷,〈答仲經書〉,≪耐齋集≫ 卷3
―――,〈與仲經書〉,≪耐齋集≫ 卷3
黃 玹,〈玉樹堂上梁文〉,≪梅泉續集≫ 卷2

(2) 叢書類 등 기타

金正中,≪燕行錄≫〈奇遊錄〉壬子年(正祖 16) 1월 6일
奇大升,≪論思錄≫ 卷下〈二十四日〉
李達衷,≪東文選≫ 卷3,〈礎賦〉
李 瀷,≪星湖僿說≫ 卷18〈經史門 荊公老泉〉
―――,≪星湖僿說≫ 卷22〈經史門 管仲〉
未 詳,≪大東野乘≫ ≪己丑錄續≫〈是年六月日前叅議尹善道論國是疏〉
成大中,≪靑城雜記≫ 卷4〈醒言〉
申翊聖,≪大東野乘≫ ≪延平日記≫
李圭景,≪五洲衍文長箋散稿≫〈經史篇5 論史類2 人物 孟子辨證說〉
―――,≪五洲衍文長箋散稿≫〈人事篇1 人事類2 諡法 諡法本末辨證說〉
―――,≪五洲衍文長箋散稿≫〈人事篇1 人事類2 氏姓 姓氏譜牒辨證說〉
李肯翊,≪燃藜室記述≫ 卷31〈顯宗朝故事本末 閔愼代父服斬〉
趙 絅,≪東槎錄≫〈答林道春書〉
―――,≪東槎錄≫〈重答林道春書〉

曺好益, ≪家禮考證≫ 卷1〈祠堂〉

(3) 朝鮮王朝實錄

≪世宗實錄≫ 世宗 20년 6월 17일
≪成宗實錄≫ 成宗 13년 4월 15일
———— 成宗 13년 8월 11일
———— 成宗 24년 11월 3일
≪燕山君日記≫ 燕山君 2년 3월 25일
≪中宗實錄≫ 中宗 15년 6월 4일
≪宣祖實錄≫ 宣祖 2년 윤6월 24일
≪英祖實錄≫ 英祖 12년 7월 14일
———— 英祖 32년 10월 7일
≪正祖實錄≫ 正祖 4년 2월 6일
≪純祖實錄≫ 純祖 9년 1월 17일
———— 純祖 30년 6월 15일

(4) 承政院日記

≪承政院日記≫ 仁祖 3년 7월 15일
———— 高宗 21년 3월 15일

(5) 日省錄

≪日省錄≫ 正祖 4년 2월 6일
———— 正祖 4년 10월 16일
———— 正祖 11년 1월 14일

2. 韓・中・日 蘇洵 研究圖書 및 論文 目錄

(1) 韓國

김계태, 〈三蘇의 ≪六國論≫〉, ≪중국어문학논집≫ 25, 중국어문학연구회, 2003.

김상홍, 〈茶山의 蘇洵, 蘇轍 論〉, ≪한국한문학연구≫ 43, 한국한문학회, 2009.
김종섭, 〈蘇洵의 論辯文 硏究〉, ≪중국문학≫ 25, 한국중국어문학회, 1996.
———, 〈蘇洵의 文學理論에 관한 一考察〉, ≪중국문학≫ 31, 한국중국어문학회, 1999.
이민홍 편역, ≪謚法-謚號, 한 글자에 담긴 인물 評-≫, 문자향, 2005.
이수봉, 〈≪蘇氏三代錄≫ 硏究〉, ≪국어국문학≫ 80, 국어국문학회, 1980.

(2) 中國

孔凡禮, ≪三蘇年譜≫, 北京古籍出版社, 2004.
金國永, ≪蘇洵≫, 中華書局, 1984.
金生楊, ≪≪蘇氏易傳≫硏究≫, 巴蜀書社, 2002.
譚興國, ≪蜀中文章冠天下≫, 四川人民出版社, 2001.
鄧衛中, ≪蘇門三杰≫, 巴蜀書社, 2004.
盧武智, ≪北宋三蘇≫, 三秦出版社, 2003.
舒大剛, ≪三蘇后代硏究≫, 巴蜀書社, 1995.
楊世明, ≪巴蜀文學史≫, 巴蜀書社, 2003.
吳孟復, ≪唐宋古文八家槪述≫, 安徽敎育出版社, 1985.
吳小林, ≪唐宋八大家≫, 安徽人民出版社, 1984.
王雲五 主編, ≪謚法及其他二種≫, 商務印書館, 1939.
曾棗莊, ≪三蘇文藝思想≫, 四川文藝出版社, 1985.
———, ≪蘇洵圖傳≫, 河北人民出版社, 2006.
———, ≪蘇洵評傳≫, 四川人民出版社, 1983.
———, 金成禮 箋注, ≪嘉祐集箋注≫, 上海古籍出版社, 1993.
陳雄勛, ≪三蘇及其散文之硏究≫, 文史哲出版社, 1991.
何崇文 等, ≪巴蜀文苑英華≫, 四川人民出版社, 1984.
許肇鼎, ≪宋代蜀人著作存佚錄≫, 巴蜀書社, 1986.
胡昭曦·劉復生·粟品孝, ≪宋代蜀學硏究≫, 巴蜀書社, 1997.

(3) 日本

加藤眞司, 〈蘇洵の經學〉, ≪中國哲學≫ 35, 2007.

權純哲,〈茶山丁若鏞の改革原理と経學-〈文質遞變〉説,〈堯舜無爲〉論,〈祖宗の法不可議〉論の分析を中心に-〉,≪山口大學哲學研究≫2, 山口大學哲學研究會, 1993.

藤井京美,〈蘇洵論〉,≪中國學志≫13, 大阪市立大學中國學會, 1998.

末葭敏久,〈〈蘇洵蘇軾詩檢索〉について(中國古典文學研究資料のデータベース化とその研究)〉, ≪中國古典文學研究≫1, 廣島大學中國古典文學プロジェクト研究センター 編, 2003.

三上英司,≪諡法に見られる人物評価意識の變遷≫, 山形大學, 2007～2009.

西上勝,〈蘇洵晩學〉,≪山形大學紀要≫ 人文科學 15(3), 2004.

小林義廣,≪宋代の宗族と地域社會に關する基礎的研究≫, 東海大學, 1998～1999.

齋木哲郎,〈蘇洵と≪春秋≫-史論の≪春秋≫化〉,≪鳴門教育大學研究紀要≫ 人文・社會科學編 20, 2005.

譯者 略歷

李章佑

慶北 寧海 출생
서울대 中文學科 졸업
臺灣大 中國文學 석사
서울대 문학박사
嶺南大 名譽敎授(현)
譯書 ≪退溪詩 풀이≫(공역) ≪고문진보≫(공역)
≪우리나라 선비들의 中國詩 이야기≫

魯長時

慶南 宜寧 출생
嶺南大 中語中文學科 졸업, 문학박사
徐羅伐大學 中國語通譯科 敎授
嶺南大 客員敎授
嶺南大 講師(現)
論著 및 譯書 ≪歐陽脩 散文의 分析的 硏究≫ ≪歐陽修 散文의 世界≫
≪韓退之評傳≫ ≪韓愈≫ ≪退溪詩≫ ≪歐陽修散文選≫ 등 다수

張世厚

慶北 尙州 출생
嶺南大 中語中文學科 졸업, 문학박사
嶺南大 中語中文學科 겸임교수
慶北大 退溪硏究所 연구초빙교수
著書 및 譯書 ≪주자시 색인≫ ≪한학 연구의 길잡이(古籍導讀)≫
≪주희 시 역주 1, 2≫ ≪도산잡영≫(공역)
≪고문진보≫(공역) ≪퇴계시 풀이≫(공역)

東洋古典譯註叢書 53

譯註 唐宋八大家文抄 蘇洵 25,000원

2011년 12월 30일 초판 발행
2012년 5월 25일 2쇄 인쇄

譯 註 李章佑・魯長時・張世厚 共譯
編 輯 古典國譯編輯委員會
發行人 李啓晃

發行處 社團法人 傳統文化硏究會
서울시 종로구 낙원동 284-6 낙원빌딩 411호
전화 : (02)762-8401 전송 : (02)747-0083
전자우편 : juntong@juntong.or.kr
홈페이지 : juntong.or.kr
사이버書堂 : cyberseodang.or.kr
온라인서점 : book.cyberseodang.or.kr
등록 : 1989. 7. 3. 제1-936호

인쇄처 : 한국법령정보주식회사(02-462-3860)
총 판 : 한국출판협동조합(070-7119-1750)

ISBN 978-89-91720-75-6 94820
978-89-85395-71-7(세트)

전통문화연구회 도서목록

基礎漢文教材 - 懸吐完譯 成百曉 譯註

- 四字小學 / 習字教本 6,000원/3,000원
- 推句 · 啓蒙篇 / 習字教本 5,000원/3,000원
- 明心寶鑑 7,000원
- 童蒙先習 · 擊蒙要訣 12,000원
- 註解千字文 / 習字教本 9,000원/3,000원

東洋古典國譯叢書

- 論語集註-개정증보판 成百曉 譯註 22,000원
- 孟子集註-개정증보판 成百曉 譯註 25,000원
- 大學 · 中庸集註-개정증보판 成百曉 譯註 8,000원
- 詩經集傳 上 · 下 成百曉 譯註 각 25,000원
- 書經集傳 上 · 下 成百曉 譯註 각 25,000원
- 周易傳義 上 · 下 成百曉 譯註 각 35,000원
- 小學集註 成百曉 譯註 25,000원
- 古文眞寶 後集 成百曉 譯註 25,000원
- 海東小學 成百曉 譯註 15,000원
- 孝經大義 鄭太鉉 譯註 10,000원
- 校勘直譯 黃帝內經素問 · 靈樞 洪元植 校譯 각 27,000원

東洋古典譯註叢書

- 春秋左氏傳 1~8 鄭太鉉 譯 20,000원/25,000원
- 莊子 1~4 安炳周 · 田好根 共譯 18,000원/22,000원
- 古文眞寶 前集 成百曉 譯註 22,000원
- 戰國策 1~2 林東錫 譯註 16,000/18,000원
- 心經附註 成百曉 譯註 30,000원
- 近思錄集解 1~3 成百曉 譯註 16,000원/25,000원
- 禮記集說大全 1 辛承云 譯註 18,000원
- 國語 1~2 許鎬九 외 譯註 16,000원/18,000원
- 通鑑節要 1~9 成百曉 譯註 25,000원/30,000원
- 唐詩三百首 1~3 宋載卲 외 譯註 25,000원
- 근간 唐宋八大家文抄 韓愈 1 鄭太鉉 譯註 20,000원
- 〃 歐陽脩 1 李相夏 譯註 25,000원
- 〃 王安石 1~2 申用浩 · 許鎬九 共譯 25,000원
- 〃 蘇軾 1~5 成百曉 譯註 22,000원
- 〃 蘇轍 1~3 金東柱 譯註 22,000원
- 〃 曾鞏 宋基采 譯註 25,000원
- 근간 說苑 1 許鎬九 譯註 25,000원
- 근간 東萊博議 1 鄭太鉉 · 金炳愛 共譯 25,000원
- 근간 顏氏家訓 1 鄭在書 · 盧暻熙 共譯 25,000원

漢字漢文教育叢書

- 漢字教育新講 李應百 외 10,000원
- 韓中漢文淵源 李應百 13,000원
- 교양인을 위한 한자 · 한문 金基昌 外 12,000원
- 형성자 중심 한자교육시험백과 金鐘赫 25,000원
- 실용교양한문 李相鎭 15,000원
- 한문과 교육과정 변천과 내용체계 연구 元容錫 15,000원
- 한문과 교수-학습 모형 金載暎 13,000원
- 한자 자원 교육론 韓殷洙 16,000원
- 漢字漢文教育論叢 上 · 下 鄭愚相 25,000원

◆ 教授用 指導書
- 四字小學 咸賢贊 10,000원
- 〃 推句 · 啓蒙篇 咸賢贊 10,000원
- 〃 註解千字文 李忠九 15,000원
- 〃 明心寶鑑 李明洙 10,000원
- 〃 童蒙先習 田好根 10,000원
- 〃 擊蒙要訣 咸賢贊 15,000원

◆ 袖珍本 懸吐 기초한문교재 10,000원
- 〃 論語 · 大學 · 中庸 10,000원
- 〃 孟子 10,000원
- 〃 詩經 · 書經 · 周易 각 12,000원
- 〃 小學 · 孝經 13,000원
- 〃 古文眞寶前集 · 後集 각 13,000원

◆ 초등학교 漢字 1~4단계 인정도서 (96-065~8)
저자 : 정으상 안재철 정우인 한은수
3,750원 / 3,550원 / 3,550원 / 3,500원

동양문화총서

- 漢字部首解說 李忠九 편저 15,000원
- 동양사상 정규훈 외 20,000원
- 훈민정음의 세계문자화 方錫淙 저 12,000원

문화문고

- 논어 · 대학 · 중용 조수익 박승주 공역 10,000원
- 맹자 조수익 박승주 공역 10,000원
- 100자에 담긴 한자문화 이야기 김경수 저 9,000원

◆ 경전으로 본 세계종교 60,000원
편저자: 길희성 김영경 김용표 이기동 이강수 이정배 홍성엽
- 그리스도교, 도교, 동학, 불교, 유교, 이슬람교, 힌두교

創世記 譯註 方錫淙 譯註 25,000원